# 新一代工业物联网融合组网技术

魏旻 著

科学出版社
北京

## 内 容 简 介

本书为读者系统介绍新一代工业物联网融合技术，内容涵盖新一代工业物联网融合组网、融合配置、融合调度、融合安全等技术和组网应用。本书从工业物联网基本概念入手，对主流工业有线和工业无线技术进行详细分析，阐述新一代工业物联网融合技术的概念，重点对工业物联网融合背景下的组网、配置、调度技术和安全等方面进行深入分析和阐述。本书可为工业物联网的学术研究、产品开发、应用部署提供切实可行的解决方案和新的技术思路。

本书可作为工业物联网的从业人员，包括工业物联网的科研人员、产品和系统开发人员、应用部署人员等的参考用书，也可供高等院校物联网工程、自动化等专业高年级本科生和研究生学习参考。

---

**图书在版编目(CIP)数据**

新一代工业物联网融合组网技术 / 魏旻著. -- 北京：科学出版社，2025.3. -- ISBN 978-7-03-080428-0

Ⅰ. F406-39

中国国家版本馆 CIP 数据核字第 2024R4S862 号

责任编辑：叶苏苏　贺江艳 / 责任校对：彭　映
责任印制：罗　科 / 封面设计：义和文创

科学出版社 出版
北京东黄城根北街 16 号
邮政编码：100717
http://www.sciencep.com

四川煤田地质制图印务有限责任公司 印刷
科学出版社发行　各地新华书店经销
\*
2025 年 3 月第 一 版　开本：880×1230 1/16
2025 年 3 月第一次印刷　印张：18 3/4
字数：581 000

**定价：229.00 元**
(如有印装质量问题，我社负责调换)

# 前 言

工业物联网赋能智能制造快速发展，促进制造业转型升级，实现了底层设备和装备的互联互通，为企业提供了完备的网络支撑，通过与智能制造技术融合，加速了装备、机械、钢铁、汽车等重点行业的转型升级。然而，随着5G、时间敏感网络等新兴技术融合工业网络技术快速发展，工业物联网面临新模式转型升级，特别是在工业现场运营技术和IT融合发展趋势下，异构网络的组网、配置、调度已成为学术界和产业界的关注重点和研究热点。

本书依托作者团队承担的国家重点研发计划项目、国家智能制造专项项目、国家工业物联网专项项目等研究成果，面向工业制造系统对新一代工业物联网融合组网、灵活管理、实时可靠传输及协同控制等需求，重点讨论工业物联网新型组网架构、配置调度方法、系统开发及应用案例，系统揭示工业物联网及其相关系统的最新发展趋势。全书主题内容紧紧围绕新一代工业物联网，结合当前信息通信热点技术（5G、IPv6、边缘计算、时间敏感网络等），详细介绍新一代工业物联网融合组网、配置、调度及安全等方面的最新研究成果，涵盖科研团队在工业物联网领域的理论研究和技术实践；系统性地给出工业物联网异构组网和融合管理的解决方案和应用实践；系统性地将技术与标准结合，并融入作者在物联网技术国际和国内标准化研究中的最新研究成果。

本书由重庆邮电大学魏旻教授组织撰写，重庆邮电大学自动化学院研究生代松参加第1章的资料收集和整理，张永鑫参加第2章的资料收集和整理，朱伟教授参加第3章的资料收集和整理，陈明友教授参加第4章的资料收集和整理，倪星宇参加第5章的资料收集和整理，华自信参加第6章的资料收集和整理。特别感谢参考文献中所列的各位作者，包括未能在参考文献中一一列出的作者，正是因为他们在各自领域的独到见解和贡献为本书作者提供了宝贵资料，使作者能够在系统总结科研成果的基础上，汲取各家之长。此外，作者所在的研究团队的牛爽、杨树杰、邢益铭、陈锐、尤梦飞、肖峰、霍承杰、方堃、陈凯、丁增勇、李金、余涛、余鑫洋、文康、景瞻、王建军、杨帆等研究生完成了相关仿真试验和系统实现，同时，他们帮助收集并整理了大量的文献资料。没有他们的帮助和支持，本书很难在约定的时间内撰写完成。在此，感谢他们对本书所提供的各种帮助以及所作出的贡献。

本书成果是在国家重点研发计划项目（项目编号：2021YFB330100），重庆市自然科学基金（CSTB2023NSCQ-LZX0123，CSTB2023NSCQ-LZX0075）支持下取得的，由衷感谢重庆邮电大学出版基金等对本书出版提供的鼎力资助！

鉴于书稿内容涵盖知识范围广、内容前沿，书中难免会出现不足之处，敬请广大读者批评指正。

作　者
2024年5月5日

# 目　　录

## 第1章　工业物联网概述 ... 1
### 1.1　工业物联网的基本概念 ... 1
#### 1.1.1　工业物联网的定义 ... 1
#### 1.1.2　工业物联网的特征和优势 ... 4
### 1.2　工业物联网的发展历程与研究现状 ... 7
#### 1.2.1　工业物联网的发展历程 ... 7
#### 1.2.2　国内外研究现状 ... 8
### 1.3　工业物联网的产业发展 ... 16
#### 1.3.1　工业物联网的产业现状 ... 16
#### 1.3.2　工业物联网的典型应用 ... 18
#### 1.3.3　工业物联网的产业前景 ... 19
#### 1.3.4　工业物联网的发展趋势 ... 20
#### 1.3.5　工业物联网面临的挑战 ... 23
### 1.4　新一代工业物联网融合组网趋势 ... 25
#### 1.4.1　融合组网的需求 ... 25
#### 1.4.2　融合组网的架构 ... 27
#### 1.4.3　融合组网的技术 ... 29
#### 1.4.4　融合组网面临的挑战 ... 30
### 参考文献 ... 32

## 第2章　主流工业物联网技术 ... 34
### 2.1　工业有线网络技术 ... 34
#### 2.1.1　现场总线技术 ... 35
#### 2.1.2　工业以太网技术 ... 41
#### 2.1.3　新兴工业有线技术 ... 46
### 2.2　工业无线网络技术 ... 56
#### 2.2.1　授权频段 ... 57
#### 2.2.2　非授权频段 ... 62
### 2.3　工业有线和无线网络应用实例 ... 71
#### 2.3.1　TSN在变电站网络通信中的应用 ... 71
#### 2.3.2　AUTBUS网络在西部油气管道的应用 ... 75
#### 2.3.3　基于WIA-FA技术的机器人制造数字化车间AGV数据采集网络 ... 76
### 参考文献 ... 79

## 第3章　新一代工业物联网融合组网 ... 81
### 3.1　从单一网络到融合网络 ... 81
#### 3.1.1　工业互联网体系架构 ... 81
#### 3.1.2　德国工业4.0架构 ... 81
#### 3.1.3　美国工业互联网参考架构 ... 83
#### 3.1.4　日本工业价值链参考架构 ... 84

3.1.5　NAMUR 开放式架构 ･･････････････････････････････････････････････････････ 84
3.2　新一代物联网的异构融合组网模式 ･･･････････････････････････････････････････ 85
　　3.2.1　云网边端 ･････････････････････････････････････････････････････････････ 85
　　3.2.2　边边协同 ･････････････････････････････････････････････････････････････ 87
　　3.2.3　云边协同 ･････････････････････････････････････････････････････････････ 88
3.3　融合组网关键技术 ･･･････････････････････････････････････････････････････････ 89
　　3.3.1　现场级工业物联网无缝信息交换架构 ･･･････････････････････････････････ 89
　　3.3.2　工业现场异构装备的互联互通方法 ･････････････････････････････････････ 100
　　3.3.3　多网络融合新型网关设备及平台研制 ･･･････････････････････････････････ 110
参考文献 ･･････････････････････････････････････････････････････････････････････････ 141

# 第 4 章　新一代工业物联网融合配置 ･･････････････････････････････････････････････ 142
4.1　从单一配置到统一配置 ･･････････････････････････････････････････････････････ 142
　　4.1.1　工业物联网统一配置研究现状 ･･････････････････････････････････････････ 142
　　4.1.2　工业物联网统一配置面临的挑战 ････････････････････････････････････････ 144
4.2　融合配置关键技术 ･･･････････････････････････････････････････････････････････ 145
　　4.2.1　网络全局信息统一管控机制技术 ････････････････････････････････････････ 145
　　4.2.2　工业软件定义网络技术 ････････････････････････････････････････････････ 148
　　4.2.3　统一配置子系统 ･･････････････････････････････････････････････････････ 149
　　4.2.4　工业物联网融合配置体系基本架构与建模 ･･･････････････････････････････ 159
4.3　应用实例 ･･････････････････････････････････････････････････････････････････ 162
　　4.3.1　一种工业无线网络融合时间敏感网络的统一配置方法 ････････････････････ 162
　　4.3.2　基于 IEC 61499 的工业现场设备动态可重构配置方法 ････････････････････ 170
　　4.3.3　基于 OPC UA 和本体的现场设备配置方法 ･･････････････････････････････ 178
参考文献 ･･････････････････････････････････････････････････････････････････････････ 185

# 第 5 章　新一代工业物联网融合调度 ･･････････････････････････････････････････････ 187
5.1　从单一调度到融合调度 ･･････････････････････････････････････････････････････ 187
　　5.1.1　工业物联网融合调度研究现状 ･･････････････････････････････････････････ 187
　　5.1.2　工业物联网融合调度面临的挑战 ････････････････････････････････････････ 189
5.2　融合调度关键技术 ･･･････････････････････････････････････････････････････････ 189
　　5.2.1　高精度跨网时间同步技术 ･･････････････････････････････････････････････ 189
　　5.2.2　现场级异构网络跨网协同和确定性调度机制技术 ･････････････････････････ 190
　　5.2.3　现场级网络端边云协同技术 ････････････････････････････････････････････ 191
　　5.2.4　支持跨网协同调度的网络协同调度子系统研发技术 ･･･････････････････････ 191
5.3　融合调度体系架构与建模 ････････････････････････････････････････････････････ 192
　　5.3.1　融合调度体系基本架构 ････････････････････････････････････････････････ 192
　　5.3.2　融合调度体系建模 ････････････････････････････････････････････････････ 192
5.4　应用实例 ･･････････････････････････････････････････････････････････････････ 193
　　5.4.1　基于分段逼近的 5G-TSN 网络资源分配方法 ････････････････････････････ 193
　　5.4.2　基于需求预测与时间轮的工业异构网络调度方法 ････････････････････････ 208
　　5.4.3　基于面向 TSN 与 AUTBUS 互联的工业异构网络调度方法 ････････････････ 218
参考文献 ･･････････････････････････････････････････････････････････････････････････ 225

# 第 6 章　新一代工业物联网融合安全 ･･････････････････････････････････････････････ 227
6.1　从封闭内网安全到开放外网安全 ･･････････････････････････････････････････････ 227
　　6.1.1　工业互联网安全的现状 ････････････････････････････････････････････････ 227

  6.1.2 工业物联网安全面临的挑战 ············································· 228
6.2 融合安全体系架构与建模 ······················································ 230
  6.2.1 融合安全体系基本架构 ··················································· 230
  6.2.2 融合安全体系建模 ························································ 230
6.3 融合安全技术 ··································································· 235
  6.3.1 数据融合技术 ······························································ 235
  6.3.2 工业设备安全技术 ························································ 238
  6.3.3 工业物联网边缘侧安全技术 ············································ 256
  6.3.4 工业物联网传输网络安全技术 ········································· 259
  6.3.5 工业物联网平台安全技术 ··············································· 269
6.4 应用实例 ········································································· 274
  6.4.1 基于联盟链的边缘计算节点身份认证机制 ··························· 274
  6.4.2 基于主从链的工业设备身份认证 ······································ 284

**参考文献** ············································································· 290

**后记** ··················································································· 292

# 第1章 工业物联网概述

## 1.1 工业物联网的基本概念

### 1.1.1 工业物联网的定义

#### 1.1.1.1 智能制造、工业互联网与工业物联网的关系

智能制造（intelligent manufacturing）是先进生产过程、模式和系统的总称，依靠新兴信息技术、新原料、工艺、设计、生产、管理和服务等各个方面，深入信息感知、智慧化决策和精准控制执行等，其本质是虚拟网络与实体制造的互通。智能制造是基于新一代信息技术与先进制造技术深度融合，贯穿于设计、生产、管理、服务等制造活动的各个环节，具有自感知、自学习、自决策、自执行、自适应等功能的新型生产方式。智能制造可将物联网技术融入工业生产的各个环节，大幅提高制造效率，改善产品质量，降低产品成本和资源消耗。

工业互联网（industrial internet）是将互联网技术应用于工业领域，实现工业设备和系统之间的连接、通信、数据共享和协作。它强调通过互联网技术和数据分析，实现工业数据的采集、传输、处理和应用，以优化生产和运营过程，提升效率、降低成本、增强创新。工业互联网的重点在于数据的价值挖掘和分析，以及如何将数据应用于决策和业务流程中。

工业物联网（industrial internet of things，IIoT）是在工业环境中应用物联网技术，通过连接传感器、设备、系统等，实现数据的采集、传输和分析，以支持实时监控、控制和决策[1]。工业物联网注重在工业领域中建立设备之间的通信网络，实现设备智能化、互联互通，以提升生产效率、减少停机时间和优化资源利用。

工业物联网、工业互联网与智能制造的关系如图1-1所示。

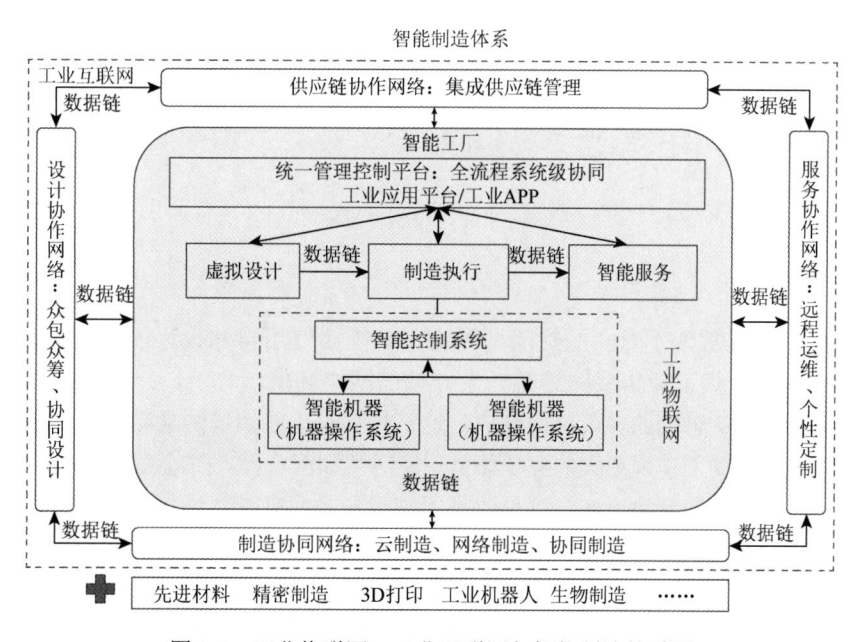

图1-1 工业物联网、工业互联网与智能制造关系图

智能制造、工业互联网和工业物联网是紧密相关但又有区别的概念，它们在工业领域的数字化转

型和创新方面发挥着重要作用。工业互联网强调的是通过将互联网技术应用于工业领域，实现设备和系统之间的连接、通信、数据共享和协作。

智能制造强调整个生产过程的数字化和智能化转型[2]，涵盖了从设计、生产、运营到维护等各个阶段。智能制造的目标是实现生产过程的智能化、增强灵活性、提升效率和保障质量，通过数字化技术和智能算法，实现生产线的自适应、自优化和自学习，以适应不断变化的市场需求。

工业互联网通过平台和网络收集大量的数据，使用高级分析和人工智能技术进行处理，可以提供更深入的洞察，帮助优化生产和运营过程，提高效率、降低成本、提升产品质量和支持创新。

工业物联网强调通过物联网技术，将工业设备、传感器和其他物理对象连接到互联网，实现数据的采集、传输和分析[3]。工业物联网的核心是数据的收集和连接，它使得设备能够实时交换信息，从而实现生产过程的实时监控、分析和优化。

三者相辅相成，关系如下。

（1）工业物联网强调物理设备的连接和数据传输，侧重于设备的实时监测、状态诊断和远程控制。工业互联网强调数据分析和智能化决策，强调通过数据的挖掘和分析来优化整个生产和运营过程。

（2）工业物联网为智能制造提供了工厂底层的网络互联支撑，工业互联网为智能制造提供了数据支持和技术基础[4]。工业物联网和工业互联网的数据采集和分析能力可以为智能制造提供实时的生产数据和性能指标，帮助制造商做出更明智的决策。智能制造将结合工业物联网，合理调配供应链资源以提升生产和服务效率，实现制造业的智能化管理。

（3）三者均以数据驱动。工业物联网和工业互联网的核心是数据的采集和分析，而智能制造则是在这些数据的基础上进行决策和优化。工业物联网使得实时数据的获取、可靠传输、确定性传输成为可能，工业互联网使得数据的分析和决策成为现实，智能制造利用工业互联网产生的数据，实现生产过程的实时监控和控制。

（4）三者均涉及网络融合。工业物联网和工业互联网通过协议转换，使得不同品牌的设备数据以及各类不同的环境数据统一采集并上传到同一个平台，用户能够在同一个平台中对所有的设备运行数据和环境数据进行整体的分析，为智能制造提供支撑。

（5）三者目标一致。工业物联网、工业互联网和智能制造的共同目标是通过数字化技术和智能算法，提升工业生产的效率、质量和灵活性，以满足市场的需求变化。

（6）三者技术交叉，三者之间存在一些技术的重叠，比如物联网技术在工业互联网中的应用，也可以支持智能制造中的智能设备和生产线[5]。总之，三者是相互关联、互为支持的关系，共同构建了工业领域的数字化转型和创新体系。在实际应用中，制造企业通常会将工业物联网、工业互联网和智能制造结合起来，以实现更高水平的生产效率和竞争力。

#### 1.1.1.2 传统的工业物联网与新一代工业物联网的关系

**1. 从封闭走向开放**

传统的工业物联网通常处于专业的封闭型网络，并需要使用特殊设计的控制协议，使其不易遭受对手攻击，但如今的新一代工业物联网处在一个开放的网络环境。

工业物联网正在逐渐从封闭的环境走向开放，这一趋势在工业领域的数字化转型中发挥着重要作用。开放的工业物联网模型有助于实现更大的互操作性、灵活性和创新性。在过去，许多工业系统和设备使用了封闭的、专有的通信协议和解决方案，这导致了不同设备之间难以互通，系统的扩展和升级变得复杂。然而，随着数字化和智能化需求的增加，工业界开始认识到开放性的工业物联网模型的重要性。

（1）标准化协议。开放的工业物联网模型倡导使用标准化的通信协议，如消息队列遥测传输协议（message queuing telemetry transport，MQTT）、约束应用协议（constrained application protocol，CoAP）、超文本传输协议（hyper text transfer protocol，HTTP）等，这些协议使不同设备和系统能够更容易地互相通信和交换数据。

（2）开放应用程序接口。开放的工业物联网平台提供开放的应用程序接口（application programming interface，API），允许第三方开发人员构建应用程序和解决方案，从而扩展系统的功能和应用领域。

（3）云平台和边缘计算。开放的工业物联网模型可以集成云平台和边缘计算，将数据传输和处理推向设备的边缘，以实现更快速的响应和更高效的数据处理。

（4）跨厂商互操作性。开放的工业物联网模型鼓励不同厂商的设备和系统之间实现互操作性，从而允许混合使用各种厂商的解决方案，提高了灵活性和选择性。

（5）数据共享与合作。开放的工业物联网模型鼓励不同组织之间的数据共享和合作，促进了产业链上各个环节的协同工作和创新。

（6）安全性和隐私保护。在推动开放的工业物联网模型时，确保数据安全性和隐私保护仍然是重要的考虑因素。开放的系统需要采取适当的安全措施来保护数据和网络。

2. 应用场景从单一到复杂

在新一代工业物联网领域，企业往往需要集成各类智能终端设备来构建工业物联网的感知层，既包括计算能力加强的控制设备，也包括许多资源受限的嵌入式设备或者一些传统传感器设备等。各类工业物联网智能设备因功能不同、生产厂家不同，它们所具备的软硬件特征也不同。另外，新一代工业物联网的环境更加复杂，智能设备安全设计的复杂系数也随之增长。相比于传统工业物联网，现阶段新一代工业物联网应用场景更加复杂和特殊，对网络的可靠性、数据的实时性和计算任务请求的服务质量有更高的要求。大量的数据传输使得底层网络变得复杂多变，网络的灵活性、实时性和动态性也受到影响。

例如：在设备监测和维护方面，从过去的使用单一的传感器和物联网连接监测设备的状态，如温度、压力、振动等，到现在的实时监测和预测多个设备的运行状态，自动调度维护任务，减少停机时间；在生产设备优化方面，从过去的监控单一设备的生产效率和故障情况，到现在的通过数据分析，优化整个生产线的运行，调整参数和流程，实现最佳生产效率；在供应链管理方面，从跟踪单一产品的运输和库存情况，到现在的整合多个供应链环节的数据，实现实时的物流和库存管理，优化供应链流程；在质量控制方面，从检测单一产品的质量指标，到现在的实时监测和分析生产过程中的多个参数，预测产品质量问题，进行自动调整和反馈。

3. 融入更多新的技术

近年来，新一代工业物联网通常在技术、通信、数据处理等方面进行了更高级的创新，以满足不断变化的工业需求。新一代工业物联网融合人工智能、云计算、边缘计算和大数据分析等新一代信息技术和制造技术，通过智能化手段对环境信息进行感知、支持大量异构设备接入[6]。支持对海量多源数据的实时分析和高效处理，同时也产生大量的计算任务请求数据。

边缘计算、分布式处理、5G通信技术、人工智能、数字孪生、自主感知和行动等新技术被不断地引入到工业物联网中。

（1）边缘计算和分布式处理。新一代工业物联网更加注重在设备本身或设备附近进行数据处理，以减少数据传输延迟并提高实时性。边缘计算技术允许设备在本地进行数据处理和分析，从而更快地做出响应和决策。

（2）5G通信技术。新一代工业物联网可以借助更快速和可靠的5G通信技术来实现设备之间的高速数据传输和低延迟通信，以支持更多实时和高带宽的应用。

（3）人工智能和机器学习。结合了人工智能（artificial intelligence，AI）和机器学习（machine learning，ML）技术，新一代工业物联网可以对大量数据进行分析，从中提取有用的信息和模式，以支持更复杂的决策和优化。

（4）数字孪生。新一代工业物联网引入了数字孪生的概念，即通过数字化建模和仿真，在虚拟环境中对物理实体进行建模和测试。这有助于优化生产过程、进行故障诊断和预测等。

（5）自主感知和行动。新一代工业物联网的设备可能更具有自主感知和自主行动能力，能够根据环境变化和数据分析做出自主决策，以优化操作和控制。

综上所述，新一代工业物联网技术是新一代信息技术与工业系统全方位深度融合所形成的产业和应用生态，它通过网络智能传感设备和应用软件来收集、分析和处理大量的工厂数据，通过可执行的信息帮助企业提高决策和行动的速度和准确性。新一代工业物联网推动着企业数字化变革，已经有很多流程型企业把传感器数据远程发送至计算机，从而对过程进行监控，新一代工业物联网将连接作为扩展手段，实现从任意地点对数据的实时访问、解读和分享。

## 1.1.2 工业物联网的特征和优势

### 1.1.2.1 工业物联网的特征

**1. 泛在感知**

面对工业生产、物流、销售等产业链环节产生的海量数据，工业物联网是利用传感器、射频识别等感知手段获取工业全生命周期内的不同维度的信息数据，具体包括：人员、机器、原料、工艺流程和环境等工业资源状态信息。

针对所感知的工业资源数据，通过技术分析手段，在数字空间中进行实时处理，获取工业资源状态在虚拟空间和现实空间的内在联系，将抽象的数据进一步直观化和可视化，完成对外部物理实体的实时响应。泛在感知的核心是用户，而在泛在感知中，用户不是被动地接受服务，而是可以主动地提出所需的服务。

工业物联网的泛在感知特征提高了生产线过程监测、实时参数采集、材料消耗监测的能力和水平，通过对数据的分析处理可以实现智能监控、智能控制、智能诊断、智能决策、智能维护，提高生产力，降低能源消耗[7]。钢铁企业应用各种传感器和通信网络，在生产过程中实现了对加工产品的宽度、厚度、温度的实时监控，提高了产品质量，优化了生产流程。工业物联网是通过物联网技术"泛在感知"工业全流程、实施优化控制，提高设备可靠性和产品质量，降低人工成本与减少生产消耗。为了满足泛在感知与互联在快速连接、实时业务、数据优化、应用智能、安全与隐私保护等方面的关键需求，需要充分利用末梢节点、智能终端、基础设施所组成的多层网络，按照用户请求、业务属性、兴趣偏好、资源约束等多个条件，协同不同类型、不同能力的节点，以泛在认知作为基础，以智能控制作为手段，以节点协同作为方案，为用户及业务提供智能承载服务，达到优化连接、卸载流量、增强体验的目的。

**2. 实现工业底层设备和系统的互联互通**

实现工业底层的互联互通是工业物联网发展的关键。工业物联网可以通过各类不同协议的专用网络和互联网相连的方式，使工业过程中各个阶段、各类设备的信息实时、准确无误地传递出去。工业物联网注重低延时、低带宽和低功耗的通信能力，同时更注重数据交互。随着智能制造战略的持续推进以及企业转型的逐渐深入，工业物联网在工业发展中的应用价值愈发凸显。企业已经清楚地认识到，要想实现智能化决策和自动化生产，离不开人、机、物的全面互联。

原有的工业控制系统为工业物联网的互联互通奠定了基础。工业控制系统主要包括监控与数据采集（supervisory control and data acquisition，SCADA）系统、分布式控制系统（distributed control system，DCS）、过程控制系统（process control system，PCS）及可编程逻辑控制器（programmable logic controller，PLC）等，原有工业控制系统中的仪器仪表或传感器具有数据采集功能，但是采集的数据和应用范围有限，数据的价值未得到深入的挖掘和全面的释放，尽管工业控制系统是以解放人力资源、提高生产效率为初衷，但是原有的工业控制系统实现了小范围的机器互联。随着传感器向微小型化、智能化、多功能化和网络化的方向飞速发展，工业领域中的传感器应用越来越广泛，再加上通信技术的发展，机器的状态、工艺的参数等物理世界的信息均可以实时获取，这为后续的业务应用提供了丰富的数据资源。

工业资源通过有线或无线的方式彼此连接或与互联网相连，形成便捷、高效的工业物联网信息通道，实现工业资源数据的互联互通，拓展了机器与人、机器与环境之间连接的广度与深度[8]。物联网信息传递依托有线、无线等介质进行数据传输。当前移动互联技术更多被用来实现工业物联网信息传输过程。

工业物联网借助各类传感器、射频识别（radio frequency identification，RFID）等实现数据采集，通过工业网关、短距离无线通信、低功耗广域网等互联互通技术，将信息化共性技术与行业特征有效整合，实现无线通信网络、工业以太网、移动通信网络等异构网络的安全、高效融合，充分发挥网络基础设施的应用价值，实现服务模式创新及流程优化。

3. 数字建模

数字建模是工业物联网的方法。数字建模是将工业资源映射到数字空间中，在虚拟的世界里模拟工业生产流程，借助数字空间强大的信息处理能力，实现对工业生产过程全要素的抽象建模，为工业物联网实体产业链运行提供有效决策。

数字建模用于将物理世界中的实体和过程以数字化的形式表示和仿真，从而支持工业物联网系统的设计、优化和管理。数字建模允许在虚拟环境中对实际设备、生产线和工作流程进行模拟和测试，从而为决策制定提供更全面的数据和洞察。

数字建模在工业物联网的一些应用中被大量使用。

（1）设备模拟和测试。通过数字建模，可以在虚拟环境中创建设备的数字孪生，模拟设备的运行情况和性能。这有助于测试设备的工作状态、响应时间和可靠性，预测潜在的故障和优化维护计划。

（2）生产线优化。数字建模可以用于模拟整个生产线的运行，包括设备的布局、工艺流程和物流管理。通过模拟不同参数和策略，可以找到最佳的生产线配置，提高生产效率和质量。

（3）过程仿真。对于工业生产过程，数字建模可以模拟原材料的流动、能源消耗等各个环节，有助于优化生产过程，降低成本，减少资源浪费。

（4）故障预测与维护。建立设备的数字孪生模型，可以实时监测设备的状态，并预测潜在的故障，有助于提前采取维护措施，避免设备停机和生产中断。

（5）物流和供应链管理。数字建模可以模拟物流和供应链过程，优化库存管理、运输路线和交货时间，提高供应链的效率和灵活性。

（6）产品设计和测试。在工业物联网中，数字建模可以用于产品设计和测试阶段，以模拟产品的性能、耐久性和可靠性，有助于提前发现潜在问题，减少产品开发周期。

4. 实时分析

实时分析是工业物联网的手段。工业物联网能够迅速收集来自各种传感器和设备的数据，无须等待数据积累到一定程度再进行处理。实时分析确保了数据处理的即时性，使得系统能够立即完成对外部物理实体的实时响应。

实时分析不仅关注数据的收集，更关注数据背后的价值。系统能够深入挖掘这些实时数据，揭示工业资源在虚拟世界与现实世界之间的内在联系。通过预处理、模式识别、异常检测等处理手段，实时分析将原本抽象的数据转换为直观、可视化的信息，便于理解和应用。

工业物联网的实时性和确定性是关键的技术要求，尤其在需要高度可靠和精确的工业应用中，如制造、自动化、能源等领域。

实时性指的是系统对事件或数据的处理能力，即在规定的时间范围内完成对数据的采集、传输、处理和响应。在工业物联网中，一些应用需要在极短的时间内进行数据采集和分析，以支持实时监控、控制和决策。例如，生产线上的实时监测要求设备数据能够在毫秒级别内传输和处理，以便及时发现和解决问题。

确定性是指系统的行为和响应是可预测的，即在一定条件下能够以一致的时间间隔产生相同的结果。在工业物联网中，许多应用需要高度的确定性，以确保数据的准确性和可靠性。例如，控制系统需要以固定的周期执行操作，以保持生产的稳定性。

实现工业物联网的实时性和确定性需要考虑以下几个方面。

（1）通信延迟：选择低延迟的通信网络和协议，确保数据能够迅速传输到目标设备或系统，以满足实时性要求。

（2）边缘计算：将一部分数据处理和分析从集中式的云数据中心推向更接近数据源头或用户的边缘设备上，减少数据传输的时间和网络延迟，提高实时性。

（3）实时数据流处理：使用实时数据流处理技术，对实时数据进行流式处理，以实现数据的快速分析和响应。

（4）硬件优化：使用高性能的硬件设备，如实时操作系统、现场可编程门阵列等，以提高系统的实时性和响应性。

（5）时间同步：在系统中实现时间同步，确保各个设备的时间一致性，从而实现更准确的时间触发和数据同步。

（6）优先级管理：设定任务和数据的优先级，确保重要任务和数据能够得到优先处理，保证关键操作的实时性。

#### 1.1.2.2 工业物联网的优势

**1. 实现最广泛的连接**

工业物联网的最大优势是可实现最广泛的连接，工业物联网的发展核心就是通过资产的智能化与数字化，通过网络连接，实现生产、物流、销售、服务等全环节的网络化。工业物联网涉及无线传感器网络、无线网状网络、无线局域网等多种异构网络。这些网络实现了工业物联网信息交换。网关能够促进网络上各种设备之间的通信，网关还可以用来处理网络上通信中涉及的复杂节点。此外，工业物联网可利用互联网支持信息交换和实现数据通信。

工业物联网中的连接通信是面向机器的，可横跨各种不同的市场和应用。相对于物联网更注重以一种灵活的、用户友好的方式将新设备连接到互联网生态系统，工业物联网更加着重强调的是集成和连接工厂、机器，从而提供更高效的生产和新服务，实现更加广泛的连接。工业物联网通常使用固定的网络结构，以实现节点固定、中心化网络管理。同时，工业物联网的通信是机器对机器的连接，必须满足严格的实时性和可靠性的要求。

工业物联网成功的关键在于为机械设备赋予物联网连接能力。在生产环境中采用联网设备，企业便能将这些数字化智能设备纳入企业生产，并在设备的整个生命周期里保障系统正常运作。

**2. 为工业提供基础网络支撑**

工业物联网使得设备和系统能够实时监测和传输数据，企业可以远程控制设备运行状态，实现实时的生产监控和远程操作。工业物联网收集大量数据并进行实时分析，帮助企业做出基于数据的决策，优化生产过程、资源分配和运营策略。工业物联网还支持将大量数据实时地传输到需要它的系统和应用程序中。这意味着工业物联网几乎是所有边缘事物（例如传感器和控制器）与所有面向用户的应用程序［如人机交互（human machine interaction，HMI）、制造执行系统（manufacturing execution system，MES）、企业资源计划（enterprise resource planning，ERP）、企业制造］之间的基础接口或中间件分析。

*3. 智能对象优势*

工业物联网使工业智能变为可能，工业物联网助力智能制造。工业物联网的技术发展推动了智能家居、智能医疗等工业智能方面的发展，使人们的生活更加智能化、便捷化。我国制造业面临着提高生产制造效率、实现节能减排和完成产业结构调整的战略任务，工业物联网将对企业的生产、经营和管理模式带来深刻变革。

工业物联网提供了一个支持各种工业物联网应用的通信平台，它最大化地利用现有技术作为补充解决方案，而不是竞争解决方案，它与大多数公司已经拥有的大型信息系统相关联。工业物联网及其信息系统、控制系统构成了一个非常强大的解决方案。如果使用得当，它可以产生重大影响，并使制造业能够做前所未有的事情，同时为制造企业提供可衡量的、有形的利益。工业物联网的目的就是能对工业过程实施精准控制，主要基于传感器数据的采集、展示、建模、分析、应用等过程，在云端形成决策，并转换成工业设备可以理解的控制指令，对工业设备进行操作，实现工业设备资源之间精准的信息交互和高效协作。

工业物联网的优势之一是可以为智能制造解决方案奠定基础。工业物联网让人们更好地理解了工业生产过程，从而实现高效和可持续的生产。工业物联网旨在实现海量工业实体的智能化协作，改变工业生产形态的未来基础设施，通过运用新一代信息技术，对不同种类工业实体乃至整个工业网络进行管控，对工业和社会资源进行高效整合，从而实现工业实体的智能化发展。

## 1.2 工业物联网的发展历程与研究现状

### 1.2.1 工业物联网的发展历程

#### 1.2.1.1 从模拟到数字，从数字到网络

工业物联网是物联网在工业领域中的应用，是物联网与传统产业的深度融合。在制造业中，首先尝试创建"事物"之间网络的时期可以追溯到 20 世纪 60 年代，此时工业的仪器仪表主要由一些模拟仪器仪表发挥重要作用，现场仪表之间使用二线制 4~20 mA 电流和 1~5 V 电压标准的模拟信号进行通信，初步实现了信息的单向传递。使用这些模拟仪器仪表控制系统存在布线复杂、抗干扰性能差等缺点，但是由于其推广使用范围大，直至今日许多设备仍采用这种模拟仪表控制系统[9]。

随着工业发展，制造商开始利用数字化技术，实现对生产流程更透明地管控，以提高生产效率、降低生产成本和为客户提供更多的价值。数字化技术对于制造业有很大的好处，它可以降低成本，实现定制化生产，以及缩短产品上市时间，并且数字化技术可以让操作人员完全掌握生产设备和操作流程，从而更好地把握生产计划，即逐渐实现连接"事物"之间的网络从模拟到数字的转变。但是，只有将所有机器设备连接起来，并通过系统软件集成才能获得以上好处，所以数字化技术仍需不断升级和发展，实现从模拟到数字的发展。

#### 1.2.1.2 从集中式到分布式，从有线到无线

到 20 世纪八九十年代，DCS 进入工业领域，实现了分布式控制，即上下级之间通过控制网络可以实现通信，现场之间的通信均为数字化，数据通信标准 RS-232、RS-485 等被广泛应用。因为 DCS 信号采用数字化形式，所以能更好地克服模拟仪表控制系统中模拟信号精确度较低的缺点，同时可以提高系统抗干扰能力。

21 世纪初，现场总线控制系统（fieldbus control system，FCS）占主导地位，FCS 采用全数字、开放式的双向通信网络将现场各控制器与仪器仪表互联，将控制功能彻底下放到现场，进一步提高了系

统的可靠性和实用性。同时，随着以太网技术的迅速发展和广泛应用，工业以太网已经成为FCS的重要成员，FCS已从信息层渗透到设备层和控制层，逐步向现场层延伸。

2008年以后，随着组网的灵活应用，扩展需求随之变大，因为过去的工厂网络大多采用有线连接方式，改装设备的成本较高，重新架设线缆会产生难以估计的成本，而且会花费大量的时间，甚至导致停产，造成生产力和收入的下降，所以有线技术已无法满足当时工业发展的需求，用户也开始希望采用一些简单的无线技术实现设备的互联和互通，工业无线的相关技术应运而生。同时，因为工业有线技术具有容易被腐蚀、损坏，工业现场杂乱无序等问题，所以人们开始研究一种适合在恶劣的工业现场环境中使用的可靠的无线技术。无线技术可以将生产装备和生产设备连接起来，从而被应用到生产的各环节中，来实现工业生产全流程的泛在感知。利用工业无线技术可以降低生产成本，实现节能降耗，并且能够促进产业结构的调整和产品的优化升级。

进入21世纪后，科学技术有了进一步发展，通信技术也随之发生了改变，由过去的有线技术转变为无线通信技术，实现了从有线到无线的转变；无线网络也给制造业生产过程创造了较大的灵活性，大大减少了调试新生产线的时间，使得制造商能够更快地响应并满足不断变化的客户需求，为人们的工作和生活带来了巨大的便利。

#### 1.2.1.3 从单一的网络进入融合网络

从2018年开始，工业物联网开始得到社会的关注及政府的大力支持和引导，相关工业物联网、时间敏感网络（time-sensitive networking，TSN）、5G等技术得到快速发展。随后，工业物联网由政府引领逐渐转向应用需求为主导，企业开始应用工业物联网相关技术来解决实际面临的问题。工业物联网进入新阶段，人们逐渐意识到由数据驱动催生的新商业模式带来的巨大价值，机理模型和数据模型的结合为化解复杂系统的不确定性、发掘洞见、企业决策提供了强有力的数据支撑和新的引擎动能。

现如今，在工业发展和社会生活中，人们追求更加高效的技术手段，提高效率，降低成本，所以这几年，企业开始寻求一种可以达到以上预期要求的新型网络，于是研究人员研究出一种融合网络，这种融合网络逐步进入工业和生产相关技术领域的视线。这种融合网络技术有很多优势，如企业在现有设施基础上，可以通过融合技术将数据、语音及多媒体信息置于统一网络平台上，既降低了技术研发的成本，又提高了企业工作效率。现如今，融合技术的迅猛发展使网络本身增加了更多新的延展特性，进而使单一的网络逐渐演进发展为融合网络。

### 1.2.2 国内外研究现状

#### 1.2.2.1 工业有线技术

工业有线技术主要解决现场控制设备间的数字通信以及现场控制设备和高级控制系统之间的信息传递问题，它将智能传感、控制、计算机、数字通信等技术综合在一起。国内外在工业有线通信技术领域进行了广泛的研究和发展。

在标准制定方面，国际电工委员会（International Electrotechnical Committee，IEC）和其他国际组织（如PROFIBUS组织、CC-Link组织等）负责工业有线技术标准的制定。各国积极参与标准制定工作，促进了工业有线技术的国际化和通用化。国内相关标准机构（如中国电子工业标准化技术协会）也积极参与工业有线技术标准的制定，推动了一系列行业标准和协议的发展和发布。例如，以太网/IP（EtherNet/IP）、过程现场网（process field net，PROFINET）、控制器局域网（controller area network，CAN）总线协议等标准得到了广泛应用。

在技术研究方面，国际上各国研究者在工业有线技术领域进行了大量的研究和创新。例如，在工业以太网方面，全双工通信、时间同步等关键技术得到了广泛研究和应用。国内各大高校、科研机构和企业也开始积极从事工业有线技术的研究与创新，在工业以太网领域，研究者致力于提高数据传输速率、增强网络安全性、降低通信延迟等方面的研究。

在通信技术方面，国外研究机构和企业在工业有线通信领域积极探索新的通信技术。其中，工业有线技术的研究离不开通信协议与标准的制定。国际上，一些通用的工业有线通信标准被广泛应用，如工业以太网、CAN 总线、Modbus 等。国内也有一些工业通信标准和协议的研究和应用，如中国工业以太网等。工业有线技术的工业环境对通信的实时性和可靠性要求较高，为了满足这些需求，国内外研究者致力于改进工业有线技术的实时性和可靠性。例如，在工业以太网领域，引入 TSN 技术实现高精度的时间同步和数据流控制，以实现更高的实时性[10]。工业有线技术在通信过程中还需要考虑网络安全性。目前，国内外研究者对工业有线通信的安全问题进行了深入研究，包括网络隔离、加密算法、身份认证和访问控制等。特别是随着工业物联网的发展，网络安全在工业有线通信研究中变得尤为重要。随着工业数据量的增加和应用场景的多样化，人们对高速通信和大数据处理能力的需求也日益提高。

国外研究者致力于提升工业有线技术的传输速率和数据处理能力，以满足工业领域的实时性和大规模数据处理需求。例如，高速以太网和以太网的组态，为工业有线通信提供了更大的带宽和更快的数据传输速度。在协议标准化方面，国际组织[如电气与电子工程师学会（Institute of Electrical and Electronics Engineers，IEEE）和 IEC]在工业有线通信标准化方面作出了重要贡献。例如，PROFINET、EtherNet/IP、Modbus TCP 等协议已经成为工业有线通信的行业标准，并在全球范围内得到广泛应用。在实时性要求方面，工业有线通信中实时性要求是一个重要的研究方向。国外研究者致力于提高工业有线通信系统的实时性能，以满足工业自动化领域对实时数据传输的需求[11]。例如，通过增加网络带宽、优化通信协议和实现时间同步等方法来提高系统的实时性。在新兴技术方面，除了传统的有线通信技术，国外研究还涉及一些新兴的技术。例如，工业光纤通信技术被研究用于解决长距离通信和电磁干扰等问题。此外，工业无线通信也在逐渐得到关注，并与有线通信技术进行集成以实现更灵活的通信方式。

PROFINET 是一种用于工业自动化领域的通信协议，它是基于以太网的实时通信协议，旨在提供高性能、可靠和灵活的数据通信解决方案。国外对 PROFINET 的研究和应用都相当活跃。目前，国外研究机构和企业开始研究将 PROFINET 与边缘计算相结合，以实现更高效的工业自动化系统。边缘计算是一种将计算资源和数据放置在接近数据源或设备的边缘节点上进行处理和分析的计算模型。将 PROFINET 连接到边缘节点上，可以实现更快速的数据处理和近实时反馈，提高了工业控制系统的响应性能。研究者致力于将边缘计算引入 PROFINET 网络中，以实现更高效的数据处理和实时性能。这涉及在 PROFINET 网络中部署边缘设备，并通过边缘计算平台对传感器数据进行实时处理和分析，减少对中央服务器的依赖，提高系统的可扩展性和灵活性。国内研究者致力于研究如何在 PROFINET 网络中设计适合边缘计算的架构。他们考虑到通信延迟、安全性、容错能力等因素，设计出适合于 PROFINET 网络的边缘计算架构，以实现实时性能和高可用性要求。除此之外，为了解决 PROFINET 在实时性方面的挑战，国内也提出了将 PROFINET 与 TSN 相结合的集成方案。TSN 提供了时间同步、流量调度和可靠性保证等功能，可以为 PROFINET 网络提供更严格的实时性能，以适应高速、高可靠性的工业自动化应用。研究者在对 PROFINET 应用中对 TSN 的具体需求进行了分析。他们考察了 PROFINET 在实时性、带宽、时钟同步等方面的需求，并与 TSN 提供的特性进行匹配，以实现 PROFINET 和 TSN 的有效集成。近年来，国际标准化组织（如 IEEE 和 IEC）开始致力于将 PROFINET 和 TSN 进行标准化，以促进二者的集成。这些标准化工作涉及协议的适配、时间同步、流量调度等关键技术，为 PROFINET 和 TSN 的并存提供了基础框架。

TSN 是一种基于以太网的通信技术，旨在提供对实时应用和数据流的严格时间约束。TSN 的目标就是实现同一个网络中实时性关键数据流与普通数据流有良好兼容性的共同传输。要实现这两种业务的融合，就要求 TSN 中设备对时间表有着精准的把控，实现实时性关键业务所要求的低时延、低抖动。此外，如果能将各类设备错综复杂的业务流在同一网络上进行传输，这便意味着专用网络连线的减少，简化系统设备的部署流程，同时又能减少系统设备的体积与花销。目前，研究人员正在致力于提高 TSN 中时间同步的精度和可靠性。他们探索使用更精确的时钟源、改进同步协议算法以及减少同步误差等方法。高精度时间同步可以确保网络中各个节点具有高度一致的时钟，进一步提升对实时数据流的精确控制。国内外也正在研究如何实现更灵活的流量调度机制，以满足不同应用场景的需求。他们考虑通过引入机器学习和人工智能等技术，根据网络状态和应用要求，动态地调整流量调度策略，使得网络能够适应不同的实时数据流和流量负载变化。对于 TSN 这一新兴网络技术，研究人员开始研究 TSN 与 5G 网络的融合，以进一步提高网络的性能和功能，探索将 TSN 技术应用于 5G 边缘计算和网络切片中，实现对实时数据的优先级管理和资源分配，以满足不同应用场景对网络性能的要求。目前，这些研究成果进一步推动了 TSN 技术的发展和应用，促进了实时通信网络领域的创新和进步。

近年来，我国工业现场总线发展缓慢。为适用于现场设备的实时工作，我国建立了一种全新的标准，即由浙江大学、浙江中控技术股份有限公司、中国科学院沈阳自动化研究所、重庆邮电大学等单位联合攻关而提出的基于工业以太网的实时通信控制系统解决方案——工厂自动化以太网（EtherNet for plant automation，EPA）。这是一种全新的适用于工业现场设备的开放性实时以太网标准，可将大量成熟的 IT 技术应用于工业控制系统。EPA 不仅可以使工业现场设备实现基于以太网的通信，而且可以使工业现场设备层网络不游离于主流通信技术之外，并与主流通信技术同步发展；同时，EPA 使现场设备层到控制层、管理层等所有层次网络"E 网到底"，可实现工业企业综合自动化系统各层次的信息无缝集成，推动工业企业的技术改造和升级、加快信息化改造进程。该标准被列入现场总线国际标准 IEC 61158（第四版）中的第十四类型，并列为与 IEC 61158 相配套的实时以太网应用行规国际标准 IEC 61784-2 中的第十四应用行规簇（Common Profile Family 14，CPF14）。IEC 61158 是 IEC 的现场总线标准。目前，IEC 61158 现场总线标准已经发布了一系列的标准，最新版本为 IEC 61158-6-20，总共有 20 种现场总线加入该标准。IEC 61784 是国际电工委员会发布的一系列标准，用于定义和规范工业自动化系统中不同领域的通信网络。其中 IEC 61784-2 是建筑自动化领域的通信网络规范，用于建筑自动化系统中的设备和子系统之间的通信。

随着智能工厂和工业 4.0 要求的现场数据越来越多，目前工业现场总线技术已不能满足要求，将高速现场总线应用于工业现场成为目前技术发展的迫切要求。因此，一种新型高速工业现场总线 AUTBUS 应运而生，做出了将高速现场总线应用于工业现场的尝试。

AUTBUS 是由北京东土科技股份有限公司（简称东土科技）、北京神经元网络技术有限公司、重庆邮电大学等单位联合研制的一种基于时间敏感技术的宽带实时总线，AUTBUS 兼具了传统总线布线、安装简单，以及以太网高带宽、高实时性的优势，可在传统双绞线上实现 100Mbit/s@500m 的数据传输性能，其时钟同步精度低于 100 ns，循环周期可达 16 μs。AUTBUS 技术已获得 IEC 国际标准的支撑（IEC 61158 Type 28，IEC 61784 CPF 22），由东土科技主导制定的国家标准《基于时间敏感技术的宽带工业总线 AUTBUS 系统架构与通信规范》于 2022 年 10 月正式发布。AUTBUS 突破了传统工业网络通信物理层技术限制，完成了工业控制领域的"最后一公里"，在不改变传统线缆习惯的情况下可实现宽带接入，可在工业互联网底层让各个工业通信的节点间实现高带宽实时互联互通，是工业控制通信技术的新突破。AUTBUS 不仅受到了许多标准团体和 PLC 厂商的高度重视，也获得业内专家的广泛讨论和一致好评。未来，国内将持续推进 AUTBUS 总线技术的生态圈建设，推动该技术在石油化工、智能制造、铁路、电力和汽车电子等领域的应用，将 AUTBUS 与 5G、TSN 等技术相结合，加速推动人工智能在工业现场的融合应用，促进全球工业互联网产业升级，实现飞跃式发展。

经过多年的发展，根据 HMS Networks 的报告，工业以太网已成为主流，其市场份额超过了现场总线。2022 年的研究显示：工业以太网在工业网络市场中仍然是增长最快的，占所有新安装节点的 66%（2021 年为 65%）；现场总线的市场份额为 27%（2021 年为 28%），而无线网络仍占 7%的市场份额；PROFINET 和 EtherNet/IP 以各占 17%的市场份额并列排名的首位，但 EtherCAT 也增长迅速，紧随其后，占据 11%。图 1-2 为 2022 年工业网络市场比例图。

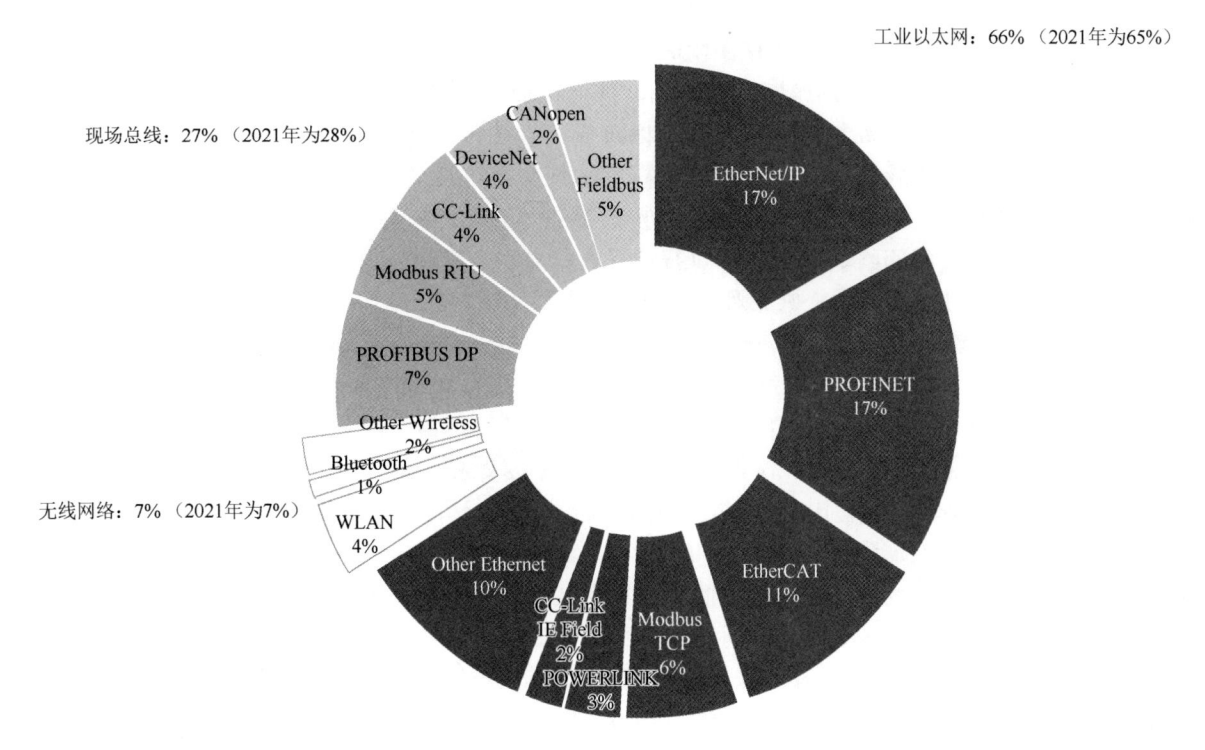

图 1-2  2022 年工业网络市场比例

总体而言，目前工业有线领域的研究和发展相对较为成熟，取得了很多重要的创新成果。这些成果不仅推动了工业自动化和智能制造的发展，也为许多国家和地区的工业有线技术研究提供了借鉴和参考。除此之外，由于工业有线技术的功能不断加强，智能化水平逐步提高，应用范围不断扩大，系统规模也逐步变大，需要组态的参数多，各参数之间的关系较为复杂[12]。为便于用户使用操作，工业有线系统组态逐渐变得简便。

### 1.2.2.2  工业无线通信

工业无线通信被称为工业控制领域的革命性技术，是继现场总线之后工业控制领域的又一热点技术，是降低自动化成本、提高自动化系统应用范围的最有潜力的技术，也是近几年工业自动化仪器仪表新的增长点。随着国外工业发展规模的不断扩大，工业现场对于无线通信技术的应用需求越来越多，工业现场环境的多样性决定了相应无线通信技术设计的针对性。截至 2022 年，国际上引起工业界广泛关注的工业无线标准主要有蜂舞协议（ZigBee）标准、ISA100.11a 标准和 WirelessHART 标准。

ZigBee 标准是基于 IEEE 802.15.4 协议标准的局域网协议，其物理层和数据链路层协议为 IEEE 802.15.4 协议标准，其网络层和安全层由 ZigBee 联盟制定，其应用层则根据用户需求进行开发利用。ZigBee 标准主要适用于自动控制和远程控制领域，可以嵌入各种设备，其特点是近距离、低复杂度、自组织、低功耗、低数据速率、低成本。ZigBee 标准是一种低功耗、短距离无线通信协议，用于物联网领域的设备互联和数据传输。近年来，国外研究人员开始探索将 5G 和 ZigBee 融合的可能性，以实现更高速率和更广泛的覆盖范围。这种融合可以产生更强大的物联网连接能力，促进物联网应用的发展。随着物联网设备数量的增加，对 ZigBee 网络的安全性要求也不断提高。研究人员致力于改进 ZigBee 网络的安全机制，包括加密算法、认证、防重放攻击等，以保护通信数据的机密性和完整性。在一些对通信质量要求较高的应用场景中，如智能家居和工业自动化，研究人员关注 ZigBee 网络的高可靠性和低延迟通信。他们通过优化协议和消息调度算法来提高通信效率，并减少数据传输的延迟。目前，国内外研究也致力于延长通信距离、减少信道干扰，以及增加对多路径传播和多路径衰落的抵抗能力。国外开始研究利用 ZigBee 技术连接各种边缘智能设备，例如传感器节点、智能家居设备等，将数据在边缘计算节点上进行处理和分析，这样可以减少数据传输量，降低网络延迟，并提供实时的响应和决策能力。由于 ZigBee 通信网关可以连接多个 ZigBee 节点和边缘计算节点，所以可以将 ZigBee 设备的数据引导到边缘计算节点上进行处理。这种方式可以减轻云端的负担，提高系统的响应速度，并实现分布式的计算和决策。通过结合边缘计算和 ZigBee 技术，边缘计算节点可以对 ZigBee 设备进行能耗管理和优化。例如，利用边缘计算节点的资源调度功能，根据设备的使用情况和需求，动态地控制 ZigBee 设备的工作模式和功耗，以延长设备的续航时间。同时，边缘计算节点也可以提供更快速和实时的数据处理和分析能力，结合 ZigBee 技术，可以在边缘计算节点上进行一些简单的数据预处理、过滤和聚合，减少云端的数据传输量，并提供更及时的数据结果和反馈。

ISA100.11a 是国际自动化学会（International Society of Automation，ISA）制定的一种无线传感器网络标准，用于工业自动化和控制系统。ISA100.11a 标准定义了子网的开放系统互联（open system interconnection，OSI）协议栈、网络结构、网络特性、系统管理器、网关和安全规范等。ISA100.11a 工程应用的重点是周期监控和过程控制的执行，容许 100 ms 或更短的延迟。ISA100.11a 标准由 ISA 下属的 ISA100 工业无线委员会制定，该委员会致力于通过制定一系列标准、建议操作规程、起草技术报告来定义工业环境下的无线系统相关规程。ISA100.11a 标准的主要内容包括工业无线的网络构架、共存性、健壮性、与有线现场网络的互操作性等，其定义的工业无线设备包括传感器、执行器、无线手持设备等现场自动化设备。ISA100.11a 标准希望工业无线设备以低复杂度、合理的成本和低功耗、适当的通信数据速率去支持工业现场应用。ISA100.11a 标准的目标是将各种传感器以无线的方式集成到各种应用中，所以 IP 技术与无线技术融合的想法促使 ISA100.11a 网络层的主要工作是采用 IPv6 协议（internet protocol version 6，第 6 版互联网协议）的骨干网，以及骨干网与数据链路层子网（data link layer subnet）间的转换上。网络层主要负责网络层帧头的装载和解析、数据报文的分片和重组、IPv6 帧头的 HC1 压缩方案以及 6LoWPAN 的路由技术等。ISA100.11a 在遵循欧洲、日本、加拿大和美国相关规范的前提下，可以在全世界范围内应用。如果一些地区的政策和法规不允许实现某些特征（如加解密算法的使用和无线电频谱使用限制等），可对 ISA100.11a 设备进行针对性配置，使其不具备这些特征。随着物联网技术的不断发展，各种不同类型的设备和系统需要能够相互连接和通信。因此，在 ISA100.11a 标准的研究中，研究人员也关注如何实现与其他无线通信标准的互操作性，以促进设备和系统之间的集成。

WirelessHART 是第一个开放式的可互操作无线通信标准，用于满足流程工业对于实时工厂应用中可靠、稳定和安全的无线通信的关键需求。WirelessHART 通信标准是建立在已有的经过现场测试的国际标准上的，其包括 HART 协议（IEC 61158）、EDDL（IEC 61804-3）、IEEE 802.15.4 无线电和跳频、扩频和网状网络技术。尽管只是成为 IEC 的公共可用规范（publicly available specification，PAS）而非正式的 IEC 规范，但是可以认为 WirelessHART 已经迈出了重要一步，对下一阶段的产品推广和使用意义重大。WirelessHART 可以灵活满足不同应用的要求，WirelessHART 协议支持多种报文模式，包括过程和控制值单向发布、异常自发通知、ad-hoc 请求/响应和海量数据包的自动分段成组传输（auto-segmented block transfers），这些能力允许按应用要求定制通信。目前，研究人员致力于提高 WirelessHART 网络的可靠性和鲁棒性，以应对恶劣的工业环境和干扰，他们通过改进物理层技术、优化通信协议算法，开发新的机制来自动识别和处理网络中的故障和干扰，达到提高网络的稳定性和性能的目的。其中，实时性在工业自动化中非常重要，因此，研究人员致力于减少 WirelessHART 网络的传输时延，以满足对实时数据获取和控制的需求。他们探索改进网络路由和调度策略，降低数据传输的延迟，并研究利用缓存和预取技术来提高数据的及时性和可靠性。物联网技术的快速发展为 WirelessHART 带来了更多新的机遇和挑战，研究者开始研究如何将 WirelessHART 与其他物联网协议和技术进行有效集成，实现设备间的互操作性和跨网络的数据传输。

由于国内工业现场环境复杂以及工业应用的特殊要求，工业无线网络在通信实时性、可靠性、安全性以及抗干扰能力等方面也面临很多问题。无线通信技术在为人们的工作和生活带来方便与快捷的同时，人们也要注意影响无线通信设备监测技术的相关因素，以便及时做出补救措施，维护无线通信设备监测技术的可靠性。无线通信设备监测技术是利用无线通信技术的优势，来远距离地完成对设备状态的监控工作，但是无线通信的质量很容易受到外界环境的干扰，造成信号不稳定或者其他方面的问题。目前，工业无线网络的研究热点主要集中于网络技术和通信协议方面。在数据管理、软件开发环境和工具等方面的研究工作还不多，并且工业无线网络技术尚缺乏统一的国际标准，这严重阻碍了无线网络技术的应用和普及。我国非常重视工业无线技术的相关问题，致力于研究其解决方法。

目前，工业现场应用对大带宽、低时延、广连接、高可靠性的通信提出了更高要求，5G技术进入到工业现场，成为工业无线的又一选择。5G是第五代移动通信技术的简称，具有更高的数据传输速率、更低的延迟、更大的连接密度和更高的可靠性。5G技术的出现，使信息传播速率大幅提升，更好地满足了人们对信息快速传播的要求。同时，5G技术的出现，有效解决了4G技术中连接点终端数量受限问题，5G技术可以实现每平方千米内连接百万以上的移动终端，真正意义上实现了"万物互联"的效果。

从2020年开始，5G技术开始实现广泛应用，成为推动工业物联网走上发展快车道的关键技术。紧抓5G技术发展的时代机遇，加快推进工业物联网技术的变革，进一步推动工业物联网标准统一化，加快物联网创新发展，不断提升工业物联网安全性能，拓宽物联网实际应用，是5G技术下物联网变革的重要方向。国内各界积极探索5G在不同领域的应用场景。例如，智慧城市、工业物联网、智能交通、远程医疗等领域都在进行相应的5G应用研究和实践。相关企业也在加大对5G产业链的投入，推动技术创新和产品发展。近年来，我国致力于网络通信技术的发展，实现了从4G时代的追赶者向5G时代的引领者的艰难蜕变。在有关5G短码方案讨论中，华为企业Polar Code方案获得高度认同，被认定为最终解决方案。从实际来说，我国5G技术还需要加快标准的制定步伐，深入分析和全面考虑网络与系统的融合，促进5G技术下物联网的变革，实现物联网发射频段与系统环节标准的相互统一，进而有效拓宽物联网设备进入网络的范围，使物联网应用更加广泛。目前，国内积极参与国际标准化组织（如3GPP）的标准制定工作，并推动了一系列核心技术和接口标准的发展。中国还成立了自己的5G研究与标准组织（如中国移动通信研究院），并在国内推动了5G关键技术的研究和标准化工作。同时，中国各大电信运营商积极进行5G网络建设和部署。目前，全国范围内已经建成了大规模的5G基站，覆盖城市和乡村地区。同时，中国也推动了5G网络的全面覆盖，包括深入挖掘垂直行业的需求和应用场景。

随着工业无线通信的普及，工业无线通信的安全性也日益受到重视。国内外研究机构和企业致力于研究工业无线通信的安全机制，包括身份认证、数据加密和防止网络攻击等方面。无线通信为工业发展带来了新机遇，提供了灵活、高效的自动化解决方案，无线通信技术近几年得到了迅猛的发展，成为工业通信市场的增长点，引起了越来越多人的关注。

#### 1.2.2.3 融合网络

工业物联网融合，即工业物联网互联互通，是工业物联网发展的关键问题。随着制造业的转型升级，工业物联网的发展全面渗透到了工业制造的各个领域，工业物联网将实现制造领域实体间的全面互联互通，将为制造领域中数据信息的流动提供通道，为制造领域的创新应用模式提供支撑，从而促进工业资源的优化配置，推动企业的高质量发展，提升产业经济附加值。

工业物联网互联互通面临着如何与现有的因特网和工业控制网络进行有机深度融合的问题。一旦提到通信问题，必然会想到开放系统互联（open system interconnection，OSI）协议七层通信模型或者简化的TCP/IP五层通信模型，每一层只关注各自的功能和协议，向相邻层提供接口和服务。

目前，在OT和IT融合的大背景下，单一的有线或无线网络很难解决问题，融合网络研究备受关注。

国际上对于现场级工业物联网有线与无线融合组网的新技术与新方法：在2018年，意大利布雷西亚大学的Sisinni、美国韦恩州立大学的Saifullah等[13]联合发表的论文"Industrial Internet of things: Challenges, opportunities, and directions"认为工业物联网的挑战是网络间和设备间缺乏互操作性，增加部署和集成成本，提出需要一个将不同网络无缝互联的架构；同年，IEEE 802委员会发布了接入网络参考模型和功能描述推荐实践草案，扩展现有标准以支持异构接入网络；3GPP R16 提出了 5G 桥接 TSN 的架构，定义了 TSN 应用实体（TSN-AF），并针对 TSN-AF 与 5G 核心网元及设备侧和网络侧的桥接进行了定义。

在基于软件定义的现场级异构网络统一配置前沿技术方面：2018 年，开罗大学的 Ismail 等[14]提出了利用网络本体语言形成设备配置域语义并利用 YANG 模型进行信息抽取；2021 年，比利时安特卫普大学的 Municio 等[15]提出了通过基于软件定义的思想控制物联网路由和调度平面。

对于工业异构网络协同及跨网确定性调度方法：近年来，国际上产业界和学术界也相继提出了不同的解决方案。慕尼黑工业大学的 Guck 等[16]提出了一种基于软件定义网络（software defined network，SDN）的服务质量（quality of service，QoS）控制框架，通过网络演算来维护准确的网络模型，将资源分配给"队列链接"网络。

目前，针对异构网络跨网融合以及网络流量调度等领域的研究在国外正处于蓬勃发展的阶段。众多新的理论和方法不断涌现，为这些领域的探索和应用带来了更多可能性。研究者不断地提出新的理论和方法，并积极实践和验证它们的可行性和有效性。这些研究旨在提高网络性能和效率，进一步推动网络技术的发展和应用，以满足不断增长的数据传输需求，为网络技术的发展和优化提供有力的支持。

Ansah 等[17]提出了一种用于管理工业异构网络的控制器架构，该架构通过整合网络适配器模块和服务需求建模来控制和管理异构网络。该方案采用预定义的模板将底层网络收集的信息转换为标准化数据格式，以确保控制器架构与网络管理系统之间的兼容性。此外，该架构可从数据面到控制面和应用面进行需求建模，实现高效的控制和管理。

综上，新一代现场级工业物联网融合组网与配置前沿技术属于信息通信领域与工业自动化领域交叉的研究热点，对该技术开展研究能使工业物联网进一步满足灵活、便捷接入及确定性、低时延等需求。因此，新一代现场级工业物联网融合组网与配置前沿技术研究具有显著的前瞻性，为打造智能工厂提供重要技术支撑。国外从事相关研究的主要机构如表 1-1 所示。

表 1-1　国外从事相关研究的主要机构

| 序号 | 机构名称 | 相关研究内容 | 典型成果 | 相关专利、标准及代表性文献 |
| --- | --- | --- | --- | --- |
| 1 | IEC/TC65/SC65C（国际电工委员会工业过程测量、控制与自动化/工业网络分委会） | 工业以太网、现场总线、工业无线及时间敏感网络在自动化行业中的应用 | 工业以太网、现场总线、工业无线、时间敏感网络等关键技术及标准化 | IEC 61158<br>IEC 61784<br>IEC 62601<br>IEC 62948<br>IEC/IEEE 60802 |
| 2 | ISO/IEC JTC1 SC41（国际标准化组织/国际电工委员会的第一联合技术委员会物联网与数字孪生分技术委员会） | 物联网领域的国际标准化工作 | 物联网异构互联、互操作技术研究、测试、标准制定 | ISO/IEC 21823-1<br>ISO/IEC 21823-2<br>ISO/IEC 21823-3<br>ISO/IEC 21823-4<br>ISO/IEC 30161-2 |
| 3 | 3GPP（第三代合作伙伴计划） | 5G NR 及相关 5G 标准 | 5G 桥接 TSN 网络架构及指标要求、5G URLLC 技术指标及要求 | TS 26.261<br>TS 23.501<br>TS 23.725<br>TR 23.734<br>TR 38.824<br>TR 38.825 |
| 4 | Hanyang University（韩国汉阳大学） | 工业 5G、TSN、互操作建模 | 在全球率先开发和搭建面向制造系统的 TSN 试验平台 | 文献[18]～文献[20] |
| 5 | ABB（Asea Brown Boveri）集团德国研究中心 | 工厂无线技术 | 工厂自动化无线技术 WISA 和 WirelessHP | 文献[21]、文献[22] |

近年来，国内研究机构和高校积极开展融合网络的技术研究，包括融合组网技术、融合传输技术、融合接入技术、融合资源管理技术等。在技术创新方面，国内研究者提出了多种融合网络架构和协议，如光电融合网络、无线光纤融合网络等，以满足不同应用场景的需求。对于现场级工业物

联网有线与无线融合组网新技术与新方法，重庆邮电大学率先研制了支持 IPv6 + OPC UA（open platform communications unified architecture，开放平台通信统一架构）的异构互联工业物联网系统。总体上看，当前国内外对有线和无线融合组网的基础架构已开展了一定研究，但能够适配现场级应用多样性、消除网络资源及协议差异性的异构网络融合组网新技术和新方法，仍需进一步研发。

随着工业物联网的迅速发展，网络中需要接入海量的终端设备，IPv4（internet protocol version 4，第 4 版互联网应用协议）所提供的网络地址早已枯竭，已经无法满足目前工业现场海量设备接入对网络地址的需求。IPv6 作为下一代 IP 协议，为 IP 网络与工业网络的无缝连接提供了必要的技术支持和广阔的地址资源。将 IPv6 技术创新应用于工业无线网络领域，可有效地解决海量终端接入问题，为网络化智能化转型升级提供庞大的网络空间与数据传输通道，促进异构网络、不同互联网协议间的互联互通。

目前，国内对工业无线网络接入 IPv6 技术也具有一定的研究基础，主要研究将现有工业无线网络协议中嵌入 IPv6 网络层或工业无线协议转 IPv6 协议的网关。Wang 等[23]提出了面向工业过程自动化的工业无线网络标准技术（wireless networks for industrial automation process automation，WIA-PA）网络的 IPv6 分组传输方案。根据 WIA-PA 网络的特定需求，建立改进的 IPv6 和 WIA-PA 协议栈体系结构，设计 WIA-PA 网络的 IPv6 报文传输格式，为发展工业无线网络与 IPv6 网络互联奠定了基础。

随着工业互联网、工业物联网的快速发展，工业网络正逐渐将 OT 和 IT 融合，工业自动化生产车间有广泛分布的物联网设备，它们实时采集工况负载情况，以及设备的状态参数等数据信息，这些数据信息的累积构成了工业大数据。因此，工业网络需要引进新的技术才能适应这些新的变化。

工业物联网的发展与工业制造的现状密切相关，工业制造领域门类众多，不同行业之间，甚至同一个行业的不同区域之间发展参差不齐，工业物联网互联互通实施时要坚持从实际情况出发，依据现有的网络设施基础，根据人力、物力和财力的投入成本，确定合理的互联互通实现目标。另外不同的工业物联网应用对互联互通的具体要求不同，比如个性化定制生产需要企业内信息系统和生产系统的全联通，才能实现依据订单组织物流和生产，而远程运维通常是实现设备与运维平台的联通。

当前阶段，工业物联网互联互通面临各种各样的网络通信技术，另外网络接入点规模不同、网络覆盖区域不同、网络传输性能要求不同等均会产生不同的网络规划需求。其中，工业物联网互联互通的部署实施需要充分重视兼容性，因此部署方案和设备选型需要考虑上下兼容，尤其是与未来网络演进的兼容及与业务发展方面的兼容。为了推动融合网络的发展和应用，国内积极参与国际标准组织的工作，推动相关标准的制定。例如，在软件定义网络（SDN）和网络功能虚拟化（network functions virtualization，NFV）领域，国内研究机构积极参与标准工作组，并推动融合网络标准的制定和实施。

SDN 是一种开放的网络创新架构，可以实现网络虚拟化。通过将网络设备的控制面与数据面分离开来，灵活控制网络流量，实现智能化生产，给网络的发展带来新的动力。在保证工业网络实时性需求的前提下，在工业网络中引入 SDN 的理念，形成工业软件定义网络环境；通过在网络层构建扁平化架构，将由集中的控制器生成的策略下发给扁平化的交换机进行网络的统一管理和调度。软件定义网络技术是实现工业互联网发展的必要前提，目前针对工业软件定义网络已有的一些研究基础，包括软件定义工业无线传感网、软件定义工业物联网、软件定义工业自动化网络。目前已有相关研究将 SDN 应用于工业控制网络中，将 SDN 控制器与工业接入网络系统管理器配合使用，能够对工业接入网络与工业回程网络资源进行优化控制。工业软件定义网络架构中，接入网络主要分为工业有线接入网络与工业无线接入网络。工业 SDN 控制器与接入网络的系统管理器之间通过交互可以实现不同接入网络之间的信息传输共享。对于有线与无线混合的工业网络存在的实时性、可靠性、安全性及兼容性问题，已经出现了一些解决方案。

物联网和 SDN 架构的应用推广，加速了 SDN 控制器系统、转发设备等的技术协议跟进，同时使得传统网络与 SDN 新型网络架构共存的融合网络成为当前广泛使用的数据平台基础。其中，SDN 与边缘计算的融合成为研究的热点之一，研究人员致力于利用 SDN 的灵活性和可编程性，实现对边缘节点的网络管理和资源分配,以提供更高效、可靠的边缘计算服务。SDN 与 5G 的融合被认为是未来网络的重要发展方向,研究人员正在探索如何利用 SDN 的灵活性和可编程性,实现对 5G 网络的动态管理和优化,以提供更低延迟、更高带宽和更好的用户体验,研究人员也在尝试将 SDN 与边缘智能相结合,从而能够实现对边缘智能设备的网络管理和资源调度,以此来提高边缘计算的效率和性能。与此同时,随着网络安全威胁的不断增加,SDN 安全与隐私保护成为研究的重要方向。研究人员在 SDN 中引入了各种安全机制,例如流量监测、入侵检测和访问控制,以保护网络免受恶意攻击和数据泄露。

融合网络的发展不仅仅止于学术研究,也涉及产业化和商业化的应用。国内一些企业积极投入融合网络的研发和创新,推动相关产品的市场推广和商业部署。同时,政府也出台了相关政策并提供资金支持,鼓励融合网络技术的产业化发展。

## 1.3 工业物联网的产业发展

### 1.3.1 工业物联网的产业现状

工业物联网的技术不断进步,包括传感器技术、通信技术、数据分析技术、人工智能和边缘计算等。这些技术的不断创新和进步为工业物联网的发展提供了坚实的基础。

工业物联网的发展促进了一个庞大的产业生态系统的形成,涵盖了设备制造商、软件开发商、云平台提供商、系统集成商、服务提供商等多个角色。各个环节的合作与创新推动了工业物联网的应用和推广。工业物联网是 OT 与 IT 的融合,参与方众多,意味着在工业物联网这条赛道上竞争激烈,但同时工业物联网产业链很长,没有任何一家公司能够在产业链的每一个环节都做到极致和领先,企业需要找准自身定位,结合自身优势,以正确的姿态驶入这条赛道。物联网产业链的参与者主要包括设备制造商、系统集成商、网络运营商、平台供应商等。目前,我国工业物联网产业利润的主要获取者为设备制造商和系统集成商,随着产业发展,网络运营商和平台供应商的利润将迎来快速上升,它们将成为产业利润的主要获取者。

#### 1.3.1.1 设备制造产业现状

设备制造商主要涵盖感知层、传输层、现场设备层等工业物联网各层级主要设备厂商。

感知层的传感器是实现工业物联网中信息感知的首要环节,类似于人的五官,能够快速准确地获取信息。目前全球传感器市场主要由美国、日本、德国的相关企业主导,我国传感器相关产业也在加大投入,国有传感器及仪器仪表市场占有率不断提高,涌现出华立仪表、上海仪表、汉威电子等一批具有代表性的企业。工业物联网的应用场景复杂,且不同场景之间差异较大,对传感器也提出了新的要求,因此,一些厂商将传感器和微处理器以及通信单元集成到单颗芯片中,使得传感器具备数据处理、自校准、自补偿、自诊断等功能,与传统传感器相比,在功耗、性价比、可靠性等方面有着显著优势。

传输层企业主要包括芯片、通信模块、通信设备等相关企业,其相关的工业现场总线、工业以太网、无线通信等技术也在不断发展,尤其无线通信领域的创新尤为活跃。在蜂窝网络方面,5G 的三大场景中,高可靠低时延连接以及海量物联均面向物联网。低功耗广域网凭借功耗极低、信号穿透性强、局域范围内灵活自组网的特点,能够满足物联网中等距离范围内低频率数据交换的需求。国内芯片企业技术水平也在不断提高,例如东土科技在这方面取得了巨大的成就,研发了全球领先的全场景工业互联网通信芯片、软件定义控制的边缘服务器。

现场设备层主要涉及厂商包括工控机、DCS、SCADA、FCS 等企业。在工业自动化方面,DCS 和 SCADA 系统对工业过程进行监测、控制、优化和调度,涉及现场数据处理,只是以前受限于硬件的处理能力,以及出于工艺保密性和安全隔离性方面的考虑,很多系统在设计时并未考虑接口开放。目前 DCS 生产厂家也主要集中在美国、日本、德国等。我国 DCS 市场中，国外 DCS 产品市场占有率较高，例如霍尼韦尔和横河公司的 DCS 产品。不过近年来我国 DCS 产品技术水平也在不断提高，逐步获得市场认可，涌现出一批优秀企业，如北京和利时科技集团有限公司、浙江浙大中控信息技术有限公司、上海新华控制技术集团有限公司、浙江威盛自动化有限公司、北京航天测控技术有限公司等。

#### 1.3.1.2 系统集成产业现状

系统集成商主要致力于解决各类设备与子系统间的接口、协议、系统平台、应用软件等与子系统使用环境、施工配合、组织管理和人员配备相关的集成，相关企业包括自动化企业、工业控制系统企业、工业软件企业等各类工业系统解决方案企业。中国工业控制系统企业主要由三类企业构成：第一类是以北京和利时科技集团有限公司、浙江浙大中控信息技术有限公司、北京四方继保自动化股份有限公司、国电南京自动化股份有限公司、北京三维力控科技有限公司、北京亚控科技发展有限公司等为代表的工控系统厂商；第二类是以绿盟科技集团股份有限公司、启明星辰信息技术集团股份有限公司、天融信科技集团、北京中科网威信息技术有限公司等为代表的传统信息安全厂商；第三类就是国内还有一些专注于工控安全的新兴公司，诸如北京力控华康科技有限公司、中京天裕科技（北京）有限公司、北京匡恩网络科技有限责任公司等。

#### 1.3.1.3 网络运营产业现状

网络运营商主要提供数据传输，是工业物联网网络层的主体，是连接传感数据和终端应用的中间环节。运营商将关注焦点放在了连接和应用这两个层面。其中连接是运营商最擅长的领域，而平台则是运营商未来突围的关键。中国的网络运营商在保持连接和平台的基本盘外，也在向芯片、模组等领域深耕，打造开放的接入平台、能力平台、大数据平台的同时，也在通信模组、智能传感器、处理器模组和开源硬件体系等领域开展合作研发与联合推广。

近年来，5G 的发展为工业物联网行业智造升级带来巨大推力，网络运营商也在积极与企业合作，构建 5G 全连接工厂[24]。工业物联网也是 5G 商用的主战场，工业制造企业迫切需要构筑能够支撑工业全要素、全产业链、全价值链互联互通的网络基础设施，加快企业外网和企业内网建设与改造，提升基础支撑能力。5G 专网可以满足企业安全、快速和稳定的需求，相对于运营商为普通用户建设和提供的"公网"，"专网"其实是一种局域网（local area network，LAN）——在特定的区域内实现网络信号覆盖，为特定用户提供通信服务。运营商帮助企业构建的 5G 专网基于运营商的 5G 频段，有着完全私有、不共享的性质。目前已有不少企业与网络运营商合作打造应用项目，诸如中国电信与三一重工达成战略合作，为三一重工规划建设以总部为中心，辐射全国生产厂区的工业互联网精品云专网，并为三一重工各个厂区构建 5G 专网[25]；中国移动建设 5G 专网运营平台，助力海尔打造智慧工厂，推动企业从制造到智造的转变。

#### 1.3.1.4 平台产业现状

平台供应商主要为工业物联网应用提供支撑，能够为设备制造商提供终端监控和故障定位服务，为系统集成商提供代计费和客户服务，为终端用户提供可靠全面的服务，为应用开发者提供统一、方便、低廉的开发工具等。

工业物联网平台是工业物联网产业发展的制高点，同时也是工业物联网应用的支撑载体。工业物联网平台需要不断将各行业各领域的工业知识与经验沉淀为数字化模型，并以工业组件的形式供开发者调用，以快速构建面向工业场景的定制化应用。由于平台涉及生态和长远商业利益，因此这一领域的竞争是最激烈的。目前来看，可以大致归为三类。

第一类是根植于工业制造领域的巨头，包括传统制造企业、装备制造商，基于其在工业领域主营业务的积累、工业知识的沉淀，将技术积累和经验体系模型化、代码化和工具化，以此构建工业物联网平台。规模大的头部企业，均拥有或正在建立完整的工业物联网平台架构，如工程机械、电子信息、高端装备、电力、钢铁、轻工家电、建筑、船舶等行业。例如，德国的西门子、美国参数技术公司（PTC），国内的华为技术有限公司、研华科技（中国）有限公司、树根互联股份有限公司、海尔集团公司、中国航天科工集团有限公司、江苏徐工信息技术股份有限公司、富士康工业互联网股份有限公司等，纷纷推出各自的工业物联网平台，并发展生态合作伙伴。

第二类是信息通信巨头借助云计算优势，积极发展工业物联网平台。互联网 IT 公司具备强大的基础设施支撑、丰富的大数据分析和 AI 能力、成熟的定价体系以及安全保障策略，形成了成熟的云计算服务模式，以云平台为基础，通过联合上下游企业，布局工业物联网。例如美国的微软、亚马逊，国内的互联网公司阿里巴巴、百度和腾讯，都推出了物联网平台。移动运营商也积极参与到这个赛道中，努力避免单纯为互联网企业提供数据管道服务，例如中移物联网 OneNET。

第三类是针对细分领域的中小企业，在传感器、设备接入、工业自动化、测试与测量、通信、安全、工业大数据等环节，诞生了一些优秀的物联网企业，它们专注于自己专长的领域，长期深耕，产品不断迭代，从定制化走向标准化，并构建了自己的技术护城河。同时，基于客户的需求，它们也开发了一些轻量级的工业物联网平台，实现端到端的完整解决方案。平台并非它们的核心优势，更像是产品能力的延伸。

目前工业物联网产业机构和标准化组织正致力于工业物联网标准体系的构建，如基础共性标准、网络标准、平台标准、安全标准、垂直行业应用标准等。工业物联网涵盖了硬件、软件、网络和平台等多个领域，标准的建立也要依赖于企业之间展开合作，优势互补，形成一个良好的工业物联网生态体系[26]。

### 1.3.2 工业物联网的典型应用

#### 1.3.2.1 生产控制与过程优化

物联网能够将各式各样的设备进行连接，使生产设备以及其他的管理工具和相关资产能够摆脱之前孤立的状态，彼此连接起来，从而能够为使用者提供更方便有效的信息数据收集渠道。能够轻松地定位和连接到特定的生产资料和生产环节是物联网的一项关键功能。通过物联网，企业将能够对生产环节进行完全掌控，能够追踪到生产环节中的任何一个零件的去向。工厂负责人可以通过将操作员使用的工具与生产中使用的任何机器连接起来，获得生产输出的实时视图。制造商可以对工厂运转过程中产生的数据进行收集分析，快速识别和解决瓶颈问题，帮助实现更快、更高质量的生产。

#### 1.3.2.2 设备监视与远程运维

工厂车间有很多生产设备，它们都具有本地人机交互（HMI）界面，设备的状态、报警、故障信息都在 HMI 上显示。在自动化水平高的工厂，则会有更高层次的 SCADA 系统，汇聚 HMI 信息，集中查看[27]。将 SCADA 开放接口对接物联网平台，平台就能够对所有工厂、车间的设备运营状态进行监控分析。对于体量大的资产，日常线上监控能够极大降低设备管理风险。根据设备的产能、设备综合效能、设备故障率，分析设备任务分配是否合理、是否存在长期闲置、某家设备供应商的设备故障率是否高。将设备相关的工序量化，人的工作量通过设备的传感器和软件得以捕捉，为提升效能、分析策略提供数据。另一方面，当系统出现故障时，用户需要系统维护人员的技术支持，特别是供应商的支持。当系统发生故障时，如果能够立即与技术维护人员取得一对一的连接，由系统技术专家对系统进行远程诊断和维护，可以及时排除系统故障和隐患，节省系统维护费用。

#### 1.3.2.3 人员管理与生产安全

我国对生产安全常采取的是人防加物防的形式，通过不断增强企业安全生产意识，借助人力和设备来进行监督与预防。这样的方式虽然具备一定效果，但在防护准确性、全面性和及时性等方面仍存在不足。在这样的情形下，工业物联网为人员管理与生产安全提供了新的思路。

物联网能够将人与物、物与物进行连接，凭借在数据信息采集、传递、联通上的优势，其能成为生产过程中的预警器和监督者。可通过智能传感器采集工业生产的相关数据，如容器温度、容器压力、天气状态等，然后通过物联网系统分析数据，驱使相关程序自动或半自动运转，从而调整到最合适的条件，确保生产安全。可利用定位技术，对厂区范围内的人员、物资、设备、车辆等进行精准定位。随时查看人员物资的位置、移动路线、进出某区域的时间、在某区域的停留时长等数据，让岗位调度、人员管理更加简单便捷；一旦某区域发生危险，可以通过系统查看人员的位置，大大提升紧急疏散、抢险救援效率，减少因为突发事故造成的人员伤亡和企业损失。

#### 1.3.2.4 能耗管理与协调传输

单靠设备解决节能问题的时代已经过去了，目前工业生产领域已将物理学原理发挥到极致，单靠设备升级已不足以支持生产效率再提高，未来提高生产效率的最大驱动力，来自传感器+大数据的工业物联网[28]，所有机器、设备和人连接到一起，让工厂和设施更好地运转。这提供了工厂的完整运营状况，预测并预防运营中断，而通过在水表、电表、燃气表等能源计量节点配置集成无线感知、通信、计算、自检验等功能的传感设备，可实现能耗数据的准确采集和传输，实现能耗数据全透明。此外，还可以通过改进的跟踪和监控洞察力，积极影响计划性能和能效。由于数据是在单个中央仪表板界面上实时传送的，因此操作员可以非常方便地对其进行排序和过滤。例如，给风力发电场配备监控和诊断设备，根据实时风向和风力，让它们将风力涡轮机的叶片的桨距调整得更加协调，可以极大地节省电力。

#### 1.3.2.5 物料追溯与产品跟踪

物料追溯系统通过对已经出货的成品查询某个产品是由哪些重要物料组成、这些物料于什么时间组装、什么供应商提供的哪一批物料，管理者就能够对原材料、中间件及成品的质量进行管理和决策。目前国内外的追踪和追溯研究领域主要集中在牲畜、食品、药品等方面，对生产企业的研究，则侧重于流程建模和系统架构方面。物联网的出现为实现供应链中物品自动化跟踪和追溯提供了平台[29]。在物流供应链中，对物品的跟踪和追溯对于实现高效的物流管理具有重要意义，对物品历史信息的分析有助于库存管理、生产控制以及销售计划的有效决策。分布于世界各地的商品生产商可以实时获取其商品的销售情况，从而及时调整其生产量和供应量。例如，基于 RFID 物联网物料追踪管理系统，不仅能够自动、快速、准确地采集各种信息，并且能够将信息通过网络技术和数据库进行整合，实现协调运作、统一管理，从而保证追溯的可能性和有效性。

### 1.3.3 工业物联网的产业前景

工业物联网应用潜力巨大，相关市场研究公司的调查报告显示，2018 年全球工业物联网的市场规模约 640 亿美元，2023 年达到约 1600 亿美元。其中，亚太地区增速最高，中国和印度等新兴经济体的基础设施和工业发展持续促进亚太地区的工业物联网市场成长。2016~2025 年，全球工业物联网设备联网数量将从 24 亿增加到 138 亿，增幅近 5 倍，工业物联网设备联网数量也将超过消费物联网设备联网数量。

工业物联网在能源、交通运输（铁路和车站、机场、港口）、制造（采矿、石油和天然气、供应链、生产）等应用领域上发挥重要作用。我国工业物联网的发展也由过去的政府主导逐渐向应用需求转变。中国已形成包括芯片、元器件、设备、软件、系统集成、运营、应用服务在内的较为完整的物联网产业链，各关键环节的发展也取得重大进展。基础芯片设计、高端传感器制造、智能信息处理等相对薄弱环节与国外差距不断缩小，尤其光纤传感器在高温传感器和光纤光栅传感器方面取得重大突破[30]；

物联网第三方运营平台不断整合各种要素形成有序发展局面，平台化、服务化的发展模式逐渐明朗，成为中国物联网产业发展的一大亮点。我国陆续发布政策，探索工业物联网产业链生态构建。在政策的推动下，中国积极推进物联网技术研发，取得一批重大研究成果。在传感器领域，光纤传感器、红外传感器技术达到国际先进水平，微电子机械系统（micro-electromechanical system，MEMS）传感器实现批量生产。在 RFID 领域，中高频 RFID 技术逐渐具备国际领先优势，超高频 RFID 和微波无源 RFID 技术水平大幅提升。在信息传输领域，中国 5G 技术研发试验于 2016 年 1 月正式启动，NB-IoT 商用进入部署和推进阶段[31]。在其他领域，北斗芯片、网络架构、物联网中间件平台、多功能便捷式智能终端等技术研发均取得重大突破。

从专利方面看，国内国外无论是专利申请数量还是授权数量都呈现出先升后降的趋势。2020 年行业专利申请量为 75 653 项，授权量为 25 727 项，授权比例为 34.01%。2021 年，全球物联网行业专利申请量为 37 028 项，授权数量为 7087 项，授权比例为 19.14%，授权比例进一步下降。可见，国内外物联网技术研发热度较高，且专利保护意识在不断提升。

在政策推动以及应用需求带动下，2021 年工业物联网在整体物联网产业中的占比已达到 25%，规模突破 4500 亿元。展望未来，工业物联网也是物联网应用推广最主要的动力。

### 1.3.4 工业物联网的发展趋势

#### 1.3.4.1 工业物联网与生产制造深度融合

工业物联网将具有感知、监控能力的各类传感器或控制器，以及信息通信、智能分析等技术不断融入工业生产过程各环节，能够提高制造效率。在工业生产制造领域，工业物联网在生产过程中的工程优化、产品设备监控管理和工业安全生产管理得到广泛应用。以培育多形式的工业物联网资源共享平台为切入点，加大产业研发和测试，促进资源流动与整合配置。在工业物联网的背景下，许多工业自动化技术供应商和制造商都期待独立于制造商的开放式通信平台，期望在系统范围内实现越来越多的自动化流程。现如今工业物联网的未来正向着设备连接日趋多元化、由产业个体向生态系统转型、网络服务与设备提供分离、应用由设备和资产向产品和客户转移的方向不断发展[32]。

虽然目前我国工业物联网发展良好，取得了重大突破，但仍需保持清醒的认识。目前，我国工业中对工业物联网的应用整体水平还不高，仍需多管齐下对产业链进行系统培训，促进其快速稳定地发展。工业物联网在工业生产制造中的应用场景十分复杂，工业物联网系统组件是不同异构和多供应商技术的集合，例如工业机器、机器人、物联网设备、传感器、执行器、网关、边缘节点、边缘/云数据服务器、不同的有线/无线通信和蜂窝网络，许多厂商生产的设备只能匹配自己的系统，从多源异构的系统中获取数据本身已经十分费时费力，基于异构和多供应商技术的工业物联网系统之间的集成和协作更是一个具有挑战性的问题。实际上，工业物联网的应用，在一定程度上对传统的工业生产体系造成了一定的冲击，传统工业的生产、经营和管理模式都发生了许多变化。只有不断提高生产效率、加快产业结构调整，工业产品制造商才能生产出更多高质量的产品，并推动工业建设实现长远、健康发展。

#### 1.3.4.2 工业物联网多协议并存

由于历史原因，工业现场级网络存在多标准并存、网络拓扑各异、数据特征不同、互联互通困难等诸多障碍。工业以太网和工业现场总线种类繁多、开放性差，仅进入 IEC 国际标准的现场总线与工业以太网种类就达数十种，大部分标准自成体系，围绕网络协议形成一个个封闭的软硬件系统。不同网络接口的设备互联互通困难，给用户、自动化仪表制造商及系统集成商带来了极大困扰。目前我国智能制造工业网络异构性大量存在，智能装备接口五花八门，不同厂商产品程序兼容和互联互通存在很大问题，工控网络协议众多，多类应用协议并存，针对此类问题工厂企业在其工业网关中加入 Modbus 协议、MQTT 协议等，网关在兼容主流协议的同时，预留扩展接口，支持接入客户第三方协议。

工业物联网中的通信对于信息交换是强制性的。因此，工业物联网中的通信必须能够连接大量异构设备，提供足够的带宽来传输数据。此外，一些工业应用对时序、可靠性、可用性和安全性要求有一定的限制。工业物联网中使用了许多通信技术、协议和标准。不同的无线系统和协议并存是工业物联网的主要挑战。目前，多种通信技术和协议并用的情况较普遍，主要原因是一种无线技术或协议无法提供适合工业物联网中各种应用要求的所有功能和优势。因此，通信技术和多协议的选择和共存是一个很大的挑战。

各种有线或无线连接技术都有它擅长的领域，为了满足不同工业物联网设备的需求，这些技术可以实现互补。在此趋势下，如何支持异构工业系统的集成和异构工业网络的互联成为亟须关注的问题。一个完整的工业物联网融合集成解决方案包括了 PLC、系统控制软件、工业机器人等若干不同的设备的互联，构成统一整体。高性能、工厂设备和 IT 系统集成，以及工业物联网异构集成需求驱动促进了工业以太网融合网络的发展。在工厂企业发展中，工业物联网应将有线网络和无线网络、OT 网络和 IT 网络统一起来，支持多种协议并存。多协议交换功能的实现以及时间敏感网络等技术的持续发展，不但会扩大工业物联网在自动化行业的应用范围，还能进一步提高工厂的效率。

#### 1.3.4.3　新型技术如 5G、TSN 等与传统的工业网络深度融合

工业物联网的发展使得工厂越来越自动化，得益于完全连接和从任何地方轻松连接任何东西的能力，工业物联网可以实现更灵活的发展。现在工业物联网的发展趋向是实现新型技术与传统的工业网络的深度融合，例如 5G、TSN 等技术。其中 5G 提供高容量、无线灵活性和低延迟性能，是支持工业数字化未来发展的自然选择[33]。TSN 为网络提供有界低时延、低抖动和极低数据丢失率的能力，使得以太网能适用于可靠性和时延要求严苛的时间敏感型应用场景。

当前，5G 发展正处于向以工业互联网为代表的产业领域扩展延伸的关键时期，其万兆带宽的接入能力、千亿级别的终端连接能力以及毫秒级的高可靠传输能力，能为新的产业应用场景提供有力网络支撑，是工业互联网发展的关键使能技术。但面对工业物联网业务对于网络安全性、可靠性、确定性的严格要求，之前主要面向消费互联网的 5G 网络系统难以满足，这对 5G 网络架构和技术实现提出了新的挑战。

TSN 技术是基于标准以太网架构演进的新一代网络技术，其具有精准的时钟同步能力、确定性流量调度能力，以及智能开放的运维管理架构，可以保证多种业务流量的共网高质量传输，兼具性能及成本优势。TSN 技术的互操作架构遵循 SDN 体系架构，可以实现设备及网络的灵活配置、监控、管理及按需调优，以达到网络智慧运维的目标。TSN 网络技术在时延保障、高可靠性和时钟同步方面的发展进步，非常适用于工业制造自动化、智能化场景。TSN 系列标准中已经制定或正在研制的控制面协议，会大大增强二层网络的配置、动态配置与管理的能力，为整个工业网络的灵活性配置提供支撑。

5G 和时间敏感网络 TSN 相结合可以满足时间敏感性网络时代的苛刻的网络要求，5G 和 TSN 分别是未来无线与有线工业物联网的关键技术。5G 与 TSN 集成也是未来工业网络应用重要的议题之一。5G 和 TSN 的结合极其适合智能工厂，因为这二者都具有高可靠性和低延迟性。也就是说，在未来的实际使用中必然会将两种技术集成并应用，为用户提供端到端的网络解决方案，以满足工业需求。基于 5G 和 TSN 的技术特点及优势，可以判断工业互联网是 5G 与 TSN 融合应用的重点领域，5G 与 TSN 的融合是构建未来灵活、高效、柔性、可靠及安全的工业互联网的基础。TSN 有线通信技术与 5G 无线通信网络技术互为补充，无缝融合，将为未来工业物联网的蓬勃发展奠定坚实的技术基础。5G 与 TSN 的融合，一方面，其切片技术、精准授时等为工业物联网提供低时延、低抖动的确定性通信，助力工业物联网的无线化和柔性制造；但是另一方面，截至 2024 年，其在标准化和产业化等方面还面临技术不成熟、技术融合障碍等挑战。

### 1.3.4.4 融合组网、统一配置、协同调度及过程管控成为重点

随着工业规模的发展，海量传感器及智能化设备被应用，智能工厂对工业物联网灵活、便捷接入及确定性低时延网络承载需求愈发迫切，优化当前的有线与无线融合组网、统一配置、协同调度及过程管控技术是现场级工业物联网的重要发展趋势。

近年来，现场总线的市场份额逐渐被工业以太网占据，工业以太网和工业无线网络的应用越来越广泛。现有的 OT 网络无法有效适应边缘计算等新型计算模式的需求。一些企业的企业资源计划（ERP）等系统已经能够部署在云端，但如何对边缘控制器、边缘服务器等新型计算设备和云边协同等新模式进行网络适配，成为重要瓶颈问题。同时，现有网络不够智能，也缺乏高效的异构网络组网与管控方法，软件定义网络（SDN）、人工智能等 IT 新技术尚未有效地扩展到 OT 网络中。因此，有必要打破传统控制网络分层结构，建立 IT/OT 深度融合的新型工业融合网络，实现工业异构网络之间的开放互联与信息互通，满足工业互联网对网络的灵活需求[34]。

为了突破传统 OT 网络与 IT 网络相互隔离的局限，引入边缘计算、SDN 等新一代信息技术，构建扁平化、智能化、开放互联的 IT/OT 融合网络结构。在网络组成上，融合网络可分为边缘网络/边缘云、工业骨干网和工业云三个部分，全网由 SDN 管理器进行统一管控。网络中所有实体都能够建立和维持对等的通信关系，IT 数据与 OT 数据共网传输，灵活流动。SDN 能够动态灵活地管理异构网络，相比于传统的网络构架，SDN 网络构架能够支持获得网络资源的全局信息，并随时根据用户业务的需要进行资源的全局调配和优化。工业融合网络是典型的异构网络，且需要对资源进行细粒度调配，因此，SDN 是 IT/OT 工业融合网络管控的优选手段。工业 SDN 的典型应用包括多协议融合组网、跨网络调度等。为了支持上述功能的实施，还需设计针对工业网络特性改进的北向接口和东西向接口。

针对不同用户对不同复杂网络环境的需求，需要做到不同环境的快速提供和相互隔离，并提供一系列配置管理的手段，通过配置组件实现对设备的状态和配置进行标准化管理，实现开放网络实验平台的搭建实施和管理运维。同时，还要具备网络环境变更管理功能，使用户能对已有的设备进行变更配置。

在多协议融合组网方面，现已提出了基于 SDN 的工业异构网络融合组网机制，将工业现场网络与工业骨干网的组网功能进行抽象集成，通过设计协同入网流程，实现不同传输介质、不同协议类型的异构工业网络的统一入网。在跨网络调度方面，现已提出了基于 SDN 和 IPv6 技术的跨网络远程确定性传输解决方案，包括现场网络/回程网络联合调度框架和联合调度方法，解决了工业融合网络在不同测控需求下的确定性传输问题，提高了网络的资源利用率和运行效率。在设备研发方面，开发了工业 SDN 交换机，研制了基于开源平台的工业 SDN 控制器软件，为异构网络融合管理与调度功能提供完整的软硬件支持。

### 1.3.4.5 从工业物联到工业互联，再从工业互联到工业智能

工业物联关注的是底层设备、机器、系统、人、物料等的互联。自动化控制最早都是在现场近端完成，现在通过工业物联网实现远程安装、远程控制、远程维护、远程设备管理、远程设备操作，这种网络化控制的手段对于生产、管理、控制系统是非常重要的。重点是优化运营，尤其是流程和维护的自动化。工业物联网功能可增强资产性能并更好地管理维护。从长远来看，工业物联网推动行业向需求服务模式发展，增加客户亲密度，创造新的收入来源，这些都有助于行业的数字化转型。工业物联网可以理解为工业领域的"万物互联"，它将生产过程的每一个环节、设备变成数据终端，全方位采集底层基础数据，并进行更深层面的数据分析与挖掘，从而提高效率、优化运营。现阶段尽管"物"与"物"连接已经较为成功，但接下来，数据和流程之间、流程和流程之间的互联更加重要，只有打通端到端的业务，才能获取更大业务价值，真正进入工业互联网阶段。

工业互联网作为 IT 与 OT 的融合，开辟了全新的商业模式，全面扩展工业智能研发，以数智融合共创智能未来。工业互联网被定义成关键的基础设施和新型的应用模式，它通过人、机、物的全面互联实现全要素、全产业链的全面连接，颠覆了传统的制造模式。工业互联网提高制造业的智能化、数字化、网络化发展水平，构建新的以智能化、智慧服务、高效低耗为特征的产业生态体系。工业互联具有更为丰富的内涵和外延。它以网络为基础、平台为中枢、数据为要素、安全为保障，既是工业数字化、网络化、智能化转型的基础设施，也是互联网、大数据、人工智能与实体经济深度融合的应用模式，同时也是一种新业态、新产业，将重塑企业形态、供应链和产业链。

工业万物互联最终目的是实现智能决策，为企业生产、企业决策提供智能支持。通过这种互联能够采集到关键的生产数据、生产参数，通过调整关键的生产参数，实现对工业运行的优化，最终实现产品质量的提升。这就要依托工业的两张网：工业物联网和工业互联网。首先要建设好工业互联的"网"，而建设好工业互联网，其根基是完成工业的物联网化，二者相辅相成，缺一不可。工业互联网和智能制造要求对生产过程精确管控，底层物联网到互联网需要无缝集成。但传统控制网络采用分层的系统结构，造成信息获取、控制、调度和管理方面集成度差、协同能力弱的局限，难以满足工业互联网和智能制造对底层物联网到互联网无缝融合与集成的要求。

### 1.3.5 工业物联网面临的挑战

工业物联网系统的异构性和复杂性带来了许多显而易见的技术挑战，例如互联互通、安全性和隐私性、可扩展性、异构性、可靠性等。这些挑战限制了工业物联网的应用和效能，也是未来学界、工业界重点关注解决的重大方向。

#### 1.3.5.1 能源效率

许多工业物联网应用设备依靠电池持久运行，而在很多应用场合更换电池很困难甚至不可能，或者更换电池带来的成本太高，为了在其使用寿命周期内无须更换电池，必须对节能设计提出要求。此外，工业物联网应用设备通常需要密集部署，数据需要以查询或者连续的形式发送，设备会消耗大量的能量。综上，在工业物联网中降低功耗和运行成本，是一个重要问题。低功耗广域网（low-power wide-area network，LPWAN）通信技术是解决低能耗的有效途径，它采用多种节能设计实现低功耗运行：通常形成星型拓扑结构，有效避免多路分组路由消耗能量；将复杂性转移到网关；使用窄带通道，从而降低噪声水平和扩展传输范围。在提高能源效率方面，除了一些常用方法，比如使用轻量级通信协议，或采用如上所述的低功耗无线电收发器，还出现一种新的技术趋势，即能源收集。实际上，能源可以从环境资源中获得，例如热能、太阳能和无线射频能源等。

#### 1.3.5.2 异构系统协作

工业物联网应用场景十分复杂，工业物联网系统组件是不同异构和多供应商技术的集合，例如工业机器、机器人、物联网设备、传感器、执行器、网关、边缘节点、边缘/云数据服务器、不同的有线/无线通信和蜂窝网络，许多厂商生产的设备只能匹配自己的系统，从多源异构的系统中获取数据本身已经十分费时费力，基于异构和多供应商技术的工业物联网系统之间的集成和协作更是一个具有挑战性的问题。此外，随着工业物联网设备的大量增长，许多设备使用相近频谱，使得设备之间存在着邻频干扰的问题，未来的工业物联网设备最好能够检测、分类和减少外部干扰。目前虽然已有一些频谱感知和抑制干扰的技术，但时间采样窗口长，且要求内存大。

可从三个维度解决异构系统协助及设备多样性的问题：多模射频、软件灵活性和跨技术通信。多模射频允许不同的工业物联网设备相互通信；软件灵活，支持多种协议、连接框架和云服务。因此，需要深入研究如何在工业物联网设备中实现跨技术通信。

### 1.3.5.3 安全性

安全性也是工业物联网的一个关键问题。工业物联网不同于消费者级别的物联网设备，面临更多风险，工业生产部分环节网络与外部网络互通，在提高效率的同时，可能引发并导致严重的安全事件，系统故障和停机也可能会导致生命危险或高风险情况[35]。工业物联网的链路长，碎片化严重，合作方多，安全危害大，这些特点让安全问题变得特别突出。传统的保护机制不足以保护复杂的工业物联网系统，如安全协议、轻量级密码学和隐私保障。为了确保工业物联网基础设施的安全，可以在应用工业物联网安全协议之前，应用工业无线传感器网络加密技术。

工业物联网安全目前面临着以下几个问题。

（1）网络和系统资产庞杂，资产和网络边界识别困难，资产直接暴露在互联网中，安全风险很大。

（2）系统和设备的服役年限较长，软硬件无法及时升级更新，存在大量安全漏洞。

（3）网络隔离措施、主机安全防护措施等技术手段缺失，无法阻止病毒的攻击和蔓延，无法应对脆弱性安全风险。

（4）威胁感知能力不足，当发生入侵攻击、恶意破坏、误操作等事件时，用户无法及时定位和有效溯源。

（5）安全运营能力不足，缺乏专业安全人员和安全运营能力，缺少对安全风险的发布、跟踪、响应的闭环管理。

在设计安全的工业物联网基础设施时，需要考虑以下几个安全特性。

（1）工业物联网设备需要具有防篡改能力，以抵抗潜在的物理攻击。

（2）工业物联网设备的存储需要对数据进行加密，以达到保密目的。

（3）对工业物联网设备之间的通信网络进行保密和完整性保护。

（4）工业物联网基础设施需要高效的标识和授权机制，只有授权的实体才能访问工业物联网资源。

（5）即使受到恶意用户对设备的物理损坏，系统还可正常运行，即保证工业物联网的鲁棒性。

### 1.3.5.4 技术与业务的融合

工业物联网针对的是解决工业场景的问题，这要求工业物联网的整个团队既要理解业务场景，也要掌握 OT 和 IT。想要一针见血地提出问题，需要对工业场景的研发、生产过程、管理经营现状十分地了解，这需要长期的积累以及在工业现场的实践，通常在工业现场浸淫多年的制造业从业者、工程师对这些方面的情况最为了解，最明白工业场景的本质需求。许多项目团队则难以做到这一点，很少有团队能够真正走进工业现场进行调研，故而无法理解业务的复杂性，也就无法针对工业现场的本质需求提出问题。提出问题是非常关键的一步，一味追求技术创新，忽视了工业场景的本质需求，就犯了本末倒置的错误。因为从本质上而言，技术是为业务服务的，技术落地的成功，首先从一份高质量的业务需求开始。不能正确地理解业务需求，不能合理地帮助业务方完善需求，不能有效地规避需求中业务陷阱，就不可能有好的产品开发出来。工业更加注重的是稳定可靠的收益，任何一个工业企业的信息化建设，都是依靠业务目标驱动而非技术驱动。

工业场景十分复杂，不同的工业场景存在巨大的差异，每个垂直行业的工程师都在各自领域经营多年，积累了丰富经验，但他们难以在面对工厂数字化转型时，对这些需求提出创新的解决方案。传统工业企业也因此积极借由 IT 进行优化，利用 IT 企业完善软件开发、部署流程，来帮助实现自动化流水线，解决 OT 软件部署、升级困难的问题，解放大量人力资源。IT 公司也在大量招揽传统工业企业的行业专家，借助其丰富的行业经验，弥补自身行业知识的短板。不管是传统工业企业还是 IT 公司，其目的都是要培养出既懂业务又懂技术的团队以及复合型人才，提升在面对工业场景时提出融合解决方案的能力。确立技术以业务驱动为核心的理念，IT 规划和业务规划相匹配，IT 工作透明化，促进 IT 部门与业务部门达成共识，才能更好地实现目标。

## 1.4 新一代工业物联网融合组网趋势

### 1.4.1 融合组网的需求

数字化、网络化、智能化是制造业的一个重要发展方向。在以工业为代表的垂直行业业务中，对通信技术的端到端时延、通信服务可用性、抖动和确定性方面有严格要求。传统工业有线网络在很多应用场景中，存在成本高、灵活性差等局限性，随着无线通信技术的发展，无线通信与工业物联网的结合愈加紧密。以运动控制为例，运动控制是工业中最具挑战性和要求最高的闭环控制应用之一。运动控制系统负责以明确定义的方式控制机器组件的移动和旋转部件，在很多大型智能工厂的自动化生产线中，机械臂需要根据产品型号来调整位置，如果使用有线网络线缆，成本会很高，而且不灵活，同时频繁的移动会降低线缆的可靠性。在这些应用场景中，无线网络有着得天独厚的优势。运动控制在传输时延和服务可用性方面有最严格的要求，操作仅限于相对较小的服务区域，不需要与公共网络交互，而 5G 与 TSN 融合则提供了一个非常有前途的方法，使用无线连接的设备、滑环、电缆托架等可以减少生产设备及生产线建造限制，实现更为灵活的操作[36]。另外，利用 TSN 的周期门控调度特性，可以有效保证控制信号的确定性传输。

除了对通信技术方面的要求，新的业务形态也对传统工业网络的通信模型产生了深远影响。在远程控制业务、异构业务协同业务、采集及运维业务等方面也对工业网络提出了更高要求。

远程控制业务中，典型的闭环控制过程周期可能低至毫秒级别，同时对业务的传输有十分严格的可靠性和确定性要求。以智能工厂为例，工业增强现实可以通过音视频实现生产环境远程感知，并实现在线的生产监控及指导；远程控制可以用于实现远程人机交互及控制，在恶劣的环境下用机器人代替人员参与，实现安全生产。采用无线网络需要对各个环节进行性能优化以及提升系统处理效率才可能实现端到端的极致高可靠性、低时延性能，而有线与无线融合组网能够更为有效地保证端到端的极致高可靠性、低时延性能。

异构协同业务要求各类连接设备之间全面连接和精密协作。以智能工厂为例，生产设备、移动机器人、自动导引车（automatic guided vehicle，AGV）等智能系统内部存在异构的网络连接，并且系统有可能通过不同的方式接入无线网络中。因此，为了实现这些设备系统之间的密切协同及无碰撞作业，就需要业务系统彼此之间能够做到互联互通。TSN + OPC UA 的组合被认为是解决异构系统互联互通问题的最佳组合，可以同时达成网络的互联和数据层面的互通[37]。TSN 技术基于标准以太网协议解决数据报文在数据链路层中确定性传输问题；OPC UA 则提供一套通用的数据解析机制，应用于业务系统端设备，解决数据交换及系统互操作的复杂性问题。

采集及运维业务中，存在大量设备维护、原材料及产品数据，需要通过传感器、RFID、智能终端等方式上传云端。信息系统与生产设备之间的数据交互量将较以往有指数级增长，上述业务涉及的音视频、控制信号、物联网数据的传输则采用不同的传输机制和质量要求。尤其是在部署了云平台和边缘计算节点的情况下，工业网络还将承担算力网络的流量冲击，对网络负载有较高要求。这就要求新一代工业网络可以实现高负载和确定性的高质量传送。

从体系架构发布以来，融合组网发展也正由理念与技术验证走向规模化应用推广。在发展和演进的同时，新一代工业物联网融合组网充分继承了体系架构的核心思想。新一代工业物联网融合组网的发展促进网络融合、技术融合、IT/OT 的系统融合，再扩展到人、机、物、法、环融合。

#### 1.4.1.1 网络融合

原先的工业网络是一个封闭的区间，它将多个区域进行了物理隔离或者使用防火墙和网关进行隔离，一方面是为了安全，另一方面是为了保持网络的金字塔的结构。在这样的情况下，目前工业网络的演进趋势是将传统工业物联网封闭的部署变成一个开放式的、多功能的协同部署。如图 1-3 所示，在解决方案上，为了实现在网络中设备的互通，一个孤立的网络解决方案需要变成一个网络融合的解决方案。在技术手段上，可以实现跨行、跨域、跨级、跨平台的无缝融合，但在融合过程中如何解决系统和系统之间的互联互通和互操作的问题，需要一定的标准规范。

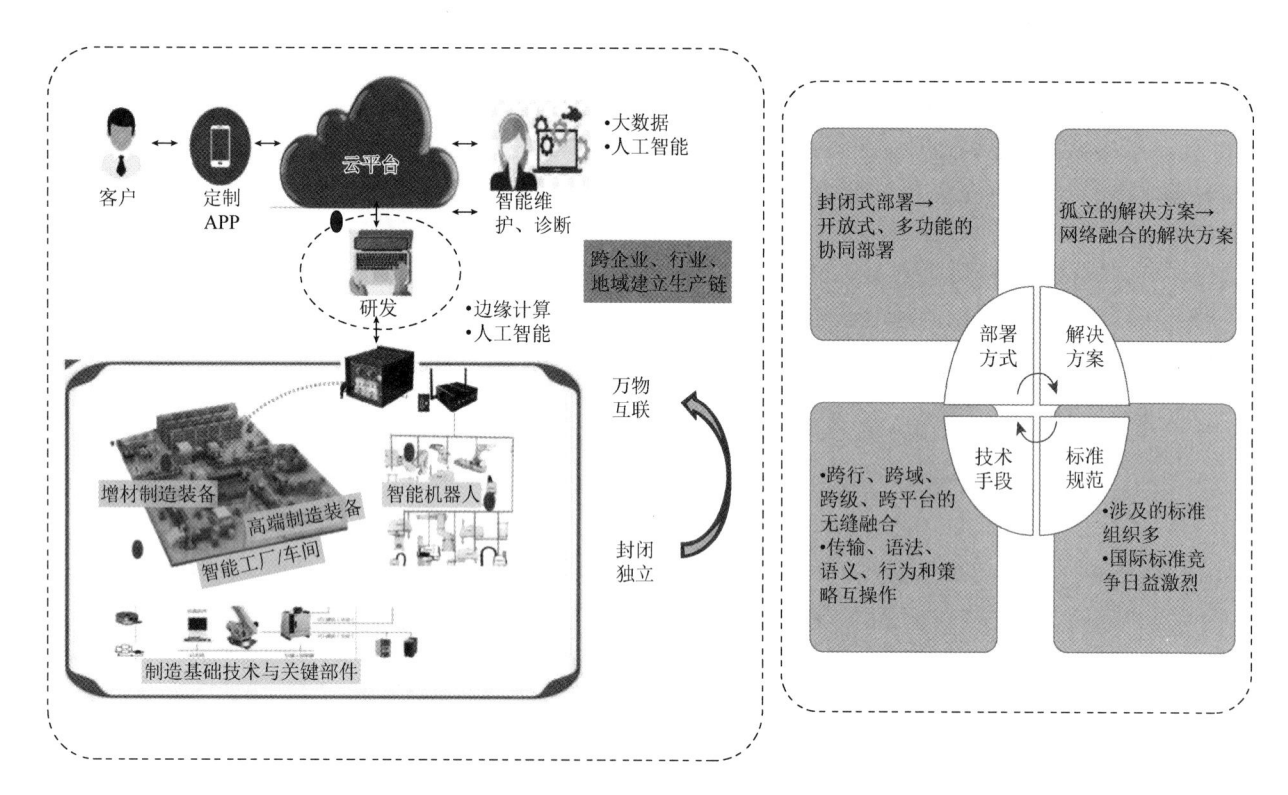

图 1-3 工业互联网的演进趋势

现场级工业物联网从传统到新一代即将发生巨大变化，其中传输、语法、语义、行为和策略互操作尤为重要。这也导致其中的国际竞争非常激烈。总结出来有两个非常明显的趋势，一个是现场越来越多的数据需要往上送和往下传，原先这些数据可能只是在 DCS、PLC 进行处理，由于现在现场的数据很多，包括传感器的数据、人员监测的数据，所有数据都需要上传到云平台，通过智能分析、诊断，将数据逐级向下传输。IT 信息技术和 CT 通信技术越来越向上、向下延伸，通过 IT 领域，机器学习、CT 领域的 5G、时间敏感网络、IPv6 这些新技术向上、向下延伸，进而慢慢地融入工业线。主要从以下几个层面对网络进行融合。

（1）从融合组网层面：网络层面的 IPv6、5G-TSN、多协议多维度网络等；数据层面的 OPC UA、语义互操作等。

（2）从融合配置层面：控制层面的跨网统一配置。

（3）从融合调度层面：数据层面的跨网时间同步、跨网确定性调度等。

（4）从融合安全层面：安全层面的主动防御、态势感知等。

### 1.4.1.2 技术融合

工业物联网是将具有感知、监控能力的各类采集、控制传感器或控制器，以及移动通信、智能分析等技术不断融入工业生产过程各个环节，从而大幅提高制造效率，改善产品质量，降低产品成本和资源消耗，最终实现将传统工业提升到智能化的新阶段。工业物联网融合依靠一系列创新技术的发展，包括：信息与通信技术（information and communication technology，ICT）、信息物理系统（传感器、机器人）、通信网络、仿真建模和虚拟化、大数据和云计算、增强现实技术等。工业物联网是新一代信息技术与工业经济深度融合的新型基础设施、应用模式和工业生态，通过对人、机、物、系统等的全面连接，构建起覆盖全产业链、全价值链的全新制造和服务体系，为工业乃至产业数字化、网络化、智能化发展提供了实现途径，是第四次工业革命的重要基石。

#### 1.4.1.3 OT 和 IT 系统融合

网络、有线和无线、OT 和 IT 都需要进行深度融合。传统上来说，运营技术（OT）和信息技术（IT）在同一企业内分别代表具有不同组件、目标、特性、管理实践、挑战以及组织和汇报结构的独立领域。OT 通常关注物理设备和过程的安全操作和控制，而 IT 通常关注数据、信息、信息管理和通信。如今，随着新一代工业物联网融合组网的发展，这两个领域开始显著融合，特别是在各工业领域，工业物联网（IIoT）也已经成为 IT/OT 融合的焦点。这一趋势正在颠覆传统的流程、方法和商业模式，并使技术、人力和实物资产得以更有效使用。

#### 1.4.1.4 人、机、物、法、环融合

工业物联网不是一张网，是互联的工业系统，本质内涵是"人-机-物"深度融合的智能网络空间。应用需求是工业物联网的根本，工业数据是工业物联网的核心，工业现场设备是工业物联网的基础，每个层面环环紧扣，形成完整运行的链条体系。工业物联网融合网络赋能智能制造快速发展，促进制造业转型升级，实现了底层设备和装备的互联互通，给企业提供了完备的网络支撑，通过与智能制造技术融合，加速了装备、机械、钢铁、汽车等重点行业的转型升级。

如图 1-4 所示，工业现场级网络存在多标准并存、网络拓扑各异、数据特征不同、互联互通困难等诸多障碍，智能工厂对工业物联网灵活、便捷接入及确定性低时延网络承载的需求愈发迫切，促进多协议工业异构网络的融合部署、实现融合网络互联改进数据流、实现工业异构网络之间的开放互联与信息互通、满足工业物联网对网络的灵活需求是工业物联网的新动向。

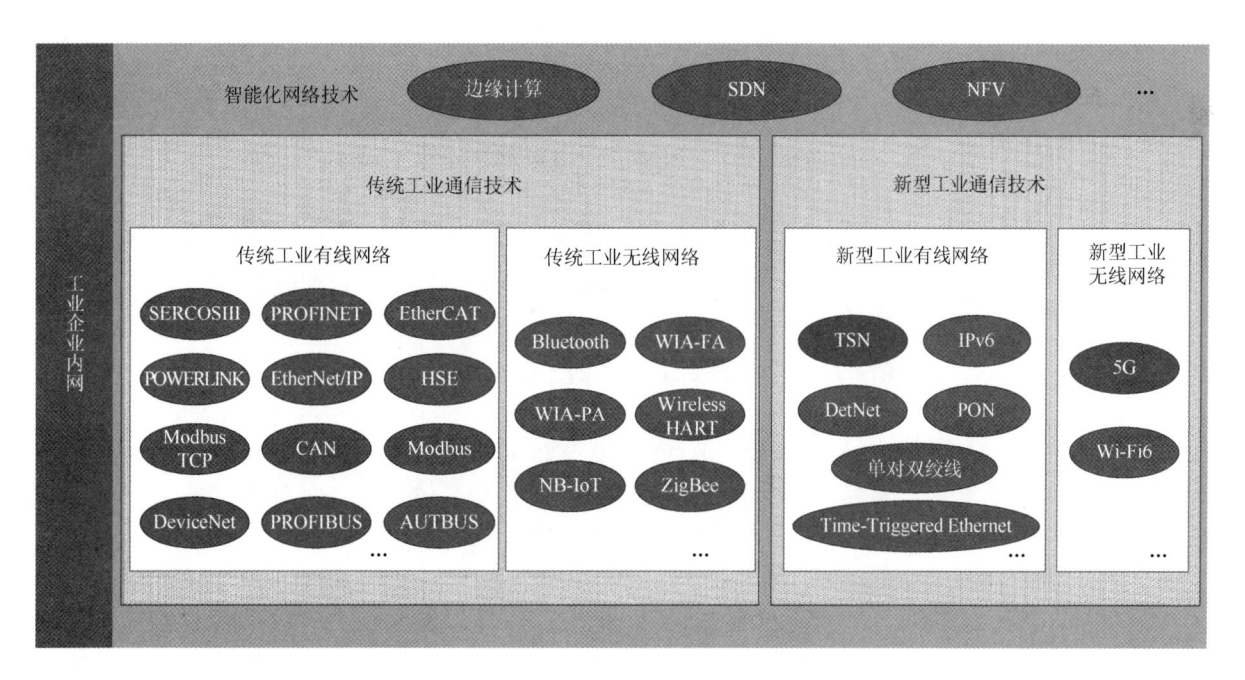

图 1-4　工业现场级网络架构

### 1.4.2 融合组网的架构

本书提出的工业物联网有线与无线融合组网使用 SDN 对异构网络进行管理，形成"融合组网-统一配置-协同调度-过程管控"一体化架构，数据面、控制面、用户面分离，用户面由不同的工业

应用组成，主要是体现用户意图的各种上层应用程序，此类应用程序称为协同层应用程序，是 SDN 北向接口的实际调用者，负责北向接口内容的解析和构造。

控制面完成现场网络和骨干网的集成管理，包括骨干网和工业现场网络的入网、网络资源分配以及跨网配置等工作[38]，工业软件定义控制器（industry software-defined controller，ISDC）就处于控制面，其包含了三个系统，分别是过程管控子系统、协同调度子系统、统一配置子系统。过程管控子系统作为工业软件定义控制器的重要组成部分，与配置子系统、协同调度子系统交互。通过典型行业制造过程的运行数据和运行机理，建立系统的数学模型，通过设计的控制算法，保证系统在有网络约束及系统不确定的情况下，能够有效地运行；协同调度子系统可充分利用周围的网络和终端资源，从而提高网络实时吞吐量，提升智能化，提高了协同效率，节省了广域带宽。研究多路径分流传输控制，基于不同无线链路质量的差异性，可以保证数据以一定比例分流到不同的无线接入网；统一配置子系统中，网络设备配置模块对 5G、TSN 等网络设备进行路由、链路等资源配置。现场设备配置模块对现场设备进行管理和配置，配置面向网络节点业务需求的现场设备之间的虚拟通信关系。通过统一配置子系统提供的通道，实现控制层能力的开放，缩短网络配置与调试时间，降低网络管理成本。

数据面由不同的网络基础设施组成，可以完成协议转换、现场数据采集和控制任务。在网络组成上，融合网络可分为边缘网络/边缘云、工业骨干网和工业云三个部分，全网由 SDN 管理器进行统一管控。基于 SDN 的工业异构网络融合组网机制将工业现场网络与工业骨干网的组网功能进行抽象集成，通过设计协同入网流程，实现不同传输介质、不同协议类型的异构工业网络的统一入网[39]。网络中所有实体都能够建立和维持对等的通信关系，IT 数据与 OT 数据共网传输，灵活流动。融合组网架构如图 1-5 所示。

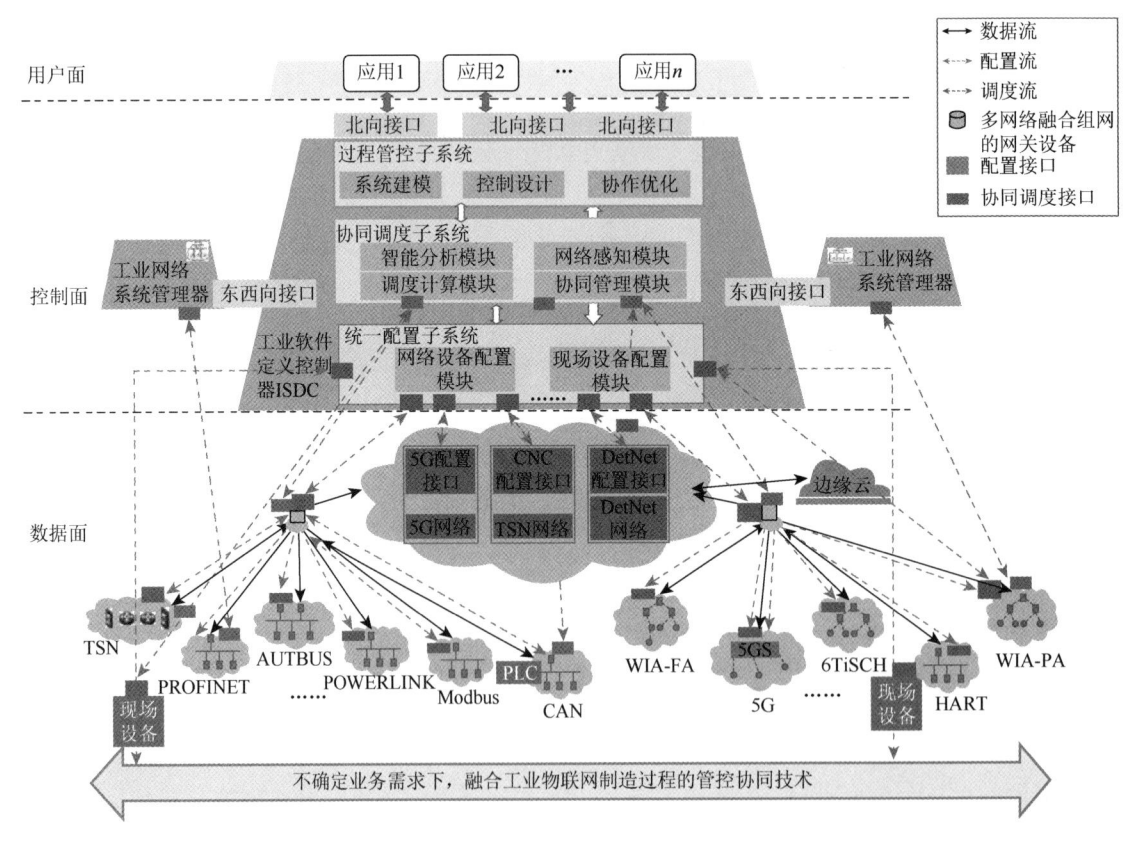

图 1-5 "融合组网-统一配置-协同调度-过程管控"一体化架构

### 1.4.3 融合组网的技术

#### 1.4.3.1 融合异构网络技术

融合组网技术是指将不同网络技术和设备进行整合和协同工作，以实现高效、可靠的网络通信和服务。工业互联网和智能制造要求对底层物联网到互联网无缝集成。但传统控制网络采用分层的系统结构，造成信息获取、控制、调度和管理方面集成度差、协同能力弱的局限，难以满足工业互联网和智能制造对底层物联网到互联网无缝融合与集成的要求。因此，有必要打破传统控制网络分层结构，建立 IT/OT 深度融合的新型工业融合网络，实现工业异构网络之间的开放互联与信息互通，满足工业互联网对网络的灵活需求。

融合组网技术需要整合不同的网络类型和协议，而这些网络和协议可能有不同的数据格式、交互方式和接口要求。因此，协议转换和集成技术是实现融合组网的关键技术。通过协议转换和集成技术，可以将不同网络和协议之间的通信进行转换和适配，使其能够互相通信和交流。融合组网技术还涉及多个网络和系统的集成，需要统一的认证和访问控制机制来确保用户的身份验证和授权。统一认证和访问控制技术可以提供单一的登录界面和身份验证，以及统一的访问控制策略，确保用户能够安全地访问融合组网中的资源和服务。在融合组网中，虚拟化和分片技术可以将物理资源划分为多个虚拟实例，实现资源的共享和分配。虚拟化和分片技术可以应用于网络功能（如虚拟路由器、虚拟防火墙）和网络资源（如带宽、存储），提供灵活的资源分配和定制化的服务。融合组网技术中也可能涉及多个网络路径和多个连接点，为了提高网络的性能和可靠性，需要采用多路径和负载均衡技术。多路径技术可以将数据流分散到多条路径上，提高传输效率和容错性；负载均衡技术可以根据实时的网络负载情况，动态地分配流量和请求，实现网络资源的均衡利用，并且在融合组网技术中，涉及大量敏感信息的传输和存储，安全与隐私保护技术对于融合组网非常重要。安全与隐私保护技术可以包括加密技术、访问控制、身份认证、安全审计等，以确保数据的机密性、完整性和可用性，并防止未经授权的访问和攻击。

#### 1.4.3.2 融合配置技术

融合配置技术是指将不同网络、系统、设备和服务进行整合和配置，以实现统一管理、互操作和协同工作[40]。融合配置需要一个统一的管理平台来管理各个网络设备、系统和服务。该平台应提供统一的接口和控制面板，用于集中配置、监控和管理各个组网元素。通过统一管理平台，管理员可以方便地对整个融合配置进行集中管理和调整。融合配置技术包括自动化配置技术，这种配置技术可以减少手动配置的工作量，并提高配置的准确性和效率。自动化配置可以通过脚本、模板或自动化工具来实现，自动应用配置到各个设备和系统中，这样可以避免人为错误和节省时间，同时确保配置的一致性和可追溯性。

融合配置技术需要根据特定的业务需求和策略进行配置。策略引擎可以根据预定义的策略规则来解释和执行配置策略，策略驱动技术可以使配置过程基于特定的业务目标和上下文，以自动化方式应用适当的配置策略，这样可以确保配置的一致性，同时提高灵活性和可扩展性。融合配置技术也需要将不同网络和系统进行集成和互操作。标准化技术可以定义统一的接口、协议和数据格式，使不同设备和系统可以相互通信和协作。协议转换技术可以实现不同协议之间的转换和适配，确保信息正确传递和解释。其中融合配置技术还包含虚拟化和编排技术，虚拟化技术可以将物理资源抽象为虚拟实例，以实现资源的灵活分配和共享。编排技术可以根据特定策略和需求，自动调整和管理虚拟资源，以优化资源利用和配置。通过虚拟化和编排技术，可以实现对融合配置中的网络功能和资源的灵活配置和管理。同时，融合配置技术需要结合具体业务需求和应用场景，选择适当的技术和工具来实现融合配置的目标。

### 1.4.3.3 融合调度技术

融合调度技术是融合组网中的一个关键技术，它用于对不同网络和系统资源进行调度和管理，以实现整体性能优化和资源利用率最大化[41]。融合调度技术可以根据实时的网络负载和需求情况，动态地分配和调整资源。例如，根据流量负载和服务质量要求，将数据流在不同的网络路径上进行动态切换和优化，以避免网络拥塞和提高传输效率。融合调度技术可以根据业务需求和性能要求，动态选择和调度服务链中的各个功能，以达到最佳的性能和资源利用。

除此之外，融合组网中可能涉及多种不同类型的网络，如有线网络、无线网络、传感器网络等。跨网络调度技术可以实现不同网络之间的协同工作和资源分配。例如，在移动通信网络和物联网之间进行无缝切换和资源共享。融合调度技术也可以通过预测和学习来优化调度决策，通过分析历史数据和趋势，预测未来的网络负载和需求，从而提前进行资源分配和调度。例如，可以使用负载均衡算法来平衡不同网络设备的负载，确保资源的均衡利用，还可以使用任务调度算法来实现不同任务或业务的优先级排序和调度。同时，可以利用机器学习和深度学习算法来学习网络拓扑特征和资源利用规律，进一步优化调度策略。

融合调度技术的目标是实现资源的高效利用、性能的优化和用户体验的提升。通过合理地选择和应用调度方法和技术，可以实现融合组网环境中网络和系统资源的协同运行和最优化配置。

### 1.4.3.4 融合安全技术

融合组网技术中的融合安全技术是指在融合组网环境中保护网络和系统安全的一系列技术和策略。融合组网中的不同网络和系统可能有不同的身份认证和权限管理机制。融合安全技术可以引入统一的身份认证和访问控制机制，集中管理用户身份和权限，并确保只有合法用户能够访问和使用相关资源。融合组网中由于不同网络和系统往往具有不同的安全等级和敏感性要求，融合安全技术可以通过安全隔离和分区，将不同安全级别的资源进行分离和独立管理，以避免信息泄露和横向扩展攻击。融合安全技术可以实施流量监测和入侵检测，对网络流量和设备行为进行实时监控和分析。通过识别和阻止异常流量和入侵行为，可以及时发现和应对潜在的安全威胁。

在融合组网中，数据的安全性和隐私保护尤为重要。融合安全技术可以采用数据加密技术，对传输和存储的数据进行加密保护，防止数据泄露和篡改。此外，还可以采取隐私保护措施，对敏感信息进行匿名化或脱敏处理。融合安全技术还可以通过记录和分析网络和系统的安全事件和操作日志，实施安全审计和日志管理，并且通过对安全日志的监控和分析，追踪安全事件的发生和演变过程，最后及时采取应对措施。

在融合组网中，不同网络和系统可能面临不同的安全威胁和攻击。融合安全技术可以建立威胁情报系统，收集、分析和共享关于安全威胁的实时信息。通过及时获取威胁情报，可以加强安全防御和应对能力。

通过综合运用身份认证、访问控制、流量监测、加密保护、安全审计等技术手段，可以提高融合组网环境的安全性和稳定性，保护网络和系统免受各种威胁和攻击。

## 1.4.4 融合组网面临的挑战

融合组网是指不同类型的网络进行整合和交互，从而形成一个统一的组网系统。可以从融合组网技术、融合配置技术、融合调度技术以及融合安全技术四个角度分析融合组网所面临的挑战。

### 1.4.4.1 融合组网技术

在兼容性和互操作性方面，由于不同类型的网络通常使用不同的协议和技术标准，单一网络通常使用特定的协议和技术标准，而融合网络涉及不同类型的网络，例如有线和无线网络具有不同的资源管理方式和特点。融合组网需要解决如何有效地管理和分配有线和无线网络的频谱、带宽、传输能力等资源，以实现全局的信息交互和管理，并且融合组网需要解决不同接入技术之间的互操作问题，确保用户能够无缝地接入和切换网络。工业物联网异构组网的关键需求是适配现场级工业应用多样性、保障数据传输即时性、消除网络资源及协议差异性。工业物联网应用多样且协议众多，传统的网络技术与架构难以直接应用。融合组网技术需要解决不同网络之间的协议转换、数据格式兼容等问题，以实现无缝的通信和数据交换。

在安全性和隐私保护方面，融合组网技术面临着网络安全和隐私保护的挑战。不同类型的网络可能存在不同的安全风险和威胁，需要采取有效的安全措施来保护整个组网系统的安全性，包括数据加密、身份验证、访问控制等。在管理和控制方面，融合网络的管理和控制变得更加复杂。单一网络的管理和控制相对简单，而融合网络在管理和控制不同类型的网络设备、资源分配、故障隔离、性能优化等方面更具挑战性。需要开发适应融合网络的管理和控制策略、协议和工具。

在带宽和延迟方面，融合组网技术要实现不同网络之间的高效数据传输，需要考虑带宽和延迟的问题。不同类型的网络具有不同的带宽和延迟特性，如何进行有效的传输调度确保负载均衡是一个重要的挑战。

在系统复杂性和可扩展性方面，将不同类型的网络进行融合会导致系统的复杂性更高。融合网络需要处理各种设备、网络拓扑和服务的复杂组合。此外，需要考虑融合网络的可扩展性，以适应不断增长的设备数量和网络流量。复杂网络往往涉及大量的设备和节点，需要具备良好的扩展性和可伸缩性。在设计融合组网架构时，需要考虑资源管理、拓扑控制和数据处理等方面的扩展性，以满足不断增长的网络规模和需求。

### 1.4.4.2 融合配置技术

在网络拓扑设计方面，融合组网技术通常需要设计和配置多种网络之间的连接和交互。不同类型的网络具有不同的拓扑结构和特点，如何设计融合网络的拓扑结构，使其具备高效、可靠和灵活的特性，是一个挑战，这需要考虑网络互联的方式、拓扑优化方法和动态调整的能力。

在协议和接口对接方面，融合组网技术必须解决不同网络之间的协议和接口兼容性问题。不同类型网络使用不同的通信协议和接口标准，因此在实现网络融合时需要进行协议转换和接口对接。这涉及协议映射、数据格式转换、协议堆栈集成等技术挑战。

在配置管理和自动化方面，融合组网技术需要进行配置管理和自动化，以简化网络配置和操作。不同类型的网络可能存在不同的配置需求和管理接口，如何实现统一的配置管理和自动化工具，是一个挑战。这需要开发适应融合组网的配置管理系统、自动化工具和策略。在故障诊断和网络恢复方面，由于涉及多种类型的网络，故障诊断和恢复变得更加复杂。需要开发有效的故障管理和诊断工具，实现快速的故障定位和恢复机制。

在可扩展性和未来兼容性方面，融合组网技术也需要充分考虑。随着技术的不断发展和业务需求的变化，网络规模和结构可能需要不断地扩展和调整。因此，融合网络的拓扑结构设计应当具有高度的可扩展性，以便轻松适应未来网络规模和结构的变化。

### 1.4.4.3 融合调度技术

在资源调度和优化方面，融合组网技术涉及多种类型的网络资源，如有线网络、无线网络、云计算资源等。如何对这些资源进行有效调度和优化，以满足不同类型网络的需求，是一个挑战。需要考虑资源分配策略、调度算法和负载均衡机制，以实现资源的最优利用和性能的最大化。

在时延和带宽管理方面，融合组网技术通常需要处理时延和带宽方面的问题。不同类型的网络具有不同的时延和带宽特点，如有线网络的低时延和高带宽、无线网络的高时延和有限带宽等。如何进行时延和带宽管理，确保数据传输的及时性和可靠性，是一个挑战。这需要考虑时延敏感性应用的调度策略、带宽分配算法和流量调控机制。

在算法复杂性和实时性方面，融合组网技术的调度涉及多个网络之间的协同工作。由于不同类型网络的特点各异，调度算法可能会变得更加复杂。如何设计高效的调度算法，同时保证实时性和可行性，是一个挑战。这需要考虑算法的复杂性与调度性能的平衡，以及实时数据的处理和决策能力。

在跨域管理和协调方面，融合组网技术往往涉及多个域的网络资源和设备管理。不同域之间可能存在不同的管理策略和接口标准，导致管理和协调方面的挑战。如何进行跨域资源管理和协调，实现一致性和统一性，是一个挑战。这需要开发适应融合组网的跨域管理机制和协调交互协议。

#### 1.4.4.4 融合安全技术

在数据隐私和保护方面，融合组网涉及多个网络之间的数据交互和共享，其中可能包含用户敏感信息和机密数据。例如有线和无线网络在安全和隐私保护上存在差异，由于有线网络通常使用物理连接，而无线网络容易受到窃听和攻击。融合组网需要解决不同网络的安全性和隐私保护问题，确保全局信息的安全和保密。如何确保数据的隐私和保护，防止数据泄露、篡改和未经授权的访问，是一个挑战。这需要采用加密技术、访问控制机制和数据安全传输协议，以提供数据的保密性和完整性。

在跨域身份认证和访问控制方面，融合组网往往涉及多个域的网络资源和设备管理，不同域之间可能具有不同的身份认证和访问控制策略。如何实现跨域的身份认证和访问控制，确保合法用户的访问，并避免恶意用户的入侵，是一个挑战。这需要开发统一的跨域身份认证机制和访问控制策略，以提高系统的安全性和可信度。

在网络拓扑和连接安全方面，融合组网涉及多种类型的网络拓扑和连接，如有线网络、无线网络等。不同类型网络之间的连接可能存在安全隐患，如中间人攻击、数据篡改等。如何确保网络拓扑和连接的安全性，防止网络攻击和入侵，是一个挑战。这需要采用网络安全协议、威胁检测和防御机制，对网络拓扑和连接进行保护。

在跨域安全管理和监控方面，融合组网涉及多个域的网络资源和设备管理，不同域之间的安全管理和监控可能存在差异。如何实现跨域的安全管理和监控，及时发现和应对安全威胁，是一个挑战。这需要建立统一的安全管理平台和监控系统，提供跨域的安全事件管理和响应能力。

在安全策略协调和一致性方面，融合组网涉及多种类型的网络和安全策略。不同类型网络之间的安全策略可能存在冲突或不一致，导致安全性降低。如何协调和统一不同网络的安全策略，确保整体系统的安全性，是一个挑战。这需要制定统一的安全策略标准和协调机制，确保不同网络之间的一致性和相互配合。

综上所述，解决以上技术挑战需要政府、企业和技术提供商的共同努力，加大研发投入，加强标准制定和合作，培养相关技术人才，推动工业融合网络的发展和应用，以促进产业升级和转型。同时也需要综合考虑技术、管理和政策等方面的因素，开展跨学科的研究和创新。另外还需要各种运营商、设备供应商、标准组织等的合作和协调，共同推进融合组网的发展和应用。

## 参 考 文 献

[1] 汤敏贤，史勇民，李日南. 工业物联网关键技术及发展挑战[J]. 中国信息化，2021（9）：76-78.
[2] 陈志勇，翁羽翔. 工业物联网，开启智能制造新篇章[J]. 单片机与嵌入式系统应用，2021，21（9）：92.
[3] 杨文起. 浅析智能制造装备的发展现状与趋势[J]. 时代汽车，2022（19）：25-27.
[4] 李勇. 智能制造与数字化制造在工业制造的有效应用[J]. 智能建筑与智慧城市，2022（10）：120-122.
[5] 宣成. 关于智能制造和工业互联网融合发展的思考[J]. 中国产经，2022（10）：41-43.
[6] Atharvan G，Koolikkara M K S，Dua A，et al. A way forward towards a technology-driven development of industry 4.0 using big data analytics in 5G-enabled IIoT[J]. International Journal of Communication Systems，2022，35（1）：e5014.
[7] Arnold L，Jöhnk J，Vogt F，et al. IIoT platforms' architectural features：A taxonomy and five prevalent archetypes[J]. Electronic Markets，2022，32（2）：927-944.
[8] Lu Y，Witherell P，Jones A. Standard connections for IIoT empowered smart manufacturing[J]. Manufacturing Letters，2020，26：17-20.
[9] Xu X Q，Liang X W，Guo Z H. Application of industrial robot and internet of things in intelligent manufacturing system supported by software and

[10] Thi M T, Ben Hadj Said S, Boc M. SDN-based management solution for time synchronization in TSN networks[C]//2020 25th IEEE International Conference on Emerging Technologies and Factory Automation (ETFA). New York: IEEE, 2020: 361-368.

[11] 刘国军. 浅谈工业互联网未来发展趋势[J]. 中国军转民, 2022 (16): 72-73.

[12] 蔡丽玲. 发展工业互联网"智能制造"未来可期[J]. 电信快报, 2021 (4): 47-48.

[13] Sisinni E, Saifullah A, Han S, et al. Industrial Internet of things: Challenges, opportunities, and directions[J]. IEEE Transactions on Industrial Informatics, 2018, 14 (11): 4724-4734.

[14] Ismail H, Hamza H S, Mohamed S M. Semantic enhancement for network configuration management[C]//2018 IEEE Global Conference on Internet of Things (GCIoT). New York: IEEE, 2018: 1-5.

[15] Municio E, Latré S, Marquez-Barja J M. Extending network programmability to the things overlay using distributed industrial IoT protocols[J]. IEEE Transactions on Industrial Informatics, 2021, 17 (1): 251-259.

[16] Guck J W, van Bemten A, Reisslein M, et al. Unicast QoS routing algorithms for SDN: A comprehensive survey and performance evaluation[J]. IEEE Communications Surveys and Tutorials, 2018, 20 (1): 388-415.

[17] Ansah F, Olaya S S P, Krummacker D, et al. Controller of controllers architecture for management of heterogeneous industrial networks[C]//2020 16th IEEE International Conference on Factory Communication Systems (WFCS). New York: IEEE, 2020: 1-8.

[18] Jiang J H, Li Y T, Hong S H, et al. A time-sensitive networking (TSN) simulation model based on OMNET[C]//2018 IEEE International Conference on Mechatronics and Automation (ICMA). New York: IEEE, 2018: 643-648.

[19] Li Y T, Jiang J H, Lee C, et al. Practical implementation of an OPC UA TSN communication architecture for a manufacturing system[J]. IEEE Access, 2020, 8: 200100-200111.

[20] Jiang J H, Li Y T, Hong S H, et al. A simulation model for time-sensitive networking (TSN) with experimental validation[C]//2019 24th IEEE International Conference on Emerging Technologies and Factory Automation (ETFA). New York: IEEE, 2019: 153-160.

[21] Scheible G, Dzung D, Endresen J, et al. Unplugged but connected[Design and implementation of a truly wireless real-time sensor/actuator interface[J]. IEEE Industrial Electronics Magazine, 2007, 1 (2): 25-34.

[22] Luvisotto M, Pang Z B, Dzung D, et al. Physical layer design of high-performance wireless transmission for critical control applications[J]. IEEE Transactions on Industrial Informatics, 2017, 13 (6): 2844-2854.

[23] Wang H, Wei X Y, Wang P. A transmission scheme of IPv6 packets over WIA-PA networks[C]//2015 Chinese Automation Congress (CAC). New York: IEEE, 2015: 1137-1142.

[24] 李希. 工信部: 在10个重点行业打造30个5G全连接工厂[J]. 中国设备工程, 2021 (3): 1.

[25] 和征, 李彦妮, 杨小红. 制造企业工业物联网的发展与智能制造转型分析: 基于三一重工的案例研究[J]. 制造技术与机床, 2022 (7): 69-74.

[26] 丛力群, 叶晓华, 欧阳树生. 标准化助推工业物联网产业创新发展[J]. 质量与标准化, 2022, 41 (1): 1-3.

[27] 徐波丰, 胡少轶, 骆可. 在线监测及工业物联网在设备智能运维平台中的应用[J]. 中国科技投资, 2021 (26): 25-28.

[28] 张丽. 物联网在自动化智能控制与能耗管理中的应用[J]. 通信电源技术, 2022, 39 (11): 146-148.

[29] Giles G. Tracking and traceability are better with IIoT[J]. Automation World, 2016, 14 (10): 62.

[30] 钟志华, 臧冀原, 延建林, 等. 智能制造推动我国制造业全面创新升级[J]. 中国工程科学, 2020, 22 (6): 136-142.

[31] 韩丽, 李孟良, 卓兰, 等. 《工业物联网白皮书 (2017版)》解读[J]. 信息技术与标准化, 2017 (12): 30-34.

[32] 杜志强. 我国工业物联网行业竞争分析及发展前景[J]. 市场调查信息 (综合版), 2022 (20): 91-93.

[33] Yuan Y F, Zhu L M. Application scenarios and enabling technologies of 5G[J]. China Communications, 2014, 11 (11): 69-79.

[34] 彭瑜. OT与IT融合是长期演进的过程[J]. 中国工业和信息化, 2020 (8): 12-18.

[35] Khan M A, Salah K. IoT security: Review, blockchain solutions, and open challenges[J]. Future Generation Computer Systems, 2018, 82: 395-411.

[36] Zhang Y J, Xu Q M, Guan X P, et al. Wireless/wired integrated transmission for industrial cyber-physical systems: Risk-sensitive co-design of 5G and TSN protocols[J]. Science China Information Sciences, 2021, 65 (1): 110204.

[37] 许莉丽. 基于TSN+OPCUA架构的计算机智能控制应用研究[J]. 软件, 2022, 43 (1): 67-69.

[38] Janz C, Ong L, Sethuraman K, et al. Emerging transport SDN architecture and use cases[J]. IEEE Communications Magazine, 2016, 54 (10): 116-121.

[39] 刘金娣, 李栋, 曾鹏. 基于SDN&TSN的未来工业网络架构探究[J]. 自动化博览, 2018, 35 (10): 56-59.

[40] 魏旻, 牛爽, 尤梦飞, 等. 面向5G-TSN融合的5G侧业务流资源配置方法: CN115022901A[P]. 2022-09-06.

[41] 晏先春. 基于门控整形的时间敏感网络调度算法研究[D]. 重庆: 重庆邮电大学, 2021.

# 第 2 章　主流工业物联网技术

## 2.1　工业有线网络技术

IEC 61158 是国际电工委员会（IEC）的现场总线标准，涉及工业过程控制系统中的数字通信网络[1]。该标准为工业自动化领域提供了通信协议和接口规范，旨在确保不同厂商的设备可以在同一网络上进行通信和协作。目前，IEC 61158 现场总线标准已经发展了一系列的标准，总共有 23 种现场总线加入该标准，如表 2-1 所示。

表 2-1　现场总线和工业以太网技术

| 类型 | 技术名称 | 概述 |
| --- | --- | --- |
| Type 1 | TS61158 现场总线 | 支持各种工业领域的信息处理、监视和本地控制器之间的低级通信 |
| Type 2 | CIP 现场总线 | 由 ODVA 联盟和 CI 联盟推出的一种面向对象的协议 |
| Type 3 | PROFIBUS 现场总线 | 面向现场级和车间级的数字化通信网络，用于工厂自动化车间级监控和现场设备层数据通信与控制的现场总线技术 |
| Type 4 | P-NET 现场总线 | Proces-Data A/S 公司研发的一种多主站、多网络系统 |
| Type 5 | FF HSE 高速以太网 | 基于 EtherNet + TCP/IP 协议，运行在 100Base-T 以太网上的高速现场总线 |
| Type 6 | SwiftNet 现场总线 | 由美国丽星邮轮协会主持制定，得到美国波音公司的支持，主要用于航空和航天等领域 |
| Type 7 | WorldFIP 现场总线 | EN50170 欧洲标准的第三部分，物理层采用 IEC 61158.2 标准 |
| Type 8 | INTERBUS 现场总线 | 由德国菲尼克斯电气公司开发，是一种开放的串行总线，可以构成各种拓扑形式 |
| Type 9 | FF H1 现场总线 | 由 FF 现场总线基金会负责制定 |
| Type 10 | PROFINET 实时以太网 | 由德国西门子公司开发，主要为工厂级应用 |
| Type 11 | TC-net 实时以太网 | 一种开放的高可靠性网络，采用光纤通信 |
| Type 12 | EtherCAT 实时以太网 | 由德国倍福提出，专为实施工业控制系统设计 |
| Type 13 | EtherNet POWERLINK 实时以太网 | 由德国倍福公司提出，最快的工业以太网技术之一 |
| Type 14 | EPA 实时以太网 | 我国自主知识产权，基于高速以太网的现场总线标准 |
| Type 15 | Modbus RTPS 实时以太网 | 由施耐德推出，单主/多从的通信协议 |
| Type 16 | SERCOS I / II 现场总线 | SERCOS I 主要应用于高级机床应用；SERCOS II 扩展了异步数据传输服务通道 |
| Type 17 | VNET/IP 实时以太网 | 由日本横河电机推动的通信协定 |
| Type 18 | CC-Link 现场总线 | 由以三菱为主导的多家公司共同推出，是一种开放式现场总线 |
| Type 19 | SERCOS III 实时以太网 | 支持线型拓扑结构旁的环型拓扑结构，可将 SERCOS 接口的实时数据交换与以太网融合 |
| Type 20 | HART 现场总线 | 可寻址远程传感器高速通道协议 |
| Type 21 | CAN 现场总线 | 一种用于实时应用的串行通信协议总线 |
| Type 22 | EtherNet/IP 实时以太网 | 由罗克韦尔自动化公司开发的工业以太网通信协定，可应用在程序控制及其他自动化的应用中 |
| Type 23 | AUTBUS 现场总线 | 我国自主知识产权，具有多节点、高带宽、可远距离传输的工业现场总线 |

IEC 61158 标准对工业自动化领域中数字通信网络的设计、实施和使用提供了重要的指导，有助于

确保不同厂商的设备能够互操作，并且满足工业控制系统的实时通信需求[2]。本书将系统地从现场总线技术、工业以太网技术和新兴工业有线技术三个方面来对工业有线网络技术进行阐述。

## 2.1.1 现场总线技术

现场总线是一种数字通信系统，用于生产现场，实现了多个微机化测量和控制设备之间的双向串行通信，这种技术也被称为开放式、数字化、多点通信的底层控制网络。现场总线技术的主要目的是提高控制系统的可靠性，并增加控制设备之间的信息交流[3]。它还为控制信息在公用数据网络中传递提供了基础，促进了现场控制设备与更高级别的控制和管理层网络之间的集成，实现了全面的过程控制和监测。此外，现场总线技术也使信号远程传输和实现异地远程自动控制成为可能。

现场总线技术在自动化领域中发展迅猛，具有多个优点，包括简单而开放的协议、高容错性、强实时性、良好的安全性、低成本和适用于频繁数据交换等特点[4]。市面上常用的现场总线技术包括以下 5 种。

（1）基金会现场总线：用于过程控制和仪表领域的开放式通信标准，具有强大的实时性和安全性。

（2）HART 现场总线：常用于智能仪表，允许模拟和数字通信，提供了远程监测和诊断功能。

（3）CAN 现场总线：主要用于汽车和工业应用，具有出色的抗干扰性和可靠性。

（4）PROFIBUS 现场总线：在工业自动化中广泛使用，支持多种通信速度和拓扑结构。

（5）时间敏感网络（TSN）：一种新型的工业网络技术，它可以提供一个统一的、开放的网络结构，它可以支持各种不同的工业网络协议，从而使企业的网络服务得到有效的支持。

现场总线技术在工业自动化中起着关键作用，为各种应用领域提供了高效的通信和控制解决方案，从而提高了生产效率和系统可靠性。不同的现场总线技术可以根据具体的应用需求选择，并在各种工业环境中广泛应用[5]。

### 2.1.1.1 基金会现场总线技术

基金会（fieldbus foundation，FF）现场总线是一种在过程自动化领域得到广泛支持，并具有良好发展前景的技术。FF 现场总线由包括 Fisher-Rosemount、Foxboro、横河、ABB 和西门子的 80 家公司共同制定的 ISP 协议和由 150 家公司共同制定的 World FIP 协议合并而成[6]。1994 年现场总线基金会成立，旨在开发国际统一的现场总线协议。目前，在石油、天然气、石油化工和化工领域中，FF 现场总线的应用项目数量占比较大，表明石化领域是目前基金会现场总线的主要应用领域。

FF 现场总线以其优良的性能、较高的可靠性、控制功能、诊断功能和管理功能而受到工业界的重视，并被公认为是过程自动化系统中最有前途的现场总线之一[7]。最初，FF 现场总线提供了两种速率：1996 年发布了低速 H1 总线和高速 H2 总线。然而，随着多媒体技术的发展和工业自动化水平的提高，控制网络实时信息传输量逐渐增大，H2 总线的设计能力已无法满足实时信息传输的带宽需求。因此，现场总线基金会放弃了 H2 总线计划，取而代之的是使用成熟的高速商用以太网技术与现场总线技术相结合的新型高速现场总线，也就是高速以太网（high speed EtherNet，HSE）现场总线，并于 2000 年 3 月发布了 HSE 的最终规范[8]。

FF 现场总线的体系结构参照了国际标准化组织（International Organization for Standardization，ISO）的开放系统互联（OSI）协议，提取了 OSI 的物理层、数据链路层和应用层，并在应用层上增加了用户层。以下是对各层协议的简单阐述。

1. 物理层

FF 现场总线的物理层规定了连接现场设备与总线之间的物理接口，主要包含以下特点。

（1）遵循 IEC1158-2 和 ISA-S50.02 的物理层标准。

（2）发布 H1 标准，即 31.25 Kbit/s 的 FF-816 物理层规范。

（3）FF 现场总线物理层规定了信息在介质上的传输，比如信号的峰值、频率、幅值、导线类型、最大传输距离和阻抗要求。

2. 数据链路层

数据链路层的定义在 FF 现场总线标准中非常重要。FF 现场总线数据链路层位于物理层和总线访问子层之间，用于控制报文在现场总线上的传输。为了减少实时通信的时延，FF 现场总线采用了集中式的管理方式，对所有连接到同一物理通道上的应用进程通过数据链路层进行实时管理和协调，同时 FF 现场总线规定将数据链路层设备分为基本设备和链路主设备两种类型。

3. 应用层

FF 现场总线应用层的主要任务是定义现场总线的命令、响应、数据和事件。应用层包含两个子层：现场总线访问子层（fieldbus access sublayer，FAS）和总线报文规范（fieldbus messaging specification，FMS）层。

（1）FAS。FAS 位于 FMS 和数据链路层之间，利用数据链路层的受调度通信与非调度通信作用，为总线报文规范层提供服务。FAS 的主要活动，就是围绕与应用关系（应用层中模型化了的通信通道）相关的服务进行的。

（2）FMS。FMS 描述了用户应用所需要的通信服务、信息格式、行为状态等。FMS 规定了用于向应用进程（application process，AP）对象提供的服务及报文格式，把对象描述收集在一起，形成对象字典（object dictionary，OD）。应用进程中的网络可视对象和相应的 OD 在 FMS 中称为虚拟现场设备。FMS 层由以下几个模块组成：①虚拟现场设备；②对象字典管理；③联络关系（上下文）管理；④域管理；⑤程序调用管理；⑥变参访问；⑦事件管理。

4. 用户层

用户层是现场总线标准在 OSI 模型之外增加的一层，是使该标准超过一项通信标准而成为一项系统标准的关键，所以也是 FF 现场总线最关键的一层。

用户层规定了一些标准的功能模块，这些功能模块可供用户组态构建系统。这些功能模块的类型包括基本功能模块、先进功能模块、计算功能模块和辅助功能模块。每个功能模块都具有输入、输出、算法和参数 4 个要素。这些功能模块能够满足用户不同的需求。

功能模块应用进程是用户层的重要组成部分，用于实现 FF 现场总线中的自动化系统功能。功能模块应用进程依赖于 FMS 层的支持来完成功能模块的服务。在现场总线基金会中，功能模块和功能模块应用进程是系统结构的重要特色，它们被设计用于实现不同的系统控制功能。不同的功能模块表达了不同类型的应用功能。目前用于基本控制的标准功能模块有 10 种，如表 2-2 所示。

表 2-2 FF 现场总线用户层标准功能模块

| 名称 | 符号 |
| --- | --- |
| 模拟量输入 | AI |
| 模拟量输出 | AO |
| 偏置 | B |
| 控制选择 | CS |
| 离散输入 | DI |
| 离散输出 | DO |
| 手动装载 | ML |

续表

| 名称 | 符号 |
| --- | --- |
| 比例微分 | PD |
| 比例积分微分 | PID |
| 比率系数 | RA |

另外，FF 现场总线用户层还有 19 种用于高级控制的标准功能模块，分别是：复合模拟输出、超前滞后补偿、复杂开出、输入选择、运算、积算、分离器、脉冲输入、算术运算、信号特征、装置控制、死区、定时、模拟接口、步进 PID、SP 发生器、模拟报警、开关报警、开关接口。这里就不多做介绍。

#### 2.1.1.2  CAN 技术

随着我国经济的不断发展，汽车的数量呈递增趋势，对于汽车技术的要求也随之增长。近年来，汽车技术不断向上突破，形成汽车网联技术，智能网联汽车已成为主要发展方向之一[9]。控制器局域网（CAN）总线技术属于现场总线的范畴，该系统的主要功能是在汽车环境下进行单片机通信，实现了车辆的各个电子控制单元的数据交换，从而构成了汽车的电子控制网络；CAN 总线是一种广播式总线，所以每个节点都能监听所有传送的消息，不能把消息分别传送到特定的节点；但是，CAN 硬件能够提供本地过滤功能，让每个节点对报文有选择性地做出响应[10]。总线使用不归零位填充，模块以线与逻辑连接到总线：如果只有一个节点向总线传输逻辑 0，那么不管有多少个节点向总线传输逻辑 1，整个总线都处于逻辑 0 状态。

CAN 标准定义 4 种不同的报文类型。报文使用逐位仲裁机制来控制对总线的访问，且每条报文都带有优先级标记。此外，CAN 标准还为错误处理和消除定义了详细的方案。

CAN 规范定义了最底层的物理层和数据链路层。物理层可以使用多种介质，最常用的是双绞线信号，使用差分电压传输，其中 CAN_H 和 CAN_L 是两条信号线，静态时均为 2.5 V 表示逻辑 1，CAN_H 比 CAN_L 高表示逻辑 0。数据链路层分为逻辑链路控制（logical link control，LLC）层和介质访问控制（medium access control，MAC）层两个子层，LLC 层提供数据传输服务，MAC 层负责封包和拆包、帧的结构、错误检查和标识。CAN 的帧结构包括 CAN 2.0A 帧和 CAN 2.0B 帧，其中 CAN 2.0A 帧有 11 位标识符，CAN 2.0B 帧有 29 位标识符。CAN 2.0B 帧的扩展格式可以容纳更多设备之间的通信。

CAN 帧结构较为特殊，CAN 2.0 版包括两种规范，即 A 规范和 B 规范。A 规范给出了 CAN 报文标准格式，即 CAN 2.0A 帧，拥有 11 位标识符；B 规范中给出了 CAN 报文扩展格式，即 CAN 2.0B 帧，拥有 29 位标识符。扩展格式相比于标准格式，可以容纳更多数量设备之间的通信。

CAN 总线报文由帧起始、控制域、仲裁域、数据域和循环冗余校验（cyclic redundancy check，CRC）域组成。CAN 总线规定了数据帧、远程帧、错误帧和过载帧 4 种帧结构，以及帧间隔。

1. 数据帧

数据帧是用于发送节点向接收节点传送数据的帧。数据帧标准格式如表 2-3 所示。

表 2-3  数据帧标准格式

| 帧起始 | 仲裁域 | 控制域 | 数据域 | CRC 域 | 应答域 | 帧结束 |
| --- | --- | --- | --- | --- | --- | --- |
| 1 位 | 12 位 | 6 位 | 0~8 位 | — | 2 位 | 7 位 |

（1）帧起始：用于标记数据帧的起始，由一个单独的"显性位"组成。

（2）仲裁域：标识数据帧的优先级，由标识符和远程发送请求位组成，11 位标识符和远程传输请求（remote transmission request，RTR）位组成。

（3）控制域：标识数据帧的字节数以及保留位，标准格式帧和扩展格式帧的控制域不同。包括 IED（identifier extension bit，标识符扩展位）、保留位和一个数据长度代码。

（4）数据域：0~8 字节，可以为 0。

（5）CRC 域：检查帧是否错误。

（6）应答域：接收节点对正确接收的报文给出应答，对不一致报文进行标记。

（7）帧结束：7 位隐性位组成。

2. 远程帧

远程帧是用于一个节点向另一个节点请求数据的帧。远程帧标准格式如表 2-4 所示。

表 2-4 远程帧标准格式

| 帧起始 | 仲裁域 | 控制域 | CRC 域 | 应答域 | 帧结束 |
| --- | --- | --- | --- | --- | --- |
| 1 位 | 12 位 | 6 位 | — | 2 位 | 7 位 |

远程帧的标准格式与扩展格式结构相同，只是扩展格式有 29 位标识符。

3. 错误帧

错误帧为任何节点检测到总线错误时都会发出该帧。错误帧是节点检测到总线错误时发送的帧，包含错误标志和错误界定符两个域。错误标志有积极错误标志和消极错误标志。积极错误标志由 6 个位的显性位组成，是指处于积极错误状态下的单元检测出错误时输出的错误标志；消极错误标志由 6 个位的隐性位组成，是指处于消极错误状态下的单元检测出错误时输出的错误标志。错误界定符由 8 个位的隐性位组成。

4. 过载帧

过载帧是接收节点用于表示自己没有准备好接收的帧，包含过载标志和过载界定符。在以下三种情况下会触发过载帧的发送。

（1）接收器对下一帧或延迟帧的到达发送延迟命令时。

（2）帧间隔报文的间歇场域的第一位和第二位检测到显性位时。

（3）错误界定符或过载界定符的最后一位采样到显性位时。

5. 帧间隔

帧间隔用于分离数据帧或远程帧与前面的帧。数据帧和远程帧通过插入帧间隔的方法将本帧与前帧分开。帧间隔由间歇域、暂停发送域和总线空闲部分组成，只有刚发送出前一报文的错误消极节点才需要暂停发送域。

另外，CAN 通信的同步是通过总线信息从隐性到显性的跳变来实现的。为了确保同步信息的提取准确，CAN 采用位填充机制。位填充是指在未使用的数据位上用"0"或"1"填充。具体规则如下。

（1）在一帧的起始帧、仲裁域、控制域、数据域和 CRC 域部分，如果发送器检测到连续 5 个相同数值的位，就会自动插入一个补位码。

（2）数据帧和远程帧的其他部分（CRC 界定符、应答域和帧结束）具有固定的格式，不进行位填充。

（3）错误帧和过载帧也具有固定的格式，不进行位填充。

位填充的目的是防止突发错误，并确保 CAN 通信的可靠性。位填充机制能够提供同步信息，处理连续的显性或隐性信息，以提取正确的同步信号。

### 2.1.1.3 HART 技术

可寻址远程传感器高速通道（highway addressable remote transducer，HART）协议是一种用于工业自动化领域的通信协议，它允许数字通信与 4～20 mA 模拟信号共存，使现场仪表和控制系统之间的双向通信具有灵活性[11]。在 HART 协议通信中，控制信息和主要变量由 4～20 mA 模拟信号传送，其他测量、设备组态、诊断信息、过程参数、校准通过 HART 协议访问[12]。在传统 OSI 模型上，HART 主要对物理层、数据链路层和应用层做出规定，下面是关于 HART 协议的详细信息。

#### 1. 物理层

物理层标准采用了 Bell202 标准，确保了信号的可靠传输。HART 协议采用了频移键控（frequency shift keying，FSK）技术，通过在 4～20 mA 的模拟信号上叠加一个频率信号实现双向通信，数字信号和模拟信号可以同时传输而不相互干扰。HART 协议也对数字信号做出了部分规定，比如数字信号的幅度要求为 0.5 mA，传输率要求为 1 200 bit/s。不同的频率也代表了不同的逻辑，比如 1 200 Hz 代表逻辑 "1"，2 200 Hz 代表逻辑 "0"。

#### 2. 数据链路层

数据链路层规定了 HART 协议帧的格式，包括帧头、地址字段、命令字段、数据字段以及校验字段。HART 协议支持多种通信模式，包括点对点模式和点对多点模式。在点对点模式下，一个现场仪表与两个数字通信主设备之间进行特定的串行通信。在点对多点模式下，多个现场仪表可以通过一对传输线上的数字通信进行数据传输。HART 协议还支持不同的通信速率（通常的数据更新速率为 2～3 次/s），以及突发式通信方式。在多点模式下，4～20 mA 的模拟输出信号不再有效，系统以数字通信方式依次读取多个现场仪表通过一对传输线上的测量值或其他数据。

HART 协议通过自动重复请求发送机制和冗余检错码信息，消除了线路噪声或干扰引起的数据误码，实现了数据无差错传输。帧格式采用 8 位编码，并对每字节加上起始位、奇偶校验位和停止位以串行传输。通常使用通用异步接收发送设备（universal asynchronous receiver/transmitter，UART）完成字节的传输。由于数据的有无和长度不固定，所以 HART 数据的长度不能超过 25 字节。HART 协议的数据帧结构如表 2-5 所示。

表 2-5 HART 协议的数据帧结构

| 导言字节 | 起始字节 | 地址字节 | 命令字节 | 数据总长度 | 状态字节 | 数据字节 | 奇偶校验 |
| --- | --- | --- | --- | --- | --- | --- | --- |
| 5～20 位 | 2 位 | 1/5 位 | 2 位 | 2 位 | 2 位 | 0～25 位 | — |

（1）导言字节：用于同步信号，在通信开始时使用 20 个 FF 导言，并通过从机应答信号告知主机希望接收的导言字节数。主机也可以使用 59 号命令告知从机应答时应用的导言字节数。

（2）起始字节：用于指示通信结构、消息源和是否为突发模式。主机到从机时，短结构的起始位为 02，长结构的起始位为 82；从机到主机时，短结构的起始位为 06，长结构的起始位为 86。突发模式的短结构的起始位为 01，长结构的起始位为 81。

（3）地址字节：包含主机地址和从机地址。短结构中占 1 字节，长结构中占 5 字节。另外，HART 协议允许两台主机存在，通过首字节的最高位进行区分，第一主机地址的最高位的值为 1，第二主机地址的最高位为 0。

（4）命令字节：定义了要执行的操作或请求。有 253 个，用十六进制表示。

（5）数据总长度：表示不包括校验字节的下一个字节到最后的字节数。接收设备可以通过它来鉴别校验字节并确定消息的结束。

（6）状态字节：又称响应码，只存在于从机响应主机消息时，用 2 字节表示。它用于报告通信中的错误、接收命令的状态以及从机的操作状态。如果在通信过程中发现了错误，首字节的最高位将置 1，其余的 7 位将汇报出错误的细节，而第 2 个字节全为 0；当首字节的最高位为 0 时，表示通信正常，其余的 7 位表示命令响应情况，第 2 个字节表示场设备状态的信息。UART 发现的通信错误一般有：奇偶校验、溢出和结构错误等。命令响应码可以有 128 个，表示错误和警告。命令响应码可以是单一的意义，也可以有多种意义，通过特殊命令进行定义、规定。现场设备状态信息用来表示故障和非正常操作模式。

（7）数据字节：首先并非所有的命令和响应都包含数据字节，最多不超过 25 字节。数据的形式可以是无符号的整数，IEEE 754 单精浮点格式的浮点数或 ASCII 字符串，还有预先制定的单位数据列表。具体的数据个数根据不同的命令而定。

（8）奇偶校验：方式是纵向奇偶校验，从起始字节开始到奇偶校验前一个字节为止。另外，每一个字节都有 1 位的校验位，这两者的结合可以检测出 3 位的突发错误。

3. 应用层

在 HART 通信中，应用层包含了操作命令，这些命令用于与现场装置进行通信和控制。这些命令可以分为通用命令、常用命令和专用命令，其范围和功能如下。

1）通用命令

范围：0～30。

通用命令是所有现场装置都配备的，主要包括以下功能。

①制造商码和设备类型。

②读一次过程变量（process variable，PV）和单位。

③读当前输出和量程百分比。

④读取多达 4 个预先定义的动态变量。

⑤读或写 8 字符标签、16 字符描述符、日期信息。

⑥读或写 32 字符信息。

⑦读取传感器量程、单位、阻尼时间常数。

⑧读传感器编号和极限。

⑨读或写最终安装数。

⑩写登录地址。

2）常用命令

范围：32～126。

常用命令提供的功能适用于大部分装置，但不是全部现场装置都支持，主要包括以下功能。

①读 4 个动态变量之一。

②写阻尼时间常数。

③写变送器量程。

④校准置零和置间隔。

⑤设置固定的输出电流。

⑥执行自检。

⑦执行主站复位。

⑧调整 PV 零点。

⑨写 PV 单位。

⑩调整数模转换器（digital-to-analog converter，DAC）零点和增益。

⑪写变换函数平方根/线性。

⑫写传感器编号。

⑬读或写动态变量用途。

3）专用命令

范围：128～253。

专用命令提供了针对特殊现场装置的功能，包括以下功能。

①读或写低流量截止值。

②启动、停止或取消累积器。

③读或写密度校准系数。

④选择一次变量。

⑤读或写结构材料信息。

⑥调整传感器校准值。

这些命令允许用户与 HART 协议兼容的设备进行通信和控制，以获取各种信息和执行不同的操作。不同装置可能支持不同的命令，根据应用需求选择适当的命令进行通信和配置。

HART 协议的应用层定义了消息结构、数据格式和一系列操作命令，允许对现场仪表进行配置、监测和控制。协议采用主从结构，其中一个主机可以查询和控制多个现场仪表。应用层支持命令的发送和响应，以实现数据的读取和写入。

## 2.1.2 工业以太网技术

工业以太网是一种强大的区域和单元网络，基于 IEEE 802.3 标准。它提供了不同波特率和性能选项，以满足用户的各种需求[13]。以下是关于工业以太网的一些重要信息。

（1）速率选择。工业以太网支持多种速率，包括 10 M 波特率以太网和 100 M 波特率快速以太网（符合 IEEE 802.3u 标准）。用户可以根据其需求选择适当的速率，这种通用的兼容性允许用户无缝升级到新技术。

（2）考虑因素。在选择工业以太网设备时，需要考虑多个因素，包括通信协议、电源要求、通信速率、工业环境认证、安装方式、外壳散热性能等。这些因素将影响设备的性能和可靠性。

（3）通信管理。工业以太网设备可以提供不同级别的通信管理功能，包括简单通信功能和更高级的通信管理功能。高级功能可能包括信号强弱检测、端口设置、出错报警、串口使用、冗余配置、服务质量（quality of service，QoS）、虚拟局域网（virtual local area network，VLAN）、简单网络管理协议（simple network management protocol，SNMP）、端口镜像等。

（4）冗余功能。工业以太网对网络的可靠性要求很高，因此提供了各种冗余功能，包括快速生成树冗余（RSTP）、环网冗余（rapidRingTM）、主干冗余（trunkingTM）等。工程师可以根据其系统的要求选择适当的冗余配置。

总之，工业以太网是一种适用于工业自动化领域的强大通信协议，具有灵活性和可靠性。在选择工业以太网设备时，需要根据具体的应用需求和环境因素来进行选择，以确保网络的稳定性和性能[14]。目前较为主流的工业以太网技术有：PROFINET 技术、Modbus RTU 技术、Modbus TCP 技术、POWERLINK 技术。

### 2.1.2.1 PROFINET 技术

PROFINET 由 PROFIBUS 国际组织（PROFIBUS International，PI）推出，是新一代基于工业以太网技术的自动化总线标准。PROFINET 是一种具有战略意义的技术[15]，它为自动化通信行业提供了一套完整的解决方案，包括实时以太网、运动控制、分布式自动化、故障安全、网络安全等自动化技术，并与现有的以太网技术（PROFIBUS）相兼容。

PROFINET 是适用于不同需求的完整解决方案，其功能包括 5 个主要的模块，依次为实时通信、分布式现场设备、运动控制、网络安装、标准与网络安全。以下分别对这 5 个模块进行阐述。

### 1. 实时通信

PROFINET 支持多种实时通信方式，根据响应时间的不同分为以下三种通信方式。

（1）TCP/IP 标准通信：基于 TCP/IP 和 IT 标准，响应时间约为 100 ms，适用于一般通信需求。

（2）实时（real time，RT）通信：要求响应时间更为严格，在 5~10 ms 内，适用于传感器和执行器设备之间的高速数据交换。RT 通信不仅使用了带有优先级的以太网报文帧，而且优化掉了 OSI 协议栈的 3 层和 4 层。这样大大缩短了实时报文在协议栈的处理时间，进一步提高了实时性能。由于没有 TCP/IP 的协议栈，所以 RT 的报文不能路由。

（3）同步实时（isochronous real time，IRT）通信：最高要求的通信方式，适用于运动控制等需要高速通信的应用，响应时间小于 1 ms，时延抖动误差小于 1 μs。IRT 通信满足最高的实时要求，特别是针对等时同步的应用。IRT 是基于以太网的扩展协议栈，能够同步所有的通信伙伴并使用调度机制。IRT 通信需要在 IRT 应用的网络区域内使用 IRT 交换机。在 IRT 域内也可以并行传输 TCP/IP 协议包。

### 2. 分布式现场设备

PROFINET 允许分布式现场设备直接连接到网络。对于现有的现场总线通信系统，可以通过代理服务器实现与 PROFINET 的透明连接。可以将一个 PROFIBUS 网络透明集成到 PROFINET 当中，PROFIBUS 各种丰富的设备诊断功能同样也适用于 PROFINET。对于其他类型的现场总线，可以通过同样的方式，使用一个代理服务器将现场总线网络接入到 PROFINET 当中。

PROFINET 是一种开放式的架构，可以与传统的互联网互联互通，俗称"一网到底"。所谓"一网到底"，是指通过一个网络将现场层、控制层和管理层相连，实现数据的交换，便于管理和维护。

### 3. 运动控制

PROFINET 的同步实时（IRT）技术支持对伺服运动控制系统的控制，确保高速通信和精确控制。

### 4. 网络安装

PROFINET 支持多种拓扑结构，包括星型、总线型和环型结构。特别设计的工业电缆和连接器满足电磁兼容性（electromagnetic compatibility，EMC）和温度要求，保证了不同制造商设备的兼容性。

### 5. 标准与网络安全

PROFINET 可以同时传递实时数据和标准的 TCP/IP 数据，允许使用各种 IT 标准服务（如 HTTP、SNMP、DHCP 等）进行网络管理和维护，降低成本。另外，PROFINET 提供了专门的安全机制，通过使用安全模块可以保护自动化控制系统，实现高级的安全性，包括故障安全（SIL3 级别）。

PROFINET 通过代理服务器技术可以集成现场总线标准，如 PROFIBUS，实现跨不同通信协议的无缝连接，适用于工厂自动化和过程自动化应用。通过代理服务器技术，PROFINET 可以无缝地集成现场总线 PROFIBUS 和其他总线标准。

总之，PROFINET 是一种功能丰富且灵活的工业通信协议，适用于多种应用领域，包括工厂自动化和过程自动化，其支持多种通信方式和拓扑结构，提供高实时性和网络安全性，同时允许与现场总线标准集成，使其成为工业控制系统的理想选择。

#### 2.1.2.2　Modbus RTU 技术

Modbus 协议由 Modicon 在 1979 年开发，是全球第一个真正用于工业现场的总线协议。多年现场应用证明，Modbus 具有安全可靠的通信能力。Modbus 协议有两种不同的串行传输模式：远程终端（remote terminal unit，RTU）模式和美国信息交换标准代码（ASCII）模式。浮点数类型的数据在计算机中是按照 IEEE 754 标准表达的。IEEE 754 标准是 IEEE 在 1985 年制定的关于二进制浮点运算的规范，它包括单精度和双精度浮点数以及扩展单双精度浮点数的二进制表示形式。以 32 位单精度浮点数为例，按照 IEEE 754 中规范的相关定义，使用 32 个位元，用于存储单精度二进制浮点数[16]。因 Modbus 协议流程简单明了，易于组网，目前应该是在工业上使用得最多的。Modbus 协议分为三种，包括 Modbus RTU、Modbus ASCII 和 Modbus TCP。目前最常用的是 Modbus RTU。

（1）Modbus RTU：这种方式常采用 RS-485 作为物理层，一般利用芯片的串口实现数据报文的收发，报文数据采用二进制数据进行通信。

（2）Modbus ASCII：报文使用 ASCII 字符。ASCII 格式使用纵向冗余校验和。Modbus ASCII 报文由冒号开始和换行符（CR/LF）结尾构成。

（3）Modbus TCP 或 Modbus TCP/IP：这是一种 Modbus 变体版本，使用 TCP/IP 网络进行通信，通过 502 端口进行连接。报文不需要校验和计算，因为以太网底层已经实现了 CRC32 数据完整性校验。

Modbus 的通信过程比较简单。Modbus 是主从方式通信，通信由主机发起，一问一答式，从机无法主动向主机发送数据。通信方式类似于 IIC、SPI 协议。Modbus 数据帧在传输过程中，两个字节之间的相邻时间不得大于 3.5 个字符的时间（约为 4 ms），否则视为一帧数据传输结束。如果从机在接收过程中，超过了 4 ms 没有收到数据，则认为本帧数据接收结束；同样地，在发送完数据后也要延时等待 4 ms 的延时时间。

在 Modbus RTU 模式中，每个字节为 11 位，格式为：8 bit 数据位（先发低位）、1 bit 起始位、1 bit 奇偶校验、1 bit 停止位，要求使用偶校验，也可以使用其他模式（奇校验、无校验）。为了保证与其他产品的最大兼容性，其还支持无校验模式。默认校验模式必须是偶校验。

Modbus RTU 的协议数据帧结构如表 2-6 所示。

表 2-6　Modbus RTU 的协议数据帧结构

| 地址码 | 功能码 | 数据区 | CRC 校验 |
| --- | --- | --- | --- |
| 1 位 | 1 位 | N 位 | 2 位 |

Modbus RTU 协议数据帧结构分为地址码、功能码、数据区和 CRC 校验，其中地址码和功能码是在通信中使用的两个重要的字段。

（1）地址码。地址码是通信信息帧的第一个字节，用来指定接收信息的从机的地址。每个从机都必须有唯一的地址码。当主机发送信息时，地址码指定了要发送到的从机地址。当从机回送信息时，回送数据以其地址码开头，表示该信息是由哪个从机发送的。地址码确保了信息的正确接收和响应。

（2）功能码。功能码是通信信息帧传输的第二个字节，用来指示要执行的动作。在 Modbus 通信协议中，功能码的范围是 1~127。主机请求时，主机通过功能码告知从机应执行的具体操作。从机响应时，从机返回的功能码与主机发送的功能码相同，并表示从机已响应主机的请求并执行了相应的操作。它们确保了通信的准确性和可靠性。常用的功能码就是 01、02、03、04、05、06、15、16。

（3）数据区。数据区包含三部分：起始地址、数量、数据。数据区包括由从机返送的信息或执行的具体动作。这些信息可以是数据（如开关量输入/输出、模拟量输入/输出、寄存器等）、参考地址等。

（4）CRC 校验。两个字节，校验的数据范围为：地址码＋功能码＋数据区。

Modbus RTU 所能使用的所有功能码如表 2-7 所示。

表 2-7　Modbus RTU 功能码总表

| 功能码 | 名称 | 作用 |
| --- | --- | --- |
| 1 | 读取线圈状态 | 取得一组逻辑线圈的当前状态（ON/OFF） |
| 2 | 读取输入状态 | 取得一组开关输入的当前状态（ON/OFF） |
| 3 | 读取保持寄存器 | 在一个或多个保持寄存器中取得当前的三进制值 |

续表

| 功能码 | 名称 | 作用 |
|---|---|---|
| 4 | 读取输入寄存器 | 在一个或多个输入寄存器中取得当前的二进制值 |
| 5 | 强置单线圈 | 强置一个逻辑线圈的通断状态 |
| 6 | 预置单寄存器 | 把具体二进制装入一个保持寄存器 |
| 7 | 读取异常状态 | 取得8个内部线圈的通断状态，这8个线圈的地址由控制器决定，用户逻辑可以将这些线圈定义，以说明从机状态，短报文适宜于迅速读取状态 |
| 8 | 回送诊断校验 | 把诊断校验报文送从机，以对通信处理进行评鉴 |
| 9 | 编程（只用于484） | 使主机模拟编程器作用，修改PC从机逻辑 |
| 10 | 控询（只用于484） | 可使主机与一台正在执行长程序任务从机通信，探询该从机是否已完成其操作任务，仅在含有功能码9的报文发送后，本功能码才发送 |
| 11 | 读取事件计数 | 可使主机发出单询问，并随即判定操作是否成功，尤其是该命令或其他应答产生通信错误时 |
| 12 | 读取通信事件记录 | 可使主机检索每台从机的Modbus事务处理通信事件记录。如果某项事务处理完成，记录会给出有关错误 |
| 13 | 编程（184/384484584） | 可使主机模拟编程器功能修改PC从机逻辑 |
| 14 | 探询（184/384484584） | 可使主机与正在执行任务的从机通信，定期探询该从机是否已完成其程序操作，仅在含有功能13的报文发送后，本功能码才得发送 |
| 15 | 强置多线圈 | 强置一串连续逻辑线圈的通断 |
| 16 | 预置多寄存器 | 把具体的二进制值装入一串连续的保持寄存器 |

### 2.1.2.3 Modbus TCP 技术

Modbus TCP 是用于以太网的数据帧，比如利用网口和 PLC 通信的时候就可以选择用 Modbus TCP[17]。

首先对 Modbus TCP 的通信方式进行讲解。

Modbus 设备可分为主站和从站。主站只有一个，从站有多个，主站向各从站发送请求帧，从站给予响应。在使用 TCP 通信时，主站为 client 端，主动建立连接；从站为 server 端，等待连接。其通信过程为：connect 建立 TCP 连接，之后准备 Modbus 报文，使用 send 命令发送报文；在同一连接下等待应答，应答响应之后，使用 recv 命令读取报文，完成一次数据交换。最后通信任务结束，关闭 TCP 连接。

接下来是对 Modbus TCP 的协议数据帧结构的讲解。Modbus TCP 的协议数据帧结构与 Modbus RTU 的协议数据帧结构不同，主要是由 Modbus 应用协议（Modbus application protocol，MBAP）和协议数据单元（protocol data unit，PDU）组成。如表 2-8 所示。

表 2-8 Modbus TCP 协议数据帧结构

| MBAP |||| PDU ||
|---|---|---|---|---|---|
| 事务处理标识 | 协议标识符 | 长度 | 单元标识符 | 功能码 | 数据 |
| 2位 | 2位 | 2位 | 1位 | 1位 | N位 |

MBAP 部分包括事务处理标识、协议标识符、长度和单元标识符。

（1）事务处理标识：Modbus 请求/响应事务处理的识别码，主要用于对主站设备在接收到响应时能知道是哪个请求的响应。

（2）协议标识符：0000 为 Modbus TCP 协议。

（3）长度：接下来的数据长度，单位字节。

（4）单元标识符：串行链路或其他总线上连接的远程从站的识别码，也就是要访问的从站的标识号，因为只有一个字节，所以一个主站最多只能访问 256 个从站设备。

PDU 部分包括功能码和数据，比较重要。Modbus TCP 常用的功能码如表 2-9 所示。

表 2-9 Modbus TCP 常用功能码

| 功能码 | 名称 | 作用 |
| --- | --- | --- |
| 1 | 读取线圈状态 | 在从站中读 1~2000 个连续线圈状态，ON = 1，OFF = 0 |
| 2 | 读取离散输入状态 | 从一个从站中读 1~2000 个连续的离散量输入状态 |
| 3 | 读取保持寄存器 | 从远程设备中读保持寄存器连续块的内容 |
| 4 | 读取输入寄存器 | 从一个远程设备中读 1~2000 个连续输入寄存器 |
| 5 | 写入线圈状态 | 将从站中的一个输出写成 ON 或 OFF，0xFF00 请求输出为 ON，0x000 请求输出为 OFF |
| 6 | 写单个保持寄存器 | 在一个远程设备中写一个保持寄存器 |
| 15 | 写多个线圈 | 将一个从站中的一个线圈序列的每个线圈都强制为 ON 或 OFF，数据域中置 1 的位请求相应输出位 ON，置 0 的位请求响应输出为 OFF |
| 16 | 写多个保持寄存器 | 在一个远程设备中写连续寄存器块（1~123 个寄存器） |

#### 2.1.2.4 POWERLINK 技术

POWERLINK 是在标准以太网协议 IEEE 802.3 之上制定的 Master-Slave 运作方式的工业网络通信协议，其具有传输速率快、免费开源等特征，在集中式网络配置器（centralized network configuration，CNC）、机器人、城市交通等领域应用广泛[18]。网络中指定的 PLC 或 PC 作为管理节点（management node，MN），该管理节点定期进行调度，以同步网络上的所有节点，并控制周期性数据通信。其他运行设备被称为受控节点（controled node，CN）。POWERLINK 周期分为三个部分。

（1）开始阶段：MN 发送循环启动 SoC 帧给网络中的 CN，以同步网络中的所有设备，时延抖动大约为 20 ns。

（2）循环阶段：周期性同步数据交换，并使用多路复用技术来优化带宽利用。

（3）异步启动信号 SoA：用于传输大容量、非时间关键的数据包。

POWERLINK 分为实时域和非实时域，因为异步阶段的数据传输支持标准的 IP 帧，所以路由器可以将数据与实时域隔离开来，提高安全性。

POWERLINK 支持集中控制和分布式控制，它们在性能上没有明显的区别。外部设备可以使用标准的 HUB 或交换机，内部设备使用标准的 HUB，而有源 HUB 可以放大信号。此外，POWERLINK 支持热插拔，允许在网络带电状态下交换设备。

POWERLINK 协议规定分为三层：物理层、数据链路层、应用层。以下分别介绍 POWERLINK 在这三层中的协议。

1. 物理层

遵循 IEEE 802.3 快速以太网标准。

2. 数据链路层

数据链路层的主要功能是构建解析数据帧、对数据帧定界、网络同步、数据收发顺序控制、实时通信的传输控制。POWERLINK 的通信机制有两种：请求应答模式和定时主动上报模式。

POWERLINK 一共有 5 种数据帧格式：SoC、PReq、PRes、SoA、AsyncData。一个完整的周期包含同步、异步和空闲 3 个阶段：SoC 到 SoA 为同步阶段，SoC 是同步信号，每一个循环周期开始时主站都会广播一个 SoC 信号，实现时钟同步和动作同步；SoA 到 AsyncData 为异步阶段，SoA 是异步信号，包含请求从站上报的数据，AsyncData 包含从站上报的数据，但是每个周期只能有一个从站上报异步数据。

1）同步阶段

在进入同步阶段时，MN 首先会广播一个名为 SoC 的数据包，提示网络内所有的 CN 注意点名。然后开始挨个点名。在每一次点名的过程中，一个叫作 PReq 的数据包会被定向发给特定的 CN，这个数据包中包含了 MN 对 CN 中变量的期望值。CN 收到这个数据包之后，会对这些变量进行处理，并广播一个 PRes，这个数据包中包含了 CN 希望其他节点看到的变量的当前值。

每次同步阶段，MN 都要对所有 CN 进行一次同步，并且 POWERLINK 引入了复用时隙的概念。对某些 CN，MN 不必在每个周期中都对其进行数据同步，而是在特定数量周期之后，对这些 CN 进行数据同步。

2）异步阶段

在进入异步阶段时，MN 会广播一个 SoA 数据包，告知网络内所有用户，现在是异步时间，并且这个数据包中应当包含需要交互的对象。在这一阶段，MN 只会与一个 CN 进行交互或者不与任何 CN 交互。如果交互，将以应用数据发送（application data send，ASnd）数据包发送，MN 只提供一条服务，并且 CN 在接收服务后可能不会即时反馈，而是在数个周期后再给出服务评价，这就是所谓的异步阶段。

在此阶段，MN 会提供 4 种服务：身份认证、状态请求、通用传输请求和发言请求。

身份认证是指在 MN 启动之初，所有的 CN 都将被标记为未激活状态，身份认证就是激活这些 CN 的第一步。如果被点名的 CN 未作出响应，那么 MN 将点名下一位 CN，直到全部点名完毕。重新开始新一轮点名，在新一轮点名中，标记为激活状态的将被跳过。状态请求是指在出现错误时，MN 会向 CN 发起状态请求，CN 应当立即响应该请求，响应内容中应包含详细错误信息；除此情况外，异步 CN 也会被周期性地发起该请求以检查其状况，而通用传输请求和发言请求一般在特定情况下才会发起该请求。

3）空闲阶段

空闲阶段是在异步阶段终点和下一周期的起点之间剩余的时间间隔。

3. 应用层

POWERLINK 应用层遵循 CANopen 协议，为应用程序提供了统一的接口，使得不同设备与应用程序之间有统一的访问接口，CANopen 协议有以下三个主要的部分。

（1）过程数据对象（process data object，PDO）：可以理解为需要周期性、实时传输的数据（在传统的 CANopen 协议中最大可以传输 8 字节，在 POWERLINK 协议中最大可以传输 1 490 字节）。

（2）服务数据对象（service data object，SDO）：可以理解为非周期性传输、实时性要求不高的数据。

（3）对象字典（object dictionary，OD）：是很多对象的集合，而对象可以理解为参数；假设一个设备有很多参数，CANopen 通过给每个参数编号来区分，即索引，它的寻址方式是按编号寻址，不像 TCP 按 IP 寻址。

## 2.1.3 新兴工业有线技术

在过去的几十年中，中国工业在改革开放、人口红利等多种因素的支持下实现了高速发展。截至 2022 年，中国的工业总产值已达 30 万亿元，工业体系逐步发展完善。当前，国内工业的发展重点也从传统的自动化、信息化，逐渐转向智能化改造和数字化转型，以进一步满足提质增效、柔性生产、安全作业等新兴需求[19]。

2020~2022 年期间受新冠疫情的影响，很多工厂在无人化管理方面的意识进一步提高。在这样的背景下，工业智能领域涌现了大量的优秀初创企业，在数字工厂、机器视觉、能耗管理、智能排产等工业智能细分应用场景[20]中取得了不错的进展，但新应用的部署与价值释放离不开过硬的基础设施的支撑。面对不断升级的新场景与新应用，传统的工业网络与算力变得越来越捉襟见肘，而这种割裂正在与日俱增。

工业智能的全面实现，不仅需要在应用层面实现从 0 到 1 的创新，工业的现场基础设施也需要迎来全新变革，帮助工业客户更好地协调、管理现场环境，为上层应用提供有效的能力支撑，进一步推动工业 4.0 的发展进程[21]；在应用层面的创新之外，还需要深入工业现场的基础设施层面进行变革。在全新基础设施的支撑下，上层应用只需要简单配置好所需的带宽、时延、计算资源等，即可实现快速部署上线，使更多前沿创新技术在工业场景中开花结果，带来更显著的效率提升。

这里介绍两种现在较为热门的新兴工业有线技术：时间敏感网络（TSN）和 AUTBUS 技术。

### 2.1.3.1 TSN 技术

**1. TSN 概述**

时间敏感网络（TSN）通常是指 IEEE 的 TSN 工作组所制定的一系列技术标准[22]。

TSN 工作组的前身为音视频桥接（audio video bridging，AVB）工作组，最初致力于通过以太网体系结构实现实时音频和视频传送。在 2012 年，IEEE 将 AVB 工作组重新命名为 TSN 工作组，在此基础上，加入了标准的流量调度、网络配置、资源管理等协议，以提高网络的时延、高可靠度和高传输确定性。随着工业互联网的深入发展，信息化和生产控制技术的结合越来越快，TSN 作为一种新型的工业网络技术，可以提供一个统一的、开放的网络结构，可以支持各种不同的工业网络协议，从而使企业的网络服务得到有效的支持[23]。

TSN 协议族位于开放式系统互联（OSI）模型的第二层，即数据链路层（图 2-1）。它可以采用 IEEE 802.3 的以太网或 IEEE 802.3cg《IEEE 标准补篇 5：单对平衡导线上 10 Mbit/s 运行和相关电力输送的物理层规范和管理参数》的标准网络来实现物理层。

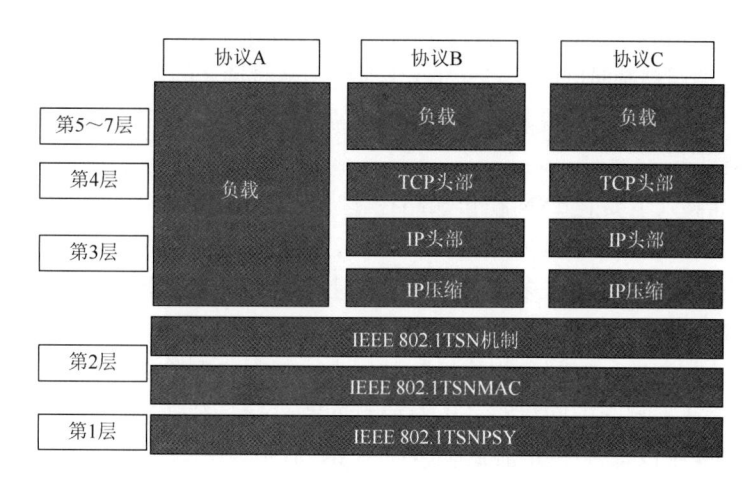

图 2-1 TSN 在 OSI 模型中的位置

TSN 协议族进一步可以划分为三个子层。

（1）基础层：IEEE 802.1AS—2020《IEEE 标准局域网和城域网桥接局域网中时间敏感应用的定时和同步》的时钟同步和 IEEE Qat—2010《IEEE 标准局域网和城域网虚拟桥接局域网修正 14：流预留协议（SRP）》、IEEE 802.1Qbv—2015《IEEE 标准局域网和城域网网桥和桥接网络修正 25：调度业务的增强》等调度协议。

（2）中间层：IEEE 802.1Qcc—2018《IEEE 标准局域网和城域网网桥和桥接网络修正：流保留协议（SRP）增强和性能改进》TSN 配置和 IEEE802.1AB《IEEE 标准局域网和城域网站和媒体访问控制连接发现》定义的链路层发现协议（link layer discovery protocol，LLDP）等支撑协议，以及 YANG 模型的定义等。

（3）应用适配层：各种应用配置协议。例如 IEEE 802.1BA—2009《IEEE 标准局域网和城域网音视频桥接系统》面向 TSN 在 AVB 系统中的应用，IEEE 802.1CM—2018《IEEE 标准局域网和城域网时间敏感网络应用于移动前传网络》面向 TSN 在移动通信前传中的应用，IEEE 802.1DG《车内以太网通信的时间敏感网络应用行规》面向 TSN 在车联网中的应用，IEC/IEEE 60802《面向工业自动化的时间敏感网络行规》面向 TSN 在工业自动化中的应用。此外，国际电工委员会（IEC）制定的 IECTR 61850-90-13《电力自动化中的确定性网络》面向 TSN 在能源领域的应用。

从协议技术能力维度上，TSN 标准体系可以分为时间同步类标准、可靠性保障类标准、有界低时延类标准和资源管理类标准。以下分别对这四部分进行介绍。

1）时间同步类标准

时间同步是 TSN 中数据流调度整形的基础，能够提供全局统一时钟信息及节点的参考时钟信息，实现本地时钟的调整和与其他网络节点时钟同步。说到时间同步协议，就会提到 IEEE 802.1AS。

IEEE 802.1AS 是 TSN 的时间同步协议，确保连接在网络中各个设备节点的时钟同步，并达到微秒级甚至纳秒级的精度误差。IEEE 802.1AS 所规范的协议严格保证了时间敏感的业务在基于以太网的桥接网络或虚拟桥接网络等时延固定或对称的传输媒质中的同步传送，给出了 IEEE 802.1AS 架构。其内容包括在网络正常运行或添加、移除或重配置网络组件和网络故障时对时钟同步机制的维护，并且规范了 IEEE 1588，即 IEEE 802.1Q 和 IEEE 802.1D 在《IEEE 标准局域网和城域网媒体访问控制（MAC）网桥》中的应用。

IEEE 802.1AS 和 IEEE 802.1AS-Rev 定义了通用精确时间协议（general precise time protocol，gPTP）。与 IEEE 1588 不同，gPTP 支持媒体访问控制（MAC）层的通信，是一个完全基于二层的网络、非 IP 路由的协议，并且 gPTP 定义了一个媒体独立子层，即使采用不同网络技术，甚至不同的媒体接入技术的混合网络，也可采用相同的时间域进行同步。这种情况下，这些时间敏感子网间信息的交换可以采用不同的包格式和管理机制。gPTP 为上层应用程序提供标准的接口定义，而 IEEE 1588 没有定义应用程序如何能得到或者提供时间信息。该协议在 IEEE 1588v2 协议基础上，细化了 IEEE 1588v2 在桥接局域网中的实现，制定了基于二层网络的通用精确时间协议，通过在主时钟与从时钟之间传递时间消息，并通过计算点对点的链路传输时延、驻留时延等信息后完成时间补偿，从而实现两个节点间的高精度时钟同步。

2）可靠性保障类标准

可靠性保障类标准协议主要是 TSN 在传输路径建立、冗余路径选择、冗余传输及流管理等方面的研究和策略制定[24]。

IEEE 802.1CB 提出了一种可以在多条不同的链路上进行数据包的复制和删除机制，由于数据包的产生和删除是在 MAC 层进行的，它对上层应用程序是看不到的。这不仅增加了数据的可靠性，而且还增加了与其他标准的兼容性。复制和删除机制过程为：复制和删除机制对即将进行传输的帧进行复制并产生冗余帧，然后在不相交的网络路径上对两者同时进行多径转发；若两个帧都到达目的地后，便删除重复的帧。冗余帧的复制条件是流量类型和 TSN 流路径信息（标识号），这也是帧确定丢弃或传输的判断条件。

IEEE 802.1Qca 标准解决了帧的路由路径问题。逐条转发通过路由表条目中的地址前缀匹配方式进行转发，不能满足多种帧的传输服务差异性要求。为了解决该问题，IEEE 802.1Qca 中引入路径控制和预留机制，对传统的链路状态协议、中间系统到中间系统协议进行扩展，即更新了最短路径桥接协议中的路由方式。

IEEE 802.1Qci 提供了流过滤和管制。为了防止流量过载和网络攻击，通过流标识区别不同业务流，执行预先配置的与业务流相关的资源管控策略，负责管理控制并防止恶意流程恶化网络性能。

此外，时间同步的可靠性标准 IEEE 802.1AS-Rev 为时钟选择和时钟同步信息传递提供了可靠性保障。

3）有界低时延类标准

流控机制是 TSN 实现流确定低时延传输的关键技术之一。TSN 流控过程主要包括流分类、流整形、流调度和流抢占。

流分类能够区别不同的业务和应用对服务的要求,这是实现流程控制的先决条件。流分类的主要作用是通过对流的属性信息或者统计数据进行识别,从而判断出流所对应的业务类型和优先级。TSN 中的流识别和分类机制是在交换机访问端使用的,其性能评估指标是以分类精度为标准。

流整形技术可以有效地减少网络拥塞,减少数据包丢失,这是数据流调度的一个重要作用。流整形的主要作用是限制流的最大速度,并对超出这个速度的数据流进行缓冲,使数据流以平均速度传输,从而实现稳定地传输突发数据。

在不同的数据流转发过程中,流调度可以确保数据流的有序性,减少网络拥塞,是整个数据流控制系统的关键。流调度的主要作用是把排队和整形的流按特定的规则(调度算法或机制)调度到输出端,以决定交换器中流的相应转发次序,以确保不同流时的 QoS 要求,并在某种程度上减少了网络拥塞。

流抢占改变了低优先级流的调度顺序,保证了高优先级流的及时转发,是流调度的一种特殊形式和 TSN 关键技术之一。流抢占主要功能是通过帧间切片打断低优先级帧传输的方式避免流优先级反转现象,以保证高优先级帧实时性或超低时延性能需求。

以下是关于有界低时延类标准的几个协议。

IEEE 802.1Qav 提出了基于信用的整形机制。将传输的数据分为高低优先级两个队列,并且为每一个队列设置一个信用值,根据队列的信用值传输数据。

IEEE 802.1Qbv 提出了时间感知整形机制,对传输的数据流进行预定义,即利用时分复用的思想对数据流划分时间资源,通过设定各端口排队的阈值,可以使具有较高优先级的数据在一定程度上得到优先服务,并能有效地隔离低优先级数据流对高优先级数据流传输造成的干扰。

IEEE 802.1Qbr 和 IEEE 802.1Qbu 提出的帧抢占机制主要是解决低优先级业务对高优先级业务的干扰,进一步降低业务传输的时延[25]。在帧抢占机制中,当优先级较高的业务到达时,可以暂停对当前的低优先级业务的服务,将服务分配给高优先级的业务,并在高优先级业务传送结束后,重新开始执行低优先级业务。IEEE 802.1Qch 引入了循环排队转发机制(CQF),CQF 的数据传输会每个周期往前发送一条,数据包经过一个交换机的时延范围是确定的,与网络拓扑无关。另外 IEEE 802.1Qcr 提出了异步流量整形机制,目前还在标准化过程中。

4)资源管理类标准

资源管理类协议更多是实施操作层面的标准规范,根据资源管理决策结果对 TSN 交换设备节点实施配置。

IEEE 802.1Qat 提出的流预留协议(stream reservation protocol,SRP)机制是一个分布式 TSN 网络环境下的配置标准。SRP 的主要作用在于建立 AVB 域、注册流路径、制定 AVB 转发规则、计算时延最差情况,以及为 AVB 流分配带宽。

IEEE 802.1Qcp 定义了配置语义的基本框架,即 YANG 模型的语法、语义的规范。

IEEE 802.1Qcc 提供了决策与配置的重要网络架构,该协议支持中心化和分布式的 TSN 配置,在完全集中式架构中,网络由 1 个或多个集中式用户配置器(centralized user configuration,CUC)和 1 个集中式网络配置器(centralized network configuration,CNC)组成。CNC 在收到 CUC 的请求后,根据各个节点的资源容量信息,进行资源决策,并将决策和资源信息分配给对应的交换节点。另外资源分配协议 IEEE 802.1Qdd 和链路本地注册协议 IEEE 802.1CS 等一些资源管理类的协议还在进一步制定过程中。

最后,对 TSN 的 OSI 参考模型角度和 TSN 帧结构进行讲解。

从 OSI 参考模型的角度来看,TSN 协议是数据链路层的协议增强,主要增强了数据链路层的资源管理、数据帧处理和流管理等策略。

TSN 是一种独立于物理层的通信技术,其定义了独特的数据链路层功能,包括流管理、过滤、配置、入口和出口队列管理等一系列数据链路层的协议增强,能够进行差异化的 QoS 管理,能够在多业务统一承载下对高优先级业务提供严格的 QoS 保障。

TSN 是 IEEE 802.1Q 标准的虚拟局域网(virtual local area network,VLAN),该标准在标准以太网帧中插入 4 个字节用于定义其特征。TSN 的数据帧结构如表 2-10 所示。

表 2-10　TSN 数据帧结构

| 目的 MAC 地址 | 源 MAC 地址 | 以太网类型 | VLAN 标签 | 数据部分 | 帧校验序列 |
|---|---|---|---|---|---|
| 6 位 | 6 位 | 2 位 | 4 位 | 46～1500 位 | 4 位 |

其中，TSN 的 VLAN 标签的帧结构如表 2-11 所示。

表 2-11　VLAN 标签帧结构

| TPID | PCP | DEI | VID |
|---|---|---|---|
| 16 位 | 3 位 | 1 位 | 12 位 |

TPID（tag protocol identifier，标签协议标识）：该字段域与 IEEE 802.1Q 数据帧对应字段长度和标记的意义完全相同。

PCP（priority code point，优先级代码）：与 IEEE 802.1Q 数据帧中的优先级字段长度和意义相同。但在 TSN 中，对相应 PCP 值的业务类型进行了定义，这是 TSN 差异化 QoS 控制的基础。

DEI（drop eligible indicator，丢弃标识符）：1 字节，与 IEEE 802.1Q 数据帧中的标准格式指示位（canonical format indicator，CFI）字段长度相同。但在 TSN 中，该标识符表示该类型业务流对应的数据帧是否能够被丢弃，在网拥塞控制、流过滤等过程中使用。对于该标识符，"0" 表示不可丢弃，"1" 表示可被丢弃。对于低 QoS 要求的业务流，该标识符可置位，以确保高优先级业务的 QoS。

VID（VLAN identifier，VLAN 标识符）：该字段与 IEEE 802.1Q 数据帧中相应字段的长度和定义相同。值得注意的是，对于 TSN 中的优先级代码，根据优先级代码由低到高（0～7），对应的业务类型为：尽力而为型业务流（best Effort，PCP＝0）、背景业务流（back ground，PCP＝1）、卓越努力型业务流（excellent effort，PCP＝2）、关键应用流（critical applications，PCP＝3）、时延抖动小于 100 ms 的视频业务流（video＜100 ms，PCP＝4）、时延抖动小于 10 ms 的音频业务流（voice＜10 ms，PCP＝5）、互联控制类业务流（internetwork control，PCP＝6）、控制类数据流（control-data traffic，PCP＝7）。PCP 的值会根据不同的应用场景设置不同的值，该值是后续数据调度、策略配置中参考的一个业务特性指标。

举个例子，在面向 5G-TSN 融合的 5G 侧业务流资源配置方法专利中：在 SDNC 中输入业务流，SDNC 根据优先级标签划分优先级；SDNC 根据优先级业务流所占的比重进入不同模式；SDNC 计算不同模式下每条业务流在 TSN 中传输的时延最大经验值、时延抖动最大经验绝对值；在 SDNC 中输入每条业务流的端到端时延、时延抖动；SDNC 根据每条业务流的端到端时延、时延抖动和 TSN 侧传输的时延最大经验值、时延抖动最大经验绝对值计算 5G 侧传输的时延最大值、时延抖动最大绝对值。这里就用到了 VID 字段作为参照指标。

2. TSN 特征

TSN 并不是一项全新的通信技术，而是在 IEEE 802.3 标准以太网及 IEEE 802.1 虚拟局域以太网基础上对数据链路层进行了一系列技术增强而形成的一种具有时延有界特征的局域网络技术。

高精度的时间同步是 TSN 技术的基础。TSN 中的数据收发节点、网桥设备等必须在同一时间尺度上进行传输，以保证发送时间、门控时间等的准确性和可靠性，从而在网络中实现"基于精准时间"的传输。

时延有界性是 TSN 的首要特征。基于 IEEE 802.1Qbv 提出的时间感知整形机制或 IEEE 802.1Qer 提出的循环排队转发整形机制，TSN 发送节点、网桥节点能够通过门控列表管理和控制数据包的发送时间。门控列表是周期性执行的，这样就可以在一个相对固定的区间中，控制每一个数据包的发送时延抖动，保证其端到端时延的稳定性，实现时延有界性。

高可靠性是 TSN 的重要特征之一。TSN 基于 IEEE 802.3 标准以太网，其信道传输条件相对稳定，不易引起数据帧的丢失和比特错误；并且 TSN 引入了帧复制与删除等主动冗余策略，提升了数据传输的可靠性，保证了 TSN 对上层应用的"可靠交付"。

区分业务的 QoS 保障是 TSN 的关键技术特征，是 TSN 实现多业务统一承载的资源保障。TSN 采用了每流过滤和监管策略，在入口处过滤每一条业务流，根据其业务流标识匹配管理策略和数据包特性，保证不同类型、不同优先级的业务流能够采用不同的管理策略；在出口处进行门控管理和流量计量，能够针对不同业务保障资源分配、流量控制等，从而使 TSN 能够在统一网络架构下实现多业务的共同承载，并保障工业控制等高优先级的 QoS 要求。

开放与统一是 TSN 的一项重要特征，也是 TSN 被工业领域内众多参与者所关注的重要驱动力。

3. TSN 应用场景

TSN 作为工业互联网的基础网络关键技术已经成为工业与信息领域的基本共识。虽然 TSN 的部分标准还处于制定中，但时间同步、流量整形、流过滤和管理等协议组已经基本完备，具备了产品化的基本条件，主流工业网络设备厂商纷纷进入产品研发阶段或已经推出相应的 TSN 交换机产品。

TSN 的产业发展包括 IT、CT、OT 等行业的众多企业，在车载网络芯片、音视频、交换机设备、终端设备等多个领域进行了开发，有些企业甚至已开发出了商用产品，汽车厂商等许多企业都对 TSN 的应用表现出了浓厚的兴趣。

车载网络以高速以太网作为骨干网络，目前新的车内网络架构将核心域控制器（动力总成、车身、娱乐、高级驾驶辅助系统）连接在一起。各个域控制器在实现专用的控制功能的同时，还提供强大的网关功能。这种基于域控制器的架构改变了传统的车载网络中 ECU（electronic control unit，电子控制单元）到 ECU 的点到点通信方式，如：在车身控制域内部，各部件通过 CAN、本地互联网络（local interconnect network，LIN）沟通实现数据共享。在娱乐子网中，娱乐域控制器与其子部件的通信将通过以太网实现，当一个域需要与其他域交换信息时则经由网关、以太网路由实现。车载以太网协议架构对应 OSI 参考模型，主要分为物理层、数据链路层、网络层、传输层、应用层，每一层都有各自的功能。

基于以上架构，目前车载 TSN 网络，在现有的 IEEE 802.1 与 IEEE 802.3 以太网络标准增加一系列的扩展功能，进一步确保其确定性效能。通过以太网实现的 TSN 架构能够增加产品的差异化、改善驾驶人的行车体验。为了广泛部署这项重要的技术架构，业界标准化组织正对此车用网络技术进行标准化。这些新的确定性功能一旦落定，将使 TSN 网络成为更具可行性的选择，并成为汽车的核心网络骨干，实现整车网络的融合统一。

音视频制作、直播、广播、电影院、现场音乐会的公共广播媒体和应急系统等传输音频和视频信息的网络需要遵守严格的时序规则。如果音频或视频分组不能按指定的时序规则到达目的地，则接收设备（如视频屏幕或扬声器）可能会发生视频帧被丢弃、音频伪像的情况。此外，这种网络还需要可预测的延迟，保证视频和相关音频流之间的同步。另外，足球赛事的实况转播有很多高清的数据要通过网络传输到处理中心，对带宽的需求极大，而且为了最大限度地提供实时性，这些图像、音频必须实现高实时的传输与处理，可以想象其对带宽和实时性的需求。

AVB（audio video bridging，音视频桥接）任务组成功解决了音频、视频网络中数据实时同步传输的问题，借助 AVB 能较好地传输高质量音视频。随着技术标准的革新，在专业音视频领域，AVB 标准落后于专有竞争对手 Dante 数字音频传输技术，所以 TSN 是否是专业音视频领域的趋势还有待商榷。

总的来说，TSN 致力于适应不同行业的通信需求，目前在智能制造领域得到了大力推广。TSN 能够为工业网络提供微秒级确定性数据传输，降低网络复杂度。虽然学术界和产业界认为 TSN 有着广泛的应用前景，但是目前 TSN 还没有实际的产业化应用，处于测试阶段。

### 2.1.3.2 AUTBUS 技术

AUTBUS 是一种采用两线介质、最大可支持带宽为 100 Mbit/s 的工业现场总线，可承载符合《信息技术 系统间远程通信和信息交换 局域网和城域网 特定要求 第 3 部分：带碰撞检测的载波侦听多址访问（CSMA/CD）的访问方法和物理层规范》（GB/T 15629.3—2014）的以太网、IPv4 和 IPv6 业务。AUTBUS 可针对周期性/非周期性实时数据和非实时数据，提供固定带宽数据服务和可变带宽数据服务[26]。AUTBUS 支持总线虚拟化技术，实现主流现场总线基于 AUTBUS 总线网络的传输和应用。AUTBUS 采用正交频分复用（orthogonal frequency division multiplexing，OFDM）技术，可实现一个基于时钟同步的确定性时间敏感现场总线通信网络，AUTBUS 采用时间触发机制。

遵循《信息技术开放系统互连局域网和城域网特定要求第 1 部分：概述和体系结构》（GB/T 9387.1—1998）中 OSI 基本参考模型，AUTBUS 协议定义了 AUTBUS 物理层（physical layer，PhL）、数据链路层（data link layer，DLL）和应用层（application layer，AL）。其协议栈与 OSI 模型的关系如表 2-12 所示。

**表 2-12　AUTBUS 协议栈与 OSI 模型关系**

| 应用层 | AUTBUS 应用层 | |
|---|---|---|
| 表示层<br>会话层 | ↓或者↑ | |
| 传输层 | RFC768（UDP）/RFC793（TCP） | ↓或者↑ |
| 网络层 | RFC791（IPv4）/RFC2460（IPv6） | |
| 数据链路层 | LLC<br>GB/T 15629.3 | AUTBUS<br>数据链路层 |
| | MAC<br>GB/T 15629.3 | |
| | AUTBUS MAC 层 | |
| 物理层 | AUTBUS 物理层 | |

AUTBUS PhL 基于 OFDM 技术，采用两线介质传输，支持全双工传输方式。AUTBUS PhL 通过 RS 码、卷积码和交织技术实现物理信号的编解码，利用时域及频域上分配的通信资源来提供高可靠同步传输服务。AUTBUS PhL 提供系统管理服务接口以满足系统管理用户灵活组态需求。

AUTBUS MAC 层与 GB/T 15629.3—2014 的 MAC 适配兼容，可承载基于 GB/T 15629.3—2014 的以太网数据传输，AUTBUS DLL 使用 PhL 提供的服务接口，实现 AUTBUS 设备之间面向连接和无连接的数据传输服务。AUTBUS DLL 向其用户提供时钟同步、数据传输和系统管理服务。

AUTBUS DLL 系统管理服务提供 AUTBUS 设备的配置、发现和维护功能，以及对物理通信资源的分配和管理。AUTBUS DLL 提供兼容 GB/T 15629.3—2014 以太网的接口。AUTBUS 应用层（AL）使用 DLL 提供的服务接口，定义了满足工业自动化应用需求的通信模型，提供实时过程数据、实时非周期报警数据、非实时数据传输服务，以及应用层时间同步、网络配置、诊断和日志功能。AUTBUS 应用层同时提供总线虚拟化功能，实现 AUTBUS 总线网络与其他异构总线网络的融合。此外基于 IPv4 或 IPv6 实现的 TCP（transmission control protocol）或 UDP（user datagram protocol）应用可通过 AUTBUS 应用层提供的非实时应用服务完成相应的业务交互。AUTBUS 协议栈中 PhL、DLL 和 AL 都存在对应的数据实体和管理实体，每一层都向上层用户提供对应的服务访问节点，AUTBUS 协议栈中每一层都提供面向系统管理的服务访问节点。

AUTBUS 协议栈中 DLL 和 AL 都存在时钟实体，分别面向上层用户提供时钟实体服务访问节点。

AUTBUS 协议栈包括跨层的管理信息库、AUTBUS 物理层、AUTBUS 数据链路层以及 AUTBUS 应用层[27]。以下分别从这四个方面对 AUTBUS 进行介绍。

**1. 跨层的管理信息库**

AUTBUS 分别在 PhL、DLL 和 AL 定义了管理实体实现管理功能。其中，本地的管理功能通过定义管理服务访问接口实现；设备之间的管理功能通过管理报文和管理帧进行管理数据交互。系统管理信息库由各层定义的管理信息表组成，用于实现数据存储和管理。

AUTBUS 管理节点用户和终端节点用户均可通过本地 ALME、DLME 和 PhLME 对本地系统管理信息库进行操作,终端节点的 PhLME 能接收管理节点 PhLME 的请求,并根据该请求通知本地的 PhLME 进行相关设置或重置操作。管理节点 DLME 或终端节点 DLME 均可接收本地用户请求,提供配置、管理、发现和维护相关功能;管理节点 DLME 与终端节点 DLME 的交互通过数据链路层管理帧完成,DLME 能应答 ALME 的请求,完成资源通道的创建、释放和更新操作。管理节点 DLME 或终端节点 DLME 的配置发现结果应能被通知给对应的 ALME,并由 AL 用户或系统管理用户确定 ALME 是否进行必要的寻址和资源管理相关处理;管理节点 ALME 和终端节点 ALME 的交互通过应用层管理报文完成,管理节点通过管理报文将虚拟化配置发送给所有终端节点 ALME,并接收终端节点 ALME 的确认报文,在所有节点完成本地虚拟化管理处理,从而完成网络的虚拟化业务部署。

AUTBUS 系统管理信息库可维护 PhL、DLL 和 AL 的管理信息表。管理信息库中的信息以属性的形式存在,用于监视和配置 AUTBUS 网络参数。按照存储类型,管理信息库中的属性包括如下三种。

1）块存储（block storage）

（1）块存储通常将数据存储在固定大小的块中,这些块被组织成逻辑卷或硬盘。

（2）管理信息库中的某些属性可能以块存储的形式存在,特别是那些需要连续存储且对性能要求较高的数据。

（3）类似于数据库中的二进制大对象（binary large object,BLOB）类型,用于存储大量的二进制数据。

2）文件存储（file storage）

（1）文件存储将数据以文件的形式组织,通常包含目录结构和文件元数据。

（2）管理信息库中的某些属性可能以文件存储的形式存在,特别是那些需要结构化和可管理的数据。

（3）类似于数据库中的 TEXT 或 VARCHAR 类型,用于存储文本或可变长度的数据。

3）对象存储（object storage）

（1）对象存储将数据存储在扁平化的命名空间中,每个对象包含数据、元数据和唯一的标识符。

（2）虽然管理信息库本身可能不直接采用对象存储的方式,但某些管理信息库的属性可能以类似对象存储的形式进行管理和访问。

（3）类似于数据库中的键值对存储,每个对象都有一个唯一的键来标识。

2. AUTBUS 物理层

AUTBUS PhL 应接收数据链路协议数据单元（DLPDU）,并将其转换为由 8 位位组序列构成的 Pseudo 服务数据单元（Pseudo service data unit,PhSDU）,添加校验控制信息,经加扰、编码和映射处理生成 OFDM 符号,数模转换后将物理信号通过物理介质传输给总线上的一个或多个设备。该物理信号被远端设备接收后,经模数转换、解码和解扰处理后,去掉物理层控制信息,将其恢复为 DLPDU。AUTBUS 物理层实体区分数据终端设备（data terminal equipment,DTE）组件和数据通信设备（data communication equipment,DCE）组件。DCE 实现现场总线连接设备的媒体、调制解调以及编解码相关部分的信息传输;DTE 实现与连接设备的媒体、调制解调以及编解码无关部分的信息传输。在 AUTBUS PhL 中,基于 DTE 实现 DLPDU 和 PhSDU 的转换,在 DCE 包含的介质相关子层对 PhSDU 进行 OFDM 相关处理,生成 OFDM 符号并转换为介质可处理的物理信号。

对于 AUTBUS PhL 的信号而言,AUTBUS PhL 信号的基本单元是单帧（single frame,SF）,每个信号帧由 64 个 OFDM 符号组成。每个 OFDM 符号在频域子载波上平均划分为上边带和下边带：上边带为高频子载波（16.896~32.256 MHz）；下边带为低频子载波（1.536~16.896 MHz）。

在 AUTBUS 分配通道资源时,上边带、下边带可分配给不同的设备节点。AUTBUS 总线采样间隔应为 10.17 ns。在不同发送模式中,采样间隔都为固定值。AUTBUS 信号帧包括同步子帧、管理子帧和数据子帧。

（1）同步子帧：用于识别一个信号帧的开始,具有信号帧同步和帧头定位的功能。同步子帧固定在每个信号帧的第 1 个、第 2 个 OFDM 符号的下边带。

（2）管理子帧：用于管理从管理节点发往各终端节点的数据和信息，包括信道、带宽分配情况、系统维护信息和传输数据等内容。管理子帧包含至少 2 个 OFDM 符号的下边带。

（3）数据子帧：AUTBUS 将数据子帧分配给管理节点或各个终端节点后，为了使接收端能快速、准确地解码出对应信息，应根据特定形式在数据子帧内插入导频信号。这种导频称为符号导频。

根据数据子帧中插入符号导频方式的不同，通信资源对数据的承载应支持承载模式 A 和承载模式 B 两种模式。①承载模式 A：采用连续导频的方式，在单一 OFDM 半边带中既传输数据信号，又传输符号导频信号，其中符号导频信号与数据信号占用的子载波数量的比例为 1∶8。②承载模式 B：采用离散导频的方式，在申请到的数据子帧的第一个 OFDM 半边带中传输符号导频信号，而在随后的 $1\sim n$ 个 OFDM 符号中传输数据信号。

AUTBUS 支持固定速率传输和可变速率传输。固定速率数据传输是指被传输的数据以固定的循环周期在总线上传输，且每个循环周期被传输的数据大小固定不变。可变速率数据传输是指被传输的数据在总线上并不以固定的循环周期被处理，且每次被处理的数据大小不固定。承载模式 A 一般用于周期性固定速率数据传输的申请和使用。如果采用承载模式 A 的工作方式，AUTBUS 最多支持 8 个用户使用该模式。承载模式 B 既可用于周期性固定速率数据传输，也可用于可变速率数据传输。

3. AUTBUS 数据链路层

AUTBUS DLL 向 AUTBUSAL 用户提供的服务包括数据链路层服务（DLS）、数据链路层管理服务（DLMS）和数据链路层时钟同步服务（DLCSS）。数据链路层实体（DLE）包含数据链路层时钟实体（DLCE）、数据链路层数据实体（DLDE）和数据链路层管理实体（DLME）。通过 AUTBUS DLL 提供的数据链路配置管理服务对物理通信资源进行分配。DLS 提供连接和无连接两种服务模型，以满足不同业务数据的实时性传输需求。其协议架构如图 2-2 所示。

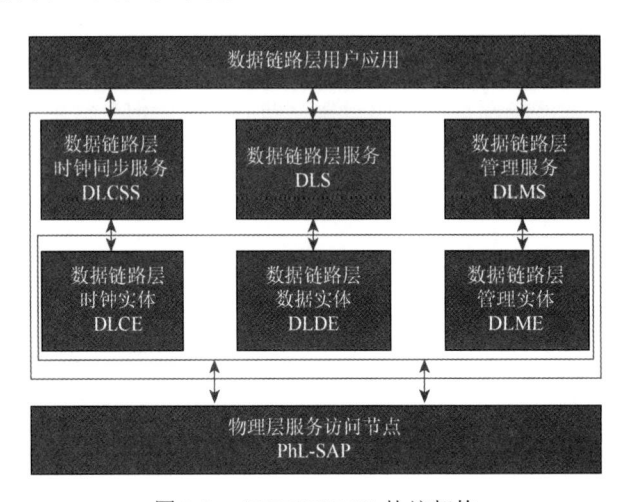

图 2-2 AUTBUS DLL 协议架构

DLS：data link service（数据链路服务）；DLMS：device language message specification（设备语言消息规范）；DLCSS：data link control and service specification（数据链路控制与服务规范）；DLE：data link entity（数据链路实体）；DLCE：data link control entity（数据链路控制实体）；DLDE：data link data entity（数据链路数据实体）；DLME：data link management entity（数据链路管理实体）。

DLS：通过适配物理层的正交频分复用机制，利用基于物理层符号资源创建的数据传输通道（DTC），将应用层业务数据或协议数据封装后进行传输。DLS 状态机启动后，DLS 基于 DLDE 通过预配置或按需申请、分配、释放的 DTC，根据不同实时性要求，提供连接或无连接方式的数据传输服务。

DLMS：为 DLMS 用户提供节点的接入、退出、网络参数配置，以及 DTC 的建立、更新和释放等管理服务。DLL 通过 DLMS 接口对 DLME 进行配置，可实现 DLDE 对 GB/T 15629.3—2014 以太网帧格式的数据报文的封装与解析，对应的服务功能集合组成 AUTBUS MAC 子层。

DLCSS：通过 PhL 提供的系统管理-PhL 服务接口实现时钟同步本地化处理，通过 DLL-PhL 服务接口实现时钟同步协议数据传输，DLCSS 为用户提供了延时测量、时钟同步和时钟中断三种服务。

DLS 提供时间敏感和非时间敏感的通信服务。

AUTBUS 数据链路层工作机制为：1 个 AUTBUS 网络中包含至少 1 个管理节点和 0～253 个终端节点，且仅允许有 1 个活动的管理节点。终端节点仅在获得管理节点分配的可用 DTC 资源后，才能发送数据给管理节点和其他终端节点，或从管理节点和其他终端节点接收数据。AUTBUS 网络中每个终端节点支持静态配置和动态配置两种方式。

AUTBUS 网络中的节点基于节点标识（NodeID，1 个 8 位位组）进行 DLL 寻址。每个 AUTBUS 节点(管理节点或者终端节点)在一个 AUTBUS 网络中具有唯一的 NodeID，取值范围是 0～255。NodeID 具有单播、广播和组播三种类型。

（1）NodeID = 0，用于管理节点单播。
（2）NodeID = 1～253，用于终端节点单播。
（3）NodeID = 238～253，用于组播组标识。
（4）NodeID = 254，保留。
（5）NodeID = 255，用于广播标识。

AUTBUS 网络中节点的 NodeID 在接入网络时由管理节点分配。数据链路协议数据单元（DLPDU）在总线上传输时使用 NodeID 来标识源节点和目的节点。在支持《信息技术提供无线连接方式网络服务的协议第 2 部分：由 GB/T 15629（ISO/IEC 8802）子网提供低层服务》（GB/T 15629.357—2022）以太网的 AUTBUS 网络环境中，NodeID 与物理设备的全球唯一 MAC 地址存在一一映射的关系。当 AUTBUS 总线承载 GB/T 15629.3 的业务数据传输时，管理节点应实时维护网络中所有节点的 NodeID 与基于 GB/T 15629.3—2014 的 MAC 地址之间的映射表，并将表项内容广播给终端节点，终端节点仅在本地维护该表项内容。

AUTBUS DLL 支持组播机制，允许同时向多个节点发送数据。AUTBUS 数据链路层最多支持 16 个组播组，组播组采用 NodeID 进行标识，取值范围为 238～253。组播类型的 NodeID 的分配是从 253 开始降序分配。每个节点上都保存组播组映射表。组播组映射表的建立支持静态配置和动态配置两种方式。静态配置的组播映射表信息由管理节点发送给所有成员节点，管理节点通过成员终端节点的应答信息来确认对应的终端节点是否成功加入对应组播组。动态配置的组播组映射表由终端节点根据数据传输需求，向管理节点申请创建或加入组播组，管理节点在收到申请后进行动态组播组配置，并将分配信息发送给请求的终端节点，完成对应组播组映射表表项的创建或更新。

AUTBUS 节点根据总线配置，在确定的 DTC 上发送或接收数据。DTC 是 DLL 传输 DLPDU 的逻辑通道，它与确定的物理通信资源映射。在接收方向，节点通过确定的物理通信资源映射的 DTC 收到数据后，基于接收消息队列调度结果，将数据存放到 DLL 的报文接收缓冲区中，待应用层用户处理。在发送方向，基于发送消息队列调度结果从 DLL 的报文发送缓冲区中取出待发送数据，并调度至申请到的 DTC 中，在对应物理通信资源上将数据发送出去。

DLL 在收取报文时，通过对收包消息队列的调度，将解析后的数据根据数据类型放入正确的报文接收缓冲区数据块；在发送报文时，DLL 根据数据类型的不同将要发送的数据放入对应的报文发送缓冲区数据块，通过对发包消息队列的调度，将有效数据基于物理通信资源发送出去。DLL 通过对收包消息队列和发包消息队列调度，完成报文缓冲区资源与对应物理通信资源的关联映射，在确定的物理通信资源上对确定的报文缓冲区数据进行处理。

最后是 AUTBUS DLL 提供的服务。AUTBUS DLL 提供的服务包括：为 AL 提供的服务、为系统管理提供的服务。

数据链路服务包含 DLS、DLMS 和 DLCCS。DLS 提供点对点或点对多点的数据传送服务，通过对物理通信资源的合理分配与利用，DLS 支持连接和无连接两种服务类型。DLMS 描述了数据链路管理实体与应用层用户或系统管理服务用户之间的服务接口，该接口是实现 DLS 的前提条件，提供 DLL 协议状态机本地运行服务和系统管理服务。DLCSS 为时间敏感业务的稳定运行提供精确时钟同步保障。

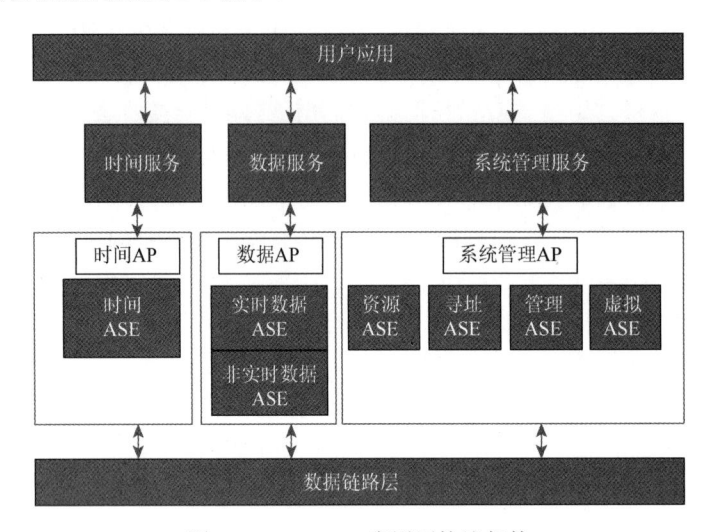

4. AUTBUS 应用层

AUTBUS 应用层协议架构如图 2-3 所示。

图 2-3　AUTBUS 应用层协议架构

应用层协议（application layer protocol，ALP）通过 AUTBUS DLL 以及更底层提供的服务接口实现 AUTBUS 应用层服务的具体功能。AUTBUS AL 面向用户应提供三种服务：时间服务、数据服务和系统管理服务。时间服务定义了时间应用服务元素（application service element，ASE），实现了时间同步和时间查询功能；数据服务定义了实时数据 ASE 和非实时数据 ASE，针对不同实时性要求的数据进行处理；系统管理服务定义了资源 ASE、寻址 ASE、管理 ASE 和虚拟 ASE，提供了对总线网络系统资源、寻址、管理和虚拟的应用服务。

应用层服务向用户提供时间服务、数据服务和系统管理服务。应用层用户通过网络可寻址对象标识符（network addressable object identifier，NAOID）对 AUTBUS 总线网络中的节点进行寻址和访问。时间 AP 通过时间 ASE 提供时间同步和时间查询服务功能；数据 AP 通过实时数据 ASE 和非实时数据 ASE，提供数据的读、写操作；系统管理 AP 通过资源 ASE、寻址 ASE、管理 ASE 和虚拟 ASE，提供对本系统的资源管理、地址管理、网络系统管理和虚拟化管理等应用服务功能。

其交互过程为：实时数据的处理具备确定性和及时性特征。确定性是指数据在确定的时间能被处理，及时性是指数据从源节点被传输到目的节点所需的时间是能被预期的。实时周期数据应以固定的周期时间被循环处理，该时间周期应在网络组态配置时确定，且该时间周期为节点的一个性能参数，此参数影响及时性。实时周期数据的应用过程交互采用 P/S 通信模型。实时非周期数据不需要以固定周期时间进行循环处理。实时非周期数据的处理会根据用户配置或者节点状态被触发，且被处理的次数是确定和已知的。实时非周期数据应用服务采用 C/S 通信模型时，客户端应用发送请求给服务器，服务器应用获取该请求进行相应处理，并根据请求内容在指定时间周期内发送应答数据给客户端应用，客户端应用获取服务器发送的应答数据内容并确认本次交互服务的完成。

## 2.2　工业无线网络技术

工业无线网络技术兴起于 21 世纪初，旨在通过支持设备间的互联和物联，提供低成本、高可靠性、高灵活性[28]的新一代泛在制造信息系统和环境，以推动工业自动化系统的功能增强和扩展。这一技术被视为提高生产效率、产品质量、节约能源和减少排放的重要推动力。

工业物联网的无线通信技术主要分为两类：一类是短距离通信技术，如 ZigBee、Wi-Fi、蓝牙等。这些技术适用于相对短距离的通信需求，通常用于设备之间的近距离通信，例如智能工厂内的设备和传感器之间的通信。另一类是低功耗广域网（LPWAN）通信技术，包括长程低功耗射频（LoRa）、低功耗广域网技术（SigFox）等未授权频谱技术，以及授权频谱下的 3GPP 支持的蜂窝通信技术，如 EC-GSM、LTE Cat-M、NB-IoT 等。这些技术通常适用于覆盖更大范围、需要低功耗的应用场景，例如城市范围内的智能城市解决方案。

不同的无线技术在组网、功耗、通信距离、安全性等方面有不同的特点，因此适用于不同的应用场景。例如，Sub-1GHz 技术适用于需要长距离传输、电池供电、对信号稳定性要求高的环境；蓝牙技术适用于需要高速传输、传输大量数据、通过手机进行控制的情况。

在工业无线技术领域，目前有三个主要的国际标准，分别是 WirelessHART、ISA100.11a，以及面向工业过程自动化的工业无线网络（wireless networks for industrial automation process automation，WIA-PA）和面向工厂自动化应用的工业无线网络（wireless network for industrial automation factory automation，WIA-FA）标准。其中，WIA 系列标准是中国自主研发的，具有自主知识产权，由中国科学院沈阳自动化研究所领导制定。笔者所在单位重庆邮电大学作为核心成员参与此项国际标准的制定，并且输出了一系列国际专利及高水平论文。

总的来说，这些无线通信技术正在推动工业领域的数字化转型和智能化发展，为制造商提供了更多的机会来提高生产效率和产品质量，同时降低成本和资源消耗。

## 2.2.1 授权频段

### 2.2.1.1 5G 技术

**1. 5G 技术概述**

第五代移动通信技术（5th generation mobile communication technology，简称 5G），区别于以往的 4G、3G，是具有高速率、低时延等特点的新一代宽带移动通信技术，它提供了更高的上传和下载速度、更一致的连接以及更高的容量，5G 通信设施是实现人机物互联的网络基础设施[29]。

从局限于语音的第一代移动通信技术到现在高速率低时延的第五代移动通信技术，每一次通信技术的革新，都极大地促进了产业升级和社会发展。4G 网络在 3G 通信技术基础上，添加了一些新型技术，提高了数据的传输速率，使远程画面实时直播成为可能，创造了一大批新兴产业及其配套产业，如直播带货等，造就了繁荣的移动互联网。随着速率的提高和时延的降低，5G 作为新型移动通信网络，不再局限于人与人之间的通信，更要解决人与物、物与物的通信问题，最终实现万物互联。

与以往的通信技术不同，5G 国际技术标准更加侧重于满足灵活多样的物联网需要[30]。5G 提供高连接密度时的信令控制能力，支持对大规模、低能耗 IoT 设备的高效接入和管理。在通信频段方面，5G 同时支持中低频段和高频段，并且两种频段均采用统一的技术方案。其中，中低频段主要用于满足广覆盖和大容量需求，高频段则用于满足在热点区域提升容量的需求。5G 采用 LDPC、Polar 新型信道编码方案、性能更强的大规模天线技术等，以支持高速率传输和更优覆盖。为了支持低时延、高可靠，5G 采用短帧、快速反馈、多层/多站数据重传等技术。

5G 在工业、能源、教育、医疗等多领域均有出色应用。其中，在工业领域，5G 与工业经济的深度融合，为传统工业的网络化、数字化转型提供了基础网络条件，并为未来工业智能化发展打下通信基础。

**2. 5G 技术特征**

1）非正交多路访问（non-orthogonal multiple access，NOMA）

3G 使用直接序列码分多址（direct sequence CDMA，DS-CDMA）技术，并在手机接收端采用 Rake 接收器。由于 DS-CDMA 的非正交特性，需要使用发射功率控制（transmit power control，TPC）来解决手机和小区之间的远近问题。然而，4G 网络采用正交频分多址（OFDM）技术，它不仅可以克服多路径干扰问题，还可以与多输入多输出（multiple-input multiple-output，MIMO）技术结合，显著提高数据传输速率。由于多用户信号在正交子载波上传输，在 4G 中不存在手机和小区之间的远近问题，因此不再需要发射功率控制，而是采用自适应编码来实现链路自适应。

NOMA 的目标是将 3G 时代的非正交多用户复用原理与 4G OFDM 技术融合在一起。从 2G 到 3G 再到 4G，多用户复用技术主要在时域、频域和码域上进行了改进，而 NOMA 在 OFDM 的基础上引入了功率域这一新维度。功率域的引入旨在利用不同用户之间的路径损耗差异来实现多用户复用。NOMA 可以叠加多路发射信号，以提高信号增益，并确保同一小区覆盖范围内的所有移动设备都能获得最大的可接入带宽，从而应对大规模连接所带来的网络挑战。

2）基于滤波器组的多载波（filter bank based multi-carrier，FBMC）

在 OFDM 系统中，各个子载波在时域上相互正交，但它们的频谱相互重叠，因此具有较高的频谱利用率。OFDM 技术通常用于无线系统的数据传输。然而，在 OFDM 系统中，无线信道的多径效应可能会导致符号间干扰（inter symbol interference，ISI）。为了消除这种符号间干扰，需要在符号之间插入保护间隔。一种常见的插入保护间隔方法是在符号之间插入零值，即在发送第一个符号后暂停一段时间（不发送任何信息），然后再发送第二个符号。尽管这种方法可以减弱或消除符号间干扰，但由于破坏了子载波之间的正交性，可能会引入子载波间干扰（inter-carrier interference，ICI）。因此，在 OFDM 系统中通常不能采用这种方法。为了既能够消除 ISI 又能够消除 ICI，通常会使用循环前缀（cyclic prefix，CP）来充当保护间隔。然而，CP 是系统开销，不传输有效数据，从而降低了频谱效率。

相比之下，FBMC 利用一组不重叠的带限子载波来实现多载波传输。FBMC 对于频偏引起的载波间干扰非常小，因此不需要使用循环前缀。这一特性显著提高了频率效率。FBMC 的设计使其更适用于受到频偏干扰的情况，同时保持了较高的频谱利用率，因此在某些无线通信应用中可能更有优势。

3）3D/Massive MIMO

提升无线网络速度的一个主要方法是采用多天线技术，其中包括 MIMO 系统。MIMO 系统通常以 $M \times N$ 表示，其中 $M$ 是发射天线的数量，$N$ 是接收天线的数量（例如，$4 \times 2$ MIMO）。如果 MIMO 系统的主要目的是为单个用户提供更高速率，即在相同的时频资源上使用多个并行数据流来服务同一用户，这被称为单用户 MIMO（SU-MIMO）。如果 MIMO 系统用于为多个用户提供服务，即多个终端同时使用相同的时频资源进行传输，这被称为多用户 MIMO（MU-MIMO）。MU-MIMO 可以显著提高频谱效率，因为它允许多个用户同时传输数据。

多天线技术也应用于波束赋形技术，即通过调整每个天线的幅度和相位，赋予天线辐射图特定的形状和方向，从而使无线信号能量集中在更窄的波束上，实现方向可控，增强覆盖范围并减少干扰。

Massive MIMO 是一种更进一步的技术，它采用了大规模数量的天线，例如 5G 中常见的 $64 \times 64$ MIMO。Massive MIMO 可以显著提高无线容量和覆盖范围，但同时也面临一些挑战，包括信道估计的准确性（特别是在高速移动场景下）、多终端同步、功耗以及信号处理的计算复杂性等问题。尽管存在这些挑战，但 Massive MIMO 仍然是提高无线网络性能的重要技术之一，可为未来的通信系统带来潜在的巨大改进。

4）认知无线电频谱感测技术（cognitive radio spectrum sensing techniques）

认知无线电技术的最大特点在于其能够动态地选择无线信道。在不干扰主用户（PU）的前提下，手机或其他设备通过不断感知频率，选择并使用可用的无线频谱。

认知无线电（CR）的设计原则将 CR 用户视为频谱用户的"来访者"，因此需要有效的频谱管理方案，以确保用户可以利用空闲信道，同时不对主用户造成干扰。当检测到主用户开始发送信号时，CR 用户需要迅速离开占用的信道。这些规则的成功执行依赖于 CR 用户对周围环境的感知能力，即通过 CR 用户的频谱感知方案来实现。频谱感知的主要目的是为 CR 用户提供更多的接入机会，同时不干扰主用户。当授权用户的活动减少时，认知无线电的硬件能够识别出频谱空洞，并将其用于通信。然而，这些已授权的信道也被定义为主用户频带，在检测到主用户信号时，必须迅速释放这些信道。因此，对无线频谱的准确感知是实现认知无线电技术的关键。这种感知能力使 CR 用户能够动态地适应无线环境的变化,以提高频谱的利用效率,同时确保主用户的通信不受干扰。

5)超宽带频谱(ultra-wide band spectrum)

超宽带(ultra wide band,UWB)技术是一种特殊的无线通信技术,不同于传统的正弦载波通信。它采用极短的纳秒级非正弦波脉冲来传输数据,因此需要极宽的频谱范围。UWB主要用于高速、短距离的个人无线通信。根据FCC规定,UWB使用的频率在3.1~10.6 GHz,总宽带为7.5 GHz。

从频域角度看,超宽带与传统的窄带和宽带有明显区别。窄带通信的相对带宽(信号带宽与中心频率之比)小于1%,宽带通信的相对带宽在1%~25%,而超宽带的相对带宽大于25%,并且中心频率通常高于500 MHz。

从时域的角度来看,超宽带系统与传统通信系统不同。通常的通信系统使用射频载波进行信号调制,而UWB通过极短的脉冲信号(几十纳秒)来实现调制。超宽带传输将调制信息过程分布在极宽的频带上,并且带宽范围由这个过程的持续时间来确定。这使得UWB在频域和时域上都具有独特的特性。

6)超密集异构网络(ultra-intensive heterogeneous network)

5G网络是一个高度复杂的网络。在2G时代,仅几万个基站就足以实现全国的网络覆盖,但到了4G时代,中国的基站数量超过了500万个。而在5G时代,网络需要实现每平方公里支持100万个设备的目标,这意味着网络必须变得非常密集,需要大量的小基站来支撑。此外,不同终端设备需要不同的速率、功耗和频率,并对服务质量(QoS)有不同的要求。这样的情况容易导致网络内部出现干扰问题。

为确保5G网络的性能,需要采取一系列措施,包括不同业务的网络实现方法、各种网络节点之间的协调方案、网络选择策略以及节能配置方法等。

在超密集网络中,密集的基站部署导致小区边界数量激增,小区形状变得不规则,用户可能频繁进行复杂的切换。为满足移动性需求,需要开发新的切换算法。

总而言之,5G网络是一个复杂、密集、异构、高容量、多用户的网络,需要不断改进算法来平衡和维护网络稳定性,减少干扰,并满足不同终端设备的需求。

7)多技术载波聚合(multi-technology carrier aggregation)

载波聚合(CA)是一项关键的5G技术,通过将多个独立的载波信道组合在一起,提高带宽,从而实现提升数据速率和容量的目标。载波聚合技术可以采用不同的组合方式,包括带内连续、带内非连续和带间不连续,其复杂度依次增加。5G物理层支持最多16个载波的聚合,以实现更高速的数据传输。

此外,5G采用了基于OFDM(正交频分复用)的波形和多址接入技术。OFDM技术已经在4G LTE(long term evolution,长期演进)和Wi-Fi等现有系统中广泛应用,因为它具有可扩展性、高频谱效率和较低的数据复杂性,满足5G的需求。OFDM技术家族还具备多种增强功能,例如通过加窗或滤波来增强频率本地化、提高多用户和多服务之间的多路传输效率,以及创建单载波OFDM波形以实现高效的上行链路传输。这些技术共同推动了5G网络的性能和效率提升。

8)自组织网络(self-organizing network)

自组织网络(SON)是5G的重要技术,包括网络部署阶段的自配置和自规划,以及网络维护阶段的自优化和自愈合。①自配置:允许新增网络节点的即插即用配置,具有低成本和简易安装等优点。这意味着网络可以根据需要自动配置新的设备,无须手动干预,从而提高了部署的效率。②自规划:其目标是动态进行网络规划和执行,以满足系统容量扩展、业务监测和优化需求等。这意味着网络可以自动调整其配置,以适应不断变化的需求,提高了网络的灵活性和效率。③自优化:是指网络能够自动进行性能优化,以提高网络效率和质量。通过监测和调整网络参数,自优化可以减少干扰,提高覆盖范围,并提供更好的用户体验。④自愈合:其使系统能够自动检测问题、定位问题并排除故障,从而减少维护成本,避免对网络质量和用户体验产生不利影响。

SON技术在移动通信网络中的应用,主要优势体现在网络效率和维护方面,同时降低了运营商的支出和运营成本。然而,目前的SON技术通常是从各自网络的角度出发,各自独立进行自配置、自规划、自优化和自愈合等操作，缺乏多网络之间的协作和互操作性。因此，未来的发展需要更好地整合不同 SON 技术，以实现更高效的多网络协作，提供更强大的自组织能力。

9）组网

5G 将广泛应用于大规模物联网，这意味着数十亿设备将相互连接，因此 5G 需要提高多路传输的效率以满足大规模物联网的需求。为了确保相邻频带之间不相互干扰，必须尽可能减小频带内和频带外信号的辐射。OFDM 技术可用于实现波形后处理，例如时域加窗或频域滤波，以提高频率局部性能。

5G NR（新无线标准）在设计时，采用了灵活的网络架构，以进一步提高多路传输的效率。这种灵活性不仅表现在频域方面，还体现在时域方面。5G NR 的架构能够充分满足不同的 5G 服务和应用场景的需求。这包括可扩展的时间间隔（scalable transmission time interval，STTI）和自包含集成子帧（self-contained integrated subframe）等技术，这些技术有助于提高多路传输的效率和性能，使 5G 能够更好地支持各种应用。

10）网络切片技术

运营商通过网络切片技术将其物理网络划分为多个虚拟网络，每个虚拟网络根据不同的服务需求进行优化，包括时延、带宽、安全性和可靠性等方面的特定配置，以适应各种不同的应用场景。这种方法能够在单一的物理网络基础上创建多个逻辑网络，避免了为每个服务建立独立的物理网络，从而显著降低了部署成本。

在 5G 网络中，通过网络切片技术，可以将一个单一的物理网络划分为多个独立的逻辑网络，适用于智能交通、无人机、智能医疗、智能家居、工业控制等不同类型的服务。这些网络切片可以向不同的运营者开放，每个切片在带宽、可靠性和性能方面都可以有不同的保证。此外，计费体系和管理体系也可以根据切片的不同需求而进行调整。

在网络切片的环境中，不同的业务提供商可以提供具有不同特点的网络服务，不再像 4G 网络那样都使用相同的网络和服务。这为业务提供者提供了更大的自由度和灵活性，使它们能够更好地利用 5G 网络来满足各自的需求，提供不同的网络、管理、服务和计费方式，从而实现更加个性化的网络体验。这种 5G 切片网络的创新有助于推动各种应用和服务的发展。

11）内容分发技术

在 5G 网络中，会涌现大量复杂的业务，尤其是涉及音频和视频的业务，有些业务可能会突然迎来爆发式的增长，这对网络提出了更高的要求，需要使网络能够适应内容急剧增长的需求，以维护用户的体验和满意度。

内容分发网络（content delivery network，CDN）是一种在传统网络中引入的新层次网络，通常被称为智能虚拟网络。CDN 系统通过综合考虑各个节点的连接状态、负载情况以及用户的距离等信息，将相关内容分发到靠近用户的 CDN 代理服务器上，以实现用户能够就近获取所需信息。这一策略有助于减轻网络拥塞状况，缩短响应时间，提高响应速度。

在 CDN 系统中，源服务器只需将内容分发给各个代理服务器，然后用户可以从距离较近、带宽充足的代理服务器上获取内容，这样可以降低网络延迟，提高用户的体验。CDN 技术的优势在于迅速为用户提供所需的信息服务，同时有助于解决网络拥塞问题。因此，CDN 技术已经成为 5G 网络中不可或缺的关键技术之一，能够有效支持网络的内容传输和流量管理，提高用户体验并满足不断增长的业务需求。

3. 5G 应用场景

随着工业物联网应用的推进，5G 作为新一代移动通信技术，在工业物联网（industrial internet of things，IIoT）领域具有广泛的应用潜力，它将为工业自动化、智能制造和工业控制等方面带来重大改变和创新。以下是 5G 在工业物联网中的一些关键应用和优势。

1）大规模物联网连接

5G 的一个显著特点是其支持大规模的物联网连接，数十亿的传感器和设备可以相互连接，这一能力在工业物联网领域具有巨大的潜力。这些连接可以用于监测和控制生产过程、设备状态和资源利用，为工业制造、智能城市、智能交通等领域带来了巨大的改变和创新。在这个新的数字化时代，5G 将成为连接和推动工业物联网发展的重要推动力。

2）工业自组织网络

5G 的自组织网络（SON）功能是工业物联网的关键支持工具之一。SON 能够帮助工业物联网建立稳定的、自动优化的通信网络，从而降低网络管理的复杂性，使工业物联网的通信网络更加智能和自适应，减少了人工管理的工作量，提高了网络的可靠性和性能。这对于支持工业自动化、智能制造和物联网应用至关重要。

3）工业机器人和自动化

近年来，由于人力成本不断提高，企业利润持续走低，而随着人工智能技术的不断成熟，大有机器人代替人工成为新动能的趋势。5G 可以支持远程操作和监控工业机器人，使其能够进行协作、精确的任务和迅速的决策。这对于灵活的生产和精密制造至关重要。

4）远程监控和维护

5G 支持远程监控和维护工业设备，这降低了维护成本，并允许专家远程提供支持，无须到达现场。远程控制主要解决工业生产中环境与人的关系，比如大型港口的货物装卸，煤矿的无人驾驶和远程调度等。在生产中，不仅需要提供高清视频信息，还要保证网络的可靠性和灵敏度，而 5G 的最大优势就在于速度快、时延低，这些优势为远程控制的实现奠定了良好的通信基础。

5）智能制造

5G 技术的实施为智能制造带来了显著的变革，构建了更智能、高效和自适应的制造环境。它可以促进工厂的数字化转型，提高生产效率和质量，实现更灵活、智能和可持续的制造过程。这将为工业物联网领域带来更多的创新和竞争力。

### 2.2.1.2 NB-IoT 技术

#### 1. NB-IoT 技术概述

窄带物联网（NB-IoT）是一种专门设计用于支持物联网（internet of things，IoT）设备的低功耗广域网络技术，构建在蜂窝网络基础上，是基于现有长期演进（LTE）网络进行改造得来的，旨在连接各种智能传感器和设备，如传感器、监控设备、智能仪表、追踪器等，以实现远程监测、数据采集和控制。NB-IoT 可直接部署于 GSM（global system for mobile communications，全球移动通信系统）网络、UMTS（universal mobile telecommunications service，通用移动通信业务）网络或 LTE 网络，以降低部署成本，实现平滑升级。

NB-IoT 是 IoT 领域的新兴技术，支持低功耗设备在广域网上建立蜂窝数据连接，通常被称为低功耗广域网（LPWAN）[31]。它的优点包括支持长时间待机、对网络连接要求较高，以及显著延长设备电池寿命。此外，NB-IoT 还能够提供广泛的室内蜂窝数据连接覆盖。

#### 2. NB-IoT 技术特征

1）强链接

在同一基站的情况下，NB-IoT 可以提供比现有无线技术高达 50~100 倍的接入数。一个扇区能够支持多达 10 万个连接，具有低延迟敏感性、超低设备成本以及出色的设备电池寿命的优点，同时还经过了网络架构的优化。在家庭网络中，由于有限的带宽，运营商通常仅为每个家庭路由器开放 8~16 个接入口，然而，一个典型的家庭通常拥有多部手机、笔记本电脑、平板电脑以及未来的智能家居设备（如传感器和智能家电），而这些设备都需要联网。NB-IoT 可以轻松解决全屋智能设备联网这个问题，满足未来智能家居中大规模设备联网的需求。

2）高覆盖

NB-IoT 在室内覆盖方面表现出色，相较于 LTE，它提供了高达 20 dB 的增益，相当于提升了

100倍的覆盖区域能力。这使得NB-IoT不仅可以满足农村等需要广泛覆盖的场景需求，还可以满足厂区、地下车库和井盖等需要深度覆盖的应用需求。以井盖监测为例，过去使用通用分组无线服务（general packet radio service，GPRS）需要伸出一根容易受损的天线，而NB-IoT只需适当部署即可轻松解决这一问题，不受车辆来往的干扰。这进一步证明了NB-IoT在室内覆盖能力方面的优越性。

3）低功耗

低功耗特性对于物联网应用至关重要，特别是对于那些不能经常更换电池的设备和在偏远地区或高山荒野中使用的各种传感监测设备。这些设备不可能像智能手机那样每天都需要充电，因此具有长达几年的电池寿命是它们最关键的需求之一。NB-IoT专注于支持小数据量和低速率的应用，因此它的设备功耗可以极小化，使设备的续航时间从过去的几个月大幅提升到几年。

4）低成本

与LoRa相比，NB-IoT具有一些显著的优势，其中之一是无须重新建设网络，因为它可以与现有LTE网络共享基础设施。这意味着射频和天线基本上可以复用，这降低了部署成本和复杂性。以中国移动为例，它可以在900 MHz频段中清除一部分2G频段，然后直接进行LTE和NB-IoT的同时部署，这提供了更高的灵活性和效率。此外，NB-IoT的低速率、低功耗和低带宽特性也为芯片和模块带来了成本优势。NB-IoT芯片和模块的成本相对较低，这使得大规模部署物联网设备更加经济实惠。

3. NB-IoT应用场景

现在工厂自动化生产已然成为趋势，越来越多的工厂都加入到了自动化生产的大军中来，而工厂自动化生产系统则是基于物联技术的典型应用之一，工厂内部的每个物品、设备、工段或装置等都连接到电子标签，以及工厂的各种环境监测、调整等都需要将设备和平台结合，从而构成自动化生产系统。在低速物联网领域，NB-IoT作为一个新制式，在成本、覆盖、功耗、连接数等技术上做到极致，因而在工厂自动化生产中得到大量应用。NB-IoT在工业生产线环境监测、工业设备报警及实时远程监控中均有实际应用且表现较好，能够很好地满足工业生产的需要，具有广泛的应用前景。

## 2.2.2 非授权频段

### 2.2.2.1 ISA100.11a技术

1. ISA100.11a技术概述

ISA100.11a是一个重要的工业级无线传感器网络国际标准，由国际自动化学会（ISA）下属的ISA100工业无线委员会制定。该标准旨在促进工业自动化领域的无线通信应用，并提供了一种规范化的方法，以确保各种无线传感器设备之间的互操作性和鲁棒性等，其定义的工业无线设备包括：传感器、执行器、无线手持设备等现场自动化设备。ISA100.11a标准目标是将各种传感器以无线的方式集成到各种应用中，主要工作是采用IPv6协议的骨干网，以及骨干网与DL子网间的转换[32]。ISA100.11a在遵循欧洲、日本、加拿大和美国相关规范的前提下，可以在全世界范围内应用。

2. ISA100.11a技术特征

ISA100.11a标准是第一个开放的、面向多种工业应用的标准，主要特征如下。

（1）低功耗。ISA100.11a被设计为低功耗技术，适用于需要长时间运行的传感器设备。这使得设备可以在电池寿命较长的情况下运行，减少了维护需求。

（2）广覆盖。ISA100.11a提供广域覆盖能力，可以在工业环境中覆盖大范围。这对于大型工厂和设施中的传感器网络至关重要，以确保全面的监测和控制。

（3）可靠性。ISA100.11a 考虑了工业环境中的干扰和噪声，具有强大的抗干扰能力，以确保数据的可靠传输。此外，它还支持自动路由和设备故障检测，提高了网络的鲁棒性。

（4）多层次网络拓扑。该技术支持多层次的网络拓扑，允许创建适应不同应用需求的网络结构。

（5）互操作性。ISA100.11a 要求符合标准的设备能够与有线现场网络互操作，实现数据的无缝集成和传输。

（6）全球适用性。ISA100.11a 标准在国际范围内适用，可以根据不同地区和国家的要求进行配置和部署。

3. ISA100.11a 应用场景

ISA100.11a 在工业领域有广泛的应用场景，因为它提供了可靠的工业级无线通信解决方案，适用于各种工业自动化和控制应用。在设备监测和维护方面，ISA100.11a 可用于监测工业设备的状态和性能，例如泵、阀门、电动机、传感器等。通过实时数据传输，它有助于预测设备故障，提高设备的可靠性和降低维护成本。在制造和生产工厂中，ISA100.11a 可以用于监控生产线、仓储、设备运行状况和生产数据。这有助于提高生产效率、质量控制和资源管理。ISA100.11a 在石油和天然气行业中广泛用于监测油井、管道、阀门和储罐。它可以实现远程监控和控制，提高生产安全性和效率。

总的来说，ISA100.11a 在工业领域的应用场景非常广泛，它为工业自动化提供了一种强大的通信和监控工具，帮助企业提高效率、安全性和可靠性。这种技术在工业自动化的不同方面发挥着关键作用，满足了工业环境对高度可靠和适应性通信的需求。

### 2.2.2.2 WirelessHART 技术

1. WirelessHART 技术概述

WirelessHART 标准于 2008 年 9 月 19 日正式获得国际电工委员会（IEC）的认可，成为一种公认的规范。这标志着 WirelessHART 成为第一个开放式的、可互操作的无线通信标准，旨在满足流程工业对于实时工厂应用中可靠、稳定和安全的无线通信的关键需求[33]。

WirelessHART 标准的目标是建立一个用于处理测量和控制应用的无线网络。WirelessHART 设备具备能够通过无线方式接入 HART 设备并与 HART 协议兼容的能力，从而补充了有限的 HART 协议。基于已被广泛用户熟知和使用的 HART 协议，用户能够迅速简便地掌握 WirelessHART 无线通信技术的操作，同时与现有的 HART 设备、工具和系统保持兼容性。

2. WirelessHART 技术特征

WirelessHART 标准的特征主要有：简便性、可靠性、安全性等。

（1）简便性。WirelessHART 技术是一种易于实现且可靠的解决方案。它与现有的 HART 设备、工具和系统兼容，从而为用户提供了安全、简便和可靠的体验。此外，WirelessHART 网络是自组织的，能够自动适应工厂环境的变化，具备自愈能力。

（2）可靠性。工业环境通常包含高密度的铁制设施，这些设施可能干扰无线信号的传输。然而，WirelessHART 的多项特性确保了在这种复杂环境下仍能提供可靠的数据通信。此外，WirelessHART 网络具备良好的共存性，可以与其他无线网络协同运行。

（3）安全性。WirelessHART 技术采用强大的安全措施，以确保网络和数据的安全。它在多个子层都采用了工业标准的 128 位 AES（advanced encryption standard，高级加密标准）加密算法，并在整个网络生命周期内，网络管理器会定期更换加密密钥，以增强安全性。

3. WirelessHART 应用场景

WirelessHART 是一种可靠的无线网状网络通信协议，专为面向过程测量、过程控制和资产管理等的广泛应用而设计。目前，传统的 HART 设备在石化、电站、水工业/污水处理以及其他工业领域的安装量已超过三千万台，但由于安装电缆的高成本，大约 90%的有用数据被限制在现场仪表中。WirelessHART 提供了一种简便、可靠且低成本的方法，将这些现场仪表连接到主系统。通过采用开放的 WirelessHART 协议，可以显著提升仪表性能，从而大幅提高工厂的生产力和生产效率。这种技术帮助克服了传统布线方式的限制，为工业领域提供了更灵活、高效的通信解决方案，从而提升了整个生产过程的可管理性和性能。

### 2.2.2.3 WIA-PA 技术

**1. WIA-PA 技术概述**

WIA-PA 是中国工业无线联盟针对过程自动化领域制定的 WIA 子标准，是基于 IEEE 802.15.4 标准的用于工业过程测量、监视与控制的无线网络系统[34]。WIA-PA 标准是我国拥有自主知识产权的符合我国工业应用国情的一种无线标准体系。

WIA-PA 技术采用了两层拓扑结构，结合了星型和网状网的特点。在网络中，网关和路由设备形成网状网络，这增加了网络的冗余度，提高了端到端通信的可靠性。而路由设备和现场设备组成了星型网络，这降低了网络的复杂性，并提高了网络的可靠性和部署的灵活性[35]。

WIA-PA 的协议体系遵循了 IEEE 802.15.4 标准的物理层和 MAC 层，同时规定了数据链路子层、网络层和应用层协议。此外，WIA-PA 网络采用了基于超帧的资源管理方式，并支持三种多路存取机制，即 TDMA（时分多址）、FDMA（频分多址）和 CSMA（载波侦听多址），通过数据链路层的跳频机制来提高网络的抗干扰能力。

**2. WIA-PA 技术特征**

（1）基于网状及星型混合网络拓扑。WIA-PA 为两层拓扑结构，下层为星型拓扑，上层为网状结构。这样设计既可克服网状拓扑传送延迟的不确定性，又能利用网状结构节点部署灵活性和多路径抗干扰的能力。

（2）IEEE 802.15.4 协议体系。WIA-PA 完全采用 IEEE 802.15.4 协议体系，该体系是当前无线短程网的主流协议体系，所有工业用、民用和军用无线体系协议在物理层和 MAC 层都几乎遵循其规范。

（3）集中式和分布式混合的管理架构。集中式管理由网络管理者和安全管理者集中完成，它们直接管理路由设备和现场设备。分布式管理由网络管理者/安全管理者和簇首共同完成，将对现场设备的管理权限下放给路由设备。

（4）面向由簇首构成的网状结构的集中式管理架构。网络管理者主要负责集中管理功能，即构建和维护由路由设备构成的网状结构。

（5）面向簇的分布式管理架构。簇首作为网络管理者的代理，主要负责网络管理功能，即负责由现场设备和路由设备构成的星型结构的构建和维护、分配通信资源等。簇首作为安全管理者的代理，主要负责管理星型结构中的部分密钥，以及路由设备间的认证等。

（6）虚拟通信关系。按照所支持的应用定义了三种类型的虚拟通信关系（virtual communication relationship，VCR），即发布方/预订方类型、报告/汇聚类型、客户端/服务器类型。覆盖了工业通信所需要的所有类型。

（7）超帧结构。超帧结构的设计主要为解决无线传输数据的效率，以及处理无线传输的资源有限的矛盾。

（8）三种多路存储机制。WIA-PA 考虑到工业自动化对通信的要求分为确定性通信和随机通信两种，80%以上的数据传送为循环传送，其余为事件触发的数据和其他无确定性要求的数据。

（9）三种跳频机制。通过在不同的阶段使用不同的跳频机制的设计，来提高无线传输的抗干扰能力和可靠性。三种跳频机制为：自适应频率切换（AFS）、自适应跳频（AFH）、时隙跳频（TH）。

（10）聚合与解聚。为提高无线数据传输的资源利用率，设计了两级聚合功能，即数据聚合和包聚合。对现场设备和多个用户应用对象可运用数据聚合功能；对路由设备或/和多个现场设备可运用包聚合功能。

### 3. WIA-PA 应用场景

传统的工业生产方式通常依赖有线连接来实现现场设备之间以及设备与后台之间的信息交互和数据传输。然而，线缆的安装成本相对较高，有时甚至高于传感器本身的成本。因此，采用无线通信技术传输现场数据成为一项紧迫需求。WIA-PA 是一种经过实际应用验证，适用于复杂工业环境的无线通信网络协议。它具有时间、频率和空间上的综合灵活性，使其能够实现嵌入式的自组织和自愈能力。这一特性显著降低了安装的复杂性，并确保了无线网络具有长期且可预测的性能。此外，作为一种国产自主可控的国际标准，WIA-PA 在国内工业无线通信领域具有重要地位。它得到了广泛的应用，尤其在石油、钢铁、化工等行业。例如，鞍钢股份冷轧厂的连续退火生产线、力达宁化工有限公司的二异丙基苯胺项目以及中石油新疆油田公司的采油二厂都采用了 WIA-PA 技术。

WIA-PA 技术在石化领域的成功应用促进了物联网技术与石化生产工艺流程的深度融合，同时也推动了工业物联网技术的发展。通过建立基于无线通信的工厂生产过程参数实时信息采集、传输和显示分析系统，验证了工业无线网络与石化行业生产工艺流程相结合的可行性。这有效提高了工厂的计量精度和工人的抄表效率，降低了工作复杂性，为石化企业智能工厂建设提供了有力的技术支持。

#### 2.2.2.4 WIA-FA 技术

### 1. WIA-FA 技术概述

WIA-FA 是由中国科学院沈阳自动化研究所工业控制网络与系统研究室工业无线传感器网络课题组专门为满足工厂自动化领域对高实时性和高可靠性需求而研发的一组工厂自动化无线数据传输解决方案。它适用于工厂自动化和其他对实时性和可靠性要求较高的应用场景，旨在实现高速无线数据传输，特别适用于多点网络下的高可靠性和高实时性数据传输[36]。

WIA-FA 技术被视为工业物联网的核心技术之一，对于实现工厂自动化生产线的在线可重构具有重要作用。它有助于推动制造业从传统的低成本大批量生产模式向高端、高附加值的个性化生产模式转型，从而促进制造业的升级和转型。WIA-FA 技术标准于 2017 年 6 月 23 日获得国际电工委员会（IEC）工业过程测量、控制与自动化技术委员会（IEC/TC65）的 26 个 P 成员国的 100%通过率，正式成为 IEC 国际标准。这一标准的制定和采用标志着 WIA-FA 技术的国际认可和应用范围扩大。

### 2. WIA-FA 技术特征

1）基于 MIMO 的分层工业无线网络体系架构

基于 MIMO 的分层工业无线网络架构，通过分布式协作天线的透明化，确保了多个维度资源（如空间、频率、时间）的高效利用，提升了网络可靠性，同时实现了移动机器人等设备的无缝漫游。

2）高精度、低开销时间同步方法

单向和双向互补的时间同步架构，确保时间同步的准确性，并有效控制了同步过程的开销。通过采用周期自适应的误差预测和平滑补偿技术，进一步提高了时间同步的精度，成为工业无线网络中首创的微秒级时间同步方案。

3）基于频域轮询的高并发接入协议

针对工厂自动化应用的小数据和高并发需求，提出了一种基于 OFDM 频域轮询的高并发接入协议。这一协议从根本上改善了现有的 TDMA 和 CDMA 接入机制在可靠性和容量等方面存在的问题。通过这一创新,实现了在网络可靠性达到 99.99%的条件下,接入延迟小于 10 ms 的性能指标,显著提高了工厂自动化应用的效能。

4)多样化地址设置

在 WIA-FA 网络中,现场设备、接入设备和网关设备都具有唯一的 64 位长地址以及 8 位或 16 位短地址。当网络中的现场设备数量少于 252 个时,使用 8 位短地址;反之,当设备数量超过 252 个时,采用 16 位短地址。这些长地址是由各设备制造商根据 EUI-64 规范进行分配和设置的,确保每个设备在全球范围内都具有唯一的标识。这种地址分配方案有助于管理和识别网络中的各个设备,以实现高效的通信和数据传输。

5)基于数据优先级的通信调度

工业应用中的数据根据其功能和需求被分为不同的优先级,包括紧急数据、周期性过程数据、非周期性非紧急数据、周期性管理数据以及非实时数据。对于不同优先级的数据,定义了三种通信资源占用方式,包括调度、抢占和竞争。这种分级和资源分配方式有助于满足工业应用中不同数据的传输需求,确保了关键数据的及时传输,并充分利用了通信资源。

6)基于重传的可靠传输技术

WIA-FA 支持如下 4 种重传方式。

(1)基于否定应答(negative acknowledgment,NACK)帧的重传方式:现场设备向网关设备发送周期性数据时,采用基于 NACK 的重传方式。

(2)多次单播重传方式:网关设备向现场设备周期性发送非聚合数据时,采用多次单播重传方式。

(3)多次广播重传方式:网关设备向现场设备周期性发送聚合数据时,采用聚合帧广播重传方式。

(4)基于广义应答(generalized acknowledgment,GACK)帧的时隙退避重传方式:现场设备向网关设备发送非周期性数据帧或管理帧(如远程读属性、远程属性配置、双向时间同步)时,现场设备根据网关设备广播的 GACK 帧采用基于时隙退避的重传方式。

3. WIA-FA 应用场景

WIA-FA 技术因其高实时性和高可靠性的特点,特别适合应用于工厂自动化通信领域。此外,它具备自主可控的协议、短距离电磁控制以及集成国产加密算法等功能,因此也更适合特殊行业的应用。WIA-FA 技术在工业自动化领域具有广泛应用前景,特别是在需要高实时性、高可靠性和高安全性的场景中,如工厂控制和特殊行业应用。它不仅有助于提高生产效率,还能够降低成本并提高系统的可维护性。

WIA-FA 技术目前已在电网、机器人生产线、啤酒生产线等领域开展示范应用。WIA-FA 工业无线网络系统特别适用于军工企业涉密场所传输非涉密信息,作为物流配送系统无线控制调度、设备无线互联载体,它是目前唯一合法应用于涉密场景传输非密信息的无线解决方案。此外,WIA-FA 还适用于物流分拣系统等对网络容量需求极大、实时性要求极高的场所,在安全性、网络容量、实时性、可靠性等各方面比传统无线系统均有明显的优势。经过示范应用,WIA-FA 高速无线网络在工业机器人生产线上的技术可用性得到验证,并在降低布线和维护成本以及满足移动性、灵活性要求等方面优势明显,改变了原有工业机器人生产线纯粹单机控制的现状,实现了工业机器人联网,为工业机器人的远程监测和控制、故障诊断和维护提供了技术及系统支撑。

### 2.2.2.5 6TiSCH 技术

1. 6TiSCH 技术概述

随着无线技术的不断深入研究,针对不同应用场景的无线通信技术规范不断涌现[37]。国际互联网工程任务组（Internet Engineering Task Force，IETF）结合 IEEE 802.15.4e TSCH（time slotted channel hopping，时隙信道跳频）接入模式，制定了 6TiSCH（IPv6 over the TSCH mode of IEEE 802.15.4e，基于 IEEE 802.15.4e TSCH 模式的 IPv6 网络）标准，以支持链路可靠性和 IPv6 技术的大规模工业设备通信需求。

6TiSCH 标准采用时间同步和信道跳频技术，以满足工业无线通信对可靠性和低功耗的要求。它允许使用 128 位地址，为每个设备分配一个唯一的 IPv6 标识符，即使在大型工业环境中也不会用尽地址空间。此外，6TiSCH 协议不仅仅是一个简单的 IPv6 子网，它还定义了数据包的路由、跟踪和服务质量的实施方式，允许优先处理特定数据包，并提供安全功能。这使得 6TiSCH 适用于各种应用领域，包括智慧城市、交通、建筑和工厂等，以应对复杂的网状网络挑战[38]。

2. 6TiSCH 技术特征

6TiSCH 标准主要涉及以下关键技术。

（1）高精度时间同步技术。在 6TiSCH 网络中，确保每个节点都保持精确的时间同步至关重要，因为时间同步使节点能够在准确的时间点发送和接收数据包，从而实现可靠的通信。IETF 6TiSCH 网络中时间同步分为两个阶段：新节点入网时的 ASN 时间同步，节点成功入网后的 device-to-device 时间同步。这两个时间同步阶段确保了网络中的所有节点都能够按照准确的时间计划进行通信，从而满足工业应用中对时间精度和可靠性的要求。

（2）资源调度。IETF 6TiSCH 工作组提出 OTF（on-the-fly）资源分配算法，其核心思想是节点带宽资源的分配数量取决于其实际流量需求。随后，该工作组在 OTF 算法基础上发布了 SF0 分布式资源调度算法、SF1 端到端分布式资源调度算法。目前，最新的 MSF（minimal scheduling function，最小调度功能）标准草案正在完善中。

（3）安全相关技术。IETF 6TiSCH 工业物联网主要应用于国家关键基础设施领域，因此网络安全成为其发展和应用中的一个关键问题。针对 IPv6 网络层的安全问题，6TiSCH 采用安全的加入过程、轻量级的入侵检测方法等方案来保证安全。针对 IEEE 802.15.4e 链路层的安全问题，6TiSCH 引入了加密和认证机制以应对 IEEE 802.15.4e 网络中的篡改同步误差问题。

（4）6TiSCH 应用场景。IETF 6TiSCH 工业物联网结合了 IPv6 新技术与低功耗无线通信技术，解决了资源受限的物联网节点无缝接入互联网的问题，并克服了复杂工业环境下的通信可靠性和功耗问题。6TiSCH 凭借高精度时间同步技术和相关的安全技术，在诸如工业控制领域、工厂安全监测等实时性和安全性要求较高的领域得到稳定的应用，很好地满足工业无线应用对实时性与可靠性的要求。IETF 6TiSCH 作为一套开放、完整的工业物联网标准协议，可为未来工业互联网发展提供核心的技术支撑。此外，IETF 6TiSCH 技术栈目前已经在至少 4 个开源项目中应用：OpenWSN、Contiki（-NG）、RIOT 和 TinyOS。这些应用基本上是独立的，并在不同的 IETF 插件测试中证明了互操作性。

### 2.2.2.6 Wi-Fi 技术

1. Wi-Fi 技术概述

随着移动通信技术的不断发展以及虚拟现实、云计算等新兴技术的出现，用户对于移动通信的速率和稳定性有了更高的要求。传统的蜂窝通信系统中设备必须与基站建立连接，通过基站进行数据中继转发，这种通信方式存在一定的局限性；而且随着移动流量的急速增长，3 GHz 以下的频谱资源已经不足以满足人们工作生活中的需要，因此 5G 开辟毫米波频段用于满足数据业务增长的需求[39]。Wi-Fi 原先是 wireless fidelity（无线保真）的缩写，被普遍用来指代 IEEE 802.11 协议，是一种效率高、有效距离长的无线局域网传输技术。使用 2.4 GHz 附近的频段，覆盖范围达到几百米，以无线多址信道为传输媒介，既具有有线局域网的功能，又能够摆脱端口位置的束缚，便捷地接入互联网。安装一个或多个 AP（access point，接入点）设备接入有线局域网或其他通信网就可以在一片区域内构建局域网，并可通过 Wi-Fi 接入互联网。Wi-Fi 使用的是星型拓扑结构，中心为 WLAN 接入点 AP，在 MAC 层使用 CSMA/CA 协议。

2. Wi-Fi 技术特征

Wi-Fi 具有如下特征。

（1）范围广。无线电波的覆盖范围广，基于蓝牙技术的电波覆盖范围非常小，半径大约只有 15 m，而 Wi-Fi 的半径则可达 100 m 左右。

（2）速度快。目前常用的 2.4 GHz 的 Wi-Fi 无线网络理论最高带宽为 300 Mbit/s，尽管现实中会受到信号强弱、网络波动等限制，与 ZigBee、蓝牙等技术相比，Wi-Fi 的传输速度仍然可观。

（3）成本低。目前，行业内有面向工业物联网的成熟的低成本 Wi-Fi 芯片以及配套的解决方案，与传统有线网络相比，Wi-Fi 成本较低。

（4）组建方便。一般架设无线网络的基本配置就是无线网卡及一台 AP 设备，如此便能以无线的模式，配合既有的有线架构来分享网络资源，架设费用和复杂度远远低于传统的有线网络。

3. Wi-Fi 应用场景

Wi-Fi 技术在工业自动化领域中应用较多，传统的工厂视频监控，有线传输一直占据着主导地位，但随着网络的发展，监控范围、场景等需求愈发复杂，Wi-Fi 无线传输模式以其自身不可替代的优势在工厂视频监控使用方面发挥着越来越重要的作用，弥补了有线传输方式的不足。Wi-Fi 技术在工厂设备监测、设备传输中也有很大应用，可有效解决传统有线传输工业设备位置固定、线缆耗费高等缺点，可以更便捷的方式实现设备监测数据的可靠传输。此外，随着 Wi-Fi 技术的发展，Wi-Fi 7 技术以超高带宽、超低时延和超可靠性等网络特性能够满足未来更大的无线网络数据终端海量接入，满足极高吞吐量业务要求应用场景。随着物联网产业迅速发展和智能终端设备的广泛普及，室内定位需求不断增加。Wi-Fi 定位技术已经相对成熟，在各种环境下可以达到 3～5 m 的高定位精度。在大型室内环境，如工厂，通常已经建立了广泛的 Wi-Fi 基础设施覆盖，因此可以直接利用这些基础设施进行室内定位，这样可以降低成本。

### 2.2.2.7 蓝牙技术

1. 蓝牙技术概述

蓝牙（bluetooth）是一种支持设备之间短距离通信（通常在 10 m 内）的无线技术。它可以用于各种设备，包括移动电话、个人数字助理、无线耳机、笔记本电脑以及相关外部设备，以实现无线信息交换。蓝牙技术的应用能够简化移动通信终端设备之间的通信，也能够简化设备与互联网之间的通信，从而提高数据传输的速度和效率，拓宽了无线通信的应用领域。

蓝牙作为一种小范围无线连接技术，具有方便快捷、低成本、低功耗、灵活安全等特点。蓝牙技术允许各种数字设备进行无线通信，使其成为无线个人领域网络通信的主要技术之一。它也可以与其他网络连接，扩展了其应用领域。蓝牙技术是一种开放式无线通信技术，用于使各种数字设备之间无线互通，最初被设计用来取代红外线通信[40]。

2. 蓝牙技术特征

（1）适用设备多。蓝牙技术的适用设备多，蓝牙技术可以广泛应用于蓝牙耳机和音箱、智能家居、汽车系统、医疗设备、游戏控制器等多个领域和设备中。并且蓝牙技术工作在 2.4 GHz 的 ISM（industrial scientific medical，工科医）频段，该频段在全球大多数国家无须申请许可证，具有广泛的适用性。

（2）工作频段全球通用。蓝牙技术的一个重要特点是其工作频段在全球范围内通用，因此适用于世界各地的用户，无须担心国界障碍。这使得蓝牙技术成为一种具有全球性覆盖的无线通信解决方案。通过蓝牙设备，用户可以轻松搜索到其他蓝牙设备，迅速建立设备之间的连接，并进行无线通信。

（3）安全性和抗干扰能力强。蓝牙技术的安全性和抗干扰能力强，由于蓝牙技术具有跳频的功能，有效避免了 ISM 频带遇到干扰源，且蓝牙技术的兼容性好，在各种操作系统中均能良好适配。

（4）传输距离较短。目前，蓝牙技术的主要工作范围通常在 10 m 左右。然而，通过增加射频功率，蓝牙技术可以扩展其工作范围，达到 100 m 的传输距离。这种扩展的传输范围有助于提高蓝牙技术在传播时的工作质量和效率，同时也能增加蓝牙传输的速度。

（5）通过跳频扩频技术传播。蓝牙技术在实际应用中可以对原有的频点进行划分和转换。特别是对于一些跳频速度较快的蓝牙技术，整个蓝牙系统中的主单元会通过自动跳频的方式进行频率转换，使其在不同频段上进行通信，实现了跳频技术的应用。这样的跳频机制有助于减轻干扰和提高通信的可靠性。

3. 蓝牙应用场景

蓝牙技术在智能工业中主要应用于状态监测、资产追踪、人员监控及定位等方面。在状态监测方面，蓝牙核心规格 5 版本的推出带来了创新的长距离和高速率功能，这有助于提高在恶劣环境下的连接可靠性。蓝牙 mesh 技术的应用使得大规模设备网络的部署成为可能，例如传感器网络，用于实时系统监控。这有助于实现设备和机器的预测性维护以及生产线的优化。在资产追踪方面，基于蓝牙的资产追踪标签设备的出货量预计将大幅增长。这些标签可以应用于工厂设备和货物的追踪，包括了位置、可用性、状态等信息。新一代的蓝牙寻向功能有望提高资产追踪和定位的精度。在人员监控及定位方面，蓝牙技术可以用于确保设施用户的安全，监测员工的位置，并帮助员工避开危险区域，从而提高工作场所的安全性。

总的来说，蓝牙技术是工业物联网革命浪潮中不可或缺的组成部分，正在引领工业和信息的融合，帮助制造商将生产力和安全性提升至新的水平。

### 2.2.2.8 ZigBee 技术

1. ZigBee 技术概述

ZigBee 是一种新兴的无线通信技术，专门设计用于在短距离范围内传输低速数据的电子设备之间进行通信。ZigBee 技术基于专用的无线电标准，使成千上万的微型传感器可以协调通信，因此有时被称为 Home RF Lite 无线技术或 FireFly 无线技术。ZigBee 还可用于小范围内的无线控制和自动化等领域，无须使用计算机或一系列数字设备之间的有线连接，同时能够实现多种不同数字设备之间的无线互联，以实现相互通信或接入网络。

ZigBee 技术是基于蜜蜂相互之间的联系方式而研发，用于互联网通信的网络技术。与传统的网络通信技术相比，ZigBee 表现出更高效和便捷的特点。作为一种适用于近距离、低成本和低功耗的无线网络技术，ZigBee 的组网、安全性和应用软件技术都基于 IEEE 802.15.4 无线标准。这项技术特别适用于具有较小数据流量的应用，可以轻松安装在各种固定和便携式移动终端设备中[41]。

2. ZigBee 技术特征

ZigBee 作为一项新型的无线通信技术，其具有传统网络通信技术所不可比拟的优势，既能够实现近距离操作，又可降低能源的消耗。相较于蓝牙等无线通信技术，ZigBee 无线通信技术可有效降低使用成本，且更为便利。以下为 ZigBee 的主要特征。

（1）能源消耗低。通常而言，ZigBee 在传输处理过程中的功率消耗为 1 MW，若进入休眠状态，则其所需的功率将更低，两节 5 号电池即可持续运行超过 6 个月时间。

（2）研发及使用成本低。ZigBee 模块的复杂度不高，且 ZigBee 协议普遍无须交付专利费，再加之使用的频段无须付费，所以成本较低。

（3）较高的安全可靠性。ZigBee 可实现十分完备的检测功能，同时在应用 ZigBee 时需要进行反复的检验流程。此外，ZigBee 在传输数据过程中可确保数据流的相对平行性，为数据提供宽广的传输空间。

3. ZigBee 应用场景

ZigBee 是专为低速传感器和控制网络设计的无线网络协议，由于其低功耗、低成本和灵活可靠等优点，已经显示出广阔的市场前景。ZigBee 在我国工业自动化数据传输方面应用现象十分普遍，在诸如工业控制网络、工厂消防监控、工业数据监测等方面均有应用。ZigBee 在工厂环境监测方面应用较多，诸如工业废气监控、工业污水监测等，凭借低功耗和灵活可靠的优点，在工厂特定点位布设 ZigBee 节点可实现工厂环境的实时监测。对于工业控制网络而言，无线化是一个不可避免的发展趋势，有效利用 ZigBee 无线网络技术，将会优化整个工业控制网络，从而达到提高生产力的效果。总的来讲，ZigBee 无线通信技术在工业自动化中的应用，是我国工业历史的关键转折点，对于以后工业整体水准提升，有着关键性指导价值。

### 2.2.2.9　LoRa 技术

1. LoRa 技术概述

长程低功耗射频的 LoRa（long range）技术是一种基于 Semtech 公司开发的无线标准，旨在解决功耗与传输距离之间的平衡问题。通常情况下，低功耗通信的传输距离较短，而高功耗通信的传输距离较远。通过 LoRa 技术的开发，成功解决了在相同功耗条件下实现比其他无线通信方式更远传输距离的问题，从而实现了低功耗和远距离通信的兼容性[42]。

2. LoRa 技术特征

（1）传输距离远。由于 LoRa 采用了扩频技术，且灵敏度更接近香农极限定理，降低了信噪比要求，传播距离更长，即使是 50 km 也没问题。LoRa 能够依靠扩频获取处理增益，不依赖于窄带、重传，不依赖编码冗余，效率高。

（2）抗干扰能力强。在所有的物联网通信技术中，LoRa 技术可在 20 dB 噪声下解调，而其他的物联网通信技术必须高于噪声一定强度才能实现解调。此外，LoRa 具有较好的隐蔽性和抗干扰特性，具有较强的物理层安全特性。

（3）功耗低。LoRa 在睡眠状态电流低于 1 μs，发射 17 dB 信号时电流仅为 45 mA，接收信号时电流仅为 5 mA；在运动手环应用上，LoRa 可以工作超过 2 周时长。

（4）易于部署。LoRa 不仅能够根据应用需要规划和部署网络，还能根据现场环境，针对终端位置合理部署基站。LoRa 的网络扩展十分简单，也可根据节点规模的变化随时对覆盖进行增强或扩展。LoRa 拥有从物理层、网络层到应用层的三重安全性结构，因此满足各种数据私密性要求。

3. LoRa 应用场景

在物联网急速发展的现今，LoRa 也逐渐成为长距离无线射频通信的首选。目前，LoRa 主要应用于智能工业控制中的环境参数监测控制以及报警。在以往的工业信息采集应用中，普通无线传感技术有组网复杂、距离近、处于运营频段产生附加成本等问题，而 LoRa 具有通信距离远、组网便捷、低功耗等优点，因此 LoRa 无线通信技术结合监测系统的各个硬件平台会拥有更强的表达能力。LoRa 在工业机器人的远程监测控制，以及工业信息采集系统中的应用经过实际测试得到较好的效果。

## 2.3 工业有线和无线网络应用实例

### 2.3.1 TSN 在变电站网络通信中的应用

1. 背景

随着新型电力系统的蓬勃发展，现行的网络毫秒级传输性能已无法满足关键业务实时性传输要求，亟须引入新一代的网络架构以及通信设备。TSN 具有确保数据包在确定时间准时送达，微秒级的传输时延，且不会因为链路拥塞错误而导致丢失或高延迟的天然优势。通过 TSN 交换机取代传统以太网交换机，在智能变电站中建立时间敏感网络体系，对保障电力设备安全稳定运行具有重大意义。

2. 技术方案

1）基于 TSN 的变电站自动化系统

根据变电站网络通信架构，基于 TSN 的变电站自动化系统以变电站最小功能系统配置和辅助测试设备为基础，搭建系统测试环境，以完成系统功能以及性能的测试，系统组成如图 2-4 所示。基于 TSN 的变电站自动化系统的二次设备主要包含站控层监控系统、具备 IEC 61588 授时功能的时间同步装置一套，间隔线路保测一体装置一套，过程层设备包含合智一体装置一套，站控层 TSN 交换机以及过程层 TSN 交换机各一套，监控仿真主站一套。

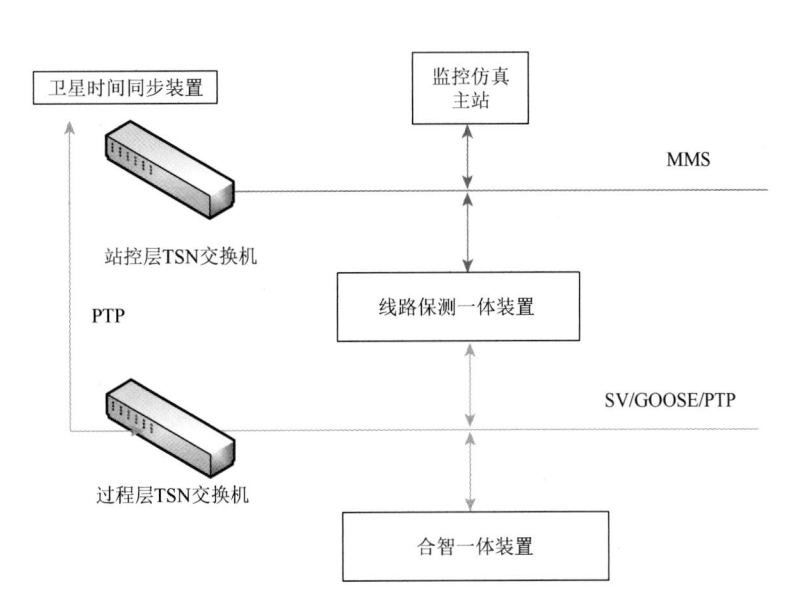

图 2-4 基于 TSN 的变电站自动化系统设备构成

过程层通信网络上的数据流按照功能的不同可划分为：合并单元向 IED 周期性发送的采样值 SAV（source address validation，源地址校验）报文；智能终端向 IED 周期性发送的面向通用对象的变电站事件 GOOSE 报文，即开关量输入报文；IED 向智能终端发送的 GOOSE 报文，即开关量输出报文，包括开关分合、设备投退、分接头调整、档位切换等；授时系统通过过程层网络以 PTP（precision time protocol，精确时间协议）时间同步报文进行设备对时。

2）确定性网络时间同步功能在变电站的现场应用

将原有变电站过程层使用的点对点直连的 B 码信号进行改造。卫星时钟源发出 PTP 报文（AS 同步信号），TSN 交换机接收 PTP 报文完成与卫星主时钟的同步对时，TSN 交换机重新计算同步信息并发送，完成合智一体装置的时钟对时，最终实现过程层的组网同步系统组成如图 2-5 所示。

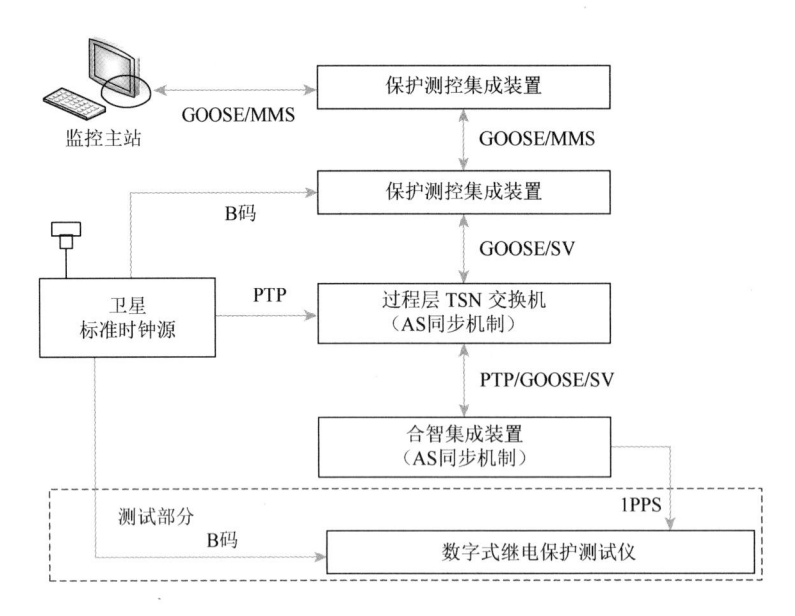

图 2-5  测试网络拓扑图

数字保护测试仪接收卫星时钟的 B 码同步信号和使用组网对时后的合智集成装置发出 1PPS 信号进行对比，结果显示同步偏差在 200 ns 左右，满足智能变电站小于 1 μs 的同步精度要求，如图 2-6 所示。

| | 当前值(μs) | 平均值(μs) | 最大值(μs) | 最小值(μs) | 变差(μs) |
|---|---|---|---|---|---|
| 1 | -0.272 | -0.234 | -0.128 | -0.344 | 0.216 |
| 2 | -0.256 | -0.233 | -0.128 | -0.344 | 0.216 |
| 3 | -0.216 | -0.233 | -0.128 | -0.344 | 0.216 |
| 4 | -0.336 | -0.233 | -0.128 | -0.344 | 0.216 |
| 5 | -0.248 | -0.232 | -0.128 | -0.344 | 0.216 |
| 6 | -0.256 | -0.232 | -0.128 | -0.344 | 0.216 |
| 7 | -0.344 | -0.231 | -0.128 | -0.344 | 0.216 |
| 8 | -0.296 | -0.230 | -0.128 | -0.328 | 0.200 |
| 9 | -0.240 | -0.229 | -0.128 | -0.328 | 0.200 |
| 10 | -0.280 | -0.229 | -0.128 | -0.328 | 0.200 |

← 全站同步偏差

图 2-6  同步测试结果

3）IEEE Std 802.1Qbv 功能电网现场应用验证

国内智能变电站使用三层两网的网络结构，并且考虑保障关键业务流安全可靠传输，大量使用独立的点对点网络直连，特别是关键的时间同步对时网络和保护动作网络，其网络拓扑结构如图 2-7 所示。为满足高精度的测控采集和自动化功能，智能变电站要求全站的对时同步偏差小于 1 μs，当前变电站使用对点对连接的 B 码对时同步技术以保障同步机制的可靠性。变电站的时间同步升级重点在于使用高精度硬件时间戳和同步算法，在融合组网的同时，满足 1 μs 以下的对时精度。针对智能变电站的三层两网的网络结构,对网络中的报文进行采集和分析,针对 IEEE Std 802.1Qbv 功能进行相关测试,如图 2-8、图 2-9 所示。

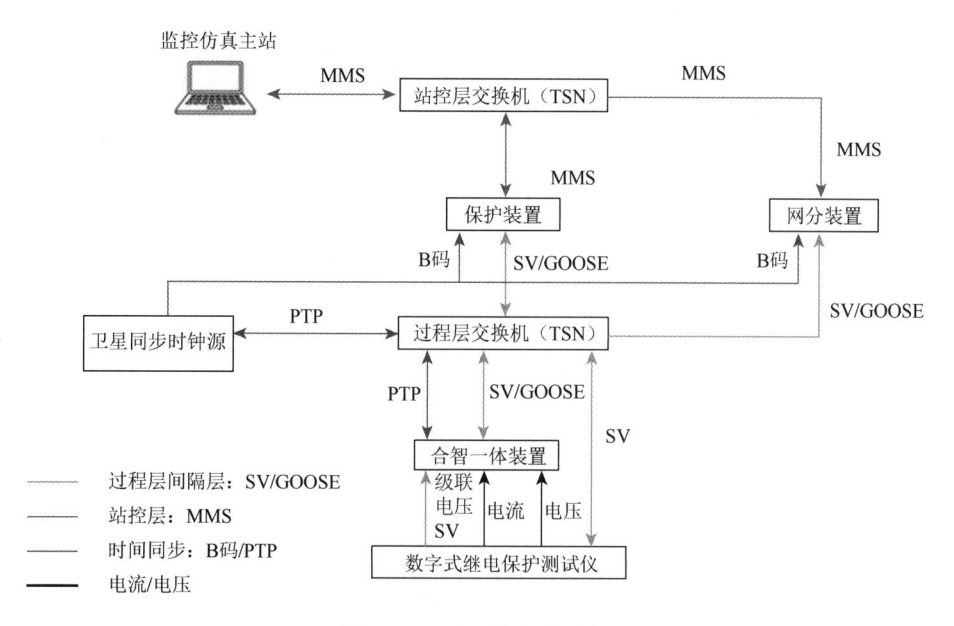

图 2-7 测试网络拓扑结构

图 2-8 现场测试环境

图 2-9 开启门控功能

（1）正常情况下,不施加网络压力,通过测试仪菜单,查看 SV 通道的采集精度,如图 2-10 所示。

（2）通过网络协议测试仪向该装置施加网络压力,角差和延迟变大,如图 2-11 所示。

（3）在 TSN 交换机上开启 802.1Qbv 功能：隔离干扰流,为时间敏感型流量提供有限延迟和保证带宽,如图 2-12 和图 2-13 所示。

图 2-10 正常情况的实验结果

图 2-11 施加网络压力的实验结果

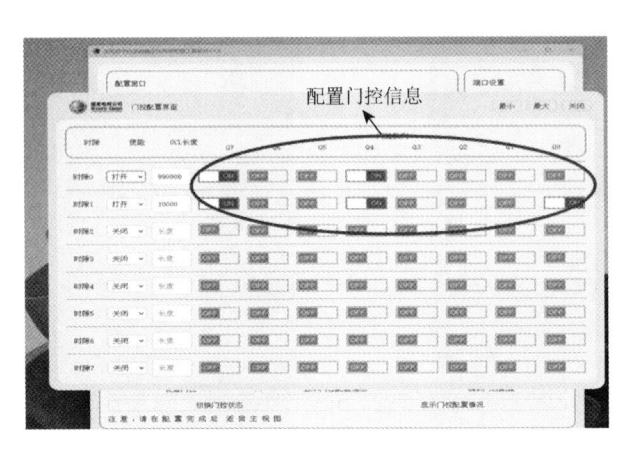

图 2-12 配置门控信息

图 2-13 应用 TSN 的实验结果

## 2.3.2 AUTBUS 网络在西部油气管道的应用

1. 背景

AUTBUS 是一种适用于油气管道的高速总线协议，协议兼容油气管道各类控制系统的软件及硬件、现场各类仪表及执行器，实现数据结构统一并实现高速通信。AUTBUS 基于 IEC 61158 Type 28 宽带现场总线国际标准的物理层和数据链路层，根据行业需求和特征，对应用层进行了重新定义和规范，并针对行业特殊性要求，指定了适用油气管道传输的 AUTBUS 线缆和连接器。

2. 技术方案

利用 AUSBUS 工业实时宽带总线技术，重庆邮电大学和东土科技一道率先搭建了面向油气管道应用的基于 AUTBUS 工业实时宽带总线实验验证系统，该系统是全球首套用 AUTBUS 实验验证的平台，相关技术成果提交国际标准化组织，成为国际标准的重要组成部分。

1）基于 AUTBUS 工业实时宽带总线实验验证系统的特征

（1）实现基于工业互联网的工艺过程控制。

（2）灵活的工程组态及产品参数配置。

（3）实时管理设备信息参数、实时采集设备数据。

（4）实时告警信息显示，以及告警处理。

（5）故障诊断及远程维护。

（6）高速总线通信状态监测与查询。

2）基于 AUTBUS 工业实时宽带总线实验验证系统的功能用途

（1）用于测试验证 AUTBUS 工业实时宽带总线的在典型行业应用的功能和性能。

（2）用于测试验证 AUTBUS 与时间敏感网络、5G 网络等互联互通的功能和性能。基于 AUTBUS 工业实时宽带总线的油气管道实验验证系统如图 2-14 所示。

图 2-14 基于 AUTBUS 工业实时宽带总线的油气管道实验验证系统

## 2.3.3 基于 WIA-FA 技术的机器人制造数字化车间 AGV 数据采集网络

移动机器人在工业生产线现场通过自主导航技术可以在各个制造工序之间灵活移动，为保证生产的质量和效率，需要移动机器人具有稳定、可靠的无线通信功能，实时地将机器人定位数据、作业数据等信息与 MES 系统或生产线调度系统交互。该项目搭建搬运型移动机器人验证平台，实现机器人制造数字化车间关键设备自动导引车（AGV）的数据采集网络，实现对 AGV 小车的无线数据采集和监控，包括搬运型移动机器人、模拟远程调度作业系统、模拟工业生产环境，验证无线通信的实时性、传输效率、可靠性等指标。

本次现场示范在新松机器人自动化股份有限公司（以下简称"新松公司"）的工业机器人生产线进行，如图 2-15 所示。

图 2-15 新松公司的工业机器人生产线

机器人制造数字化车间 AGV 数据采集网络平台位于新松公司 C4 车间，平台组成如图 2-16 所示。平台由 MES 系统、AGV 调度系统、WIA-FA 无线通信系统及 3 台 AGV 小车组成，其中 WIA-FA 无线通信系统包括网关设备 1 台、接入设备 1 台、现场设备 3 台。

为了验证 AGV 小车的功能和性能，通过 WIA-FA 无线网络实现 AGV 调度系统与 AGV 小车的高实时高可靠无线通信，实现对 AGV 小车的控制和状态监测。

1. 数据交互验证

MES 系统将包含有车辆编号、取货点、送货点、数量等信息的物流订单下发到 AGV 调度系统，AGV 调度系统根据物流订单控制 AGV 小车进行搬运，验证流程如图 2-17 所示。

图 2-16 平台组成图

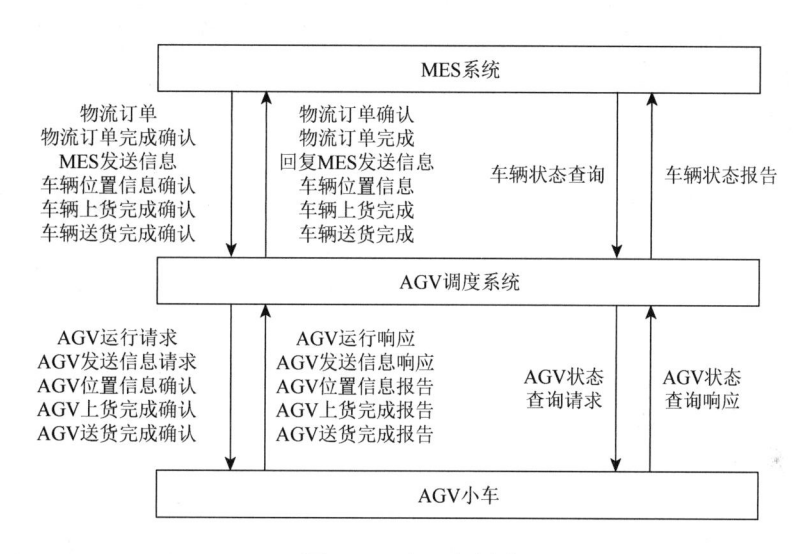

图 2-17 验证流程图

验证步骤如下。

（1）MES 系统向 AGV 调度系统下发包含有车辆编号、取货点、送货点、数量等信息的物流订单。

（2）AGV 调度系统接收到物流订单后，向 MES 系统发送物流订单确认和物流订单完成。

（3）MES 系统收到物流订单完成后，向机器人物流控制系统返回物流订单完成确认，并发送 MES 发送信息。

（4）AGV 调度系统接收到物流订单完成确认和 MES 发送信息后，向 AGV 小车发送 AGV 运行请求。

（5）AGV 小车接收到 AGV 运行请求后，向 AGV 调度系统回复 AGV 运行响应。

（6）AGV 调度系统接收到 AGV 运行响应后，向 AGV 小车发送信息请求。

（7）AGV 小车接收到 AGV 发送信息请求后，向 AGV 调度系统回复 AGV 发送信息响应并开始运行，同时将 AGV 位置信息报告、AGV 上货完成报告、AGV 送货完成报告实时上传到 AGV 调度系统。

（8）AGV 调度系统接收到报告后，向 MES 系统上传车辆位置信息、车辆上货完成、车辆送货完成，同时向 AGV 小车回复 AGV 位置信息确认、AGV 上货完成确认、AGV 送货完成确认。

（9）MES 系统接收到车辆位置信息、车辆上货完成、车辆送货完成后，向 AGV 调度系统回复车辆位置信息确认、车辆上货完成确认、车辆送货完成确认。

（10）MES 系统向 AGV 调度系统发送车辆状态查询。

（11）AGV 调度系统接收到车辆状态查询后，向 AGV 小车发送 AGV 状态查询请求。

（12）AGV 小车接收到 AGV 状态查询请求后，向 AGV 调度系统返回 AGV 状态查询响应。

（13）AGV 调度系统接收到 AGV 状态查询响应后，向 MES 系统返回车辆状态报告。

### 2. 通信性能验证

1）传输可靠性测试

3 个 AGV 现场设备分别以 10 ms 的时间间隔通过接入设备向网关设备发送数据，每个数据包带有不断递增的数据序列号，序列号从 1 开始，代表该现场设备发出的第几个数据包。

在网关设备端设计一个滑动窗口，滑动窗口大小设为 4，记录最后接收到的 4 个数据序列号，以判断新接收的数据是否为重传数据包。

网关设备接收到现场设备的非重传数据包，记录数据包的序列号，作为现场设备发出的数据包总数 $T\times\mathrm{Num}$，并将该现场设备数据接收个数加一，表示接收到该现场设备的数据总个数 $R\times\mathrm{Num}$，将该数据与现场设备发出的数据包总数 $T\times\mathrm{Num}$ 相比，即为该现场设备在整个测试过程中的平均接收成功率，也就是网络的传输可靠性水平。

2）传输实时性测试

3 个 AGV 现场设备分别以 10 ms 的时间间隔通过接入设备向网关设备发送数据，现场设备在发送数据包时在数据包中加入当时的时间戳，然后将数据包发送出去。当数据包到达网关设备后，网关设备在接收每一个数据包时又会在数据包中添加接收时的时间戳。最终网关设备将它收到的每一条数据包都通过以太网传送给主控计算机，主控计算机上的测试软件对数据包进行解析、处理和存储。

数据包的解析即提取出数据包中的发送时刻的时间戳和接收时刻的时间戳，这两个时间戳之差就是该数据包在传送过程中所经历的时间，即数据包的传输时延。

### 3. 验证结果

（1）数据交互验证结果。利用 WIA-FA 无线网络，AGV 小车可按照输入的物流订单进行搬运，且符合物流订单对取货点、送货点的要求，如图 2-18 所示；同时，AGV 小车可将运行状态信息实时上传到 AGV 调度系统，如图 2-19 所示。

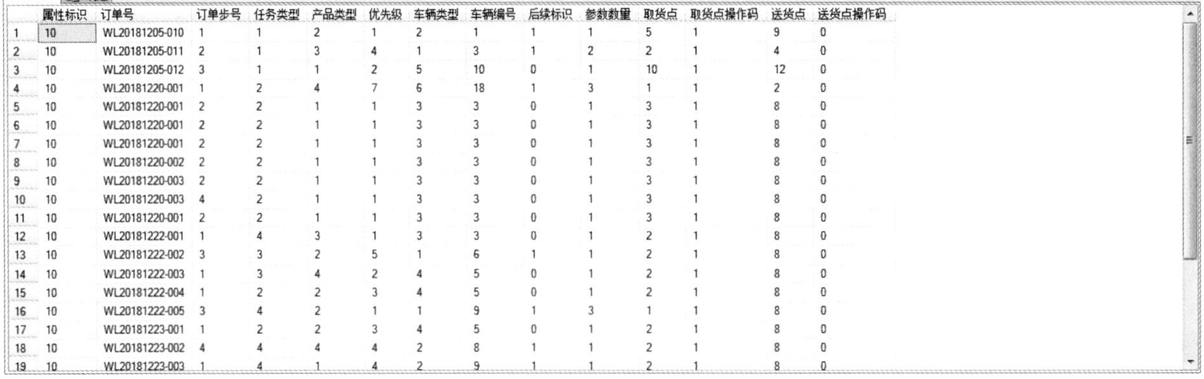


| | 属性标识 | 订单号 | 订单步号 | 任务类型 | 产品类型 | 优先级 | 车辆类型 | 车辆编号 | 后续标识 | 参数数量 | 取货点 | 取货点操作码 | 送货点 | 送货点操作码 |
|---|---|---|---|---|---|---|---|---|---|---|---|---|---|---|
| 1 | 10 | WL20181205-010 | 1 | 1 | 2 | 1 | 2 | 1 | 1 | 1 | 5 | 1 | 9 | 0 |
| 2 | 10 | WL20181205-011 | 2 | 1 | 3 | 4 | 1 | 3 | 1 | 2 | 2 | 1 | 4 | 0 |
| 3 | 10 | WL20181205-012 | 3 | 1 | 1 | 2 | 5 | 10 | 0 | 1 | 10 | 1 | 12 | 0 |
| 4 | 10 | WL20181220-001 | 1 | 2 | 4 | 7 | 6 | 18 | 1 | 3 | 1 | 1 | 2 | 0 |
| 5 | 10 | WL20181220-001 | 2 | 2 | 1 | 1 | 3 | 3 | 0 | 1 | 3 | 1 | 8 | 0 |
| 6 | 10 | WL20181220-001 | 2 | 2 | 1 | 1 | 3 | 3 | 0 | 1 | 3 | 1 | 8 | 0 |
| 7 | 10 | WL20181220-001 | 2 | 2 | 1 | 1 | 3 | 3 | 0 | 1 | 3 | 1 | 8 | 0 |
| 8 | 10 | WL20181220-002 | 2 | 2 | 1 | 1 | 3 | 3 | 0 | 1 | 3 | 1 | 8 | 0 |
| 9 | 10 | WL20181220-003 | 2 | 2 | 1 | 1 | 3 | 3 | 0 | 1 | 3 | 1 | 8 | 0 |
| 10 | 10 | WL20181220-003 | 4 | 2 | 1 | 1 | 3 | 3 | 0 | 1 | 3 | 1 | 8 | 0 |
| 11 | 10 | WL20181220-001 | 2 | 2 | 1 | 1 | 3 | 3 | 0 | 1 | 3 | 1 | 8 | 0 |
| 12 | 10 | WL20181222-001 | 1 | 4 | 3 | 1 | 3 | 3 | 0 | 1 | 2 | 1 | 8 | 0 |
| 13 | 10 | WL20181222-002 | 3 | 3 | 2 | 5 | 1 | 6 | 1 | 1 | 2 | 1 | 8 | 0 |
| 14 | 10 | WL20181222-003 | 1 | 3 | 4 | 2 | 4 | 5 | 0 | 1 | 2 | 1 | 8 | 0 |
| 15 | 10 | WL20181222-004 | 1 | 2 | 2 | 3 | 4 | 5 | 0 | 1 | 2 | 1 | 8 | 0 |
| 16 | 10 | WL20181222-005 | 3 | 4 | 2 | 1 | 1 | 9 | 1 | 3 | 1 | 1 | 8 | 0 |
| 17 | 10 | WL20181223-001 | 1 | 2 | 2 | 3 | 4 | 5 | 0 | 1 | 2 | 1 | 8 | 0 |
| 18 | 10 | WL20181223-002 | 4 | 4 | 4 | 4 | 2 | 8 | 1 | 1 | 2 | 1 | 8 | 0 |
| 19 | 10 | WL20181223-003 | 1 | 4 | 1 | 4 | 2 | 9 | 1 | 1 | 2 | 1 | 8 | 0 |

图 2-18　物流订单

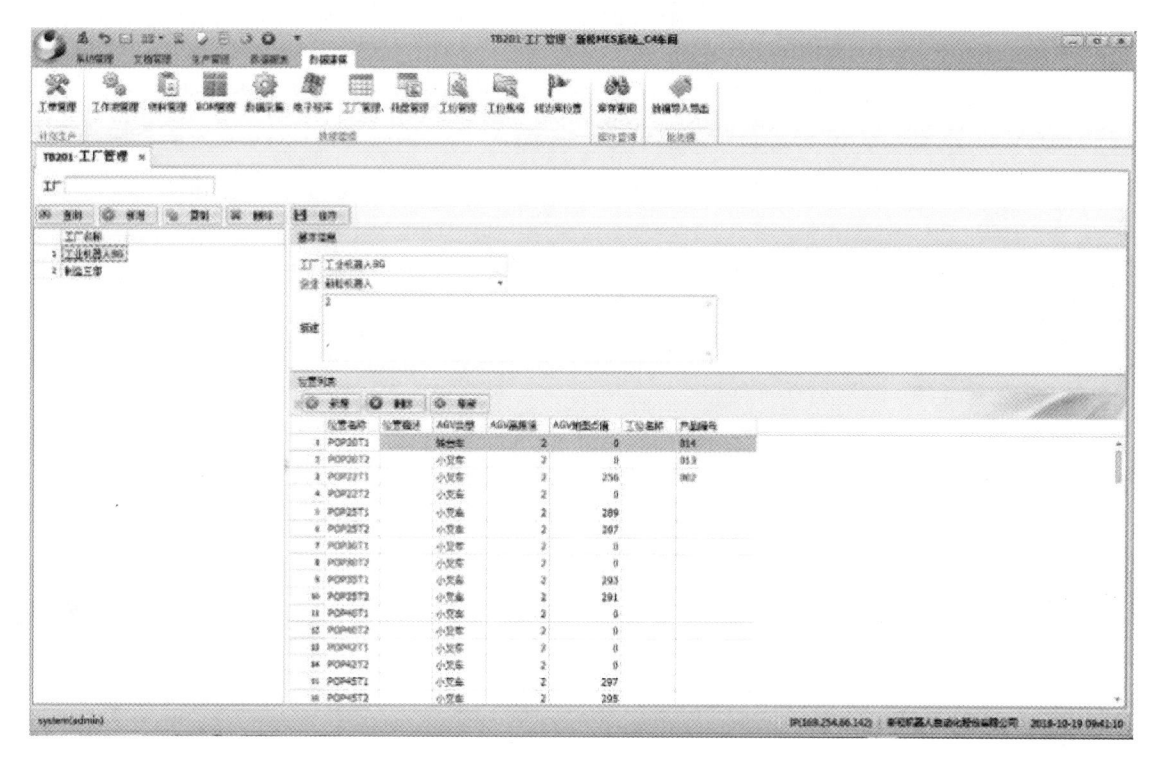

图 2-19 AGV 车辆状态

（2）通信性能验证结果。对 AGV 数据采集网络平台进行了通信性能测试和系统稳定性测试，经测试，WIA-FA 无线网络端到端数据包传输可靠性为 99.994%，平均传输时延为 9.12 ms，其间系统运行稳定。

## 参 考 文 献

[1] Chen J H，Zhang H S. Standardization of fieldbus and industrial EtherNet[J]. ZTE Communications，2019，17（2）：51-58.
[2] 王平，魏旻. 工业物联网标准及技术综述[J]. 自动化博览，2012，29（S1）：44-46.
[3] Paprocki M，Erwiński K. Synchronization of electrical drives via EtherCAT fieldbus communication modules[J]. Energies，2022，15（2）：604.
[4] 郭际航. 现场总线及其传输介质技术概述[J]. 光纤与电缆及其应用技术，2020（6）：1-6.
[5] 李国伟. 智能电厂现场总线技术及其应用[J]. 电子技术（上海），2022，51（7）：194-195.
[6] 张浩龙，刘威，孔德伟，等. FF 与 Profibus 现场总线在火电厂应用中的故障诊断及处理[J]. 自动化仪表，2020，41（7）：102-106.
[7] 张婷，黄永林，杨继华. 中控 FF 现场总线技术在大型炼厂的应用[J]. 仪器仪表标准化与计量，2020（3）：16-18.
[8] 罗侃，林成东. FF 现场总线在铅锌冶炼厂烟气制酸项目的应用[J]. 有色冶金设计与研究，2021，42（2）：28-30.
[9] 张拥军. 基于 CAN 总线的车载网络通信系统设计与实现[J]. 微型电脑应用，2022，38（12）：196-198.
[10] Jensen K M，Santos I F，Clemmensen L K H，et al. Mass estimation of ground vehicles based on longitudinal dynamics using loosely coupled integrated navigation system and CAN-bus data with model parameter estimation[J]. Mechanical Systems and Signal Processing，2022，171：108925.
[11] Ziegler A，Risser M，Fischer S，et al. Use of enhanced HART field device functionalities in the Safety Instrumented Systems life cycle[J]. VDI Berichte，2020：279-290.
[12] 贾红，彭飞，王巍. HART 消息服务器在核电站控制系统的设计与实现[J]. 自动化仪表，2022，43（06）：63-66.
[13] 王靖然，刘明哲，徐皑冬，等. 工业以太网信息安全通信方法的研究与实现[J]. 控制工程，2022，29（10）：1774-1779.
[14] Smołka I，Stój J. Utilization of SDN technology for flexible EtherCAT networks applications[J]. Sensors，2022，22（5）：1944.
[15] Turcato A C，Negri L H B L，Dias A L，et al. A cloud-based method for detecting intrusions in PROFINET communication networks based on anomaly detection[J]. Journal of Control，Automation and Electrical Systems，2021，32（5）：1177-1188.
[16] 刘宁宁，殷华文，郭壬戌. Modbus-RTU 协议的浮点数传输设计[J]. 自动化应用，2024，65（10）：275-278.
[17] Martins T，Oliveira S V G. Enhanced modbus/TCP security protocol：Authentication and authorization functions supported[J]. Sensors，2022，22（20）：8024.
[18] 钟朝勇，胡波. 工业互联网通信协议 Modbus 与 PowerLink 比较与应用[J]. 物联网技术，2022，12（4）：36-39.

[19] 国家市场监督管理总局，国家标准化管理委员会. 工业控制网络通用技术要求 有线网络：GB/T 38868—2020[S]. 北京：中国标准出版社，2020.
[20] 琚赟. 工业有线—无线传感器网络透明传输技术的研究及应用[D]. 北京：华北电力大学，2014.
[21] 刘英. "工业 4.0"背景下"中国智造"能否赋能劳动力就业[J]. 南京财经大学学报，2024（1）：88-99.
[22] 魏旻，向雪琴，王平，等. 一种面向 TSN 和非 TSN 互联的工业异构网络调度方法：CN111600754B[P]. 2022-02-25.
[23] 王平，莫炼，魏旻. 一种工业时间敏感网络多级安全数据调度方法：CN109450943B[P]. 2021-06-08.
[24] Fedullo T，Morato A，Tramarin F，et al. A comprehensive review on time sensitive networks with a special focus on its applicability to industrial smart and distributed measurement systems[J]. Sensors，2022，22（4）：1638.
[25] Hagargund A G，Kulkarni M，Satheesh H S. Performance analysis of cost effective multi-hop Time Sensitive Network for IEEE 802.1Qbv and IEEE 802.1Qbu standards[J]. Journal of Physics：Conference Series，2022，2161（1）：012002.
[26] 邵枝晖，康良川，黄易，等. AUTBUS 高速工业现场总线[J]. 仪器仪表标准化与计量，2020（2）：9-12.
[27] 苏盘社，薛兆井. AUTBUS 总线介绍及智慧灯杆系统中的应用[J]. 电子技术与软件工程，2020（17）：17-18.
[28] 魏旻，王平. 基于 IPv6 的物联网技术及其标准化研究[J]. 信息技术与标准化，2015（5）：59-63.
[29] Mahmood A，Beltramelli L，Fakhrul Abedin S，et al. Industrial IoT in 5G-and-beyond networks：Vision，architecture，and design trends[J]. IEEE Transactions on Industrial Informatics，2022，18（6）：4122-4137.
[30] 吴艳，张婷，贾燕燕. 5G 技术在工业互联网中的应用与探讨[J]. 电视技术，2022，46（9）：169-171.
[31] Burczyk R，Czapiewska A，Gajewska M，et al. LTE and NB-IoT performance estimation based on indicators measured by the radio module[J]. Electronics，2022，11（18）：2892.
[32] 高佳威. 基于 ISA100.11a 标准的 MESH 网络路由协议设计与实现[D]. 西安：西安科技大学，2018.
[33] 郑思源. 工业无线现场总线在钢铁行业能源管理的应用研究[D]. 北京：北方工业大学，2020.
[34] 魏旻，江亚，王平，等. 基于 WIA-PA 技术的手持访问油田现场设备数据的调度方法：CN112887997A[P]. 2021-06-01.
[35] 袁风宾. WIA-PA 在低成本油气物联网中的应用[J]. 中国仪器仪表，2021（2）：48-50.
[36] 张晓玲，梁炜. 第四十七讲：WIA-FA 工厂自动化无线网络[J]. 仪器仪表标准化与计量，2014（5）：17-21.
[37] 张焱，郭京龙，王平，等. 一种基于 6TiSCH 的无线传感信息监测系统及其方法：CN112689255B[P]. 2022-05-03.
[38] 杨伟，汪浩，万亚东，等. IETF 6TiSCH 工业物联网研究综述：标准、关键技术与平台[J]. 计算机科学与探索，2020，14（3）：361-376.
[39] 饶秋. 基于 WiFi D2D 的 5G 网络覆盖增强关键技术研究[D]. 北京：北京交通大学，2023.
[40] Ghori M R，Wan T C，Sodhy G C. Bluetooth low energy mesh networks：Survey of communication and security protocols[J]. Sensors，2020，20（12）：3590.
[41] Alobaidy H A H，Mandeep J S，Nordin R，et al. A review on ZigBee based WSNs：Concepts，infrastructure，applications，and challenges[J]. International Journal of Electrical and Electronic Engineering & Telecommunications，2020：189-198.
[42] Balamurugan P，Chalapathi G S S. LoRa-based wireless sensor network testbed for precision agriculture application[C]//2024 International Conference on Emerging Smart Computing and Informatics（ESCI）. New York：IEEE，2024：1-6.

# 第 3 章　新一代工业物联网融合组网

## 3.1　从单一网络到融合网络

工业互联网和智能制造要求对底层物联网到互联网需要无缝集成。但传统控制网络采用分层的系统结构，造成信息获取、控制、调度和管理方面集成度差、协同能力弱的局限，难以满足工业互联网和智能制造对底层物联网到互联网无缝融合与集成的要求[1]。因此，有必要打破传统控制网络分层结构，建立 IT/OT 深度融合的新型工业融合网络，实现工业异构网络之间的开放互联与信息互通，满足工业互联网对网络的灵活需求。在多协议融合组网方面，重庆邮电大学提出了基于 SDN 的工业异构网络融合组网机制[2]，将工业现场网络与工业骨干网的组网功能进行抽象集成，通过设计协同入网流程，实现不同传输介质、不同协议类型的异构工业网络的统一入网。

### 3.1.1　工业互联网体系架构

工业互联网产业联盟在参考美国工业互联网参考架构 IIRA、德国 RAMI4.0 的基础上于 2016 年 8 月发布了《工业互联网体系架构 1.0》。其后在不断总结经验的基础上修订完善，于 2019 年 8 月发布了《工业互联网体系架构 2.0》[3]。整个体系框架由以下四部分组成。

（1）业务指南：体现工业互联网产业目标、商业价值、数字化能力及业务场景。
（2）功能框架：明确支持业务实现的功能包括基本要素、功能模块、交互关系和作用范围。
（3）实施框架：描述实现功能的软硬件部署，明确系统实施的层级结构、承载结构、关键软硬件和作用关系。
（4）技术框架：汇聚支撑工业互联网业务、功能、实施所需要的软硬件技术。

工业互联网业务指南总体视图：业务指南框架由产业级、企业级、应用级及场景级组成，不同层级的人关注点不一样。

工业互联网功能架构总体视图如图 3-1 所示。功能框架由网络、安全、数据、平台等核心功能及行业解决方案、实施层级组成。

该工业互联网体系架构的核心功能原理是基于数据驱动的物理系统与数字空间全面互联与深度协同，以及在此过程中的智能分析与决策优化[4]。通过网络、平台、安全三大功能体系构建工业互联网全面打通设备资产、生产系统、管理系统和供应链条，基于数据整合与分析实现 IT 与 OT 的融合和三大体系的贯通。从网络层面来看，为了实现工业网络互联、数据互通、标识解析，就需要工业物联网进行网络融合。从平台层面来看，为了实现工业应用层、PaaS 层、边缘层的互联互通，也需要工业物联网进行网络融合。从安全层面来看，为了保障工业物联网的保密性、完整性、可用性，以及保障隐私安全，同样需要工业物联网进行安全融合。工业互联网以数据为核心，数据功能体系主要包含感知控制、数字模型、决策优化三个基本层次，以及一个由自下而上的信息流和自上而下的决策流构成的工业数字化应用闭环，这也离不开工业物联网的融合网络[5]。

### 3.1.2　德国工业 4.0 架构

工业革命的进化过程可以由表 3-1 归纳。

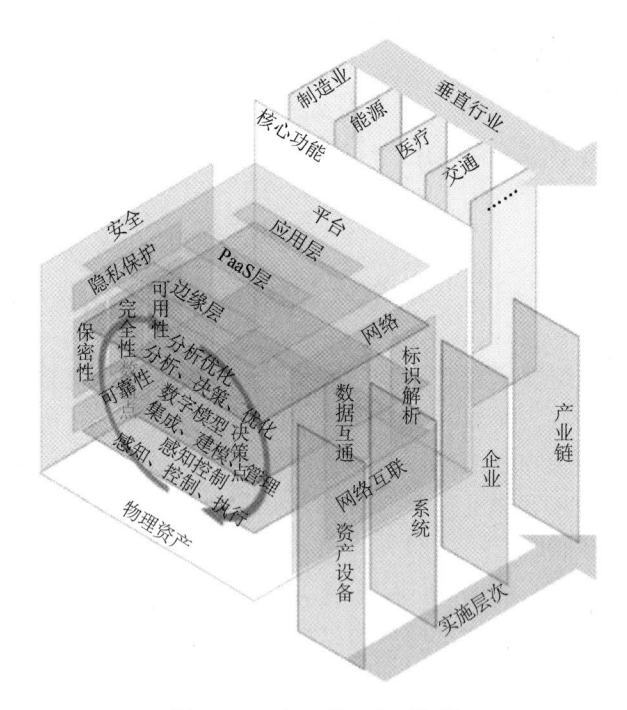

图 3-1 工业互联网体系架构

**表 3-1 工业革命的进化过程**

| 时期 | 内容 |
| --- | --- |
| 工业革命 1.0 | 18 世纪末到 19 世纪中叶，机械生产代替手工劳动，实现从农业、手工业为基础的经济社会转型到以工业、机械制造为基础的经济社会 |
| 工业革命 2.0 | 20 世纪初期，人类开创了产品批量生产的新模式，这一时期的工业革命也被称为电气化时代 |
| 工业革命 3.0 | 20 世纪 70 年代后，在第二次工业革命过程中，生产的高度自动化催生了第三次工业革命，机械逐渐开始代替人类工作 |

德国工业 4.0 是从嵌入式系统向信息物理融合系统（cyber-physical system，CPS）发展的技术进化。作为未来第四次工业革命的代表，工业 4.0 不断向实现物体、数据以及服务等连接的互联网（物联网、数据网和服务互联网）的方向发展[6]。

德国工业 4.0 强调安全实施，由网络安全组牵头出版了《工业 4.0 安全指南》《跨企业安全通信》《安全身份标识》等一系列指导性文件，指导企业加强安全防护。德国虽然从多个角度对安全提出了要求，但是并未形成成熟的安全体系框架。但安全作为新的商业模式的推动者，在工业 4.0 参考架构（RAMI 4.0）中起到了承载和连接所有结构元素的骨架作用。

德国 RAMI 4.0，从层（layers）、流（stream）、级（levels）三个维度进行描述，每个维度由不同的管理区块组成，当工作场景改变时，对应的组合方式也会随之变化。理论上，每个企业都能在这个三维架构中找到属于自己的位置。

德国 RAMI 4.0 从 CPS（信息物理融合系统，也即赛博系统）功能视角、全生命周期价值链视角和全层级工业系统视角三个视角构建了工业 4.0 参考架构，如图 3-2 所示。

德国的 RAMI 4.0 采用分层的管理思路，它从产品全生命周期/价值链、层级和架构等级三个维度，分别对工业 4.0 进行多角度描述。从全生命周期价值链（横轴）视角出发，体现了从虚拟原型到实物制造的产品全生命周期理念，描述了产品、机械装备和工厂的生命周期与增值过程紧密结合在一起的过程。

从全层级工业系统（横轴）视角看，定义了由现场设备到运营管理系统的层级划分，界定了企业控制系统、管理系统等的集成化标准。

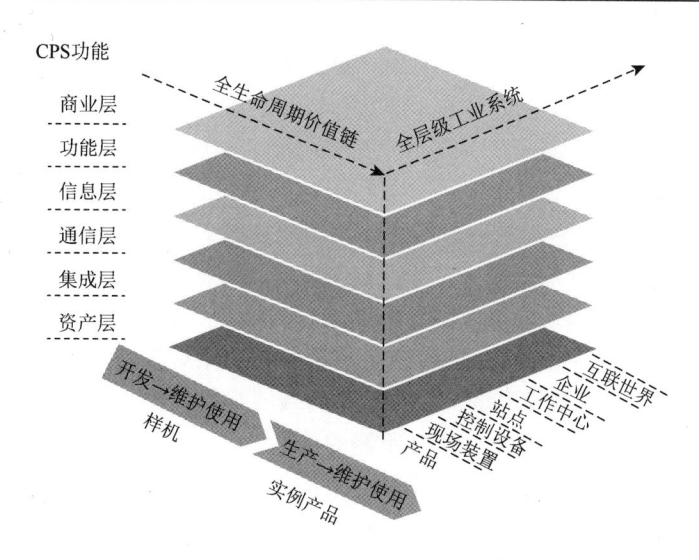

图 3-2 德国 RAMI 4.0 参考架构

从 CPS（纵轴）功能视角来看，资产层处于底层，可以是机器、设备、零部件及人等各种实体对象，连同其上层集成一起被用来对各种资产进行数字化的虚拟表达；通信层用于处理通信协议；信息层对数据进行分析处理；功能层是企业运营管理的集成化平台；商业层是指各类商业模式和业务流程，体现制造企业的各类业务活动。为了使商业层、功能层、信息层、通信层、集成层、资产层不同层次进行互联互通，需要工业物联网进行网络融合。

### 3.1.3 美国工业互联网参考架构

2015 年 6 月美国工业互联网联盟（IIC）发布了《工业互联网参考架构 IIRA》1.0 版本。按照 ISO/IEC/IEEE 42010-2011 关于架构描述的标准，参考架构包括业务视角、使用视角、功能视角和实施视角 4 个层级[7]，如图 3-3 所示。

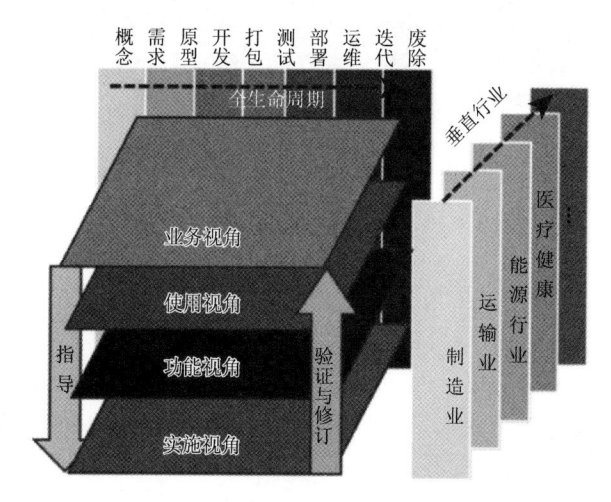

图 3-3 美国工业互联网参考架构 IIRA 图

业务视角描述了商业模式、远景、关键业务活动、投资回报等；使用视角描述如何实现商业视角所识别的关键能力；功能视角用于描述工业互联网的功能体系结构；实施视角用于描述工业互联网的技术实现，以及实现功能视角所规定的活动和所需要的功能组件。该架构也描述了系统安全、信息安全、弹性、互操作性、连接性、数据管理、高级数据分析、智能控制、动态组合九大系统特性。经过几年的改进和修订，目前《工业互联网参考架构》最新版本为 1.9。

业务视角关注利益相关者及其业务远景、价值和目标的确定，以在业务和法规上下文中稳定 IIoT 系统，进一步确定了 IIoT 系统如何通过其到基本系统功能的映射来实现指定的目标。

使用视角解决了预期系统使用的问题。通常表示为一系列的活动，这些活动涉及人或逻辑用户，这些用户交付了预期的功能，最终实现了基本的系统功能。这个视角通常包括系统工程师、产品经理，包括参与正在考虑的 IIoT 系统规范的个人，以及在最终使用中代表用户的个人。

功能视角关注 IIoT 系统中的功能组件、它们的结构和相互关系、它们之间的接口和交互，以及系统与环境中的外部元素之间的关系和交互，以支持使用和整个系统的活动。同时功能视角分为控制域、操作域、信息域、应用域、业务域五个域，为实现不同域的互联互通，需要工业物联网进行网络融合。

实施视角涉及实现功能组件（功能视角）所需的技术、通信方案和生命周期过程。这些功能部件通过活动来实现协调并支持系统能力。为完成参考架构工业互联网的技术实现，以及实现功能视角所规定的活动和所需要的功能组件，可对工业物联网进行网络融合。

### 3.1.4 日本工业价值链参考架构

日本工业价值链促进会（IVI）于 2016 年发布了智能工业制造业基本架构，即《工业价值链参考架构》（IVRA），成为日本智能制造的里程碑。

IVRA 具有三维模式结构，最微观的组件称为"智能制造单元"（smart manufacturing unit，SMU），SMU 将制造现场作为一个单元，通过执行轴、资源轴、管理轴三个轴进行判断，如图 3-4 所示。

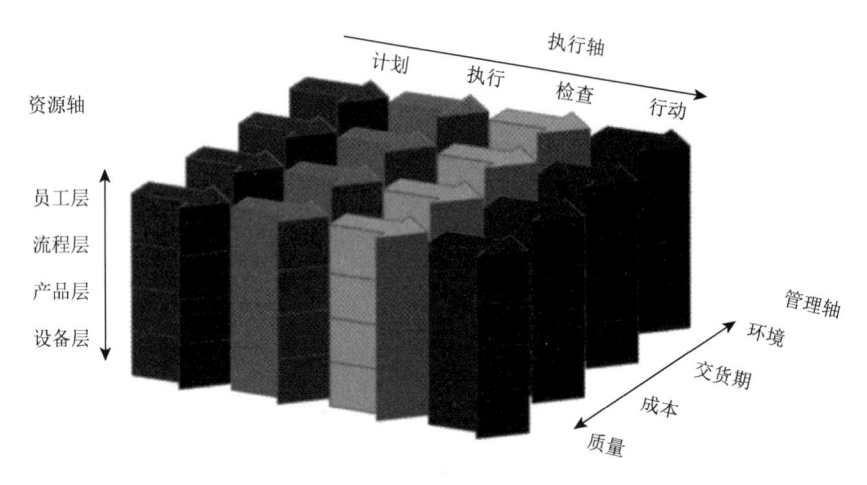

图 3-4 日本工业价值链参考架构（IVRA）图

IVRA 是典型三维结构，将可互联的智能制造单元（SMU）作为描述制造活动的基本组件，并从资产、活动、管理的角度对其进行详细的定义。

IVRA 中，通过多个 SMU 的组合，展现制造业产业链和工程链等。多个 SMU 的组合被称为通用功能块（GFB）。GFB 纵向表示企业或工厂的规模，分为员工层、流程层、产品层和设备层，可纵向促进各层的互联互通，为了实现各层的互联互通，工业物联网需要进行网络融合；网络横向表示生产流程，包括市场需求与设计、架构与实现、生产、维护和研发 5 个阶段，为完成生产流程中的各阶段的互通，工业物联网的网络融合十分必要。

### 3.1.5 NAMUR 开放式架构

过程行业的工厂主要利用核心过程数据实现卓越运营。在过程行业现场，虽然智能传感器、现场设备、移动设备和 IT 设备每天都产生大量的数据,但这些数据往往难以在自动化金字塔结构中进行访问和安全传输,获取数据需要巨大的工程投入。一些主要现场总线组织认为,当前超过 80%的工厂未使用重要数据。

国际过程工业自动化用户协会(NAMUR)于 2016 年构建了一个开放式架构——NOA(图 3-5),旨在解决这个问题。NOA 在不影响现有自动化系统的情况下,为现场数据及 IT 层面构建了一个安全通道,以结构化和标准化的方式获得工厂的所有现场数据。NOA 以更低的成本对工厂进行优化、管理、监测和维护,并帮助工厂管理者达到更高的生产率水平。NOA 是对现有结构的补充,可以轻松集成快速发展的IT 组件之中,既适用于现有工厂也适用于新建工厂,为工厂运营方式带来全新的可能。

图 3-5 NAMUR 开放式架构——NOA

目前,NOA 在监测现场设备、过程分析仪、电工设备,机械设备的工厂或车队管理,优化流程等方面已产生许多成功案例。NOA 打开了自动化金字塔并解锁更多数据,它的巨大潜力仍有待发掘。

NOA 以传统的自动化金字塔为基础,对外需要开放,对内强调安全。NAMUR 开放式架构实现对现有架构做加法,对新技术保持开放性,支持从现场级到企业级的简单集成,且不影响现有系统的可用性和安全性。同时,为了打通现场级、基础自动化、制造业执行级、企业资源规划这 4 个层面,实现各层面的互联互通,工业物联网进行网络融合刻不容缓。

## 3.2 新一代物联网的异构融合组网模式

异构融合组网指利用有线网络、长期演进(LTE)网络、无线网络以及物联网等传输手段,将各个生产子系统结合起来,进行统一的数据交集和交互,整合各子系统的有效数据共同融入管理主系统,便于系统管理者更好地分析与管理[8]。多网融能够整合网络架构,集中分析与管理各子系统中的主要信息,快速去除重复数据,避免遗漏数据,提高整体数据处理的效率。此外,整个系统一般存在很多接口不断地在进行数据流通,而异构融合组网可以将所有接口数据融合在一起,增加接口信息处理能力。

随着技术的发展,云计算、边缘计算、边边协同等新兴技术层出不穷,这些技术为异构融合组网的实现提供了技术基础,下面将对这些技术进行简单的介绍。

### 3.2.1 云网边端

工业互联网联盟提出的工业互联网体系架构更多的是从互联网视角考虑工业互联网,以工业控制系统为核心的层次模型则更多地从工业的角度考虑工业互联网。实际上，可以尽量将两者统一，即基于"云、边、网、端"的工业互联网架构。图3-6是基于"云、边、网、端"的工业互联网架构。

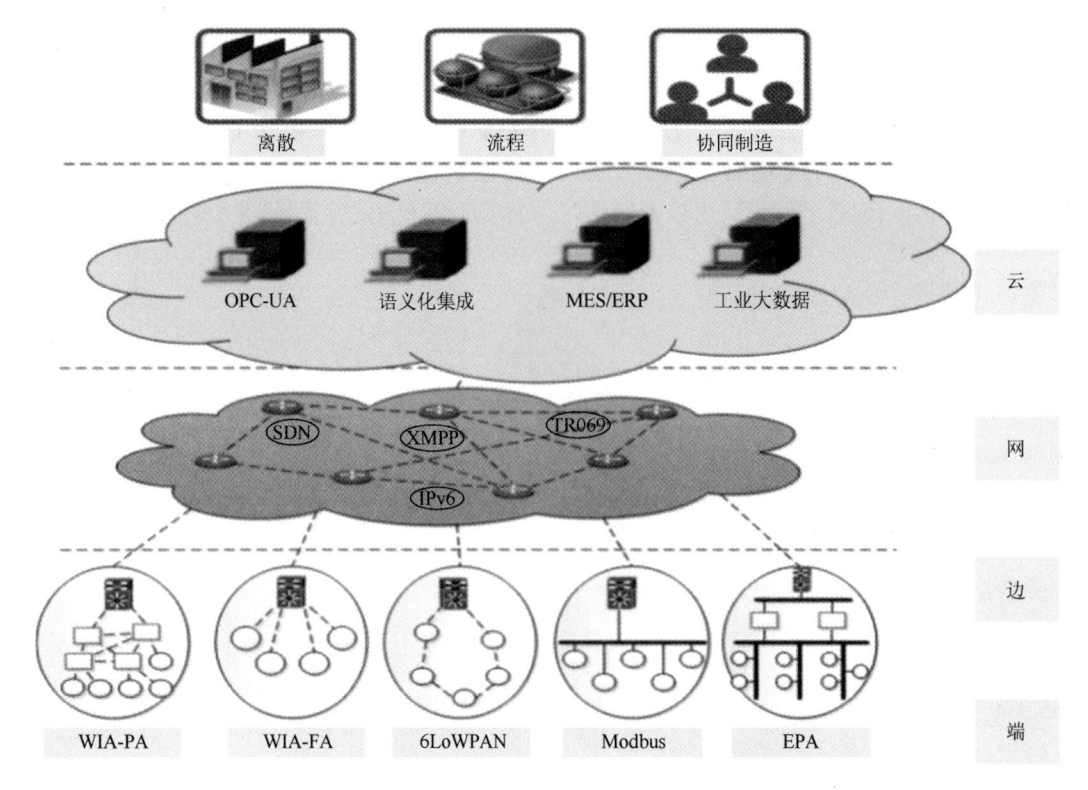

图3-6 基于"云、网、边、端"的工业互联网架构

### 3.2.1.1 云

"云"为工业互联网云平台。用户在平台层做微服务和模型，将大量技术原理、基础工艺经验制成算法和模型，解决工业数据处理和知识积累沉淀问题，实现工业知识的封装和复用，能够给企业、设计者和消费者提供应用开发、工业数据建模和在线分析、设备和资源管理及后期的运行维护管理等功能[9]。随着海量设备和系统的接入，互联网平台汇聚了各类生产、机器状态数据，同时应用程序接口（API）的开放进一步加大了工业互联网平台面临的安全风险，需要做好安全防护保护措施，避免隐私数据的泄露。

### 3.2.1.2 网

"网"为工业互联网的传输层关键基础设施。该层将连接对象延伸到工业全系统、全产业链、全价值链，可以实现人、物品、机器、车间、企业等全要素与产品设计、研发、生产、管理、服务等各环节的深度互联，以及上一控制级对下一控制级的控制和管理功能[10]。在工业互联网环境下，攻击者一旦通过互联网通道进入工业网，能对工业控制网络实现常见的拒绝服务攻击、中间人攻击等，轻则影响生产数据采集与控制指令的及时性和正确性，重则造成物理设施被破坏，需要结合5G、SDN、IPv6、TSN等新兴技术提出安全防护解决方案[11]。

### 3.2.1.3 边

"边"为工业互联网边缘层，该层解决数据采集集成问题，包括兼容各类协议、统一数据格式及边缘存储计算，实现设备的数据采集、数据集成及数据预处理，架起数据采集设备和数据中心之间的桥梁，使数据在源头附近就能得到及时有效的处理[12]。在工业互联网场景下攻击者可以篡改通信数据包，注入伪造的数据和计算结果，如果没有适当的安全防范措施，不仅生产过程可能中断，工人的生命安全在很大程度上也很难保证[13]。

#### 3.2.1.4 端

"端"为工业互联网数据采集层，该层主要采集生产车间以及生产过程的机器设备数据和产业链相关数据等。工业数据的重要性不言而喻，各行业和企业都希望采集大量的工业数据，大量数据的采集通过传感器和 RFID 技术来实现。由于采集设备长期运行，设备无法及时更新安全补丁，可能存在大量的安全漏洞，需要采用相应的安全防护技术，保障数据的机密性、完整性和可用性[14]。

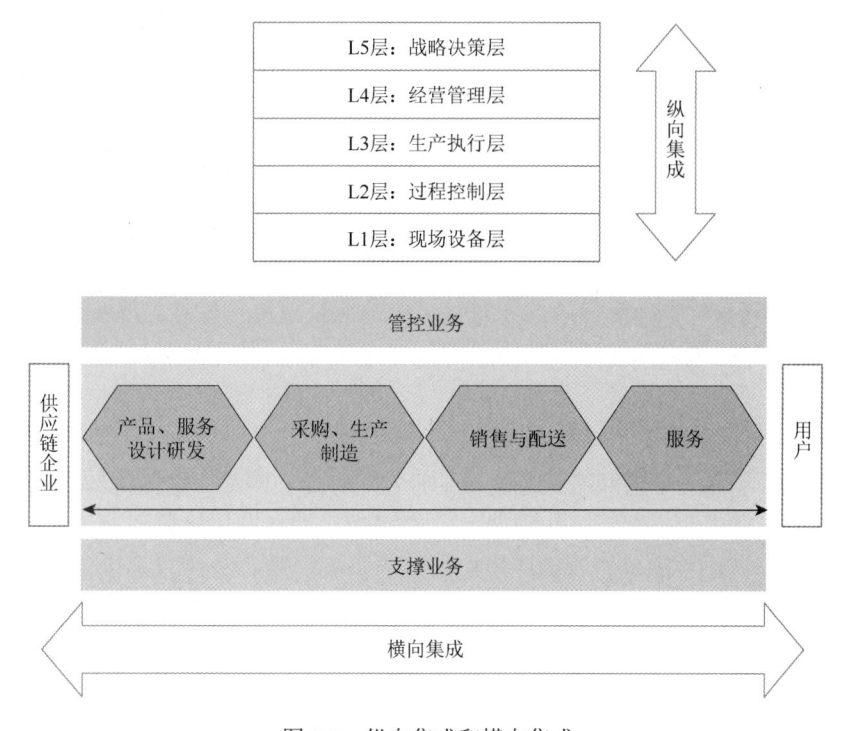

综上所述，企业通过工业互联网实现纵向集成和横向集成，纵向集成和横向集成模型如图 3-7 所示。工业生产中的各个层级关系是互联互通的，数据信息是相互传递和流通的。纵向集成主要解决企业内部的集成，即解决信息孤岛的问题。解决信息网络与物理设备之间的联通问题，目标是实现全业务链集成，这也是智能制造的基础。横向集成是形成一个完整的任务流规划、信息流规划、资金流规划以及物流规划，真正地让生产过程走互联网的模式，让信息传递平台化，此时，平台对信息的传递，并不仅仅是上下节点的传递，而是全流程的信息打通，任何一个工作节点都能与平台直接交互。横向集成即全产业链的集成，通过价值链以及信息网络的互联，推动企业内部及企业间研产供销、经营管理与生产控制、业务与财务全流程的无缝衔接，从而实现产品开发、生产制造、经营管理等在不同企业间的信息共享和业务协同。

图 3-7 纵向集成和横向集成

### 3.2.2 边边协同

#### 3.2.2.1 边边协同技术概述

边缘与边缘之间互相协同是目前的热点，其主要解决智能算法的资源需求与边缘设备受限于资源之间的矛盾，以及服务质量和智能任务需求多样与边缘设备能力单一之间的矛盾[15]。

具体而言，一是单个边缘的计算能力有限，需要多个边缘之间进行分时配合，提升系统整体能力[16]。例如，在完成神经网络模型的训练任务时，单个边缘进行训练比较吃力，既耗费较大时间的算力，又容易因为数据量的限制使得模型过拟合。因此，需要多个边缘协同训练。二是解决数据孤岛的问题。边缘的数据来源具有较强的局部性，需要与其他边缘协同以完成更大范围的任务。例如，在交通路况监测中，一般一个边缘只能获取当地的路况信息，多个边缘间的相互协作可以组合成大区域的路况地图。

#### 3.2.2.2 边边协同技术特征

1. 模型拆分

在边缘之间协同需要模型的分割，而且针对不同的边缘以及边缘资源的动态性，需要分割的次数和切割点的位置更加多样化。

2. 分布式训练

分布式训练的思想在云计算中心的应用比较广泛，也相对成熟。在边缘智能场景下，该分布式训练的意义仍然存在，可以利用边缘的闲置资源进行模型的训练工作，但在设计分布式训练策略时也要考量通信质量。

3. 联邦学习

在2017年，谷歌利用联邦学习解决移动设备在本地更新模型的问题后，联邦学习被推广至医疗、金融等领域。在这些场景下的数据更加敏感和隐私，联邦学习提出在保障数据交换安全和隐私的前提下，利用多个计算节点进行模型更新[17]。

#### 3.2.2.3 边边协同应用场景

目前，边边协同技术常用于智慧交通等场景。人工智能驾驶过程中，常存在实时在线交互情况，此时常要求相邻边缘节点可以互相访问，辅助低时延任务。

### 3.2.3 云边协同

云边协同包含了资源、安全策略、应用管理、业务管理等方面的协同。

#### 3.2.3.1 资源协同

资源协同包括边缘节点为增值网络业务提供的计算、存储、网络、虚拟化等基础设施资源的协同，以及边缘节点设备自身的生命周期管理协同[18]。计算资源协同指在边缘云资源不足的情况下，可以调用中心云的资源进行补充，并满足边缘侧应用对资源的需要，中心云可以提供的资源包括裸机、虚拟机和容器。网络资源协同指的是在边缘侧与中心云的连接网络可能存在多条，在距离最近的网络发生拥塞的时候，网络控制器可以进行感知，并将流量引入到较为空闲的链路上，而控制器通常部署在中心云上，网络探针则部署在云的边缘。存储资源协同指的是在边缘云中存储不足时，将一部分数据存到中心云中，在应用需要的时候通过网络传输至客户端，从而节省边缘侧的存储资源。

#### 3.2.3.2 安全策略协同

边缘节点提供了部分安全策略，包括接入端的防火墙、安全组等；中心云则提供了更为完善的安全策略，包括流量清洗、流量分析等[19]。在安全策略协同的过程中，中心云如发现某个边缘云存在恶意流量，可以对其进行阻断，防止恶意流量在整个边缘云平台中扩散。

#### 3.2.3.3 应用管理协同

边缘节点提供网络增值应用部署与运行环境；云端实现对边缘节点增值网络应用的生命周期管理，

包括应用的推送、安装、卸载、更新、监控及日志等[20]。中心节点可以对已经存在的应用镜像在不同的边缘云上进行孵化启动，完成对应用的高可用保障和热迁移。

#### 3.2.3.4. 业务管理协同

边缘节点提供增值网络业务应用实例；云端提供增值网络业务的统一业务编排能力，按需为客户提供相关网络增值业务。由于边缘侧的资源紧张，中心云可以对某些应用进行高优先级的处理，从而对业务进行不同优先级的分类和处理[21]。

## 3.3 融合组网关键技术

### 3.3.1 现场级工业物联网无缝信息交换架构

#### 3.3.1.1 基于数据映射与资源映射的无缝信息交换架构

由于通信介质的不同，有线网络与无线网络的差异尤为明显，在进行异构网络融合组网的过程中，不仅要考虑数据层面的转换，还要考虑通信资源的匹配。针对有线和无线融合组网在物理层的资源特征差异性，建立基于数据映射与资源映射的无缝信息交换架构[22]，实现单维资源向多维资源的双向映射，便于快速进行数据转换及调度，如图3-8所示。

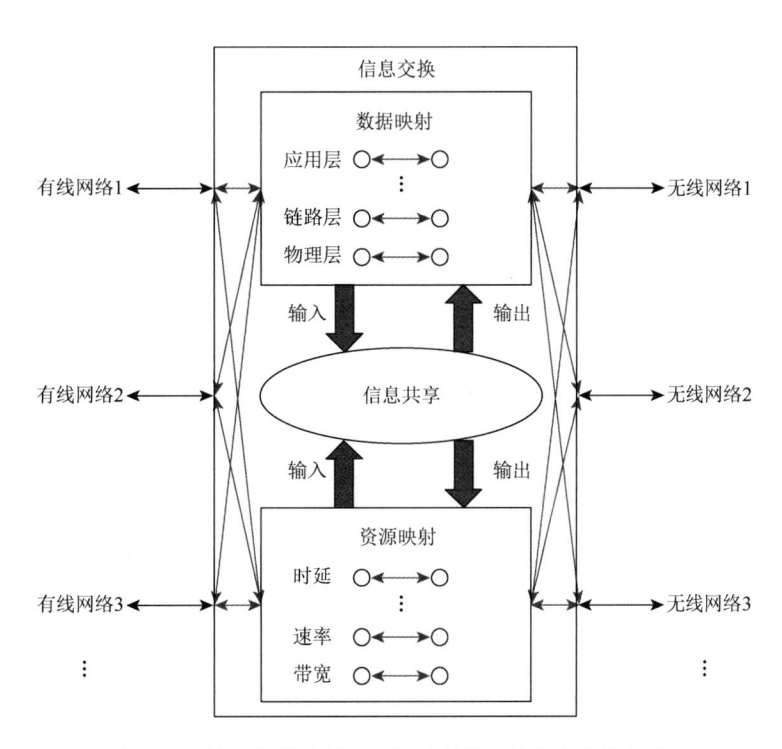

图 3-8 基于数据映射与资源映射的无缝信息交换架构

数据映射：数据映射根据 OSI 七层模型可将通信数据分别映射为物理层元素、链路层元素、网络层元素、传输层元素、会话层元素、表示层元素和应用层元素。每一层元素再根据本层的功能和作用映射成多个子元素，每个子元素携带该层协议的重要特征，如 MAC 地址、时间戳、帧类型、IP 地址等。

资源映射：通过网络资源映射的流程和方式，将映射后元素放入信息共享区。根据物理特性和应用需求将网络资源映射为物理元素和应用元素，用来表征网络通信性能指标。物理元素包括网络带宽、通信速率、传输距离等子元素，应用元素包括通信时延、丢包率、数据包大小、网络容量等子元素。

### 3.3.1.2 异构网络数据映射

分析多种混合业务场景中的不同应用需求，需要采用基于数据流映射的异构网络转换机制，包括分析优先级转换方法、流识别转换方法、跨网时间同步方法及地址转换方法。以下以 AUTBUS 与时间敏感网络的协议转换方法、Modbus 多主站数据规划和转发方法为例介绍。

**1. Modbus 多主站数据规划和转发方法**

在目前生产线的设备信息化中，常常遇到 PLC 或上位机作为主站通过 Modbus 协议与下位机或仪器等从站通信的情况。由于 Modbus 仅能有一个主站，所以无法通过通信的方式直接获得从站中的数据[23]，若对设备原有控制系统进行改造，不仅成本风险较高，而且所需周期长，会影响生产进度。

针对这一问题，人们设计了一种 Modbus 多主站数据规划和转发装置 Modbus RTU/ASCII 通信链路，如图 3-9 所示。装置包括控制器模块、RS485 通信模块和以太网通信模块。

图 3-9　Modbus RTU/ASCII 通信链路进行数据采集的装置示意图

（1）控制器模块：用于通过监测原有 Modbus RTU/ASCII 通信链路的通信周期，找出每个周期中通信间隔期，在此间隔期内允许其他增加的主站进行通信，通过分时通信实现 Modbus RTU/ASCII 多主站通信。

（2）RS485 通信模块：用于接入原有 Modbus RTU/ASCII 通信链路中，并通过将其他主站接入自身主站接口。

（3）以太网通信模块：用于对控制器模块进行配置，并将多主站通信的数据与上位机进行交互。

这里介绍一种 Modbus 多主站数据规划和转发方法，具体步骤如下（图 3-10）。

①任选一个主站的发送命令为初始发送命令，同时记录下该命令内容响应内容和发送时刻。

②接下来记录每个发送命令和响应的对应时刻。

③如果 90 s 内，没有出现和初始发送命令内容相同的命令，那么该链路无法自动测定空闲通信时间，改为手动指定。

④如果出现了初始发送命令相同的命令，则记录下该相同命令的时刻。

⑤两次时刻相减，作为再次监测周期。

⑥在第二监测周期内，监测第二次的内容是否同第一次相同。

⑦如果两次内容相同，则可以判断出原有链路的主从通信的内容、通信时刻和通信周期，进而可以计算出空闲时间段。

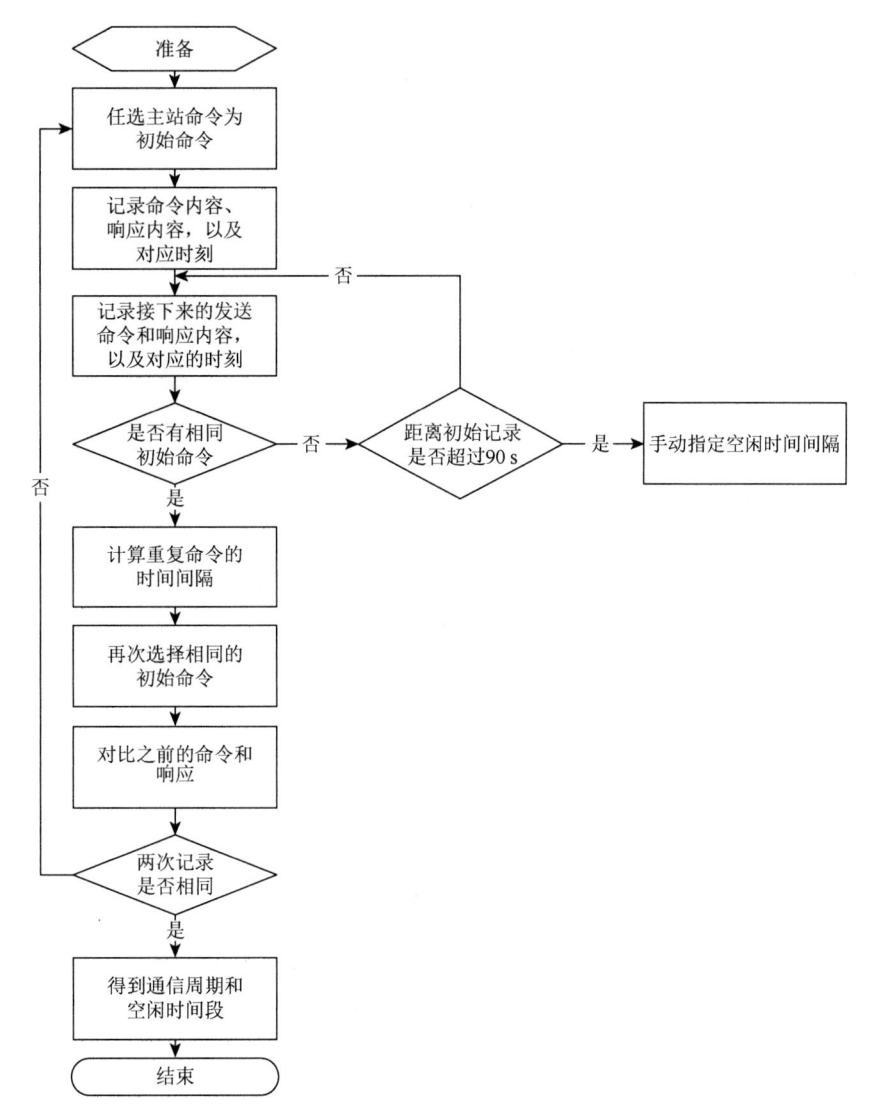

图 3-10 控制器监测原有通信链路流程图

⑧计算出空闲时间段后,计算空闲时间段的时间间隔是否满足增加主站的通信需求,如果满足,则可以安排增加主站进行通信。

⑨如果两次内容不同,则重新选择初始命令,再次进行监测。

**2. AUTBUS 与时间敏感网络的协议转换**

AUTBUS 是一项由东土科技、重庆邮电大学等单位自主研发的工业实时宽带总线技术,已在诸如国防、石油化工、轨道交通、移动工程设备、新能源汽车、智能交通等多个领域得到应用[24]。同时,基于 AUTBUS 核心技术的国际标准提案(IEC 61158-type28)已于 2019 年 9 月 27 日通过 IEC 组织的全球投票。新一代总线技术 AUTBUS 能够满足新一代智能传感器在控制器层通信和更高数据应用决策层的通信,且具备数据预处理、压缩、滤波以及执行新的分析任务能力的需求;同时,时间敏感网络(TSN)允许周期性与非周期性数据同时传输,相对于其他工业有线网络,在数据传输的实时性与确定性上有巨大优势,可以为工业控制网络所需的可靠性提供保障,但 AUTBUS 与时间敏感网络互联互通需求强烈。

针对这一问题,研究人员分析 AUTBUS 与 TSN 协议的各层特性,提出一种 AUTBUS 与时间敏感网络的协议转换方法,通过优先级映射、地址映射以及流识别映射等,在保证数据的各项网络特性的同时,实现 AUTBUS 与 TSN 网络数据流的跨网传输。该方法应用的网络架构如图 3-11 所示,为一种面向 AUTBUS 与 TSN 融合的跨网网络架构,此架构由两个 AUTBUS 网络、一个 TSN 网络、两个网关组成。TSN 网络包括 CUC、CNC 和 TSN 交换机，AUTBUS 网络包括 AUTBUS 终端节点和 AUTBUS 管理节点；AUTBUS 与 TSN 的协议转换功能在网关中实现。

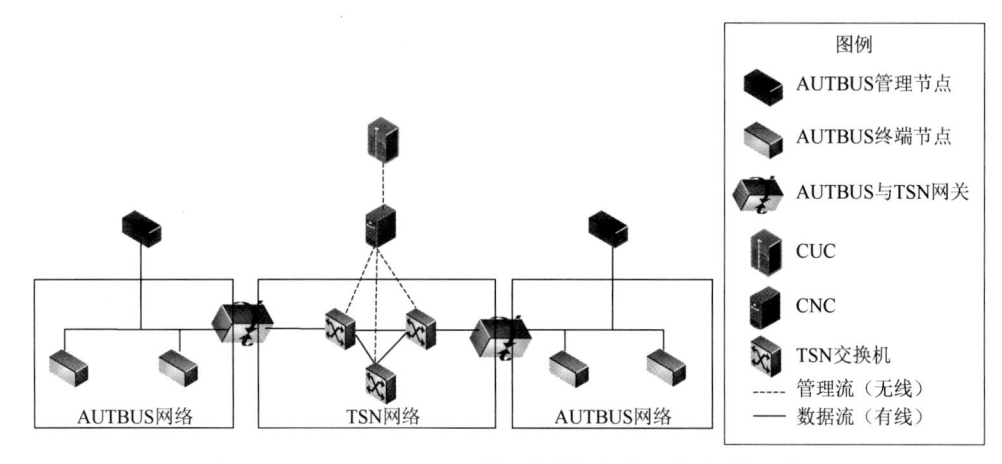

图 3-11　AUTBUS 与 TSN 网络数据流的跨网传输网络架构

协议转换网关包括 AUTBUS 通信单元、协议转换单元和 TSN 通信单元。

AUTBUS 通信单元负责与 AUTBUS 网络通信，接收 AUTBUS 网络节点发送的数据流，通过 UART 串口向协议转换单元转发接收的数据；同时接收经协议转换单元转换后的 TSN 数据流并发送给 AUTBUS 网络中的目的节点。

协议转换单元主要完成 AUTBUS 协议与 TSN 协议的转换工作，实现 AUTBUS 网络数据与 TSN 网络数据的相互转换。协议转换步骤主要分为 4 步。第一步，帧格式转换：由于 AUTBUS 协议定义了物理层、数据链路层和应用层，而 TSN 协议只定义了数据链路层，故将 AUTBUS 整网数据帧与 TSN 数据链路帧进行转换。第二步，优先级转换：将 AUTBUS 数据类型的优先级与 TSN 的优先级进行映射，保证 AUTBUS 数据流在转换后的优先级特性。第三步，流识别转换：设计实现 AUTBUS 数据流识别与 TSN 数据流识别的转换方法，保证数据在跨网过程中的唯一性。第四步，地址转换：将 AUTBUS 地址与 TSN 地址进行一一映射，保证网络节点可以相互跨网访问。

TSN 通信单元负责与 TSN 网络通信，接收 TSN 网络节点发送的数据流，向协议转换单元转发接收到的数据；同时接收经协议转换单元转换后的 AUTBUS 数据流并发送给 TSN 网络中的目的节点。

Modbus 与 433 MHz 无线转换装置，在目前生产线的设备信息化中，需要对 Modbus 总线上各个节点中的数据进行数据采集，而由于现场设备部署的原因，设备之间通过有线的方式进行连接比较困难，需要一种将有线的 Modbus 协议转化成无线协议的装置。

针对上述需求，设计了一种将 Modbus 协议转换成 433 MHz 无线通信协议的转换装置，通过侦听 Modbus 总线报文，自动进行协议转换，以完成 Modbus 总线数据采集的任务。协议转换装置示意图如图 3-12 所示。

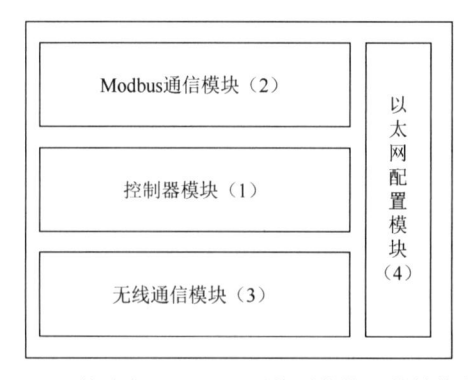

图 3-12　Modbus 协议与 433 MHz 无线通信协议的转换装置示意图

其中，Modbus 通信模块用于接入原有 Modbus 通信链路中，作为硬件接口连接 Modbus 总线；控制器模块用于通过监测原有 Modbus 通信链路的通信报文，获取总线上通信的寄存器地址和数值，获取总线空闲时间，在空闲时间对原 Modbus 总线完成寄存器写入操作，完成 Modbus 总线向无线协议转换的工作；无线通信模块将控制器完成转换后的数据帧，进行发送，接收无线信号，转发给控制器；以太网配置模块包括控制器的控制方式配置和无线协议数据帧的自定义配置。

Modbus 协议与 433 MHz 无线通信协议转换的具体步骤如下。

首先，获得 Modbus 站点的地址。

其次，确认是主站还是从站：①如果是主站，侦听 Modbus 模块发送的数据帧，然后控制器模块提取 Modbus 协议的数据，将数据按照配置好的无线帧格式发送给无线模块，由无线模块进行发送。接下来侦听无线端口，如果无线端口返回数据，判断无线数据的格式是否满足要求；如果满足则把数据发送给控制器模块，控制解析其中的数据，按照 Modbus 协议填写对应的数据帧，然后发送给 Modbus 模块，转发给主站。②如果是从站，侦听无线模块的数据，如果接收到数据，判断数据格式，满足要求后转发到控制器模块；控制器模块提取其中的数据，将其填写到 Modbus 数据帧中，然后发送给 Modbus 通信模块，转发给从站。接着侦听 Modbus 通信模块的反馈信号，如果接收到 Modbus 从站的数据，将数据从 Modbus 数据帧中提取出来，按照无线数据帧格式发送给无线主站。

#### 3.3.1.3　异构网络资源映射

考虑不同业务到达率、网络负载及信道条件下对窗口服务速率的影响；结合多种资源分配、调度方法模式下对融合网络的排队时延、吞吐量、丢包率等关键指标进行分析；根据不同策略下有线网络和 5G 等无线网络的边界性能，构建多变量输入、决策参数可调的网络协同模型。

无线网络共存技术是解决异构无线网络资源分配，避免传输冲突的技术，是异构无线网络融合组网的基础。其核心思想是异构无线网络的资源映射关系，建立网络资源模型，设计资源分配算法，实现异构无线网络的无冲突传输。基于交互信息和无交互信息的异构无线网络共存技术属于分布式共存技术，部署在各自网络管理器，完成无冲突传输后再接入多网络融合网关进行信息共享。

重点关注了基于交互信息的异构无线网络共存技术、基于无交互信息的异构无线网络共存技术，以及针对异构环境下无线网络的灵活可靠重传方法。

**1. 基于交互信息的异构无线网络共存技术**

多种工业无线网络需要在相邻区域共享有限频谱资源，导致了无线网络共存问题。其中，针对工业非集中式共存场景，通常会部署一个共存协调器实现共存网络之间部分信息交换，而这种方式会引入两方面问题。

（1）过多的信息协调通常需要相当长的时间才能达到收敛，这就导致在时间和能耗方面有着较高的通信开销。此外，大量的信息会威胁到网络的隐私性和安全性；然而，不充足的信息又会导致网络难以实现无冲突的资源协调。

（2）过于不完整的信息很难有效分配通信资源，从而难以满足确定性性能需求。

针对上述问题，首先设计了一个在网关和共存协调器之间的不完全信息交互协议，如图 3-13 所示。用于信息协调的信息可从定义的解析表达式中获得。因此，信息协调的过程不涉及特定的直接信息，比如截止时间、资源需求、网络拓扑等，可以保护每个网络的隐私和安全。

每个工业无线网络依据共享信息在局部做最优策略选择。将非集中式共存问题作为一个非协作博弈进行建模，该博弈又被证明是一个势博弈。那么进一步可以证明该共存问题一定存在一个纯策略纳什均衡解，该解能够对应在资源充足场景下的无冲突调度表，同时在资源不足场景下，也能够得到一个接近最优的调度表。最后，提出了一种基于截止时间不完整信息的非集中式资源协调算法，如表 3-2 所示。

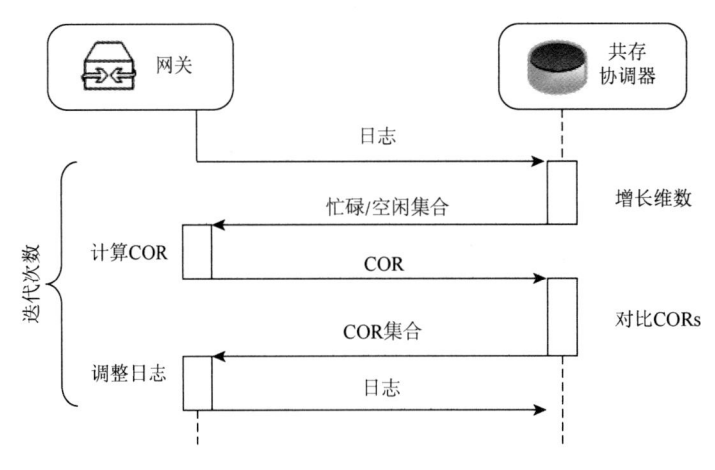

图 3-13 不完全信息交互协议

COR：correlated equilibrium，相关均衡

**表 3-2 基于截止时间不完整信息的非集中式资源协调算法**

| 算法 1 |
| --- |
| **Input**：$N_r^I$，$C_I$，$T_d^I$<br>**Output**：$S_I$ //网络 $I$ 的调度表<br>初始化迭代次数 $k = 1$；<br>基于截止时间和可用信道数生成初始调度表 $\mathcal{A}_I(1)$，令 $\mathcal{A}_I(0) = \mathcal{A}_I(1)$；<br>初始化网络 $I$ 的状态和其他参数包括 $\mathcal{R}_b^I$，$\mathcal{R}_e^I$，$\mathcal{R}_{bl}^I$，$\gamma_I$<br>**while** $k \geqslant 1$ **do**<br>  更新 $\mathcal{R}_b^I$，$\mathcal{R}_e^I$，需要调整的数据包数量记为 $N_b = 0$；<br>  计算 COR，并评估网络状态；<br>  **if** $\mathcal{A}_I(k) = \mathcal{A}_I(k-1)$ **then**<br>    **Break**；//无冲突或者没有更好的选择<br>  **end if**<br>  **for** $m \leftarrow 1$ **to** $\lvert\mathcal{R}_b^I\rvert$ **do**<br>    **if** $\gamma_I = \max\{\Upsilon(\mathcal{R}_b^I(m))\}$ **and** $\gamma_I$ 是唯一的 **then**<br>      网络 $I$ 保留该资源块；**Continue**；<br>    **else if** $\gamma_I \in \max\{\Upsilon(\mathcal{R}_b^I(m))\}$ **then**<br>      随机选择一个网络；<br>      **if** 网络 $I$ 被选择 **then**<br>        保留该资源块；**Continue**；<br>      **else if** 网络 $I$ 没有被选择并且被选择的网络还是临界状态的 **then**<br>        $N_b = N_b + 1$；<br>        网络 $I$ 更新黑名单（也就是 $\mathcal{R}_{bl}^I$），并且调整调度表；<br>      **end if**<br>    **else**<br>      $N_b = N_b + 1$；<br>      **if** 有着最大 COR 的网络是临界状态的 **then**<br>        网络 $I$ 更新黑名单（也就是 $\mathcal{R}_{bl}^I$）；<br>      **end if**<br>    **end if**<br>  **end for**<br>  网络 $I$ 选择 $N_b$ 个新的策略，策略的效用值达到最大；<br>  $\mathcal{A}_I(k+1) = \arg\max_{\mathcal{A}_I} u_I(\mathcal{A}_I, \mathcal{A}_{-I})$；<br>  $k = k + 1$；<br>**end while** |

注：$N$ 为网络数量；$C$ 为信道容量；$T$ 为截止时间；$S_I$ 为网络 $I$ 的调度表；$k$ 为迭代次数；$\mathcal{A}_I(1)$ 为基于截止时间和可用信道数生成的初始调度表；$\mathcal{A}_I(k)$ 为在时刻 $t$，网络 $I$ 的调度表；$\mathcal{R}_b$ 为网络 $I$ 的黑名单；$\mathcal{R}_e$ 为网络 $I$ 的候选资源列表；$\mathcal{R}_{bl}$ 为网络 $I$ 的边界资源列表；$\gamma_I$ 为网络 $I$ 的评估指标；$N_b$ 为需要调整的数据包数量；COR 为冲突机会率；$m$ 为循环变量；argmax 为用于表示一个函数的最大值点的参数值，用于选择最优策略或调度表。

该算法能够收敛到势博弈的纳什均衡解，即验证了算法的收敛性。同时，大量仿真实验结果表明该算法具有快速收敛和高可调度率，实验结果如图 3-14 所示。

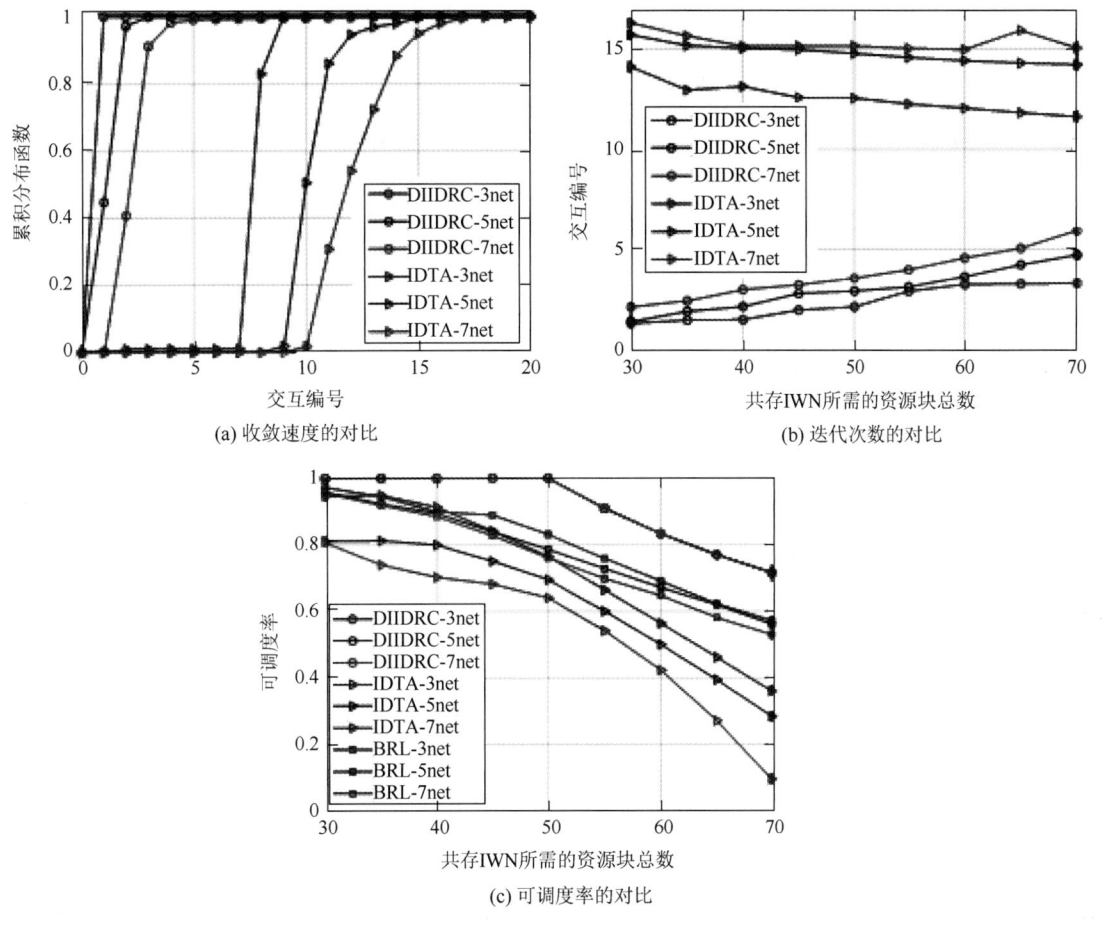

(a) 收敛速度的对比

(b) 迭代次数的对比

(c) 可调度率的对比

图 3-14　与其他算法的性能对比

IWN（integrated wireless network，集成无线网络）

**2. 基于无交互信息的异构无线网络共存技术**

无信息交互共存网络存在的挑战包括以下两个方面。

（1）任何网络在没有信息交互的情况下都无法准确获取其他网络的完整传输规则，因此保证整个系统的最优性是极具挑战的。

（2）多个网络同时进行决策，导致环境动态变化，在这样不稳定的环境下，难以实现快速收敛到最优解。

针对上述挑战，提出基于强化学习增强的分布式资源分配算法（CF-RL）。其中，在增强学习网络模型建立过程中，设计状态感知的动作空间，以对抗环境动态性对决策的影响；接着在算法设计的初始化和动作选择阶段，提出考虑周期偏移的启发式方法，通过共存网络周期的多样化使得每个网络在无信息交互场景下对资源块有着不同的偏好，从而减少搜索空间，提高收敛速度。

对于性能评估部分，首先通过大量实验验证 CF-RL 算法的收敛性能，如图 3-15 所示，随着网络数量的增加，传输冲突数量抖动变得剧烈，但是最终会趋于稳定，实现无冲突调度。算法的收敛速度随着网络数量增加稍降低，迭代次数的累积分布函数（cumulative distribution function，CDF）峰值逐渐后移。这是由于随着网络数量的增加，传输环境变得复杂，无冲突调度难以快速获得。

进一步将 CF-RL 算法与其他算法进行对比，通过资源利用率比、冲突次数和迭代次数指标反映算法性能。如图 3-16 所示，将集中控制得到的结果作为基线，则 CF-RL 算法在 99.88%情况下能够达到最优值，并且资源利用率提升了至少 24.1%。

图 3-15 CF-RL 算法收敛性能

(a) 算法的冲突次数评估　　(b) 迭代次数的累积分布函数　　(c) 算法的收敛速度

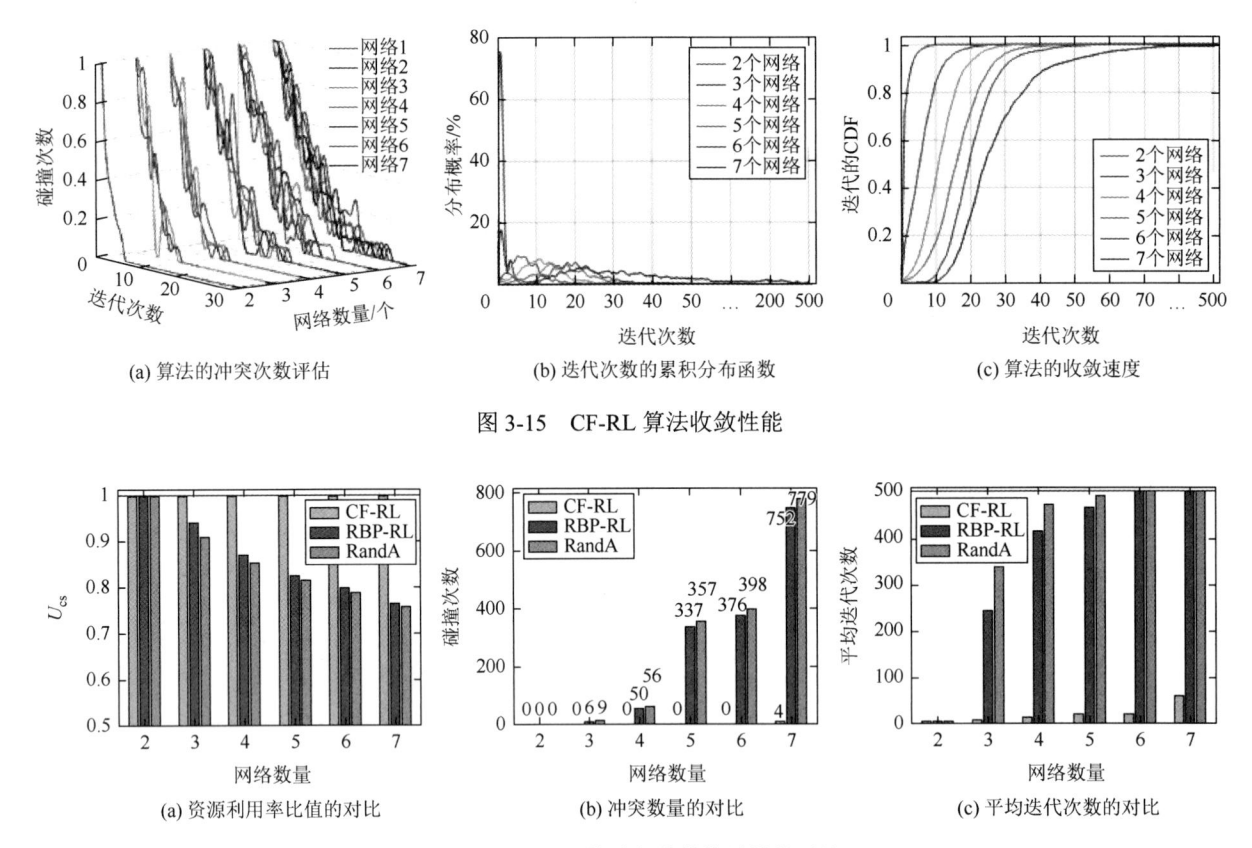

图 3-16 CF-RL 算法与其他算法性能对比

(a) 资源利用率比值的对比　　(b) 冲突数量的对比　　(c) 平均迭代次数的对比

$U_{cs}$ 为资源利用率

### 3. 针对异构环境下无线网络的灵活可靠重传方法

#### 1）面向下行数据的重传

针对周期性下行数据的重传，WIA-FA 网络采用多单播重传（multi-unicast retransmission，MUR）模式。在 MUR 中，网关通过重复传输数据包来降低丢包率。但是，一方面由于 MUR 中的重传次数是根据历史平均丢包率计算得到的，计算出的重传次数可能与实际所需的重传次数不一致；另一方面 MUR 的盲目重传可能会导致重传大量已经传输成功的数据包，造成通信资源的浪费。

为了克服 MUR 中存在的缺点，研究人员提出了一个灵活可靠的下行重传（flexible and reliable downlink retransmission，FRDR）方法。首先，FRDR 方法提出一种新型超帧结构（图 3-17），一个超帧分为多个子超帧，子超帧又分为按需重传子超帧和循环重传子超帧两种，分别支持按需重传（on-demand retransmission，ODR）模式与循环重传（cyclic reservation diversity retransmission，CRDR）模式。

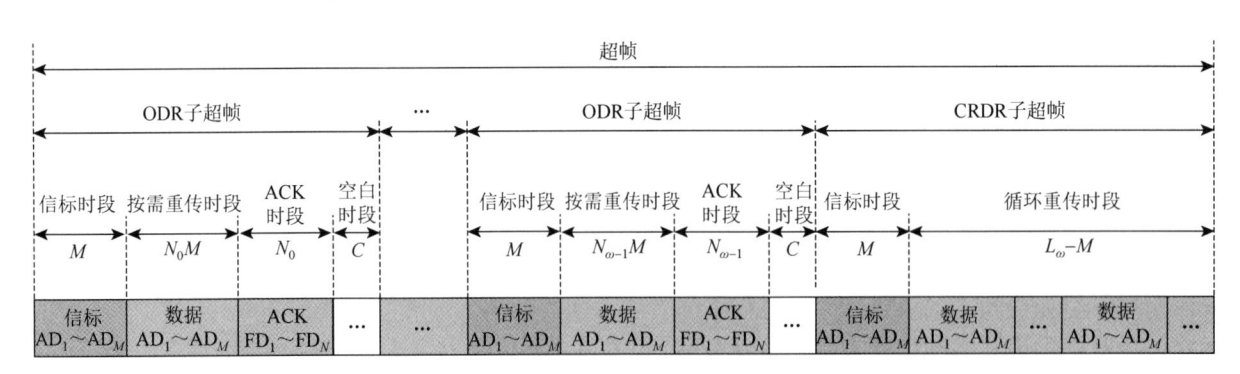

图 3-17 基于 FRDR 的超帧结构

ACK：acknowledgement，确认

然后，在数据传输过程中，FRDR 在线实时判断当前子超帧应采取的重传模式。假设当前子超帧为第 $\omega+1$ 个子超帧，网关计算当前子超帧采用 CRDR［图 3-18（a）］后 $N_{\omega+1}$ 个 FD（field device，现场设备）的传输可靠性 $R^1_{\text{FRDR}}(\omega)$，以及当前子超帧采用 ODR 且下一个子超帧采用 CRDR（图 3-18）后 $N_{\omega+1}$ 个 FD 的传输可靠性 $R^2_{\text{FRDR}}(\omega)$。如果 $R^1_{\text{FRDR}}(\omega) \geqslant R^2_{\text{FRDR}}(\omega)$，那么当前子超帧采用 CRDR，网关循环重传数据包至超帧结束；如果 $R^1_{\text{FRDR}}(\omega) \leqslant R^2_{\text{FRDR}}(\omega)$，当前子超帧采用 ODR。在 ODR 子超帧结束后，若 $N_{\omega+1}=0$，则结束数据重传，否则重复上述过程，判断下一个子超帧的重传模式。

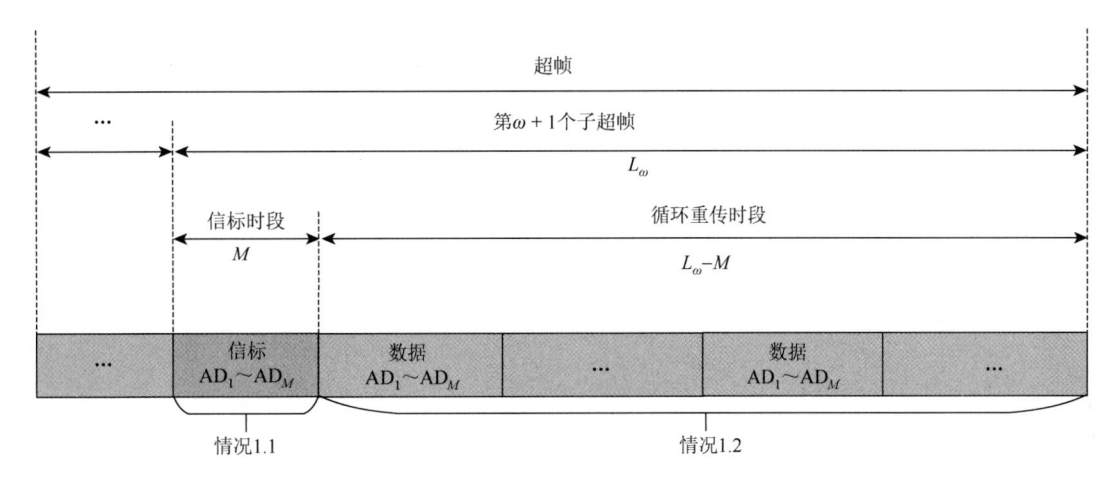

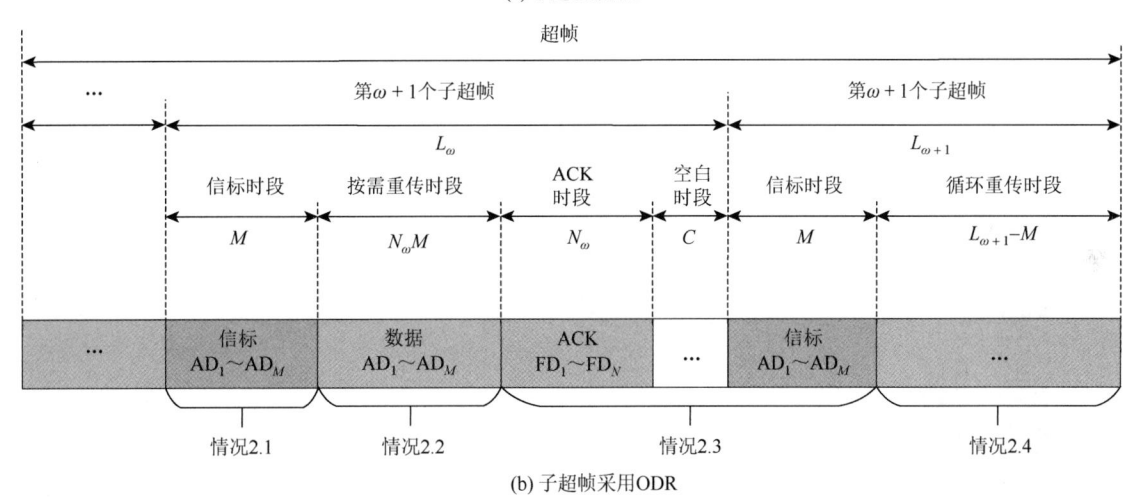

(a) 子超帧采用CRDR

(b) 子超帧采用ODR

图 3-18　第 $\omega+1$ 个子超帧

自适应机会中继（adaptive opportunistic relaying，AODR）是一种动态选择中继节点的策略，根据网络条件和用户需求自适应地选择最佳的中继节点。通过大量仿真对比（图 3-19），分析了重要参数对所提出方法的可靠性影响。仿真结果表明，FRDR 相比于传统的重传方法在可靠性方面具有明显的优势。

2）面向上行数据的重传

目前，关于上行数据传输的重传方法大部分采用单一的重传模式，也未考虑因异质信道造成的设备间传输不公平的问题，从而不能更高效地利用通信资源和保证网络的高可靠传输。

针对上述问题，研究人员首先设计了两种融合时隙跳频算法的重传模式，即循环重传模式和按需重传模式。在不同的传输情景下，动态选择不同的重传模式，减少了时隙的浪费，同时将时隙跳频算法引入到两种数据重传模式中，有效利用了信道分集，并且保证了现场设备间的公平性，更加有效地利用了通信资源。

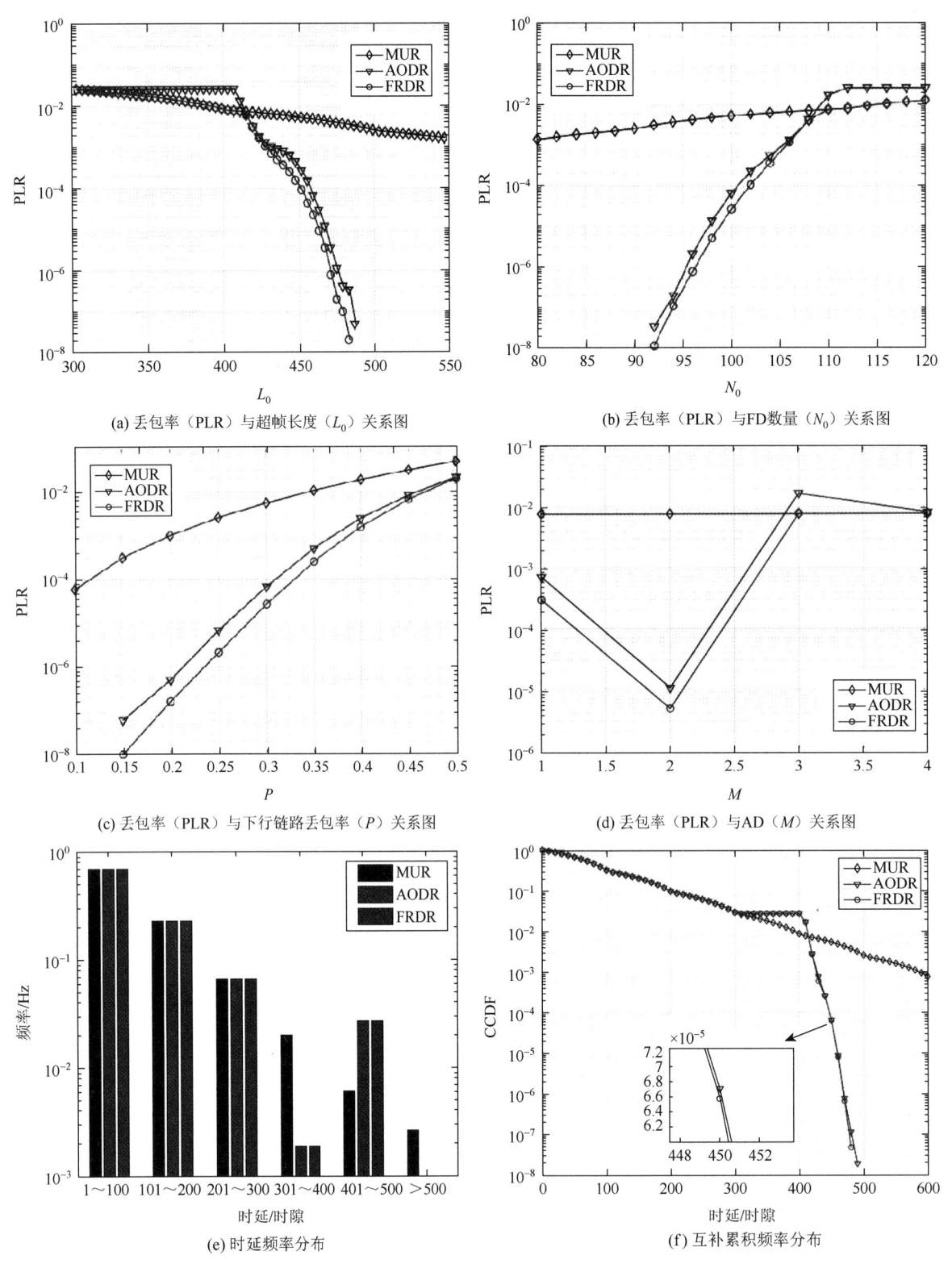

(a) 丢包率（PLR）与超帧长度（$L_0$）关系图

(b) 丢包率（PLR）与FD数量（$N_0$）关系图

(c) 丢包率（PLR）与下行链路丢包率（$P$）关系图

(d) 丢包率（PLR）与AD（$M$）关系图

(e) 时延频率分布

(f) 互补累积频率分布

图 3-19　性能对比

CCDF（complementary cumulative distribution function，互补累积分布函数）；PLR（packet loss rate，丢包率）

A. 循环重传模式

将一个时隙与一个信道的组合作为一个资源块，一个资源块可以传输一个数据包，由于有 $M$ 个信道，则 $L_0$ 个时隙对应 $W(W=L_0M)$ 个资源块。将 $M$ 个信道依据信道质量从优到差依次编号为 $1,2,\cdots,M$，信道上的丢包率分别为 $P_1,P_2,\cdots,P_M(P_1\leqslant P_2\leqslant\cdots\leqslant P_M)$。占据第 $c$ 个信道和第 $t(t=1,2,\cdots,L_0)$ 个时隙的资

源块编号为 $\alpha(\alpha = (t-1)M + c)$。下面针对三种情况，分别定义时隙跳频算法。

情况 A-1：$N_0 \leqslant M$，则

$$A_i = \{\alpha_i^1(1), \alpha_i^1(2), \cdots, \alpha_i^1(L_0)\} \tag{3.1}$$

其中

$$\alpha_i^1(\omega) = ((i+\omega-1) \bmod N_0)I_{((i+\omega-1)\bmod N_0)\neq 0} + N_0 I_{((i+\omega-1)\bmod N_0)=0} + (\omega-1)M, \quad \omega = 1,2,\cdots,L_0$$

式中：$N_0$ 为数据传输时段结束后传输失败的数据包的个数；$A_i$ 为第 $i$ 个现场设备在循环重传时段分配到的资源块编号集合；$\alpha_i^1(\omega)$ 为 $N_0$ 中的第 $i$ 个现场设备在第 $\omega$ 次数据重传中占用的资源块编号；mod 为取余运算；$I_J$ 为一个指示函数，当 $J$ 成立时 $I_J = 1$，否则 $I_J = 0$。

情况 A-2：$N_0 > M$ 且 $N_0$ 与 $M$ 互质，则

$$A_i = \begin{cases} \{\alpha_i^2(1), \alpha_i^2(2), \cdots, \alpha_i^2(u+1)\}, & 1 \leqslant i \leqslant \theta \\ \{\alpha_i^2(1), \alpha_i^2(2), \cdots, \alpha_i^2(u)\}, & \theta \leqslant i \leqslant N_0 \end{cases} \tag{3.2}$$

式中：$\alpha_i^2(\omega) = (\omega-1)N_0 + i$；$\theta = W \bmod N_0$；$u = \lfloor W/N_0 \rfloor$，$\lfloor \ \rfloor$ 表示向下取整。

情况 A-3：$N_0 > M$ 且 $N_0$ 与 $M$ 不互质，则

$$A_i = \begin{cases} \{\alpha_i^3(1), \alpha_i^3(2), \cdots, \alpha_i^3(u)\}, & i \notin \mathcal{F} \\ \{\alpha_i^3(1), \alpha_i^3(2), \cdots, \alpha_i^3(u)\} \cup \{uN_0 + \bar{\theta}\}, & i \in \mathcal{F} \end{cases} \tag{3.3}$$

其中

$$\alpha_i^3(\omega) = \begin{cases} \omega N_0, & [i+(\omega-1)(N_0-1)] \bmod N_0 = 0 \\ (\omega-1)N_0 + (i+(\omega-1)(N_0-1)) \bmod N_0, & [i+(\omega-1)(N_0-1)] \bmod N_0 \neq 0 \end{cases} \tag{3.4}$$

$$\mathcal{F} = \{\mathcal{G}(u+1; N_0), \mathcal{G}(u+2; N_0), \cdots, \mathcal{G}(u+\theta; N_0)\} \tag{3.5}$$

式中：$\bar{\theta}$ 为方程 $i = \mathcal{G}(u+\bar{\theta}; N_0)$ 的解。

B. 按需重传模式

在数据重传时段，网关可能多次向现场设备广播否定应答帧（negative acknoledgment，NACK），告知传输数据包失败的现场设备其在下一轮重传中的调度表，$N_\omega$ 为第 $\omega(\omega=0,1,\cdots)$ 次重传后传输失败的数据包个数，资源块的分配分三种情况。

情况 B-1：$N_\omega > M$ 且超帧剩余时隙足够完成一次重传。网关为每一现场设备分配一个资源块且依次优先分配信道质量好的资源块，占用时隙长度为 $\lceil N_\omega/M \rceil$（$\lceil \ \rceil$ 表示向上取整）。数据重传结束后，若仍然有未成功接收的数据包，则网关将再次发送 NACK 进行下一轮按需重传。

情况 B-2：$N_\omega > M$ 且超帧剩余时隙不足够完成一次重传。网关将剩余资源块随机分配给传输数据包失败的现场设备。

情况 B-3：$N_\omega \leqslant M$。网关按照图 3-18（a）中重传模式的情况 1.1 的时隙跳频算法，将剩余资源块全部分配给现场设备。

其次，在设计重传模式后，构建了一种新型超帧结构，如图 3-20 所示。超帧分为信标时段、数据传输时段和数据重传时段，在数据重传时段，网关根据所提出的可靠性计算方法，动态选择可靠性更高的重传模式，从而适应各种不同的链路状况以及传输情景，提升了网络上行传输的可靠性。

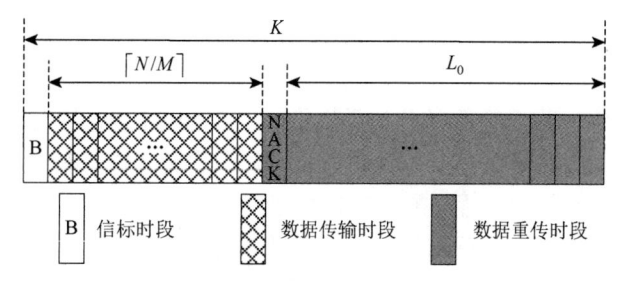

图 3-20 超帧结构示意图

（1）信标时段：用于网关向 $N$ 个现场设备广播信标，信标用于时间同步，并且告知现场设备数据传输时段的调度表，长度为 1 个时隙。

（2）数据传输时段：用于每个现场设备向网关发送一个数据包，长度为 $\lceil N/M \rceil$ 个时隙，其中 $M$ 为信道的数量。

（3）数据重传时段：用于网关发送 NACK 以及现场设备重传数据包，网关通过更新 NACK 中调度表的内容从而动态地选择重传模式。数据重传时段的第 1 个时隙用作 NACK 传输，剩余时隙个数为 $L_0(L_0 = K - 2 - \lceil N/M \rceil)$。

### 3.3.2 工业现场异构装备的互联互通方法

#### 3.3.2.1 制造装备信息建模和信息模型统一描述方法

通过将实际制造设备的物理属性、若干部件以及各类操作映射为抽象的属性、组件和方法等概念模型，可以构建出适合设备之间进行通信的信息模型[25]，如图 3-21（a）所示。通过属性，可以将设备的静态属性（生产商信息等）、过程属性（装备运行状态等）以及配置属性（设备参数等）集成至模型中。通过组件，可以将设备的部件信息集成至模型中。方法和应用主要描述了设备各功能之间的关系。信息模型元素之间的关系如图 3-21（b）所示，设备可以包括组件、属性集、方法集，组件可以包含属性集、子组件以及方法集，属性集由属性和子属性集组成，属性由属性元素组成。通过以上的关系描述，建立信息模型各部分之间的联系，完成信息模型的构建。

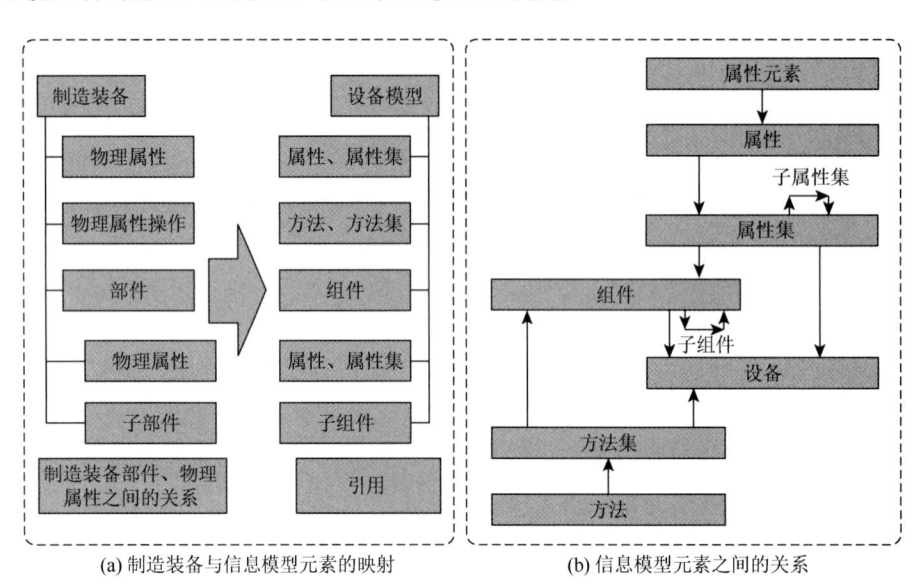

(a) 制造装备与信息模型元素的映射　　(b) 信息模型元素之间的关系

图 3-21　制造装备信息模型

以下以数控机床信息建模和机器人信息建模为例，给出本部分成果。

1. 数控机床信息模型

基于制造装备信息建模和信息模型统一描述方法，对数控机床建立信息模型，如图 3-22 所示。

将数控机床的物理属性、若干部件以及各类操作映射为抽象的属性、组件和方法等概念模型，分为静态属性集、过程属性集、配置属性集和组件集合。其中静态属性集包括制造商名称、设备型号等；过程属性集包括运行状态、报警状态等；配置属性集包括时区信息、分布式数控（distributed numerical control，DNC）接口等；组件集合包括数控系统、加工对象、轴信息、门信息、刀具、辅助系统等。基于数控机床信息模型，可对模型中属性、组件等信息的数据类型、数据长度、取值范围、语义等进行定义，构建出数控机床交互信息数据字典，从而实现语义级别的互联互通。

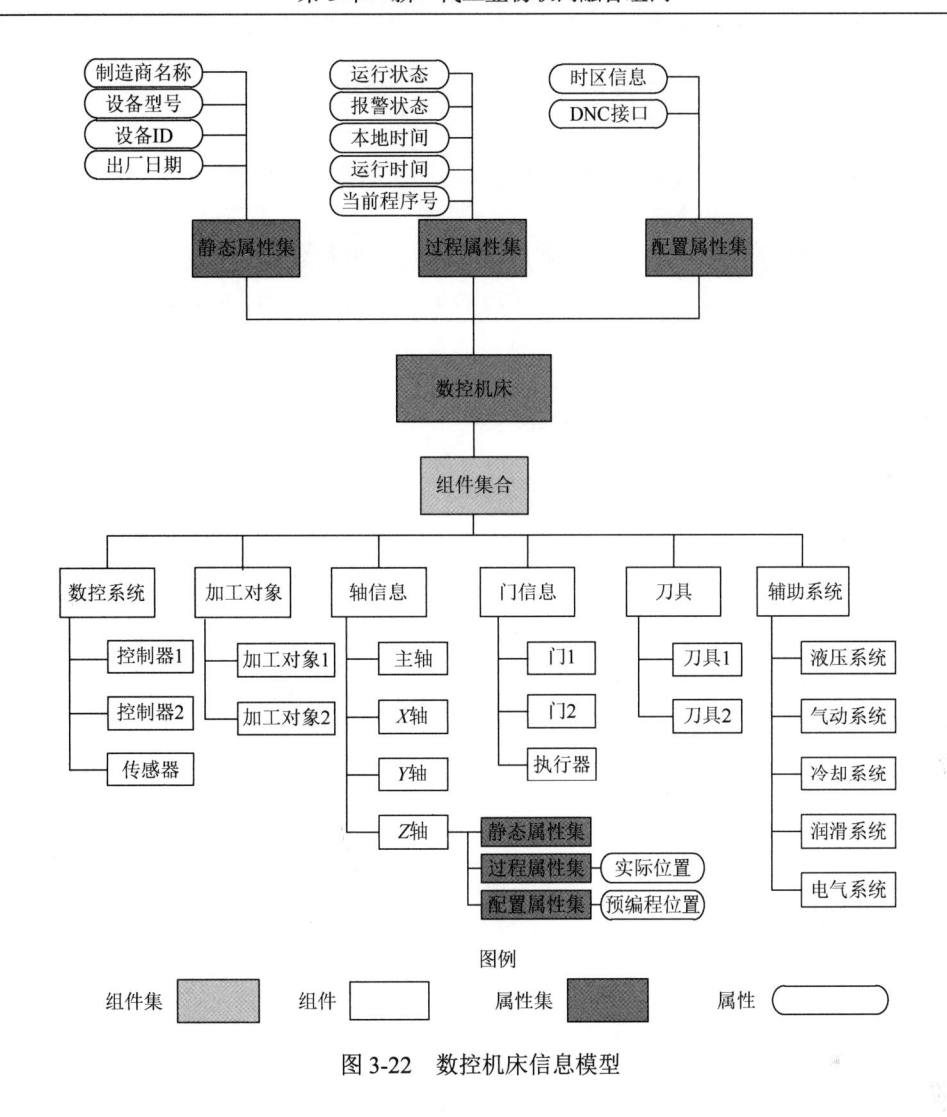

图 3-22 数控机床信息模型

**2. 工业机器人信息模型**

基于制造装备信息建模和信息模型统一描述方法，对工业机器人建立信息模型，如图 3-23 所示。

将工业机器人的物理属性、若干部件以及各类操作映射为抽象的属性、组件和方法等概念模型，分为静态属性集、过程属性集、配置属性集和组件集合。其中静态属性集包括制造商名称、设备型号等；过程属性集包括运行状态、报警状态等；配置属性集包括时区信息、任务信息等；组件集合包括机械系统、操作对象、轴信息、测控系统、驱动系统等。基于工业机器人信息模型，可对模型中属性、组件等信息的数据类型、数据长度、取值范围、语义等进行定义，构建出工业机器人交互信息数据字典，从而实现语义级别的互联互通。

### 3.3.2.2 资产管理壳 AAS 构建方法

将智能工厂中所有工业现场异构装备视为资产组件，通过"管理壳"对这些组件建立通用、标准的信息物理系统的属性描述，构建包含逻辑、行为、通信、动作、文档、连接器等方面的组件元模型[26]。采用资产管理壳（asset administration shell，AAS）模型，为资产的物理实体外部创建一个标准化的虚拟管理对象与对外通信接口，构建不同资产之间的相互虚拟映射关系，实现各资产组件的互操作、信息交互与扩展。应用基于统一建模语言（UML）为资产构建通用的 AAS 模型，包括 AAS 头部、AAS 主体及主体下的子模块等结构。AAS 子模块是 AAS 的核心部分，采用 eClass 标识通用子模块和资产特定子模块的属性、数据等信息，对于特定资产子模块，还需标识其功能、参数等信息。

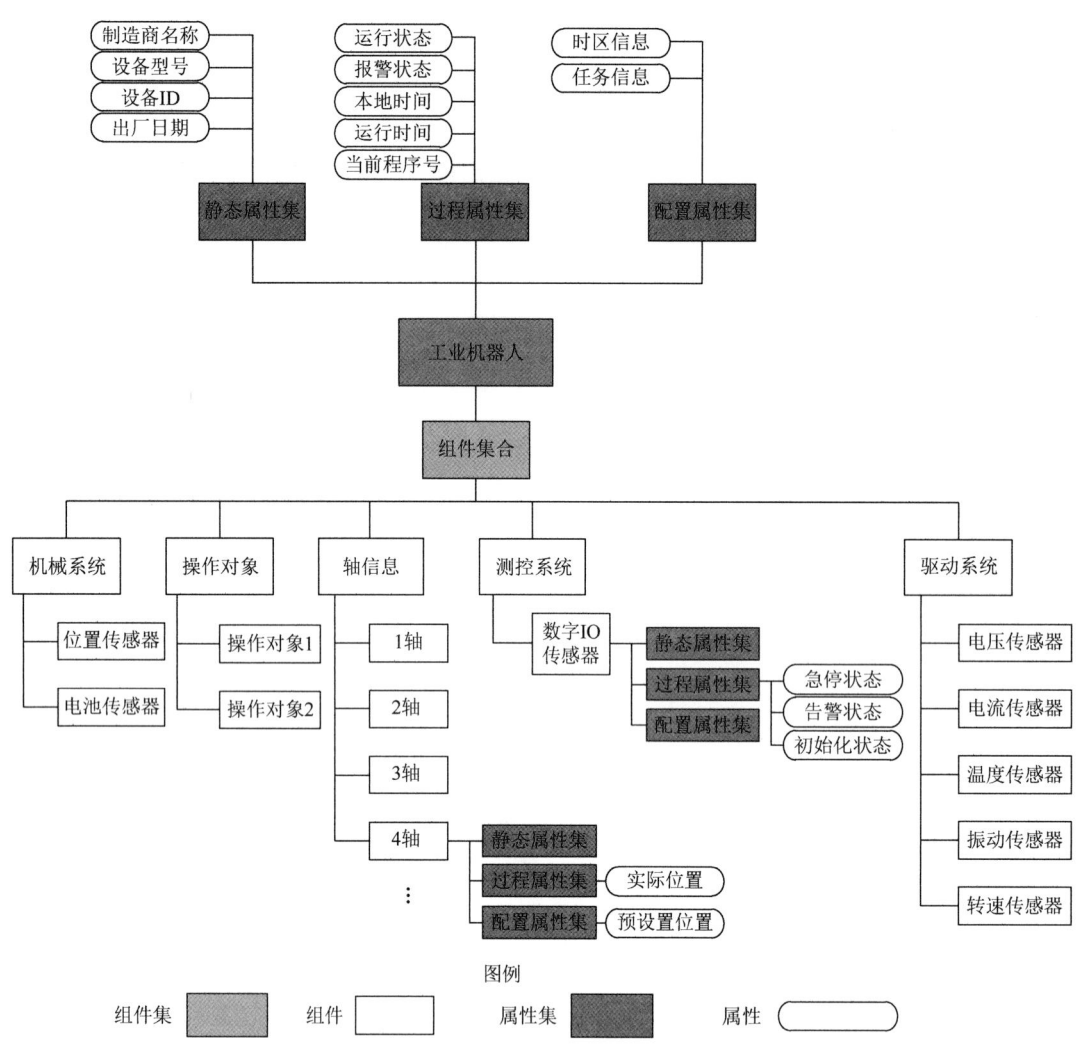

图 3-23 工业机器人信息模型

构建工业现场装备的资产组件核心在于组件的元模型，即定义组件的结构和模型，构建包含逻辑、行为、机械、通信、运动/路径、文档、连接器等方面模型的组件元模型，如图 3-24 所示。各类模型包含包括通用数据、外部数据、模型信息和连接器。通用数据包括元器件标识和类数据，例如产品标识

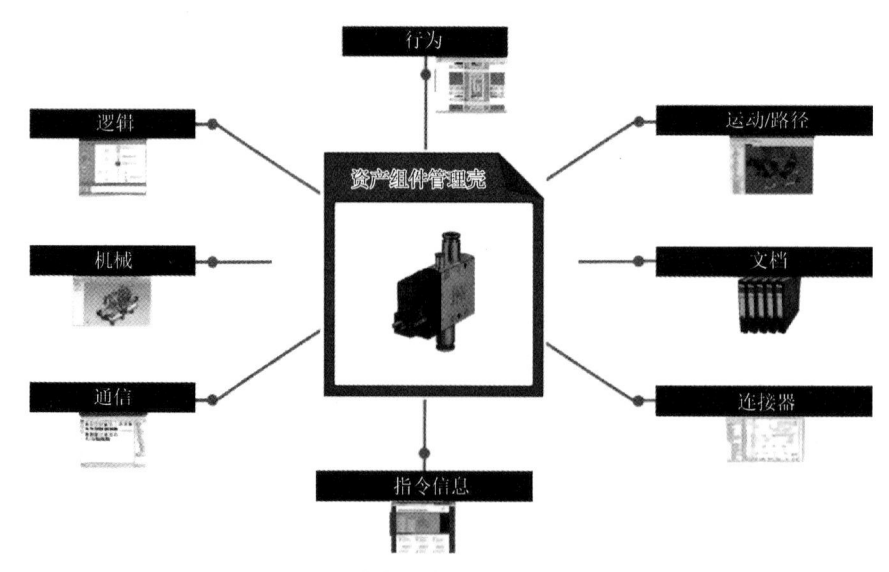

图 3-24 装备资产管理壳组件元模型

代码、订单信息、序列号、版本号等，这些信息记录在工业 4.0 组件元模型的属性中。外部数据包括工业 4.0 组件的文档、符号、图片等，这些外部数据通过工业 4.0 组件的外部接口连接到工业 4.0 组件中。模型信息包括功能数据、仿真数据、2D 和 3D 模型、动力学模型等不同类型的模型，通过工业 4.0 组件的外部接口连接到工业 4.0 组件中。连接器描述了元器件的逻辑、电气、启动、液压等接口，通过工业 4.0 组件的外部接口连接到工业 4.0 组件中。

进一步地，为了实现异构工业现场装备的统一建模，元模型还包括组件角色类库和接口类库，其中角色类库包括行为模型、功能模型、仿真模型、技能逻辑模型、顺序控制模型、几何模型、连接器模型等；接口类库包括平面图形表示接口、3D 图形表示接口、JT 模型表示接口、机械接口、电气接口、传感器等。

车间资源的 AAS 通用语义模型及其互通方法：根据 AAS 的 UML 模型描述语言的技术通用特性，提出了面向多应用场景的车间资源 AAS 到 OPC UA、AutomationML 和资源描述框架（resource description framework，RDF）的统一按需映射方法。将 AAS 映射到 OPC UA 实现访问管理数据的所有信息，并在生产操作中共享实时数据；将 AAS 映射到 AutomationML 实现交互资产的类型和实例信息等工程数据；将 AAS 映射到 RDF 可以充分利用语义技术的优势，构建通用语义模型。将 AAS 的部署方案与传输技术相结合，可以建立包括对象类型、引用类型、变量类型和数据格式到 OPC UA 的元模型的实例化方法，从而实现设备和系统之间数据的统一交换，实现离散智能车间异构制造资源的语义化集成管控，以及它们之间的互联互通。

针对多应用场景的异构制造资源多平台、多领域、多用户交换结构化信息的需求，设计基于数据、模型、元模型的信息交互规则，并构建一个集语义知识创建、语义互操作能力集成、语义互操作应用过程的工业数据语义互操作框架。针对语义知识创建过程，得到数据的语义化标注方法，建立数据概念、术语等语义知识之间的关系，约束本体，设计基于 RDF 的本体表达方法，实现数据之间复杂关系的语义描述；针对异构本体间信息交互的需求，通过本体映射方法，建立本体间的语义关联，为语义统一描述和互操作提供基础；面向语义互操作应用过程，设计面向用户驱动的语义查询、语义交换、语义推理等应用功能创建模式，其模型架构如图 3-25 所示。

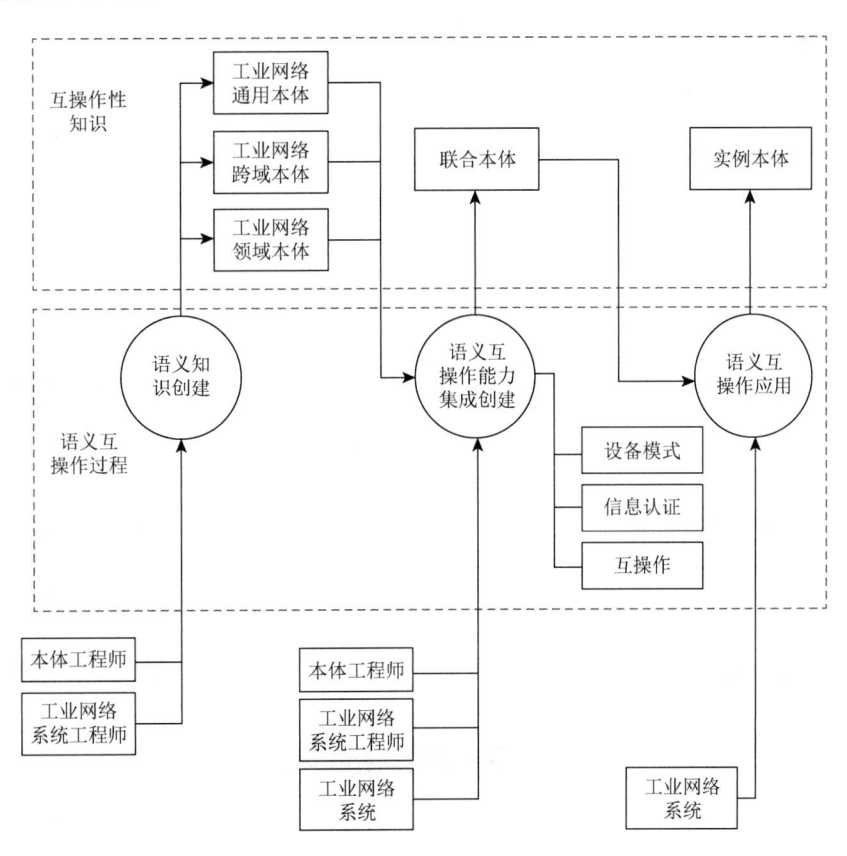

图 3-25 语义互操作模型框架图

进一步地,针对离散智能车间异构制造资源产品全生命周期数据结构、描述不统一的问题,建立工业数据分析和转化规则,应用基于元数据的信息源本体构建技术,创建全生命周期数据源语义知识;针对信息源本体之间存在异构的问题,以核心数据模型为基础,提出基于异构本体映射技术的联合本体创建方法,实现信息源之间语义的共享与集成;设计与数据空间结合的语义数据监控和管理机制,建立以用户需求驱动的语义查询、交换、推理等响应服务方法,实现一致、透明的语义互操作。

基于OPC UA的设备发现和动态配置方法总体架构如图3-26所示,主要包括物理设备层和信息层。物理设备层主要有OPC UA服务器的物理设备,这些物理设备可以是传感器或执行器,它们的工程数据和运行时数据通过OPC UA服务器传递给上层的协调器做进一步处理。在信息层中,协调器模块接收物理层设备的OPC UA服务器注册,注册过程由设备注册控制器统一管理,同时协调器还是OPC UA信息模型与AAS模型转换功能的实际执行者,AAS集是物理设备层的虚拟表示,它们之间相互建立引用关系,是实现设备动态配置的基础。

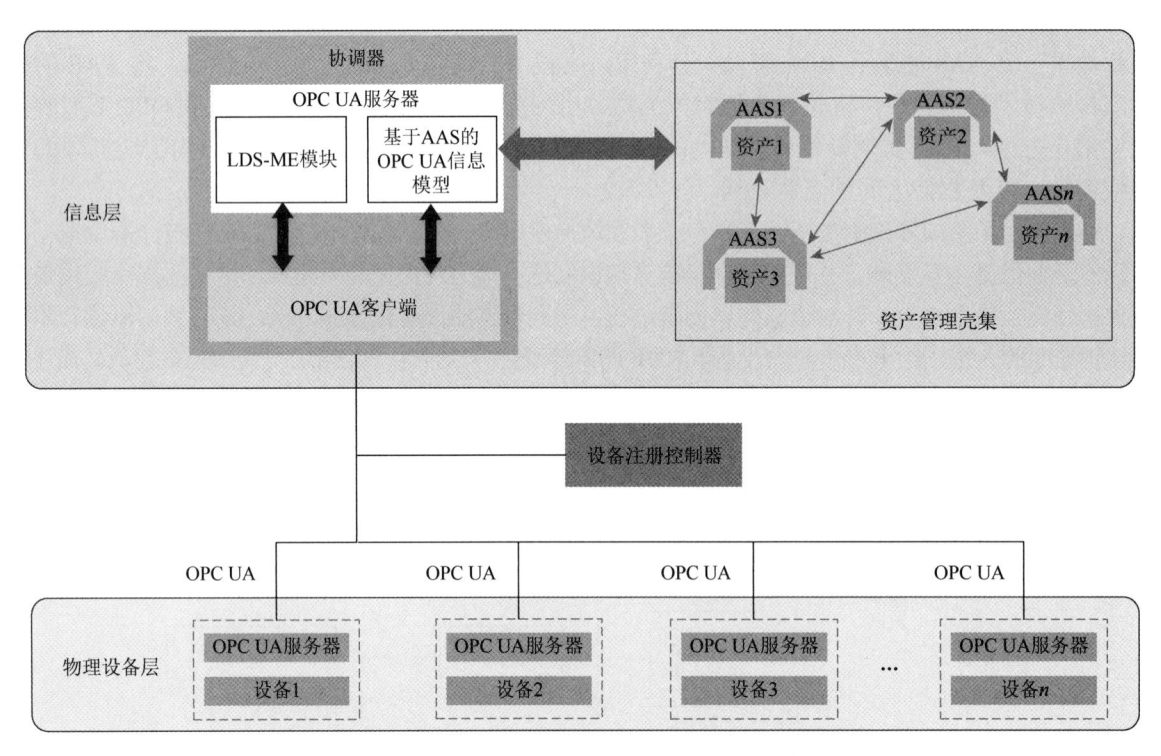

图3-26 基于OPC UA的设备发现和动态配置方法架构图

设备发现:由于OPC UA具有多播扩展的本地发现服务器(LDS-ME)使用mDNS(multicast domain name system,多播DNS)协议,mDNS具有多播性质,当网络中开启了mDNS服务的设备数量较多时,会造成网络的通信效率下降、报文处理开销增加等问题。针对上述问题,采用注册信息集中处理和确定性转发的方式来实现设备发现。协调器的LDS-ME服务器和物理设备的OPC UA服务器都将mDNS报文交由设备注册控制器处理,然后控制底层的物理设备向协调器注册,设备发现的整体过程如图3-27所示。

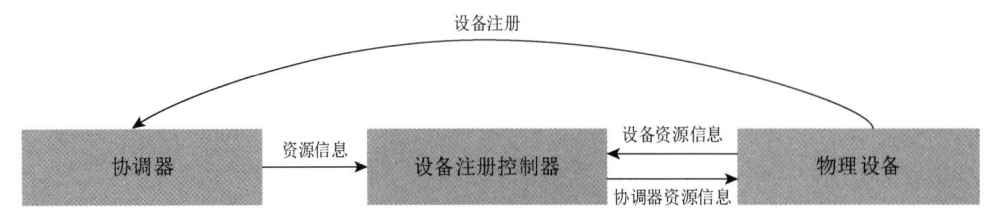

图3-27 基于OPC UA的设备发现过程

设备动态配置：AAS 为工业应用资产（如物理设备或软件应用）提供了标准的数字化表示，在工业 4.0 中，AAS 和物理资产共同构成工业 4.0 组件。AAS 为资产提供了一种可互操作的方法来获取与资产有关的关键信息，例如固有属性、操作参数和具备的功能等，并通过标准化、安全的通信方式与其他工业 4.0 组件进行交互。OPC UA 以其独立于制造商和平台、协议无关等优势为 AAS 提供了标准的通信接口，而且在 RAMI 4.0 架构中 OPC UA 被视为主要的通信骨干，承担了从资产层到业务层的通信基础。采用 AAS 对物理设备进行数字化描述，采用 OPC UA 作为物理设备之间的通信方式，实现设备的动态配置，其过程如图 3-28 所示。

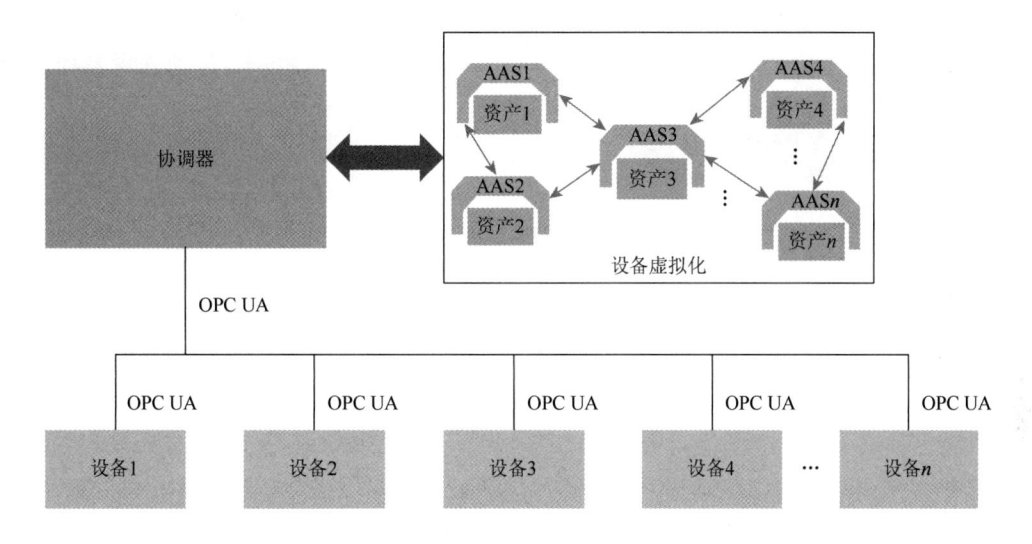

图 3-28 设备动态配置过程

首先对物理设备进行数字化表示，即建立设备的 AAS，然后通过 OPC UA 将 AAS 模型与物理设备进行链接，主要是在协调器中将 AAS 模型和 OPC UA 信息模型进行转换，然后通过协调器的 OPC UA 客户端对设备的 OPC UA 服务器进行访问，实现 AAS 模型到设备的实际部署。此外，AAS 之间需要建立内部连接，主要通过 AAS 之间的子模型相互引用来实现。

### 3.3.2.3 通用语义模型及其互通方法

**1. 基于 OPC UA 的数据采集系统数据流优化方法**

传统的数据采集系统中，由于数据量小，其在传输的时候并没有出现明显的问题。然而在智能工厂环境中，用户需求多样化、设备智能化、工艺复杂化导致数据采集系统所要采集和传输的数据量激增，同时传输的数据、数据流也与传统的工业网络有着很大的区别，这就使得原本的数据传输网络无法适应智能工厂数据采集的需求[27]。

针对这一问题，研究人员设计了一种数据采集网络，如图 3-29 所示。网络系统由 OPC UA 采集节点、TSN 交换机和网络管理服务器组成。其中，OPC UA 采集节点通过 OPC UA 的标签数据确定不同节点不同数据的实时性需求；TSN 交换机的各个端口采用不同优先级的队列控制通过端口的数据，实现数据流的管控；网络管理服务器通过读取 OPC UA 中各个标签，从而获得不同节点数据量的大小以及不同数据实时性的需求，设计相应的优化方法，满足各个节点数据流的实时性需求，避免出现数据拥塞导致的实时性无法满足的情况，同时还能保证网络的带宽。

此处数据流优化方法为可满足性理论（satisfiability modulo theories，SMT）规范最优算法：即只考虑第一个超周期 $H$，它是周期的最小公倍数。对于任意流，第一个超周期 $H$ 的所有干扰与其他超周期的干扰相同。因此，为首个超周期生成的数据包找到一个合适的调度表就足够了。所考虑的主要约束如下：

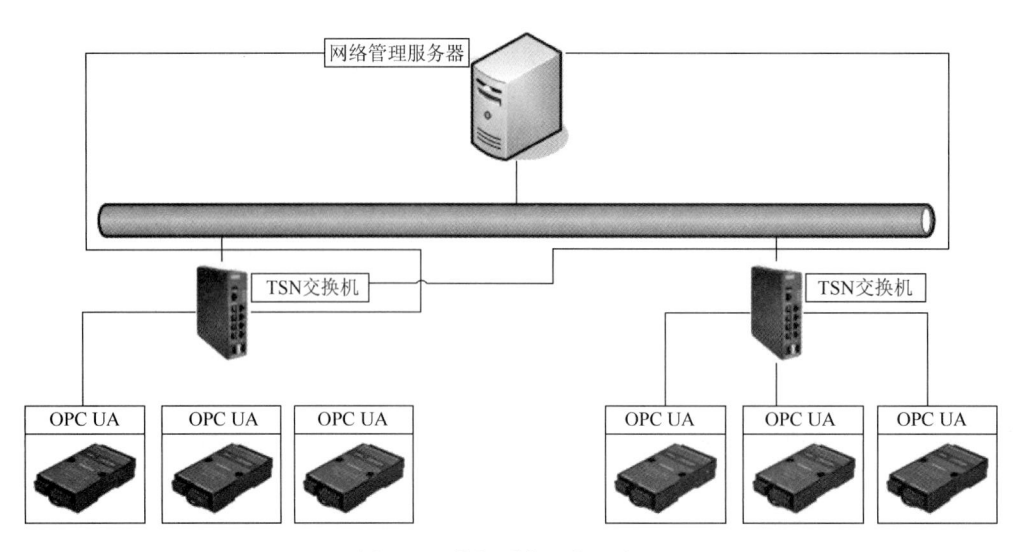

图 3-29 数据采集网络示意图

$$\begin{cases} \forall f_i \in F, \quad \forall [a,b] \in \Pi_i, \quad \forall k \in \left[0, \dfrac{H}{p_i}\right] \\ 0 \leqslant Q(f_i) \leqslant Q_{\max} \\ k \times p_a < \alpha_{a,b}^k \leqslant k \times p_i + d_i - \gamma_i \end{cases} \quad (3.6)$$

式中：$f_i$ 为流集中的第 $i$ 个流（flow）；$F$ 为流集，即一组数据流；$[a,b]$ 为与 $f_i$ 相关的周期性属性集或约束集中的一个任意区间；$\Pi_i$ 为与 $f_i$ 相关的周期性属性或约束集；$p_i$ 为 $f_i$ 的周期；$Q(f_i)$ 为 $f_i$ 上数据包队列大小，$Q_{\max}$ 即数据包队列的最大值；$k$ 为 $f_i$ 周期 $H$ 内的一个整数倍数；$\alpha_{a,b}^k$ 为周期 $H$ 内，第 $k$ 个周期的开始时间点；$d_i$ 为 $f_i$ 的数据包大小；$\gamma_i$ 为 $f_i$ 相关的某个时间延迟参数。

其中，传输约束为在一个路由路径中，相同数据包的传输是有顺序的；链路约束为在同一个链路中相同时间不能有两个传输重叠；实时约束为所有数据包都需要在绝对截止时间前完成传输；队列约束为：如果两个数据包使用相同队列，则它们在队列中存放的时间间隔不重叠。

算法将流集 $F$ 和有着可用队列集合 $Q$ 的 TSN 网络 $G$ 作为输入，其具体包含三个阶段工作。

阶段 1：首先计算每个链路中每个流的利用率，并将流按照其利用率降序排列，选择利用率最高的流来分配队列。

阶段 2：给所选择的流分配利用率最低的队列，接着检查是否这样的队列分配是合适的，如果不合适，将重新分配另一个队列给该流直到合适为止。

阶段 3：用路由路径中每条链路的队列利用率之和来更新队列利用率，从而避免将可能发生冲突的流分配到过度使用的队列中。

最终，算法输出一个优化的调度表，可有效改善数据采集系统中数据流的实时性。

**2. 工业物联网的 OPC UA 多服务器聚合和管理架构的实现**

在工厂现场自动化通信系统中，各种 OPC UA 服务器嵌入在控制器、传感器和执行器中，以实现具有不同数据流（即实时和非实时）的每个系统之间可靠的信息交换。如此大量的异构 OPC UA 服务器很难配置和管理[28]。同时，在 OPC UA 的实际应用中，用户需要创建相应数量的客户端来访问多个服务器，然而，这过程烦琐，资源开销大。OPC UA 与 TSN 的结合可以发挥两者的核心优势，推动工业 4.0 的发展。然而，OPC UA 与 TSN 的结合缺乏标准成熟的技术方案，且 TSN 的配置过程烦琐，高度依赖人工配置。

针对上述所有问题，研究人员设计了可以实现 OPC UA 与 TSN 的结合，以及聚合多个 OPC UA 服务器平台——OPC UA 多服务器聚合管理平台，如图 3-30 所示。该平台采用分层服务器发现架构，实现工业现场网络中 OPC UA 服务器的自动发现。基于服务器发现的实现，研究人员设计了一种映射方法实现从服务器到聚合服务器的自动映射信息模型。并结合哈希表和数据最大生存时间算法来聚合和管理数据信息。同时，通过设计映射配置管理中间件，将 OPC UA 通信需求映射到 TSN 配置通信需求。

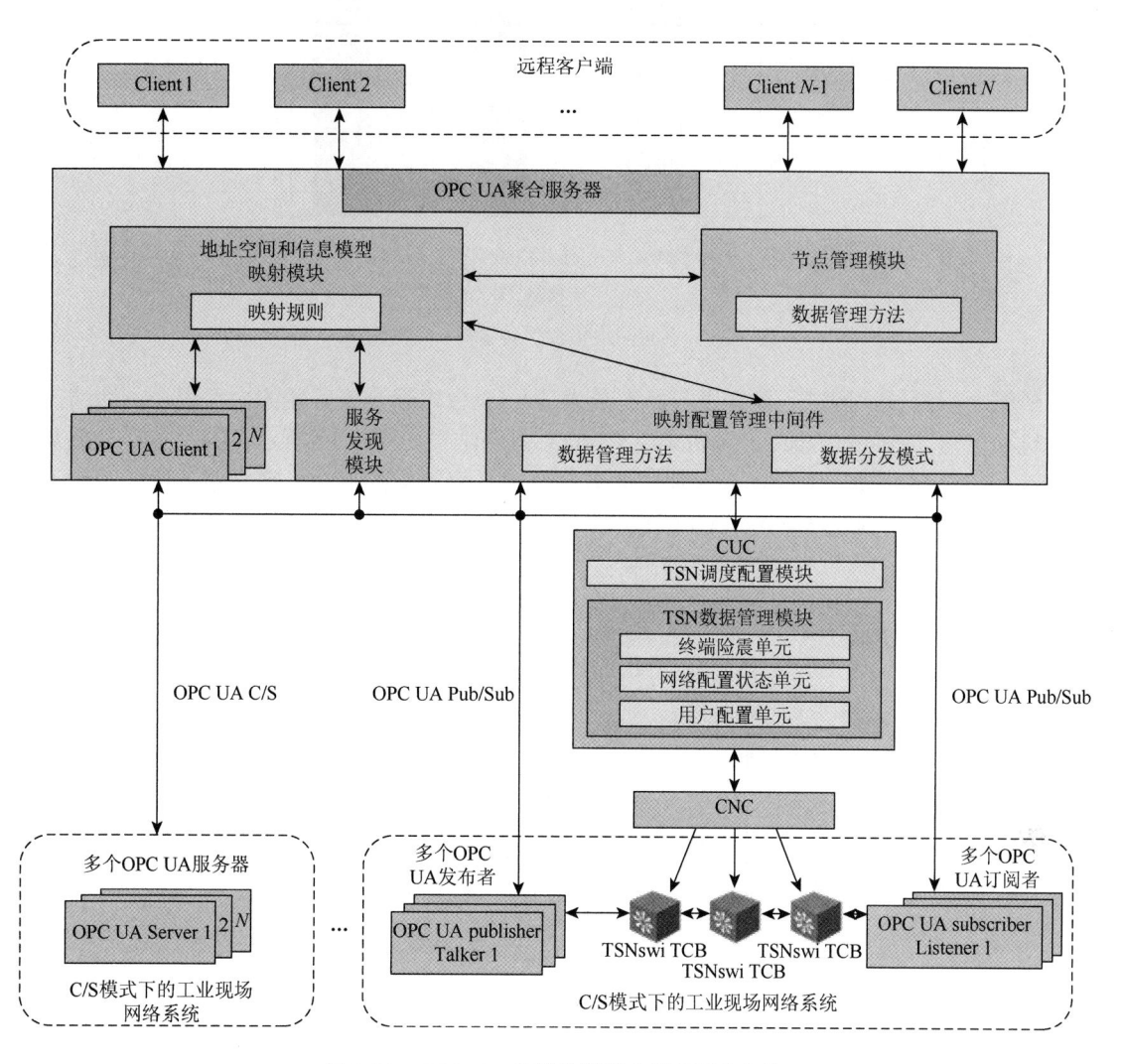

图 3-30 OPC UA 多服务器聚合管理平台架构

运行 OPC UA 多服务器聚合管理平台进行验证。执行的实验结果表明，该平台不仅可行，而且能够实现不同子系统之间的互操作性。因此，该平台可以提高工厂现场对现场设备的管理和分析。该平台实现了 OPC UA Pub/Sub（publish/subscribe，发布/订阅）与 TSN 的结合，以及 TSN 用户端的配置。同时，该平台可有效实现多台 OPC UA 服务器的自动发现、信息模型的自动映射、数据的集中管理。

接下来，对平台各模块功能进行性能测试。性能测试包括传输时间测试、资源占用测试。

（1）传输时间测试。在客户机/服务器（client/server，C/S）中，数据传输时间等于聚合服务器连接到服务器，然后成功获取服务器中数据的时间。在 Pub/Sub 中，发布者和订阅者是解耦的。所以数据传输时间是发布者的消息处理时间和订阅者的消息处理时间之和。测试 OPC UA 在 C/S 模式和 Pub/Sub 模式下在低 CPU 使用率（20%）、高 CPU 使用率（80%）和全网络负载（100%）下的数据传输时间，如图 3-31 所示。

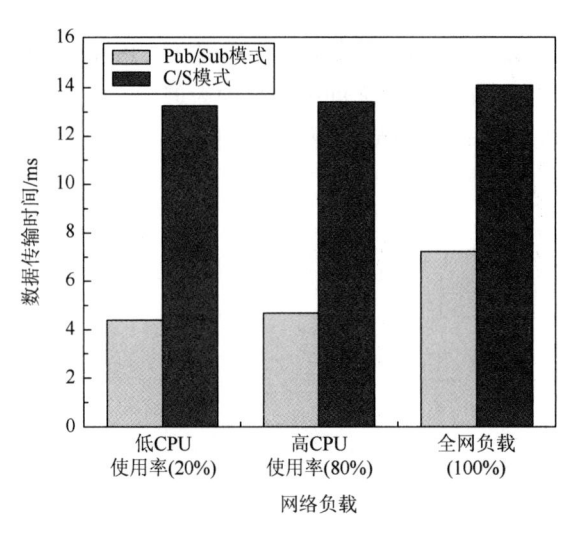

图 3-31　不同网络负载下传输时间测试结果

（2）资源占用测试。测试了聚合服务器数量为 1~15 台时聚合服务器的内存资源占用情况。测试得到的随机存储器（random access memory，RAM）占用结果如图 3-32 所示。当没有聚合服务器时，聚合服务器占用 3 124 KB。测试结果表明，随着聚合服务器数量的增加，聚合服务器的 RAM 占用量也随之增加。因此，测试的结果表明 OPC UA 多服务器聚合管理平台具有内存资源占用小，数据传输时间稳定等特点。

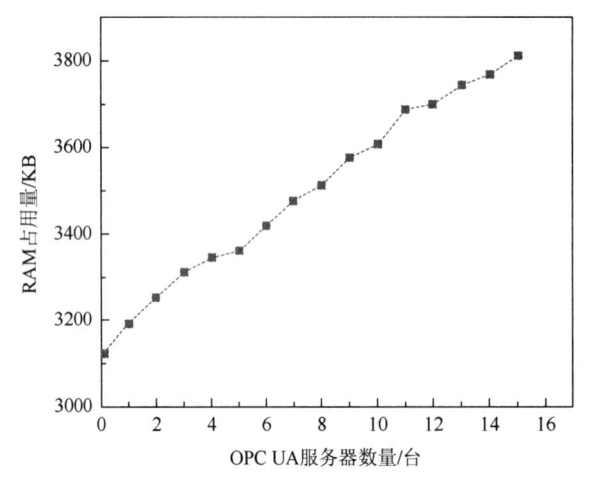

图 3-32　OPC UA 聚合服务器的 RAM 占用情况

**3. 基于 OPC UA Pub/Sub 的工业无线网络和工业物联网语义互联方案**

在实际工业场景中，工业物联网通常通过工业有线网络协议（如 Modbus、Foundation、Fieldbus 和 POWERLINK）再通过网关连接到既有的控制系统[29]［如监控与数据采集系统（SCADA）和人机界面（HMI）］。然而，这些网关需要在应用层进行复杂的协议转换。针对上述问题，需注意的重点如下。

（1）通过开放平台通信统一架构（OPC UA）实现工业无线网络与工业物联网之间安全可靠的互联和互操作性。

（2）创建联合发布/订阅（Pub/Sub）两个网络之间的通信模式，以实现高效传输。

（3）以工业无线网络中典型的工业无线技术 WIA-PA 为例，提出一种可以高效快速地将 WIA-PA 连接到工业物联网的方法，使得最大限度地发挥 IIoT 数据的潜力。并且提出了一种 WIA-PA/OPC UA 联合 Pub/Sub 的通信架构。该架构可以将 WIA-PA Pub/Sub 与基于 MQTT 代理的 OPC UA Pub/Sub 相结合,实现 WIA-PA 网络与工业物联网的融合。一种用于 OPC UA Pub/Sub 数据源的 WIA-PA 虚拟化方法旨在解决 WIA-PA 设备与 OPC UA Pub/Sub 之间的数据映射问题[30]。

同时为了保证 OPC UA Pub/Sub 和 WIA-PA 网络之间消息包的高效交换,设计了 WIA-PA/OPC UA 联合 Pub/Sub 传输机制和相应的配置机制(图 3-33)。

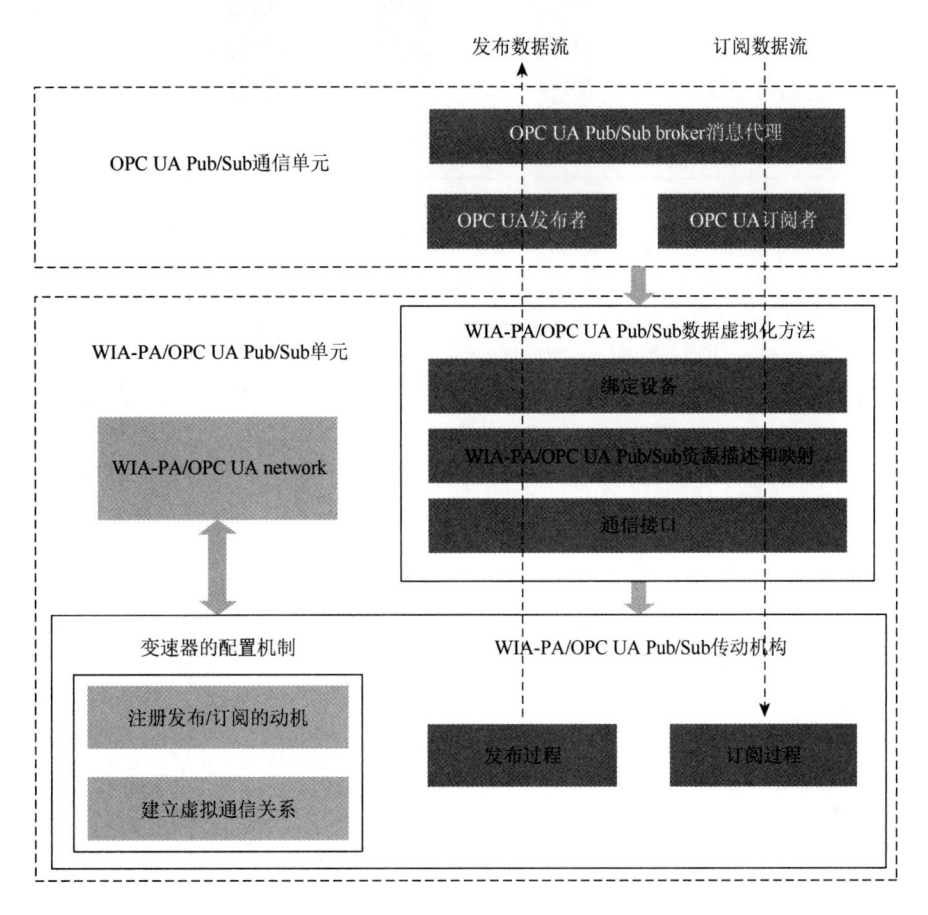

图 3-33 WIA-PA/OPC UA 联合 Pub/Sub 的通信架构

WIA-PA/OPC UA 联合 Pub/Sub 配置过程可以分为两部分:Pub/Sub 注册阶段和 VCR(virtual communication relationship,虚拟通信关系)建立阶段。其时序流程图如图 3-34 所示。

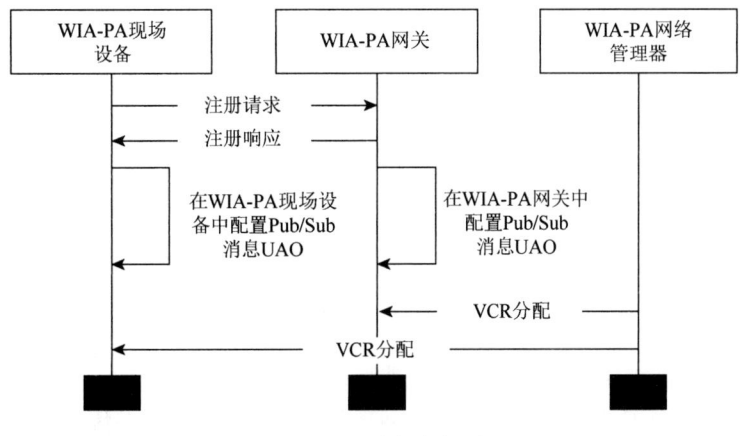

图 3-34 时序流程图

在 Pub/Sub 注册阶段,WIA-PA 现场设备中的 Pub/Sub 配置 UAO(user application object,用户应

用对象）使用"write"方式将动态配置参数写入网关中的 Pub/Sub 配置 UAO，包括 broker（代理）地址和协议、主题、时间间隔和消息格式（UADP 或 JSON），最后启用 Pub/Sub。

在 VCR 建立阶段，WIA-PA 网关为 WIA-PA 现场设备中的 Pub/Sub 消息 UAO 和网关中的 Pub/Sub 消息 UAO 分配 VCR，并配置 UAO 标识、通信周期等参数。

WIA-PA 现场设备和 OPC UA 发布者/订阅者之间的 Pub/Sub 传输过程完全依赖于 WIA-PA 和 OPC UA Pub/Sub 模式，如图 3-35 所示。WIA-PA 网络管理器建立 VCRs 用于 WIA-PA 现场设备和 OPC UA Pub/Sub 虚拟设备，它们可以通信。

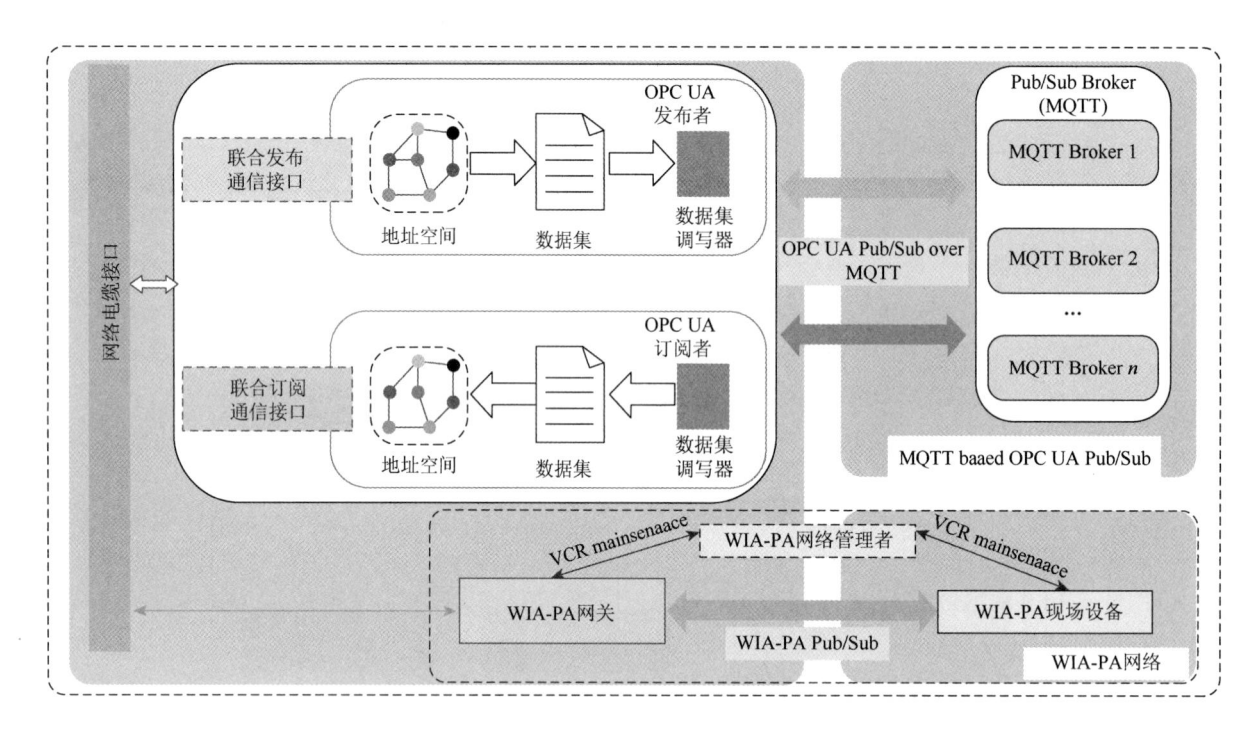

图 3-35　WIA-PA/OPC UA 联合 Pub/Sub 交互过程

在 WIA-PA 现场设备数据发布到 MQTT 代理中间件的过程中，WIA-PA 网关解析接收到的 WIA-PA 应用层协议数据，通过网线传输给 OPC UA 发布者。然后，OPC UA 发布者解析接收到的数据，并将其输入到 OPC UA 发布者的信息空间中，然后发送给 MQTT Broker 中间件。

在 WIA-PA 现场设备从 MQTT 代理中间件订阅数据的过程中，OPC UA 订阅者收到 MQTT 代理中间件订阅的数据后，将数据录入到自己的信息空间，转发给 WIA-PA 网关通过网线。WIA-PA 网关将接收到的数据封装成 WIA-PA 协议数据并发送给 WIA-PA 现场设备。

### 3.3.3　多网络融合新型网关设备及平台研制

#### 3.3.3.1　多网络融合网关形态设计及实现

**1. 工业多网络融合新型网关硬件架构**

根据工业多网络融合新型网关硬件方案设计，对整个硬件架构及外围相关电路进行分析，对整个网关系统硬件关键电路进行详细设计。网关硬件架构如图 3-36 所示。

工业多网络融合新型网关需要实现工业现场网络与 5G 网络数据跨网传输，使得工业现场网络产品和 5G 网络产品通过工业多网络融合新型网关能够相互接入到对方网络。因此，在硬件方面该工业多网络融合新型网关需要有接入工业现场网络的硬件接口以及接入 5G 网络的硬件接口。通过工业多网络融

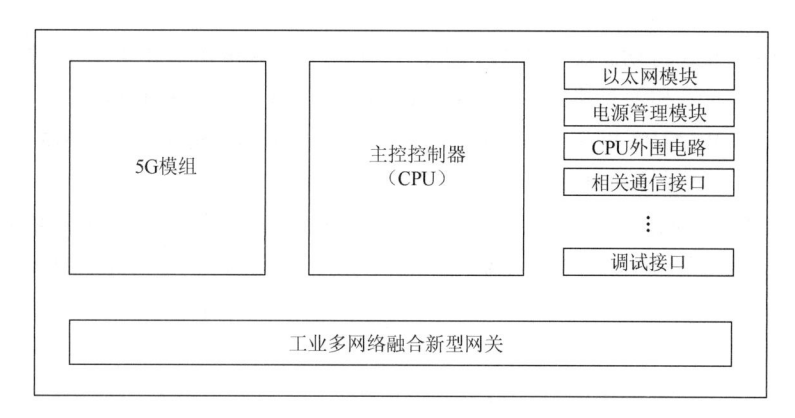

图 3-36 工业多网络融合新型网关架构图

合新型网关内部协议转换模块实现工业现场网络与 5G 网络两者协议的转换，进而实现工业现场网络与 5G 网络数据的跨网传输。

为了工业多网络融合新型网关能够正常工作以及方便后续调试，工业多网络融合新型网关硬件还需包括主控控制器、网关电源管理电路、RJ45 网口、通用串行通信接口、板载 TF 卡槽、主控芯片外围电路等电路的硬件设计。这些电路的设计保证了工业多网络融合新型网关的稳定性和可靠性，同时也提高了工业多网络融合新型网关的可调试性，便于后续的调试和维护工作。

2．工业多网络融合新型网关硬件设计方案

为实现工业以太网产品、CAN 产品等工业现场网络产品通过工业多网络融合新型网关顺利接入 5G 网络，工业多网络融合新型网关硬件需要有主控控制器、5G 模组、以太网模块和电源管理模块等。在硬件方面该工业多网络融合新型网关需要有 5G 模组控制接口、CAN 接口和 RS-232 电平调试串口等硬件设计如图 3-37 工业多网络融合新型网关硬件及外观所示。

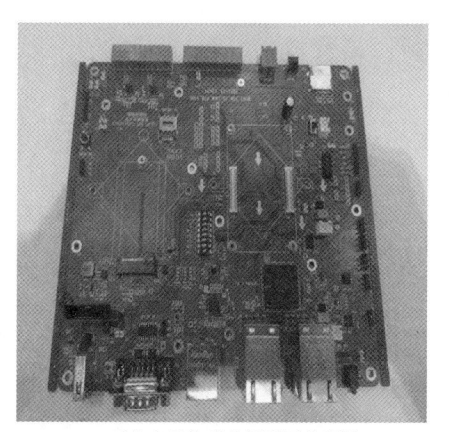

(a) 工业多网络融合新型网关硬件　　(b) 工业多网络融合新型网关外观

图 3-37　工业多网络融合新型网关硬件及其外观

各模块详细设计如下。

1）主控控制器

主控控制器选用飞凌嵌入式 FET1028A-C 核心板作为主控模块。该核心板基于 NXP LS1028A 处理器设计，内置支持 TSN 的以太网交换机和以太网控制器，拥有两个功能强大的 64 位 ARM Cortex-A72 内核，可支持工业控制的实时处理，以及物联网中边缘计算的虚拟机。LS1028A 处理器在硬件上实现了 IEEE 802.1 TSN 相关的部分协议，包括 IEEE 802.1 AS、IEEE 802.1Qbv 以及 IEEE Std 802.1Qav 协议，并支持硬件时间戳，保证精确的时间同步功能。该处理器主频最高可达到 1.5 GHz，板载 2GB DDR4

RAM、8GB ROM，并且拥有 USB3.0、CAN、UART 等常用总线接口，适用于 TSN、5G 以及工业互联等多种应用场景。

2）5G 模组

工业多网络融合新型网关采用移远通信的 5G 模块，型号为 RM500Q-GL，模块尺寸为 52 mm× 30 mm×2.3 mm。RM500Q-GL 是一款专为互联网大带宽应用而设计的 5G Sub-6 GHz 模块，它采用了 3GPP R15 技术，支持 5G 模式。此外，该模块采用了 M.2 接口封装。RM500Q-GL 集成了多个全球主流运营商的频段支持，包括：美国的 AT&T、Verizon、Sprint 和 T-Mobile，欧洲的 Vodafone、Telefónica、Deutsche Telekom、Orange 和 EE，以及亚太地区的中国移动、中国联通、中国电信等。这使得该模组能够在全球范围内提供 5G 网络连接。此外，RM500Q-GL 还集成了高精度定位 GNSS 接收机，支持多个卫星系统，包括 GPS、GLONASS、BeiDou 和 Galileo。这些卫星系统的支持可以提高其定位的速度和精度，从而满足更高的位置信息需求。

RM500Q-GL 专为物联网和大带宽应用而设计，内置多种工业标准接口和网络协议。它支持多种驱动程序和软件功能，在不同操作系统下如 Windows 7/8/8.1/10、Linux 和 Android 都可以使用 USB/PCIe 驱动程序。这大大拓展了 RM500Q-GL 在物联网和大带宽领域的应用范围。

3）以太网模块

以太网模块在底板中使用两款国产 PHY 芯片引出了 5 组网口至 RJ45 插座，这两款芯片分别为 YT8614H 和 YT8521SH-CA，均可以支持 TSN。

4）电源管理模块

底板电源为直流 12 V，经过功率 MOS 管后供电给核心板。一旦核心板上电，将向底板输入 1.8 V 电压，作为电源芯片 MP147AGJ 的使能信号，控制底板 VCC5V 上电。这个设计旨在确保核心板先上电，底板后上电，以避免闩锁效应导致芯片功能混乱或电路无法正常工作。随后，通过线性稳压器 AMS1117 和 RT9013，VCC5V 分别转换为 3.3 V 和 1.8 V，以供其他模块使用。

5）5G 模组控制接口

移远通信的 RM500Q-GL 5G 模块通信接口为使用 USB 协议的 M.2 接口，主控制器（LS1028A）通过 USB 3.0 协议连接 RM500Q-GL 发送控制指令以及需要通过 5G 网络传输的数据包。

6）多协议通信接口

底板上共配备有两路 UART 接口，外接 AUTBUS、WIA-PA、Modbus 等模块设备，可以从 UART1 或者 UART2 复用出来，从而实现多外设模块的接入。在底板上使用 CAN 收发芯片 TJA1051T/3 引出了两组 CAN 接口，从而实现 CAN 接口设备的接入。该部分为预留的 CAN、RS-232 等工业中常用的通信协议接口并采用标准的接口，以满足各种工业现场网络协议通过标准的接口快速灵活接入的需求。

3. 工业多网络融合新型网关驱动设计方案

工业多网络融合新型网关运行了一个完整的 Linux 系统，工业多网络融合新型网关上的一切硬件外设的动作都由 Linux 设备驱动程序驱动硬件实现，在工业多网络融合新型网关中设备驱动程序是连接硬件和操作系统内核的桥梁。

工业多网络融合新型网关的用户应用程序位于用户空间，设备驱动程序位于内核空间。为了保证内核的稳定性和安全性，Linux 系统将内核空间和用户空间分开，工业多网络融合新型网关设备驱动程序与整个软硬件系统的关系如图 3-38 所示。

1）用户空间与硬件交互

用户空间无法直接访问内核空间的函数和数据结构。因此，应用程序需要通过系统调用来请求内核空间执行某些操作，如打开、读取或写入设备文件。设备驱动程序则提供了一组接口函数，这些函数可以被用户空间的应用程序调用，用于与设备硬件进行交互。设备驱动程序通过这些接口函数屏蔽了硬件细节，使得应用程序只需要使用标准的文件读写操作来访问设备，而不需要关注底层硬件的具体实现。

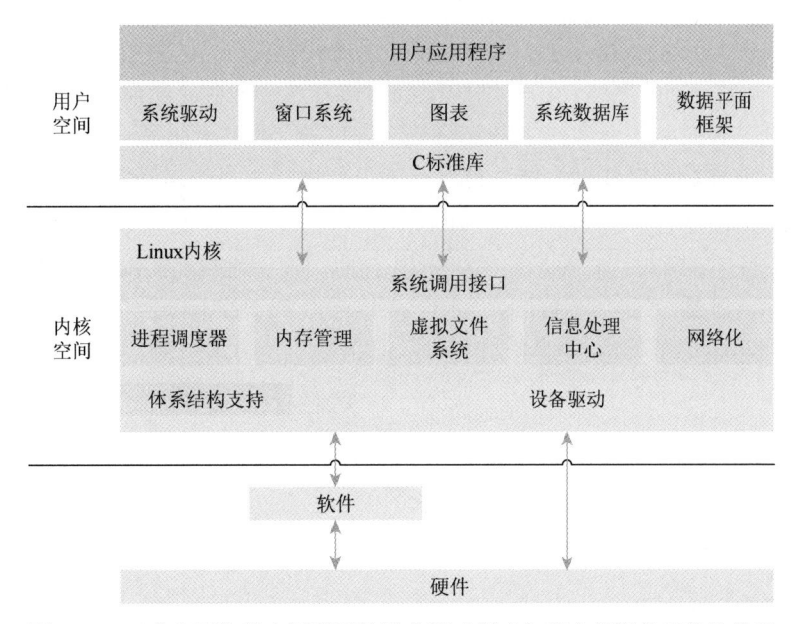

图 3-38 工业多网络融合新型网关设备驱动程序与整个软硬件系统的关系

2）内核空间与硬件交互

在内核空间中，Linux 系统的网络协议栈负责处理网络通信相关的任务，包括网络数据包的接收和发送、数据包的路由和转发及数据包的分段和重组等。还可以实现 TCP/IP 等多种网络协议。设备驱动程序为内核空间提供了一个统一的接口，内核空间可以直接通过调用设备驱动程序与硬件设备进行通信。设备驱动程序可以支持多种硬件设备与内核空间进行交互，如 WIA-PA 设备、CAN 设备等。

在工业多网络融合新型网关中，设备驱动程序的功能主要包括：工业现场网络设备的检索和探测；工业现场网络设备的初始化和注册；打开或关闭工业现场网络设备；发送工业现场网络数据；接收工业现场网络数据；工业现场网络设备输入输出操作的系统调用等。

#### 3.3.3.2 协议转换引擎设计与测试

工业多网络融合新型网关的软件总体架构在 Linux 操作系统上运行，主要包括协议转换单元和并行处理单元模块，如图 3-39 所示。

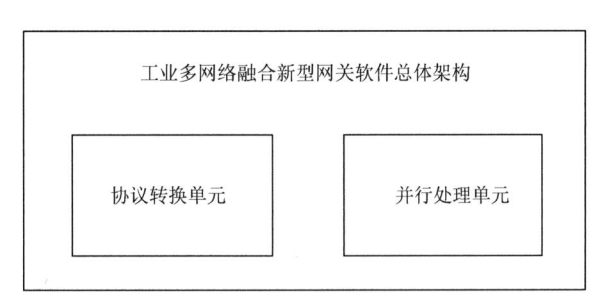

图 3-39 工业多网络融合新型网关软件总体架构

协议转换单元则是专门用于工业现场网络与 5G 网络之间的协议转换，主要功能包括优先级映射、地址映射、流标签映射和帧格式转换等。

并行处理单元在工业多网络融合新型网关中负责实现工业现场网络与 5G 网络协议转换的并行处理，以确保同时处理不同工业现场网络的协议转换，提高整体转换效率。

1. 协议转换总体方法设计

适用于工业现场网络与 5G 网络异构组网的场景，如图 3-40 所示。在该组网场景中，首先由工业现场网络的终端设备采集环境数据产生相关数据。这些数据通过工业多网络融合新型网关设备被转换为 5G 网络数据，然后进入 5G 网络经由基站和核心网转发到云平台。最后，云平台将收到的 5G 网络数据经由核心网和基站转发到工业多网络融合新型网关设备，通过工业多网络融合新型网关设备将 5G 数据转换为对应的工业现场网络数据，然后将对应的工业现场网络数据转发到目的网络。

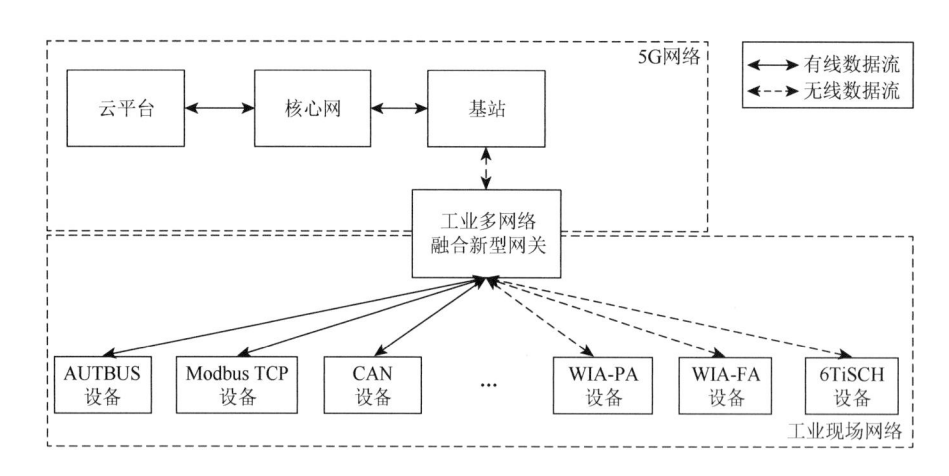

图 3-40　工业现场网络与 5G 网络异构组网

针对这类场景，提出了一种"1＋X"协议转换模型，如图 3-41 所示。"1＋X"协议转换模型中的"1"指工业多网络融合新型网关设备北向支持 5G 网络；"X"指工业多网络融合新型网关设备南向输入的是工业现场网络若干通信协议的任意一种，如 CAN、Modbus TCP、WIA-PA 等。

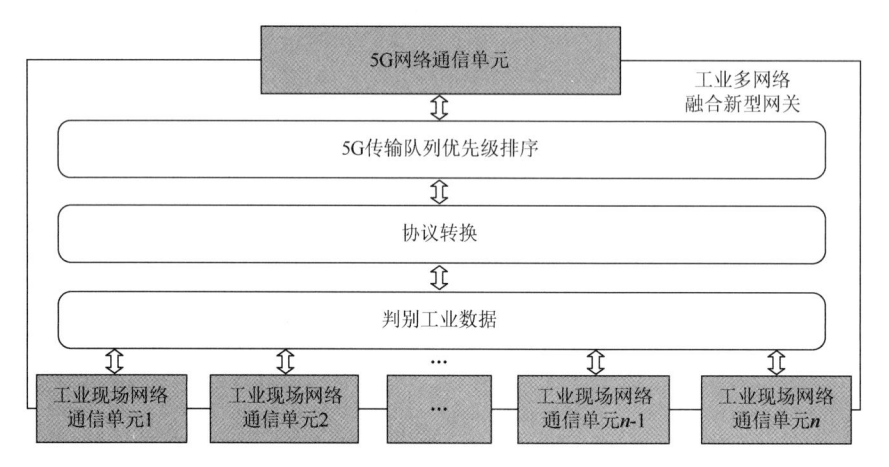

图 3-41　"1＋X"协议转换模型

在该协议转换模型中，首先，若干个工业现场网络通信单元将数据发送到工业多网络融合新型网关设备中；其次工业多网络融合新型网关设备在数据进行协议转换之前需要根据每个工业现场网络的数据特征对数据进行协议识别，在协议识别之后将工业现场网络数据转换为 5G 网络数据；然后，基于多因素的 5G 传输队列优先级排序方法为协议转换后的 5G 网络数据排列出 5G 传输队列统一的优先级；最后，根据排列出的统一的优先级依次将转换完成的 5G 网络数据发送到 5G 网络通信单元。

基于"1＋X"协议转换模型，研究人员设计了一种并行多协议转换方法。具体包括并行数据帧接收与协议转换方法，基于多维因素的传输队列构建方法。这些方法将为 5G 网络与工业现场网络的相互转换提供可靠的技术支撑。

5G 网络与工业现场网络转换方法的总体结构如图 3-42 所示，它主要由 5G 网络通信单元、协议转换单元和工业现场网络通信单元组成。

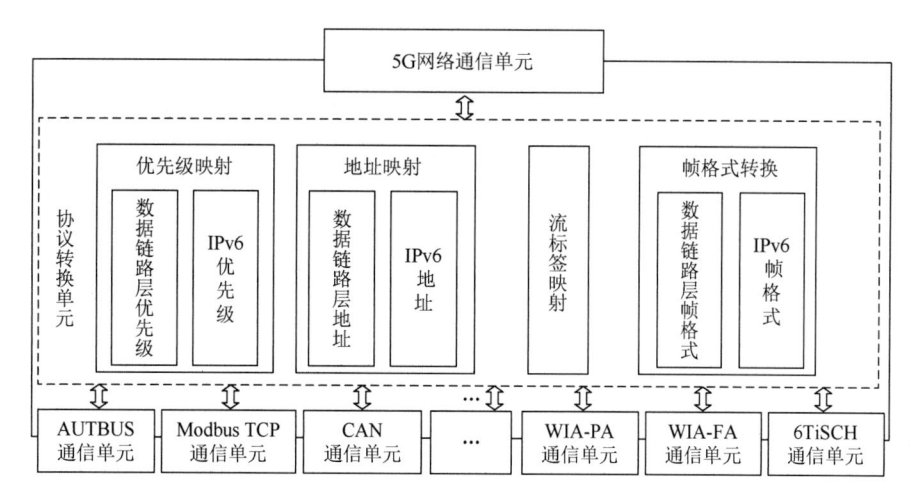

图 3-42　5G 网络与工业现场网络转换方法的总体结构

工业现场网络通信单元包括但不限于 AUTBUS 通信单元、Modbus TCP 通信单元、CAN 通信单元、WIA-PA 通信单元、WIA-FA 通信单元和 6TiSCH 通信单元等。

AUTBUS 通信单元由 AUTBUS 通信模块组成，Modbus TCP 通信单元由 Modbus TCP 通信模块组成，CAN 通信单元由 CAN 通信模块组成，WIA-PA 通信单元由 WIA-PA 通信模块组成，WIA-FA 通信单元由 WIA-FA 通信模块组成，6TiSCH 通信单元由 6TiSCH 通信模块组成，它们主要负责完成以下任务：接收对应网络设备的数据，并转发到协议转换单元，同时接收协议转换单元转换后的 5G 网络数据。

协议转换单元是实现协议转换的核心模块，它的主要任务是实现 AUTBUS、Modbus TCP、CAN 和 WIA-PA 等工业现场网络协议与 5G 网络协议间的协议转换。为了实现两个在协议结构、帧格式、数据优先级和寻址方式等方面各异的协议之间的转换，协议转换单元需要实现以下四种功能：帧格式转换、优先级映射、地址映射和流标签映射。其中，不同工业现场网络协议帧格式定义差异较大，其中 CAN、WIA-PA、AUTBUS、HART 和 Modbus RTU 定义了物理层、数据链路层和应用层，5G、WIA-FA、Modbus TCP、POWERLINK、PROFINET 和 6TiSCH 定义了物理层、数据链路层、网络层、传输层和应用层。根据不同工业网络协议帧格式与 5G 网络协议帧格式的差异提供一种帧格式转换方法：使用具有物理层、数据链路层和应用层的 CAN、AUTBUS、HART 和 Modbus RTU 帧结构与具有物理层、数据链路层、网络层、传输层和应用层的 5G 帧结构进行转换；使用具有物理层、数据链路层、网络层、传输层和应用层的 WIA-PA、WIA-FA、Modbus TCP、POWERLINK、PROFINET 和 6TiSCH 与具有物理层、数据链路层、网络层、传输层和应用层的 5G 帧结构进行转换；优先级映射需要考虑 5G 网络和工业现场网络在工业现场的应用场景的不同，实现 5G 网络和工业现场网络之间多种优先级的映射；地址映射则需要实现工业现场网络与 5G 网络的跨网寻址，将工业现场网络的地址与 5G 网络的地址进行映射；工业现场网络和 5G 网络使用不同的方法来标识数据流，前者根据网络特点识别数据流，而后者采用流标签进行标识。通过统一的流标签标识方法，可以确保每条数据流在网络中都能够被唯一识别。5G 网络通信单元主要负责保证转换后的工业现场网络数据流按照 5G 网络规则转发，同时接收 5G 网络的数据流并转发至协议转换单元，确保整个网络的数据流畅通无阻。

**2. 协议转换总体流程设计**

工业现场网络与 5G 网络的协议转换方法总体流程图如图 3-43 所示。具体流程如下。

（1）一个主进程创建多个线程，读取缓存，判别工业现场网络数据类型。

（2）工业多网络融合新型网关接收来自工业现场网络通信模块的通信数据包，并进行特征信息提取，包括地址信息、优先级信息和传输模式等信息。

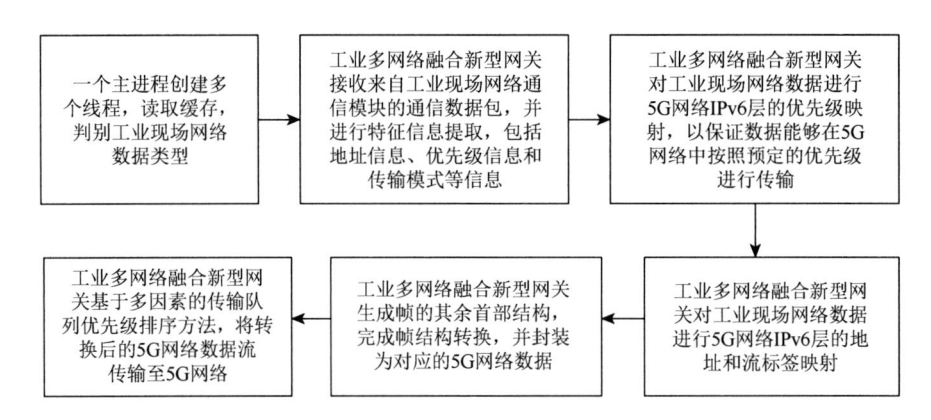

图 3-43 5G 网络与工业现场网络的协议转换方法总体流程图

（3）工业多网络融合新型网关对工业现场网络数据进行 5G 网络 IPv6 层的优先级映射，以保证数据能够在 5G 网络中按照预定的优先级进行传输。

（4）工业多网络融合新型网关对工业现场网络数据进行 5G 网络 IPv6 层的地址和流标签映射。

（5）工业多网络融合新型网关生成帧的其余首部结构，完成帧结构转换，并封装为对应的 5G 网络数据。

（6）工业多网络融合新型网关基于多因素的传输队列优先级排序方法，将转换后的 5G 网络数据流传输至 5G 网络。

通过以上流程，5G 网络与工业现场网络协议转换可以实现数据的有效转换，并确保异构网络数据流传输的实时性。

协议转换模块包括数据发现/采集模块、数据解析模块和数据封装模块。数据发现/采集模块用于对不同通信模块上传的数据进行采集。数据发现/采集模块包括通信接口库、命令函数、数据函数和配置函数。通信接口库描述了通信模块的通信参数、命令格式、数据格式和工作方式等。其中通信参数包括设备长地址、硬件版本号等。命令格式包括网络报文命令、数据报文命令、健康报文命令等。数据格式由通信协议库以及解析模型库共同组成，解析模型库由字节个数、字节序、数据类型构成，由通信库与解析模型库共同构成数据格式。工作方式包括主从式和自动式，主从式需要由现场设备向传感器发送询问指令，然后将数据回复到节点；自动式是节点通过命令配置好之后传感器以周期或触发的方式自动向现场设备传输数据。

数据解析模块用于分离不同协议报文的不同字段，从而提取应用数据，是协议转换的第一步。数据解析模块如图 3-44 所示。

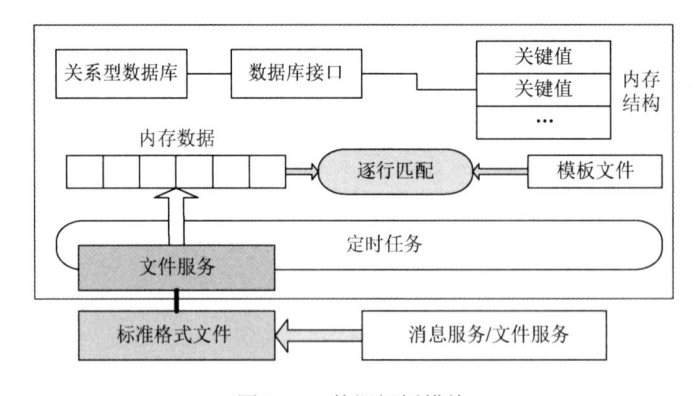

图 3-44 数据解析模块

数据封装模块用于将应用数据构造成新的通信协议报文，从而实现协议转换。数据封装模块如图 3-45 所示。

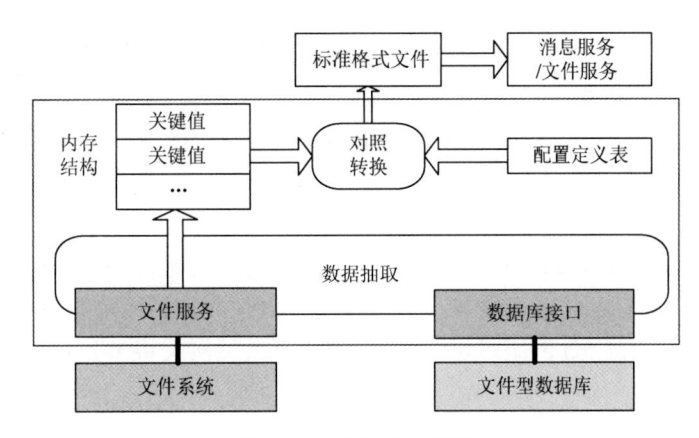

图 3-45 数据封装模块

根据预先设定的配置信息，数据抽取服务从源系统中提取数据，并根据配置信息执行数据存储格式、标识对照和量纲转换等操作，然后将处理后的数据按照配置信息生成标准格式文件。在数据封装过程中，数据抽取服务通过关系型数据库接口和文件传输服务获取数据源，支持从数据表或数据文件中提取数据到内存中。数据封装工具在内存中根据配置表的定义将数据按要求输出为标准格式文件。

1) WIA-PA 与 5G 网络协议转换

（1）WIA-PA 与 5G 网络优先级映射。

为了确保协议转换后的服务质量，以及保障高优先级数据流传输的实时性，需要对工业现场网络数据进行有效管理，设计优先级映射规则。IPv6 协议中包含流量类型字段，用于指定优先级，该字段有 8 位表示。

WIA-PA 数据包定义为 4 种类型，优先级从高到低依次为命令包、数据包、聚合包和确认包。在同种数据包类型中，采用 Pub/Sub 通信模式发送的数据具有较高优先级，而采用客户机/服务器（client/server，C/S）通信模式发送的数据则具有较低的优先级。5G 网络 IPv6 优先级 $P$ 最低优先级级别值对应于最高优先级。IPv6 中的流量类型字段用于定义数据的优先级，通过差分服务点（differentiated services code point，DSCP）来确保数据的服务质量。DSCP 利用 6 比特来表示数据流的优先级，其中高三位比特用于标识 CS0～CS7 的不同优先级级别。因此，结合 WIA-PA 应用层数据包类型与 VCR 类型两个数据特征，将其映射至 5G 网络 IPv6 流量类型字段以保障 WIA-PA 数据在 5G 网络中数据传输的优先级。WIA-PA 数据优先级与 5G 网络 IPv6 优先级 $P$ 映射关系如表 3-3 所示。

表 3-3 WIA-PA 与 5G 网络 IPv6 优先级 $P$ 映射关系

| WIA-PA 数据类型 | VCR 类型 | 5G 网络 IPv6 优先级 $P$ | 流量类型值 |
| --- | --- | --- | --- |
| 命令包 | Pub/Sub | 0 | CS0 |
|  | C/S | 1 | CS1 |
| 数据包 | Pub/Sub | 2 | CS2 |
|  | C/S | 3 | CS3 |
| 聚合包 | Pub/Sub | 4 | CS4 |
|  | C/S | 5 | CS5 |
| 确认包 | Pub/Sub | 6 | CS6 |
|  | C/S | 7 | CS7 |

WIA-PA 根据 4 种数据类型和 2 种 VCR 类型将优先级映射至 5G 网络 IPv6 流量类型字段。WIA-PA 命令包按照 Pub/Sub 和 C/S 不同 VCR 类型分别映射为 5G 网络 IPv6 优先级 CS0 和 CS1，数据包按照 Pub/Sub 和 C/S 不同 VCR 类型分别映射为 5G 网络 IPv6 优先级 CS2 和 CS3，聚合包按照 Pub/Sub 和

C/S 不同 VCR 类型分别映射为 5G 网络 IPv6 优先级 CS4 和 CS5，确认包按照 P/S 和 C/S 不同 VCR 类型分别映射为 5G 网络 IPv6 优先级 CS6 和 CS7。

而当数据从 5G 网络流向 WIA-PA 时，协议转换单元则需要根据映射表将 5G 网络数据类型转换为对应的 WIA-PA 数据包类型，并将其填充到对应的识别数据类型字段中，以确保数据能够正确地被识别和处理。

（2）WIA-PA 与 5G 网络地址映射。

使用网络层 IPv6 地址寻址，为了在 WIA-PA 网内使用对应的地址进行寻址，并且使得 WIA-PA 设备与 5G 网络节点之间能够相互访问，需要设计一种 WIA-PA 对应的地址与 IPv6 地址的映射方法。

当 WIA-PA 设备需要访问 5G 网络时，工业多网络融合新型网关将 WIA-PA 对应的地址映射为对应的 IPv6 地址，通过 5G 网络传输到云平台。当云平台需要访问 WIA-PA 设备时，云平台将目的 IPv6 地址发送到工业多网络融合新型网关，并根据地址映射规则从 IPv6 地址中提取出 WIA-PA 对应的目的地址，然后将数据流按照 WIA-PA 与 5G 网络的映射规则重新生成对应的 WIA-PA 数据流，并转发到对应的 WIA-PA 网内对应的设备。

WIA-PA 设备网络短地址由 1 字节簇地址和 1 字节簇内地址组成，簇地址由网络管理者分配用于区分在同一个 WIA-PA 子网中不同的 WIA-PA 簇，路由设备簇内地址设为 0，现场设备簇内地址由簇头或者网络管理器分配。WIA-PA 利用个域网（personal area network，PAN）标识符来区分不同的 WIA-PA 子网，PAN 标识符用 2 字节表示，通过 PAN 标识符和 WIA-PA 短地址可唯一识别 WIA-PA 网络设备。IPv6 地址总共包含 16 字节，也就是 128 位，通常分为 8 段，每段包含 2 字节。IPv6 的地址分为单播地址、组播地址和任播地址。其中，单播地址包括全球单播地址、本地单播地址、兼容性地址和特殊地址。全球单播地址在 IPv6 网络中类似于 IPv4 的公网地址，可用于全局路由和访问。这种地址类型支持路由前缀的聚合，可以帮助减少全球路由表项的数量。在进行地址映射的过程中，由于 IPv6 地址类型由地址前缀部分决定，将 IPv6 地址的前 3 位设置为全球单播地址前缀，同时将设备对应的地址填充到 IPv6 地址的低 32 位，剩余部分填充 0。WIA-PA 地址与 IPv6 地址映射如图 3-46 所示。这样，通过遵循地址映射规则，5G 网络能够利用 IPv6 地址直接访问 WIA-PA 内的任何设备。

| 001<br>(3 bit) | 0<br>(93 bit) | WIA-PA 设备地址<br>(32 bit) |
| --- | --- | --- |

128 位 5G 网络 IPv6 地址

图 3-46　WIA-PA 地址与 IPv6 地址映射

（3）WIA-PA 与 5G 网络流标签映射。

在 WIA-PA 和 5G 网络中，为了有效区分和识别不同的数据流，它们分别采用了不同的方法。WIA-PA 根据网络特征来识别数据流，而 5G 网络则使用流标签来标记数据流。这样的设计确保了每条数据流在整个网络中能够被唯一识别。

在 WIA-PA 中，通过虚拟通信关系（VCR）定义了不同 WIA-PA 设备之间的数据通信方式。每个 VCR 具有一个 VCR_ID（virtual communication relationship identifier，VCR 标识），其中包含了两个应用对象的地址和类型等属性信息。

同一对 WIA-PA 设备之间可能会通过 VCR 关系传输多种不同类型的数据，而 VCR_ID 则可唯一标识工业现场网络设备之间的每条数据。

在 5G 网络中，引入了 20 位的 IPv6 流标签字段来表示流的概念。5G 网络可以根据流标签对数据流进行特殊处理，从而提供不同的服务质量保障。

为了在 WIA-PA 和 5G 网络之间实现数据流的唯一标识，提出了一种方法将 VCR_ID 转换为流标签。具体做法是利用流标签的低 14 位来承载 WIA-PA 的 VCR_ID，实现了 VCR_ID 与流标签的映射。同时，为了在 5G 网络中能够区分不同的工业现场网络协议数据流，需要在流标签中引入 WIA-PA 协议特性。因此，在 IPv6 流标签的高 6 位中填充了自定义的 WIA-PA 协议类型。这样的设计使得 WIA-PA

的 VCR_ID 和协议类型能够与 5G 网络中的 IPv6 流标签相对应,从而在两种网络中实现了唯一数据流的标识。

(4) WIA-PA 与 5G 网络帧格式转换。

为了实现 5G 网络与 WIA-PA 之间数据的跨网传输,需要考虑 5G 网络与 WIA-PA 之间协议结构的巨大差异性以及通用帧格式定义的不同,设计了一种帧格式转换方法。

工业多网络融合新型网关使用具有物理层、数据链路层、网络层和应用层的四层 WIA-PA 工业网络协议帧结构设备与具有物理层、数据链路层、网络层、传输层和应用层的 5G 网络终端设备进行帧格式转换,如图 3-47 所示。

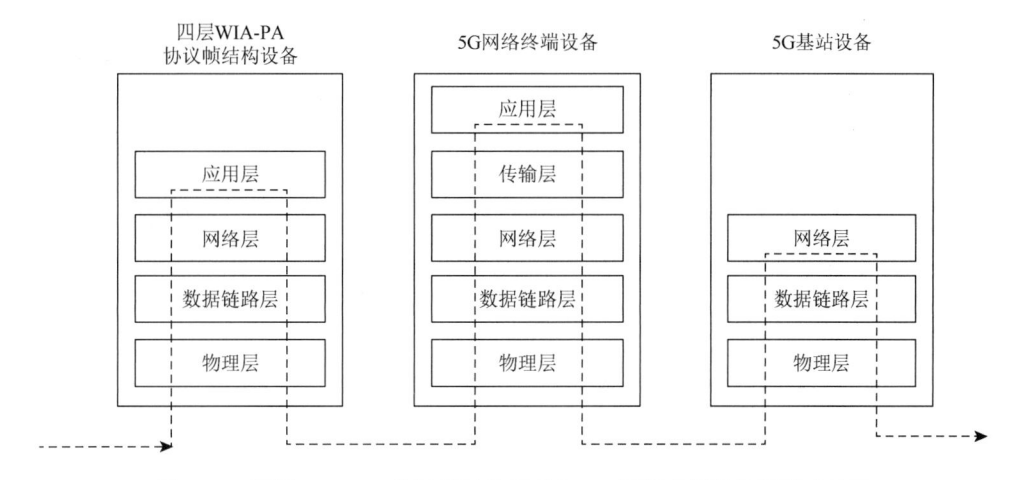

图 3-47 四层 WIA-PA 协议帧结构设备与 5G 网络终端设备帧格式转换

在整个转换过程中,工业多网络融合新型网关需要提取具有物理层、数据链路层、网络层和应用层的 WIA-PA 帧结构中的关键数据部分,在进行映射过后按照 5G 网络 IPv6 协议格式将这些数据组装成新的数据,最后将整体数据转发到 5G 网络中。这种方法可以实现 WIA-PA 到 5G 网络的整体转换,同时能够利用 IPv6 协议中的寻址和路由机制,方便网络管理和维护。在传输层的选择上,虽然 TCP 协议可以通过多种机制保障数据传输的可靠性,但是会对网络的资源造成一定的浪费,并且实时性也不如 UDP 协议高。因此,传输层选择 UDP 协议。

在传输层方面,工业多网络融合新型网关需要将 WIA-PA 中的应用数据填充到 UDP 负载中。在网络层方面,工业多网络融合新型网关需要将 WIA-PA 中的地址转换为 IPv6 地址并且将 WIA-PA 中的优先级映射到流量类型字段中,如图 3-48 所示。

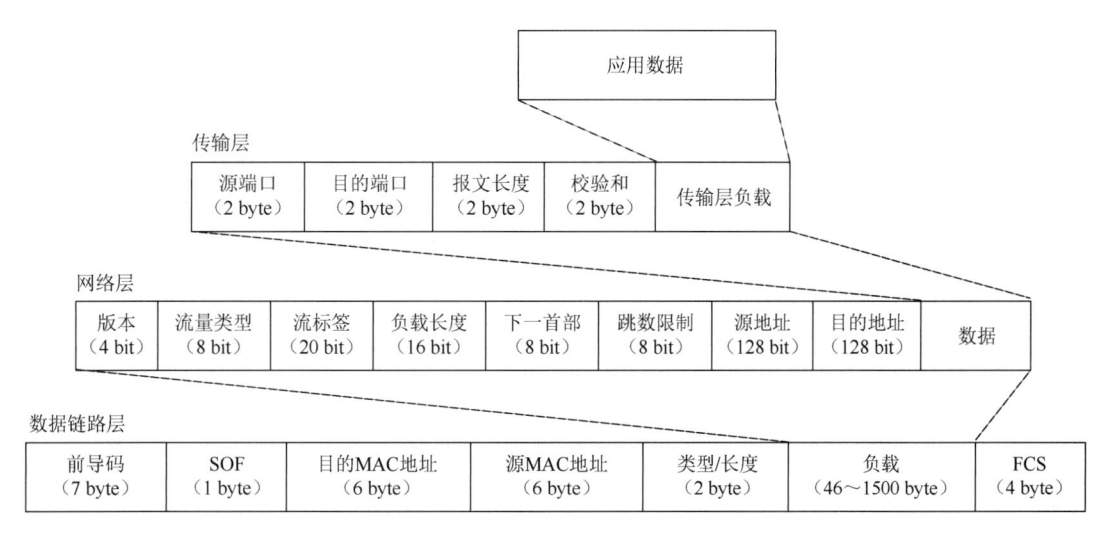

图 3-48 5G-WIA-PA 协议转换 5G 网络终端设备帧格式

2）CAN 与 5G 网络协议转换

（1）CAN 与 5G 网络优先级映射。

为了确保协议转换后的服务质量，以及保障高优先级数据流传输的实时性，需要对 CAN 数据进行有效管理，设计优先级映射规则。IPv6 协议中包含流量类型字段，用于指定优先级，该字段有 8 位。CAN 数据包括高优先级数据、中优先级数据和低优先级数据不同数据类型，需要根据这些类型将对应的优先级映射到 IPv6 报头的流量类型字段。因此，在协议转换过程中，将分析 CAN 数据类型和 IPv6 报头中的优先级字段，然后生成相应的优先级映射表。

在 CAN 总线系统中，每个 CAN 消息都有一个唯一的标识符（identifier），用于区分不同的消息，并根据标识符来确定消息的优先级。CAN 数据的优先级根据标识符的数值大小来定义，数值越小的标识符具有越高的优先级。CAN 数据定义为三种数据类型，即高优先级数据、中优先级数据和低优先级数据，5G 网络 IPv6 优先级 $P$ 的最低值级别对应于最高优先级。IPv6 中的流量类型字段用于定义数据的优先级，通过差分服务点来确保数据的服务质量。DSCP 利用 6 bit 来表示数据流的优先级，其中高三位比特用于标识 CS0~CS7 的不同优先级级别。

因此，结合 CAN 应用层数据类型与标识符两个数据特征，将其映射至 5G 网络 IPv6 流量类型字段以保障 CAN 数据在 5G 网络中数据传输的优先级。CAN 数据优先级与 5G 网络 IPv6 优先级 $P$ 映射关系如表 3-4 所示。

表 3-4  CAN 数据优先级与 5G 网络 IPv6 优先级 $P$ 映射关系

| CAN 数据类型 | 标识符 | 5G 网络 IPv6 优先级 $P$ | 流量类型值 |
| --- | --- | --- | --- |
| 高优先级数据 | 000 | 0 | CS0 |
|  | 001 | 1 | CS1 |
| 中优先级数据 | 010 | 2 | CS2 |
|  | 011 | 3 | CS3 |
|  | 100 | 4 | CS4 |
|  | 101 | 5 | CS5 |
| 低优先级数据 | 110 | 6 | CS6 |
|  | 111 | 7 | CS7 |

CAN 根据 3 种数据类型和 8 种标识符将优先级映射至 5G 网络 IPv6 流量类型字段。高优先级数据按照标识符 000 和 001 分别映射为 5G 网络 IPv6 优先级 CS0 和 CS1，中优先级数据按照标识符 010、011、100 和 101 分别映射为 5G 网络 IPv6 优先级 CS2、CS3、CS4 和 CS5，低优先级数据按照标识符 110 和 111 分别映射为 5G 网络 IPv6 优先级 CS6 和 CS7。

当数据从 5G 网络流向 CAN 时，协议转换单元则需要根据映射表将 5G 网络数据类型转换为对应的 CAN 数据类型，并将其填充到对应的识别数据类型字段中，以确保数据能够正确地被识别和处理。

（2）CAN 与 5G 网络地址映射。

为了在 CAN 网内使用对应的地址进行寻址，并且使 CAN 设备与 5G 网络节点之间能够相互访问，需要设计一种 CAN 对应的地址与 IPv6 地址的映射方法。

当 CAN 设备需要访问 5G 网络时，工业多网络融合新型网关将 CAN 对应的地址映射为对应的 IPv6 地址，通过 5G 网络传输到云平台。当云平台需要访问 CAN 设备时，云平台将目的 IPv6 地址发送到工业多网络融合新型网关，并根据地址映射规则从 IPv6 地址中提取出 CAN 对应的目的地址，然后将数据流按照 CAN 与 5G 网络的映射规则重新生成对应的 CAN 数据流，并转发到对应的 CAN 网内对应的设备。

当节点在 CAN 总线上发送消息时，它发送的消息包括一个 11 位的标识符。这个标识符可以唯一地识别消息的类型和优先级，而不需要像传统的寻址方式那样明确指定接收方的地址。所有的节点都能够同时接收总线上的消息,但只有部分节点会根据标识符来处理特定的消息。当节点接收到消息时,它会检查消息的标识符,如果该标识符与节点预先设定的标识符匹配,那么该节点就会处理这条消息;如果标识符不匹配,节点就会忽略这条消息。

IPv6 地址总共包含 16 字节,也就是 128 位,通常分为 8 段,每段包含 2 字节。IPv6 的地址分为单播地址、组播地址和任播地址。其中,单播地址包括全球单播地址、本地单播地址、兼容性地址和特殊地址。全球单播地址在 IPv6 网络中类似于 IPv4 的公网地址,可用于全局路由和访问。这种地址类型支持路由前缀的聚合,可以帮助减少全球路由表项的数量。在进行地址映射的过程中,由于 IPv6 地址类型由地址前缀部分决定,将 IPv6 地址的前 3 位设置为全球单播地址前缀,同时将 CAN 设备对应的地址填充到 IPv6 地址的低 11 位,剩余部分填充 0。CAN 地址与 IPv6 地址映射如图 3-49 所示。这样,通过遵循地址映射规则,5G 网络能够利用 IPv6 地址直接访问 CAN 内的任何设备。

| 001<br>(3 bit) | 0<br>(114 bit) | CAN设备地址<br>(11 bit) |
| --- | --- | --- |

128位5G网络IPv6地址

图 3-49  CAN 地址与 IPv6 地址映射

(3) CAN 与 5G 网络流标签映射。

在 CAN 和 5G 网络中,为了有效区分和识别不同的数据流,它们分别采用了不同的方法。在 CAN 通信中,并没有直接使用流标识这样的概念。但可以通过定义一组特定标识符来表示数据流的起始、结束和中间部分,或者结合时间戳等方式来实现数据流的识别和处理。这样可以确保数据在 CAN 网络中以一定的顺序和流动性进行传输和处理。而 5G 网络则使用流标签来标记数据流。这样的设计确保了每条数据流在整个网络中能够被唯一识别。

在 5G 网络中,引入了 20 位的 IPv6 流标签字段来表示流的概念。5G 网络可以根据流标签对数据流进行特殊处理,从而提供不同的服务质量保障。

为了在 CAN 和 5G 网络之间实现数据流的唯一标识,提出一种方法将特定标识符转换为流标签。具体做法是利用流标签的低 14 位来承载 CAN 的特定标识符,实现了特定标识符与流标签的映射。同时,为了在 5G 网络中能够区分不同的工业现场网络协议数据流,需要在流标签中引入 CAN 协议特性。因此,在 IPv6 流标签的高 6 位中填充了自定义的 CAN 协议类型。这样的设计使得 CAN 的特定标识符和协议类型能够与 5G 网络中的 IPv6 流标签相对应,从而在两种网络中实现了唯一数据流的标识。

(4) CAN 与 5G 网络帧格式转换。

为了实现 5G 网络与 CAN 之间数据的跨网传输,需要考虑 5G 网络与 CAN 之间协议结构的巨大差异性以及通用帧格式定义的不同,于是设计一种帧格式转换方法。

工业多网络融合新型网关使用具有物理层、数据链路层、网络层和应用层的四层 CAN 协议帧结构设备与具有物理层、数据链路层、网络层、传输层和应用层的 5G 网络终端设备进行帧格式转换,如图 3-50 所示。

在整个转换过程中,工业多网络融合新型网关需要提取具有物理层、数据链路层、网络层和应用层的 CAN 帧结构中的关键数据部分,在进行映射过后按 5G 网络 IPv6 协议格式将这些数据组装成新的数据,最后将整体数据转发到 5G 网络中。这种方法可以实现 CAN 到 5G 网络的整体转换,同时能够利用 IPv6 协议中的寻址和路由机制,方便网络管理和维护。在传输层的选择上,虽然 TCP 协议可以通过多种机制保障数据传输的可靠性,但是对于网络的资源会带来一定的浪费,并且实时性也不如 UDP 协议高。因此,传输层选择了 UDP 协议。

在传输层方面,工业多网络融合新型网关需要将 CAN 中的应用数据填充到 UDP 负载中。在网络层方面,工业多网络融合新型网关需要将 CAN 中的地址转换为 IPv6 地址并且将 CAN 中的优先级映射到流量类型字段中,如图 3-51 所示。

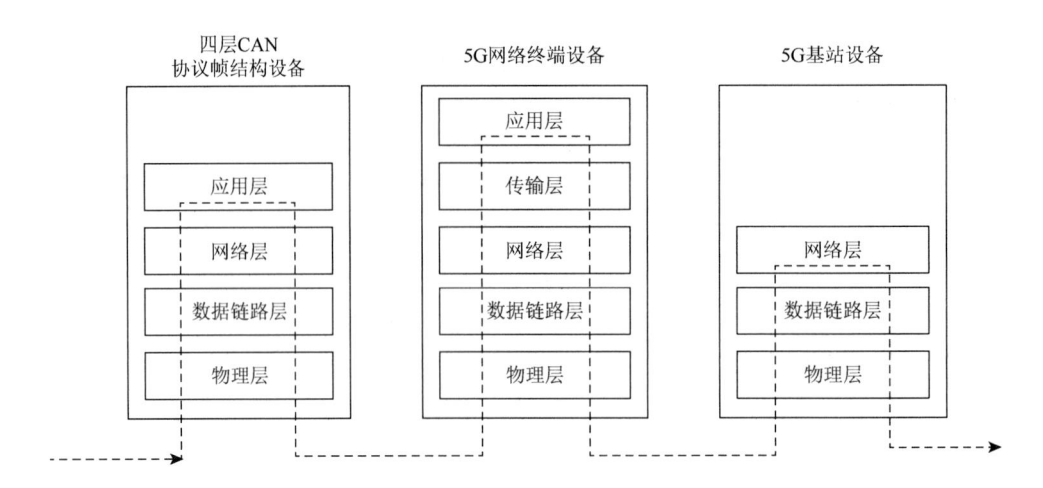

图 3-50 四层 CAN 协议帧结构设备与 5G 网络终端设备帧结构转换

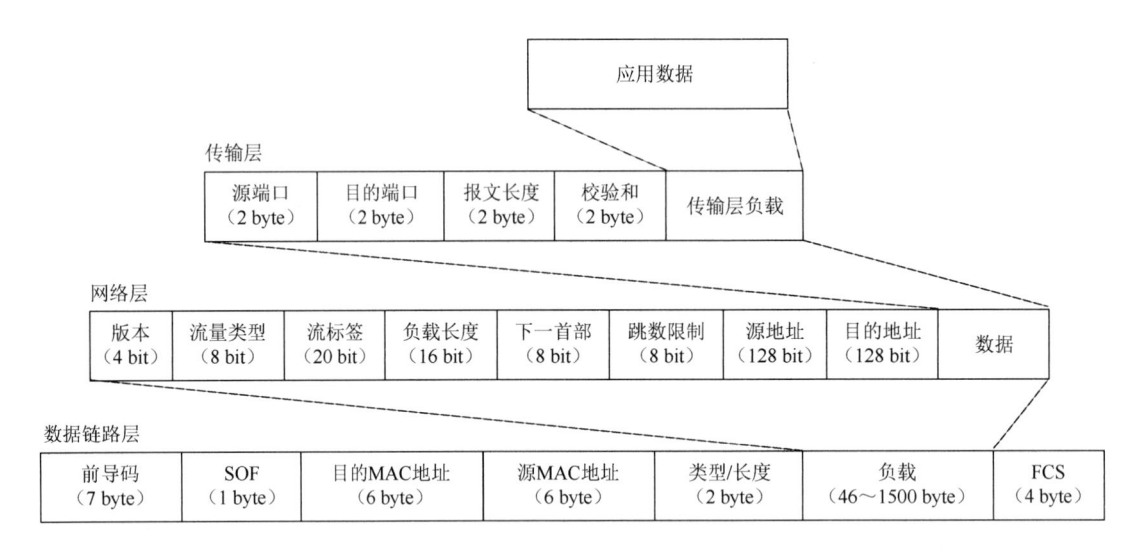

图 3-51 5G-CAN 协议转换 5G 网络终端设备帧格式

3）AUTBUS 与 5G 网络协议转换

（1）AUTBUS 与 5G 网络优先级映射。

为了确保协议转换后的服务质量，以及保障高优先级数据流传输的实时性，需要对 AUTBUS 数据进行有效管理，设计优先级映射规则。IPv6 协议中包含流量类型字段，用于指定优先级，该字段有 8 位表示。AUTBUS 数据包括实时数据、非实时数据和配置数据等不同数据类型，需要根据这些类型将对应的优先级映射到 IPv6 报头的流量类型字段。因此，在协议转换过程中，将分析 AUTBUS 数据类型和 IPv6 报头中的优先级字段，然后生成相应的优先级映射表。

AUTBUS 数据定义为四种数据类型，优先级从高到低依次为实时周期数据、实时非周期数据、非实时数据和配置数据。在同种数据类型中，采用 Pub/Sub 通信模式发送的数据具有较高优先级，而采用 C/S 通信模式发送的数据则具有较低的优先级。5G 网络 IPv6 优先级 $P$ 的最低值级别对应于最高优先级。IPv6 中的流量类型字段用于定义数据的优先级，通过差分服务点来确保数据的服务质量。DSCP 利用 6 bit 来表示数据流的优先级，其中高三位比特用于标识 CS0～CS7 的不同优先级级别。

因此，结合 AUTBUS 应用层数据类型与 VCR 类型两个数据特征，将 AUTBUS 数据类型映射至 5G 网络 IPv6 流量类型字段以保障 AUTBUS 数据在 5G 网络中数据传输的优先级。AUTBUS 数据优先级与 5G 网络 IPv6 优先级 $P$ 映射关系如表 3-5 所示。

表 3-5　AUTBUS 数据优先级与 5G 网络 IPv6 优先级 *P* 映射关系

| AUTBUS 数据类型 | VCR 类型 | 5G 网络 IPv6 优先级 *P* | 流量类型值 |
|---|---|---|---|
| 实时周期数据 | Pub/Sub | 0 | CS0 |
|  | C/S | 1 | CS1 |
| 实时非周期数据 | Pub/Sub | 2 | CS2 |
|  | C/S | 3 | CS3 |
| 非实时数据 | Pub/Sub | 4 | CS4 |
|  | C/S | 5 | CS5 |
| 配置数据 | Pub/Sub | 6 | CS6 |
|  | C/S | 7 | CS7 |

AUTBUS 根据 4 种数据类型和 2 种 VCR 类型将优先级映射至 5G 网络 IPv6 流量类型字段。实时周期数据按照 Pub/Sub 和 C/S 不同，VCR 类型分别映射为 5G 网络 IPv6 优先级 CS0 和 CS1，实时非周期数据按照 Pub/Sub 和 C/S 不同，VCR 类型分别映射为 5G 网络 IPv6 优先级 CS2 和 CS3，非实时数据按照 Pub/Sub 和 C/S 不同，VCR 类型分别映射为 5G 网络 IPv6 优先级 CS4 和 CS5，配置数据按照 Pub/Sub 和 C/S 不同，VCR 类型分别映射为 5G 网络 IPv6 优先级 CS6 和 CS7。

而当数据从 5G 网络流向 AUTBUS 时，协议转换单元则需要根据映射表将 5G 网络数据类型转换为对应的 AUTBUS 数据类型，并将其填充到对应的识别数据类型字段中，以确保数据能够正确地被识别和处理。

（2）AUTBUS 与 5G 网络地址映射。

为了在 AUTBUS 网内使用对应的地址进行寻址，并且使 AUTBUS 设备与 5G 网络节点之间能够相互访问，需要设计一种 AUTBUS 对应的地址与 IPv6 地址的映射方法。

当 AUTBUS 设备需要访问 5G 网络时，工业多网络融合新型网关将 AUTBUS 对应的地址映射为对应的 IPv6 地址，通过 5G 网络传输到云平台。当云平台需要访问 AUTBUS 设备时，云平台将目的 IPv6 地址发送到工业多网络融合新型网关，并根据地址映射规则从 IPv6 地址中提取出 AUTBUS 对应的目的地址，然后将数据流按照 AUTBUS 与 5G 网络的映射规则重新生成对应的 AUTBUS 数据流，并转发到对应的 AUTBUS 网内对应的设备。

AUTBUS 使用 NAOID（network addressable object identifier，网络可寻址对象标识符）进行寻址，NAOID 是由四个 8 位字节构成的数字，其中包括域 ID、设备 ID 和应用对象 ID，其字段结构如图 3-52 所示。

| 域 ID（1 byte） | 设备 ID（2 byte） | 应用对象 ID（1 byte） |
|---|---|---|

图 3-52　NAOID 字段结构

域 ID 表示节点所属的总线域，可以标识 AUTBUS 网络中的 8 个虚拟总线域。设备 ID 用于标识节点所在的设备编号，其中 0x0000 表示本节点的初始化 ID，0x0001~0xDFFF 表示节点有效 ID，0xE000~0xE0FF 表示节点所属的组播组编号，0xFFFF 表示域内所有节点的广播类型 ID。应用对象 ID 用于标识设备上的应用对象，有效值为 0x00~0xFE，设备上只有一个应用对象时，字段取值为 0x00，取值为 0xFF 时表示该设备上的所有应用对象。

通过 NAOID 的组合，可以实现对 AUTBUS 网络中每个设备的应用对象进行标识，保证每个节点上的应用对象都有唯一的 NAOID。对于每个节点，其 NAOID 由其所属的总线域、设备编号和应用对象编号共同确定，可以唯一标识该节点上的应用对象。例如，一个节点的 NAOID 为 0x010100，表示它属于第一个虚拟总线域，设备编号为 1，应用对象编号为 0。

IPv6 地址总共包含 16 字节，也就是 128 位，通常分为 8 段，每段包含 2 字节。IPv6 的地址分为单播地址、组播地址和任播地址。其中，单播地址包括全球单播地址、本地单播地址、兼容性地址和特殊地址。全球单播地址在 IPv6 网络中类似于 IPv4 的公网地址，可用于全局路由和访问。这种地址类型支持路由前缀的聚合，可以帮助减少全球路由表项的数量。在进行地址映射的过程中，由于 IPv6 地址类型由地址前缀部分决定，将 IPv6 地址的前 3 位设置为全球单播地址前缀，同时将设备对应的地址填充到 IPv6 地址的低 32 位，剩余部分填充 0。AUTBUS 地址与 IPv6 地址映射如图 3-53 所示。这样，通过遵循地址映射规则，5G 网络能够利用 IPv6 地址直接访问 AUTBUS 内的任何设备。

| 001<br>(3 bit) | 0<br>(93 bit) | AUTBUS设备地址<br>(32 bit) |
| --- | --- | --- |

128位5G网络IPv6地址

图 3-53　AUTBUS 地址与 IPv6 地址映射

（3）AUTBUS 与 5G 网络流标签映射。

在 WIA-PA 和 5G 网络中，为了有效区分和识别不同的数据流，它们分别采用了不同的方法。AUTBUS 中使用 DataID 实现流标识，DataID 由 BlockID 和源 NodeID 组成，而 5G 网络则使用流标签来标记数据流。这样的设计确保了每条数据流在整个网络中能够被唯一识别。

在 5G 网络中，引入了 20 位的 IPv6 流标签字段来表示流的概念。5G 网络可以根据流标签对数据流进行特殊处理，从而提供不同的服务质量保障。

为了在 AUTBUS 和 5G 网络之间实现数据流的唯一标识，提出一种方法将 DataID 转换为流标签。具体做法是利用流标签的低 14 位来承载 AUTBUS 的 DataID，实现了 DataID 与流标签的映射。同时，为了在 5G 网络中能够区分不同的工业现场网络协议数据流，需要在流标签中引入 AUTBUS 协议特性。因此，在 IPv6 流标签的高 6 位中填充了自定义的 AUTBUS 协议类型。这样的设计使得 AUTBUS 的 DataID 和协议类型能够与 5G 网络中的 IPv6 流标签相对应，从而在两种网络中实现了唯一数据流的标识。

（4）AUTBUS 与 5G 网络帧格式转换。

为了实现 5G 网络与 AUTBUS 之间数据的跨网传输，需要考虑 5G 网络与 WIA-PA 之间协议结构的巨大差异性以及通用帧格式定义的不同，研究人员设计了一种帧格式转换方法。

工业多网络融合新型网关使用具有物理层、数据链路层和应用层的三层 AUTBUS 协议帧结构设备与具有物理层、数据链路层、网络层、传输层和应用层的 5G 网络终端设备进行帧格式转换，如图 3-54 所示；在整个转换过程中，工业多网络融合新型网关需要提取具有物理层、数据链路层和应用层的

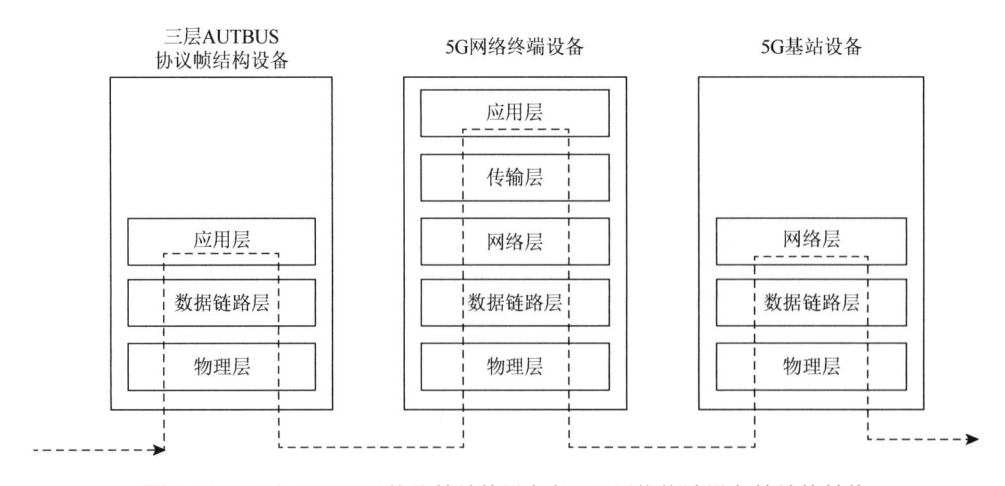

图 3-54　三层 AUTBUS 协议帧结构设备与 5G 网络终端设备帧结构转换

AUTBUS 协议帧结构中的关键数据部分，在进行映射过后，将这些数据按照 5G 网络 IPv6 协议格式组装成新的数据，最后将整体数据转发到 5G 网络中。这种方法可以实现 AUTBUS 到 5G 网络的整体转换，同时能够利用 IPv6 协议中的寻址和路由机制，方便网络管理和维护。在传输层的选择上，虽然 TCP 协议可以通过多种机制保障数据传输的可靠性，但是对于网络的资源会造成一定的浪费，并且实时性也不如 UDP 协议高。因此，传输层选择了 UDP 协议。

在传输层方面，工业多网络融合新型网关需要将 AUTBUS 中的应用数据填充到 UDP 负载中。在网络层方面，工业多网络融合新型网关需要将 AUTBUS 中的地址转换为 IPv6 地址并且将 AUTBUS 中的优先级映射到流量类型字段中，如图 3-55 所示。

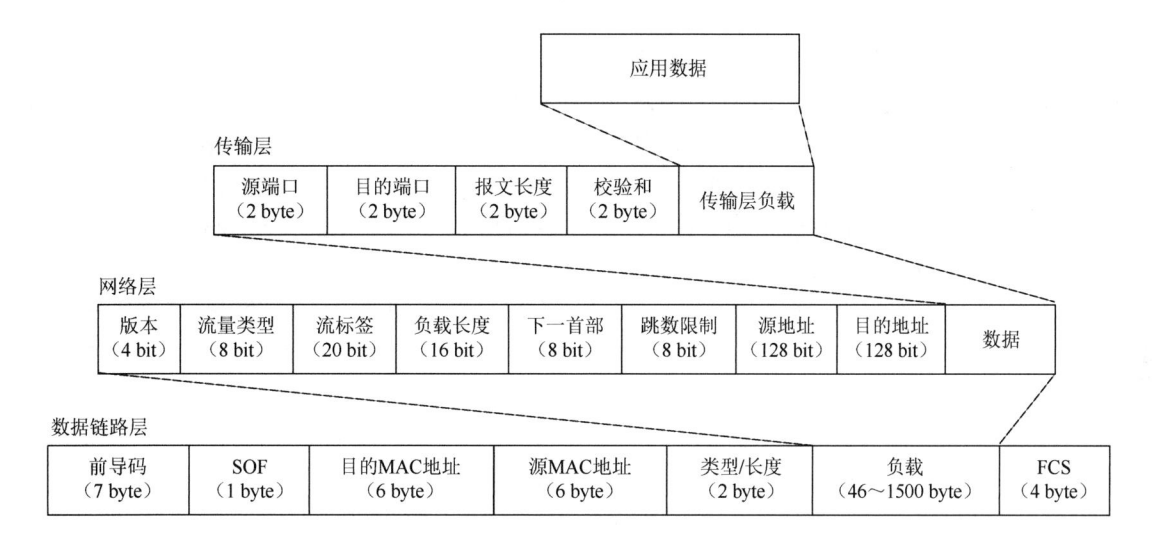

图 3-55　5G-AUTBUS 协议转换 5G 网络终端设备帧格式

4）Modbus TCP 与 5G 网络协议转换

（1）Modbus TCP 与 5G 网络优先级映射。

为了确保协议转换后的服务质量，以及保障高优先级数据流传输的实时性，需要对 Modbus TCP 数据进行有效管理，设计优先级映射规则。

IPv6 协议中包含流量类型字段，用于指定优先级，该字段有 8 位表示。Modbus TCP 用 1 个字节功能码来表示数据帧功能，功能码包括公共功能码、用户自定义功能码和保留功能码。Modbus TCP 功能码能够体现数据传输的紧急性，并且最低优先级级别值对应于最高优先级。需要根据这些功能码将对应的优先级映射到 IPv6 报头的流量类型字段。因此，在 Modbus TCP 与 5G 网络协议转换过程中，将分析 Modbus TCP 功能码和 IPv6 报头中的优先级字段，然后生成相应的优先级映射表。

5G 网络 IPv6 优先级 $P$ 的最低值级别对应于最高优先级。IPv6 中的流量类型字段用于定义数据的优先级，通过差分服务点来确保数据的服务质量。DSCP 利用 6 bit 来表示数据流的优先级，其中高三位比特用于标识 CS0～CS7 的不同优先级级别。

因此，结合 Modbus TCP 功能码，将 Modbus TCP 功能码映射至 5G 网络 IPv6 流量类型字段，以保障 Modbus TCP 数据在 5G 网络中数据传输的优先级。Modbus TCP 数据优先级与 5G 网络 IPv6 优先级 $P$ 映射关系如表 3-6 所示。

表 3-6　Modbus TCP 数据优先级与 5G 网络 IPv6 优先级 $P$ 映射关系

| Modbus TCP 功能码 | 5G 网络 IPv6 优先级 $P$ | 流量类型值 |
| --- | --- | --- |
| 01 | 0 | CS0 |
| 02 | 1 | CS1 |

续表

| Modbus TCP 功能码 | 5G 网络 IPv6 优先级 $P$ | 流量类型值 |
| --- | --- | --- |
| 03 | 2 | CS2 |
| 04 | 3 | CS3 |
| 05~21 | 4 | CS4 |
| 22~72 | 5 | CS5 |
| 73~119 | 6 | CS6 |
| 120~255 | 7 | CS7 |

Modbus TCP 根据 8 类功能码将优先级映射至 5G 网络 IPv6 流量类型字段。Modbus TCP 功能码 01 映射为 5G 网络 IPv6 优先级 CS0，Modbus TCP 功能码 02 映射为 5G 网络 IPv6 优先级 CS1，Modbus TCP 功能码 03 映射为 5G 网络 IPv6 优先级 CS2，Modbus TCP 功能码 04 映射为 5G 网络 IPv6 优先级 CS3，Modbus TCP 功能码 05~21 映射为 5G 网络 IPv6 优先级 CS4，Modbus TCP 功能码 22~72 映射为 5G 网络 IPv6 优先级 CS5，Modbus TCP 功能码 73~119 映射为 5G 网络 IPv6 优先级 CS6，Modbus TCP 功能码 120~255 映射为 5G 网络 IPv6 优先级 CS7。

当数据从 5G 网络流向 Modbus TCP 时，协议转换单元则需要根据映射表将 5G 网络数据类型转换为对应的 Modbus TCP 数据类型，并将其填充到对应的识别数据类型字段中，以确保数据能够正确地被识别和处理。

（2）Modbus TCP 与 5G 网络地址映射。

为了在 Modbus TCP 网内使用对应的地址进行寻址，并且使 Modbus TCP 设备与 5G 网络节点之间能够相互访问，需要设计一种 Modbus TCP 对应的地址与 IPv6 地址的映射方法。

当 Modbus TCP 设备需要访问 5G 网络时，工业多网络融合新型网关将 Modbus TCP 对应的地址映射为对应的 IPv6 地址，通过 5G 网络传输到云平台。当云平台需要访问 Modbus TCP 设备时，云平台将 IPv6 目的地址发送到工业多网络融合新型网关，并根据地址映射规则从 IPv6 地址中提取出 Modbus TCP 对应的目的地址，然后将数据流按照 Modbus TCP 与 5G 网络的映射规则重新生成 Modbus TCP 数据流，并转发到 Modbus TCP 网内对应的设备。

Modbus TCP 采用 IPv4 地址寻址。IPv6 地址总共包含 16 字节，也就是 128 位，通常分为 8 段，每段包含 2 个字节。IPv6 的地址分为单播地址、组播地址和任播地址。其中，单播地址包括全球单播地址、本地单播地址、兼容性地址和特殊地址。全球单播地址在 IPv6 网络中类似于 IPv4 的公网地址，可用于全局路由和访问。这种地址类型支持路由前缀的聚合，可以帮助减少全球路由表项的数量。在进行地址映射的过程中，IPv6 地址类型由地址前缀部分决定，故将 IPv6 地址的前 3 位设置为全球单播地址前缀，同时将设备对应的地址填充到 IPv6 地址的低 16 位，剩余部分填充 0。Modbus TCP 地址与 IPv6 地址映射如图 3-56 所示。这样，通过遵循地址映射规则，5G 网络能够利用 IPv6 地址直接访问 Modbus TCP 内的任何设备。

| 001<br>（3 bit） | 0<br>（109 bit） | Modbus TCP设备地址<br>（16 bit） |
| --- | --- | --- |

128位5G网络IPv6地址

图 3-56 Modbus TCP 地址与 IPv6 地址映射

（3）Modbus TCP 与 5G 网络流标签映射。

在 Modbus TCP 和 5G 网络中，为了有效区分和识别不同的数据流，它们分别采用了不同的方法。Modbus TCP 结合单元标识符和功能码可识别一个从站设备的数据流，而 5G 网络则使用流标签来标记数据流。这样的设计确保了每条数据流在整个网络中能够被唯一识别。

在 5G 网络中，引入了 20 位的 IPv6 流标签字段来表示流的概念。5G 网络可以根据流标签对数据流进行特殊处理，从而提供不同的服务质量保障。

为了在 Modbus TCP 和 5G 网络之间实现数据流的唯一标识，提出一种方法将单元标识符和功能码映射至 20 位的 IPv6 流标签的低 14 位。同时，为了在 5G 网络中能够区分不同的工业现场网络协议数据流，需要在流标签中引入 Modbus TCP 协议特性。因此，在 IPv6 流标签的高 6 位中填充了自定义的 Modbus TCP 协议类型。这样的设计使得 Modbus TCP 的单元标识符、功能码和协议类型能够与 5G 网络中的 IPv6 流标签相对应，从而在两种网络中实现了唯一数据流的标识。

（4）Modbus TCP 与 5G 帧格式转换。

为了实现 5G 网络与 Modbus TCP 之间数据的跨网传输，需要考虑 5G 网络与 Modbus TCP 之间协议结构的巨大差异性以及通用帧格式定义的不同，研究人员设计了一种帧格式转换方法。

工业多网络融合新型网关使用具有物理层、数据链路层、网络层、传输层和应用层的五层 Modbus TCP 协议帧结构设备与具有物理层、数据链路层、网络层、传输层和应用层的 5G 网络终端设备进行帧结构转换，如图 3-57 所示。在整个转换过程中，工业多网络融合新型网关需要提取具有物理层、数据链路层、网络层、传输层和应用层的 Modbus TCP 帧结构中的关键数据部分，在进行映射之后将这些数据按照 5G 网络 IPv6 协议格式组装成新的数据，最后将整体数据转发到 5G 网络中。这种方法可以实现 Modbus TCP 到 5G 网络的整体转换，同时能够利用 IPv6 协议中的寻址和路由机制，方便网络管理和维护。在传输层的选择上，虽然 TCP 协议可以通过多种机制保障数据传输的可靠性，但是对于网络的资源会带来一定的浪费，并且实时性也不如 UDP 协议高。因此，传输层选择了 UDP 协议。

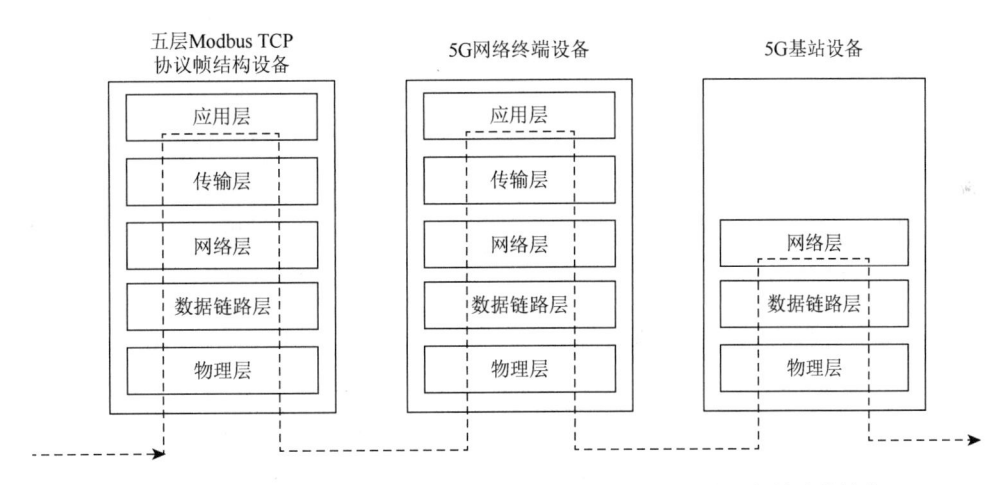

图 3-57 五层 Modbus TCP 协议帧结构设备与 5G 网络终端设备帧结构转换

在传输层方面，工业多网络融合新型网关需要将 Modbus TCP 中的应用数据填充到 UDP 负载中。在网络层方面，工业多网络融合新型网关需要将 Modbus TCP 中的地址转换为 IPv6 地址，并且将 Modbus TCP 中的优先级映射到流量类型字段中，如图 3-58 所示。

5）6TiSCH 与 5G 网络协议转换

（1）6TiSCH 与 5G 网络优先级映射。

为了确保协议转换后的服务质量，以及保障高优先级数据流传输的实时性，需要对工业现场网络数据进行有效管理，研究人员设计了优先级映射规则。IPv6 协议中包含流量类型字段，用于指定优先级，该字段有 8 位表示。

6TiSCH 数据定义为四种类型，即紧急优先级数据、高优先级数据、中优先级数据和低优先级数据，5G 网络 IPv6 优先级 $P$ 最低值级别对应于最高优先级。IPv6 中的流量类型字段用于定义数据的优先级，通过差分服务点来确保数据的服务质量。DSCP 利用 6 bit 来表示数据流的优先级，其中高三位比特用

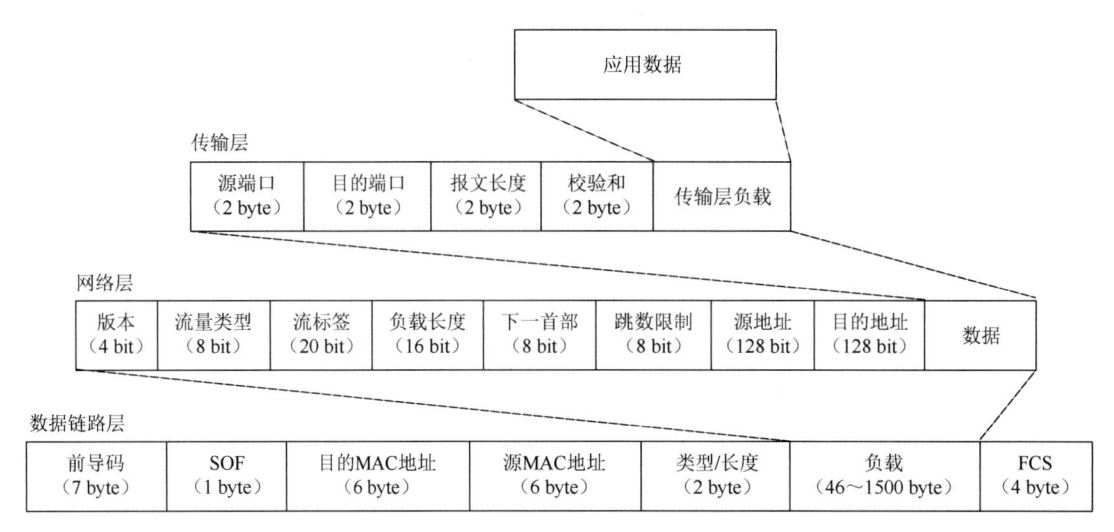

图 3-58 5G-Modbus TCP 协议转换 5G 网络终端设备帧格式

于标识 CS0~CS7 的不同优先级级别。因此，利用 6TiSCH 应用层数据包类型，将其映射至 5G 网络 IPv6 流量类型字段以保障 6TiSCH 数据在 5G 网络中数据传输的优先级。6TiSCH 数据优先级与 5G 网络 IPv6 优先级 $P$ 映射关系如表 3-7 所示。

表 3-7　6TiSCH 数据优先级与 5G 网络 IPv6 优先级 $P$ 映射关系

| 6TiSCH 数据类型 | 5G 网络 IPv6 优先级 $P$ | 流量类型值 |
| --- | --- | --- |
| 紧急优先级数据 | 0 | CS0 |
|  | 1 | CS1 |
| 高优先级数据 | 2 | CS2 |
|  | 3 | CS3 |
| 中优先级数据 | 4 | CS4 |
|  | 5 | CS5 |
| 低优先级数据 | 6 | CS6 |
|  | 7 | CS7 |

6TiSCH 根据 4 种数据类型将优先级映射至 5G 网络 IPv6 流量类型字段。6TiSCH 紧急优先级数据分别映射为 5G 网络 IPv6 优先级 CS0 和 CS1，6TiSCH 高优先级数据分别映射为 5G 网络 IPv6 优先级 CS2 和 CS3，6TiSCH 中优先级数据分别映射为 5G 网络 IPv6 优先级 CS4 和 CS5，6TiSCH 低优先级数据分别映射为 5G 网络 IPv6 优先级 CS6 和 CS7。

而当数据从 5G 网络流向 6TiSCH 时，协议转换单元则需要根据映射表将 5G 网络数据类型转换为对应的 6TiSCH 数据包类型，并将其填充到对应的识别数据类型字段中，以确保数据能够正确地被识别和处理。

（2）6TiSCH 与 5G 网络地址映射。

为了在 6TiSCH 网内使用对应的地址进行寻址，并且使 6TiSCH 设备与 5G 网络节点之间能够相互访问，需要设计一种 6TiSCH 对应的地址与 IPv6 地址的映射方法。

当 6TiSCH 设备需要访问 5G 网络时，工业多网络融合新型网关将 6TiSCH 对应的地址映射为对应的 IPv6 地址，通过 5G 网络传输到云平台。当云平台需要访问 6TiSCH 设备时，云平台将 IPv6 目的地址发送到工业多网络融合新型网关，并根据地址映射规则从 IPv6 地址中提取出 6TiSCH 对应的目的地址，然后将数据流按照 6TiSCH 与 5G 网络的映射规则重新生成对应的 6TiSCH 数据流，并转发到对应的 6TiSCH 网内对应的设备。

6TiSCH 采用 IPv6 地址寻址。IPv6 地址总共包含 16 字节，也就是 128 位，通常分为 8 段，每段包含 2 字节。IPv6 的地址分为单播地址、组播地址和任播地址。其中，单播地址包括全球单播地址、本地单播地址、兼容性地址和特殊地址。全球单播地址在 IPv6 网络中类似于 IPv4 的公网地址，可用于全局路由和访问。这种地址类型支持路由前缀的聚合，可以帮助减少全球路由表项的数量。在进行地址映射的过程中，IPv6 地址类型由地址前缀部分决定，故将 IPv6 地址的前 3 位设置为全球单播地址前缀，又由于 6TiSCH 采用 IPv6 地址寻址，所以剩余 125 位填充 6TiSCH 设备对应的地址。6TiSCH 地址与 IPv6 地址映射如图 3-59 所示。这样，通过遵循地址映射规则，5G 网络能够利用 IPv6 地址直接访问 6TiSCH 内的任何设备。

图 3-59 6TiSCH 地址与 IPv6 地址映射

（3）6TiSCH 与 5G 网络流标签映射。

为了有效区分和识别不同的数据流，6TiSCH 和 5G 网络分别采用了不同的方法。在 6TiSCH 中，流标签的字段通常是流 ID（flow ID）字段。流 ID 用于唯一标识数据流，以便网络能够对其进行识别和管理。5G 网络使用流标签来标记数据流。这样的设计确保了每条数据流在整个网络中能够被唯一识别。

在 5G 网络中，引入了 20 位的 IPv6 流标签字段来表示流的概念。5G 网络可以根据流标签对数据流进行特殊处理，从而提供不同的服务质量保障。

为了在 6TiSCH 和 5G 网络之间实现数据流的唯一标识，研究人员提出了一种方法将 6TiSCH 的流 ID 映射至 20 位的 IPv6 流标签的低 14 位。同时，为了在 5G 网络中能够区分不同的工业现场网络协议数据流，需要在流标签中引入 6TiSCH 协议特性。因此，在 IPv6 流标签的高 6 位中填充了自定义的 6TiSCH 协议类型。这样的设计使得 6TiSCH 的流 ID 和协议类型能够与 5G 网络中的 IPv6 流标签相对应，从而在两种网络中实现了唯一数据流的标识。

（4）6TiSCH 与 5G 帧格式转换。

为了实现 5G 网络与 6TiSCH 之间数据的跨网传输，需要考虑 5G 网络与 Modbus TCP 之间协议结构的巨大差异性以及通用帧格式定义的不同，研究人员设计了一种帧格式转换方法。

工业多网络融合新型网关使用具有物理层、数据链路层、网络层、传输层和应用层的五层 6TiSCH 协议帧结构设备与具有物理层、数据链路层、网络层、传输层和应用层的 5G 网络终端设备进行帧结构转换，如图 3-60 所示。在整个转换过程中，工业多网络融合新型网关需要提取具有物理层、数据链路层、网络层、传输层和应用层的 6TiSCH 帧结构中的关键数据部分，在进行映射过后将这些数据按照 5G 网络 IPv6 协议格式组装成新的数据，最后将整体数据转发到 5G 网络中。这种方法可以实现 6TiSCH

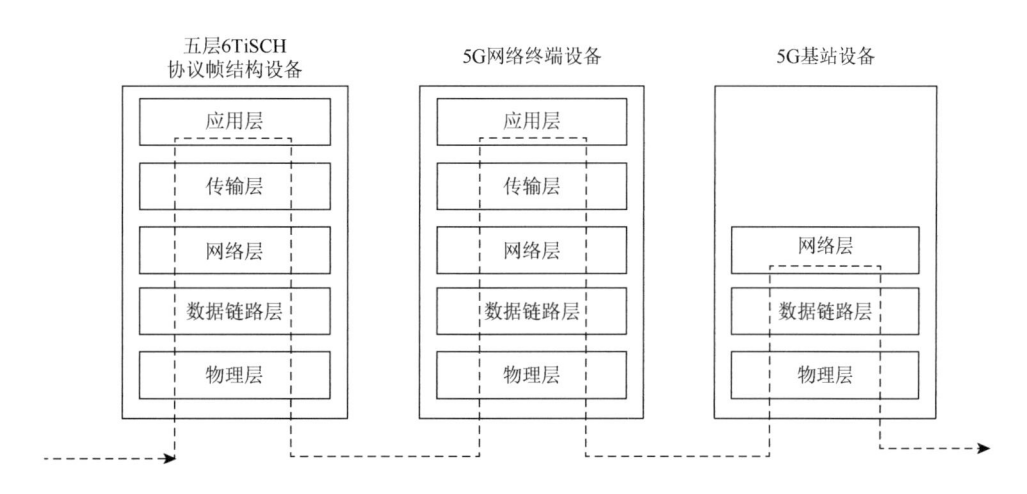

图 3-60 五层 6TiSCH 协议帧结构设备与 5G 网络终端设备帧结构转换

到 5G 网络的整体转换，同时能够利用 IPv6 协议中的寻址和路由机制，方便网络管理和维护。在传输层的选择上，虽然 TCP 协议可以通过多种机制保障数据传输的可靠性，但是对于网络的资源会造成一定的浪费，并且实时性也不如 UDP 协议高。因此，传输层选择了 UDP 协议。

在传输层方面，工业多网络融合新型网关需要将 6TiSCH 中的应用数据填充到 UDP 负载中。在网络层方面，工业多网络融合新型网关需要将 6TiSCH 中的优先级映射到流量类型字段中，如图 3-61 所示。

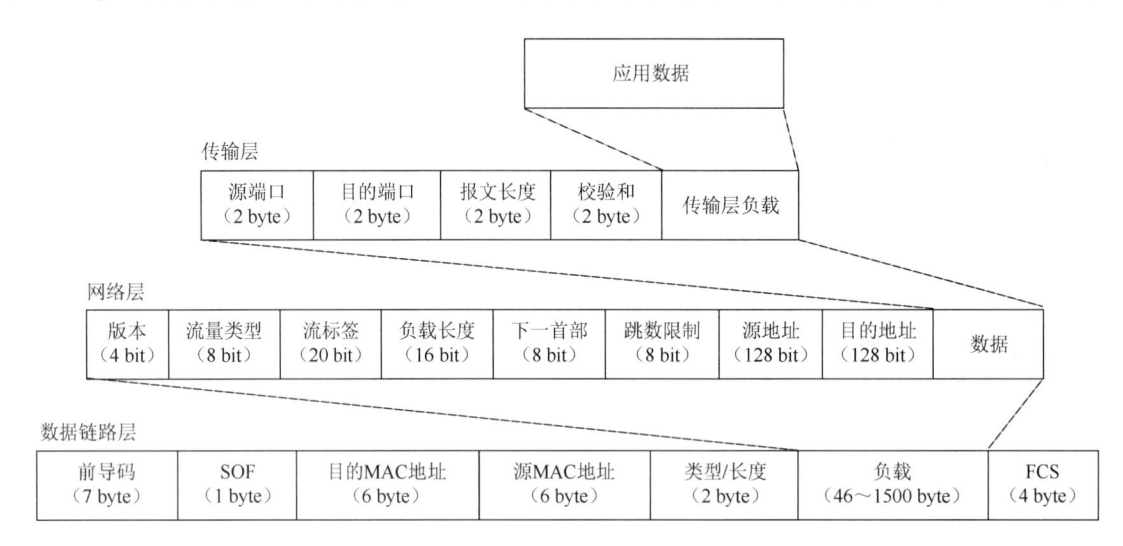

图 3-61　5G-6TiSCH 协议转换 5G 网络终端设备帧格式

**3. 并行处理模块软件设计**

1）数据并行处理方法设计

为了改善工业现场网络与 5G 网络之间的协议转换，研究人员研发了一种并行处理方法，可以同时执行多种协议转换并提高转换速度。工业多网络融合新型网关通过各种接口与工业现场网络设备连接，在主进程中启动多个工业现场网络协议转换线程，利用系统调用接口访问设备以获取数据。工业多网络融合新型网关采用数据并行处理，根据不同协议转换任务需求，线程读取相应缓存，判断工业现场网络数据类型与有效性，将其转换为 5G 网络数据。通过多因素的 5G 传输队列优先级排序，为转换后的 5G 网络数据确定发送优先级，然后按照统一的优先级依次发送数据。整体设计如图 3-62 所示。

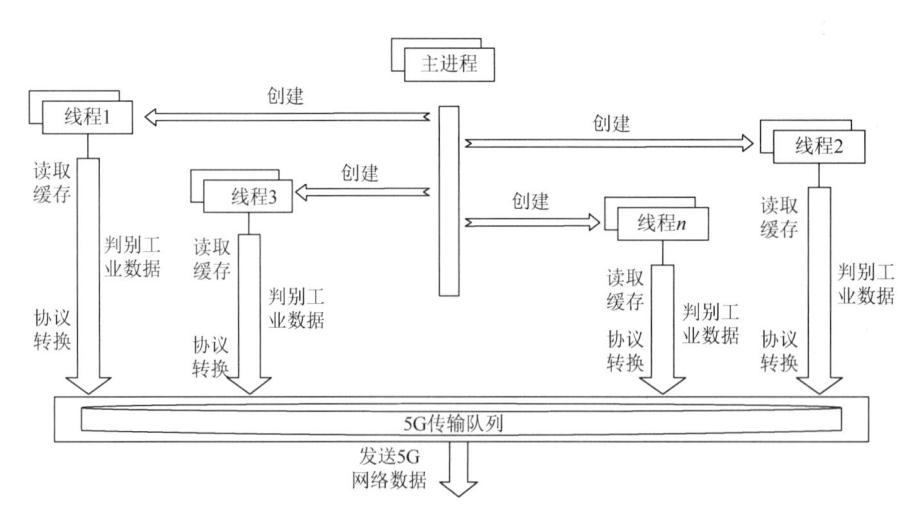

图 3-62　工业多网络融合新型网关数据并行处理整体设计图

2）基于多因素的传输队列优先级排序方法设计

为了确保经过工业多网络融合新型网关的异构网络数据流传输时延确定性，工业多网络融合新型

网关根据剩余时间 $\mathrm{TS}_{Nt,P}$，能够将具有较紧迫截止时间的数据置于优先级较高的位置，以确保这些数据能够按时传输，满足实时应用的需求；同时，工业多网络融合新型网关根据数据流本身的优先级 $P$，能够确保重要数据的优先传输，以满足业务的关键需求。这样的优先级排序方法可以最大化带宽利用率，提高通信效率。

用户设定期望协议转换时间 $T'_{Nt,P}$，该时间为用户所能容忍的最大工业多网络融合新型网关的协议转换处理时间。

工业多网络融合新型网关计算转换完成后的数据流的剩余时间 $\mathrm{TS}_{Nt,P}$，工业多网络融合新型网关根据实际的读取缓存时间 $T'_{Nt,P,\mathrm{r}}$、实际的判断协议类型时间 $T'_{Nt,P,\mathrm{d}}$ 和实际的转换执行时间 $T'_{Nt,P,\mathrm{t}}$，计算出剩余时间 $\mathrm{TS}_{Nt,P}$，公式为

$$\mathrm{TS}_{Nt,P} = T'_{Nt,P} - T'_{Nt,P,\mathrm{r}} - T'_{Nt,P,\mathrm{d}} - T'_{Nt,P,\mathrm{t}} \tag{3-7}$$

根据剩余时间 $\mathrm{TS}_{Nt,P}$ 和数据流本身的优先级 $P$ 两个因素，设计一种基于多因素的传输队列优先级排序方法。在这种方法中，数据流本身的优先级 $P$ 越高和剩余时间 $\mathrm{TS}_{Nt,P}$ 越短的数据流将被优先传输，数据流本身的优先级 $P$ 越低和剩余时间 $\mathrm{TS}_{Nt,P}$ 越长的数据流将被推迟或放在队列的末尾传输。对于数据流的 5G 传输队列优先级 Ps，工业多网络融合新型网关定义二元函数 $F(\mathrm{TS}_{Nt,P}, P)$，其中 $P$ 为转换后的数据优先级，每条数据流在 5G 传输队列的优先级由剩余时间 $\mathrm{TS}_{Nt,P}$ 和优先级 $P$ 两个影响因素共同计算得出；定义剩余时间 $\mathrm{TS}_{Nt,P}$ 的权重系数为 $\alpha$、优先级 $P$ 的权重系数为 $\beta$（$\alpha+\beta=1$），从而每条数据流在 5G 传输队列的优先级值 Ps 为

$$\mathrm{Ps} = F(\mathrm{TS}_{Nt,P}, P) = \alpha \cdot \mathrm{TS}_{Nt,P} + \beta \cdot P \tag{3-8}$$

工业多网络融合新型网关通过式（3-7）和式（3-8）计算出每条数据流在 5G 传输队列的优先级 Ps 并将优先级从小到大排序。若数据流在工业多网络融合新型网关的 5G 传输队列的优先级 Ps 相同，则在优先级 Ps 的基础上，工业多网络融合新型网关通过对比数据流，根据用户需求设置经过工业多网络融合新型网关的协议转换时间 $T'_{Nt,P}$、$T'_{Nt,P}$ 越小，则 Ps 越小。最低的优先级值对应于最高优先级，使得优先级值为 $N$ 的数据流优先于优先级值更高（即 $N+1$、$N+2$ 等）的数据流；工业多网络融合新型网关为每条数据流在 5G 传输队列的优先级 Ps 进行赋值，优先级 Ps 最小的数据流赋值为 1，依次累加 1，数据流在工业多网络融合新型网关的 5G 传输队列的优先级 Ps 分别对应 $2, 3, \cdots, N$。工业多网络融合新型网关根据数据流对应的优先级 Ps 将数据流依次发送到 5G 网络中。

4. 工业多网络融合新型网关协议转换测试

1）工业多网络融合新型网关支持 5G-WIA-PA 协议转换测试

5G-WIA-PA 协议转换测试系统实物图如图 3-63 所示。

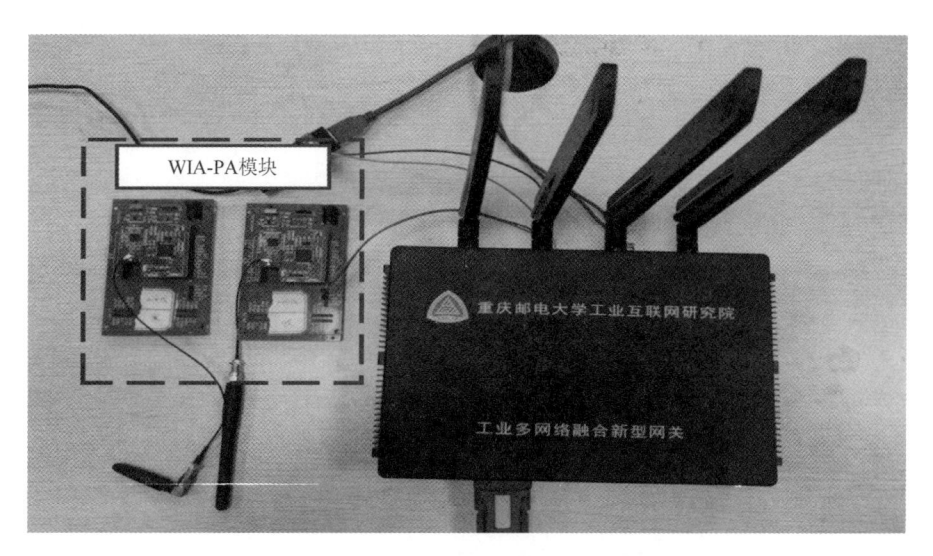

图 3-63　5G-WIA-PA 协议转换测试系统实物图

WIA-PA 模块通过 UART2 接口向工业多网络融合新型网关发送 WIA-PA 数据，工业多网络融合新型网关将 WIA-PA 数据转换为 5G 报文后经由基站和核心网发送到云平台（图 3-64）；然后，云平台将收到的 5G 报文经由核心网和基站转发到工业多网络融合新型网关上；工业多网络融合新型网关接收到该 5G 报文后，再将该 5G 报文转换为 WIA-PA 数据。

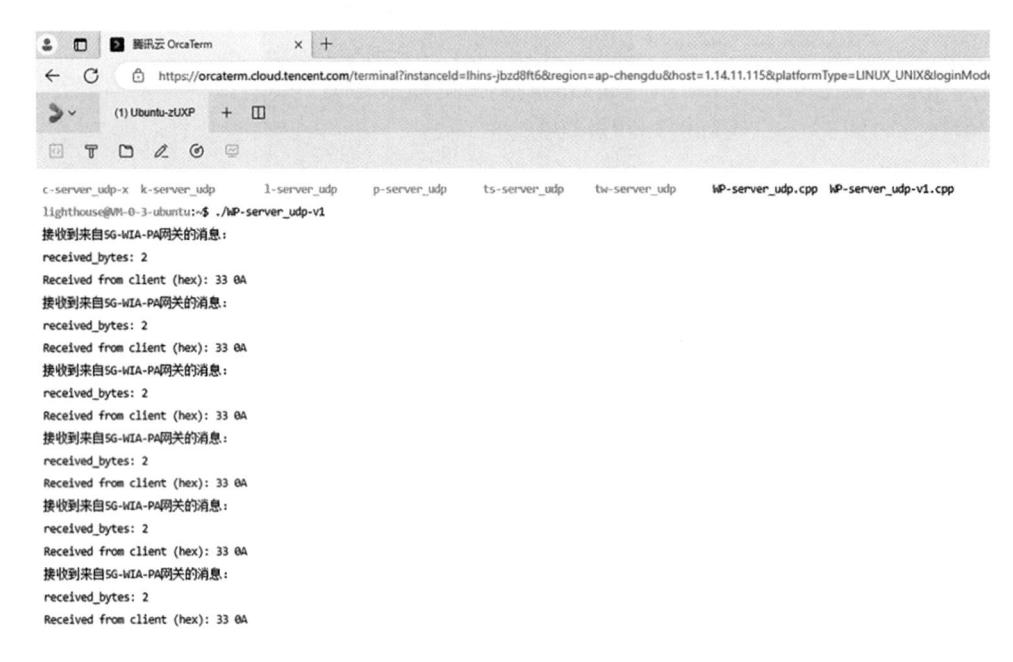

图 3-64　云平台收到工业多网络融合新型网关发来的 5G 报文

最终工业多网络融合新型网关通过 UART2 接口将 WIA-PA 数据发送至 PC 端显示，如图 3-65 所示。

图 3-65　PC 端接收并显示 WIA-PA 数据

2）工业多网络融合新型网关支持 5G-CAN 协议转换测试

5G-CAN 协议转换测试系统实物图如图 3-66 所示。

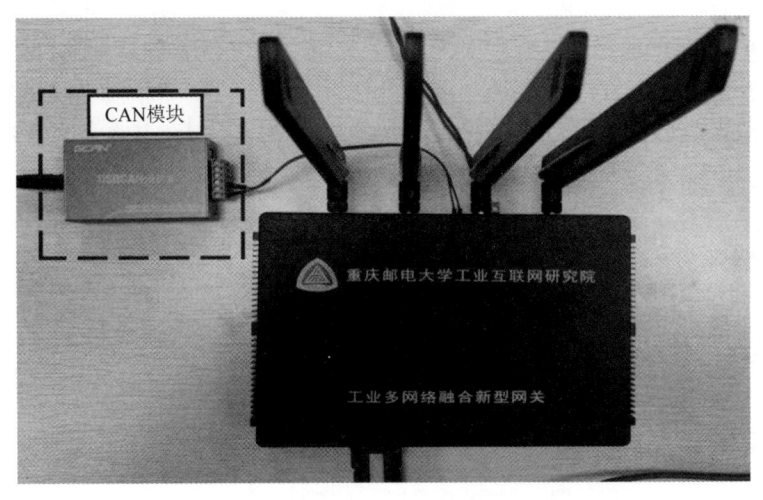

图 3-66　5G-CAN 协议转换测试系统实物图

上位机控制 CAN 模块的 CAN1 接口向工业多网络融合新型网关发送 CAN 报文（图 3-67）；工业多网络融合新型网关将 CAN 报文转换为 5G 报文后，经由基站和核心网发送到云平台（图 3-68）；然

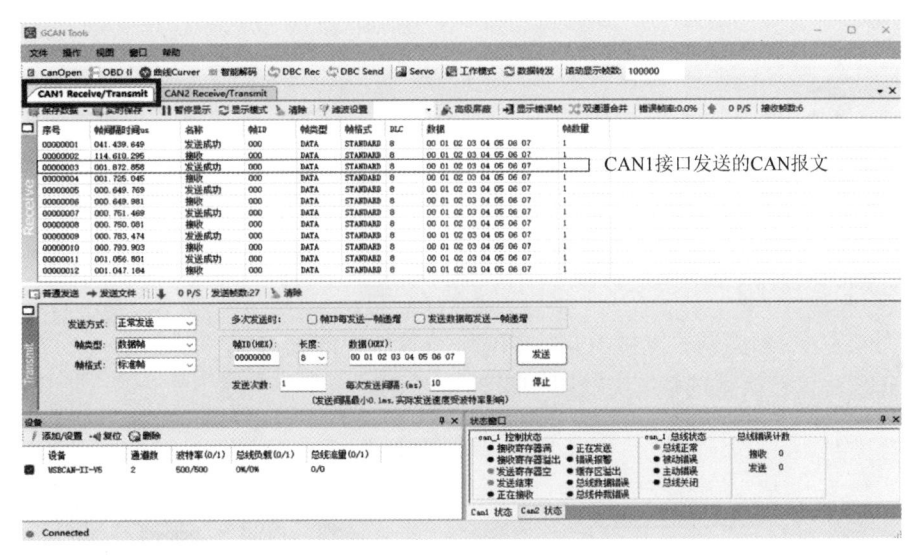

图 3-67　上位机控制 CAN 模块从 CAN1 发送 CAN 报文

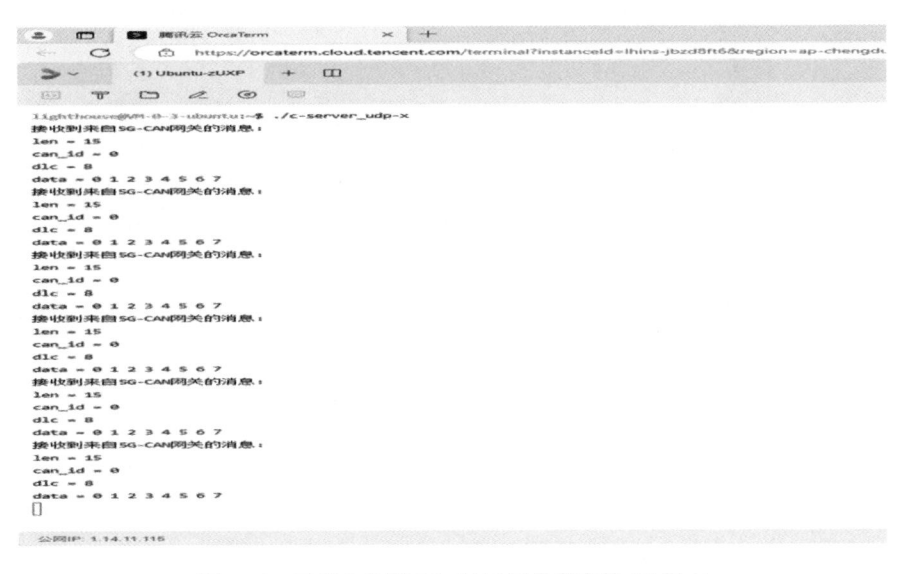

图 3-68　云平台收到 5G-CAN 网关发来的 5G 报文

后，云平台将收到的 5G 报文经由核心网和基站转发到工业多网络融合新型网关上；工业多网络融合新型网关接收到该 5G 报文后，再将该 5G 报文转换为 CAN 报文发送给 CAN 模块的 CAN1 接口。

通过 CAN 模块的上位机可以看到从 CAN 模块发出去的报文最终在 CAN 模块被接收，如图 3-69 所示。

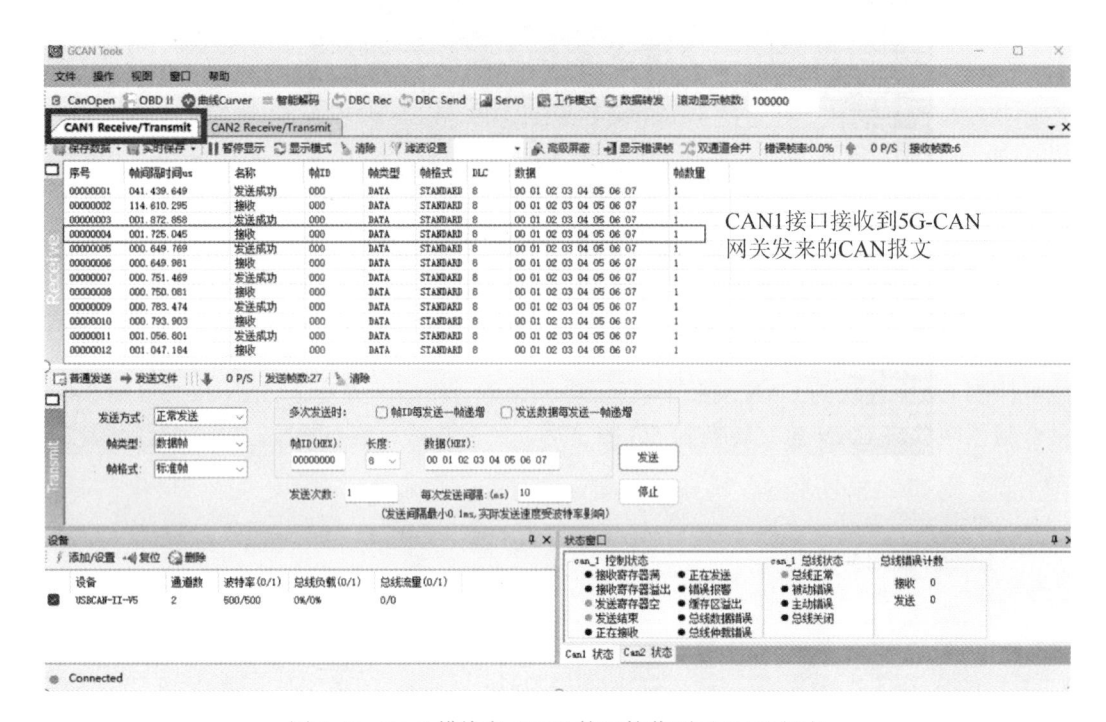

图 3-69  CAN 模块在 CAN1 接口接收到了 CAN 报文

3）工业多网络融合新型网关支持 5G-AUTBUS 协议转换测试

5G-AUTBUS 协议转换测试系统实物图如图 3-70 所示。

图 3-70  5G-AUTBUS 协议转换测试系统实物图

AUTBUS 模块通过 AUTBUS 接口向工业多网络融合新型网关发送 AUTBUS 报文（图 3-71）；工业多网络融合新型网关将 AUTBUS 报文转换为 5G 报文后，经由基站和核心网发送到云平台（图 3-72）；然后，云平台将收到的 5G 报文经由核心网和基站转发到工业多网络融合新型网关上；工业多网络融合新型网关接收到该 5G 报文后，再将该 5G 报文转换为 AUTBUS 报文。

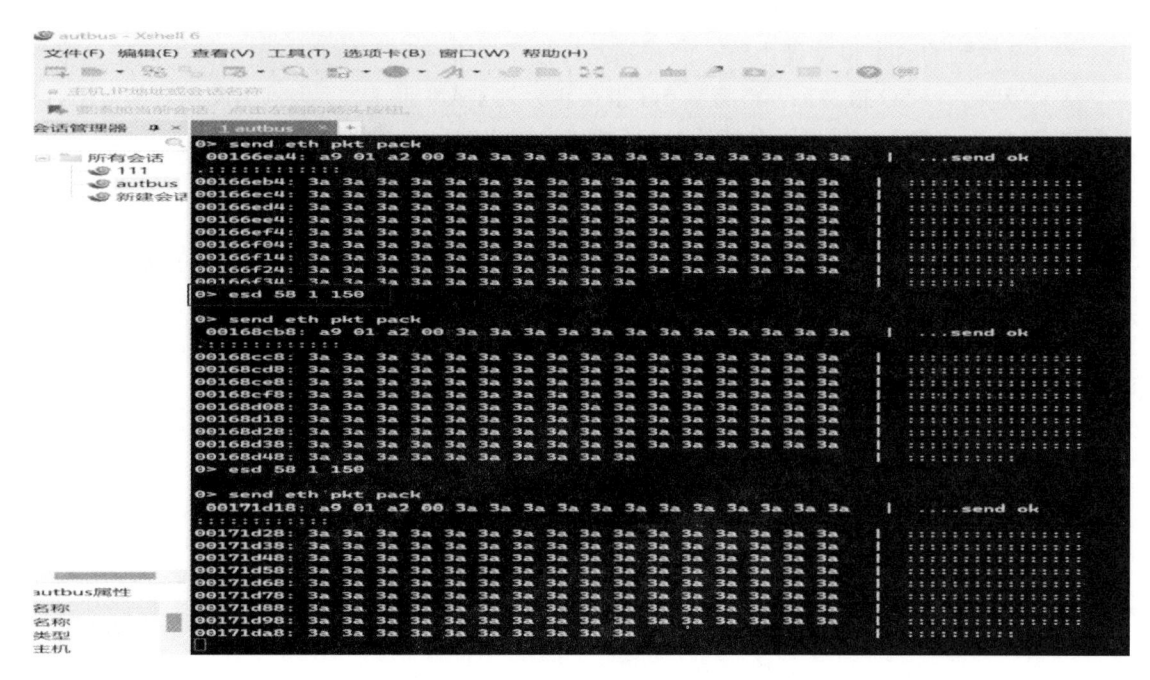

图 3-71　上位机控制 AUTBUS 模块发送 AUTBUS 报文

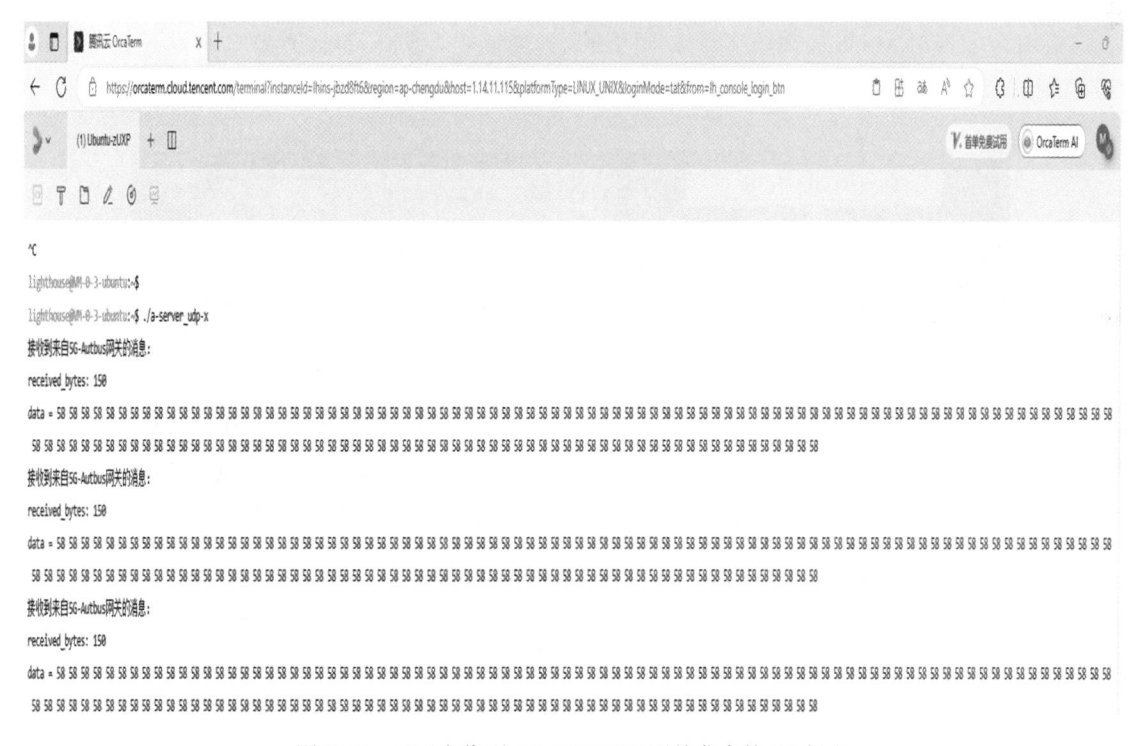

图 3-72　云平台收到 5G-AUTBUS 网关发来的 5G 报文

最终工业多网络融合新型网关通过 AUTBUS 接口将 AUTBUS 报文发送至 PC 端显示，如图 3-73 所示。

4）工业多网络融合新型网关支持 5G-Modbus TCP 协议转换测试

此次测试采用的设备情况如下。①Modbus 温湿度传感器节点：型号是 PKTH300A；该设备的数字传感器精度高，性能可靠，漂移小，响应速度快；使用该设备实现对现场环境的温湿度数据进行采集并上传的功能。②Modbus TCP 服务器网关：VOLISON 公司的 ADM-5850G，该设备可以通过软件进行灵活配置，支持 RS-232、RS-485 或 RS-422 模式，可以实现 Modbus 以太网设备与 Modbus 串口设备之间的无缝对接，从而解决 Modbus TCP 设备和 Modbus RTU/ASCII 设备之间的连接问题；

图 3-73　PC 端接收并显示 AUTBUS 报文

同时，该设备可实现对 Modbus 现场节点数据的协议转换功能。③Modbus TCP 客户端 5G-Modbus TCP 协议转换测试系统实物图如图 3-74 所示。

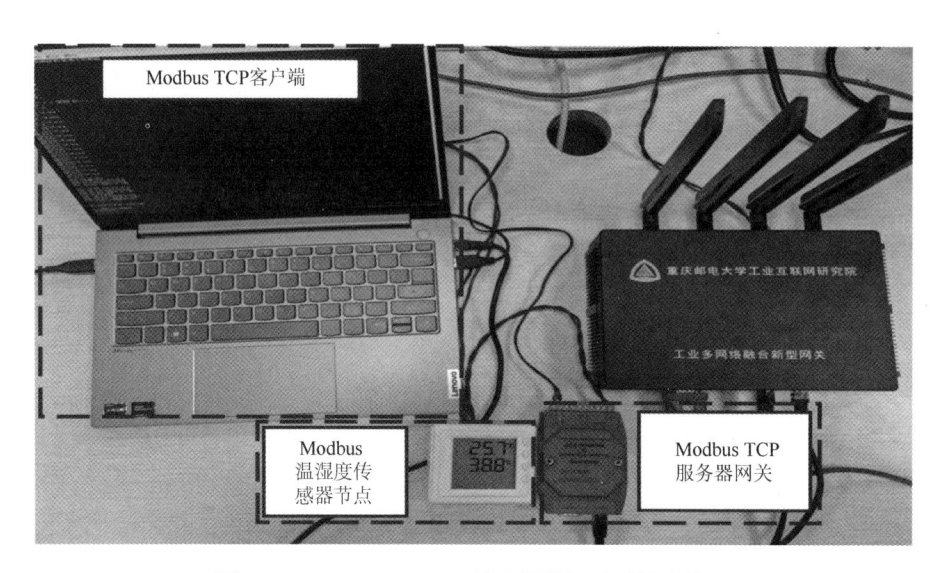

图 3-74　5G-Modbus TCP 协议转换测试系统实物图

首先，准备进行 Modbus TCP 跨 5G 的异构网络中的通信连接。Modbus 客服端与 Modbus 服务器之间通过数据请求和响应完成通信，实现数据的传输。进行传输前要确定左右两侧 Modbus 网络的通信参数，配置设备地址、波特率等参数。

其次，正式开始建立通信连接。Modbus TCP 客户端发送连接请求，5G-Modbus TCP 网关将其转换为 5G 报文后经由基站和核心网发送到云平台（图 3-75）。接着，云平台将收到的 5G 报文经由核心网和基站转发到 5G-Modbus TCP 网关上，5G-Modbus TCP 网关接收到该 5G 报文后再对 5G 报文进行协议转换，继续传输，最终路由到目的地，即 Modbus 温湿度传感器节点。当 Modbus TCP 服务器收到连接请求后，会发送一个连接响应报文作为回复，表示请求成功。

图 3-75　云平台收到 5G-Modbus TCP 网关发来的 5G 报文

5）工业多网络融合新型网关支持 5G-6TiSCH 协议转换测试

5G-6TiSCH 协议转换测试系统实物图如图 3-76 所示。

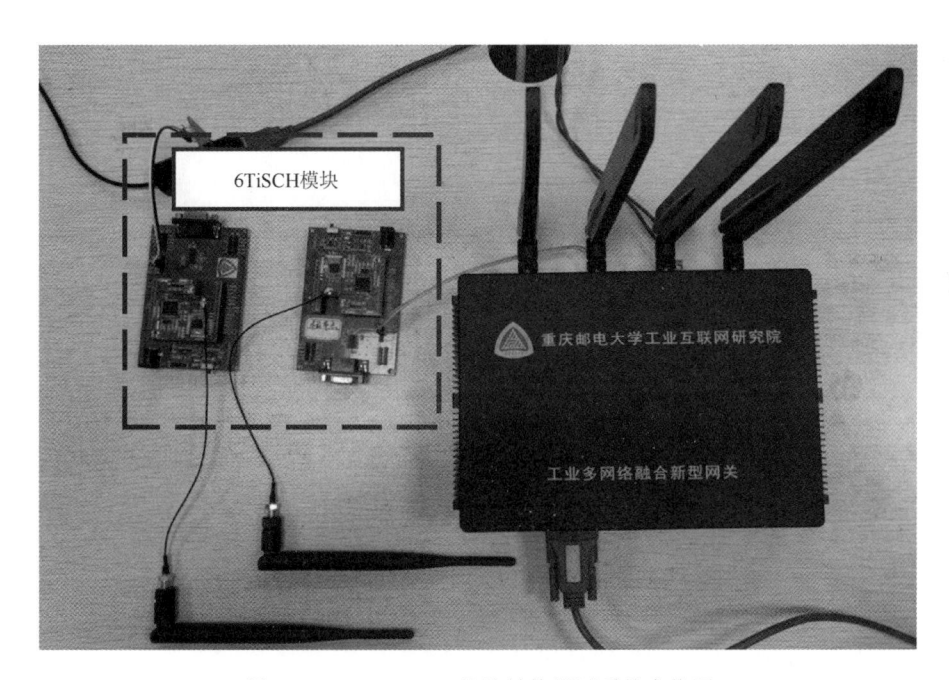

图 3-76　5G-6TiSCH 协议转换测试系统实物图

首先，6TiSCH 模块通过 UART2 接口将数据发送至 5G-6TiSCH 网关；5G-6TiSCH 网关将 6TiSCH 数据转换为 5G 报文后经由基站和核心网发送到云平台（图 3-77）。其次，云平台将收到的 5G 报文经由核心网和基站转发到 5G-6TiSCH 网关上；5G-6TiSCH 网关接收到该 5G 报文后再将该 5G 报文转换为 6TiSCH 数据。

最后，5G-6TiSCH 网关通过 UART2 接口将 6TiSCH 数据经由 6TiSCH 网络发送至 PC 端显示，如图 3-78 所示。

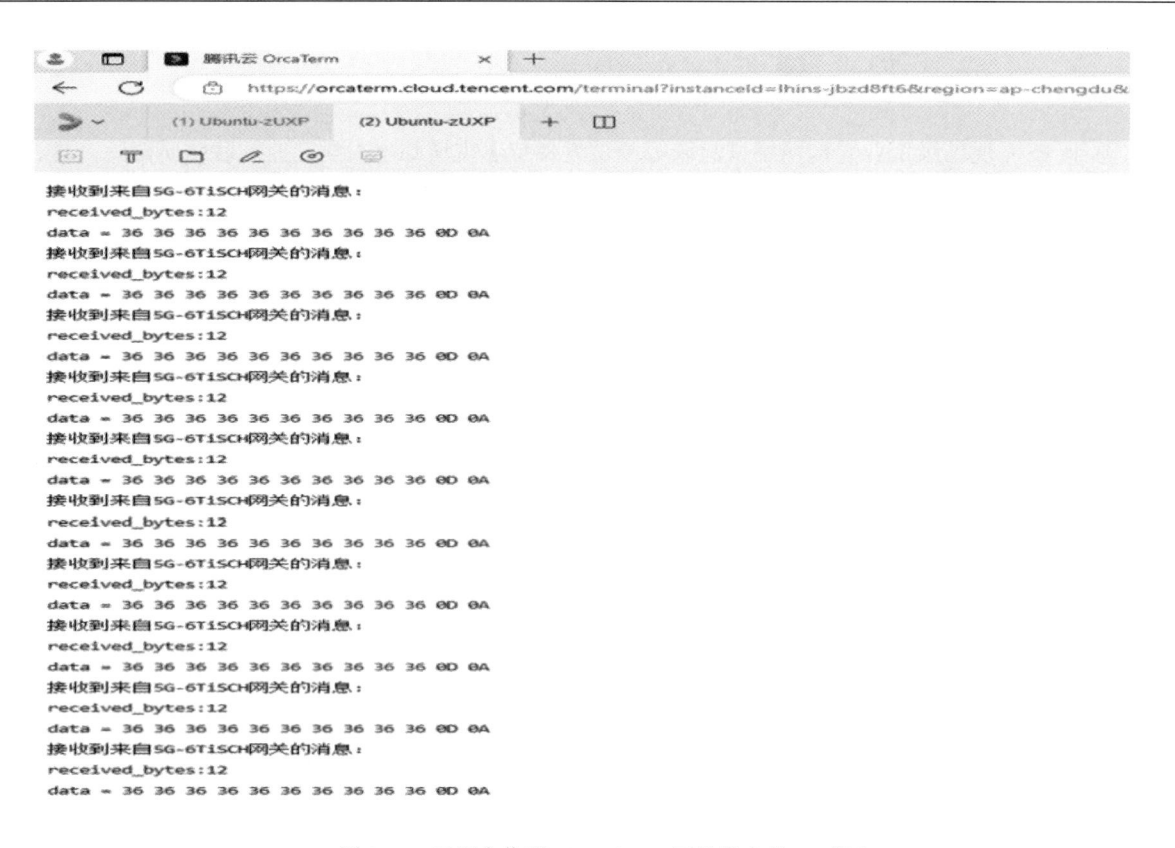

图 3-77　云平台收到 5G-6TiSCH 网关发来的 5G 报文

图 3-78　PC 端接收并显示 6TiSCH 报文

#### 3.3.3.3 融合网络测试平台

基于 TSN 现场级工业异构网络试验床等测试设备位于重庆邮电大学工业互联网研究院 7 楼，测试完成了包括多网络融合新型网关、统一调度子系统、项目（2021YFB330100）中课题二和课题三的重要输出等，如图 3-79～图 3-83 所示。

图 3-79　基于 TSN 现场级工业异构网络试验床——车间 1

图 3-80　基于 TSN 现场级工业异构网络试验床——车间 2

图 3-81 基于 TSN 现场级工业异构网络试验床——车间 3

图 3-82 基于 TSN 现场级工业异构网络试验床——车间 4

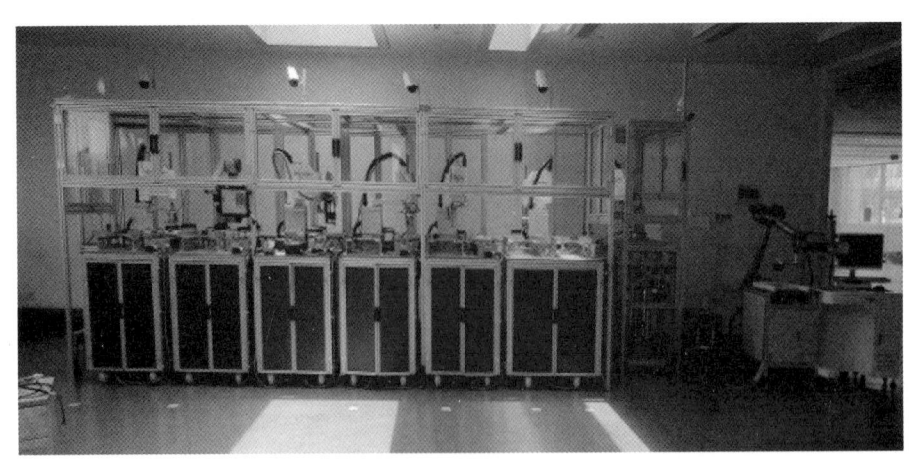

图 3-83 基于 TSN 的手机柔性自动化产线测试子系统——车间 5

## 参 考 文 献

[1] 魏旻，胡港慧，王平，等. 基于 IPv6 的工业互联网关键技术及其标准化研究[J]. 信息技术与标准化，2022（3）：45-49，56.
[2] 王恒，杨创，石通. 基于 IPv6 的工业异构网络多协议融合组网与通信系统及方法：CN112243009B[P]. 2022-07-15.
[3] 杨蓉. 工业互联网体系《架构 2.0》正式发布[J]. 计算机与网络，2020，46（9）：13.
[4] 余晓晖，刘默，蒋昕昊，等. 工业互联网体系架构 2.0[J]. 计算机集成制造系统，2019，25（12）：2983-2996.
[5] 付清云. 面向工业无线与 TSN 融合的网络调度方法研究[D]. 重庆：重庆邮电大学，2022.
[6] 王罗汉，王伟楠. 德国工业 4.0 近十年的进展评估及启示[J]. 现代国企研究，2022（4）：84-87.
[7] 张志昌. 美国工业互联网的发展及对我国的启示[J]. 科技中国，2023（2）：55-58.
[8] 王子，李齐. 5G 与 Wi-Fi 融合组网需求及关键技术[J]. 科技创新导报，2019，16（32）：112-113.
[9] 陈洲. 前沿技术更新迭代 云网融合助力行业可持续发展[N]. 通信信息报，2023-12-06（2）.
[10] Hlaing Y，Maung Maung N A. Hybrid time synchronization for ZigBee networks：An empirical approach[C]//2020 17th International Conference on Electrical Engineering/Electronics，Computer，Telecommunications and Information Technology（ECTI-CON）. New York：IEEE，2020：376-379.
[11] 魏旻，卓兰，毛久超，等. 一种基于 IEEE 802.15.4e 的网络信道质量快速检测方法：CN107147452B[P]. 2020-08-04.
[12] 魏旻，荣春萌，肖峰，等. 一种面向边缘计算节点的零信任身份认证方法：CN114024766A[P]. 2022-02-08.
[13] Bligh-Wall S. Industry 4.0：Security imperatives for IoT：converging networks，increasing risks[J]. Cyber Security：A Peer-Reviewed Journal，2017，1（1）：61-68.
[14] 魏旻，梁二雄，王平. 一种基于信任评估的边缘节点计算结果可信判别方法：CN111641637B[P]. 2021-05-11.
[15] 刘尚威，张军，高锡林，等. 基于多网融合和边缘计算的地质灾害监测预警研究[J]. 自然资源信息化，2024（4）：47-53.
[16] Nassif R，Richard C，Ferrari A，et al. Multitask diffusion adaptation over asynchronous networks[J]. IEEE Transactions on Signal Processing，2016，64（11）：2835-2850.
[17] Huang K，Wan X M，Wang K，et al. Reliability-aware multipath routing of time-triggered traffic in time-sensitive networks[J]. Electronics，2021，10（2）：125.
[18] 王平，杨旭，魏旻，等. 一种基于边云协同的工厂电能管控系统及方法：CN111144715A[P]. 2020-05-12.
[19] Phan L A，Kim T. Enabling rapid time synchronization with slow-flooding in wireless sensor networks[J]. IEEE Communications Letters，2022，26（4）：947-951.
[20] 陈玉平，刘波，林伟伟，等. 云边协同综述[J]. 计算机科学，2021，48（3）：259-268.
[21] 黄晓庆，魏旭宾，朱磊，等. 基于云网边端协同计算的智能分发网络研究[J]. 无线电通信技术，2022，48（1）：89-96.
[22] 国家市场监督管理总局，国家标准化管理委员会. 信息技术 系统间远程通信和信息交换 基于 IPv6 的无线网络接入要求：GB/T 40695—2021[S]. 北京：中国标准出版社，2021.
[23] 左宁，胡奇威，袁丽娟. 基于 Modbus 通讯协议的 PLC 运动控制研究[J]. 电子工业专用设备，2024，53（2）：1-7.
[24] 邵枝晖，康良川，黄易，等. AUTBUS 高速工业现场总线[J]. 仪器仪表标准化与计量，2020（2）：9-12.
[25] 李君，窦克勤，周勇，等. 基于 MBSE 的生产设备统一信息模型构建方法研究[J]. 新型工业化，2023，13（12）：74-86.
[26] 王柳，丁研，肖毅. 工业 4.0 中资产管理壳的应用研究[J]. 仪器仪表标准化与计量，2023（6）：4-7.
[27] 王永宏. 基于 OPC UA 通信的工业企业能源管理系统[J]. 信息与电脑（理论版），2022，34（11）：179-183.
[28] 马越. OPC UA 多服务器聚合软件的设计与实现[D]. 重庆：重庆邮电大学，2018.
[29] Hu Y K，Zhao Y L，Wang L K，et al. OPC UA server development technology based on domestic industrial control configuration software[C]//2022 IEEE International Conference on Advances in Electrical Engineering and Computer Applications（AEECA）. New York：IEEE，2022：580-584.
[30] Pfrommer J，Ebner A，Ravikumar S，et al. Open source OPC UA PubSub over TSN for realtime industrial communication[C]//2018 IEEE 23rd International Conference on Emerging Technologies and Factory Automation（ETFA）. New York：IEEE，2018：1087-1090.

# 第4章　新一代工业物联网融合配置

## 4.1　从单一配置到统一配置

### 4.1.1　工业物联网统一配置研究现状

在基于软件定义的现场级异构网络统一配置前沿技术方面，国内外均有相应发展。在国外，2018年，开罗大学的Ismail等[1]提出利用网络本体语言形成设备配置域语义并利用YANG模型进行信息抽取；2021年，比利时安特卫普大学的Municio等[2]提出通过基于软件定义的思想控制物联网路由和调度平面。在国内，2019年，东土科技提出的"基于软件定义控制与流程的工业互联网解决方案"获首届中国工业互联网大赛一等奖；中国科学院沈阳自动化研究所李志博等[3]提出一种基于可编程交换机的SDN网络配置管理方法，最大限度发挥软件定义网络的优势。综上，当前工业现场级网络存在多种配置方法，但网络侧和设备侧配置接口不统一，网络的统一配置能力有待提升，基于软件定义的现场级异构网络统一配置架构和配置信息建模方法等方面仍需研究。

#### 4.1.1.1　工业无线网络配置方法

传统的工业无线网络采用独立的网络管理器来管理网络区域中的设备，随着网络规模的扩大以及网络传输需求的提高，这种配置架构使得网络变得复杂且难以管理，难以按照已规划的调度策略配置网络。国内外相关学者开展了优化工业无线网络管理配置架构的研究。

国外方面，Dash等[4]进一步考虑将无线信号传播过程，定义为软件定义的确定性过程，并以此提出了将无线网络中的软硬件系统、协议组件等，设计为符合SDN网络范式的基础架构，结合SDN网络的抽象特性和逻辑解耦特征，提高工业无线网络的互操作性。在工业无线网络中，需要在发生故障、负载变化等情况下，重新配置网络，Xu等[5]分析了IEEE 802.15.4在不同网络流量场景下的性能，并提出了基于优先级感知策略的强化学习方法，将方法应用于控制和网络协同的工业物联网系统，结果表明，此方法能够较快地完成复杂网络的动态配置。当工业无线网络中业务多样时，为进一步提高网络信息获取能力，Wang等[6]从解决WIA-PA网络缺乏可视化管理机制出发，提出了模块间解耦设计和WIA-PA网络拓扑图布局算法，通过可视化的界面展示WIA-PA网络的过程数据，并实现了对数据的采集、存储、管理等功能，这种方式有利于实现工业无线网络的集中管理。

开放平台通信统一架构（open platform communications unified architecture，OPC UA）作为工业设备之间实现互操作的标准技术，通过信息建模、数据传输等功能，解决工厂中异构信息统一语义性与通用性问题。Chai等[7]将OPC UA技术应用于面向智能生产线中无线网络实时通信模型，使用OPC UA技术建立传感器网络节点的地址空间模型，以IEEE 802.15.4e TSCH无线通信技术为通信架构，实现应用层与底层无线传感器网络互联，然而并没有涉及如何利用OPC UA计算，优化无线网络配置方法。

国内方面，董玮等[8]调研分析了现有的无线传感器网络软件定义架构，首先从传感器网络架构中的各个层面进行功能分析，再从通信开销、安全性、实时控制等方面，列举了相关技术方案的优点和不足，得出基于软件定义的传感器网络架构，在提高无线网络可配置性、通用性等方面具有重要作用。李敏等[9]设计了WIA-PA网络的网络管理器，实现了对于WIA-PA网络的设备入网、地址分配、网络性能监测、资源配置等功能，并设计了设备拓扑结构算法以及传输路由算法。国内相关学者也提出将SDN架构引入到无线网络的管理过程中，文小林[10]针对WIA-PA网络和骨干网络融合管理问题，设计了基于 SDN 的集中管理控制机制，设计北向接口和南向管理帧格式，开发基于软件定义网络的管理系统，实现异构网络的资源配置、入网管理和跨网通信管理等功能，并提出流量队列优先级的跨网传输方法，保证紧急业务流量的可靠传输，能够有效管理复杂网络。当网络规模扩大，造成异构无线网络资源利用率低、协同组网难以及性能差异大等问题，倪光华等[11]设计了基于 SDN 的异构无线网络架构，采用集中调度的方式优化分配时隙、频率等传输资源，通过流表报文下发的机制，对设备进行管理控制，然而并未考虑如何消除传输平面中异构无线网络设备配置差异，并且大多数无线网络设备也难以支持基于流表报文的配置方式。OPC UA 技术支持在大部分平台运行，对于如何将 OPC UA 引入无线网关等资源受限的设备中，公彦杰等[12]根据 OPC UA 功能分类，划分了 OPC UA Server 的性能等级，并对 OPC UA 服务器支持的功能指标，进行性能等级划分，有助于定制化功能服务。工业无线网络以数据信息为中心，与 OPC UA 的 Pub/Sub 机制相融合，可满足工业无线网络的通信需求，谢顺吉[13]将 OPC UA 的发布/订阅机制与 WIA-PA 网络相结合，并设计资源映射方法，从而实现基于 OPC UA 的 WIA-PA 联合 Pub/Sub 通信机制。该通信机制可用于配置参数的发布和订阅，实现实时数据传输和监控。实验结果表明该方法资源占用低，联合发布过程的通信成功率和订阅者消息处理时延能够满足 WIA-PA 以及大多数工业无线网络的通信需求。

对工业无线网络配置方法研究现状展开分析，可得出如下结论：国内外相关学者对工业无线网络配置架构已经开展了相关的基础研究，考虑引入 SDN 技术及架构思想，来解决传统工业无线网络中复杂且难以管理的问题；并且，将 OPC UA 等技术应用于工业无线网络中，目标是实现灵活集中的工业无线网络管理方式。然而，大多数研究都只是涉及一种网络进行研究，对于如何解决异构网络之间配置方式差异问题，并提高工业无线网络的集中管理配置效率，以及提升网络配置方法的通用性和高效性仍需进一步探索。因此，开展工业无线网络配置方法的研究十分必要。

#### 4.1.1.2 时间敏感网络配置方法

时间敏感网络以传统以太网技术为基础，在时间同步、流量整形、网络管理配置和流量可靠传输上进行补充增强，实现时间紧急业务流在数据链路层的确定性传输服务[14]。其中网络管理配置过程是通过 TSN 网络配置器，获取网络中 TSN 设备负载信息、拓扑连接信息等网络状态信息，通过流量调度机制，生成门控列表、传输路径等网络资源调度策略，管理和配置网络中的 TSN 网络设备，有效保证时间紧急业务流的确定性传输[15]。目前，各行各业都致力于推进时间敏感网络的研究，IEEE TSN 任务组制定了多个涉及 TSN 网络资源管理、配置架构的标准协议，包括 IEEE 802.1Qat、IEEE 802.1Qcc、IEEE 802.1Qcp 等标准[16]。国内外众多学者针对 TSN 网络配置管理，已经开展了相关研究。

国外方面，Thi 等[17]设计了基于 SDN 架构的 TSN 管理配置系统，实现了 IEEE 802.1AS 协议的配置，并能够完成拓扑管理等基本功能，如何支持更多的 TSN 协议标准，还需要更多的研究。将 SDN 架构应用至 TSN 中，可以实现对 TSN 网络技术的增强，Jia 等[18]基于 SDN 设计了时间敏感网络中时延数据的测量方法，方法中对 TSN 网络时间同步和传输数据包进行综合考虑，结果表明，TSDN（transport software defined networking）能够有效计算出相邻节点之间的时延数据，基于此方法，能够实现 TSN 网络的时隙配置，以降低数据流量的传输抖动。网络动态配置机制能够有效应对网络变化的情况，Nasrallah 等[19]基于混合式配置模型和完全分布式配置模型搭建网络进行测试，验证采用动态配置机制后，能有效保障时间紧急流量的确定性传输需求。Chahed 等[20]在 TSN 网络架构中引入配置代理中间件，实现网络状态监测、流量信息获取、调度计算生成和重配置的功能，根据获取的流量参数信息生成新的调度计算方案，并对网络进行重新配置。

国内方面，王硕[21]归纳了现阶段 TSN 网络中传输机制、应用部署和协同融合等方面的研究进展，进一步对时间敏感网络的控制管理进行总结叙述，并展开介绍了控制管理机制的标准协议和研究进展。对于 TSN 网络的配置机制研究，田硕[22]设计了基于完全集中式模型的 TSN 配置系统，该系统通过获取需求，自动生成配置文件并完成配置下发，能够完成优先级过滤、端口开关和门控队列控制等功能，与命令行界面（command line interface，CLI）配置方式相比具有明显优势。此外，OPC UA 提供通用数据模型，可用于解决工业物联网中应用层、控制管理层与数据层垂直信息集成问题，与 TSN 相互融合，可提供高可用性、实时性的工业物联网传输需求。王仪[23]基于 OPC UA 的 TSN 网络用户配置方法，以提高 TSN 网络管理配置过程中的互操作问题，设计 TSN 网络信息模型和调度信息交互机制，实现 TSN 网络中调度信息的传输。此外，众多科研单位针对 TSN 网络应用问题，也开展了众多研究，在工业自动化、交通运输、变电自动化等行业领域，已经提出了 TSN 应用的解决方案。

国内诸多企业早已开展了对时间敏感网络的研究，东土科技、华为技术有限公司、新华三集团等厂商已经推出了支持 TSN 部分标准技术的 TSN 交换机。2020 年起，重庆邮电大学联合东土科技，对 IEEE 802.1Qcc 标准协议中的配置管理机制进行研究，目前已完成支持 TSN 交换机的集中配置管理系统研发，该配置管理系统具备集中式用户配置器、集中式网络配置器功能。2022 年，东土科技已自主研发出我国首款支持 TSN 特性的通用转发芯片 KD6630，该芯片全流程自主可控，并已经开始推广应用至智能制造场景中，标志着国产 TSN 芯片正式进入 TSN 应用领域。

为规范时间敏感网络的设计、应用、部署及相关产品研发，重庆邮电大学联合其他科研单位，牵头制定了《信息技术 系统间远程通信和信息交换 时间敏感网络配置》（GB/T 42586—2023）、《信息技术 系统间远程通信和信息交换 实时以太网适配时间敏感网络技术要求》（GB/T 42561—2023）等[24,25]多项国家标准，这些标准从 TSN 网络架构、配置模型、用户/网络配置模型、用户配置协议以及安全配置要求方面，规范了工业自动化中 TSN 网络的配置和管理。

综上所述，目前对时间敏感网络管理配置的研究，可有以下总结。

时间敏感网络凭借其众多优势，支持多业务的高质量传输，将是工业网络未来发展的演进方向。其中管理配置作为时间敏感网络的关键技术，国内外相关单位制定了关于时间敏感网络配置方法的标准规范，相关学者结合标准规范，设计了多种 TSN 管理配置架构，众多厂商也相继研制出 TSN 系列设备，对于保障资源调度、网络协同融合具有重要意义。

目前的管理配置方法，往往只针对 TSN 网络的静态配置，难以应对网络中突发业务流量或者网络拓扑变化的情况。根据网络资源等传输需求，当网络中网络拓扑信息或业务流量信息发生变化时，如何结合资源调度算法更新调度策略，以及完成 TSN 网络配置信息动态更新，将是 TSN 网络配置技术的发展趋势。

## 4.1.2 工业物联网统一配置面临的挑战

（1）科学问题：面向工业物联网中异构设备的统一建模与配置模型。

在工业物联网（IIoT）环境中，随着多网络融合组网技术的广泛应用，计算、网络和存储等资源展现出显著的异构性、动态性、分布式和零散化等特性。这些特性使得系统对配置的灵活性、动态调整能力和可伸缩性有了更高的要求，尤其是在异构网络共存的复杂系统中，配置软件的可组合性和模块化程度成了关键需求。然而，传统的工业网络一对一的设备和网络配置模式已无法满足这种异构网络场景下的高效配置需求。

因此，如何有效地解决工业物联网中异构现场设备和网络设备的统一建模与配置问题，成为当前亟待解决的重要科学问题。这一问题的解决将极大地提升配置系统在部署、调试和运行各类应用时的效率，同时降低配置的难度和时间，为工业物联网的广泛应用提供强有力的支持。通过探索先进的配置技术和管理策略，可以更好地适应工业物联网环境的复杂性和动态性，推动工业物联网技术的持续发展和创新。

（2）技术问题：异构网络的统一配置管理技术。

工业物联网中不同网络的配置需求各异以及配置工具多样，传统的网络配置方法难以满足工业物联网络的诸多业务需求，将建立基于软件定义的现场级异构网络统一配置架构，异构网络统一配置管理技术，综合考虑网络中的各种异构网络类型，构建设备侧配置接口。同时通过需求模型对网络中的各种设备进行动态统一配置，对网络参数的重配置等方式作出合适的响应，以实现设备的统一管理。

## 4.2 融合配置关键技术

### 4.2.1 网络全局信息统一管控机制技术

#### 4.2.1.1 基于软件定义网络的全局信息协同和管控

软件定义网络架构下 SDN 控制器（SDNC）集成 TSN CNC 等配置工具的方案：针对现场级异构网络统一配置需求，实现异构网络配置需求和配置内容的转换方法，实现了统一配置子系统集成现场级骨干网络和工业无线、工业有线网络配置工具方案，实现了基于软件定义的 CNC、5G 网络和现场网络协同架构下 SDN 控制器集成 TSN CNC 功能。同时定义 SDNC/CNC 与网关的管理实体间等新接口，对新接口上承载的业务发现、网络拓扑、队列与优先级、资源及负载等管理与控制信息及其交互流程进行重定义，实现对异构网络和业务的快速感知和发现[26]。

控制面与用户面协同的集中式用户配置（CUC）链路快速发现机制：针对网络全局信息统一管控需求，完成现场级异构网络的业务发现、状态信息监控及网络拓扑等方法，再采用链路层发现协议（LLDP），并通过 CUC 快速获取链路业务流信息，建立基于 CUC 的链路快速发现机制。同时完成 CUC 和异构网络发送端和接收端之间的用户配置协议，通过收集终端站的容量和通信需求，实现控制面与用户面的协同[27]。

面向现场级异构网络跨网协同和管控方面，基于异构网络间高可靠传输协同机制，研究人员提出一种基于深度学习和软件定义网络的启发式 AI 授权框架，即 Cu-BLSTMGRU 模型。深度学习与异常检测部分相关联，软件定义网络负责有效的资源分配，以最大限度提高资源受限网络的兼容性。此外，软件定义网络还提供与深度学习的平滑操作集成，增强了基于深度学习的 AI 框架的兼容性，很好地保障了现场级异构网络跨网协同和确定性调度问题。Cu-BLSTMGRU 模型包含两个强深度学习分类器 BLSTM（bidirectional long short term memory，双向长短时记忆）和 GRU（gated recurrent unit，门控循环单元），如图 4-1 所示。

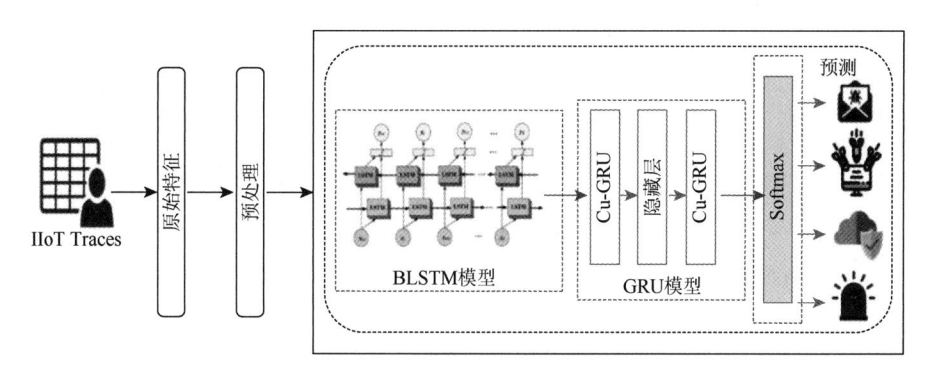

图 4-1 Cu-BLSTMGRU 模型

IIoT Traces：用于追踪、记录和分析物联设备状态和行为踪迹的日志数据

Cu-BLSTMGRU 模型的工作流程如表 4-1 所示。

**表 4-1 Cu-BLSTMGRU 模型工作流程**

| 算法 1 |
| --- |
| 1.    Input: *C/CDDoS*2019（*C*19） |
| 2.    Output: *Benign*==0，*Attack*1==1，*Attack*2==2，……and so on |
| 3.    Split *C*19 into $C19_{train}$ and $C19_{Test}$ |

续表

| 算法 1 | |
|---|---|
| 4. | **If** True **then** |
| 5. | Train the *BLSTMGRU* using $C19_{Train}$ |
| 6. | $f_t = \sigma(W_f \cdot x_t + U_f \cdot h_{t-1} + b_f)$ |
| 7. | $i_t = \sigma(W_i \cdot x_t + U_i \cdot h_{t-1} + b_i)$ |
| 8. | Calculate the hidden state $h$ |
| 9. | $h_t = f(W_h \cdot x_t + U_t \cdot h_{t-1} + b_h)$ |
| 10. | $r_t = \sigma(X_t \cdot W_{xr} + H_{t-1} \cdot W_{hr} + b_r)$ |
| 11. | $C_t = \tanh(W_c \cdot x_t + U_c \cdot h_{t-1} + b_c)$ |
| 12. | $z_t = \sigma(X_t \cdot W_{xz} + H_{t-1} \cdot W_{hz} + b_z)$ |
| 13. | Calculate the output $o_t$ |
| 14. | $o_t = \sigma(W_o \cdot x_t + U_o \cdot h_{t-1} + b_o)$ |
| 15. | **end If** |
| 16. | **While** True **do** |
| 17. | Test the *BLSTMGRU* using $C19_{Test}$ |
| 18. | Calculate the output of *BLSTMGRU* |
| 19. | **If** Value==0 |
| 20. | Return *Benign* |
| 21. | **Else** |
| 22. | Return *Attack Class* |
| 23. | **end If** |
| 24. | **end While** |

注：$f_t$、$i_t$、$h_t$、$r_t$、$C_t$、$z_t$、$o_t$ 分别为遗忘门、输入门、隐藏状态、重置门、候选记忆细胞状态、更新门和输出门；$\sigma$ 为 sigmoid 激活函数，用于将输入映射到 0 和 1 之间；$W_f$ 表示遗忘门的输入权重、$U_f$ 表示遗忘门的循环权重；$W_i$ 表示输入门的输入权重、$U_i$ 表示输入门的循环权重；$W_c$ 表示候选记忆细胞状态的输入权重、$U_c$ 表示候选记忆细胞状态的循环权重；$W_o$ 表示输出门的输入权重、$U_o$ 表示输出门的循环权重；$b_f$、$b_i$、$b_h$、$b_r$、$b_c$、$b_o$ 分别表示以上相同下标各门的偏置项；$x_t$ 表示当前时间步的输入。$h_{t-1}$ 表示上一时间步的隐藏状态。

接着，选择 CICDDoS2019 数据集来训练和评估检测模型，数据集被认为是基于物联网的大型工业网络在高效的数据挖掘中的最佳选择。数据集的预处理是通过使用 sklearn 标签编码器进行的，该编码器已将所有非数字值去除为数字实体以方便操作。此外，Cu-BLSTMGRU 在准确率、召回率、精确度和 F1 分数方面进行了实验，并进一步与 Cu-LSTM 和 Cu-GRU 比较，如图 4-2 所示。Cu-BLSTMGRU 模型以 99.42%的准确率较另外两种模型显著提高。

Cu-BLSTMGRU 模型在实际实施场景中比训练环境效果更加理想。关于损失因子，Cu-BLSTMGRU 模型显示验证损失低于训练损失，从而证明了其有效性。Cu-BLSTMGRU 模型在接受者操作特征（ROC）的情况下也进行了分析检查，可以看出，该模型表现良好，可以成为现场级异构网络跨网协同和管控问题的良好解决方案。

工业软件定义控制器（ISDC）与 TSN CNC（集中网络配置）、5G 控制面、现场网络管理者的交互方法：对控制层 ISDC 的架构、功能模块、模块间工作逻辑和接口体系进行分析，针对异构网络全局信息统一管控需求，完成了 ISDC、CNC、5G 控制面和现场网络的网络管理者之间的接口设置，实现了跨网应用关系建立流程及跨网通信关系建立流程。同时提出 ISDC 与 CNC、5G 控制面、现场网络管

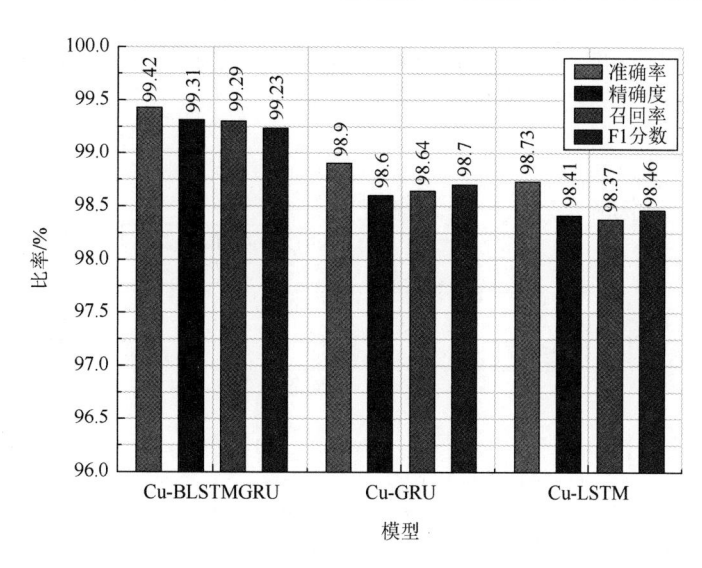

图 4-2 准确率、精确度、召回率和 F1 分数分析

理者的交互方法,实现异构网络的融合管理。针对异构网络中不同网络的控制信息及资源信息异构特征,工业物联网系统面向链路状态发现、无线接入技术、网络设备拓扑快速发现、网络资源管理、队列存储及管理等核心网络管理需求,实现了异构网络配置流格式的切换,提升工业软件定义控制器(ISDC)对不同设备配置切换处理能力。

#### 4.2.1.2 工业软件定义控制器与 CNC、5G 控制面交互

目前,5G 与 TSN 融合组网模式是将 5G 网络作为 TSN 的一个逻辑网桥接入 TSN 域,实现多个 TSN 网络的无线协同,同时实现在 5G 系统中 UE 到 UPF 之间的多种时间敏感业务流量的确定性传输。这种扩展的组网模式能有效地将无线网络的移动灵活性发挥出来,实现融合网络的统一管控,实现对相关接口信息、资源信息的配置和管理[28]。

5G 系统中 QoS 业务流的保证,来自 TSN 的业务流一般包括周期性数据流和非周期性数据流,都具有不同的 QoS 流的要求。从 TSN 终端发送的流信息由设备侧 TSN 转换器(DS-TT)转换后发送给 5G 系统的核心网部分;5G 核心网网元 AMF(access and mobility management function,接入和移动性管理功能)、SMF(session management function,会话管理功能)、PCF(policy control function,策略控制功能)、AUSF(authentication server function,认证服务器功能)对信息进行控制、管理、同步、配置,尤其是对其中的业务流进行优先级的传输控制,以及对不同优先级的业务流类型分配不同的资源。如何保证不同业务流类型的流量能被及时地转发和处理,避免低优先级业务流与其他业务流的传输冲突(即"饥饿"现象),是一个重要的问题[29]。

加权轮询的方法对不同业务流的高、低优先级进行加权轮询调度,在保证高优先级数据通信的同时,有效地减少低优先级数据的饥饿现象,有效提高不同数据流在交换设备中调度通信的实时性和确定性。这种资源配置的方式适用于对低优先级要求高的数据流确定性传输。

为解决以上现有技术存在的问题,研究人员提出了一种基于加权轮询调度的 5G-TSN 融合网络资源配置方法,其融合网络流调度架构如图 4-3 所示。TSN 终端发送和接收来自 TSN 网络的信息,相应的 TSN 终端设备给出响应;5G 系统用来对来自 TSN 网络的信息做出适配处理,使信息能够被同步和降低时延,使得输出的数据在 TSN 终端之间能保证确定性实时传输;TSN 与 5G 之间的转换器分为设备侧 TSN 转换器(DS-TT)和网络侧 TSN 转换器(NW-TT),分别对输入 5G 系统的信息和输出 5G 系统的信息进行转发处理。

TSN 与 5G 融合网络图如图 4-4 所示,包括服务器端终端、用户设备(user equipment,UE)、基站(gNB)以及客户端终端。融合网络信息由服务器端终端发送,经过 5G 系统用户设备的转发处理,用

UE 通过 gNB 建立与用户面功能（vser plane function，UPF）之间的（protocol data unit，PDU）会话，实现融合网络之间的多种时间敏感业务流量的确定性传输。

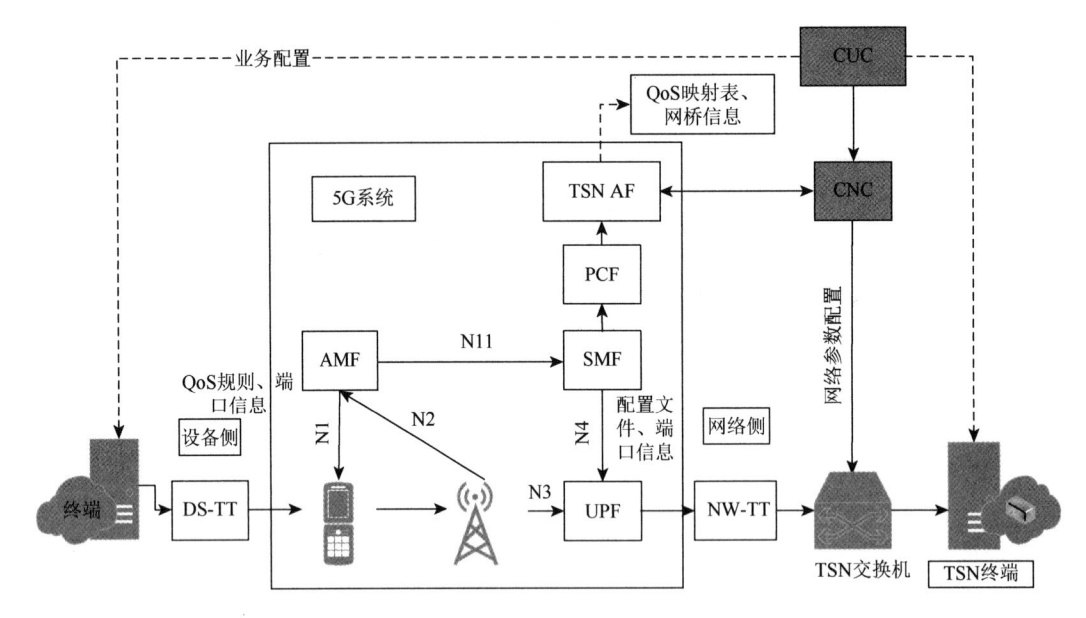

图 4-3 5G-TSN 融合网络流调度架构

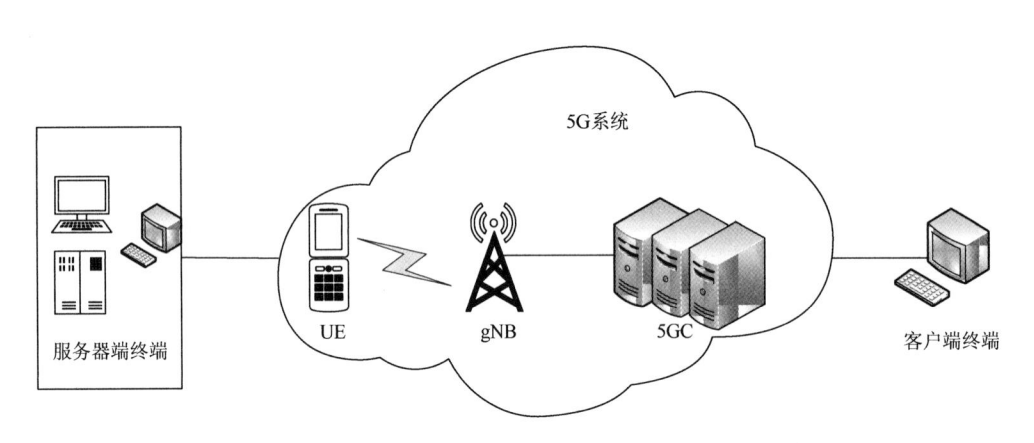

图 4-4 5G-TSN 融合网络

采用 5G 系统将 TSN 网络的业务流映射到 5G QoS 模型中，得到 5QI（标量、表示 5G QoS 的参数）映射表；根据 5QI 映射表生成转发规则，根据转发规则为 QoS 流分配资源块，得到 QoS 流的集合；根据 TSN 流的优先级和流量类型进行周期性通信划分，将不同优先级的数据存入对应的数据缓冲队列；采用加权轮询调度算法对不同优先级的缓冲队列分配权重；对实时性、周期性业务流进行门状态的控制；根据分配的权重对符合优先级发送的队列进行数据加权，并根据权重大小和字节大小获取当前队列的数据发送结果；结束当前优先级队列的权重分配，并重新初始化权重值；根据初始化后的权重值对低优先级的业务流进行加权，根据加权结果对剩余资源进行分配，完成业务流的确定性传输。

## 4.2.2 工业软件定义网络技术

在软件定义网络（SDN）架构下，本章设计了一种创新方案，以便满足现场级异构网络的统一配置需求。该方案的核心在于实现了异构网络配置需求与配置内容的转换，并成功构建了一个统一的配置子系统。这一子系统集成了现场级骨干网络、工业无线网络以及工业有线网络的配置工具，可以实现配置操作更加便捷。更进一步地，该方案实现了基于软件定义的 CNC、5G 网络和现场网络协同架构下 SDN 控制器对 TSN CNC 功能的集成。这一集成不仅增强了网络配置的灵活性，还提升了网络的整体性能。此外，定义 SDNC/CNC 与网关管理实体间的新接口，对新接口上承载的业务发现、网络拓扑、队列与优先级、资源及负载等管理与控制信息及其交互流程进行重定义，实现对异构网络和业务的快速感知和发现[30]。

### 4.2.3 统一配置子系统

工业全互联新型网络统一配置子系统：在软件定义网络架构下，在控制层对配置子系统的网络设备配置模块、现场设备配置模块进行研发，实现了配置子系统与工业无线现场设备、工业无线路由设备、工业有线现场设备、网关、交换机等 5 类工业物联网设备的配置信息传输机制，定义统一配置子系统中创建、删除、修改、查询、执行等基本操作方法，实现异构网络统一配置子系统的配置接口。完成网络设备配置模块资源、功能、端口、地址等配置机制，实现对 5G、TSN 等网络设备进行路由、链路等资源配置。完成了现场设备配置模块对现场设备进行管理和配置的方法，配置面向网络节点业务需求的现场设备之间的虚拟通信关系。通过统一配置子系统提供的通道，工业物联网系统实现控制层能力的开放，缩短网络配置与调试时间，降低网络管理成本[31]。

支持统一配置的设备侧配置接口：根据现场设备和网络设备的不同配置需求，设备侧接口需适配多种接口及不同功能的异构网络外设，设计异构网络硬件接口方案，适配不同外部接口，满足主流工业总线和骨干网络连接需求。构建连接异构网络和设备的接口信息模型，对异构设备接口进行描述。完成设备侧配置软件适配方法，建立异构网络设备侧接口转换协议的构建库。工业物联网系统面向新接口、新流程需要结合工业场景对异构网络系统进行联动优化的需求，利用统一配置子系统，对现场设备和网络设备进行参数配置与构件组装。设备侧接口框架如图 4-5 所示。

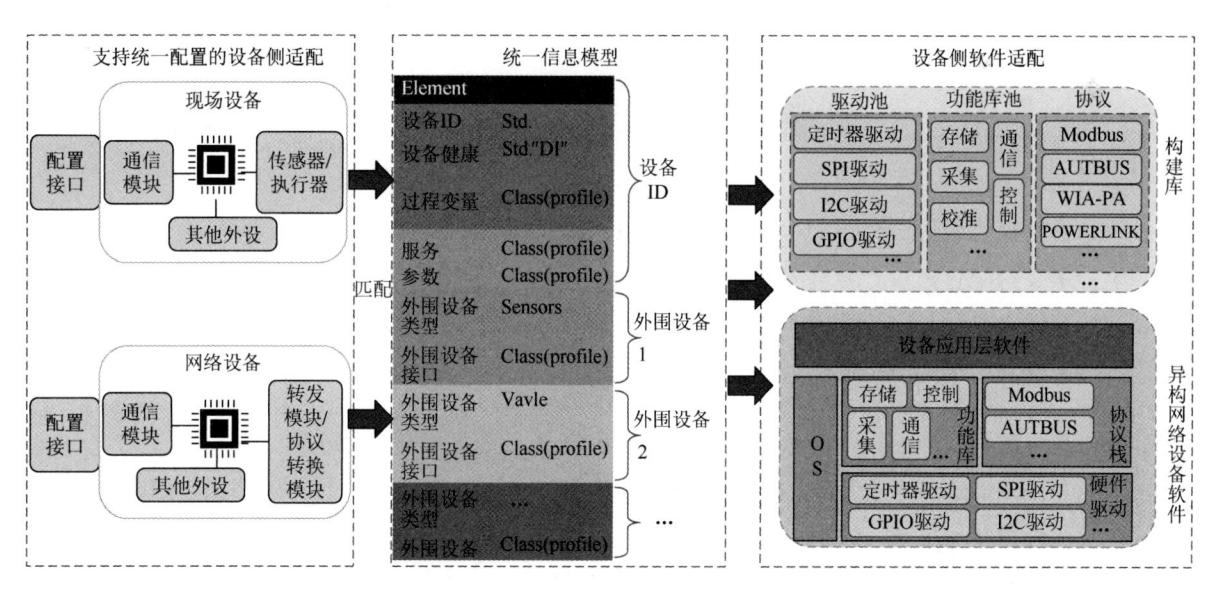

图 4-5 设备侧接口框架

基于上述需求，项目（项目编号：2021YFB 330100）设计开发了工业异构网络统一配置子系统，选择 Java 作为主要编程语言，选用 SpringBoot 框架，作为系统后端服务框架进行开发；配置界面基于 Vue + Element 开发实现，进行系统前后端分离开发。统一配置子系统主要完成业务流量信息获取模块、配置信息展示模块、调度算法选择策略模块、配置信息建模模块等功能模块。

统一配置子系统软件架构如图 4-6 所示，基于前后端分离的 B/S 架构，可通过统一配置子系统后端所设计的 URL（uniform resource locator，统一资源定位器），再通过浏览器进行登录，对统一配置子系统进行信息输入、信息查询、配置下发等。统一配置子系统提供北向接口，与配置界面进行信息交互，统一配置子系统将满足网络配置需求，实现对工业异构网络信息获取、管理配置等功能。提供配置接口，实现配置信息下发，提供信息交互接口。

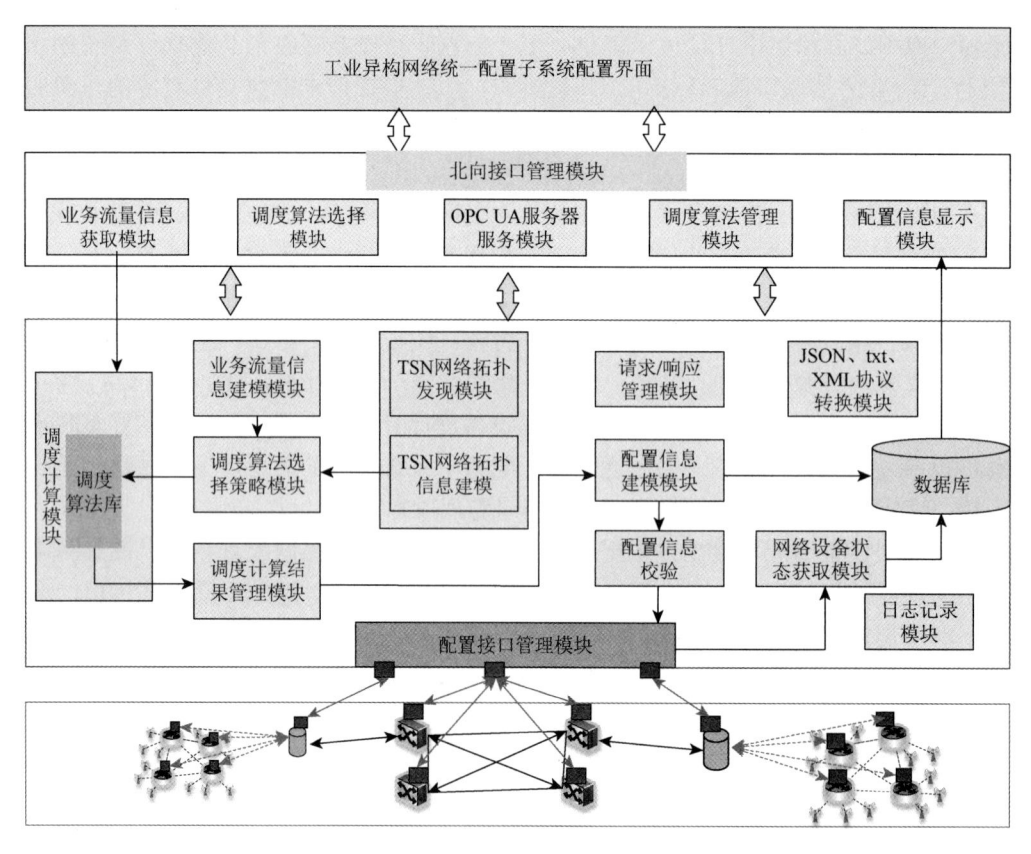

图 4-6 统一配置子系统软件架构

### 4.2.3.1 功能需求

针对工业异构网络难以管理配置的问题，需要实现工业异构网络配置方法，设计开发工业异构网络统一配置子系统配置需求，并且所设计的统一配置子系统需要满足以下功能需求。

（1）为方便人机交互，基于 B/S 架构，设计开发配置界面，方便用户查询网络状态信息、进行网络集中管理配置等功能。

（2）统一配置子系统作为 ISDC 中的功能模块之一，需要提供一组符合工业网络特征的软件接口，实现软件模块之间的功能调用和信息交互。

（3）具备网络状态信息获取能力，包括工业异构网络中的业务流量信息、网络拓扑结构、过程数据、设备状态等信息。

（4）需考虑网络状态变化情况，具备网络动态配置机制，并能够根据网络状态特征，自动选择调度算法；对调度计算结果进行信息建模，自动生成配置信息，尽可能快地实现数据面中的配置信息更新。

（5）具备不同网络设备功能配置能力：在网关设备中部署 OPC UA 服务器，统一配置子系统集成 OPC UA 客户端，与网关设备建立基于 OPC UA 的通信连接；TSN 网络侧则参考完全集中式配置模型，配置界面需要实现 CUC 中的流量信息输入、网络状态信息查询、指令下发等基本功能。

### 4.2.3.2 软件接口设计实现

工业异构网络统一配置子系统，作为 ISDC 中的关键系统之一，能够实现异构网络的融合管理配置，需要与协同调度子系统、过程管控子系统、设备配置系统等软件系统进行集成，以便于实现软件系统之间的信息交互和功能调用。统一配置子系统中存在多个功能模块，可将每个功能模块看作不同的资源服务，根据功能模块需求，设计软件接口，其他软件系统通过请求功能模块所提供的软件接口，即可实现统一配置子系统中资源服务的调用。为了加以区分，统一配置子系统中所设计的功能模块需要由 URL 资源标识进行标识定位。统一配置子系统在接收到其他软件系统的正确请求消息后，会解析出信息交互接口请求行中的 URL 资源标识，根据请求参数提供对应的资源服务，并返回响应状态。同理，统一配置子系统也可通过调用其他软件系统的接口来获取所需的资源服务。

因此，需要设计一组软件接口，包括北向接口和配置接口。北向接口即面向用户面的服务接口，能够为配置界面提供可以接入和管理网络的接口，并方便配置界面与协同调度子系统等软件系统进行集成；配置接口为控制面和数据面之间的配置信息交互接口，通过配置接口可实现编程、部署和配置网络。考虑统一配置子系统对网络进行多种形式的管理配置，以及系统功能模块的开放性，所设计的软件接口需要满足以下需求。

（1）具备与配置界面信息交互的能力，配置界面可以掌控全局网络状况。

（2）提供网络状态信息查询接口，其他软件系统能够获取统一配置子系统中所获取的业务流量信息、网络拓扑结构、设备状态信息、过程数据等信息。

（3）具备动态响应能力，当网络状态信息发生变化时，能及时通过接口响应变化请求。

（4）提供调度计算模块中调度算法的调用方法，并通过软件接口实现调度算法选择，以及输入信息和调度计算结果传输。

（5）具备工业异构网络配置功能，能够下发配置信息，对工业异构网络设备局进行功能配置。

针对工业异构网络配置需求，利用统一配置架构的控制面与数据面分离的特点，设计一组软件接口，使用 HTTP（hypertext transfer protocol，超文本传输协议）请求方法中的 POST[①]和 GET[②]方法设计，并根据资源服务特征，设计各个接口的请求参数和状态响应报文。

首先，针对配置界面及其他软件系统的交互需求，设计一组工业异构网络特征的北向接口。对统一配置子系统提供北向接口，可以实现统一配置子系统中的相关信息获取和功能调用，实现统一配置子系统的管理配置功能的扩展性。北向接口设计说明如表 4-2 所示，请求方法包括 POST、GET 两种，交互格式则采用 JSON（JavaScript object notation，JS 对象标记）格式。

表 4-2 北向接口设计说明表

| 接口名称 | 资源标识 | 请求方法 | 交互格式 |
| --- | --- | --- | --- |
| 业务流量信息获取模块接口 | /UCS/streaminfo | GET | JSON |
| 调度算法管理模块接口 | /UCS/algoinfo | POST | JSON |
| 网络变化通知模块接口 | /UCS/status | POST | JSON |
| 调度算法选择模块接口 | /UCS/schedule | POST | JSON |
| 配置信息查询模块接口 | /UCS/configinfo | GET | JSON |
| 拓扑信息查询接口 | /UCS/topoinfo | GET | JSON |
| TSN 交换机信息查询接口 | /UCS/tsndevice | GET | JSON |
| WIA-PA 网络信息查询接口 | /UCS/wiapadevice | GET | JSON |

如图 4-7 所示，配置界面等其他软件系统，可通过调用统一配置子系统提供的北向接口，获取统一配置子系统数据库中存储的网络状态信息，调用统一配置子系统的功能。

#### 4.2.3.3 配置接口设计

配置接口主要是满足统一配置子系统与数据面中设备进行交互，实现配置信息下发的功能，从而

---

① POST：向服务器发送提交要被处理的数据。
② GET：从服务器请求数据后获取服务端数据。

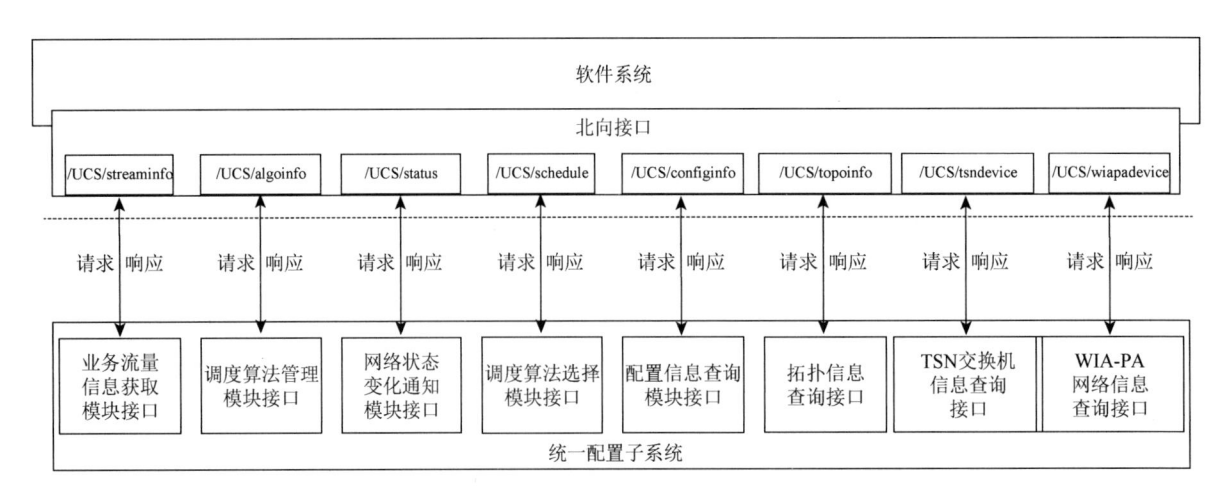

图 4-7 信息交互接口示意图

实现工业异构网络的管理配置。统一配置子系统在调度计算完成后，将调度计算结果转换成设备配置信息，通过配置接口，下发到具体的网络设备中。配置接口根据工业异构网络配置需求，分为 TSN 网络配置接口和 WIA-PA 网络配置接口，以下主要展开对 TSN 门控列表配置、WIA-PA 配置等比较全面的功能进行展开分析。

对 TSN 网络进行配置时，结合 TSN 交换机的设备配置系统，当需要进行配置下发时，统一配置系统调用设备配置系统所提供的配置方法，完成 TSN 网络配置信息的下发。对 WIA-PA 网络进行配置时，配置接口采用 OPC UA 服务器所提供的访问接口，统一配置子系统根据配置需求，调用写入节点方法，将配置信息发送到 WIA-PA 网关设备中。

#### 4.2.3.4 工业异构网络信息获取功能实现

在统一配置子系统和 WIA-PA 网关分别建立 OPC UA 客户端和 OPC UA 服务器，OPC UA 服务器为 OPC UA 客户端提供访问接口，以进行数据信息交互。WIA-PA 网关设备中，所部署的 OPC UA 服务器接口为 opc ua://localhost:4840。OPC UA 客户端与 OPC UA 服务器建立连接。使用 Wireshark 工具对 OPC UA 通信过程进行抓包分析，所设计的 OPC UA 服务器满足读、写、发布/订阅等操作。

为保证网络中业务流量的可靠传输，需要对业务流量信息调度计算，网络资源调度算法在设计之初，会考虑其本身的适用范围和调度计算能力，综合各种因素，以满足某种场景或者某类业务流量的最佳调度计算效果。协同调度子系统作为调度计算的功能实现模块，需要不断集成更多的调度算法，以适应工业实际场景中复杂情况的传输需求。其中，调度计算模块已集成了多个网络资源调度算法，工业异构网络统一配置子系统作为协同调度子系统的管理系统，可从数据库中获取已导入的调度算法特征，并通过配置界面进行展示。

如图 4-8 所示，在启动网络资源调度计算之前，用户可通过查看统一配置子系统中已添加的调度算法信息，了解网络调度算法适应场景以及算法描述。统一配置子系统中集成了调度计算模块的各个调度算法，并设计了相应的调度方法。通过调度计算选择接口，根据调度计算需求，传入对应的调度算法标识符参数，即可完成对调度算法的调用。

#### 4.2.3.5 工业异构网络配置功能实现

WIA-PA 网关根据节点中写入的数据信息，对超帧表中超帧信息进行修改。针对 WIA-PA 网络资源调度算法的计算结果，所需配置信息为超帧表，一个超帧表有时间长度信息、时隙数量，其中时隙

第 4 章　新一代工业物联网融合配置

图 4-8　统一配置子系统调度算法管理界面图

也有时间长度信息。统一配置子系统根据计算结果进行统一建模，生成配置信息，并通过配置接口进行下发，在统一配置子系统中，WIA-PA 网络的配置接口即为 OPC UA 服务器接口，通过对 OPC UA 中超帧信息节点、时隙个数以及时隙长度节点的写入，修改节点中的变量。

如图 4-9 所示，在实现 TSN 网络配置过程中，统一配置子系统接收配置界面所选择的调度算法，并对调度计算结果建模，生成配置信息并将其下发。所设计的工业异构网络统一配置子系统，提供 TSN 交换机配置界面，用户可通过界面实现 TSN 网络的配置过程，并且支持详细配置信息查看，用户可通过查看配置信息，以判断配置信息有效性情况。

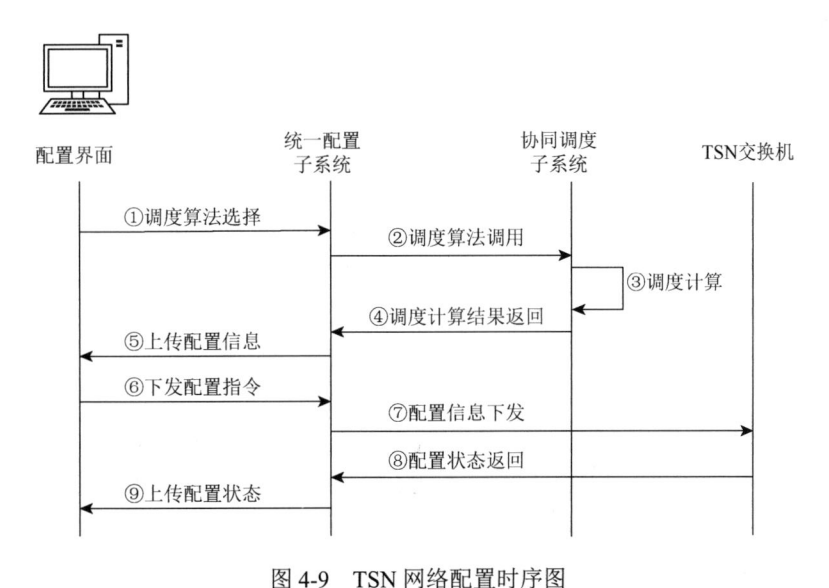

图 4-9　TSN 网络配置时序图

TSN 网络配置界面具体操作流程如下。

统一配置子系统对工业无线网络配置时，首先需要在工业无线网络中对网络设备配置信息进行信息建模，根据工业无线网络设备的功能、特点等信息，确定对象类别节点。结合工业无线网络的时隙分配情况，工业无线网关设备配置信息中，参数主要包括超帧长度、时隙数量和时隙长度等，通过动态属性实现对时隙配置参数的读写；配置状态信息则包括配置状态，表示配置状态是否成功。工业无线网络配置信息模型参数说明如表4-3所示，对工业无线网络中配置信息、配置状态信息进行建模定义。

表 4-3  信息模型参数说明表

| 类型 | 参数名称 | 数据类型 | 建模规则 | 描述 |
| --- | --- | --- | --- | --- |
| 配置信息 | slotnum | string | M | 时隙数量 |
|  | slottime | string | M | 时隙长度 |
|  | superframetime | string | M | 超帧长度 |
| 配置状态信息 | ConfigStatus | string | M | 配置状态 |

为了更好地在工业无线网络设备中进行 OPC UA 信息建模，需要按照标准地址空间的方式对信息模型进行实例化。采用 OPC UA 第三方工具，例如 Ua Modeler 工具，可建立工业无线网络网关设备配置信息模型，并对其实例化，并生成对应信息模型的 XML 描述文件，配置信息建模的 XML 描述如图 4-10 所示。

```
<UAVariable DataType="String" ParentNodeId="ns=1;i=1002" NodeId="ns=1;i=6010" BrowseName="1:superframetime" AccessLevel="3">
    <DisplayName>superframetime</DisplayName>
    <References>
        <Reference ReferenceType="HasTypeDefinition">i=63</Reference>
        <Reference ReferenceType="HasModellingRule">i=78</Reference>
        <Reference ReferenceType="HasComponent" IsForward="false">ns=1;i=1002</Reference>
    </References>
</UAVariable>
<UAVariable DataType="String" ParentNodeId="ns=1;i=1002" NodeId="ns=1;i=6008" BrowseName="1:slottime" AccessLevel="3">
    <DisplayName>slottime</DisplayName>
    <References>
        <Reference ReferenceType="HasTypeDefinition">i=63</Reference>
        <Reference ReferenceType="HasModellingRule">i=78</Reference>
        <Reference ReferenceType="HasComponent" IsForward="false">ns=1;i=1002</Reference>
    </References>
</UAVariable>
<UAVariable DataType="String" ParentNodeId="ns=1;i=1002" NodeId="ns=1;i=6009" BrowseName="1:slotnum" AccessLevel="3">
    <DisplayName>slotnum</DisplayName>
    <References>
        <Reference ReferenceType="HasTypeDefinition">i=63</Reference>
        <Reference ReferenceType="HasModellingRule">i=78</Reference>
        <Reference ReferenceType="HasComponent" IsForward="false">ns=1;i=1002</Reference>
    </References>
</UAVariable>
```

图 4-10  配置信息建模的 XML 描述

利用 OPC UA 开源项目 open62541，进行 OPC UA 服务器的开发，将上述模型加载到 OPC UA 服务器地址空间中，并在工业无线网关中部署 OPC UA 服务器。OPC UA 客户端则采用 Java 中的 milo 库进行设计开发，并将开发完成的 OPC UA 客户端集成到统一配置子系统中。OPC UA 客户端通过 OPC UA 服务器接口，即可与 OPC UA 服务器进行连接，获取地址空间节点类型，通过读、写、订阅等方法，获取和写入信息模型中节点的数据信息。

工业异构网络统一配置子系统提供人工选择或者自动选择两种调度算法选择方式，用户可根据自身需求进行调度算法选择：其中人工选择需要用户在算法选择框中，选择调度算法。

在配置信息列表中，点击查看详细配置信息，即可显示对应 IP 地址交换机的门控列表配置信息。TSN 交换机配置界面及其详细配置信息图如图 4-11 和图 4-12 所示。

其中，配置信息符合 IEEE 802.1Qbv 中所规定的 TAS 调度机制，详细配置信息包括门控传输队列、时隙长度、基准时间等信息，TSN 交换机中端口为配置单位，每个端口都有 Q0, Q1, ⋯, Q7 八个门控队列，每个门控队列只可允许对应的优先级业务流量传输。例如，门控列表中某个时刻只有 Q1 开启时，则只允许优先级为 1 的业务流量通过。时隙长度即为允许的传输时间，对应了不同业务流量的具体传

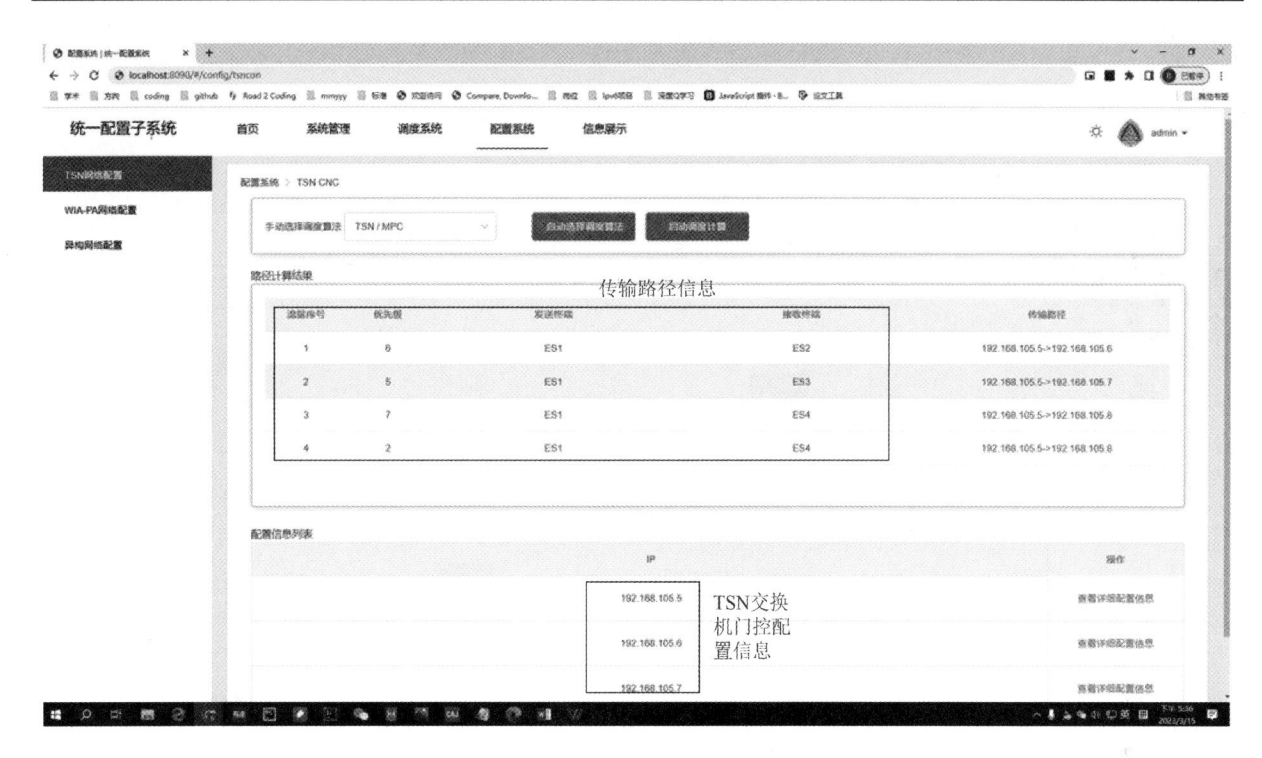

图 4-11　TSN 交换机配置界面

图 4-12　TSN 交换机详细配置信息图

输决策。在网络时间同步的基础上，设置传输周期，门控列表周期性地打开，能够确定业务流量的传输时刻。相邻两个周期之间，继上一周期结束，通过设置保护带机制，可以有效减少传输周期内流量未完全传输从而堵塞下一周期的影响。点击配置下发，工业异构网络统一配置子系统响应界面发送请求消息，通过调用配置接口，将当前配置信息下发到 TSN 交换机中。

TSN 终端配置信息界面如图 4-13 所示。

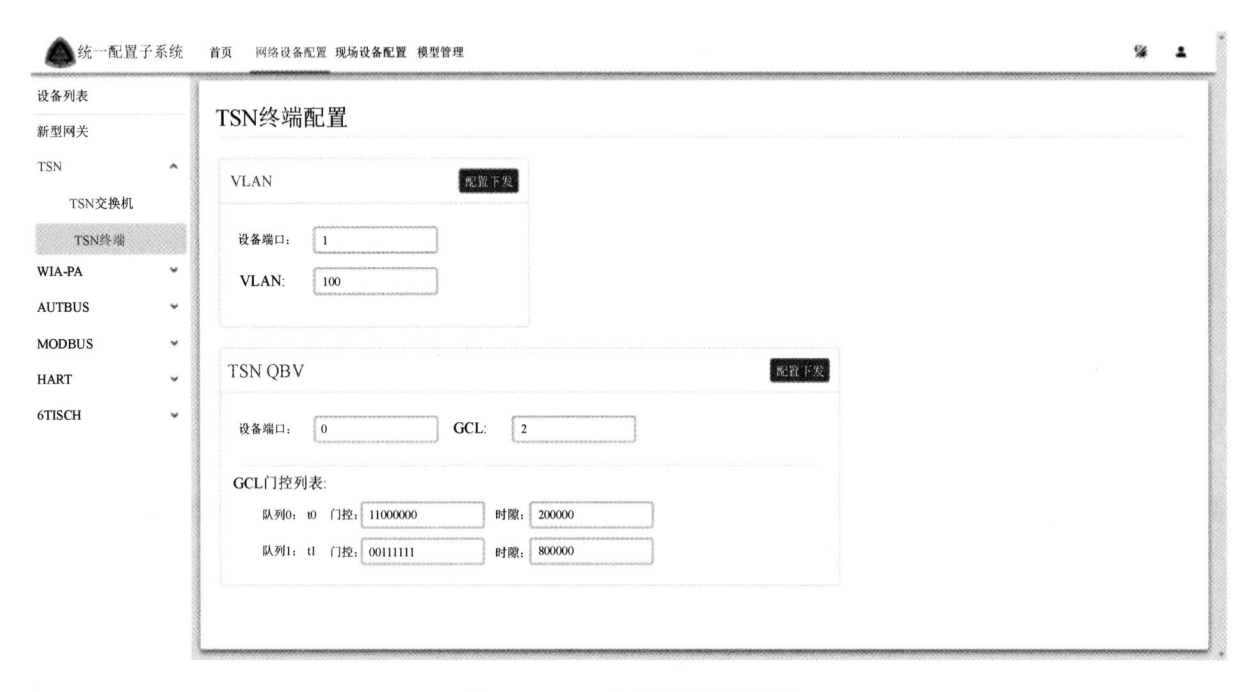

图 4-13　TSN 终端配置信息界面

WIA-PA 网关配置信息界面如图 4-14 所示。

图 4-14　WIA-PA 网关配置信息界面

AUTBUS 配置信息界面如图 4-15 所示。

图 4-15 AUTBUS 配置信息界面

MODBUS 网关配置信息界面如图 4-16 所示。

图 4-16 MODBUS 网关配置信息界面

HART 配置信息界面如图 4-17 所示。

图 4-17　HART 配置信息界面

6TiSCH 配置信息界面如图 4-18 所示。

图 4-18　6TiSCH 配置信息界面

## 第 4 章　新一代工业物联网融合配置

IEC 61499 配置信息界面如图 4-19 所示。

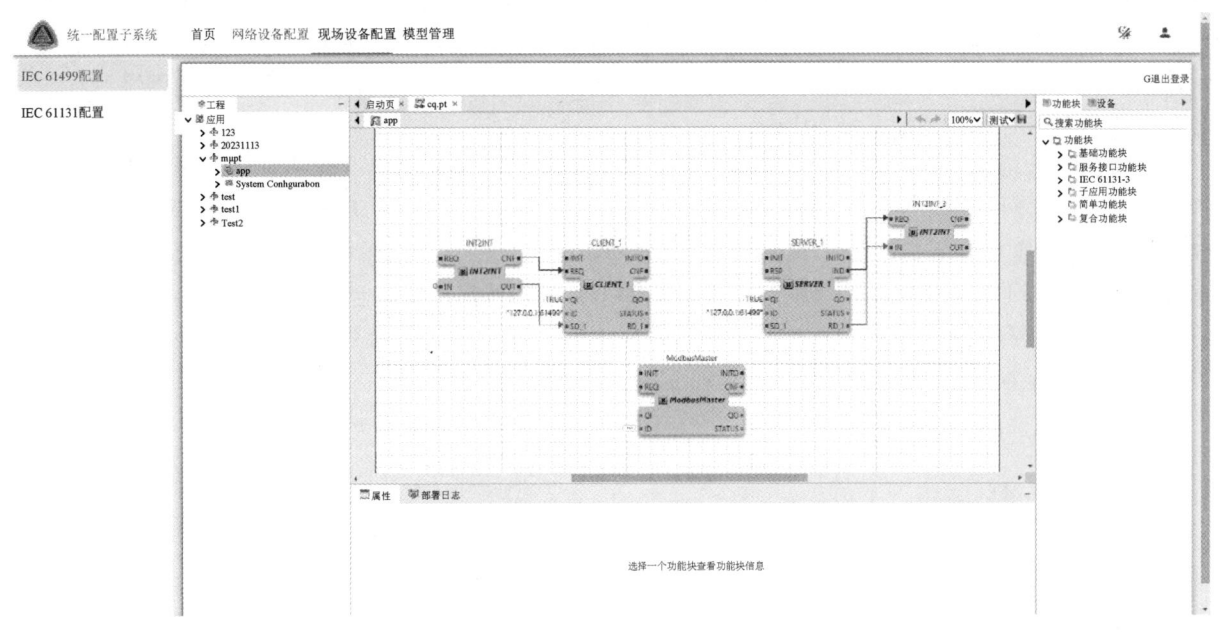

图 4-19　IEC 61499 配置信息界面

IEC 61131 配置信息界面如图 4-20 所示。

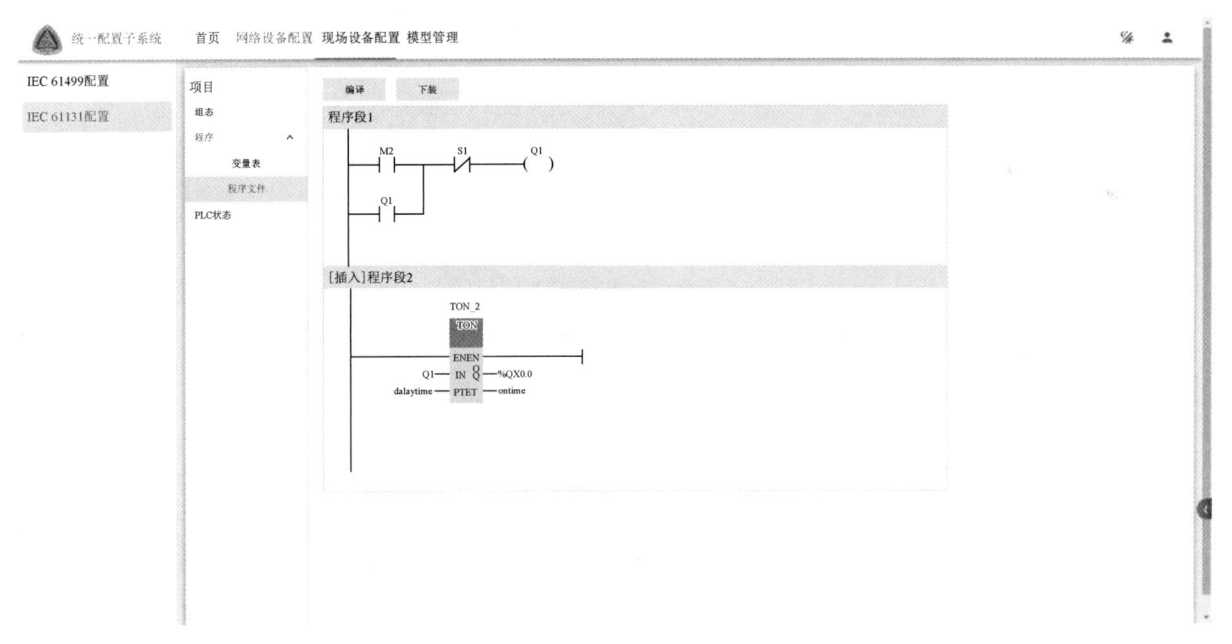

图 4-20　IEC 61131 配置信息界面

### 4.2.4　工业物联网融合配置体系基本架构与建模

#### 4.2.4.1　融合配置体系基本架构

针对工业业务多样、配置协议的异构特征，实现统一配置框架：基于承载与控制分离的特点，再结合软件定义的方式，工业物联网系统实现配置模型与多种接入网络的对接[30]。基于输入配置内容统一建模和异构设备配置信息建模，构建现场设备配置与网络设备配置融合的统一配置框架。针对用户面输入的配置内容，分析各网络系统配置输入端的差异，实现配置内容统一建模。基于异构设备配置信息统一建模，实现对现场设备和网络设备配置接口、配置结构、配置协议等的统一管控。针对现场级异构网络系统的统一配置需求，实现无线网络和有线网络中对超帧表、链路表、路由表、虚拟通信关系、时隙分配和地址等资源的管理配置，对不同网络设备的配置方法进行优化，使工业软件定义控制器从应用层接收到用户和应用对网络的配置需求后，能够执行配置方法对现场级异构网络的终端设备和网络设备进行相应的配置操作[31]。

配置信息建模方法：在用户侧输入配置需求后，对输入的配置信息建模，实现配置子系统与协同调度子系统、多种配置工具以及异构设备进行统一语义化的信息交互。实现多种网络配置信息的 OPC UA 信息建模，建立包括工业无线网络与工业有线网络的融合配置信息模型，突破不同配置系统间的信息障碍。实现基于统一模型的配置信息与 YANG 模型、NETCONF（network configuration，网络配置）协议以及主流私有配置协议的映射方式，提升统一配置子系统的配置兼容性。基于软件定义的现场级异构网络统一配置框架如图 4-21 所示。

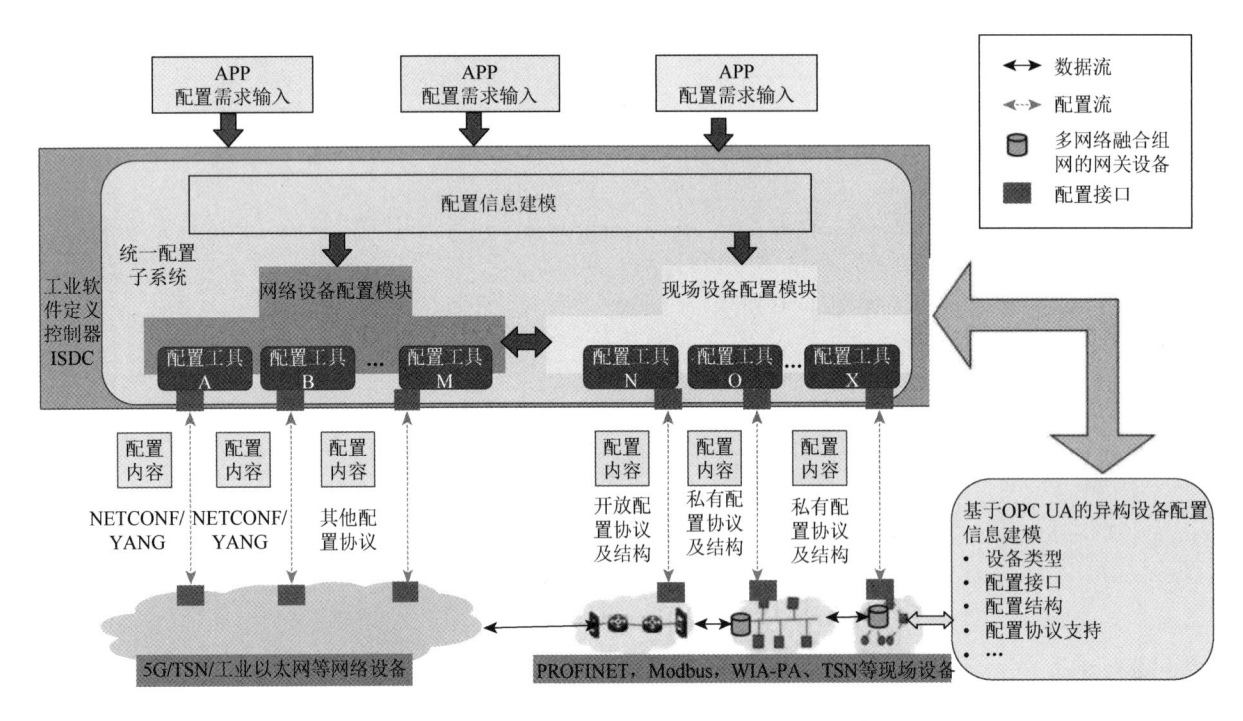

图 4-21 基于软件定义的现场级异构网络统一配置框架

异构设备配置信息建模方法：针对现场级异构设备的网络配置接口、配置协议以及配置方法各异的问题，从统一配置的角度出发，完成基于 OPC UA 的现场级异构设备配置信息建模，实现配置信息实时、可靠的且具有语义互操作性的交互。基于 OPC UA 基础元模型以及主流工业网络的配置信息特征，工业物联网系统建立包括网络配置资源描述、配置接口信息、网络接口信息、网络状态等的通用设备配置信息模型。针对网络配置调度过程中要求的流量特征、抖动和延迟约束等信息进行建模，工业物联网系统进一步提升配置子系统的语义互操作能力。工业物联网系统利用统一接口来实现对异构网络设备配置信息的统一化访问处理，实现通过访问服务器地址空间对网络设备的属性和配置信息进行访问。

通过建立统一的设备和配置系统之间配置信息交换接口，实现异构网络设备和配置系统之间数据交换；完成 OPC UA 适配多种网络接口的转换，主要包括网络接口、以太网端口、串口以及主流私有接口等；实现建立统一配置交换接口的框架，包括统一接入模块、配置信息处理模块、配置格式映射模块，满足异构网络中设备和配置系统交换信息过程中各类关系数据库、文件、实时信息等各种数据源访问需求。

#### 4.2.4.2 融合配置体系建模

新型工业物联网架构下网络配置协议分层框架：基于 NETCONF 等通用网络配置协议，工业物联网系统完成其内容层、操作层、消息层以及安全传输层在统一配置框架下的实现。实现内容层独立于各个厂商设备的数据建模。鉴于 TSN 采用 YANG 模型配置，完成 YANG 模型等在 NETCONF 内容层的建模和描述，解决异构网络中各个厂商的设备数据难以互通的问题。实现基于 NETCONF 协议在异构网络系统中对数据基本的获取、配置、复制和删除功能，在此基础上，进一步研究协议的自定义功能，提升配置信息的可读性和可修改性，增强系统可拓展性[32]。

基于开放配置协议的异构设备配置方法：针对现场级骨干网络统一配置需求，实现基于 NETCONF、OpenFlow 等协议的工业物联网网络设备配置，实现软件定义网络控制器拓扑管理、交换机管理等功能，实现配置信息统一下发、存储等操作。同时实现 TSN 通过集中式、分布式和混合式下用户应用配置、接口配置与过程配置的管理，实现基于 NETCONF/YANG 配置协议的 5GS 控制面对 5G 网络的配置。

基于私有配置协议的异构设备配置方法：针对多种工业无线、工业有线网络设备的私有协议和私有配置结构，实现工业无线、工业有线网络中设备的配置，保证异构配置信息能够可靠、实时地被配置到设备中。基于用户输入的配置需求，在异构网络配置内容统一建模后，工业物联网系统可基于异构配置方式灵活动态地重构配置。

基于强化学习技术的自动配置方法：面向异构网络的特性和实时配置需求，实现强化学习技术解决异构网络设备配置过程动态性高、复杂度明显的问题，如图 4-22 所示。基于 Q-learning 算法、REINFORCE 算法①等强化学习方法，探索统一配置子系统对异构网络设备的自动配置方法，利用强化学习技术的自学习、自适应、可拓展等特性，提升统一配置系统的配置实时性和自适应能力。

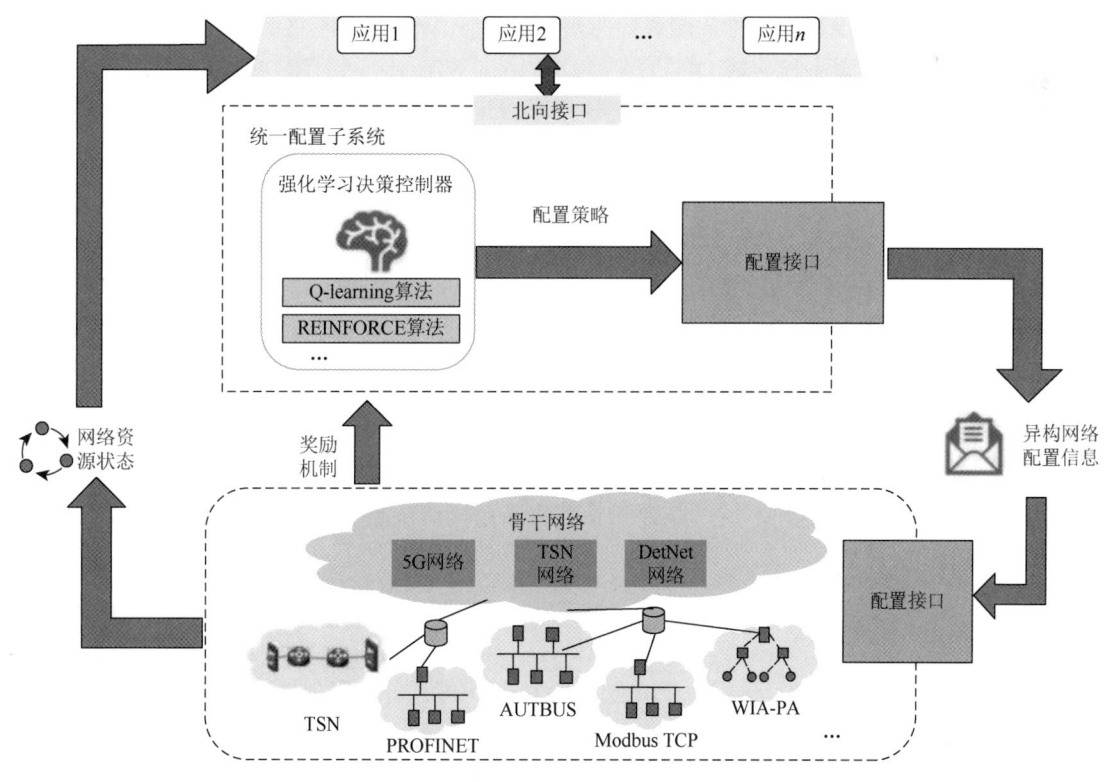

图 4-22 基于强化学习技术的自动配置方法

---

① 一种策略梯度算法。

网络状态变化情况下的设备动态配置方法：为实现异构网络系统能够根据场景灵活地调整配置参数、实现现场级异构网络协同过程可配置的动态框架，针对异构网络协同调度及过程管理的动态需求，提出动态框架的通用基本构件、领域共性构件和应用专用构件，在无须停止整个系统或重新组态整个系统的状态下，对网络中设备的配置参数进行动态配置。

## 4.3 应 用 实 例

### 4.3.1 一种工业无线网络融合时间敏感网络的统一配置方法

#### 4.3.1.1 背景

WIA-PA 网络作为三大无线通信标准之一，与 TSN 相融合，WIA-PA 网络和 TSN 网络具有不同的网络资源和管理机制，导致两种网络的信息获取、功能配置流程复杂[33]。以下是对这一问题的详细分析。

（1）为方便人机交互，基于 B/S 架构，设计开发配置界面，能够方便用户查询网络状态信息、进行网络集中管理配置等。

（2）统一配置子系统作为 ISDC 中的功能模块之一，设计一组符合工业网络特征的信息交互接口，设计接口的请求参数和响应数据格式，实现软件模块之间的功能调用和信息交互。

（3）获取网络状态信息能够有效实现对工业异构网络的集中管理，网络状态信息包括工业异构网络中的过程数据、设备状态等信息，为实现语义级的互通，还需要实现网络状态信息建模。

（4）网络配置是工业异构网络资源管理中的重要资源，可以对调度计算结果进行信息建模，从而生成配置信息。并且需考虑网络状态变化情况，根据网络状态特征自动选择调度算法，实现网络动态配置机制，尽可能快地实现数据面中的配置信息更新。对于 WIA-PA 网络侧，在 WIA-PA 网关设备中部署 OPC UA 服务器，配置系统集成 OPC UA 客户端，与 WIA-PA 网关建立通信连接；对于 TSN 网络侧，则参考完全集中式配置模型，配置界面需要实现 CUC 中的流量信息输入、下发指令等基本功能，配置系统则应具备 CNC 中的调度计算、信息建模、下发配置信息等功能[34]。

#### 4.3.1.2 技术方案

**1. 总体软件架构**

工业异构网络统一配置子系统总体软件架构，包括业务流量信息获取模块、配置信息显示模块、调度算法选择策略模块、配置信息建模模块等功能模块。

如图 4-23 所示，基于此软件架构和 B/S 架构，实现前后端分离的模式，统一配置子系统提供北向接口，与配置界面进行信息交互，统一配置子系统将满足网络配置需求，实现对工业异构网络信息获取、配置管理等功能。

**2. 信息交互接口设计实现**

ISDC 中存在多个功能模块，可将每个功能模块看作不同的资源服务，通过请求功能模块所提供的接口即可实现资源服务的调用。所设计的工业异构网络统一配置子系统，能够实现 WIA-PA 网络和 TSN 网络的融合管理配置，作为 ISDC 中的关键系统之一，其需要与网络调度子系统、网络管控子系统、设备配置系统等软件系统进行集成，以便于实现软件系统之间的信息交互和功能调用[35]。为了加以区分，统一配置子系统中所设计的功能模块就需要由 URL 资源标识进行标识定位。统一配置子系

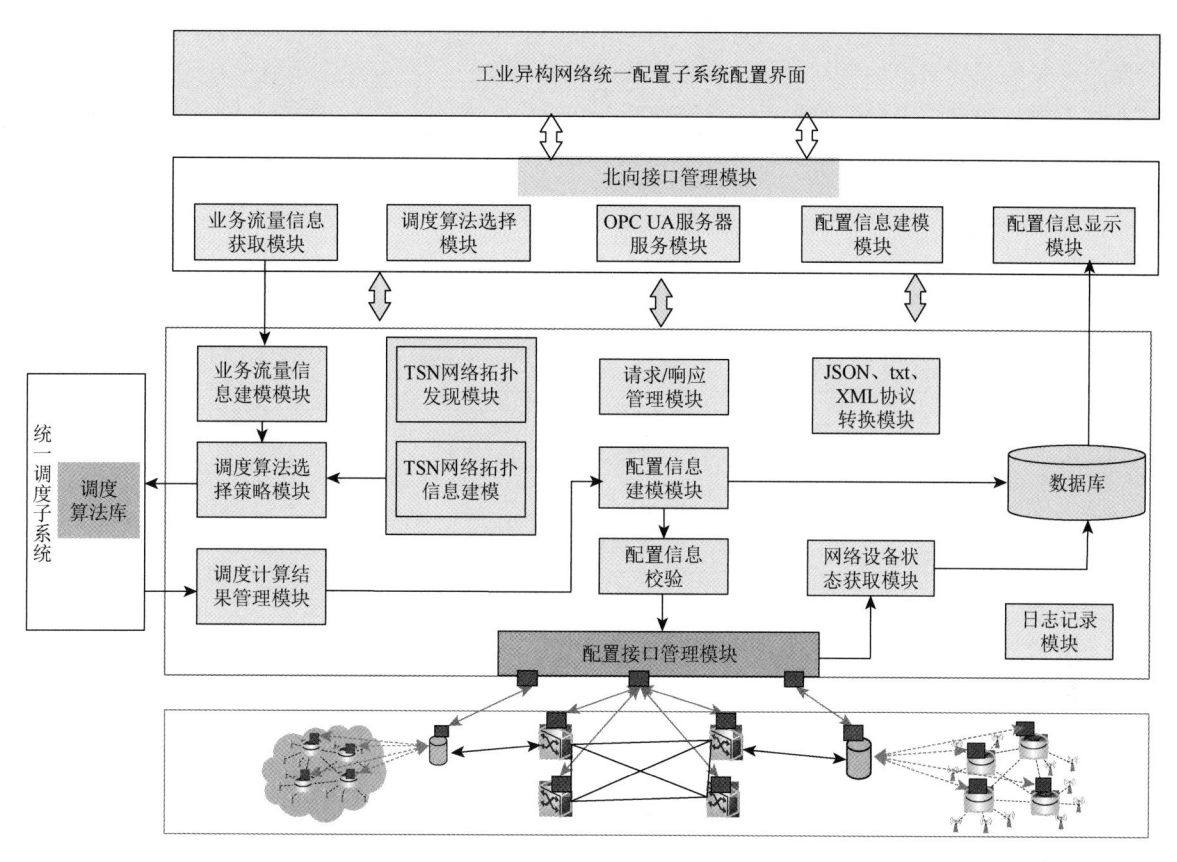

图 4-23 统一配置子系统总体软件架构

统在接收到其他功能模块正确请求消息后，会解析出信息交互接口请求行中的 URL 资源标识，根据请求参数提供对应的资源服务，并返回响应状态。同理，统一配置子系统也可通过调用其他系统的信息交互接口来获取资源服务。因此，需要设计一组信息交互接口，包括与配置界面以及其他软件系统交互的北向接口和与数据面中网络设备交互的配置接口[36]。考虑配置系统对网络进行多种形式的管理配置，以及系统功能模块的开放性，所设计的信息交互接口需要满足以下需求。

（1）具备与配置界面信息交互的能力，配置界面可以掌控全局网络状况。

（2）能够获取用户输入的业务流量信息，具备数据面数据监控功能，并具备获取数据面中设备状态信息、过程数据、网络拓扑结构等网络状态信息的能力。

（3）具备动态感知能力，当网络状态信息发生变化时，能及时响应变化请求。

（4）能够调用调度系统中的调度算法，将网络状态信息模型发送到调度系统，进行调度计算，并获取调度计算结果。

（5）具备工业异构网络配置功能，能够下发配置信息，对工业异构网络进行功能配置。

针对工业异构网络配置需求，利用统一配置架构的控制面与数据面分离特点，设计一组软件接口，使用 HTTP 请求方法中的 POST 和 GET 方法设计，并根据资源服务特征，设计各个接口的请求参数和状态响应报文。

1）北向接口实现

如图 4-24 所示，基于功能模块交互需求，设计一组工业异构网络特征的北向接口，统一配置子系统通过北向接口，可以获取配置界面中输入的业务流量信息，配置界面可通过北向接口，显示存储于统一配置子系统中的网络状态信息。

北向接口设计说明如表 4-4 所示，请求方法包括 POST、GET 两种，交互格式则统一设计为 JSON 格式。

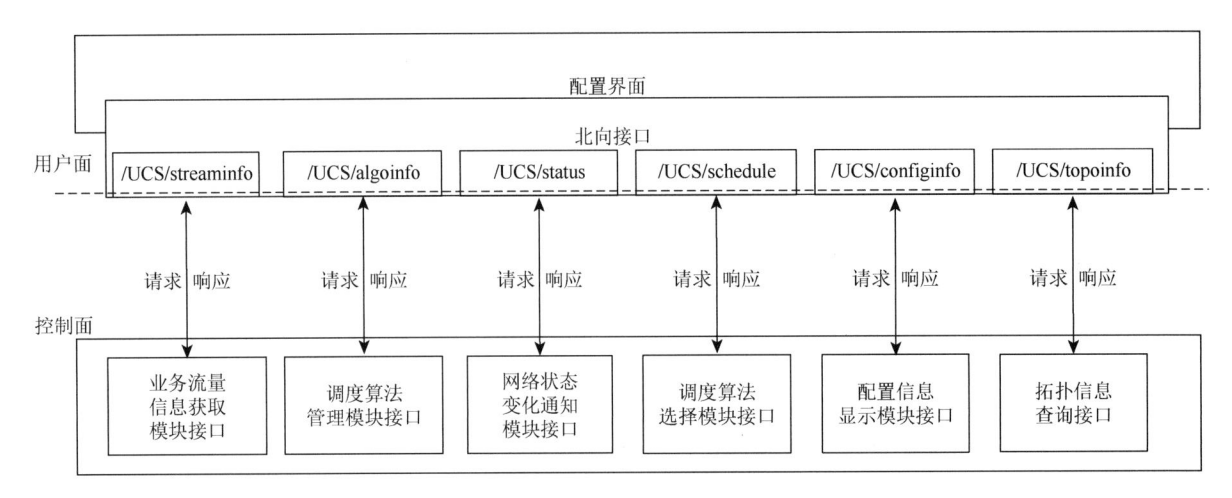

图 4-24 信息交互接口示意图

表 4-4 北向接口设计说明表

| 接口名称 | 资源标识 | 请求方法 | 交互格式 |
| --- | --- | --- | --- |
| 业务流量信息获取模块接口 | /UCS/streaminfo | GET | JSON |
| 调度算法管理模块接口 | /UCS/algoinfo | POST | JSON |
| 网络状态变化通知模块接口 | /UCS/status | POST | JSON |
| 调度算法选择模块接口 | /UCS/schedule | POST | JSON |
| 配置信息显示模块接口 | /UCS/configinfo | GET | JSON |
| 拓扑信息查询接口 | /UCS/topoinfo | GET | JSON |

以下将分别对信息交互接口功能进行说明。

（1）业务流量信息获取模块接口。

用户在配置界面手动输入业务流量信息，统一配置子系统调用业务流量信息获取模块接口，获取业务流量信息，请求参数说明如表 4-5 所示，响应数据即为当前已输入的业务流量信息。

表 4-5 请求参数说明表

| 请求参数 | 参数说明 | 备注 |
| --- | --- | --- |
| network | TSN（获取 TSN 业务流量信息）<br>WIA-PA（获取 WIA-PA 业务流量信息）<br>all（获取所有业务流量信息） | 不能为空 |

（2）调度算法管理模块接口。

为方便查询调度算法的适用范围等信息，统一配置子系统对调度算法管理模块中的调度算法进行存储，设计调度算法管理模块接口，并将统一调度子系统中已集成的调度算法的名称、算法描述和组织机构进行返回。接口具体信息以及响应报文格式如下所示。

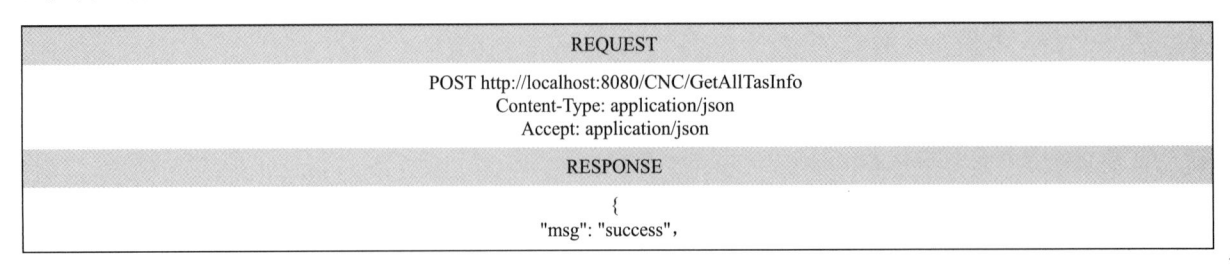

| REQUEST |
| --- |
| POST http://localhost:8080/CNC/GetAllTasInfo<br>Content-Type: application/json<br>Accept: application/json |
| RESPONSE |
| {<br>"msg": "success", |

```
                    "code": "0",
                    "page": {
                    "AllAlgoinfo": [{
                        {
                        "Algoname": "",
                        "describe": "",
                        "organization": "CQUPT"
                        }]
                        }
                        }
```

（3）网络状态变化通知模块接口。

针对网络状态信息发生变化时，配置系统中响应网络状态变化通知接口请求，配置系统重新获取网络状态变化后的信息，此时即可重新启动调度计算等操作。如表 4-6 所示，其中请求参数设置为 order，参数分为三种，并且不能为空。

表 4-6 网络状态变化通知模块接口参数说明

| 请求参数 | 参数说明 | 备注 |
| --- | --- | --- |
| order | stream（业务流量信息变化）<br>topo（网络拓扑信息变化）<br>other（其余网络状态信息变化） | 不能为空 |

工业异构网络统一配置子系统中，如图 4-25 所示，当网络状态信息变化后，调用网络变化通知接口，统一配置子系统后台响应网络状态变化请求，并根据请求参数，判断为网络拓扑信息变化，即重新调用网络拓扑信息获取接口，重新获取网络拓扑信息。

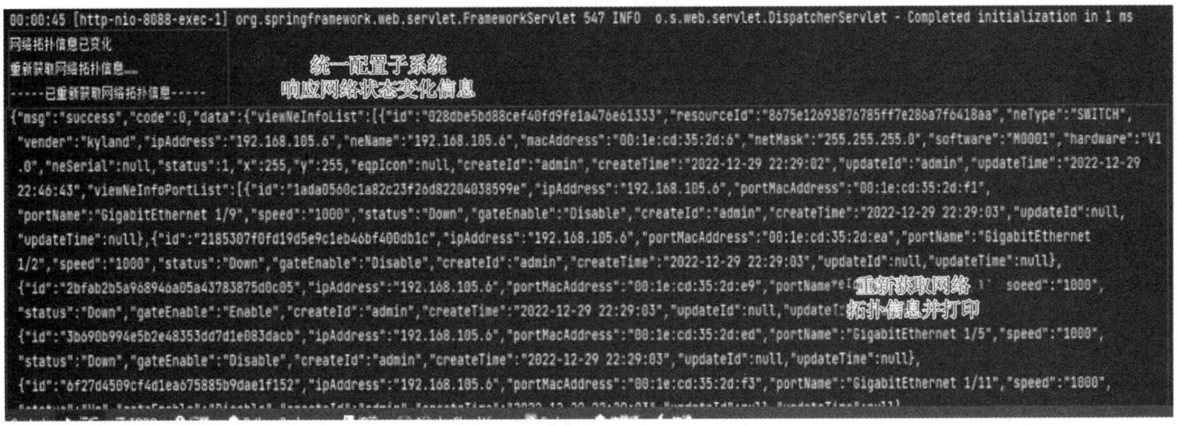

图 4-25 网络状态变化信息展示图

（4）调度算法选择模块接口。

调度系统中集成了多个网络资源调度算法，以满足多种场景下的网络资源调度计算。对已集成的网络资源调度算法，设计唯一的标识符，确保能调用具体网络资源调度算法，并以此设计调度算法选择模块接口，通过调用该接口，能够对调度系统中的网络资源调度算法进行调用，并在调度计算完毕时，主动获取调度算法计算结果。

如表 4-7 所示，其中 message 为网络类型，可选择具体网络类型，如 TSN，以方便统一配置子系统根据请求参数中的网络类型。Algoname 为调度算法标识符参数，例如，选择统一调度子系统中 MPC 调度算法开始计算；此外，若统一配置子系统没有接收到 Algoname 的请求参数，则通过调度算法选择策略进行算法选择。

表 4-7　调度算法选择模块接口参数说明表

| 请求参数 | 参数说明 | 备注 |
| --- | --- | --- |
| message | Network（根据网络类型，选择对应的调度算法） | 不可为空 |
| Algoname | Algo（根据网络资源调度算法标识符选择）<br>配置系统根据选择策略自动选择 | 可为空 |

（5）配置信息显示模块接口。

对调度计算结果进行配置信息建模的过程中，需要设计两种配置信息建模方法：一种对应需下发到设备中的设备配置信息；另一种对应需上传到配置界面的总体配置信息。设备配置信息是指针对某台设备而生成的配置信息，而总体配置信息则涉及网络中的所有配置信息。调用配置信息显示接口，可以查询配置信息详细细节。

（6）拓扑信息查询模块接口。

配置系统通过调用拓扑信息查询模块接口，可以查询网络拓扑结构信息。

2）配置接口实现

配置接口主要是满足统一配置子系统与数据面中的网络设备进行交互，能够获取数据面中的网络设备信息，同时也可下发配置信息，从而实现工业异构网络的管理配置。

（1）TSN 交换机门控列表信息查询接口。TSN 交换机门控列表是实现网络调度优化的重要机制，门控列表信息查询接口主要获取数据面中 TSN 交换机的门控列表配置情况，包括端口信息、队列信息、时隙长度等基本信息。具体接口信息和响应报文如下所示。

| REQUEST |
| --- |
| POST http://localhost:8080/UCS/GetAllTasInfo<br>Content-Type: application/json<br>Accept: application/json |
| RESPONSE |
| {<br>"ip": ,<br>"xmlTsnGateStatsEntity": {<br>"queue": "",<br>"operate": "open",<br>"queueList": []<br>},<br>"xmlTsnGclLengthEntity": {<br>"length": ""<br>},<br>"xmlTsnGclDetailsListEntity": {<br>"xmlTsnGclDetailsEntityList": [<br>{<br>"ifaceName": "",<br>"index": "1",<br>"queue": "",<br>"operate": "open",<br>"timeInterval": "0",<br>"queueList": []<br>}]<br>},<br>"xmlTsnCycleTime": {<br>"time": "", "unit": ""<br>},<br>"xmlTsnCycleTimeExt": {<br>"extension": "0"<br>},<br>"xmlTsnBaseTimeEntity": {<br>"seconds": "0",<br>"nanoseconds": "0"<br>}<br>} |

（2）TSN 交换机状态信息获取接口。通过调用此接口，可以获取数据面中 TSN 网络中 TSN 交换机的状态信息，其响应参数如表 4-8 所示，包括 TSN 交换机 IP 地址、TSN 交换机端口、门控队列以及门控列表长度等信息。

表 4-8  TSN 交换机状态信息获取接口说明表

| 响应参数 | 参数说明 |
| --- | --- |
| ip | TSN 交换机 IP 地址 |
| port | TSN 交换机端口 |
| queue | 门控队列 |
| length | 门控列表长度 |

（3）OPC UA 服务器调用接口。通过 OPC UA 服务器调用接口，可以用不同的请求参数调用不同的功能，例如，在请求配置系统中对 WIA-PA 网关的节点信息值进行查询。如表 4-9 所示，根据请求参数中 fun 传输参数的不同，可以实现 OPC UA 服务器不同功能，例如读、写和订阅节点数据。

表 4-9  OPC UA 服务器调用接口说明表

| 请求参数 | 参数说明 | 备注 |
| --- | --- | --- |
| ip | WIA-PA 信息 | 不能为空 |
| fun | 请求参数不同，则可调用功能不同 | 不能为空 |
| node | 节点信息 | 不能为空 |

### 4.3.1.3 工业异构网络信息获取功能实现

**1. OPC UA 信息模型**

制定方案：在配置系统和工业无线网关分别建立 OPC UA 客户端和 OPC UA 服务器，OPC UA 服务器的服务形式是为 OPC UA 客户端提供访问接口，进行配置信息交互。如图 4-26 所示为工业无线网络配置信息模型节点基本结构图，图中包括针对 WIA-PA 网关设备所设计的信息模型，通过此信息模型，能够有效获取节点之间的关系。

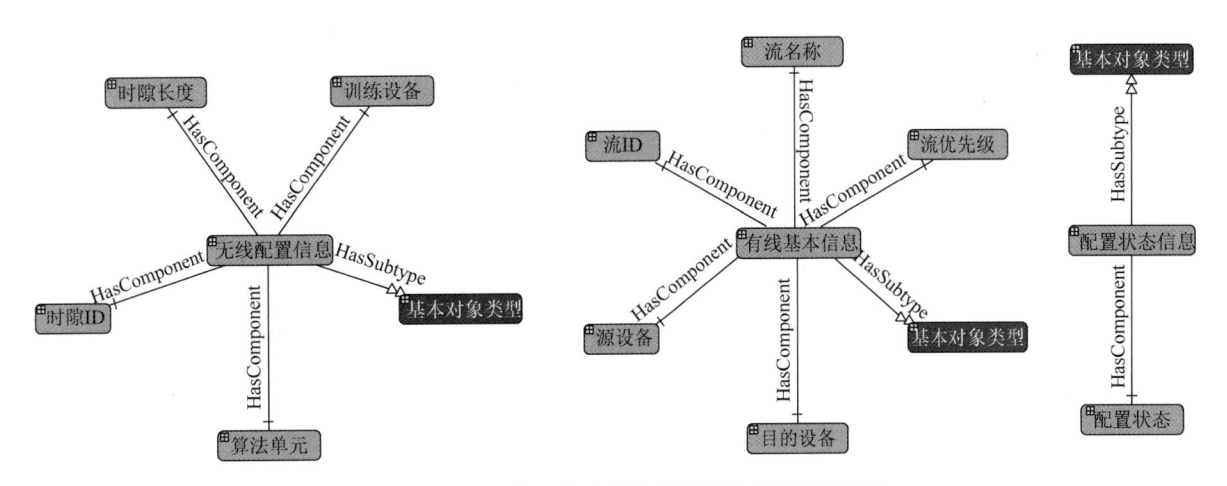

图 4-26  工业无线网络配置信息模型节点基本结构图

本方案在工业无线网关设备部署 OPC UA 服务器，将上述模型加载到 OPC UA 服务器地址空间中。测试过程所生成的 XML 描述文件向 OPC UA 服务器地址空间映射，并在 WIA-PA 网关设备中运行 OPC UA 服务器，利用 OPC UA 客户端读取服务器地址空间，通过读、写、订阅等方法，获取信息模型中响应节点的数据内容信息。

2. OPC UA 客户端与服务器连接

网关中部署 OPC UA 服务器 URL 为 opc ua://localhost:4840，通过设计 OPC UA 客户端，即可与服务器建立连接，实现节点读、写、订阅/发布数据等功能。客户端中定义相关 OPC UA 读、写、订阅/发布等机制，输入待连接的节点信息，即可与 OPC UA 网关设备建立连接，并可选择待操作的节点信息，获取 WIA-PA 数据，并显示在统一配置子系统界面中。如图 4-27 所示，使用 Wireshark 软件对 OPC UA 通信过程进行抓包分析，所设计的 OPC UA 服务器满足读、写、订阅/发布等操作。

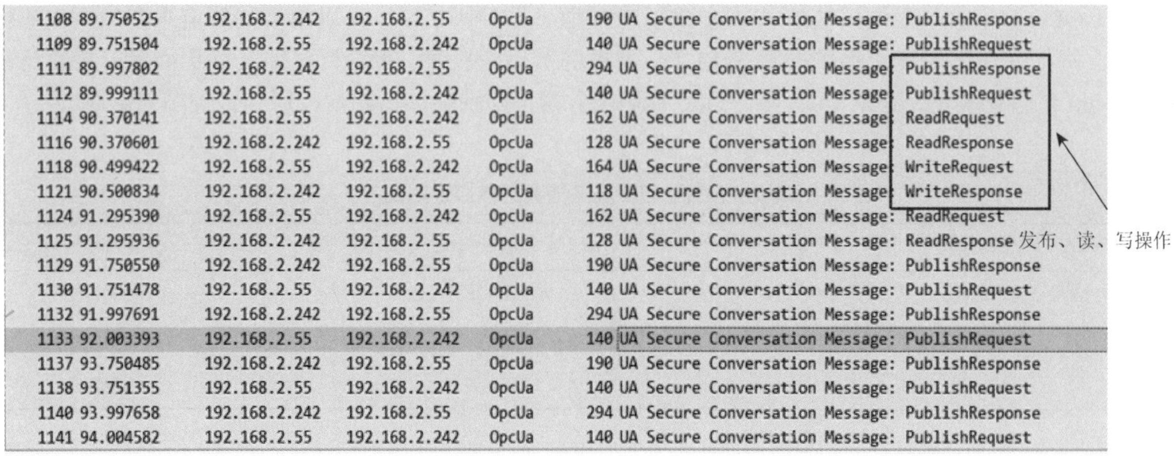

图 4-27　网关通信 Wireshark 软件截图

3. TSN 业务流量信息获取

TSN 网络完全集中式配置模型中，用户可通过输入手动业务流量需求或 CUC 通过用户配置协议发现 TSN 终端的业务流量传输需求信息，CUC 通过用户网络接口将业务流量信息传输给 CNC，CNC 通过解析业务流量传输需求，并结合网络状态信息，启动调度计算模块，计算出满足整体传输需求的调度计算结果，并对调度计算结果进行配置信息建模，即可生成配置信息，下发到 TSN 交换机中，至此，即可完成 TSN 网络的配置。

获取业务流量信息是工业异构网络配置系统进行调度计算的重要步骤之一，如图 4-28 所示，用户可通过用户界面，添加业务流量信息，业务流量信息包括 VLAN ID、优先级、帧长、传输地址等，并可根据调度需求选择是否参与调度，选择参与调度即可将其作为待计算业务流量，进行进一步的调度计算，否则不参与调度计算。

4. 调度算法管理实现

为保证网络中业务流量的可靠传输，需要对业务流量信息调度计算，网络资源调度算法在设计之初，会考虑其本身的适用范围和调度计算能力，综合各种因素，以满足某种场景或者某类业务流量的最佳调度计算效果。统一调度子系统作为调度计算的功能实现模块，需要不断集成更多的调度算法，以适应工业实际场景中复杂情况的传输需求。其中，调度计算模块已集成了多个网络资源调度算法，工业异构网络统一配置子系统作为统一调度子系统的管理系统，可从数据库中获取已导入的调度算法特征，并通过用户界面进行展示。

图 4-28  TSN 流量信息展示界面图

如图 4-29 所示，在启动网络资源调度计算之前，用户可通过查看统一配置子系统中已集成的调度算法信息，了解网络调度算法适应场景以及算法描述。统一配置子系统中集成了统一调度子系统中的各个调度算法，并设计了相应的调度方法，通过调用调度计算模块接口，根据调度计算需求，传入对应的调度算法标识符参数，即可完成对调度算法的调用。

图 4-29  统一配置子系统调度算法管理界面图

### 4.3.1.4  TSN 网络配置功能实现

为实现 TSN 网络配置，统一配置子系统接收配置界面所选择的调度算法，并对调度计算结果建模。如图 4-30 所示，用户操作流程如下：工业异构网络配置系统提供手动选择或者自动选择两种调度算法选择方式，用户可根据自身需求进行调度算法选择。其中，手动选择需要用户在算法选择框中，选择调度算法，例如图中通过手动选择 TSN 网络算法中算法标识符"MJC"的调度算法；使用自动选择时，工业异构网络配置系统首先根据网络状态信息特征，以及网络类型，应用调度算法选择策略进行计算，自动选择出最适合当前网络状态信息的调度算法。选择完调度算法之后，计算完成的调度计算结果分为路径计算结果和配置信息列表，其中路径计算结果为参与调度计算的业务流量在 TSN 网络中的传输路径，配置信息列表则以 TSN 交换机 IP 地址进行区别，包括 TSN 交换机的门控列表计算结果。

图 4-30　TSN 交换机配置界面

在配置信息列表中，点击查看详细配置信息，即可显示对应 IP 地址的门控列表配置信息。如图 4-31 所示，配置信息符合 IEEE 802.1Qbv 中所规定的 TAS 调度机制，详细配置信息包括门控传输队列、时隙长度、基准时间等信息，对 TSN 交换机中端口为配置单位，每个端口都有 $Q_0, Q_1, \cdots, Q_7$ 八个门控队列，每个门控队列只可允许对应的优先级业务流量传输，例如门控列表中某个时刻只有 $Q_1$ 开启时，则只允许优先级为 1 的业务流量通过。时隙长度即为允许的传输时间，对应了不同业务流量的具体传输决策。在网络时间同步的基础上，设置传输周期，门控列表周期性地打开，能够确定业务流量的传输时刻。相邻两个周期之间，继上一周期结束，通过设置保护带机制，可以有效减少传输周期内流量未完全传输从而堵塞下一周期的影响。点击配置下发，工业异构网络配置系统响应界面发送请求消息，通过调用配置接口，将当前配置信息下发到 TSN 交换机中。

### 4.3.2　基于 IEC 61499 的工业现场设备动态可重构配置方法

#### 4.3.2.1　背景

本节将完成所提的基于 IEC 61499 的工业现场设备动态可重构配置系统的构建，配置系统能够实现工业现场设备的动态可重构配置。首先，针对配置系统和工业现场设备缺乏配置接口的问题，设计对外开放的软 PLC 配置接口，满足用户通过配置界面对工业现场设备进行动态可重构配置的需求。并

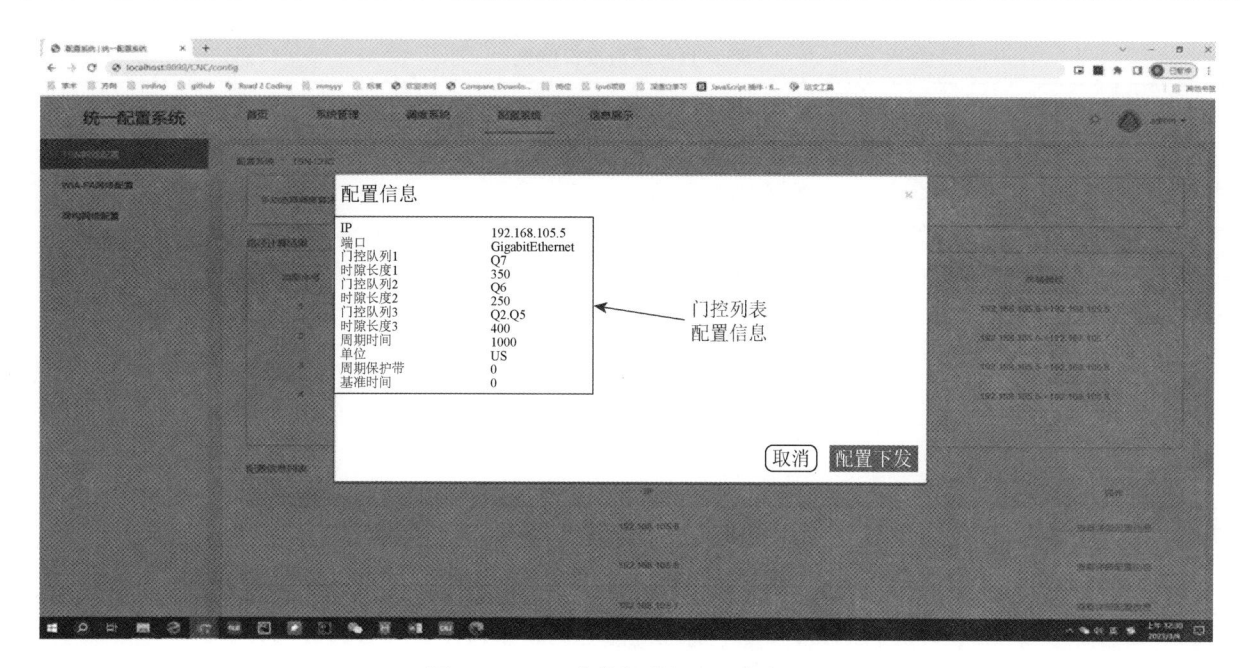

图 4-31 TSN 交换机详细配置信息界面

对工业控制网络配置模块功能和动态可重构配置模块的实现过程进行介绍和测试，最后对配置功能实现进行说明[37]。

### 4.3.2.2 技术方案

#### 1. 功能块接口功能实现

功能块的数据接口是功能块与系统其他部分进行数据交换和通信的桥梁，具有重要的作用。其主要功能包括数据读取、数据写入和数据传输。功能块的数据接口通过读取输入数据，执行相应的计算或处理操作，并将结果写入输出数据，实现功能块内部逻辑的运行[38]。数据接口还能够接收来自其他功能块或系统的数据输入，并按照预定的规则进行处理。在功能块的执行周期中，数据接口负责协调数据的获取和传递，确保功能块能够及时有效地执行任务。数据接口的功能实现需要考虑数据格式的定义、数据传输的稳定性和可靠性，以及与其他功能块的接口兼容性。功能块的数据接口信息如表 4-10 所示。

表 4-10 数据接口信息

| 接口参数名称 | 接口参数类型 | 接口参数说明 |
| --- | --- | --- |
| Next_ptr | 整型 | 指向下一个链表节点 |
| Data_ptr | 整型 | 数据地址指针 |
| Owner_ptr | 整型 | 指向功能块信息 |
| Reconfig | 整型 | 是否可重构 |
| Data_type | 字符数组 | 数据类型信息 |
| Data dir | 整型 | 操作类型信息 |
| Name | 字符数组 | 数据接口名称 |

为了避免在功能块并行调用过程中产生调用错误，功能块的函数接口信息是实现每个功能块调用功能的唯一方法。函数接口信息如表 4-11 所示。

表 4-11 函数接口信息

| 接口参数名称 | 接口参数类型 | 接口参数说明 |
| --- | --- | --- |
| Next_ptr | 整型 | 指向下一个链表节点 |
| Use_fp | 整型 | 是否使用浮点计算 |
| Owner_ptr | 整型 | 指向功能块信息 |
| Reconfig | 整型 | 是否可重构 |
| Users | 字符数组 | 使用者个数 |
| Args | 整型 | 功能函数参数 |
| Funct | 整型 | 功能函数指针 |
| Runtime | 整型 | 上次执行时间 |
| Name | 字符数组 | 功能函数名称 |

功能块的事件接口是 IEC 61499 标准的一个关键特性，是对 IEC 61131-3 标准功能块的有效增强，提升了功能块在分布式和网络化系统环境中的应用能力。将事件接口与数据接口分离，可增加功能块接口的可重构性和灵活性。事件接口信息如表 4-12 所示。

表 4-12 事件接口信息

| 接口参数名称 | 接口参数类型 | 接口参数说明 |
| --- | --- | --- |
| Next_ptr | 整型 | 指向下一个链表节点 |
| Event_ptr | 整型 | 事件地址指针 |
| Owner_ptr | 整型 | 指向功能块信息 |
| Reconfig | 整型 | 是否可重构 |
| Evnet_type | 字符数组 | 事件类型信息 |
| Isr enable | 整型 | 是否允许中断 |
| Priority | 整型 | 优先级信息 |
| Name | 字符数组 | 事件接口名称 |

根据所设计的功能块模型，功能块基本实现流程包括以下步骤。

（1）功能块初始化，声明功能块的基本信息。功能块的基本信息包括功能块名称、ID 号、类型、状态等。当服务接口功能块接收到初始化请求时，在共享内存中划分出指定类型大小的内存空间。在内存空间分配成功后，在默认情况下，为了防止功能块配置错误，所有相关信息将被赋值为零，内存空间分配操作结束。所分配功能块初始化信息的基本结构，根据功能块初始化的参数信息以及相关默认值，对所分配内存空间的类型变量初始化。

（2）声明功能块的参数信息和数据接口信息。其中，数据接口信息的基本内容包括数据类型、操作类型、接口名称、通信方式等。参数信息与数据接口信息的主要区别在于参数信息存放在功能块的内部，用于设置或表示功能块的状态信息；而数据接口的具体信息可存放于功能块外部，主要实现功能块间的数据传输。

（3）声明功能块的函数接口信息和事件接口信息。其中，函数接口信息包括函数名、函数参数表、函数指针、所属功能块名称等。事件接口信息包括事件名称、事件类型、时间戳、上次执行时间、优先级等。

（4）功能块内部信息实现完成后，声明功能块处于就绪状态。根据功能块所需完成系统操作，实现相应的控制算法；根据功能块的调度执行过程以及状态切换信息，实现功能块的执行控制表，并且将执行控制表的执行动作与相关控制算法相关联;在功能块内部申请局部变量空间,保存功能块的临时变量以及执行状态等信息。

IEC 61499 功能块库中 MobusMaster 功能块如图 4-32 所示,MobusMaster 功能块可以对工业控制网络下工业现场设备进行配置管理。其中,INIT 为初始化功能块;INITO 为初始化输出接口;REQ 为请求接口,用于请求特定操作或信息;CNF 为确认接口,用于确认已收到请求或执行操作;QI 为输入查询接口,用于查询输入数据;QO 为输出查询接口,用于查询输出数据;ID 为标识接口,通常用于标识功能块或设备以及相关参数信息的配置;STATUS 为状态接口,用于传递功能块或系统的状态信息。功能块事件和数据接口信息如图 4-33 所示。

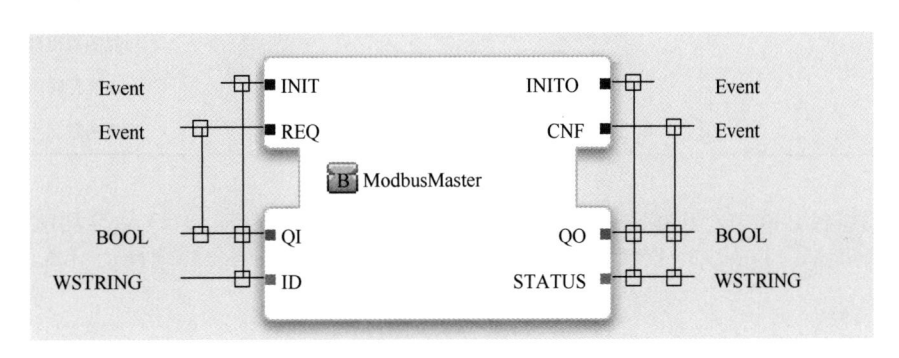

图 4-32　MobusMaster 功能块

图 4-33　MobusMaster 功能块事件和数据接口信息

2. 功能块网络构建功能实现

通过定义功能块类型、创建功能块实例、连接功能块以及编写功能块逻辑等步骤,可以构建功能块网络,如图 4-34 所示。用户操作流程如下:首先,在功能块网络中,CLIENT_1 应当与其左右两侧的 INT2INT 功能块进行连接。这种连接方式可以确保 CLIENT_1 能够与相邻的功能块进行有效的数据交换和通信,实现数据的传输和处理。其次,SERVER_1 应当与其左右两侧的 INT2INT 功能块进行连接,以建立稳定的通信通道,保证数据的准确传输和响应。通过将 CLIENT_1 和 SERVER_1 功能块与 INT2INT 功能块进行连接,可以有效地实现系统中的数据传输和通信需求。

在功能块事件和数据接口参数配置信息中,点击查看 ID 接口配置信息,即可显示对应设备的配置信息,如图 4-35 所示,首先,功能块接口参数中包含 ID 参数,用以唯一标识这一功能块。接口参数中还应包含从站 IP 地址和端口号,用于指定功能块与相应从站之间的通信地址和端口信息。刷新频率参数表示数据采样和通信频率,影响数据更新速度和系统实时性。功能码参数可用于指定通信协议中的具体功能码,也可用于读取或写入数据等操作。从站 ID 参数则指定从站设备的唯一标识,确保正确通信和数据交换。

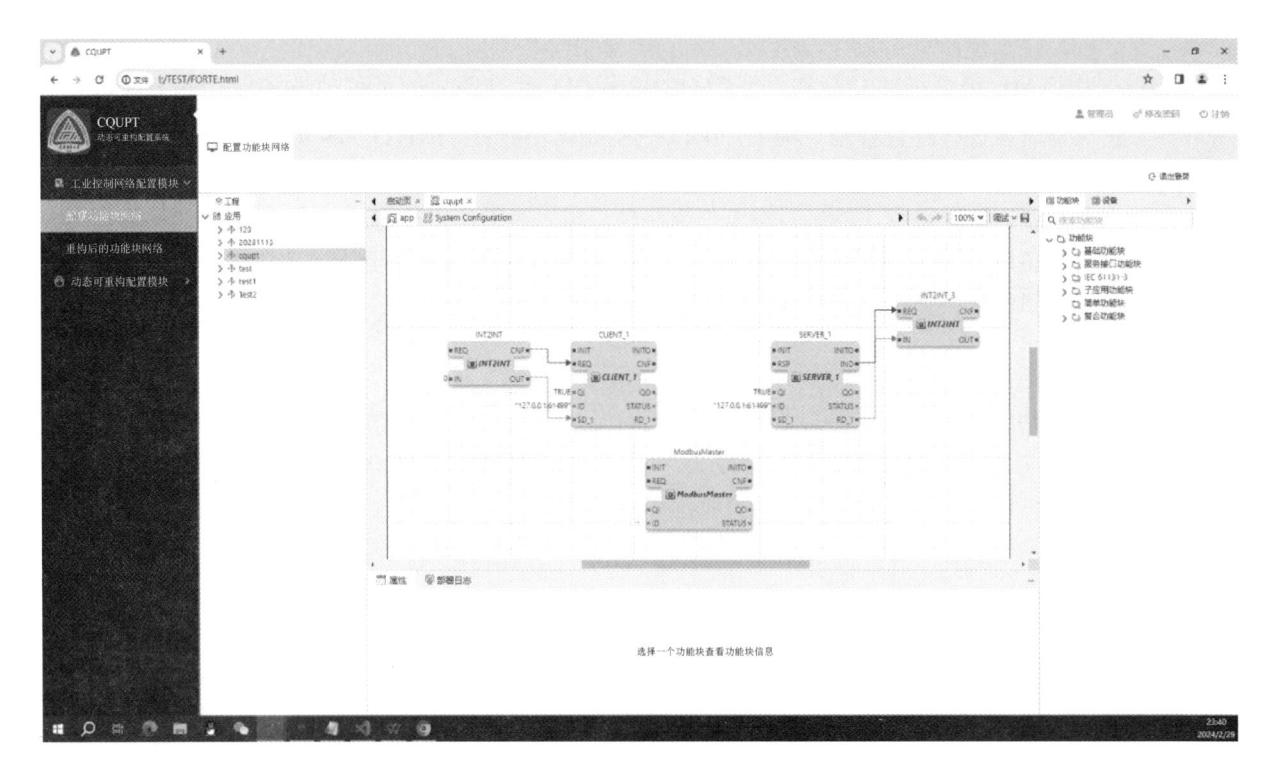

图 4-34　构建功能块网络

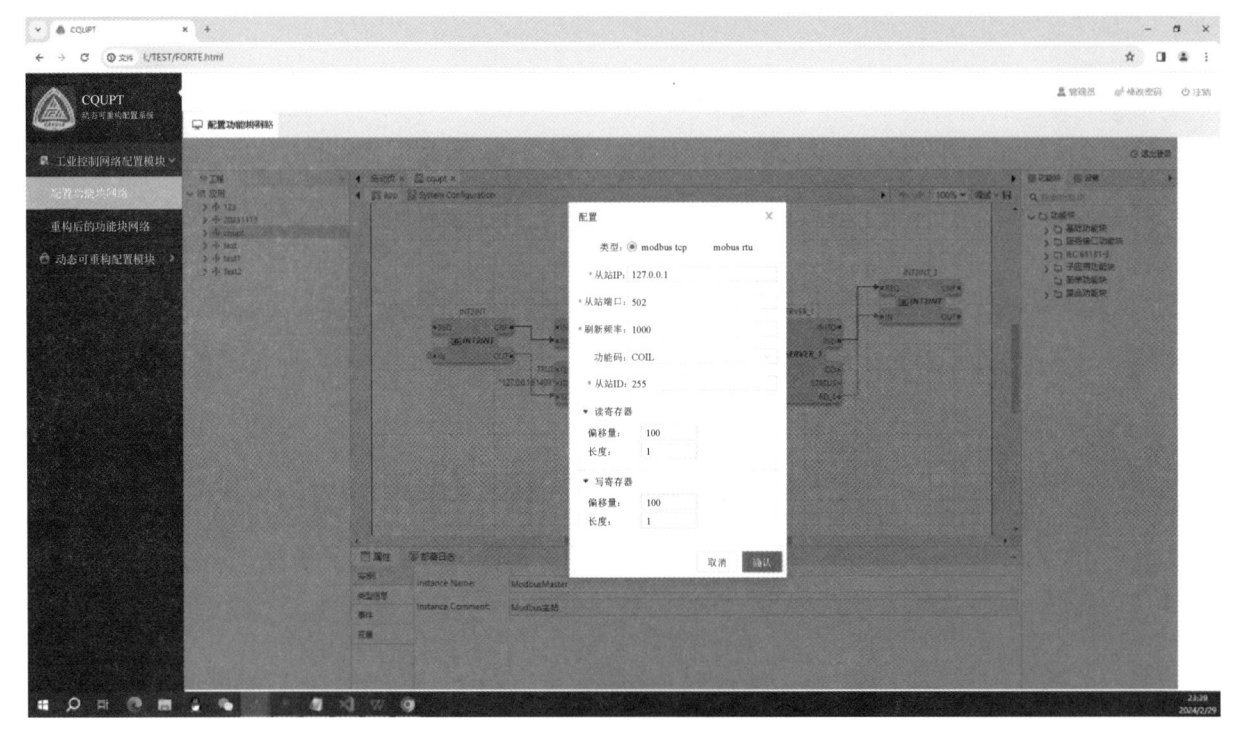

图 4-35　功能块 ID 接口配置信息

此外,在读寄存器和写寄存器操作中,需要指定读取和写入寄存器的偏移量和长度。读取寄存器中的偏移量表示起始寄存器地址,长度表示读取的寄存器数量;写入寄存器中的偏移量和长度则用于指定写入操作的起始寄存器地址和写入数据的长度。这些参数对于准确读写寄存器数据至关重要,需要按照通信协议的规范进行配置和使用。

### 3. 配置文件生成功能实现

通过采用 XML 语言描述功能块，IEC 61499 库在提高功能块的可移植性和保存性方面取得了显著进展。功能块网络的配置文件也以 XML 格式存储功能块网络相关参数信息。一旦功能块网络建立完成，工业控制网络配置模块便利用 XML 语言对功能块网络进行描述。该配置模块能够将功能块网络转换为基于 XML 的配置文件，从而实现功能块网络的灵活管理和配置。功能块配置文件可为工业控制系统的扩展性和互操作性带来显著好处。通过 XML 描述功能块，系统可以更容易地集成新的功能块，并与其他系统进行交互。XML 格式的配置文件还可以跨平台使用，使得功能块网络在不同硬件和软件环境下的部署变得更加简便。此外，XML 的结构化特性和标签语言的表达能力使得功能块的参数和配置信息得以清晰地组织和管理，有利于系统维护和故障排除。

在动态可重构配置系统操作中，工业控制网络配置模块通过访问软 PLC 中的运行时环境的配置接口，实现了配置文件的下发。这意味着配置文件中的功能块网络信息能够被动态加载和更新，可为工业控制系统的实时性和灵活性提供有力支持。通过 XML 语言的应用，功能块的参数信息、通信规则和配置设置得以清晰呈现，使得用户能够更加高效地重构和配置功能块网络，从而提高系统的可维护性和运行效率。功能块配置文件如图 4-36 所示。

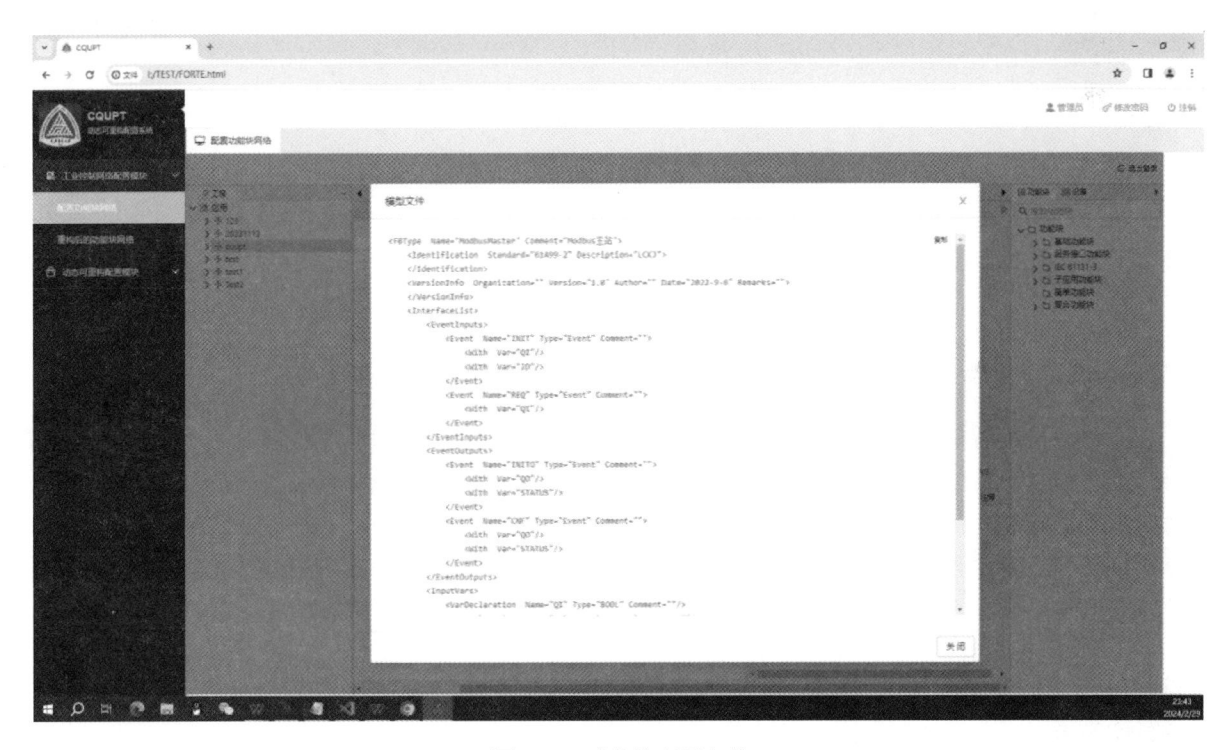

图 4-36 功能块配置文件

### 4. 工业现场设备配置功能实现

在工业控制网络中，软 PLC 和工业现场设备是主要组成部分，工业控制网络配置模块扮演着关键角色，通过事件和数据接口对软 PLC 和工业现场设备进行全面配置，包括通信协议、IP 地址、端口、寄存器操作等参数，以确保工业现场设备之间的有效通信和控制。软 PLC 作为工业现场设备控制器，与工业控制网络配置模块建立连接，配置文件由配置模块发送至软 PLC。当软 PLC 接收到配置文件时，其运行时环境将对文件进行动态校验解析，随后将配置信息传递至工业现场设备，实现动态可重构配置。这一过程实现了配置的即时更新和灵活调整，为工业现场设备的高效运行提供了重要支持。通过工业控制网络配置模块的介入，软 PLC 能够准确地将配置信息传达至各工业现场设备，从而实现设备间通信和控制的需求。软 PLC 的运行环境如图 4-37 所示。

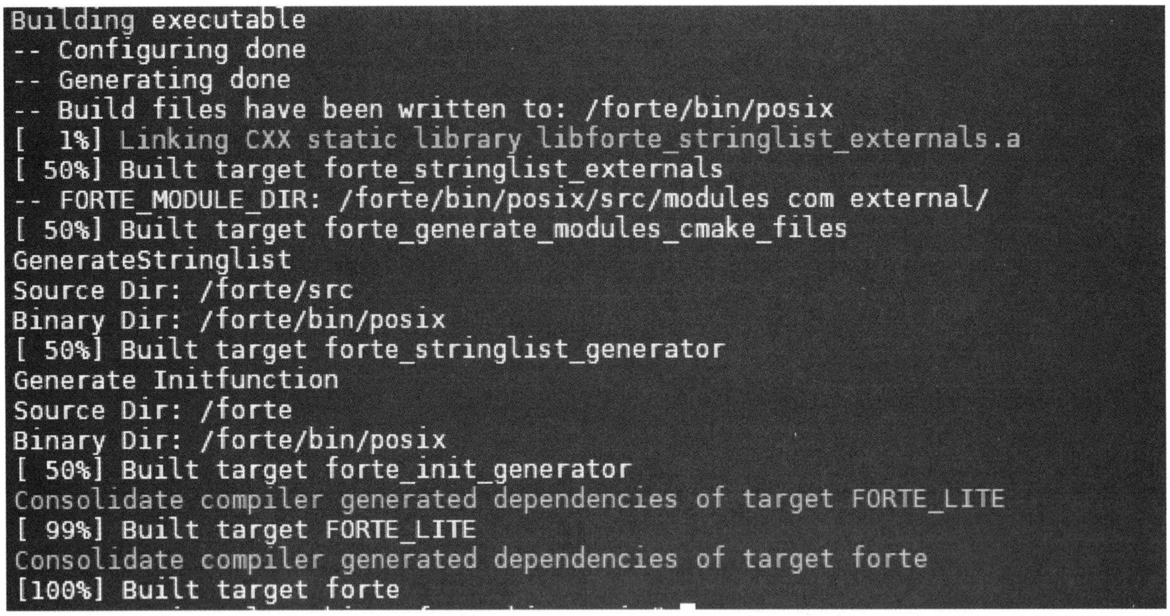

图 4-37 软 PLC 的运行环境

在工业现场设备配置实现过程中，工业控制网络配置模块承担着关键任务，确保参数配置的准确性和完整性。通过对通信协议、地址、端口以及寄存器等关键参数的配置，工业现场设备能够有效地交换信息和执行控制指令，实现工业控制网络的高效运行。

5. 动态可重构配置模块功能实现

1）重构请求输入功能实现

动态可重构配置模块在接收到重构请求后，生成相应的重构命令并将其传输至工业控制网络配置模块。工业控制网络配置模块一旦接收到重构命令，将进行解释执行、读取、词法与语法分析等操作，随后对功能块网络中的单个或多个功能块进行载入和删除操作。在这一过程中，功能块的内置算法、执行控制逻辑以及事件和数据接口相关参数将得以重新配置，同时功能块的事件和数据接口将被重新建立或删除连接。

这种动态可重构配置的机制实现了功能块网络在工业控制网络中对工业现场设备的灵活调整。通过重新配置功能块的各项参数和重新建立连接，功能块网络得以实时、个性化地调整，以满足不同工业场景的需求。三种重构命令行格式和功能描述如表 4-13～表 4-15 所示。

表 4-13 参数级重构命令行格式和功能描述

| 参数级重构命令行格式 | 功能描述 |
| --- | --- |
| UPDATE_INTERFACE_PARAMETER_VALUE | 更新功能块事件和数据接口参数 |
| ADD_INTERFACE_PARAMETER QI | 添加功能块事件和数据接口参数 QI |
| REMOVE_INTERFACE_PARAMETER EI | 删除功能块事件和数据接口参数 EI |
| RENAME_INTERFACE_PARAMETER DELAY | 重命名 DELAY 功能块事件和数据接口参数 |
| ADJUST_INTERFACE_PARAMETER_RANGE 3 | 调整功能块事件和数据接口参数范围（0～3） |
| SET_DEFAULT_INTERFACE_PARAMETER_VALUE | 设置默认功能块事件和数据接口参数 |

表 4-14 功能块级重构命令行格式和功能描述

| 功能块级重构命令行格式 | 功能描述 |
| --- | --- |
| LOAD_FB FB1 | 载入目标功能块 FB1 |
| REMOVE_FB FB2 | 删除目标功能块 FB2 |
| MODIFY_FB_ALGORITHM A1 | 修改功能块内置算法 A1 |
| MODIFY_FB_LOGIC L1 | 修改功能块执行控制逻辑 L1 |
| CREATE_FB_INTERFACE EI | 创建功能块事件和数据接口 EI |
| REMOVE_FB_INTERFACE EO | 删除功能块事件和数据接口 EO |

表 4-15 应用程序级重构命令行格式和功能描述

| 应用程序级重构命令行格式 | 功能描述 |
| --- | --- |
| LINK_FB_INTERFACE FB1 FB2 | 建立功能块事件和数据接口连接 FB1 和 FB2 |
| UNLINK_FB_INTERFACE FB2 FB3 | 删除功能块事件和数据接口连接 FB2 和 FB3 |

为保证网络中工业现场设备的动态可重构配置，用户在动态可重构配置模块中输入重构请求。动态可重构配置方法在设计之初，会考虑其本身的适用范围和配置能力，综合各种因素，以满足某种场景的最佳配置效果。动态可重构配置模块作为重构配置的功能实现模块，需要不断集成更多的功能块类型和接口，以适应工业实际场景中复杂情况的传输需求。其中，功能块已集成了多个内置算法，动态可重构配置系统作为工业现场设备配置的管理系统，可从数据库中获取已导入功能块，并通过配置界面进行展示。

动态可重构配置模块在重构请求中，将功能块网络中单个或多个功能块载入和删除，使功能块的事件和数据接口的相关参数、内置算法和执行控制逻辑重新配置，功能块事件和数据接口重新建立、删除连接，实现了功能块网络对于工业控制网络中工业现场设备的动态可重构配置。重构请求输入界面如图 4-38 所示。

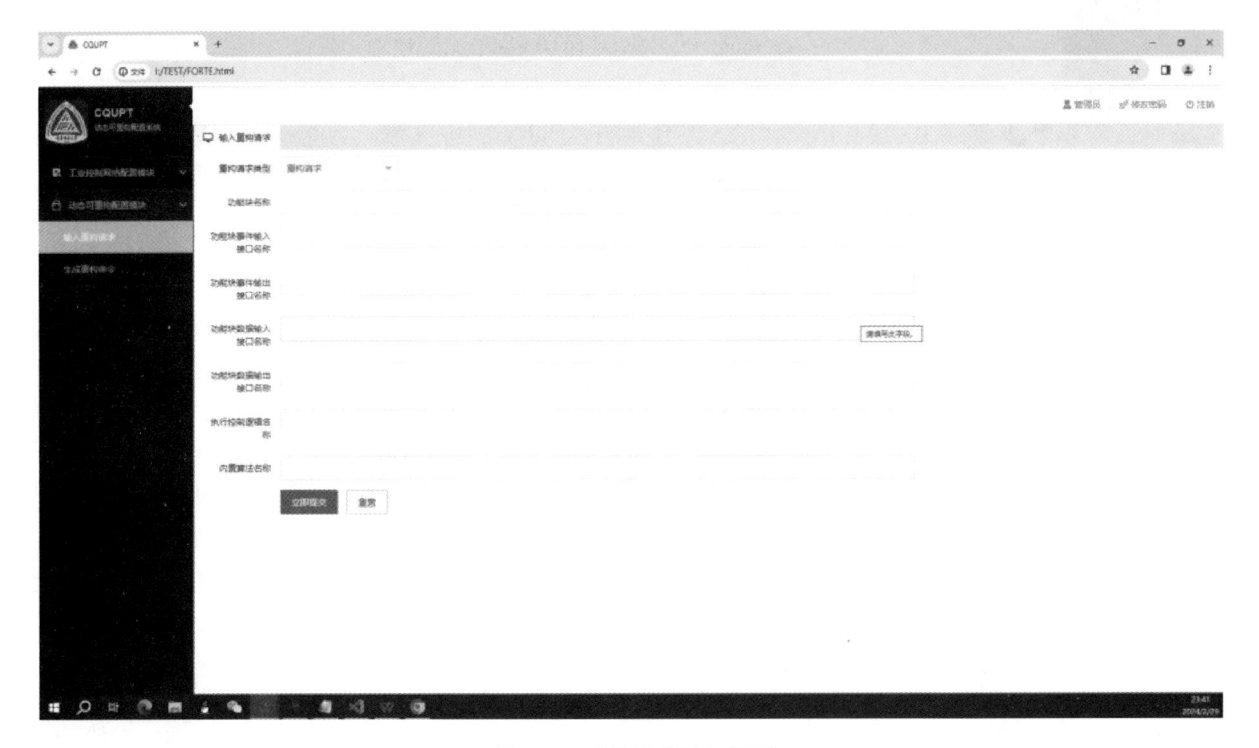

图 4-38 重构请求输入界面

2）重构命令生成功能实现

在动态可重构配置系统中，动态可重构配置模块扮演着关键的角色，它能够根据系统实际运行情况和用户需求生成相应的重构请求，并将这些请求转化为重构命令，传送至工业控制网络配置模块进行处理。一旦工业控制网络配置模块接收到重构命令，便展开一系列操作，包括解释执行、词法和语法分析，以及功能块网络中的载入和删除操作。通过动态重构配置，系统可以实现对功能块的灵活调整和优化，为工业控制网络中的工业现场设备提供动态性能配置的可能性。通过重新配置功能块参数和接口连接，系统能够快速响应各种生产场景的变化，从而提升生产效率和系统稳定性。

动态可重构配置模块根据重构请求生成重构命令，并将重构命令发送至工业控制网络配置模块中；动态可重构配置模块能够对输入的重构请求进行解析，然后对输入的参数级重构请求、功能块级重构请求和应用程序级重构请求，生成重构命令，记录重构请求类型，生成重构命令内容和对应的功能说明，重构命令生成界面如图 4-39 所示。

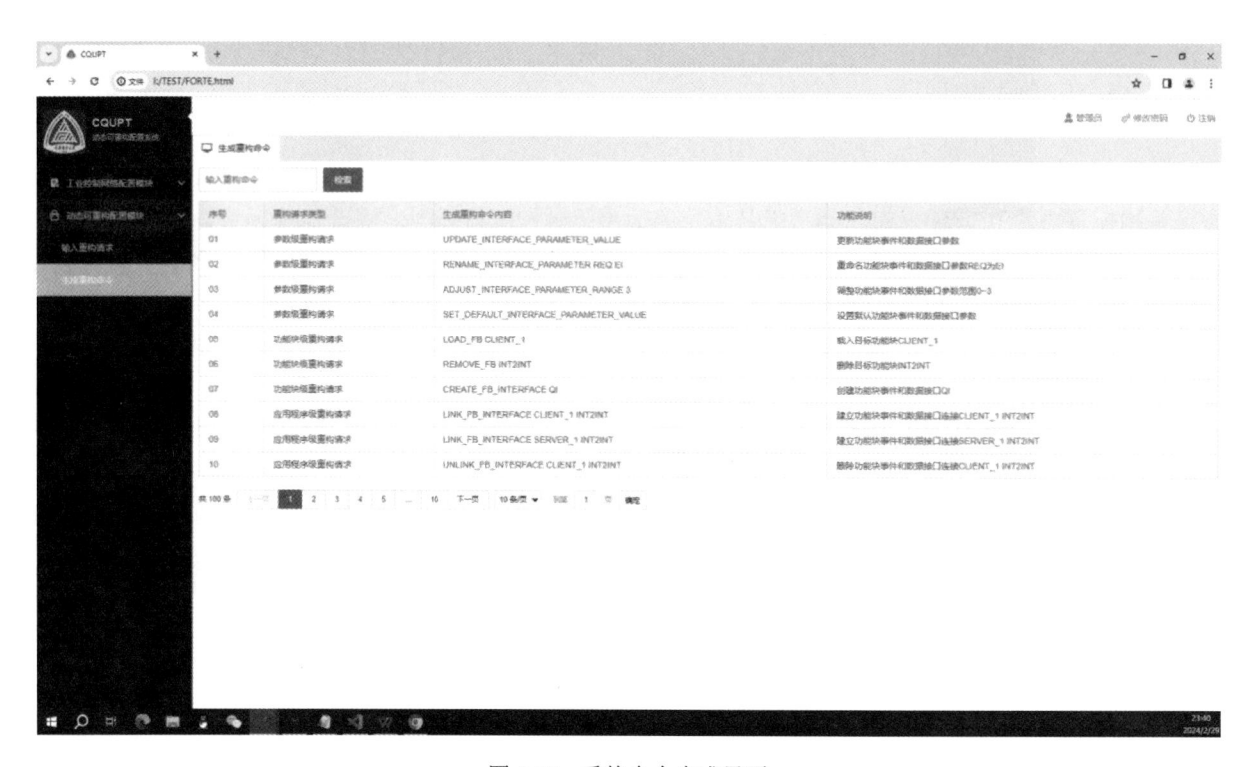

图 4-39 重构命令生成界面

### 4.3.3 基于 OPC UA 和本体的现场设备配置方法

#### 4.3.3.1 背景

本体与 OPC UA 信息模型都采用面向对象的方式描述实体，并通过定义关系来建立实体之间的联系。这种相似性让学者们开始探索将本体技术与 OPC UA 信息模型结合，以提升设备管理和配置的灵活性和可扩展性。基于这种相似性，这里提出一种 OPC UA 的本体转换方法，该方法可以将已经构建好的现场设备 OPC UA 信息模型自动转换为本体，实现本体与 OPC UA 的数据交互，加强现场设备配置的灵活性，同时也为本体和 OPC UA 的结合奠定了基础。能够在不改变现场设备原有的 OPC UA 通信的前提下，通过本体丰富现场设备的语义信息，为智能制造的数字化提供支撑。因此，研究基于 OPC UA 和本体的现场设备配置方法很有必要。本节将针对文中所设计的现场设备配置方法进行整体测试与分析，基于所搭建的测试验证平台对现场设备配置模块进行功能测试，以验证基于工业异构现场设备配置方法的可行性[39]。

### 4.3.3.2 技术方案

**1. 测试平台搭建**

针对所提的基于 OPC UA 和本体的工业异构现场设备配置方法进行测试与验证，并基于此方法设计开发现场设备配置模块，该现场设备配置模块软件主要包括组合服务器模块、本体自动生成模块、配置信息获取模块、配置信息校验模块等功能模块。并且基于实验室已有设备，搭建基于 OPC UA 和本体的现场设备配置方法的测试平台，部署所设计的统一配置子系统中的现场设备配置模块，以验证基于 OPC UA 和本体的现场设备配置方法的可行性，如图 4-40 所示。

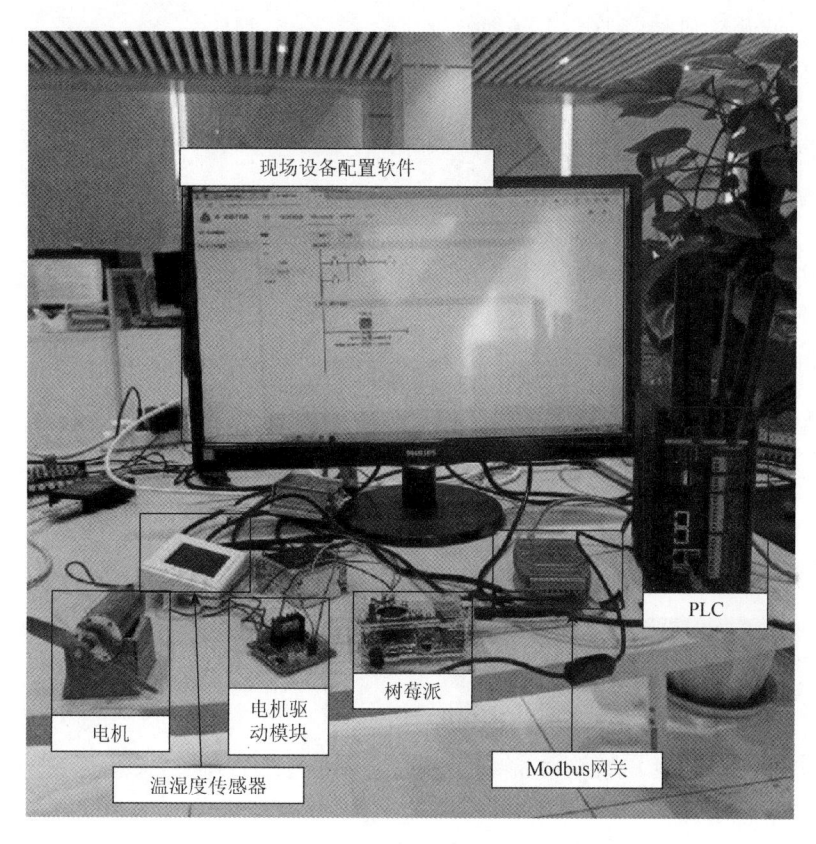

图 4-40　工业异构现场设备配置方法测试验证平台

现场设备配置模块和 OPC UA 组合服务器都部署在 PC 中；Modbus 网关、树莓派和 PLC 设备通过网线与 PC 相连；温湿度传感器采集现场温湿度并通过 Modbus 网关传递给 PLC 设备，通过在树莓派中部署 OPC UA 服务器控制电机来表示带有 OPC UA 功能的工业现场执行设备，并将电机信息传递给现场设备配置模块，最后通过现场配置软件对这些信息进行处理，并将配置信息传递给电机驱动模块，实现相应的控制功能。基于此测试平台，验证基于 OPC UA 和本体的现场设备配置方法。

**2. 组合服务器功能测试**

在组合服务器中实现 OPC UA 功能的过程如下：首先，需要在 GitHub 中将 open62541 的开源代码下载下来；然后，CMake 会根据源文件中的 CMakeLists.txt 文件生成构建系统需要的文件，接下来执行 Makefile 指令生成 open62541 库的源文件和头文件，即 open62541.c 和 open62541.h 文件；最后，将生成的头文件、源文件和 ws2_32.dll 三个文件添加到项目中，实现 OPC UA 功能。

使用 OPC UA SDK（软件开发工具包）对现场 IO 设备和 PLC 设备的信息模型进行实例化之后，

需要实现现场设备的数据、控制方法与 OPC UA 地址空间中变量节点与方法节点的绑定，并实现物理事件发生与 OPC UA 事件触发相关联。在创建现场 IO 设备信息模型时，设备的结构参数与单位属性为静态变量，其余均为动态变量。对于静态变量，直接创建变量节点并初始化其值即可，不需要绑定数据源。对于现场设备采集得到的动态变量，需要绑定数据源，对数据进行实时更新。

组合服务器将各个现场控制层的设备数据通过 OPC UA 客户端集成到它的地址空间中，并提供 OPC UA 服务器的 API，使得用户可以通过 OPC UA 客户端访问地址空间。具体测试结果如图 4-41 所示，在组合服务器中的日志界面可以看到组合服务器通过 4080 端口监听来自客户端的请求，接着与 IP 为 192.168.105.50 的客户端建立连接，并且成功读取并修改传感器的值，如图 4-42 所示。

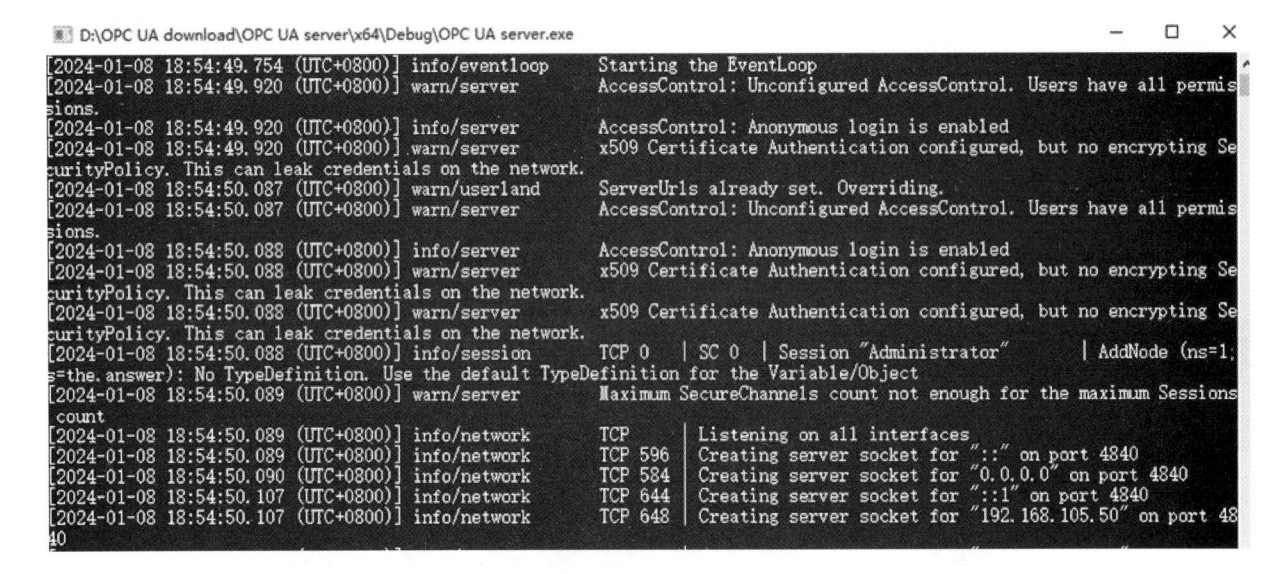

图 4-41　组合服务器后台日志

图 4-42　变量节点的读写

3. OPC UA 的本体自动生成模块功能测试与结果分析

首先，OPC UA 本体自动生成模块自动创建连接到组合服务器中的 OPC UA 服务器，阅读 OPC UA 服务器的地址空间数组并分析地址空间。然后，浏览 OPC UA 服务器的地址空间，创建 RDF 模型，并通过 3.4.3 小节中的映射规则将 RDF 模型转换为 OWL（web ontology language）本体。最后，OPC UA 客户端断开连接，如图 4-43 所示。通过组合服务器后台日志的客户端连接和断开的时间差，可以得出本体转换的时间为 50 ms。

本项测试设置了两组对照实验数据，用于评判本方法在工业现场设备平均转换时间上的优势。对照实验的三种方法分别是基于 OPC UA 和本体的自动转换方法、基于本体的转换方法和基于 OPC UA 的转换方法。工业现场设备技能平均转换时间结果对比如图 4-44 所示。

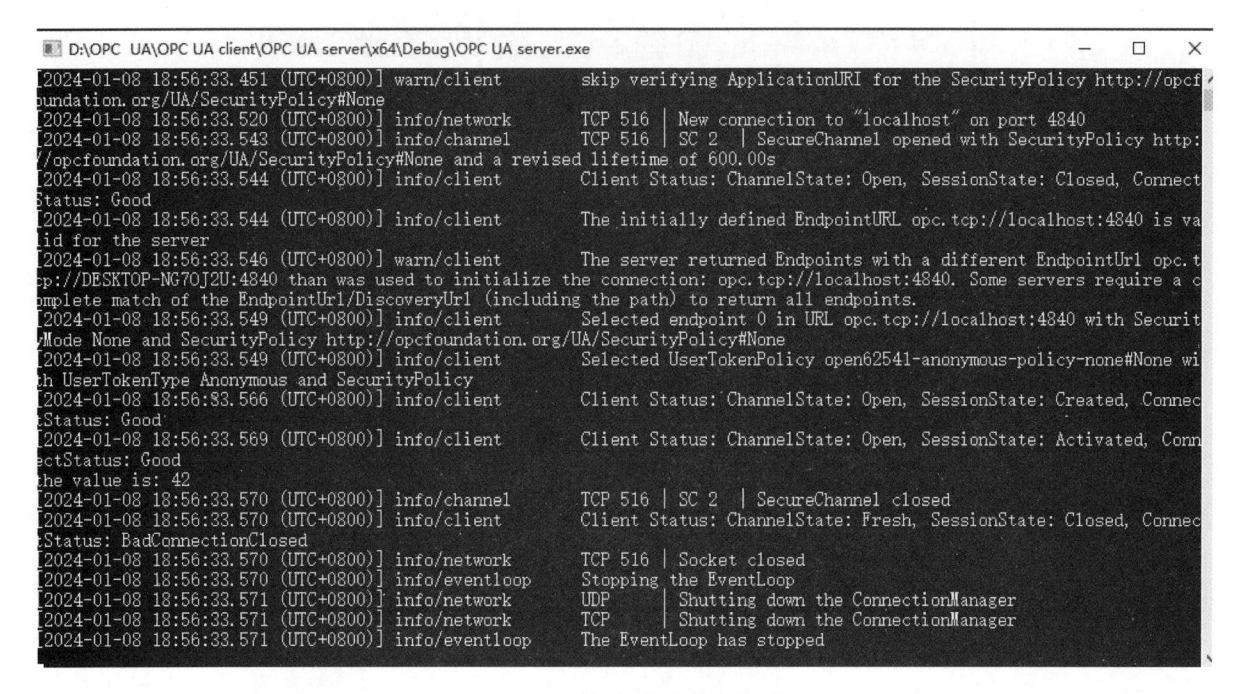

图 4-43　OPC UA 的本体转换时间

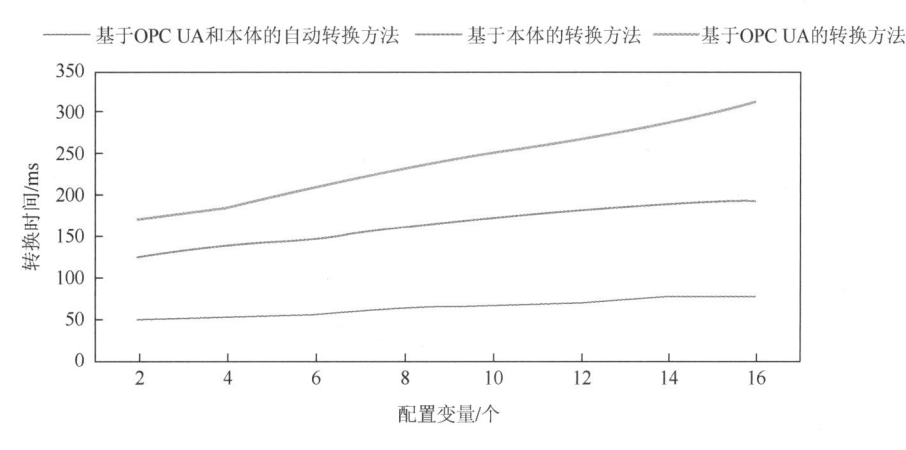

图 4-44　三种转换方法时间对比

测试结果表明，提出的基于 OPC UA 和本体的自动转换方法（本方法）在工业现场设备的转换时间上相比于其他两种方法具有明显的优势。本方法的工业现场设备转换时间始终低于 100 ms。基于 OPC UA 的转换方法，在设备需要配置的变量较少时，能够较快地实现现场设备的快速转换；随着现场设备需要配置的变量的增加，OPC UA 变量节点及其引用节点快速增加，导致该方法的转换时间达到 300 ms。基于本体的转换方法，随着设备需要配置变量的增加，其平均配置时间也将超过 150 ms。因此，提出基于 OPC UA 和本体的自动转换方法在工业现场设备配置时具有一定优势。

将设备都转换为 OWL 本体描述文件后，就可以通过本体编辑软件 Protégé 打开该文件进而查看文件中所定义的 OWL 类、数据属性和数据类型，并且通过该软件实现本体的图形可视化，如图 4-45、图 4-46 所示。用户也可以根据自己的需求通过 Protégé 软件添加对应的属性信息。

4. 现场设备配置功能测试及结果分析

1）PLC 控制程序信息获取功能测试

在现场设备中，PLC 设备充当着控制核心的角色，其主要功能是采集各种传感器和执行器的数据，并对这些数据进行处理和分析。根据现场设备的需求，PLC 设备执行预先设定的程序和逻辑规则，实

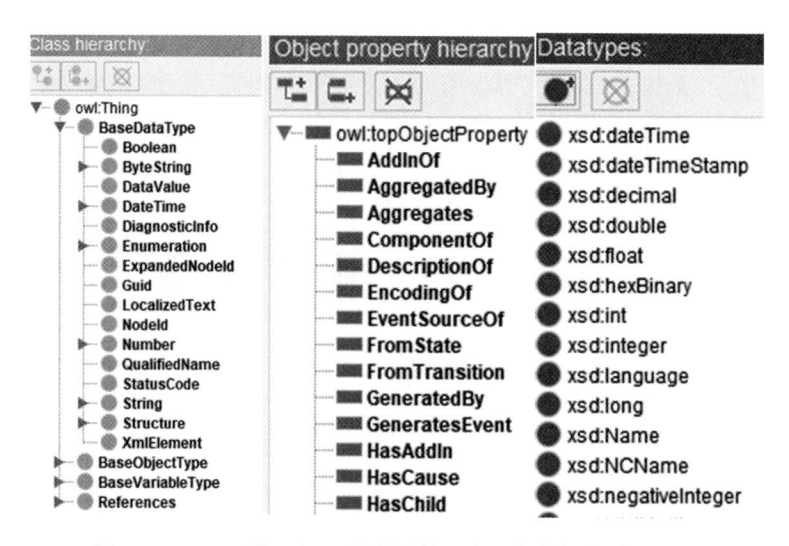

图 4-45 OWL 类（左）、数据属性（中）与数据类型（右）

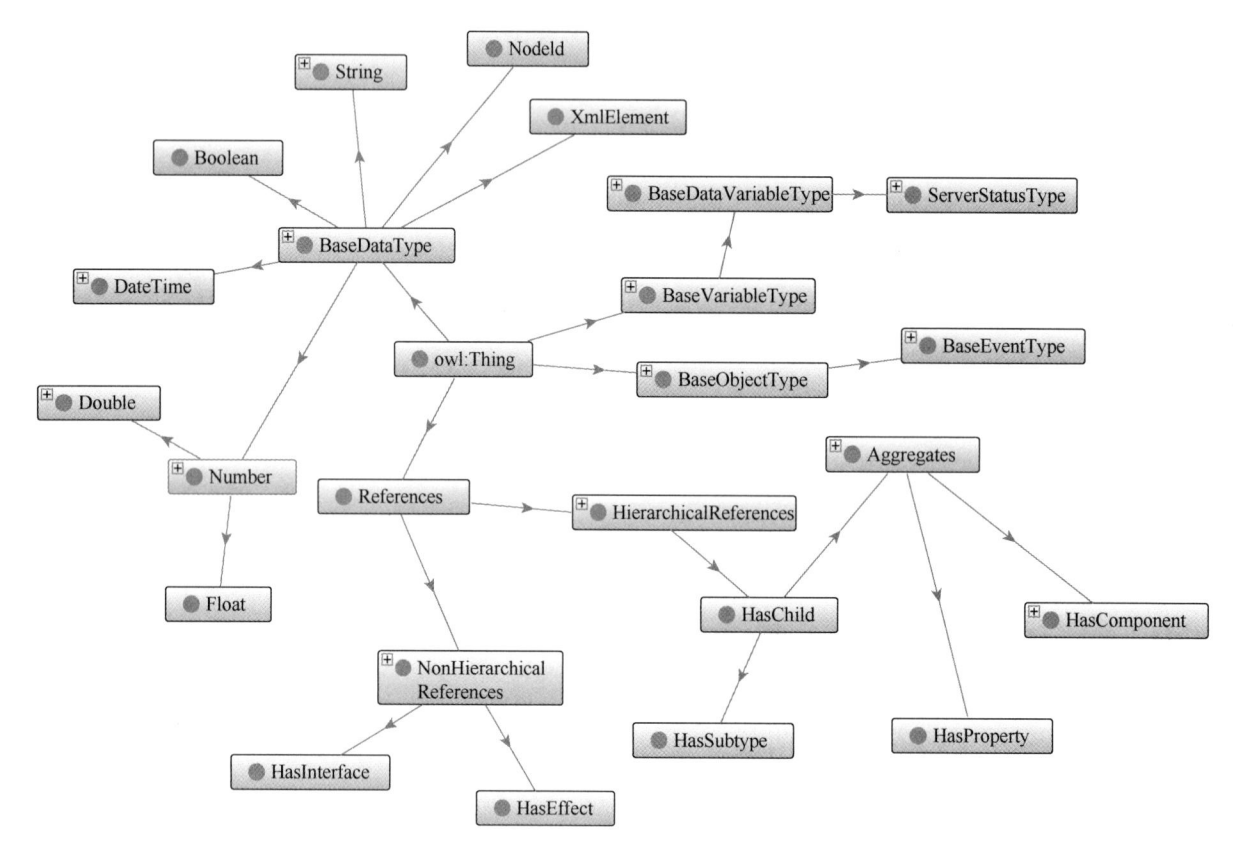

图 4-46 OWL 图形可视化

现现场设备的自动化控制。因此，要对现场设备的功能进行配置，首先需要获取 PLC 的控制程序信息。这些信息包括控制设备所需的所有指令、算法和逻辑规则。通过获取并解析这些信息，可以对 PLC 进行正确的配置，以满足现场设备的要求。

在 PLC 控制的过程中，设备组态、变量表和逻辑程序是至关重要的核心步骤。因此，在设计 PLC 控制程序信息获取功能时，主要需要对这三个关键部分的信息进行提取和转换，并将其显示在现场设备的配置界面上。具体而言，设备组态信息将会被读取并显示在现场设备的配置界面上，从而使操作人员能够清晰地了解设备的组态情况。同时，变量表和逻辑程序也将以相应的处理方式被展示在配置界面上，以便用户能够方便地查看和管理这些关键信息，从而提高系统的可维护性和可操作性，设备组态如图 4-47 所示。

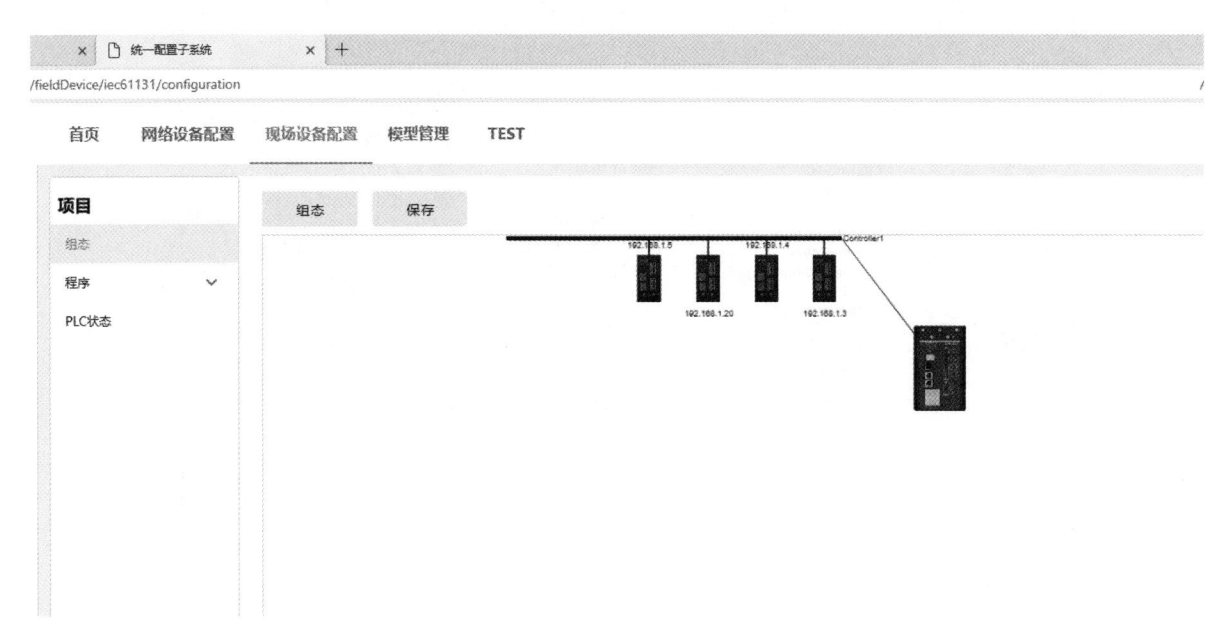

图 4-47 设备组态信息获取

在具体的实现过程中，将变量表的信息以 JSON 格式的数据读取出来，并且以表格的形式显示在现场设备配置界面，如图 4-48 所示。图 4-49 是 PLC 的梯形图程序。

图 4-48 变量表信息获取

2）现场 I/O 设备 OPC UA 服务器功能测试

由于直流电机和电机驱动模块本身并不具备实现 OPC UA 功能的条件，研究人员采用部署了 OPC UA 服务器的树莓派连接电机驱动模块来表示具有 OPC UA 服务器功能的现场设备。

在具体实现中，树莓派通过通用输入输出端（general purpose input/output port，GPIO）生成脉冲

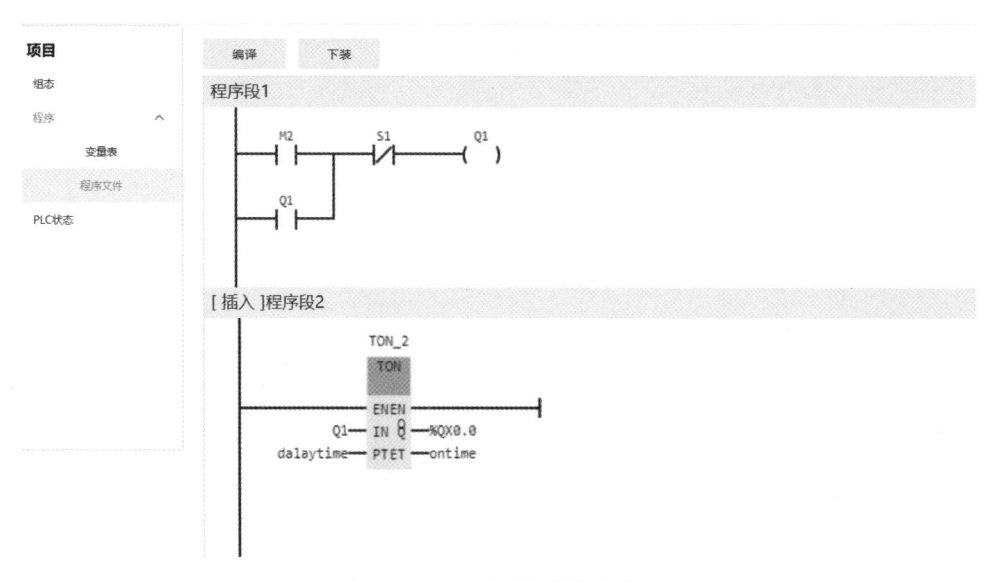

图 4-49　PLC 控制程序信息获取

宽度调制（pulse width modulation，PWM）信号，将生成后的 PWM 信号传输到 L298N 电机驱动模块的两个电机控制端口，进而控制直流电机的转速和方向。另外，若要采用 open62541 SDK 来实现树莓派的 OPC UA 服务器部署，首先需要在 GitHub 中将 open62541 的开源代码下载下来；然后，CMake 会根据源文件中的 CMakeLists.txt 文件生成构建系统需要的文件，并执行 Makefile 指令生成 open62541 库的源文件和头文件，即 open62541.c 和 open62541.h 文件；而后，按照前文所构建电机的 OPC UA 信息模型添加 OPC UA 地址空间的节点；最后，启动 OPC UA 服务器，运行结果如图 4-50 所示。

图 4-50　树莓派 OPC UA 服务器启动

3）电机控制功能程序配置测试

在具体的实现过程中，搭建包含直流电机、树莓派、温湿度传感器和 PLC 设备的电机控制功能配置测试系统。用 Modbus 总线连接传感器与 PLC，用树莓派连接直流电机来模拟工业场景下的带有 OPC UA 服务器的现场执行设备，搭建的测试系统如图 4-51 所示。

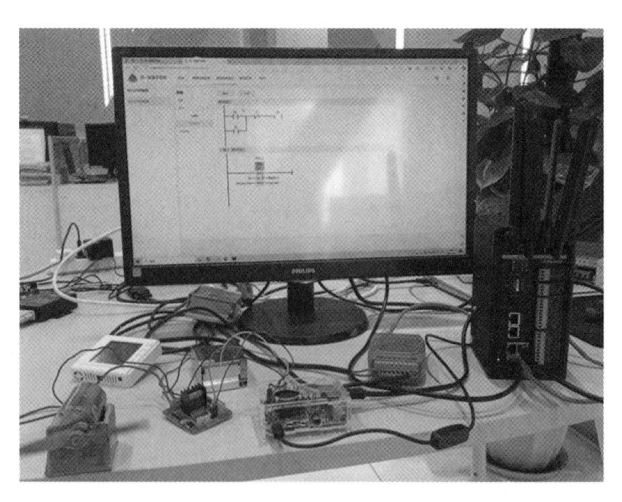

图 4-51　电机控制功能配置测试系统

在电机持续运行的过程中，树莓派与现场设备配置模块中的 OPC UA 客户端通过发布/订阅模式进行通信，电机的状态信息被封装到发布消息报文中实时发送给现场设备配置模块。当电机运行到一定时间时，PLC 设备会输出对应的电平信号；该信号通过发布/订阅模式被传递给现场设备控制模块的 OPC UA 客户端；该客户端接收到信号后对树莓派 OPC UA 服务器地址空间中电机状态对应的变量节点执行写操作，改变该变量的值，实现对电机启停的控制。使用 Wireshark 软件对树莓派的 OPC UA 通信过程进行抓包分析，得到结果如图 4-52 所示。

```
1112 89.999111   192.168.0.242   192.168.0.55    OpcUa   140 UA Secure Conversation Message: WriteRequest
1114 90.370141   192.168.0.55    192.168.0.242   OpcUa   162 UA Secure Conversation Message: WriteResponse
1116 90.370601   192.168.0.242   192.168.0.55    OpcUa   128 UA Secure Conversation Message: PublishRequest
1118 90.499422   192.168.0.55    192.168.0.242   OpcUa   164 UA Secure Conversation Message: PublishResponse
1121 90.500834   192.168.0.242   192.168.0.55    OpcUa   118 UA Secure Conversation Message: WriteRequest
1124 91.295390   192.168.0.55    192.168.0.242   OpcUa   162 UA Secure Conversation Message: WriteResponse
1125 91.295936   192.168.0.242   192.168.0.55    OpcUa   128 UA Secure Conversation Message: WriteRequest
1129 91.750550   192.168.0.55    192.168.0.242   OpcUa   190 UA Secure Conversation Message: WriteResponse
1130 91.751478   192.168.0.242   192.168.0.55    OpcUa   140 UA Secure Conversation Message: PublishRequest
1132 91.997691   192.168.0.55    192.168.0.242   OpcUa   294 UA Secure Conversation Message: PublishResponse
```

图 4-52　写操作和发布/订阅数据包的 Wireshark 抓包分析

总共获取了 2500 次写操作和发布/订阅的数据包，对数据包的信息进行分析，得出如图 4-53 所示结果，写操作的平均响应时间为 0.468 s，发布/订阅的平均响应时间则为 0.164 s，能够满足工业控制过程中的简单测控任务需求。

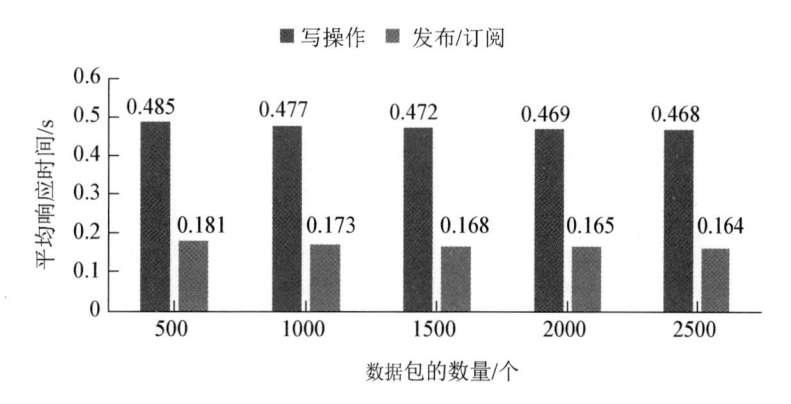

图 4-53　数据电机状态的写操作和发布/订阅平均响应时间

## 参 考 文 献

[1] Ismail H，Hamza H S，Mohamed S M. Semantic enhancement for network configuration management[C]//2018 IEEE Global Conference on Internet of Things（GCIoT）. New York：IEEE，2018：1-5.

[2] Municio E，Latré S，Marquez-Barja J M. Extending network programmability to the things overlay using distributed industrial IoT protocols[J]. IEEE Transactions on Industrial Informatics，2021，17（1）：251-259.

[3] 李志博，李栋，俞雪婷，等. 基于软件定义工业网络的多路径传输机制设计与实现[J]. 自动化博览，2022，39（6）：36-40.

[4] Dash S，Liaskos C，Akyildiz I F，et al. Wideband perfect absorption polarization insensitive reconfigurable graphene metasurface for THz wireless environment[C]//2019 IEEE Microwave Theory and Techniques in Wireless Communications（MTTW）. New York：IEEE，2019：93-96.

[5] Xu H S，Liu X，Hatcher W G，et al. Priority-aware reinforcement-learning-based integrated design of networking and control for industrial Internet of Things[J]. IEEE Internet of Things Journal，2021，8（6）：4668-4680.

[6] Wang P，Zhang C，Wang H，et al. A TR069 WAN management protocol for WIA-PA wireless sensor Networks[C]//2016 25th Wireless and Optical Communication Conference（WOCC）. New York：IEEE，2016：1-4.

[7] Chai A Y，Ma Y，Yin Z Y，et al. Real-time communication model based on OPC UA wireless network for intelligent production line[J]. IEEE Access，2021，9：102312-102326.

[8] 董玮，陈共龙，曹晨红，等. 面向软件定义架构的无线传感器网络[J]. 计算机学报，2017，40（8）：1779-1797.

[9] 李敏，朱元杰，王恒，等. 工业无线网络管理器的设计与实现[J]. 自动化仪表，2018，39（6）：25-30.
[10] 文小林. 基于SDN的WIA-PA网/骨干网融合管理机制的设计与实现[D]. 重庆：重庆邮电大学，2019.
[11] 倪光华，王光辉，张春晖. 一种基于软件定义的异构无线网络设计架构[J]. 无线通信技术，2020，46（3）：300-303.
[12] 公彦杰，王振，韩丹涛，等. OPC UA认证测试技术研究[J]. 中国仪器仪表，2019（9）：58-61.
[13] 谢顺吉. 面向WTA-PA网络的OPC UA 发布/订阅方法的研究与实现[D]. 重庆：重庆邮电大学，2020.
[14] Jeong S, Kim S C. Time synchronization for underwater cellular networks[C]//2017 International Conference on Information Networking（ICOIN）. New York：IEEE，2017：512-517.
[15] Pandey P, Pratap B, Pandey R S. Analysis and design of precision time protocol system based on IEEE1588 standards[C]//2019 International Conference on Communication and Electronics Systems（ICCES）. New York：IEEE，2019：1963-1967.
[16] Steiner W, Craciunas S S, Oliver R S. Traffic planning for time-sensitive communication[J]. IEEE Communications Standards Magazine，2018，2（2）：42-47.
[17] Thi M T, Ben Hadj Said S, Boc M. SDN-based management solution for time synchronization in TSN networks[C]//2020 25th IEEE International Conference on Emerging Technologies and Factory Automation（ETFA）. New York：IEEE，2020：361-368.
[18] Jia Z Y , Wang J L, Chen X , et al. An SDN-based measurement scheme to build delay database for time-sensitive network scheduling[J]. International Journal of Innovative Computing，Information and Control，2019，15（4）：1271-1286.
[19] Nasrallah A, Thyagaturu A S, Alharbi Z, et al. Ultra-low latency（ULL）networks：The IEEE TSN and IETF DetNet standards and related 5G ULL research[J]. IEEE Communications Surveys and Tutorials，2019，21（1）：88-145.
[20] Chahed H, Kassler A. TSN network scheduling：Challenges and approaches[J]. Network，2023，3（4）：585-624.
[21] 王硕. 时间敏感网络技术及其在工业互联网中的运用[J]. 电子技术与软件工程，2018（21）：18，99.
[22] 田硕. 时间敏感网络系统配置方案研究与设计[D]. 北京：北京邮电大学，2021.
[23] 王仪. 基于OPC UA的时间敏感网络用户配置方法研究与实现[D]. 重庆：重庆邮电大学，2021.
[24] 国家市场监督管理总局，国家标准化管理委员会. 信息技术 系统间远程通信和信息交换 时间敏感网络配置：GB/T 42586—2023[S]. 北京：中国标准出版社，2023.
[25] 国家市场监督管理总局，国家标准化管理委员会. 信息技术 系统间远程通信和信息交换 实时以太网适配时间敏感网络技术要求：GB/T 42561—2023[S]. 北京：中国标准出版社，2023.
[26] 魏旻，牛爽，尤梦飞，等. 面向5G-TSN融合的5G侧业务流资源配置方法：CN115022901A[P]. 2022-09-06.
[27] 钱平. 面向工业物联网的跨网络时钟同步方法的研究与实现[D]. 重庆：重庆邮电大学，2018.
[28] 王平，曾凡川，蒲成亘，等. 一种基于OPC UA的工业设备自动发现与配置方法：CN114189438A[P]. 2022-03-15.
[29] 王浩，刘晓智. 一种面向工业应用的时间敏感网络完全分布式配置方法：CN114389944A[P]. 2022-04-22.
[30] 王浩，罗坤，王平，等. 一种时间敏感网络配置管理系统及方法：CN113067737B[P]. 2022-07-01.
[31] 张超，黄友锐，陈珍萍. 一种低能耗多跳无线传感器网络时间同步算法[J]. 计算机应用与软件，2020，37（5）：102-107.
[32] 郭震津，郑宾. 无线传感器网络时钟同步技术的研究与发展[J]. 自动化与仪表，2019，34（8）：95-99.
[33] Sun X B, Su Y X, Huang Y, et al. Research on adaptive energy-efficient reference broadcasting synchronization[J]. IEEE Access，2020，8：199710-199718.
[34] Hlaing Y, Maung N A. Hybrid time synchronization for ZigBee networks：An empirical approach[C]//2020 17th International Conference on Electrical Engineering/Electronics，Computer，Telecommunications and Information Technology（ECTI-CON）. New York：IEEE，2020：376-379.
[35] Joshi N, Arora N, Upadhyay D, et al. Optimized time synchronization algorithm inspired by nature[C]//2018 5th International Conference on Signal Processing and Integrated Networks（SPIN）. New York：IEEE，2018：816-820.
[36] Chen Z Y, Chen H F, Xu W. Simplified time synchronization for underwater acoustic sensor networks with high propagation latency[C]//OCEANS 2014-TAIPEI. New York：IEEE，2014：1-5.
[37] Nassif R, Richard C, Ferrari A, et al. Multitask diffusion adaptation over asynchronous networks[J]. IEEE Transactions on Signal Processing，2016，64（11）：2835-2850.
[38] 施明成. 基于物联网多源异构数据融合存储配置策略及系统：CN113901272A[P]. 2022-01-07.
[39] 董广玉. IEEE1588精密时钟同步协议的实现探讨[J]. 电子世界，2021（2）：35-36.

# 第 5 章　新一代工业物联网融合调度

## 5.1　从单一调度到融合调度

### 5.1.1　工业物联网融合调度研究现状

#### 5.1.1.1　工业网络调度

seijo 等[1]提出一种用于实时工业应用的无线技术 w-SHARP，旨在为实时工业应用提供时间同步、时间感知调度、有界时延和高可靠性的保障。该方法涉及 w-SHARP（无线 SHARP）的物理层和数据链路层的设计，并与现有无线标准进行比较。这种技术的实施是在基于现场可编程门阵列的软件定义平台上进行的。w-SHARP 通过硬件测试平台表明能够提供超短控制周期、低时延和高可靠性的保障，为高性能工业无线网络的实现开辟新的视角。

裘莹等[2]提出一种基于改进蒙特卡罗树搜索（Monte Carlo tree search，MCTS）的确定性传输调度方法。其主要思路是建立概率性确定传输调度模型，并针对每个节点构建一个调度模式。该方法采用基于蒙特卡罗树搜索的启发式方法，不断迭代生成和验证调度模式，直到获得的时隙分配方案对应的概率可靠度达到目标可靠度为止，最终输出最优的时隙分配方案。这种方法通过采用概率性确定传输调度模型降低了计算复杂度和生成方案的难度，具有较高的实用价值。

陈功谱[3]提出了一种基于 WirelessHART 的工业无线网络优化调度方法，该方法主要解决了 WirelessHART 网络中的信道选择问题以及时隙与信道联合调度问题，并针对工业无线网络中的路由、高数据负载以及时延约束等更为复杂的传输情况进行了研究。该方法还包括一种基于 LSTM 的信道预测方法，以预测下一个时刻信道接收数据包的情况。

Kalita 等[4]提出了 TACTILE 框架，该框架采用了最小小区的自主分配和调度方法，通过基于节点的 EUI64 地址在不同的物理通道上分配最小单元的位置，从而智能地调度这些单元，以避免节点之间的不同步问题；并充分利用每个时隙帧零时隙的可用单元，进而提高了网络的组建性能。此外，他们还利用基于马尔可夫链的理论分析，在 FIT IoT-LAB 真实试验台上对 TACTILE 进行了评估。

#### 5.1.1.2　时间敏感网络调度

和标准以太网相比，TSN 的最大优势和特征，就是时间敏感数据流的低抖动、低时延和确定性得到了保障。TSN 的这些优势，是依靠包括时间感知整形（time aware shaper，TAS）、循环队列转发（cyclic queuing and forwarding，CQF）和基于信用整形（credit-based shaper，CBS）等技术来实现的。虽然这些技术定性地提高了 TSN 的性能，但其也仅仅是为 TSN 的调度提供了基础技术，如果不合理运用这些技术，网络性能反而会遭到负面影响。因此，仍然需要对 TSN 进行调度方法设计，针对不同的场景设计不同的调度模型和调度方法。

在 Li 等[5]的研究中，一种联合交通路由和调度方法被设计出来。该方法的作用是计算时间关键流的路线并构建时间表，该方法基于给定的网络拓扑结构和所有时间关键流的流量需求，根据所有流量的最大允许时延进行排序，来计算前几条最短的路径。该方法中，计算最短路径的方法是可变的，并且结果证明了其对各种方法的兼容性。

在 Yang 等[6]的研究中，一种 TSN 链流抽象模型被提出，基于该模型，一种使用整数线性规划的离线 TC-Flow 调度方法和一种在线启发式 TC-Flow 调度方法被设计出来。为了上述模型和两种调度方法可以运行，Yang 等还设计了一种与 TSN 单流调度方案兼容的 CF-TSN 网络架构。实验结果表明，他们所提出的调度方法可以显著增加可调度流的数量，从而提高网络性能。

在 Zhang 等[7]的研究中，研究者针对矿井场景对数据传输的可靠性需求，根据矿井大规模分布式混合拓扑的特点和 TSN 的延迟约束，将多跳路由协同调度问题定义为 NP-Hard 问题。针对该问题，他们提出了两种方法：基于局部最短时延的贪心方法、基于蚁群的启发式方法。他们对所提出的方法进行了对比实验，实验结果表明，他们提出的方法可以显著降低网络时延和抖动。

在 Zhang 等[8]的研究中，一种基于可分性理论的流序列分析方法被提出。该方法的作用是表征流冲突和依赖性，研究者使用该方法推导了基于流位置多样性（position diversity，PD）和时隙占用的等效流判断条件。综合推导结果，他们建立了具有广义时隙长度的并行计算框架，在每个计算单元内，都提出了具有流判断条件的基于 PD 的搜索边界的增量调度方法，为周期性和非周期性流的混合传输保持了负载平衡。为了实现运行用时和负载均衡的最优，他们还分别设计了两种基于 PD 的流排序策略。实验结果表明，他们提出的方法改善了负载均衡。

### 5.1.1.3 工业异构网络调度

在 Wan 等[9]的研究中，针对网络资源优化利用和跨网络多源数据转发的问题，一种工业异构网络系统架构被设计出来，该架构基于软件定义网络（SDN）。在此之后，针对跨网络融合和跨网络调度的机制，他们从高动态特性和不同的数据流延迟要求的角度进行了分析。在前述的基础上，他们提出了一种路由感知的数据流动态重构方法（调度机制），对很多制造系统，尤其是对多品种和小批量智能制造系统，该方法可以提高跨网络数据传输的效率。除此之外，他们还提出了一种网络带宽调整方法，该方法的核心思想是为对时延有不同要求的数据流计算合适的带宽需求，并按照计算得到的应得带宽流量来对带宽进行分配。实验结果表明，所提调度机制有效。

在 Wang 等[10]的研究中，SDN 的理念体现在了工业异构网络的构建中，该网络包含 Modbus 和 PROFINET。在该工业异构网络中，一种包含现场层、网络管理层和应用层的网络架构被提出，并且一种跨网通信关系也被构建出来。为了组建该网络架构，各个模块也得到了设计，具体包括泛洪模块、跨网通信模块、访问管理模块和协议转换模块，这些模块的功能使它们可以合作支撑起 Wang 等所提的网络架构。依靠 SDN，不同网络不仅可以进行数据传输，还可以进行统一管理。

在艾东[11]的研究中，他设计了一种交换机，并完成了该交换机的开发工作。该交换机秉承 SDN 的控制功能与转发功能分开设计的思想，融合了工业有线网络与工业无线网络。除此交换机之外，一种拥塞控制方法也由研究者提出。通过交换机、SDN 和拥塞控制方法的共同作用，工业异构网络数据流的传输调度得到了有效实现。

在梁潇[12]的研究中，他通过使用网络功能虚拟化（network functions virtualization，NFV）技术，结合 SDN 理念设计了一种能够动态部署网络的工业异构网络架构。并在此架构的基础上，又提出了一种网络调度方法。该方法是为用户选择合适的接入网络，通过预测未来某一时间的工业异构网络状态，从而保障不同用户个性化服务质量（QoS）。

在 Yu 等[13]的研究中，针对工业物联网（IIoT），为了满足 QoS 要求，在一个新设计的网络架构之下，一种新设计的将变化流量考虑在内的分配模型按照一种新设计的网络资源分配方法运行。同时，聚类方法在此研究中被采用，其作用是确定基站与设备之间的连接关系。为了为各设备分配资源，Yu 等[13]在研究中还引入了深度强化学习方法。

在吴琼[14]的研究中，考虑到在工业异构网络中用户对多种不同业务都有需求，为了方便处理，研究者将这些业务划分为四种类型，分别为下载文件、播放视频、浏览网页、拨打电话。通过对这些业务的数据的分析，得到了它们在工业异构网络中的占比情况。为了得到每种业务类型在网络中的权重，研究者使用熵值法进行计算。针对为不同业务类型的数据流分配网络资源的问题，研究者在这里采用了网络选择方法来进行实现。

在 Xue 等[15]的研究中，为了解决非 TSN 网络连接多个 TSN 网络的问题，一种遵循软件定义时间敏感网络（software defined-timesensitive networking，SD-TSN）范例的互联方案被提出。在该方案中，为了实现互操作性，网络由具有网络控制器和服务编排器的中央实体来进行控制。所提方案在原型试验台上进行了验证，所得结果证明了其有效性。

在 Cruces 等[16]的研究中，一种兼具工业无线网络和 TSN 的网络架构被设计出来。对于工业异构网络中的 TSN 部分的调度问题，解决方法是使用 TSN 的现有调度技术。对于工业异构网络中的工业无线网络部分的调度问题，一种使得不同节点可同步运行的 MAC 协议被设计出来。为了连通不同网络，一种兼具实时性与可靠性的网桥被设计出来，且其还拥有接入点（AP）。在 Cruces 等[16]设计的工业异构网络中，时间同步从 TSN 开始传播，通过 AP 的转发，被传播到工业无线网络，以方便两种网络的时间同步。

在 Zong 等[17]的研究中，一种传输控制方案被提出来，该方案针对的是多跳网络的跨区域、端到端传输场景。在该方案中，为了适应工业异构网络中具有较高时延的业务，拥塞控制方法被采用，以调整数据传输窗口。同时，为了实现端到端数据传输的性能优化，该方案根据得到的反馈信息，可以对数据传输窗口进行阈值调整，这样一来，能够对不同数据的拥塞进行区分和疏通。

### 5.1.2 工业物联网融合调度面临的挑战

（1）科学问题：资源动态条件下分布式异构网络系统中确定性保障的调度模型。

工业物联网跨网协同调度的关键需求是端到端传输的实时性和确定性，但异构网络环境存在网络资源分布式、网络动态性等特征，且一般为兼有离散事件和连续变量等运行机制的混杂系统。同时，异构网络中数据流、控制流、配置流等多种流并存协作，导致跨网协同及确定性调度存在诸多困难，跨网资源调度计算结果的确定性难以保证。因此，如何针对网络的异构性、系统的混杂性、多种流共存等特点，构建多约束多目标下确定性保障的调度模型，是一个重要科学问题。

（2）技术问题：资源维度不同、传输策略不同、传输需求不同的异构网络协同机制。

针对现场总线、TSN、工业无线及 5G 等工业物联网的资源、协议及传输能力不匹配、异构网络传输难以协同、延迟难以预测、实时状态难以认知等特点，满足工控业务需求的跨网确定性传输方法，是现场级工业有线与无线网络融合高效协同的关键。因此，需要设计一种实时感知网络状态、动态调整网络资源及结合 AI 智能预测的闭环协同机制，实现异构网络跨网跨域端到端时延确定性，提供差异化调度保障能力，完成网络控制面与转发面的确定性功能设计与实现。

## 5.2 融合调度关键技术

### 5.2.1 高精度跨网时间同步技术

网络差异对同步精度的影响和解决方法：针对异构网络跨网时间同步需求，高精度时钟在不同网络间的适配与处理机制，分析链路非对称时延、网关设备处理时延不确定性、时间戳标记位置差异、时钟频率的不稳定以及时钟调整的频度等对网络时间同步精度的影响；针对异构网络在数据帧格式、传输机制等特性上的差异对同步精度的影响，基于最优时间戳标记位置及链路延迟测量机制，硬件、软件和软硬件结合的时间同步方法，解决异构网络中由于操作系统、协议栈、网络元件等带来的延迟波动等因素造成的时间同步精度不足问题。

异构网络节点间的时钟信息交互和转换方法：在异构网络节点进行时间同步的信息交互过程中，有限网络和无限网络采用了不同的时间同步方法和机制，这导致了数据输入-输出模式之间存在特定的映射关系；在不引入额外协议开销的前提下，基于由上而下逐级同步的思想，采用免时间戳同步和边界网关转发时间信息相结合的低复杂度跨网络时间同步方法，使异构网络中的时间源设备保持时间同步,如图 5-1 所示。考虑多跳分层网络场景下的时间同步问题,将两点间的时间同步扩展到多跳多级网络的同步方案,协调异构网络之间的时间同步,有效实现工业物联网中跨网络时间同步。

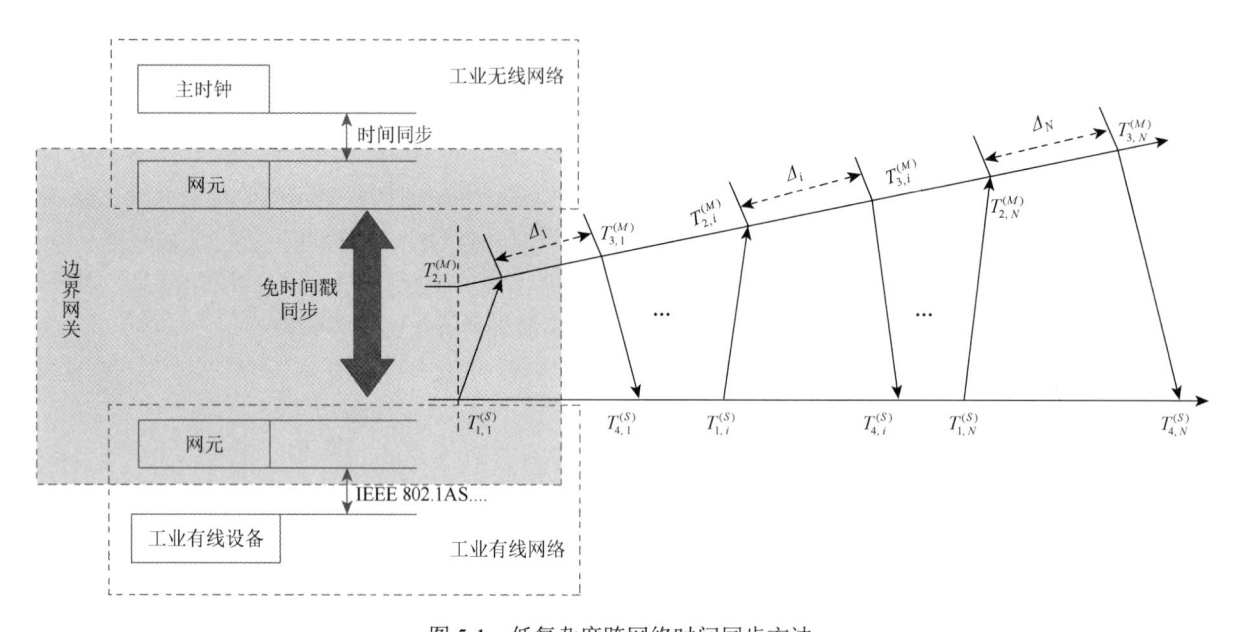

图 5-1　低复杂度跨网络时间同步方法

M 为无线通信模块,即参考节点;S 为数据采集模块,即待同步节点;Δ 为响应时间间隔

### 5.2.2　现场级异构网络跨网协同和确定性调度机制技术

#### 5.2.2.1　多业务融合下的数据流整形机制

引入异构网络的跨网协同规划机制,提出不同资源维度、传输策略、业务需求、数据流分类及优先级等多约束多目标下的端到端映射模型。在异构网络数据流模型下,分析不同类型流的有效标记和不同特征的有效提取手段,提出多业务融合下的数据流队列的管控方法。通过数值模拟来评估异构网络带宽使用,为异构网络桥接节点中的延迟性能模拟累积分布函数,形成异构网络数据流队列协同管理技术。在多业务环境下,针对异构网络中多种不同周期、不同优先级流量的混合特性,分析数据流量与资源匹配、拥塞控制及流量控制等问题,采用满足网络可调度性的优先级分配方案。

#### 5.2.2.2　异构网络动态联合实时调度算法

基于网络节点时延分析,提出不同资源维度、不同传输策略、不同工业业务类型的异构网络实时调度算法。分析混合业务场景中的不同应用需求,提出多工业应用下的多目标优化调度算法,采用多约束多目标路由选择算法,兼顾时延、容量与可靠性。以时延为优化指标,得到时延的非线性递推函数,提出一种异构网络控制面的资源预留与分配策略,兼顾保障性能的同时支持多种类工业业务的协同传输。基于粒度等理论对空时频资源进行动态切割,提出多种多业务环境下工业异构网络联合调度算法,通过跨数据链路与媒体接入层的跨层联合调度机制,实现针对网络资源的有序保障。鉴于各类数据流对网络性能要求存在较大差异,基于对网络链路流量的评估分析,通过网络链路流量负载均衡方法,改进基于优先级队列管理方法的数据流调度机制;通过数据包的入队仲裁和出队调度机制,优化工业网络中的丢包率和平均传输时延,提高网络的链路利用率。

#### 5.2.2.3 异构网络间高可靠传输协同机制

工业网络链路快速发现机制，针对多业务协同传输，提出无线网络与有线网络协同的资源预留及拥塞反馈机制，完善异构融合网络的高效数据流协同管理理论。提出实时感知网络状态、动态调整网络资源及结合 AI 智能预测的闭环协同机制，建立协同调度子系统与工业网络系统管理者的协同调度机制，构建基于动态资源能力的协同模式，实现全互联多场景资源按需调度与深度协同，形成针对工业业务的跨网高可靠性传输机制。

### 5.2.3 现场级网络端边云协同技术

#### 5.2.3.1 端到端网络质量感知和策略调整的闭环协同方法

相关研究者提出实时感知网络状态、动态调整网络资源及结合 AI 智能预测的闭环协同机制，在网络边缘和业务汇聚点部署探针，检测网络所提供的业务质量，判断网络质量的好坏。在网络的接入点及各个网络层次上部署探针，实时检测网络的端到端性能、应用业务性能，对网络不同层次之间的运行情况进行监测。在不改变网络架构特征的基础上，管理与控制信息交互机制，对新接口上承载的管理与控制信息及其交互流程进行定义，实现无线网络对有线网络的快速感知和发现，并实现实时策略调整的功能。针对现场级工业制造系统中各类网络、数据节点的增加，结合现场级网络边缘计算方法，基于资源感知的性能特征检测方法，提升网络边缘计算性能，利用边缘智能网关对异构网络协议进行映射转换，构建异构网络跨网融合机制，并针对冗余报文落地优先模型、不同流量类型的优先级标签插入模型，实现流量类型分类及差异化处理。

#### 5.2.3.2 现场级云网协同、云边协同及边边协同机制

针对边缘侧云与边网络资源异构性和边缘的差异性，构建资源高效、应用敏捷、业务智能、安全可信的动态互联协同架构，实现业务负载在边云间的可迁移流转。在云网协同方面，通过协同调度子系统向现场网络呈现工业云的能力。在云边协同方面，为了对现场多源、异构数据归一化处理，兼顾计算和网络资源以及数据传输的有效性等，形成云端和边缘计算资源的合理和优化配置。在边边协同方面，通过协同调度机制计算相关发生场所的决策方法，利用边缘节点联合计算方法，使得协同调度子系统能够协同完成计算任务。

#### 5.2.3.3 端设备和边缘云的协同机制

针对多场景下全互联端云资源调度及协同优化难题，以虚实结合与多目标约束联合优化为突破点。通过建立多源异构资源低维空间的量化标尺与同尺度表征规则，利用深度神经网络动态预测理论、可拓优度结合模糊层次分析法构建评价指标体系，综合量化与预测端边云资源状态。利用基于双层规划与非合作博弈的资源优选和融合理论，建立端边资源调度、卸载、迁移机制。

### 5.2.4 支持跨网协同调度的网络协同调度子系统研发技术

针对面向工业现场的有线和无线异构协同所面临的问题，构建网络控制流程库，实现异构工业网络的协同。针对现场网络设备的复杂异构性主要基于软件定义网络技术，将网络控制权从数据传输设备中分离出来，实现对网络的统一控制，实现从全局优化的角度对系统网络性能进行调优；并基于工业 SDN 的数据跨网传输带宽分配机制，重点突破跨网协同、统一调度技术。其中关于多属性决策多网络联合传输的网络调度方案，提出一种基于多优先级数据分类及多目标优化的跨网协同和统一调度机

制，从而实现工业异构网络跨网确定性调度，并能够解决现场级异构工业网络的控制协同难题，构建面向智能工厂的支持跨网协同调度的网络协同调度子系统，如图 5-2 所示。

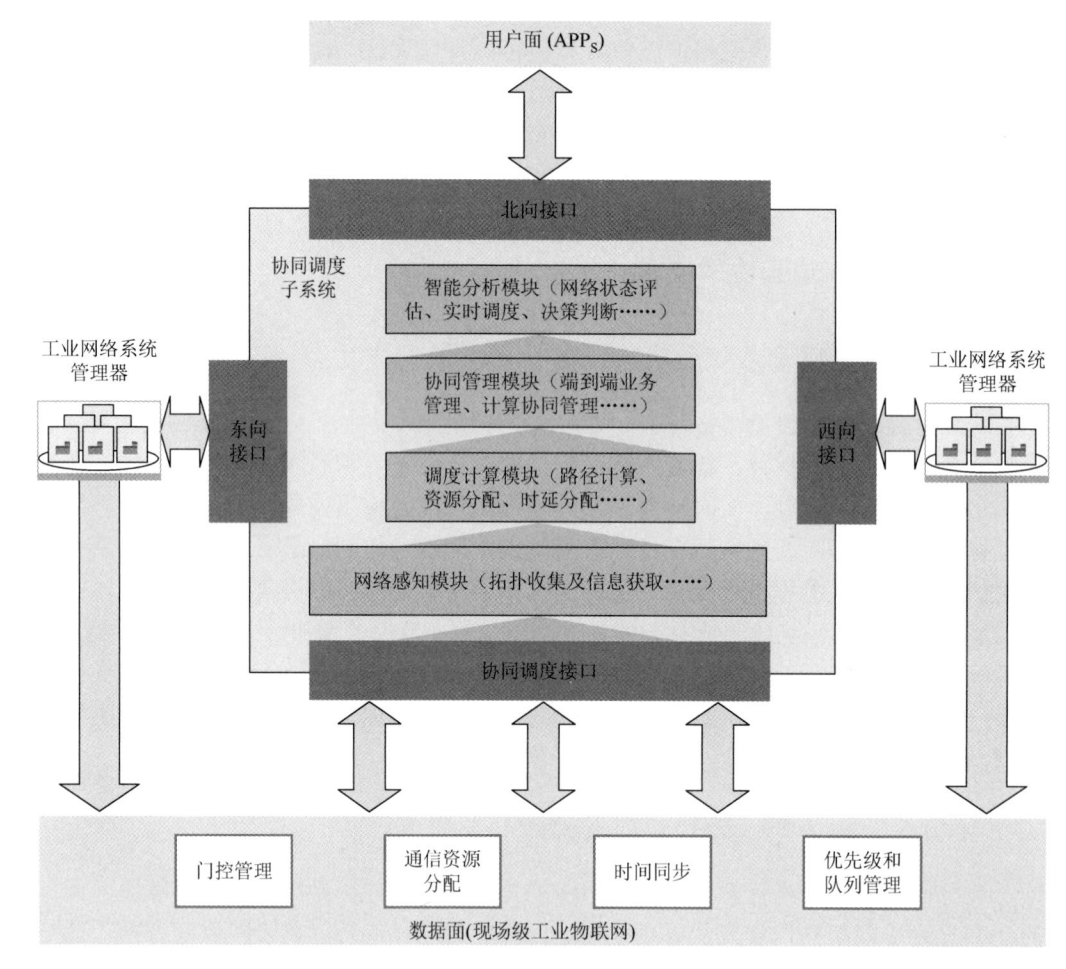

图 5-2 协同调度子系统功能框架

## 5.3 融合调度体系架构与建模

### 5.3.1 融合调度体系基本架构

跨网协同和调度的模块化、层次化系统架构：针对面向工业现场的有线/无线异构网络协同所面临的问题，开发支持跨网协同和统一调度的协同调度子系统，系统包含智能分析模块、调度计算模块、网络感知模块和协同管理模块，模块之间相互协同作用，形成面向现场级异构工业网络的控制协同解决方案[18]。为了充分利用周围的网络和终端资源以及多终端协同通信技术的协同调度子系统，开发了异构网络端到端协同的协同调度子系统，从而提高了网络实时吞吐量，提升了网络调度智能化，也提升了异构网络端到端协同的效率，节省了广域带宽。并且多路径分流传输控制是基于不同无线链路质量的差异性，从而保证了数据可以以一定比例分流到不同的无线接入网[19]。

### 5.3.2 融合调度体系建模

异构网络中的时钟建模方法：针对异构网络跨域时钟同步需求，基于高斯分布时延模型和非线性时钟模型等方法，实现异构网络中时钟建模方法[20]。基于生成树的时间同步策略，建立时钟振荡器频率漂移补偿模型及跨网时间同步补偿模型。针对网络中交换设备带来的较大时间积聚误差,通过基于透明时钟方法(图 5-3)维持主从时钟状态,在此基础上基于通用精确时间协议(general precise time protocol,gPTP)二层扩展网络高精度授时方法及跨网时间同步方法,修正时间偏差和传输时延,实现跨网时间同步[21]。

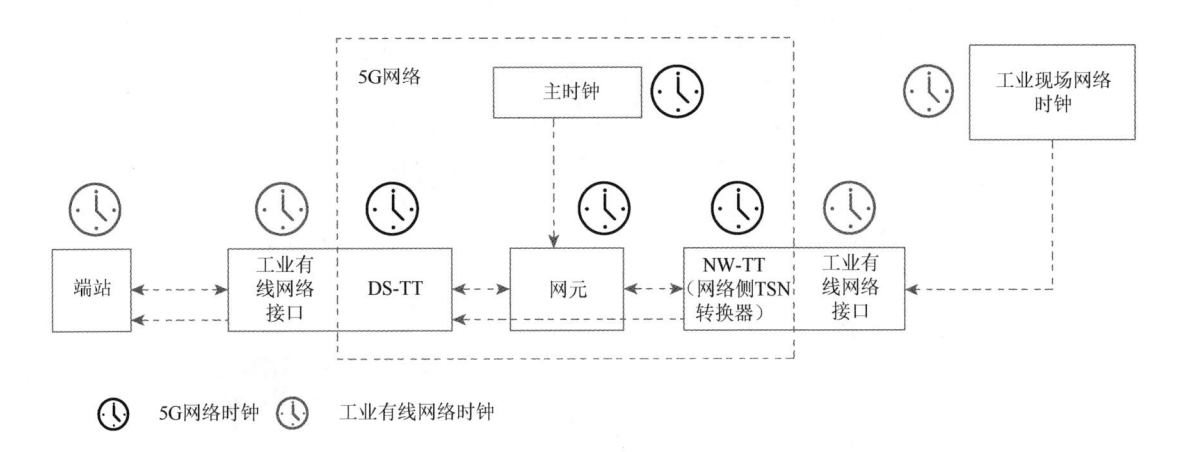

图 5-3 透明时钟方法

## 5.4 应用实例

### 5.4.1 基于分段逼近的 5G-TSN 网络资源分配方法

#### 5.4.1.1 背景

5G-TSN 融合时,网络资源如何分配是保证网络确定性传输的关键因素之一[22]。5G-TSN 网络资源包括 TSN 侧网络资源和 5G 侧网络资源,其中,TSN 侧网络资源是指时隙,5G 侧网络资源是指 5G 空口处的时域和频域资源。为了保证 5G-TSN 网络的确定性传输,研究人员设计了一种基于分段逼近的 5G-TSN 网络资源分配方法。基于分段逼近的 5G-TSN 网络资源分配方法是指以 5G-TSN 的网络资源为研究对象,将 5G-TSN 分为 TSN1、5G、TSN2 三段,在 TSN 侧采用基于可满足性模理论的逐步逼近资源分配算法,结合不同场景下数据流的端到端传输需求和 TSN 侧传输需求,在 5G 侧采用基于数据流优先级的 5G 资源分配算法,有效地对 5G-TSN 中的资源进行分配。

#### 5.4.1.2 技术方案

1. 验证平台设计

为了验证 5G-TSN 网关设计方案和基于分段逼近的 5G-TSN 网络资源分配方法的可行性,研究人员搭建了两个验证平台,包括端到端网络资源分配验证平台和半实物仿真网络资源分配验证平台。其中,端到端网络资源分配验证平台用于验证 5G-TSN 网关设计方案和网络资源分配方法;半实物仿真网络资源分配验证平台用于验证基于分段逼近的 5G-TSN 网络资源分配方法。端到端网络资源分配验证平台如图 5-4 所示,该平台包括 5G[路由、5G 基站 (the next generation node B,gNB)]、CNC1、CNC2、TSN1 交换机、5G-TSN 网关、TSN2 交换机以及流量发生器。其中,5G 是实验室场景下通过切片建立隧道所搭建的专网[23]。

图 5-5 所示为半实物仿真网络资源分配验证平台。该半实物仿真网络资源分配验证平台由 SDNC、CNC1、CNC2、5G、TSN1 交换机、TSN2 交换机、流量发生器组成。其中,TSN1、TSN2 采用实物搭建,5G 采用 OPNET 仿真。流量发生器充当终端,对数据流进行发送和接收。

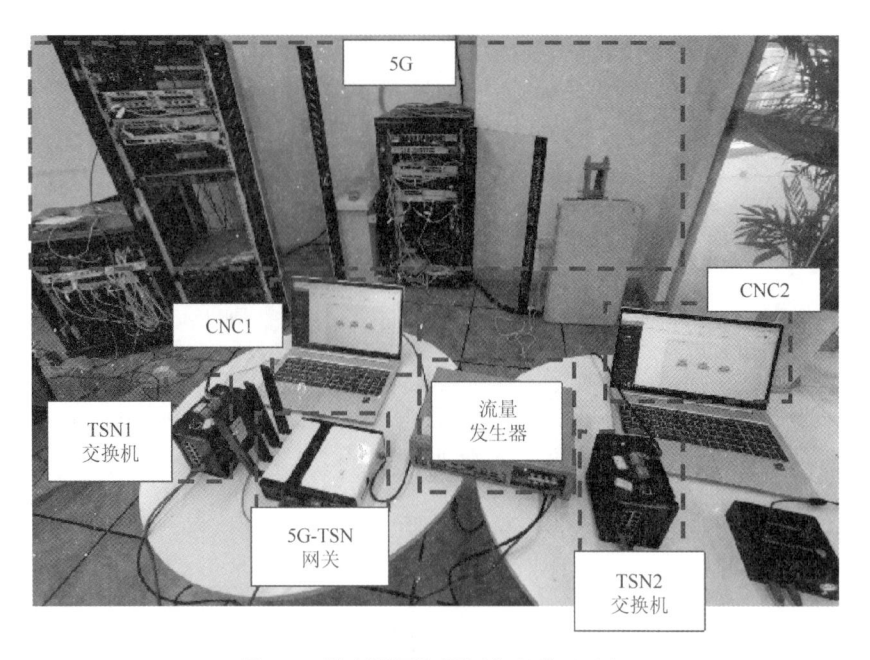

图 5-4 端到端网络资源分配验证平台

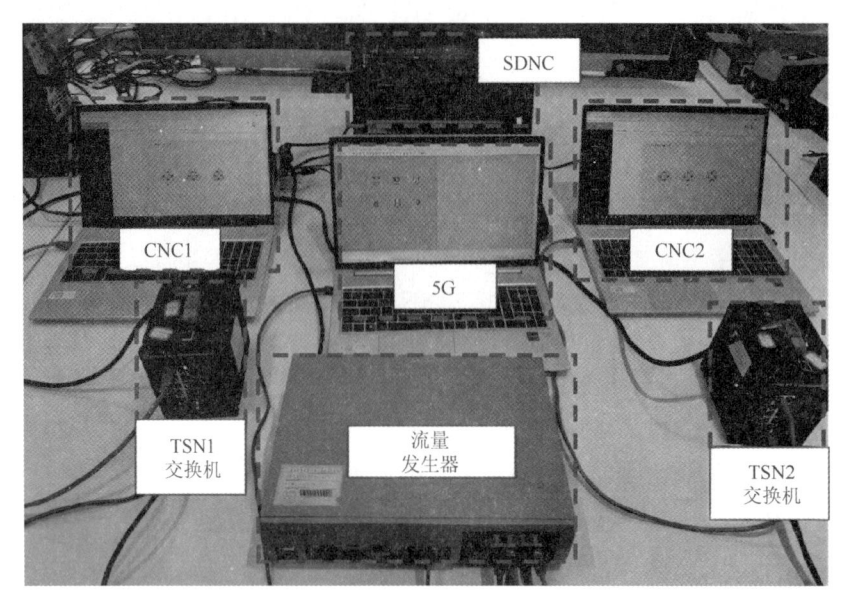

图 5-5 半实物仿真网络资源分配验证平台

2. 网络资源分配方法计算实例

设置 5G-TSN 网络中的 TSN 交换机发送速率是 100 MB/s,测试的流量参数如表 5-1 所示。数据流信息的主要参数包括发送周期 $T_i$、数据帧的大小 $Fsize_i$、端到端优先级 $priority_i$、端到端时延 $Delay_i^{End}$。

表 5-1 测试的流量参数

| 数据流 | $Delay_i^{End}$ /ms | $priority_i$ | $T_i$ /μs | $Fsize_i$ /bit |
| --- | --- | --- | --- | --- |
| $f_1$ | 2.9 | 1 | 25 | 128 |
| $f_2$ | 3.0 | 3 | 35 | 256 |
| $f_3$ | 3.1 | 5 | 45 | 512 |

SDNC 采集到网络拓扑信息和数据流信息后对网络进行建模,执行基于分段逼近的 5G-TSN 网络资源分配算法,具体操作步骤如下。

(1) SDNC 根据每条数据流的端到端优先级、端到端优先级与 TSN 侧优先级的映射规则表得到每条数据流在 TSN 侧的优先级 $PR_i^{TSN}$,如表 5-2 所示。

表 5-2 每条数据流在 TSN 侧的优先级

| 数据流 | $priority_i$ | $PR_i^{TSN}$ |
| --- | --- | --- |
| $f_1$ | 1 | 7 |
| $f_2$ | 3 | 6 |
| $f_3$ | 5 | 5 |

(2) CNC1、CNC2 调用基于可满足性模的逐步逼近资源分配算法。当算法完成后可以得到 TSN 交换机的门控周期、每条流在门控周期内传输时隙数量、数据流每个传输时隙的开始时刻、数据流在每个传输时隙的到达时刻和离开时刻、数据流在 TSN 侧的传输时延要求。时隙计算结果如图 5-6 所示。

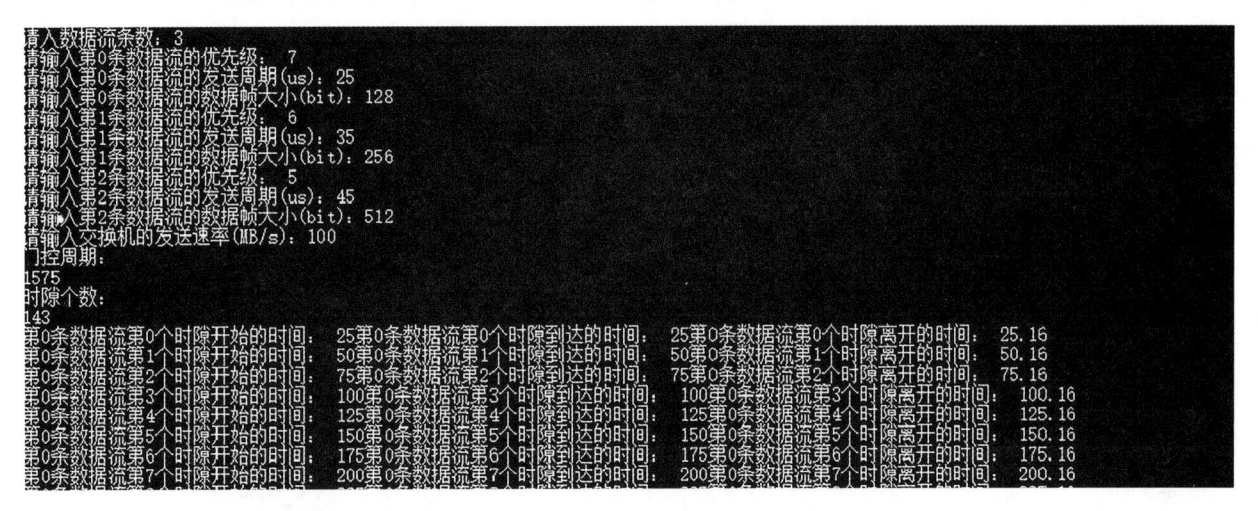

图 5-6 时隙计算结果

(3) TSN 侧网络资源分配算法完成后,CNC1、CNC2 将 TSN1 交换机、TSN2 交换机使用的网络资源情况(即数据流在 TSN 侧的传输时延)发送给 SDNC,SDNC 计算每条数据流在 5G 侧的包延迟预算 $PDB_i$、5QI、优先级 $PR_i^{5G}$,5G 侧参数计算结果如表 5-3 所示。

表 5-3 5G 侧参数计算结果

| 数据流 | 5QI | 包延迟预算 $PDB_i$/ms | 优先级 $PR_i^{5G}$ |
| --- | --- | --- | --- |
| $f_1$ | 86 | 2.875 | 1 |
| $f_2$ | 86 | 2.976 | 2 |
| $f_3$ | 86 | 3.068 | 3 |

3. 端到端网络资源分配验证平台配置

在搭建的端到端网络资源分配验证平台验证 5G-TSN 网关设计方案和网络资源分配方法。操作过程中,TSN1、TSN2 侧使用基于可满足性模理论的逐步逼近资源分配方法,5G 侧则未使用网络资源分配方法。端到端网络资源分配验证平台配置步骤如下。

（1）根据时隙计算结果配置 TSN 交换机门控列表的循环周期，先配置不同优先级数据流的传输时隙，最后将空余的时隙分配给一些突发的数据流。启动 5G-TSN 网关协议转换功能，开启 5G 网卡并连接至基站。

（2）流量发生器模拟发送和接收 TSN 数据流并测试 TSN 数据流时延等性能指标。在模拟发送和接收 TSN 数据流之前，需要先配置 TSN 数据流，配置 3 条 TSN 数据流，分别命名为 StreamBlock1、StreamBlock2、StreamBlock3。StreamBlock1、StreamBlock2、StreamBlock3 的数据帧的大小分别为 128 bit、256 bit、512 bit，发送周期分别为 25、35、45，优先级分别设置为 7、6、5，VLAN ID 为 100，并设置目的以太网地址和源以太网地址[24]。

4. 半实物仿真网络资源分配验证平台配置

通过半实物仿真的方式，对设计的基于分段逼近的 5G-TSN 网络资源分配方法进行验证与实现。其中，对于 TSN1、TSN2 侧采用实物搭建，对 5G 侧采用 OPNET 仿真。

1）配置 TSN 交换机

根据 CNC1 计算出的每个时隙的开始和关闭时间，配置 TSN1 交换机时隙表；根据 CNC2 计算出的每个时隙的开始和关闭时间，配置 TSN2 交换机时隙表。配置 TSN 交换机时隙表如图 5-7 所示。

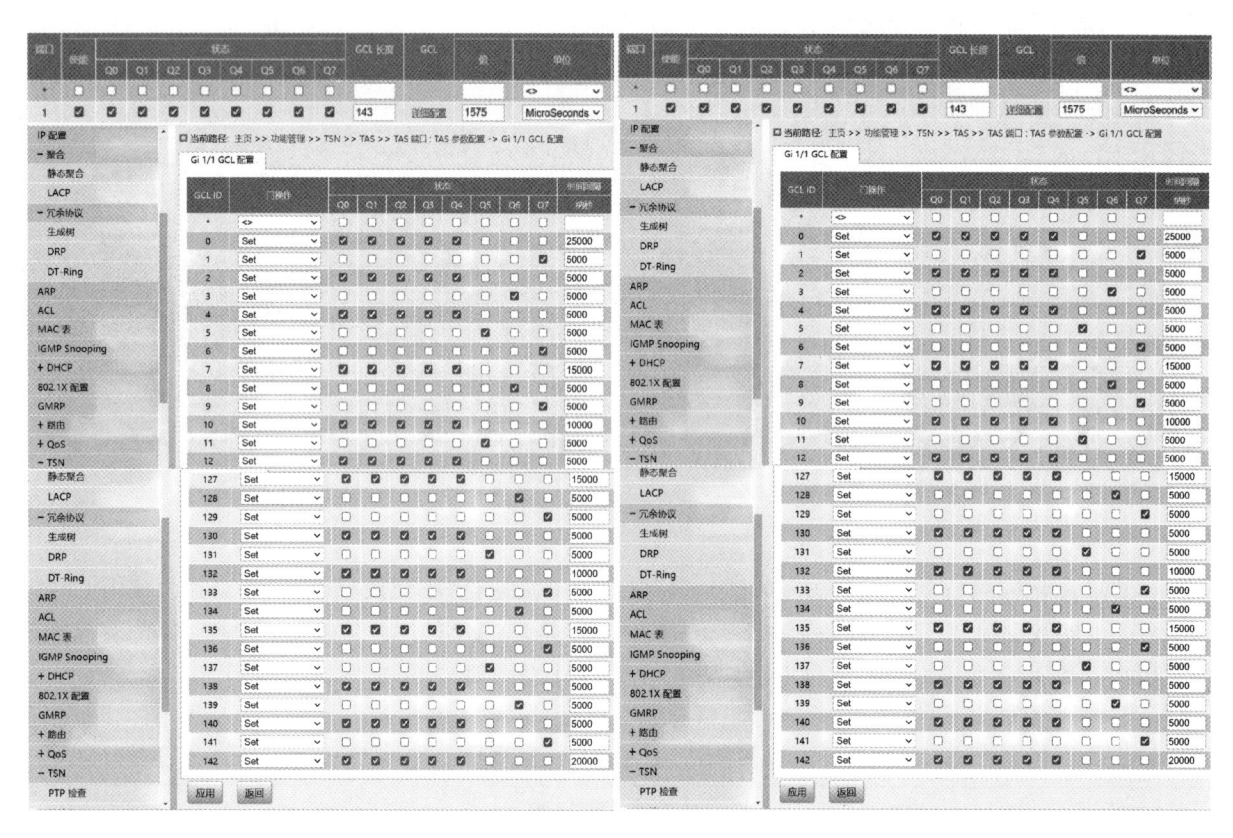

图 5-7　配置 TSN 交换机时隙表

2）配置 Spirent C1

使用流量发生器模拟发送和接收 TSN 数据流，使用 Spirent C1 测试 TSN 数据流时延等性能指标。模拟发送和接收 TSN 数据流之前需要先配置 TSN 数据流：在 TSN1 侧配置 3 条 TSN 数据流，分别命名为 StreamBlock1、StreamBlock2、StreamBlock3，如图 5-8 所示。StreamBlock1、StreamBlock2、StreamBlock3 数据帧的大小分别为 128 bit、256 bit、512 bit，发送周期分别为 25、35、45，优先级分别设置为 7、6、5，VLAN ID 为 100，并设置目的以太网地址和源以太网地址。TSN2 侧配置与 TSN1 侧保持一致。

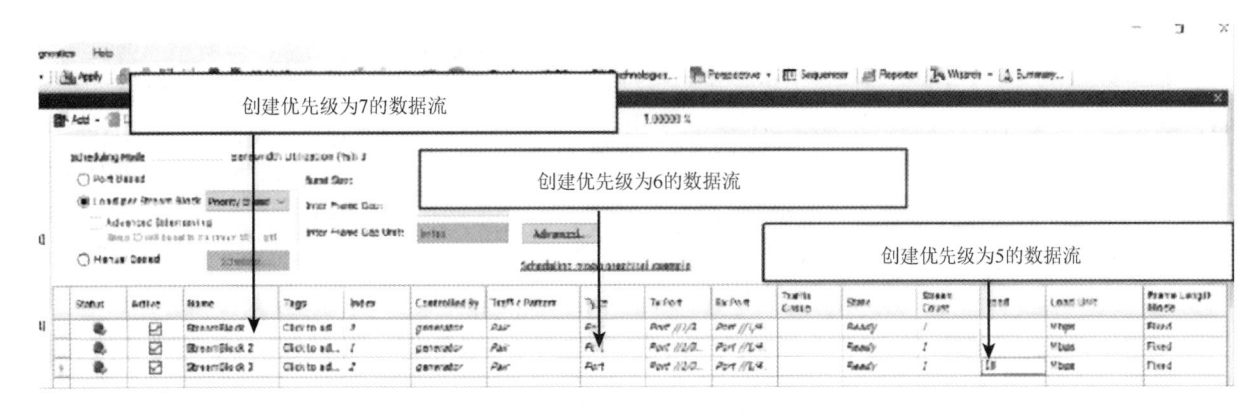

图 5-8 TSN1、TSN2 侧数据流配置

3）OPNET 仿真

采用 OPNET 仿真软件对 5G 网络资源分配方法进行验证。仿真步骤包括网络域建模、节点域建模、进程域建模三个部分，具体操作步骤如下。

（1）网络域建模。

网络域建模是指将实际网络部署场景映射到 OPNET 建模器中进行虚拟建模的过程[24]。在 OPNET 中，网络域建模通常处于建模过程的第三层，即网络拓扑层。网络域建模的主要目的是模拟网络在实际部署环境中的性能和行为。在 Object Palette Tree 对象调色板中选择 UE、gNB 等通信模块并将其拖至工作站，选用以太网双工链路连接 gNB 和 5GC（5G core，5G 核心网）。5G 网络拓扑由 UE、gNB 和 5GC 组成，构建如图 5-9 所示的 5G 网络域模型。

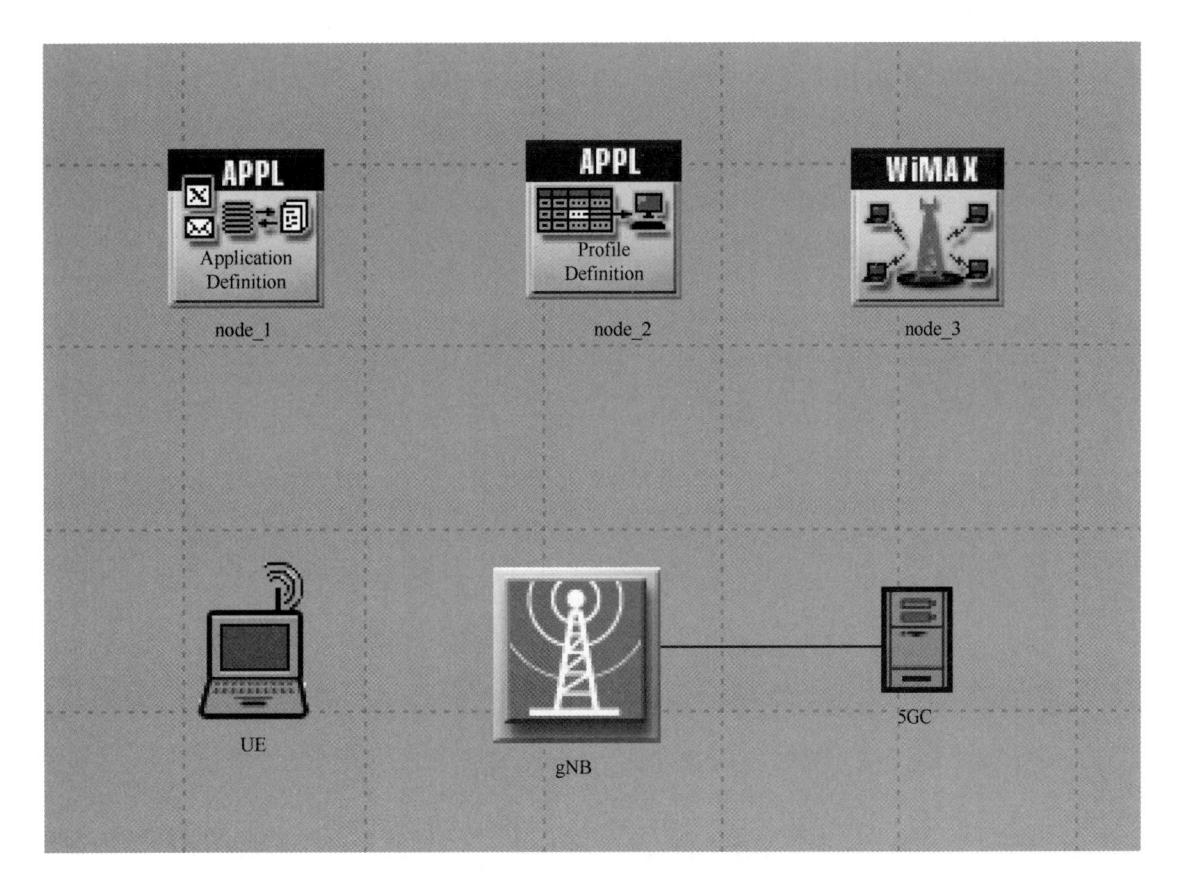

图 5-9 5G 网络域模型

(2）节点域建模。

节点域建模是一种用于描述和模拟网络节点的技术[25]，它将网络节点构建为由多个进程和通信事件组成的系统。创建 UE、gNB、5GC 节点时，使用"Node"对象表示网络节点，定义网络拓扑，包括节点之间的连接关系、传输链路的带宽和延迟等。对 UE 构建如图 5-10 所示的节点域模型，该模型包括天线模块（wimax_ant_0_0）、无线发送机模块（wimax_port_tx_0_0）、无线接收机模块（wimax_port_rx_0_0）以及处理机模块（wimax_mac、arp、ip、ip_encap、tcp 等）。

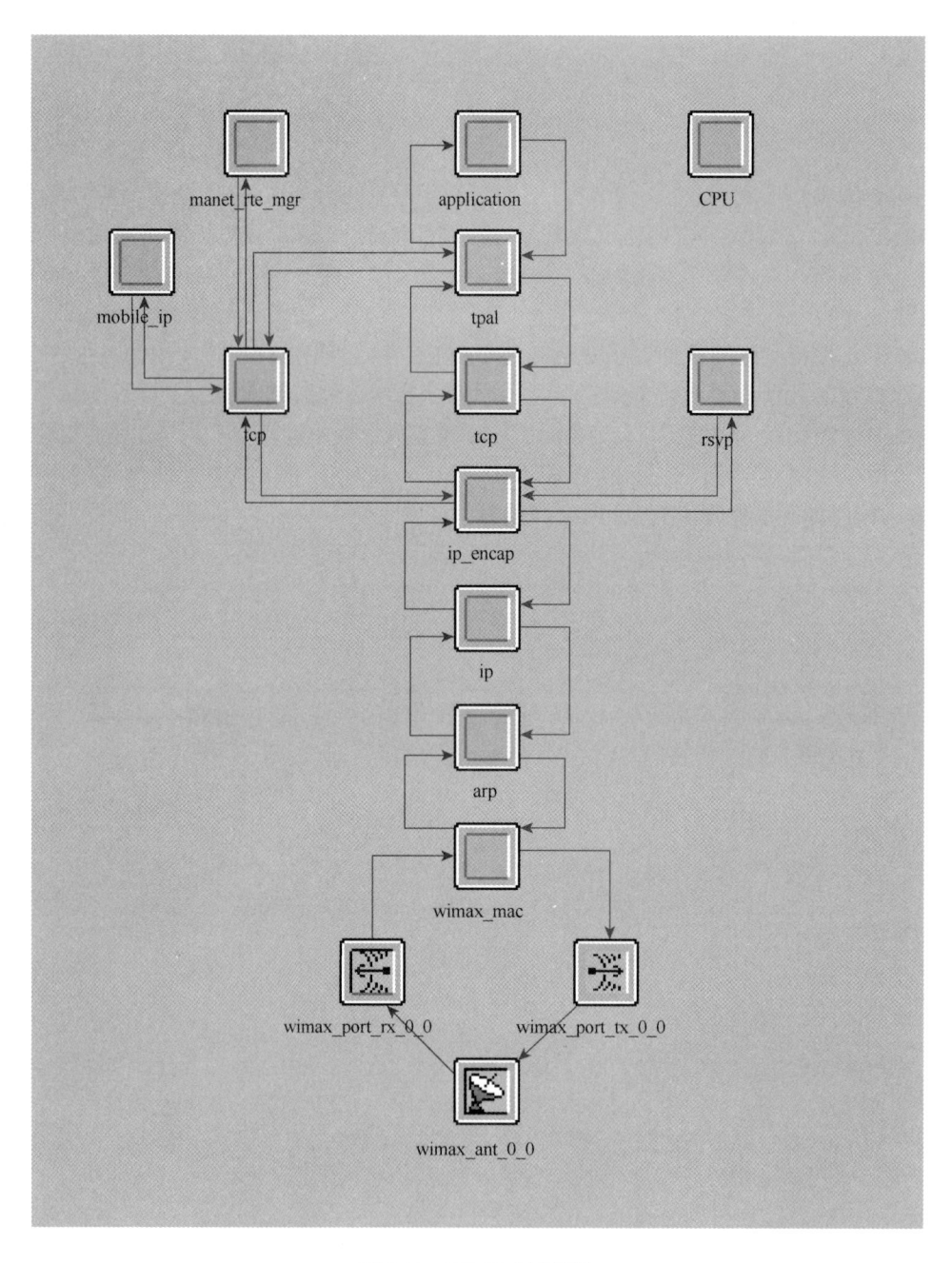

图 5-10  UE 节点域模型

对 gNB 节点构建如图 5-11 所示的节点域模型，该模型包括 4 对有线收发机模块（eth_rx、eth_tx），4 对点到点收发机模块（ppp_tx、ppp_rx）、1 对无线收发模块（wimax_port_rx、wimax_port_tx）以及处理机模块（wimax_mac rrp、isis、ip、ip_encap、tcp 等）。

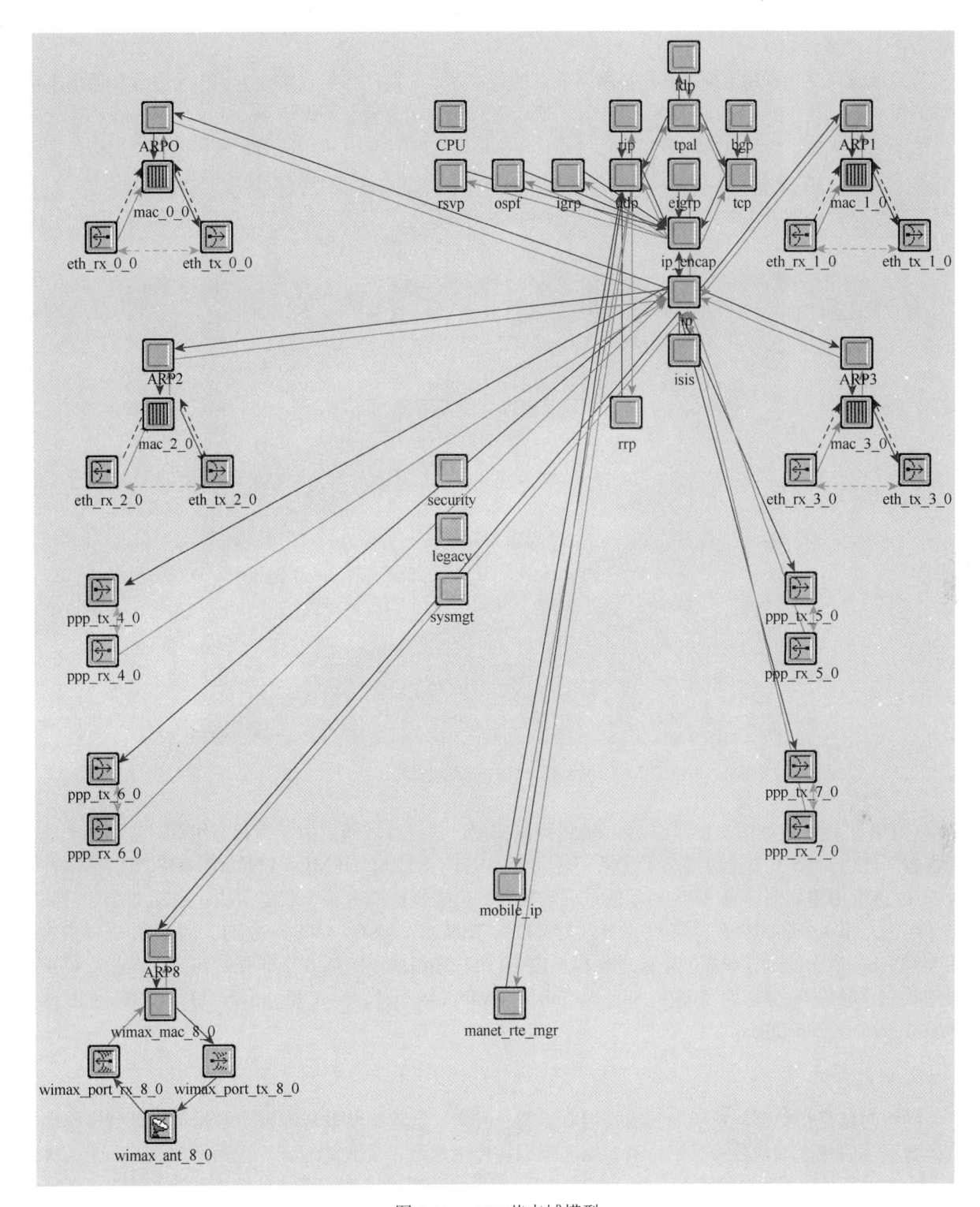

图 5-11 gNB 节点域模型

对 5GC 节点构建如图 5-12 所示的节点域模型,该模型包括点到点发送机模块(hub_tx_0_0)、点到点接收机模块(hub_rx_0_0)以及处理机模块(arp、ip、ip_encap、tcp、udp、tpal 等)。

(3)进程域建模。

进程域建模是一种用于描述和模拟应用程序的技术,它将应用程序构建为由进程和通信事件组成的系统[26]。创建 UE、gNB、5GC 进程时,使用"Process"对象来表示应用程序进程,每个进程对象都具有唯一的名称和属性。采用 C++语言定义进程的行为,并将进程行为与进程对象进行关联,定义数据包的格式、数据包的大小、传输速率等。

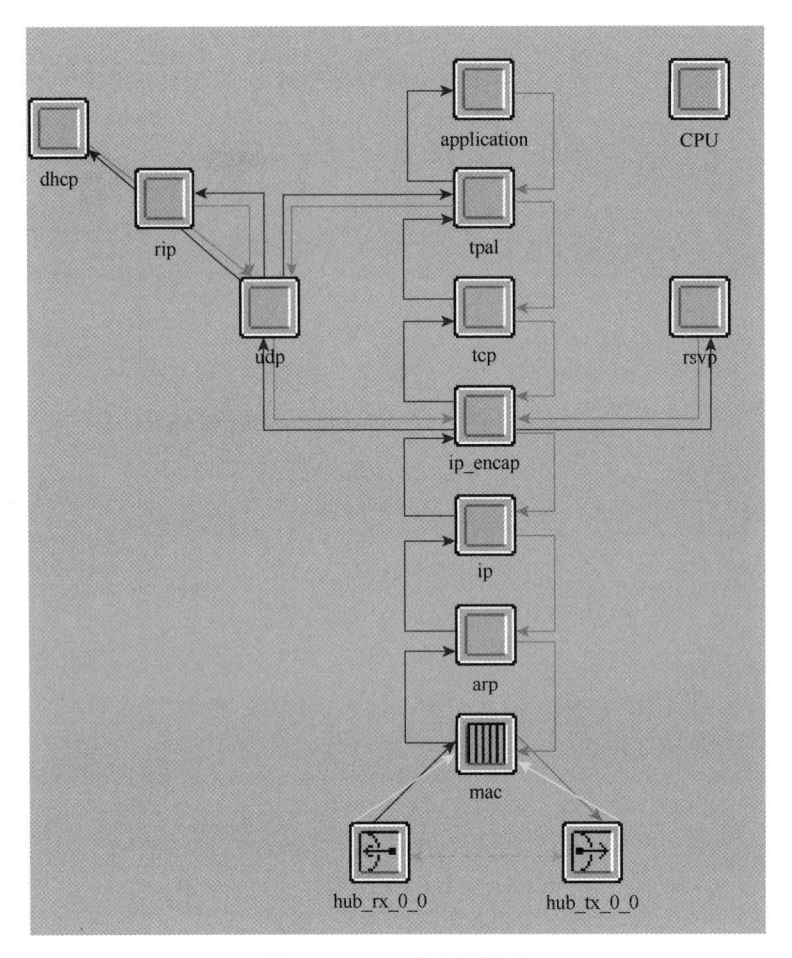

图 5-12　5GC 节点域模型

对 UE 进程构建如图 5-13（a）所示的进程域模型，该进程域模型由 5 个状态组成，包括 2 个非强制状态（红色）和 3 个强制状态（绿色），分别为 INIT、STRM_DEML、ENCAP、DECAP、WAIT。对 5GC 进程构建如图 5-13（b）所示的进程域模型，该进程模型由 5 个状态组成，包括 2 个非强制状态（红色）和 3 个强制状态（绿色），分别为 INIT、TSN AF、gNB、UPF、WAIT。对 gNB 进程构建如图 5-13（c）所示的进程域模型，该进程模型由 10 个状态组成，包括 6 个非强制状态（红色）和 4 个强制状态（绿色），分别为 init_1、init_2、init_3、wait_for_ip_1、wait_for_ip_2、hl_pk、idle、ll_pk、control_pk、tx_schedule。

5. 时延分析

网络时延是指数据从发送端到接收端所需的总时间。它包括从发送端发送数据的时刻到接收端接收到数据的时刻之间的各种延迟，例如处理延迟、传输延迟、排队延迟等，是网络性能的一个关键指标[27]。本小节对未采用网络资源分配方法[①]、TSN 侧采用所提出的基于可满足性模理论的逐步逼近资源分配方法而 5G 侧未采用资源分配方法（由端到端网络资源分配验证平台测试）、采用基于分段逼近的 5G-TSN 网络资源分配方法（由半实物网络资源分配验证平台测试）三种情况下的数据流端到端时延进行分析[28]。

1）未采用网络资源分配方法的端到端时延分析

在未使用网络资源分配方法的条件下，数据流在网络中的传输是无序的，容易产生传输延迟和排队延迟，导致数据流在网络中的传输时延较大。如表 5-4 未采用网络资源分配方法的端到端时延所示。

---

① 根据一定的分配算法，将稀缺网络资源有效分配给用户。

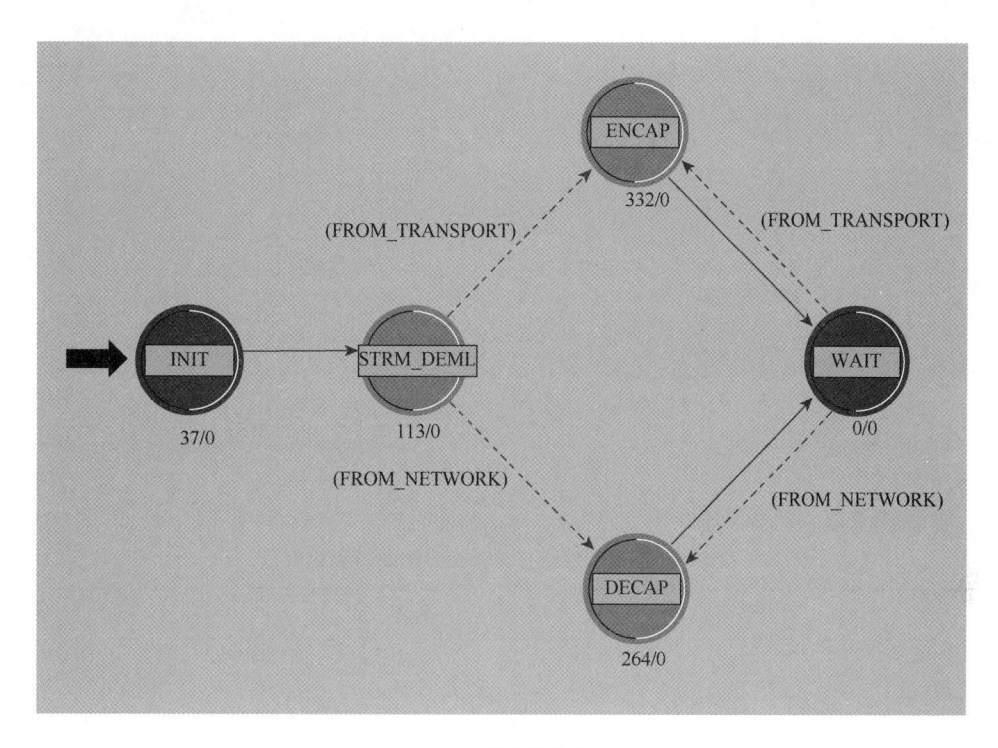

(a) UE进程域模型

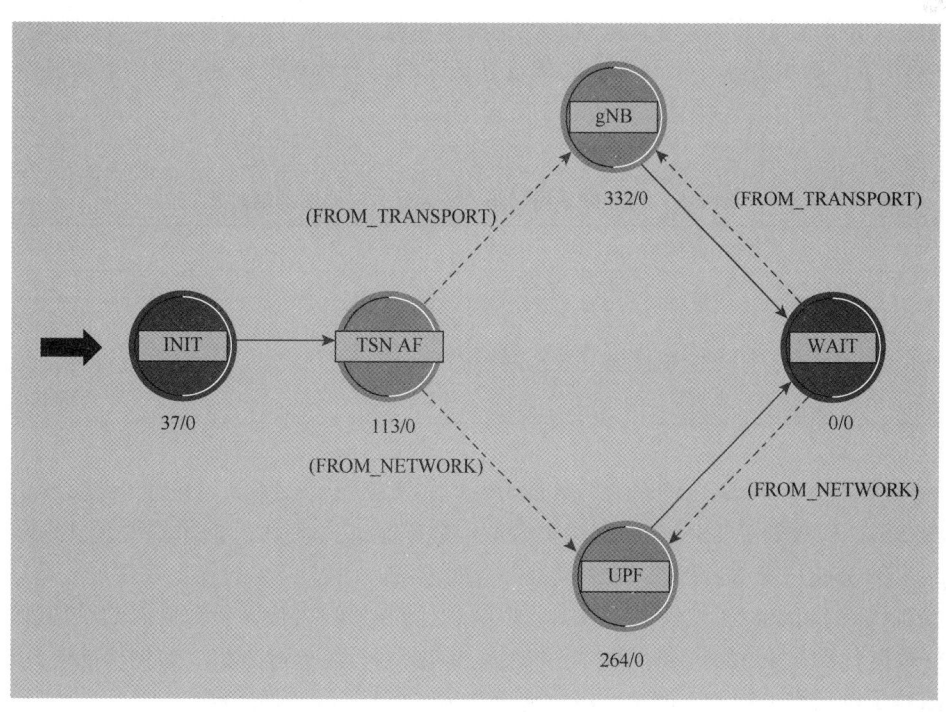

(b) 5GC进程域模型

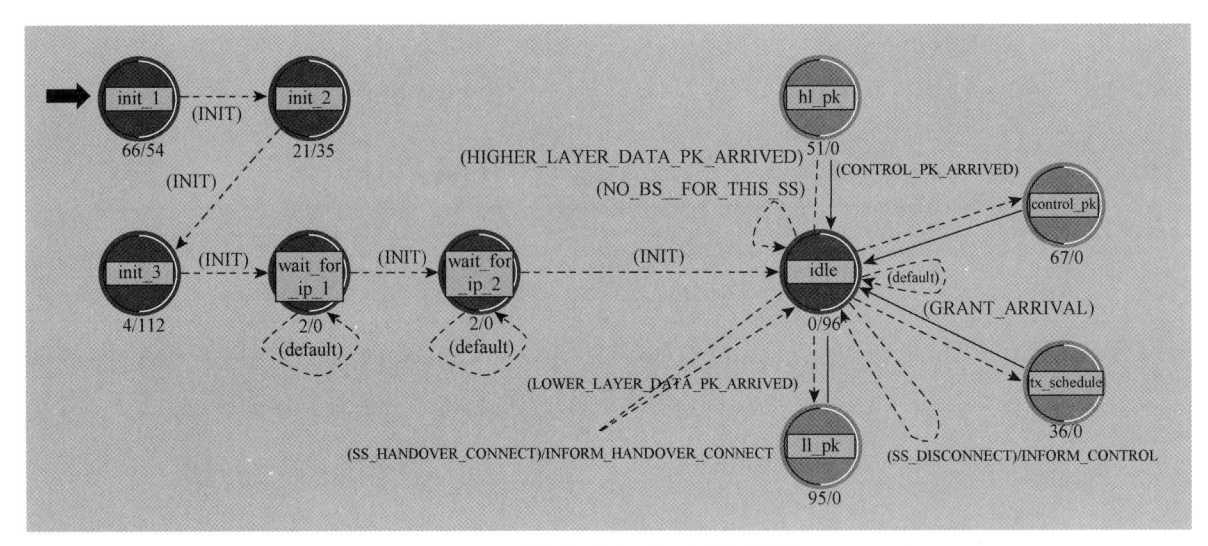

(c) gNB进程域模型网络资源分配方法结果分析

图 5-13　进程域模型

表 5-4　未采用网络资源分配方法的端到端时延　　　　　　　　　　（单位：μs）

| 数据流 | 最小时延 | 最大时延 | 平均时延 |
| --- | --- | --- | --- |
| $f_1$ | 8 191 | 8 764 | 8 423 |
| $f_2$ | 8 207 | 8 804 | 8 472 |
| $f_3$ | 8 258 | 8 857 | 8 552 |

2）TSN 侧采用所提出的资源分配方法而 5G 侧未采用资源分配方法的端到端时延分析

在 TSN1、TSN2 侧使用基于可满足性模理论的逐步逼近资源分配方法，在 5G 侧未使用网络资源分配方法的条件下，数据流在 5G 网络中的传输是无序的，导致数据流在网络中的时延较大。TSN 侧采用网络资源分配方法的端到端时延如表 5-5 所示。

表 5-5　TSN 侧采用网络资源分配方法的端到端时延　　　　　　　　（单位：μs）

| 数据流 | 最小时延 | 最大时延 | 平均时延 |
| --- | --- | --- | --- |
| $f_1$ | 8 133 | 8 703 | 8 375 |
| $f_2$ | 8 148 | 8 742 | 8 412 |
| $f_3$ | 8 198 | 8 784 | 8 491 |

比较表 5-4 和表 5-5，未采用网络资源分配方法时，数据流 $f_1$、$f_2$、$f_3$ 的平均时延分别是 8423 μs、8472 μs、8552 μs；在规划了 TSN 侧的网络资源后，数据流 $f_1$、$f_2$、$f_3$ 的平均时延分别降低了 48 μs、60 μs、61 μs。在 35 s 后采用提出的 TSN 侧资源分配方法，通过 Spirent C1 软件进行数据分析，如图 5-14 所示，横轴代表 Spirent C1 软件进行数据分析所运行的时间，纵轴表示数据流的平均时延，在 Spirent C1 软件进行数据分析的第 35 s，在 TSN 侧采用提出的网络资源分配方法，数据流的时延有所下降。

3）采用基于分段逼近的 5G-TSN 网络资源分配方法的端到端时延分析

基于分段逼近的 5G-TSN 网络资源分配方法是指在 TSN 侧采用基于可满足性模理论的逐步逼近资源分配算法，在 5G 侧采用基于数据流优先级的 5G 资源分配算法，前述方法在半实物网络资源分配验证平台上执行。5G-TSN 网络的端到端时延由 TSN1 侧时延、TSN2 侧时延以及 5G 侧时延组成。采用基于分段逼近的 5G-TSN 网络资源分配方法的端到端时延如表 5-6 所示。

表 5-6 采用基于分段逼近的 5G-TSN 网络资源分配方法的端到端时延 （单位：μs）

| 数据流 | TSN1 侧时延 | TSN2 侧时延 | 5G 侧时延 | 端到端时延 |
| --- | --- | --- | --- | --- |
| $f_1$ | 4.81 | 5.32 | 2947 | 2957.13 |
| $f_2$ | 4.83 | 5.33 | 3068 | 3078.16 |
| $f_3$ | 4.84 | 5.35 | 3114 | 3124.19 |

通过 Spirent C1 软件进行数据分析，数据流 $f_1$、$f_2$、$f_3$ 在 TSN1 侧的时延如图 5-15 所示，在 09:14:53 时刻，开始运行 Spirent C1 软件进行数据分析，统计到每条数据流的在 TSN1 侧的时延达到 4.8 μs 之后趋于平稳。

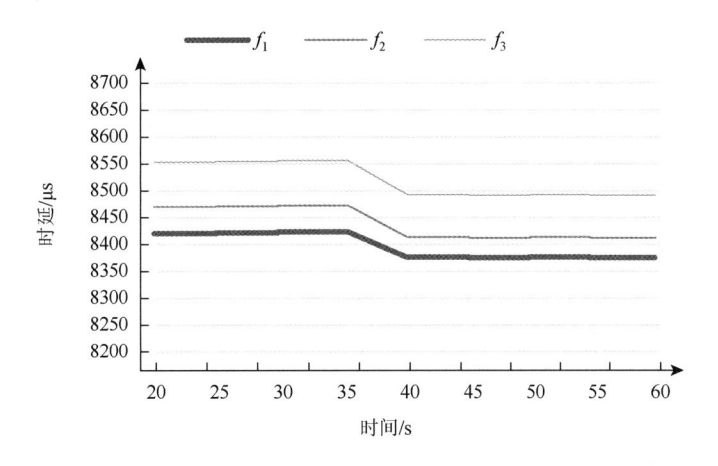

图 5-14 TSN 侧采用网络资源分配方法的端到端平均时延测量结果

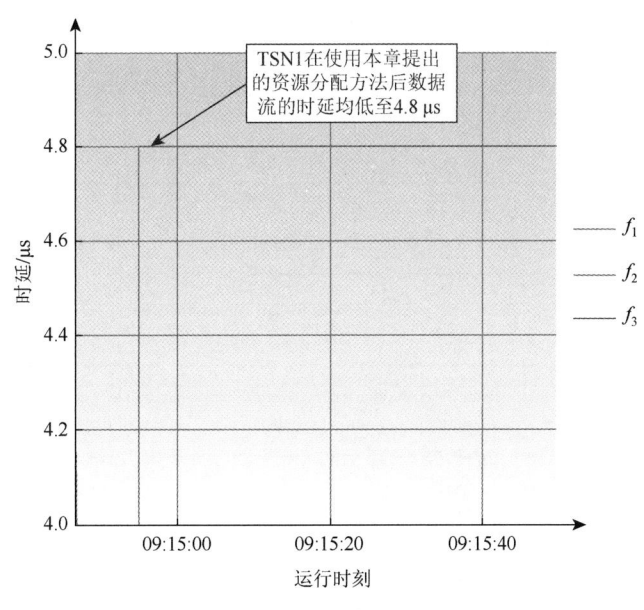

图 5-15 TSN1 平均时延测量结果

通过 Spirent C1 软件进行数据分析，数据流 $f_1$、$f_2$、$f_3$ 在 TSN2 侧的时延如图 5-16 所示。在 09:31:50 时刻，开始运行 Spirent C1 软件进行数据分析，统计到每条数据流在 TSN2 侧的时延达到 5.4 μs 之后趋于平稳。

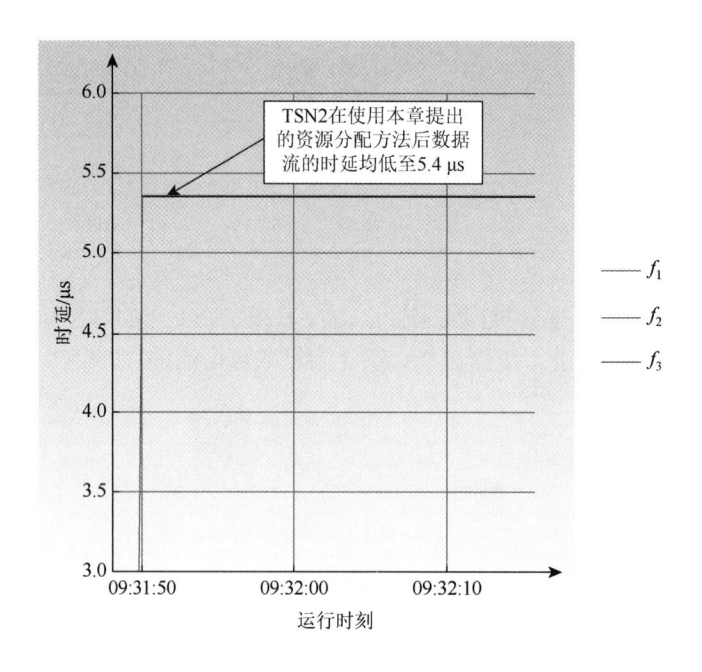

图 5-16  TSN2 平均时延测量结果

通过 OPNET 自带的结果分析编辑器统计 5G 的时延，如图 5-17 5G 时延测量结果所示，由于数据流在 5G 基站传输时的不稳定性，数据流的时延在 0.003 s 上下轻微波动。

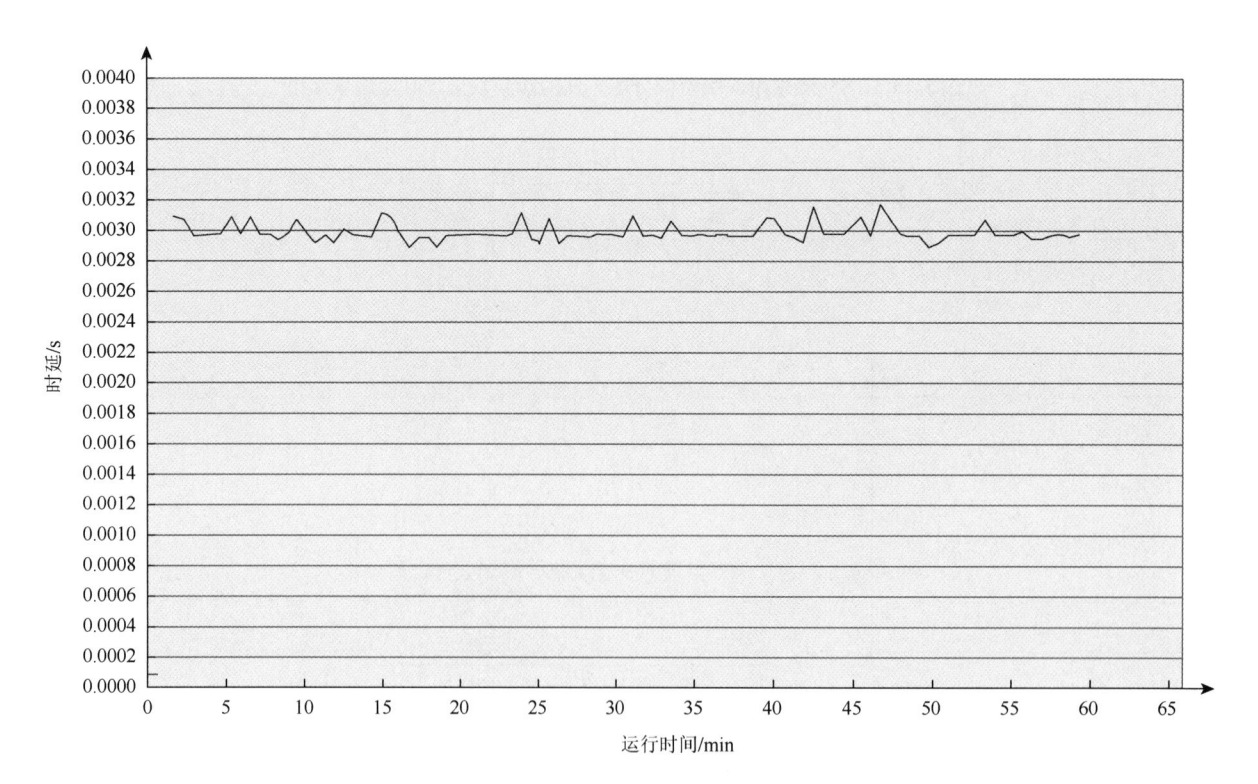

图 5-17  5G 时延测量结果

测试数据表明，与未采用所提方法相比，在使用提出的基于分段逼近的 5G-TSN 网络资源分配方法后，数据流 $f_1$、$f_2$、$f_3$ 的时延平均下降了约 64%（图 5-18）。

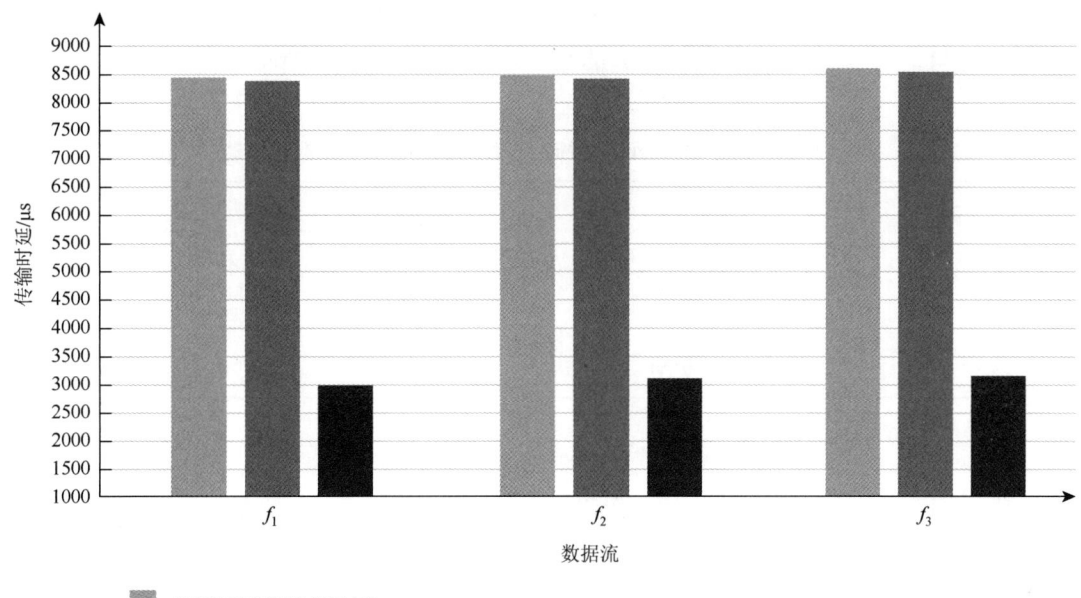

图 5-18 传输时延对比

### 6. 时延抖动分析

时延抖动是指网络中数据包到达目的地所需时间的变化量。通常由网络拥塞、传输链路不稳定、网络拓扑变化、路由器缓冲等因素引起[29]。当数据包到达目的地的时间发生变化时，就会出现网络性能不稳定和丢包情况。本节对未采用网络资源分配方法、TSN 侧采用基于可满足性模理论的逐步逼近资源分配方法而 5G 侧未采用资源分配方法（由端到端网络资源分配验证平台测试）、采用提出的基于分段逼近的 5G-TSN 网络资源分配方法（由半实物网络资源分配验证平台测试）三种情况下的数据流端到端时延抖动进行分析。

1）未采用网络资源分配方法的端到端时延抖动分析

在未使用网络资源分配方法的条件下，通过 Spirent C1 测试仪获取数据报文并对之进行统计分析。未采用网络资源分配方法的端到端时延抖动测试结果如表 5-7 所示。其中，数据流 $f_1$ 的平均时延抖动为 246.116 μs，数据流 $f_2$ 的平均时延抖动为 264.070 μs，数据流 $f_3$ 的平均时延抖动为 279.959 μs。

表 5-7 未采用网络资源分配方法的端到端时延抖动 （单位：μs）

| 数据流 | 最大时延抖动 | 平均时延抖动 |
| --- | --- | --- |
| $f_1$ | 692.48 | 246.116 |
| $f_2$ | 746.88 | 264.070 |
| $f_3$ | 801.92 | 279.959 |

2）TSN 侧采用基于可满足性理论的逐步逼近资源分配方法而 5G 侧未采用网络资源分配方法的端到端时延抖动分析

在 TSN1、TSN2 侧使用基于可满足性模理论的逐步逼近资源分配方法，5G 侧未使用网络资源分配方法的条件下，端到端时延抖动测试结果如表 5-8 所示。数据流 $f_1$ 的平均时延抖动为 228.515 μs，数据流 $f_2$ 的平均时延抖动为 244.020 μs，数据流 $f_3$ 的平均时延抖动为 255.977 μs。

表 5-8  TSN 侧采用网络资源分配方法而 5G 侧未采用的端到端时延抖动（单位：μs）

| 数据流 | 最大时延抖动 | 平均时延抖动 |
| --- | --- | --- |
| $f_1$ | 610.72 | 228.515 |
| $f_2$ | 654.56 | 244.020 |
| $f_3$ | 703.84 | 255.977 |

对比表 5-7 和表 5-8 后可知，在规划了 TSN 侧的网络资源后，数据流 $f_1$、$f_2$、$f_3$ 的平均时延抖动分别降低了 17.601 μs、20.050 μs、23.982 μs。通过 Spirent C1 软件进行数据分析，TSN 侧采用网络资源分配方法前后的端到端时延抖动测量结果如图 5-19 所示，数据流的平均时延抖动有所下降。

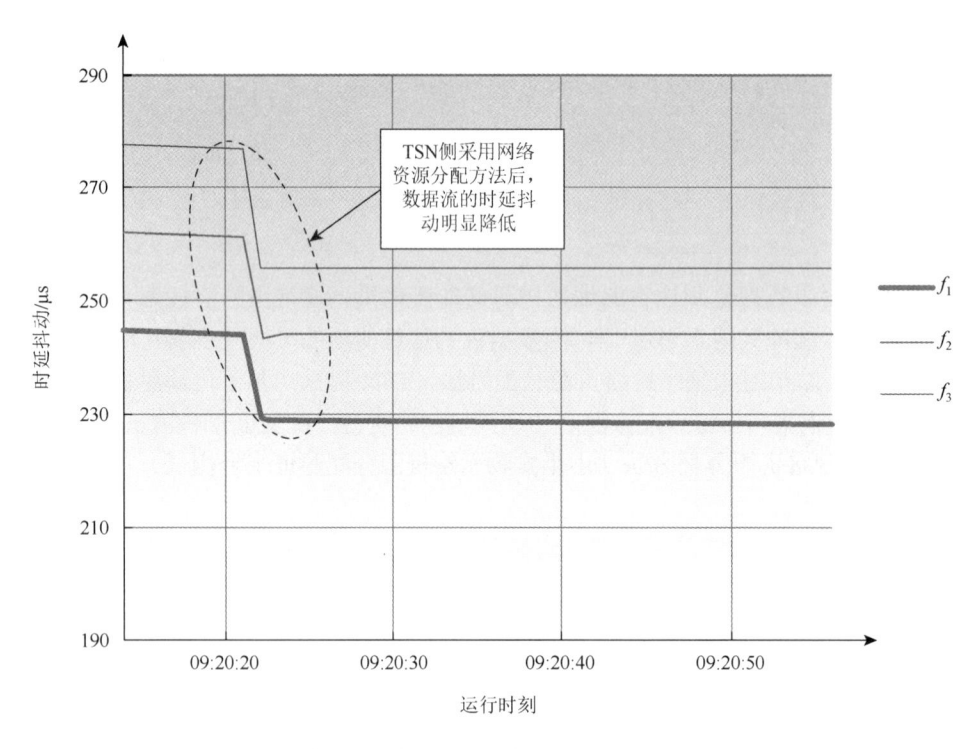

图 5-19  TSN 侧采用网络资源分配方法前后的端到端时延抖动测量结果

3）采用提出的基于分段逼近的 5G-TSN 网络资源分配方法的端到端时延抖动分析

对于采用提出的基于分段逼近的 5G-TSN 网络资源分配方法的端到端时延抖动，通过 Spirent C1 软件进行数据分析。数据流 $f_1$、$f_2$、$f_3$ 在 TSN1 侧的传输时延抖动如图 5-20 所示。在 09:36:43 时，开始运行 Spirent C1 软件，由于软件有一定的响应时间，经过 0.3 s 后，Spirent C1 软件统计到每条数据流的时延抖动结果并趋于平稳。

通过 Spirent C1 软件进行数据分析，数据流 $f_1$、$f_2$、$f_3$ 在 TSN2 侧的时延抖动如图 5-21 所示。在

09:43:54 时,开始运行 Spirent C1 软件,由于软件有一定的响应时间,经过 0.3 s 后,Spirent C1 软件统计到每条数据流的时延抖动结果并趋于平稳。

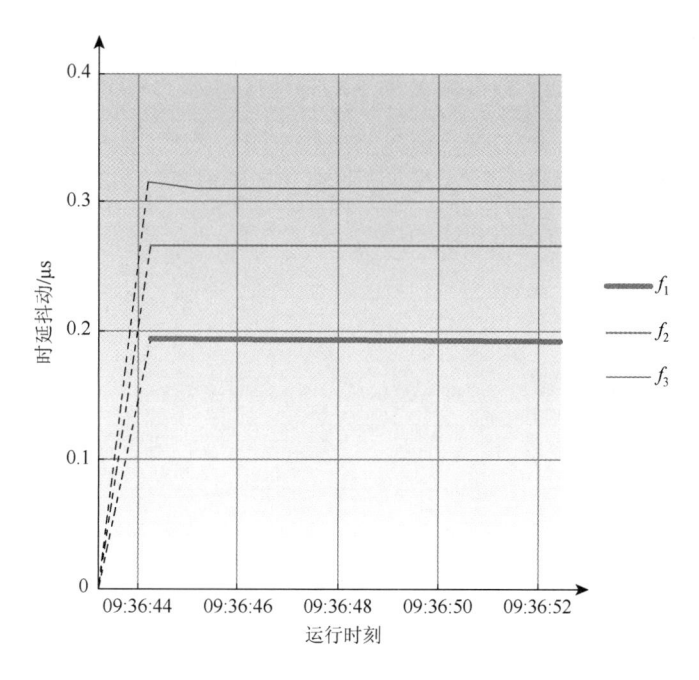

图 5-20 TSN1 时延抖动测量结果

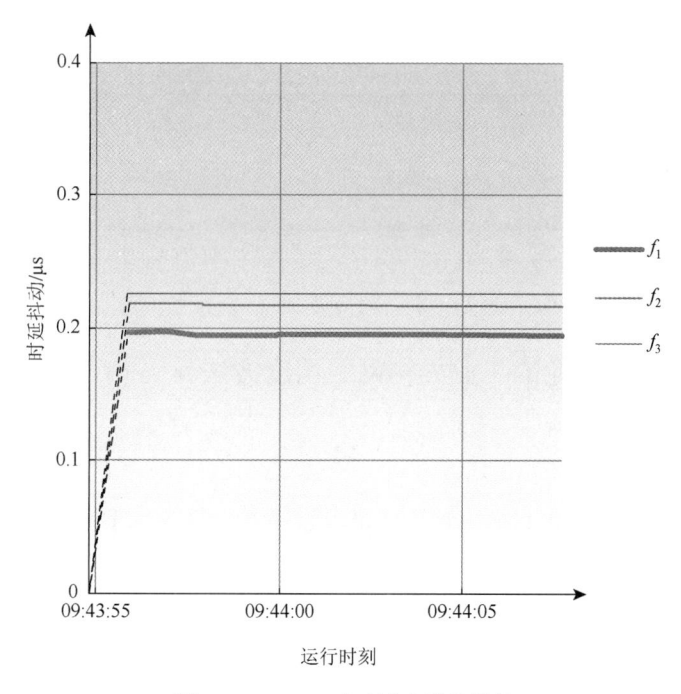

图 5-21 TSN2 时延抖动测量结果

通过 OPNET 自带的结果分析编辑器统计 5G 的时延抖动,5G 侧时延抖动测量结果如图 5-22 所示,由于数据流在 5G 基站传输时不稳定,数据流的时延抖动在 0.0045 s 上下轻微波动。

采用基于分段逼近的 5G-TSN 网络资源分配方法的时延抖动如表 5-9 所示。5G-TSN 网络的时延抖动由 TSN1 侧时延抖动、TSN2 侧时延抖动以及 5G 侧时延抖动组成。数据流 $f_1$ 的时延抖动绝对值总和为 40.129 μs,数据流 $f_2$ 的时延抖动绝对值总和为 46.004 μs,数据流 $f_3$ 的时延抖动绝对值总和为 52.927 μs。

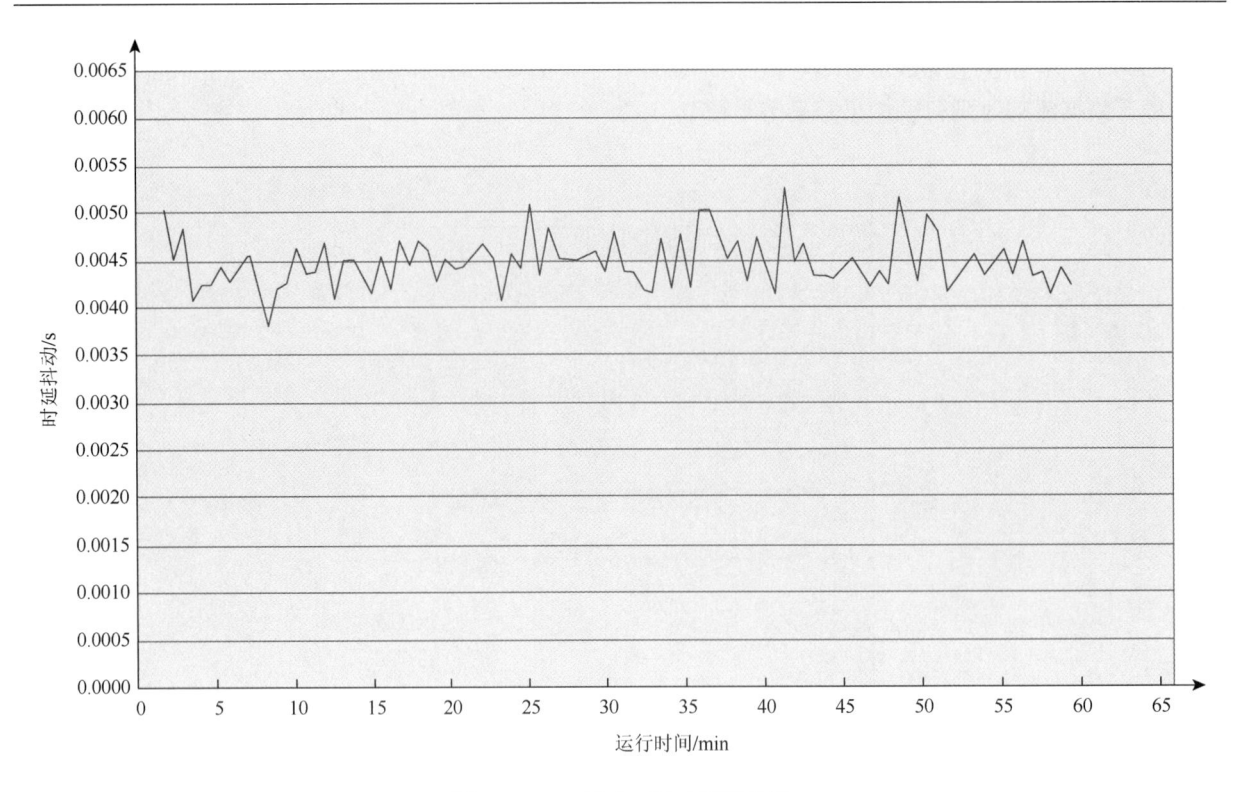

图 5-22 5G 侧时延抖动测量结果

表 5-9 采用基于分段逼近的 5G-TSN 网络资源分配方法的时延抖动　　　　（单位：μs）

| 数据流 | TSN1 侧时延抖动绝对值 | TSN2 侧时延抖动绝对值 | 5G 侧时延抖动绝对值 | 时延抖动绝对值总和 |
| --- | --- | --- | --- | --- |
| $f_1$ | 0.193 | 0.195 | 39.741 | 40.129 |
| $f_2$ | 0.268 | 0.218 | 45.518 | 46.004 |
| $f_3$ | 0.311 | 0.226 | 52.390 | 52.927 |

## 5.4.2 基于需求预测与时间轮的工业异构网络调度方法

### 5.4.2.1 背景

这里针对一种工业异构网络进行调度，该网络由工业无线网络与 TSN 组成。对于工业异构网络中一侧工业无线网络中的节点发送数据给另一侧工业无线网络中的节点的应用场景，设计一种工业无线网络与 TSN 的工业异构网络联合调度方法[30-31]。本方法的核心思想是对所应用到的场合中各设备对网络资源的需求进行统计，根据统计信息对数据在 TSN 和工业无线网络中的优先级进行划定；在工业无线网络中使用统计信息来构建可以预测各工业无线节点网络资源需求的模型，从而根据模型预测的需求对网络资源进行分配；同时，在 TSN 中根据模型预测的需求对时间轮进行规划，再使用时间轮来对门控列表进行计算，从而使用门控列表操控 TSN 中数据的传输。

### 5.4.2.2 技术方案

**1. 测试验证平台实物**

以 WIA-PA 作为工业无线网络，按照图 5-23 所示的拓扑图搭建工业异构网络测试验证平台。

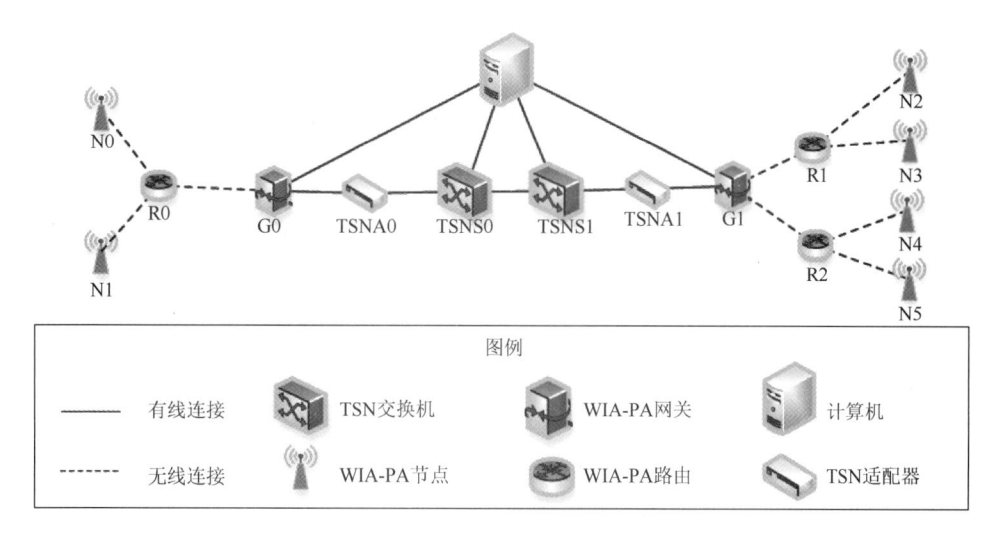

图 5-23 测试验证平台拓扑图

如图 5-23 所示，该平台中各网络设备都已经被编号（N 为节点、R 为路由、G 为网关、TSNA 为 TSN 适配器、TSNS 为 TSN 交换机，为方便编程，各设备编号从 0 而非 1 开始），按照该拓扑搭建的平台实物如图 5-24 所示。

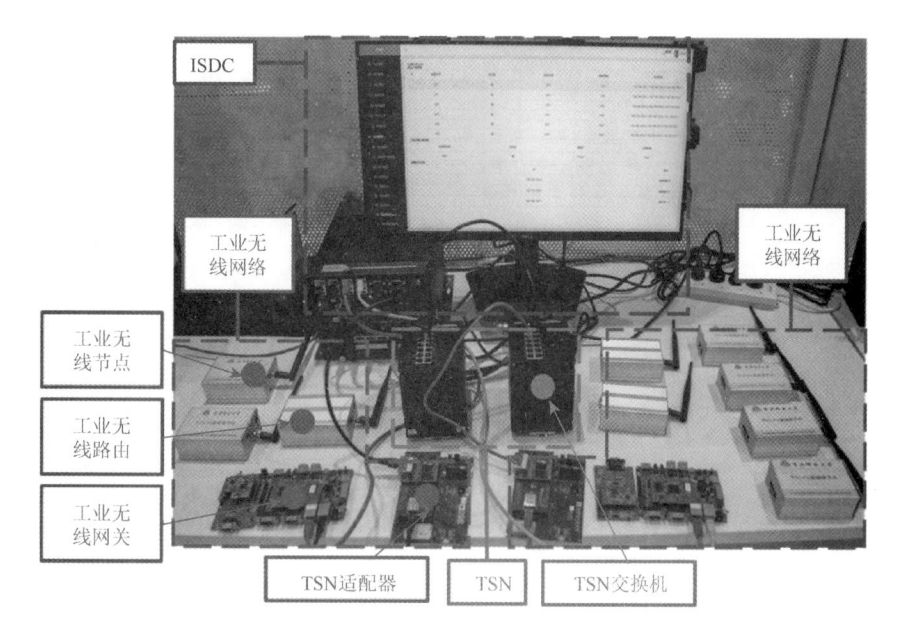

图 5-24 测试验证平台实物图

该平台中的流量负载被设置为每 100 ms 中所有节点共发送 40 个数据帧，接下来以该平台测试验证本节所提调度方法。

2. 工业无线网络侧调度方法验证与测试分析

所提出的基于需求预测的网络资源分配方法在信标广播阶段对数据传输阶段可能出现的数据的优先级和目的节点做出预测，又对数据进行了拆分处理，将一个长短期记忆网络（long short term memory，LSTM）对两个变量进行预测的问题，转换成了两个 LSTM 各自对一个变量进行预测的问题。因此，有两个 LSTM，其一用来预测优先级，其二用来预测目的节点。

接下来使用前文所述方法准备数据集，以验证 LSTM 是否适用于对各节点所发数据的优先级与目的节点进行预测。其中，数据集的 80%作为训练集被用于对 LSTM 进行训练，数据集的 20%作为测试集被用于测试。

1）数据的优先级预测模型验证与测试分析

基于优先级数据的时间序列性质，优先级预测模型采用 LSTM，因此首先需要证明优先级数据为时间序列数据，以验证 LSTM 预测优先级数据的可行性。在前文中所准备的优先级预测模型所使用的优先级数据中，随机取长度为 500 个时隙的时间段，观察网络中各节点所发数据的优先级与时隙之间的关系，如图 5-25 所示。

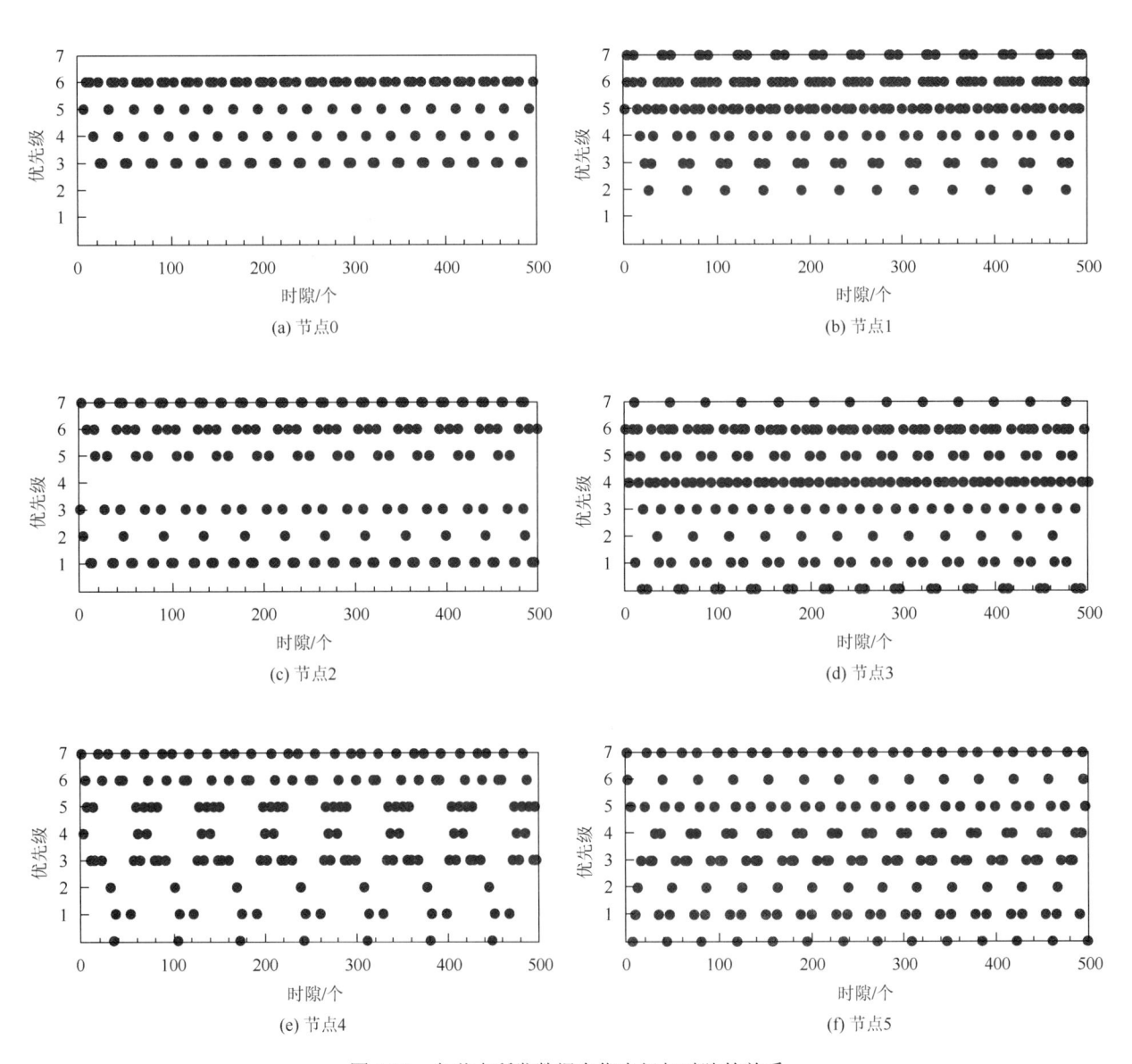

图 5-25　各节点所发数据中优先级与时隙的关系

● 为节点所发的数据

由图 5-25 可见，各节点所发数据的优先级都随着时隙的增加产生了有规律的变化。由于时隙长度为一个固定的时间，时隙的增加就代表时间的发展。因此，可以证明，优先级数据为时间序列数据，LSTM 对优先级数据的预测是有可行性的。

优先级预测模型的可行性得到验证之后，使用训练集训练优先级 LSTM，得到优先级预测模型，再使用该模型对测试集进行预测，该模型对各节点所发数据的优先级的预测准确率如表 5-10 所示。

表 5-10　优先级预测模型在各节点的准确率表（%）

| 节点 | 准确率 | 节点 | 准确率 |
| --- | --- | --- | --- |
| N0 | 99.1 | N3 | 97.4 |
| N1 | 99.6 | N4 | 99.2 |
| N2 | 98.3 | N5 | 97.8 |

由表 5-10 可知，优先级预测模型对各节点所发数据的优先级的预测准确率在 97%以上，说明该预测模型对各节点所发数据的优先级的预测较为合适。

2）目的节点预测模型验证与测试分析

基于目的节点数据的时间序列性质，目的节点预测模型采用 LSTM，因此首先需要证明目的节点数据为时间序列数据，以验证 LSTM 预测目的节点数据的可行性。在目的节点预测模型所使用的目的节点数据中，随机取长度为 500 个时隙的时间段，观察网络中各节点所发数据的目的节点与时隙之间的关系，如图 5-26 所示。

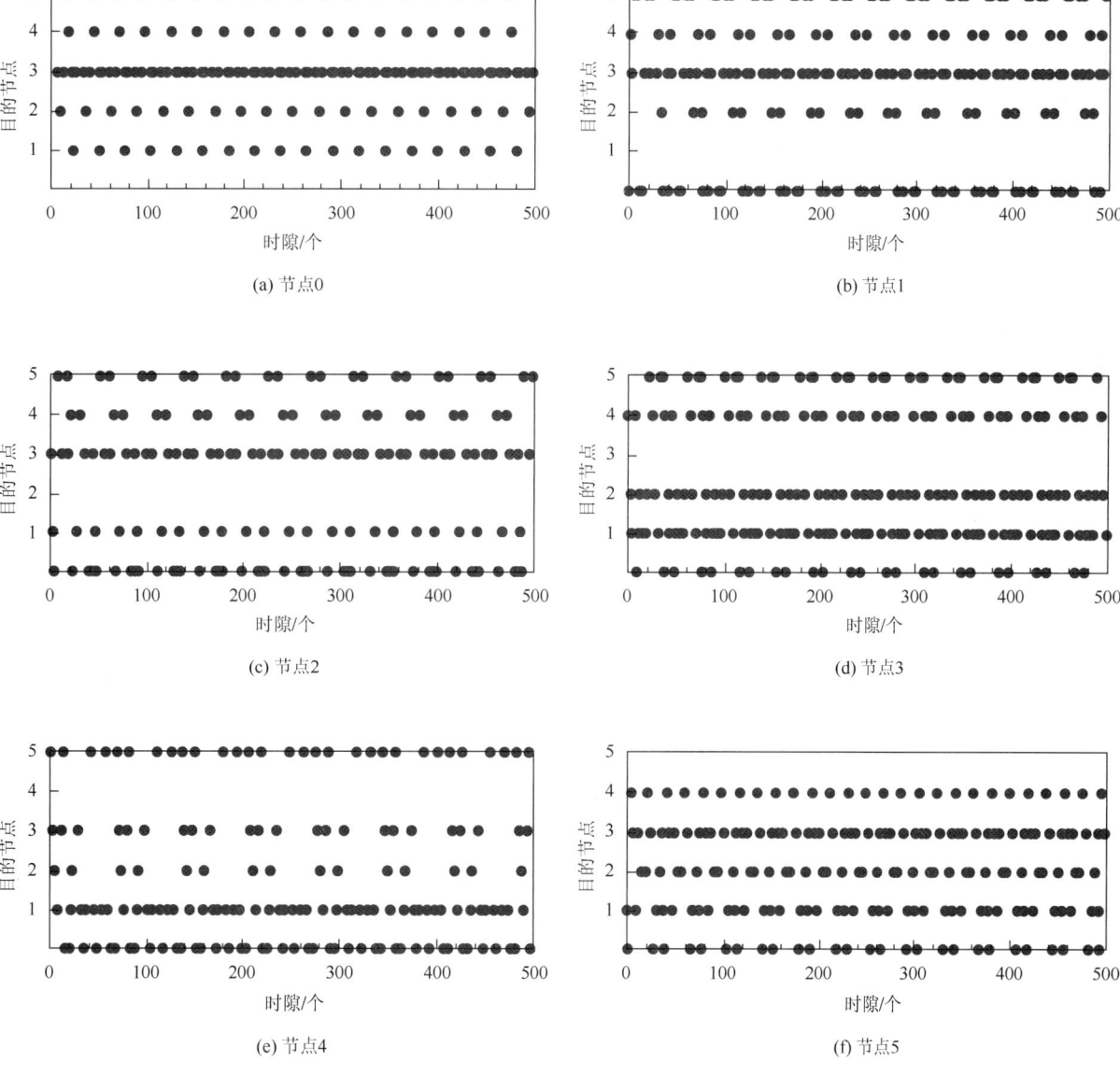

(a) 节点0

(b) 节点1

(c) 节点2

(d) 节点3

(e) 节点4

(f) 节点5

图 5-26　各节点所发数据中目的节点与时隙的关系

由图 5-26 可见，各节点所发数据的目的节点都随着时隙的增加产生了有规律的变化。因此可以证明，目的节点数据为时间序列数据，因此 LSTM 对目的节点的预测是有可行性的。

目的节点预测模型的可行性得到验证之后，使用训练集训练目的节点预测 LSTM，得到目的节点预测模型，再使用该模型对测试集进行预测，该模型对各节点所发数据的目的节点的预测准确率如表 5-11 所示。

表 5-11 目的节点预测模型在各节点的准确率表（%）

| 节点 | 准确率 | 节点 | 准确率 |
| --- | --- | --- | --- |
| N0 | 99.3 | N3 | 97.2 |
| N1 | 98.1 | N4 | 99.0 |
| N2 | 97.3 | N5 | 98.2 |

由表 5-11 可知，目的节点预测模型对各节点所发数据的目的节点的预测的准确率在 97%以上，说明该预测模型对各节点所发数据的目的节点的预测较为合适。

**3. 时间敏感网络侧调度方法测试分析**

将所提调度方法应用到所搭建的测试验证平台中，在异构网络运行时，协同调度子系统会使用针对时间敏感网络（TSN）侧所提的基于时间轮的门控列表计算方法，对 TSN 交换机的门控列表进行计算，从而对 TSN 侧的数据流进行调度。

将 TSN 对数据帧的调度信息进行存储，在存储的调度信息数据中，以工业无线网络的超帧时长为基本单位（一个工业无线网络的超帧时长可容纳若干 TSN 门控周期），每次挑选连续的 1000 个超帧来组成一个样本，总共挑选 100 个样本，且这 100 个样本中不存在重合部分。

若一个数据帧在其最长等待时间到达前被门控列表放行，则视其为被调度成功，否则为调度失败，使用式（5-1）可以得到每个样本中的调度成功率。若时间轮中一个时隙被安排给一个数据帧，则视其为被占用，否则为未被占用。

$$\text{success\_rate} = \text{total\_been\_schedule\_frame}/\text{total\_need\_schedule\_frame} \times 100\% \tag{5-1}$$

式中：success_rate 为一个样本中的调度成功率；total_been_schedule_frame 为一个样本中被成功调度的数据帧的数量；total_need_schedule_frame 为一个样本中需要被调度的数据帧的数量。

使用式（5-2）可以得到每个样本中的时间轮占用率：

$$\text{occupy\_rate} = \text{total\_allocate\_slot}/\text{total\_slot} \times 100\% \tag{5-2}$$

式中：occupy_rate 为一个样本中的时间轮占用率；total_allocate_slot 为一个样本中的被占用的时隙数量；total_slot 为一个样本中所有的时隙数量。

所采集 TSN 侧各样本的调度成功率和时间轮占用率如图 5-27 所示。

由图 5-27 可见：若时间轮占用率处于 92.3%以下则调度一定可以成功，反之则调度有失败的可能。绝大多数样本中数据帧的调度成功率为 100%，也就是所有数据帧都被成功调度，在这种情况下，时间轮占用率一般不高；极少数样本中数据帧的调度成功率不足 100%，也就是存在数据帧未被成功调度，在这种情况下，时间轮占用率均较高。这说明在 TSN 侧调度结果计算过程中，时间轮中如果有较多未被占用的时隙，则可以为有调度需求的数据帧在时间轮中安排时隙，则调度成功率可进一步提高。

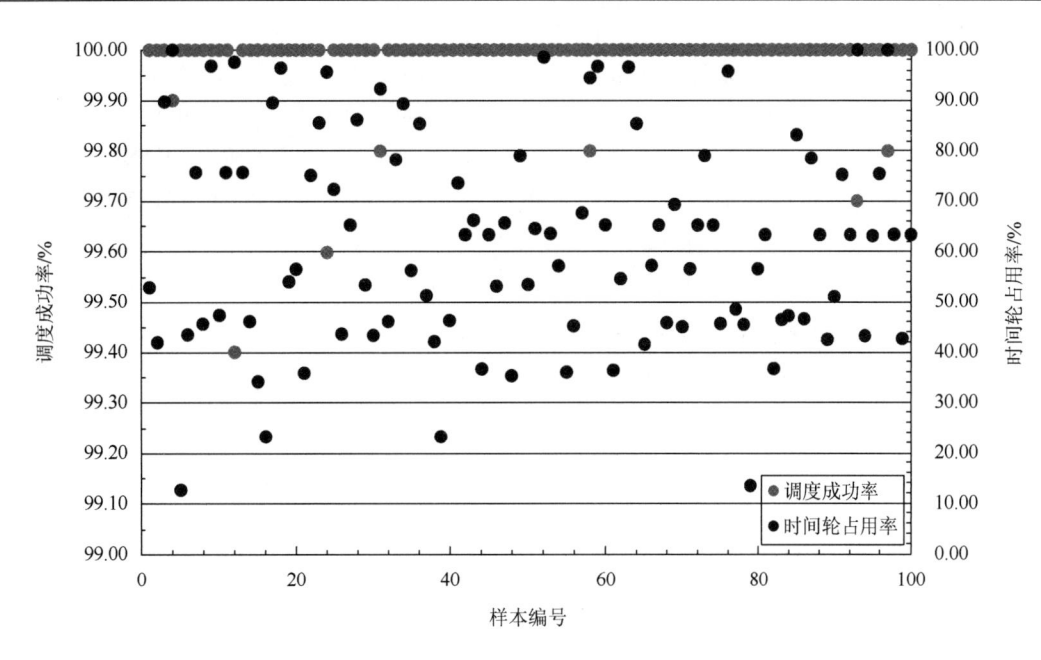

图 5-27 TSN 侧各样本调度成功率及时间轮占用率图

TSN 侧所有样本的调度成功率的平均值以及时间轮占用率的平均值如表 5-12 所示。

**表 5-12 TSN 侧所有样本调度成功率平均值及时间轮占用率平均值表（%）**

| 调度成功率平均值 | 时间轮占用率平均值 |
| --- | --- |
| 99.98 | 62.25 |

由表 5-12 可见，TSN 侧的调度成功率平均较高，时间轮占用率平均较低，说明 TSN 侧调度方法的性能在当前流量负载下仍有冗余。

4. 工业异构网络调度方法性能测试与分析

1）平均时延测试与分析

测试验证平台中的 8 条路径中各不同优先级的数据流的平均时延在优化前和优化后的表现如图 5-28 所示。

图 5-28 中，（a）为优化前的平均时延，（b）为优化后的平均时延，两图采用统一的刻度来标识，图中色块越接近红色，则说明平均时延越高，色块越接近蓝色，则说明平均时延越低。可以看到，相比于（a），（b）中的每个对应色块的颜色都要更接近于蓝色，说明所提方法对每条路径的每个优先级数据流的平均时延都有明显的降低作用。

在对工业异构网络调度方法对平均时延的优化作用进行定性分析后，又分两种情况进行定量分析：其一，以单条路径为基本单位，不分传输优先级，分析工业异构网络调度方法对各路径中数据流平均时延所造成的影响，如图 5-29 所示；其二，以单个传输优先级为基本单位，不分路径，分析工业异构网络调度方法对各优先级数据流平均时延所造成的影响，如图 5-30 所示。

由图 5-29 可知，工业异构网络调度方法对各路径中数据流平均时延均有优化作用。具体来说，在使用该方法后，8 条路径中数据流平均时延分别下降了约 25.62%、24.61%、23.32%、18.86%、26.09%、17.58%、18.03%和 26.13%。

(a) 优化前

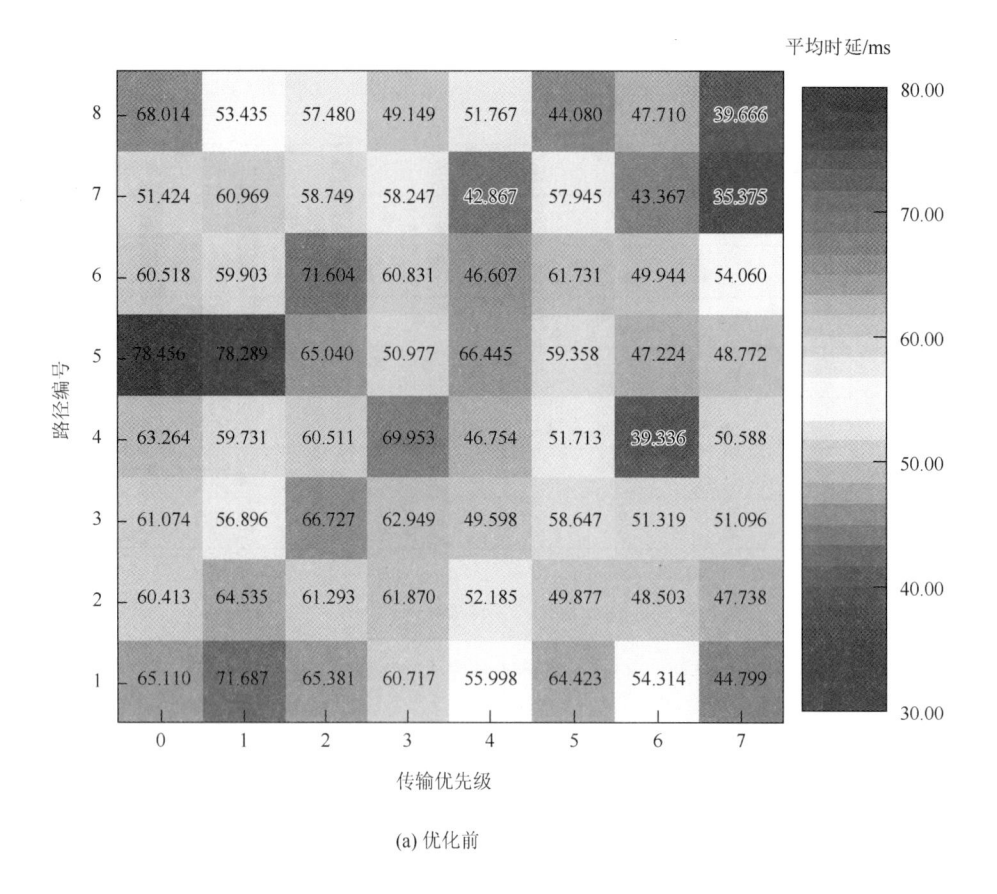

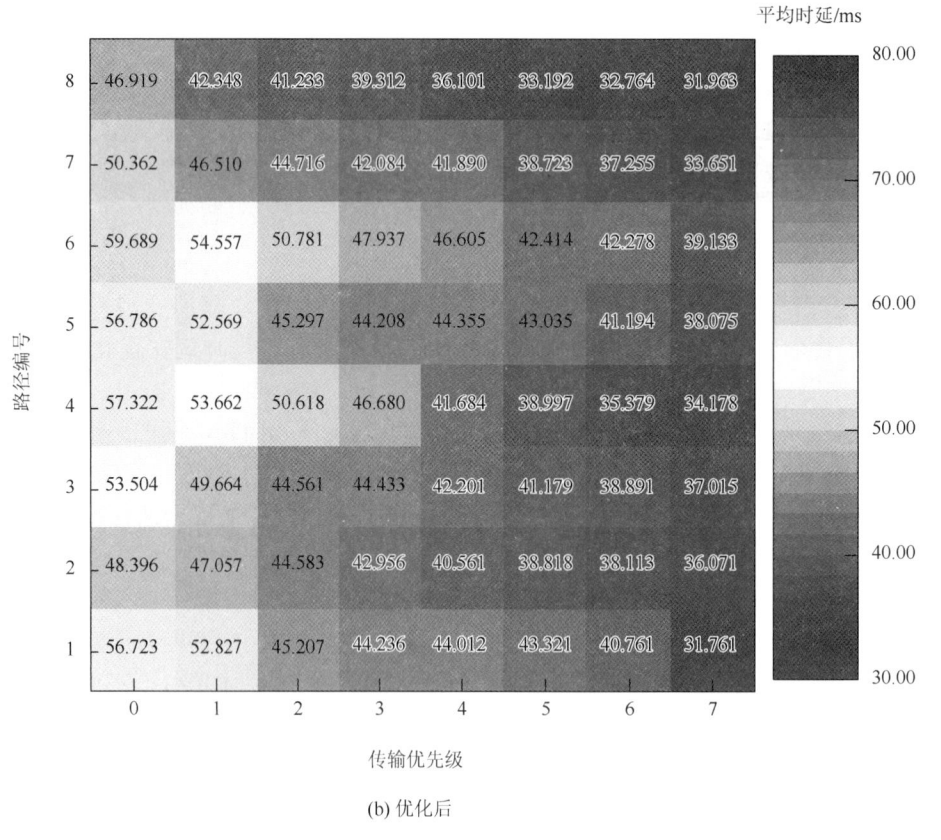

(b) 优化后

图 5-28 所有数据流优化前后平均时延对比图

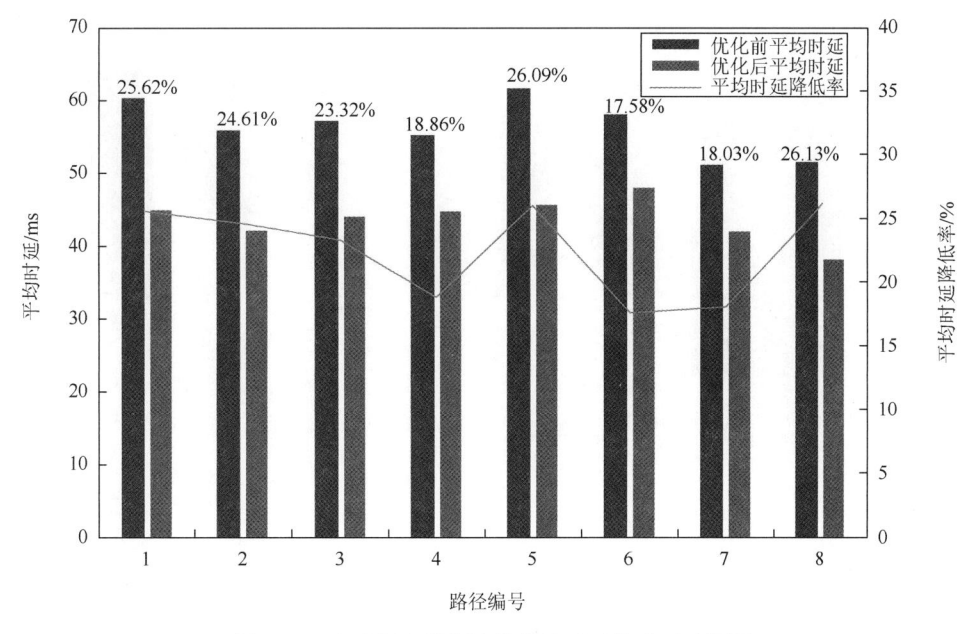

图 5-29 各路径中数据流优化前后平均时延对比图

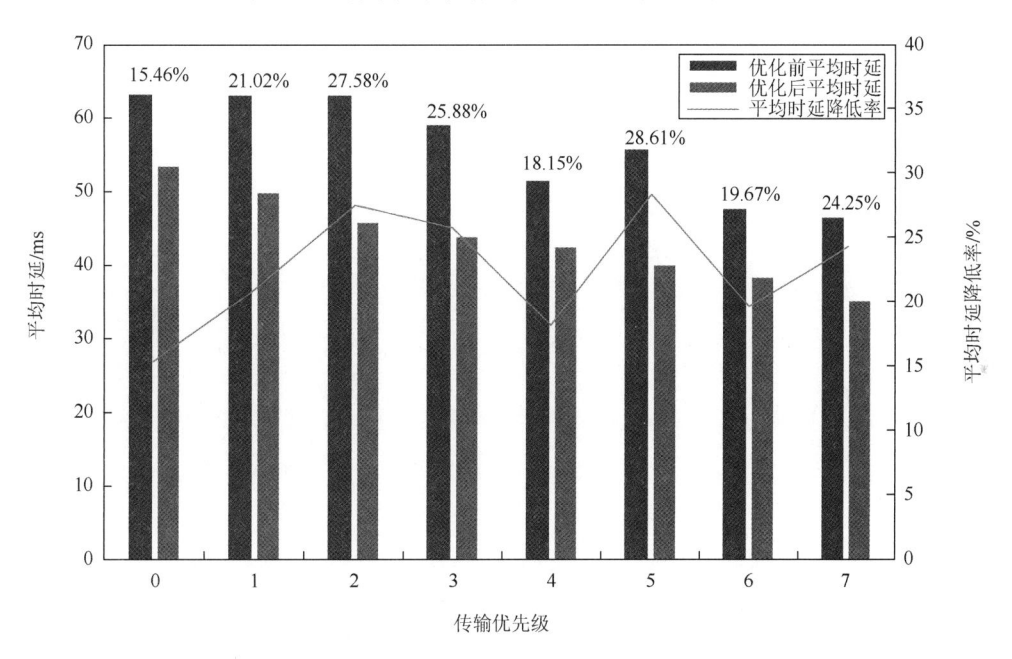

图 5-30 各传输优先级数据流优化前后平均时延对比图

分析图 5-30 可知，工业异构网络调度方法对各传输优先级数据流平均时延均有优化作用，具体来说，在使用工业异构网络调度方法后，8 种传输优先级数据流平均时延分别下降了约 15.46%、21.02%、27.58%、25.88%、18.15%、28.61%、19.67%和 24.25%。

2）时延抖动测试与分析

测试验证平台中的 8 条路径中各不同优先级的数据流的抖动在优化前和优化后的表现，如图 5-31 所示。

图 5-31 中，（a）为优化前的时延抖动，（b）为优化后的时延抖动，两图采用统一的刻度来标识，图中色块越接近红色，则说明时延抖动越大，色块越接近蓝色，则说明时延抖动越小。可以看到，相比于（a），（b）中的每个对应色块的颜色都要更接近于蓝色，说明工业异构网络调度方法对每条路径的每个优先级数据流的时延抖动都有明显的减小作用。

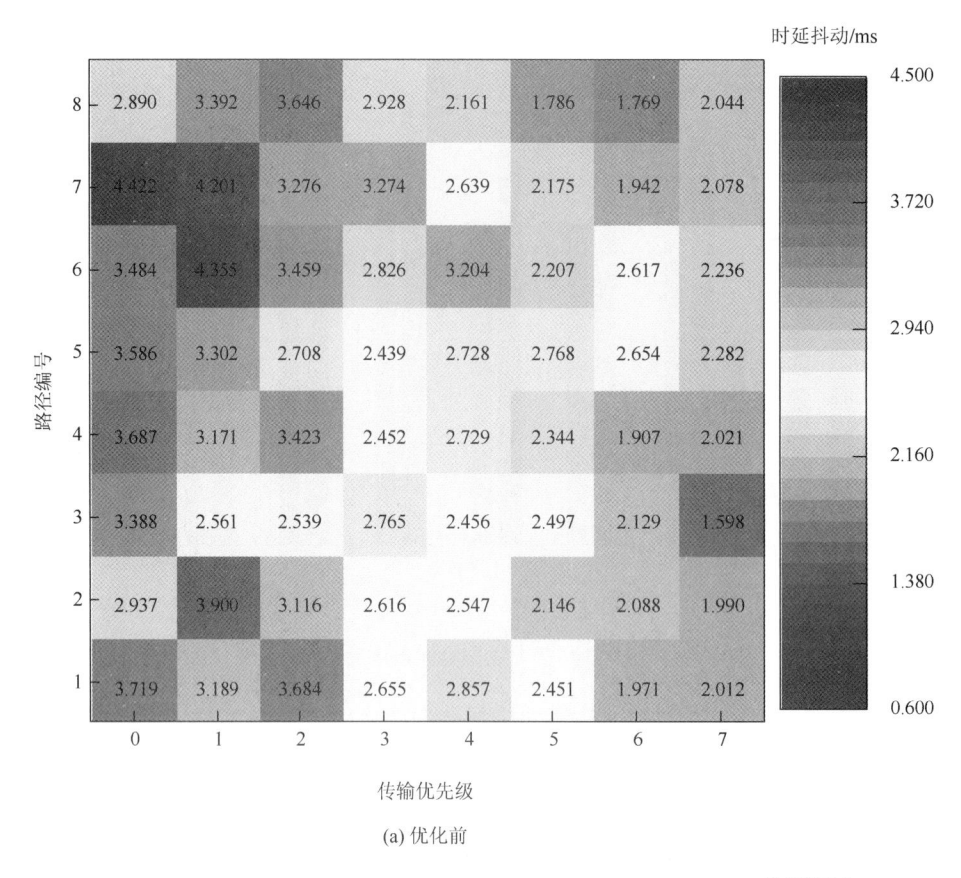

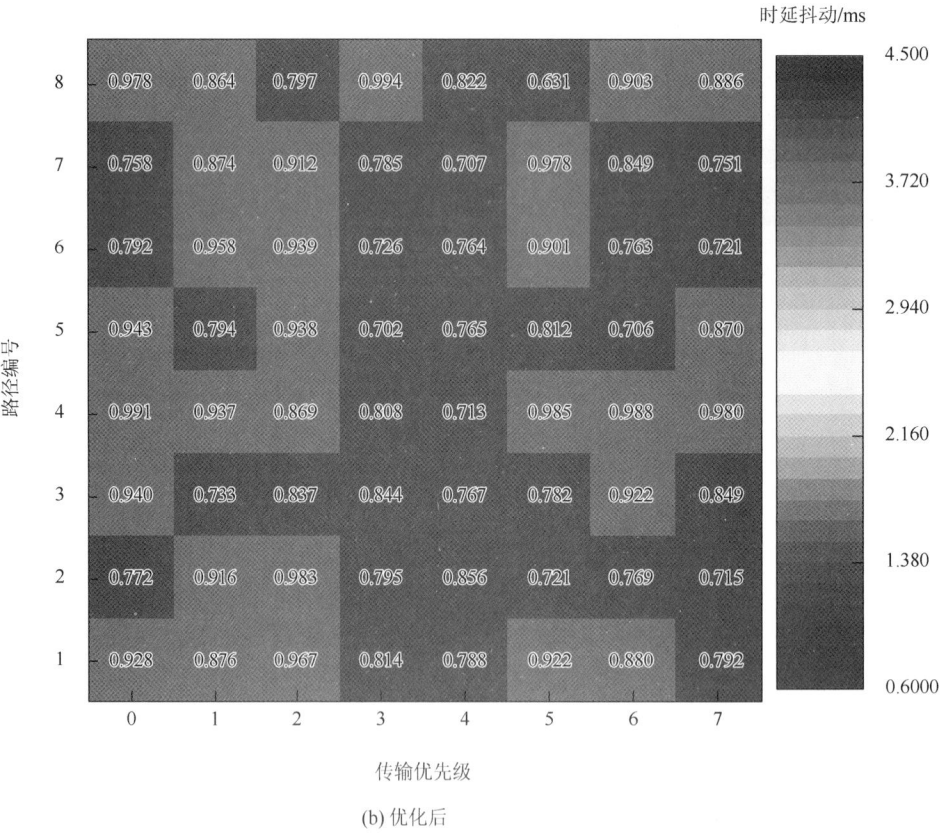

图 5-31 所有数据流优化前后时延抖动对比图

在对工业异构网络调度方法对时延抖动的优化作用进行定性分析后，分两种情况进行定量分析：其一，以单条路径为基本单位，不分传输优先级，分析工业异构网络调度方法对各路径中数据流时延抖动所造成的影响，如图 5-32 所示；其二，以单个传输优先级为基本单位，不分路径，分析工业异构网络调度方法对各优先级数据流时延抖动所造成的影响，如图 5-33 所示。

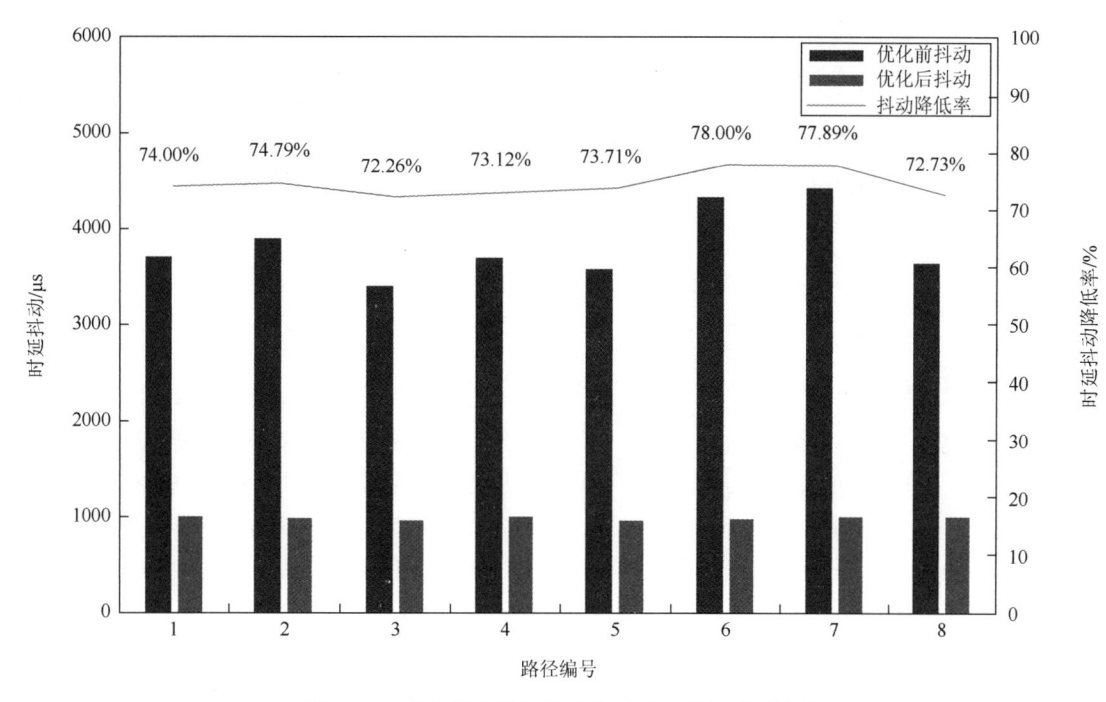

图 5-32　各路径中数据流优化前后时延抖动对比图

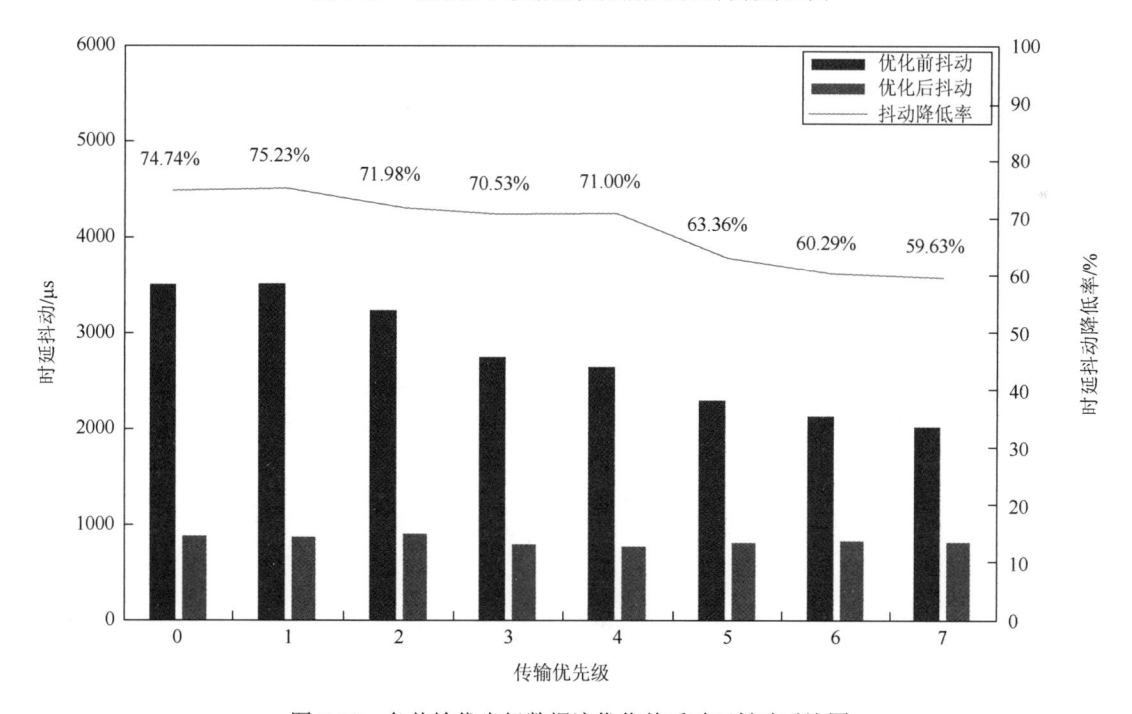

图 5-33　各传输优先级数据流优化前后时延抖动对比图

分析图 5-32 可知，工业异构网络调度方法对各路径中数据流平均时延均有优化作用。具体来说，在使用该方法后，8 条路径中数据流平均时延分别下降了约 74.00%、74.79%、72.26%、73.12%、73.71%、78.00%、77.89%和72.73%，且均在 1000 μs 以内。

分析图 5-33 可知，工业异构网络调度方法对各传输优先级数据流时延抖动均有优化作用。具体来说，在使用所提方法后，8 种传输优先级数据流时延抖动分别下降了约 74.74%、75.23%、71.98%、70.53%、71.00%、63.36%、60.29%和 59.63%，且均在 1000 μs 以内。

### 5.4.3 基于面向 TSN 与 AUTBUS 互联的工业异构网络调度方法

#### 5.4.3.1 背景

工业网络中，不同类型的数据对跨网传输确定性和实时性的要求也不同。本小节提出面向 TSN 与 AUTBUS 互联的工业异构网络调度方法，对工业网络的传输进行调度，同时要满足异构网络中各种业务的带宽需求，达到负载均衡，从而形成工业物联网异构网络融合新模式，为智能工厂提供网络支撑[32]。

#### 5.4.3.2 技术方案

**1. 基于面向 TSN 与 AUTBUS 互联的工业异构网络调度架构**

这里所设计的基于面向 TSN 与 AUTBUS 互联的工业异构网络调度架构应该包含三层：数据面、控制面和用户面。现阶段 SDN 的理念在设计异构网络调度架构时较为常用。基于 SDN 的工业异构网络架构将 SDN 控制器与集中式网络配置器（centralized network configuration，CNC）等相结合，可对多协议的工业异构网络资源进行优化控制，实现工业异构网络的调度。网络控制与网络数据转发的解耦合，使其能够独立于网络已有设备进行专用设备部署成为可能，从而运行调度方法于专用设备，以促使工业异构网络的灵活性得到提高。

基于 SDN 理念，并结合 TSN 与 AUTBUS 互联的工业异构网络调度架构需要三层的判断，研究人员构建了一种基于面向 TSN 与 AUTBUS 互联的异构网络调度架构，如图 5-34 所示。该架构以控制面为核心，分为南北走向，南向为数据面，北向为用户面。北向接口通过应用程序预留的程序接口为用户提供接入控制面的接口，以此来方便用户操控控制系统。南向接口通过串口通信协议和数据面的 CNC 配置接口通信，方便控制系统将调度方案配置到 TSN。

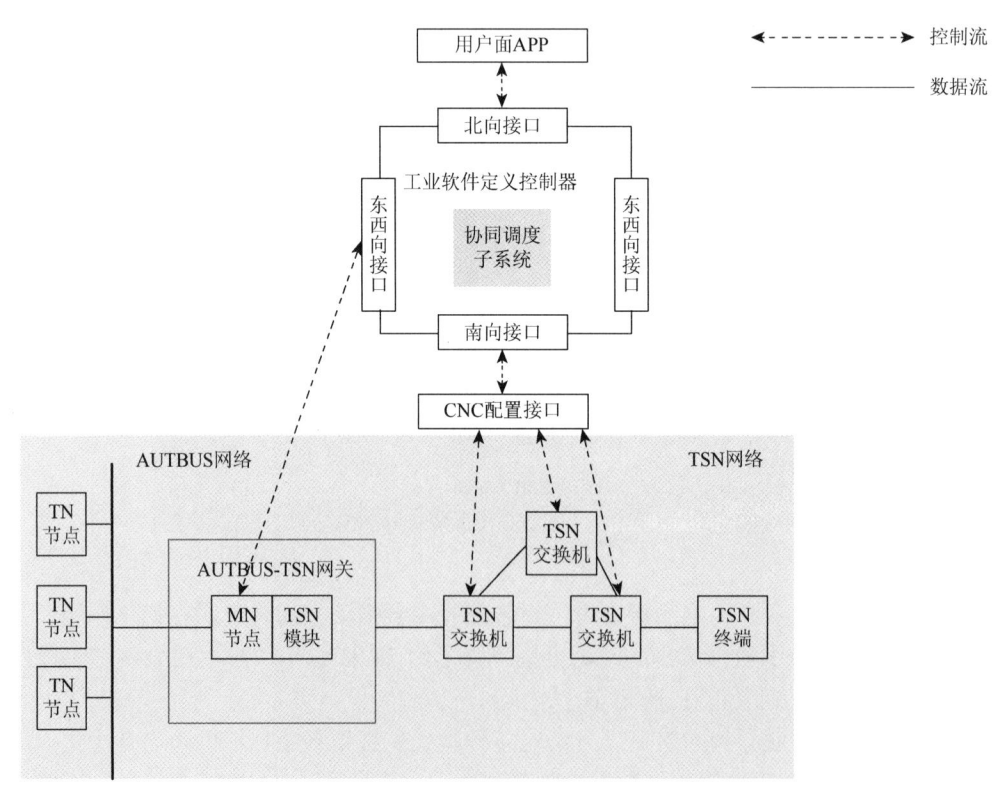

图 5-34 基于面向 TSN 与 AUTBUS 互联的工业异构网络调度架构

## 2. 测试验证平台搭建

将按照图 5-35 所示的拓扑图搭建工业异构网络测试验证平台。测试指标为数据流端到端的时延，可以通过示波器连接 AUTBUS 终端和 TSN 终端从而形成一个闭环，观察数据流在 AUTBUS 终端的输入和 TSN 终端的输出电位的拉高，来测得数据流在工业异构网络的时延。然而，数据流到达 TSN 交换机时，电位不会被拉高，示波器无法有效测得其时延，为了解决这个问题，在原有第 3 章的组网架构的基础上，加入 AUTBU-TSN 网关，将 AUTBU-TSN 网关作为输出连接到示波器，同时由于数据流在 AUTBU-TSN 网关传输的时延很小，可以忽略不计。

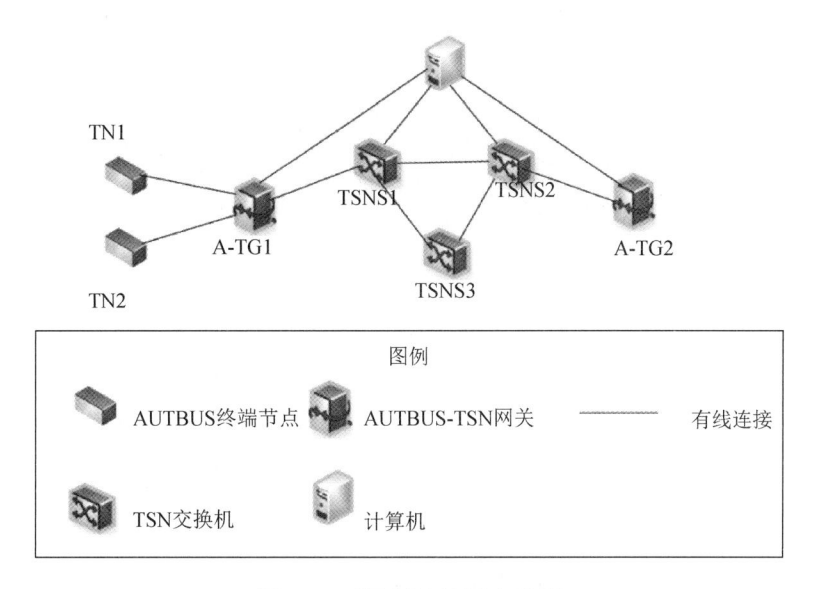

图 5-35 测试验证平台拓扑图

如图 5-35 所示，测试验证平台中各网络设备都已经被编号（TN 为 AUTBUS 终端节点、A-TG 为 AUTBUS-TSN 网关、TSNS 为 TSN 交换机），按照该拓扑图搭建的平台实物如图 5-36 所示。

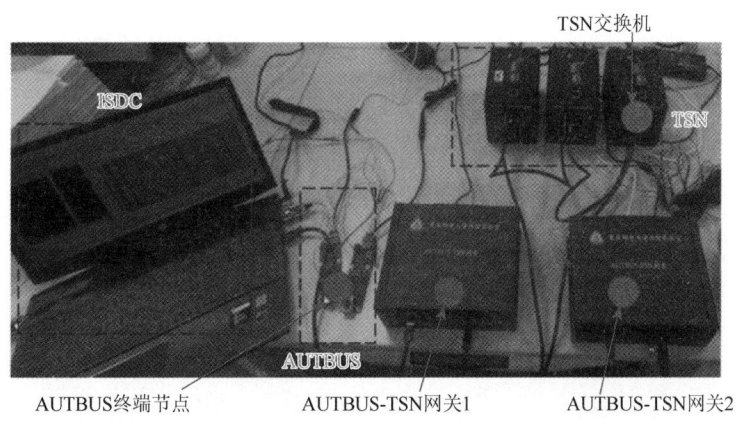

图 5-36 测试验证平台实物图

## 3. 性能分析

设置测试的流量参数，主要包括端到端时延 $\text{Delay}_{f_i}^{\text{End}}$、端到端优先级 $\text{PR}_{f_i}^{\text{End}}$、发送周期 $T_{f_i}$、数据帧的大小 $L_{f_i}$，如表 5-13 所示。

表 5-13 测试的流量参数

| 数据流 | $\text{Delay}_{f_i}^{\text{End}}$ /ms | $\text{PR}_{f_i}^{\text{End}}$ | $T_{f_i}$ /μs | $L_{f_i}$ /bit |
| --- | --- | --- | --- | --- |
| $f_1$ | 16 | 7 | 300 | 128 |
| $f_2$ | 10 | 6 | 400 | 128 |
| $f_3$ | 20 | 5 | 600 | 128 |
| $f_4$ | 12 | 3 | 1200 | 128 |

通过基于跨域加权的 TSN 与 AUTBUS 融合网络确定性时延调度方法，计算得到每条数据流分配给 AUTBUS 和 TSN 侧的时延要求，如图 5-37 所示。

图 5-37 每条数据流分配给 AUTBUS 和 TSN 侧的时延要求

1）AUTBUS 侧调度方法验证与测试分析

（1）调用基于熵权法的时隙调度算法，当算法完成后可以得到每条数据流在 AUTBUS 侧的综合得分、每条数据流在 AUTBUS 侧的优先级、每条数据流分配的时隙结果。时隙调度算法结果如图 5-38 所示。

图 5-38 基于熵权法的时隙分配调度算法结果

（2）配置 AUTBUS 管理节点。通过 AUTBUS 配置工具，可以根据基于熵权法的时隙分配调度算法结果对 4 条数据流在 AUTBUS 中的传输进行时隙分配。

（3）配置 XCAP。该验证方法通过使用发包工具 XCAP 模拟发送数据流，配置 4 条数据流，分别命名为 $f_1$、$f_2$、$f_3$、$f_4$，如图 5-39 所示。$f_1$、$f_2$、$f_3$、$f_4$ 数据帧的大小均为 128 bit，发送周期分别为 300 μs、400 μs、600 μs、1200 μs，优先级分别设置为 7、6、5、3，并设置目的以太网地址和源以太网地址。这样，配置好的 4 条数据流将从 AUTBUS 终端节点发出。

图 5-39　配置 XCAP

（4）测量时延并进行分析。采用示波器，对 4 条数据流在 AUTBUS 侧的时延进行测量。由于 AUTBUS 数据流的发送者是 AUTBUS 的终端节点，接收者是 AUTBUS-TSN 网关 1，当经过数据时，这两个的电位会被拉高，可以通过示波器测得 4 条数据流在 AUTBUS 侧传输的时延。示波器测得数据流在 AUTBUS 侧时延的实例如图 5-40 所示。

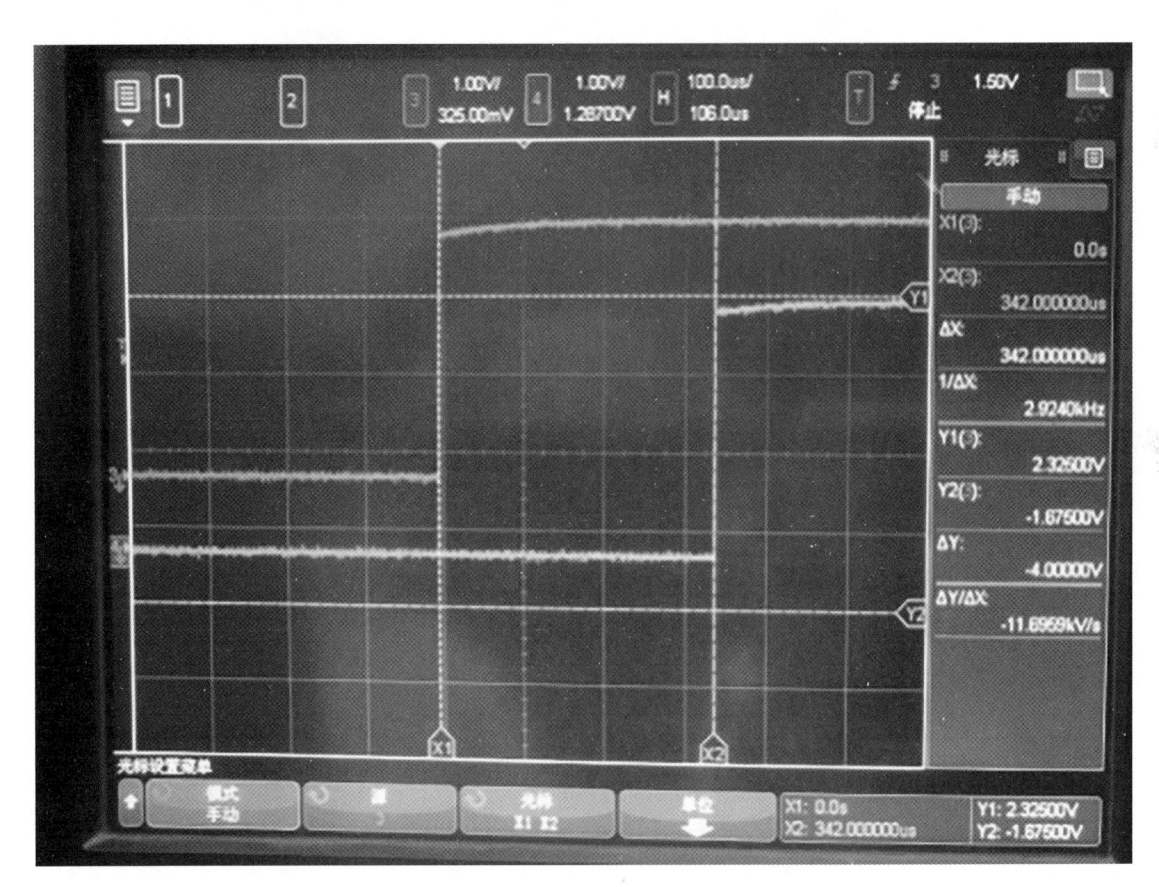

图 5-40　示波器测得数据流在 AUTBUS 侧时延的实例

同时测得 4 条数据流在 AUTBUS 侧传输的传输时延，如表 5-14 所示。

表 5-14　每条数据流在 AUTBUS 侧的传输时延　（单位：ms）

| 数据流 | $d_{f_i}^{\mathrm{AUTBUS}}$ | 数据流 | $d_{f_i}^{\mathrm{AUTBUS}}$ |
| --- | --- | --- | --- |
| $f_1$ | 0.587 | $f_3$ | 0.845 |
| $f_2$ | 0.342 | $f_4$ | 0.614 |

将表 5-14 的每条数据流在 AUTBUS 侧的传输时延与计算出的每条数据流分配给 AUTBUS 和 TSN 侧的时延要求进行比较，每条数据流在 AUTBUS 侧的传输时延远远小于每条数据流分配给 AUTBUS 侧的时延要求，由此可以验证 AUTBUS 侧调度方法的可行性。

2）TSN 侧调度方法验证与测试分析

接下来将对 TSN 侧的调度方法进行验证，4 条数据流经过 AUTBUS-TSN 网关 1 到达 TSN，在 TSN 交换机中传输。设置 TSN 侧链路传输速率为 100 Mbit/s，CNC 获取到数据流的信息之后，通过所设计的基于贪婪法的时隙分配调度算法计算输出 4 条数据流在 TSN 侧传输的调度方案，如图 5-41 所示。

```
第0条数据流: period(us):300  Slot Interver(us):0.0-10.0    300.0-310.0   600.0-610.0   900.0-910.0
第1条数据流: period(us):400  Slot Interver(us):10.0-20.0   610.0-620.0   910.0-920.0
第2条数据流: period(us):600  Slot Interver(us):20.0-30.0   620.0-630.0
第3条数据流: period(us):1200 Slot Interver(us):30.0-40.0
```

图 5-41　基于贪婪法的时隙分配调度算法结果

配置调度周期内每个帧传输窗口对应的门控队列和时隙，如图 5-42 所示。

图 5-42　配置 TSN 交换机时隙表

4 条数据流经过 TSN 后到达 AUTBUS-TSN 网关 2，可以将示波器连接两个 AUTBUS-TSN 网关，测得 4 条数据流在 TSN 侧传输的时延，如表 5-15 所示。

表 5-15　每条数据流在 TSN 侧的传输时延　　　　　　　　　　　　　　（单位：ms）

| 数据流 | $d_{f_i}^{TSN}$ | 数据流 | $d_{f_i}^{TSN}$ |
| --- | --- | --- | --- |
| $f_1$ | 10.26 | $f_3$ | 14.81 |
| $f_2$ | 12.37 | $f_4$ | 16.39 |

将表 5-15 的每条数据流在 TSN 侧的传输时延与计算出的每条数据流分配给 AUTBUS 和 TSN 侧的时延要求进行比较，每条数据流在 TSN 侧的传输时延远远小于每条数据流分配给 TSN 侧的时延要求，由此可以验证 TSN 侧调度方法的可行性。

3）基于面向 TSN 与 AUTBUS 互联的工业异构网络调度方法性能测试与分析

（1）时延分析。

网络时延是指数据从发送端到接收端所需的总时间。它包括从发送端发送数据的时刻到接收端接收到数据的时刻之间的各种延迟时间，例如处理延迟时间、传输延迟时间、排队延迟时间等，是网络性能的一个关键指标。

数据流在测试验证平台传输时，数据由 AUTBUS 终端节点经 AUTBUS-TSN 网关 1，进入 TSN，又到 AUTBUS-TSN 网关 2。本小节将通过示波器测得 AUTBUS 终端节点和 AUTBUS-TSN 网关 2 的电位变化，来测每条数据流端到端的时延。本小节对未采用和采用所提出的基于跨域加权的 TSN 与 AUTBUS 融合网络确定性时延调度方法下的数据流端到端时延进行分析。

①未采用基于跨域加权的 TSN 与 AUTBUS 融合网络确定性时延调度方法的端到端时延分析。在未使用网络资源分配方法的条件下，数据流在网络中的传输是无序的，容易产生传输延迟和排队延迟，导致数据流在网络中的传输时延较大。如表 5-16 所示。

表 5-16　未采用基于跨域加权的 TSN 与 AUTBUS 融合网络确定性时延调度方法的端到端时延（单位：μs）

| 数据流 | 最小时延 | 最大时延 | 平均时延 |
| --- | --- | --- | --- |
| $f_1$ | 4 197 | 4 286 | 4 242 |
| $f_2$ | 4 043 | 4 957 | 4 500 |
| $f_3$ | 4 466 | 4 558 | 4 512 |
| $f_4$ | 4 237 | 4 331 | 4 284 |

未采用基于跨域加权的 TSN 与 AUTBUS 融合网络确定性时延调度方法的情况下，4 条数据流传输时的时延表现为：数据流 $f_1$ 端到端的最大时延为 4286 μs，最小时延为 4197 μs，平均时延约为 4242 μs。数据流 $f_2$ 端到端的最大时延为 4957 μs，最小时延为 4043 μs，平均时延为 4500 μs。数据流 $f_3$ 端到端的最大时延为 4558 μs，最小时延为 4466 μs，平均时延为 4512 μs。数据流 $f_4$ 端到端的最大时延为 4331 μs，最小时延为 4237 μs，平均时延为 4284 μs。

②采用基于跨域加权的 TSN 与 AUTBUS 融合网络确定性时延调度方法的端到端时延分析。在采用基于跨域加权的时隙分配调度方法后，通过对 TSN 侧和 AUTBUS 侧的网络资源进行加权分配，充分考虑不同数据流的优先级、实时性要求以及网络的实际负载情况，从而实现资源的合理调度和高效利用。采用基于面向 TSN 与 AUTBUS 互联的工业异构网络调度方法（所提方法）的端到端时延如表 5-17 所示。

表 5-17　采用基于跨域加权的 TSN 与 AUTBUS 融合网络确定性时延调度方法的端到端时延（单位：μs）

| 数据流 | 最小时延 | 最大时延 | 平均时延 |
| --- | --- | --- | --- |
| $f_1$ | 2 023 | 2 081 | 2 052 |
| $f_2$ | 1 782 | 1 835 | 1 809 |
| $f_3$ | 2 284 | 2 344 | 2 314 |
| $f_4$ | 2 053 | 2 117 | 2 085 |

采用所提方法对工业异构网络中的数据流进行调度后，数据流的各项时延性能指标显著优化。具体表现为：数据流 $f_1$ 端到端的最大时延为 2081 μs，最小时延为 2023 μs，平均时延为 2052 μs。数据流 $f_2$ 端到端的最大时延为 1835 μs，最小时延为 1782 μs，平均时延约为 1809 μs。数据流 $f_3$ 端到端的最大时延为 2344 μs，最小时延为 2284 μs，平均时延为 2314 μs。数据流 $f_4$ 端到端的最大时延为 2117 μs，最小时延为 2053 μs，平均时延为 2085 μs。

如图 5-43 所示，通过对比表 5-16 和表 5-17 中 4 条数据流的端到端平均时延变化，可以发现在采用所提方法之后数据流 $f_1$ 端到端的平均时延从 4242 μs 降低至 2052 μs，数据流 $f_2$ 端到端的平均时延从

4500 μs 降低至 1809 μs，数据流 $f_3$ 端到端的平均时延从 4512 μs 降低至 2314 μs，数据流 $f_4$ 端到端的平均时延从 4284 μs 降低至 2085 μs，说明所提方案使得网络性能得到了提升。

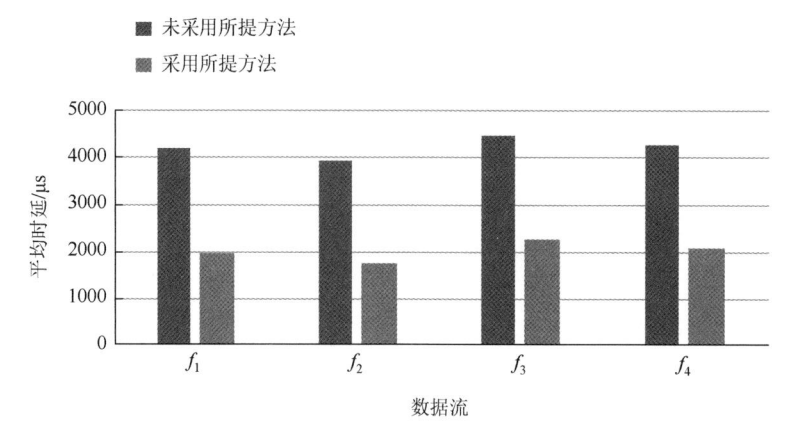

图 5-43 数据流端到端平均时延对比

经过数据对比可知，应用所提方法后，数据流端到端的平均时延已经成功降低至 2.5 ms 以内。这一显著改进意味着该调度方案完全符合智能工厂等对实时性要求极高的应用场景需求。所提的研究成果有效地减少了融合网络中数据流端到端传输的平均时延，从而提升了整个融合网络的性能表现，确保了数据传输的高效与稳定，为智能工厂以及相关工业自动化系统的顺畅运行提供了强有力的技术支持。

（2）时延抖动分析。

时延抖动是指网络中数据包到达目的地所需时间的变化量，通常由网络拥塞、传输路径变化、设备处理能力差异等引起。时延抖动是网络性能评估中的一个重要指标，尤其在实时性要求极高的应用场合。本节在搭建的测试验证平台上进行数据流的通信，对未采用所提方法和采用所提方法情况下数据流端到端时延抖动进行分析。

① 未采用所提方法的端到端时延抖动分析。在未使用所提方法的条件下，缺乏精细化的资源调度和时隙分配策略，不同优先级的数据流之间缺乏有效的抢占和避让机制，导致时延抖动较大。相关数据如表 5-18 所示，数据流 $f_1$ 的端到端时延抖动为 89 μs，数据流 $f_2$ 的端到端时延抖动为 86 μs，数据流 $f_3$ 的端到端时延抖动 92 μs，数据流 $f_4$ 的端到端时延抖动 94 μs。

表 5-18 未采用所提方法的端到端传输时延抖动　　　　　　　　　　（单位：μs）

| 数据流 | 时延抖动 | 数据流 | 时延抖动 |
| --- | --- | --- | --- |
| $f_1$ | 89 | $f_3$ | 92 |
| $f_2$ | 86 | $f_4$ | 94 |

② 采用所提方法的端到端时延抖动分析。采用所提方法对工业异构网络中的数据流进行调度后，4 条数据流的时延抖动得到显著改善。相关数据如表 5-19 所示，数据流 $f_1$ 的端到端时延抖动为 57 μs，数据流 $f_2$ 的端到端时延抖动为 53 μs，数据流 $f_3$ 的端到端时延抖动 62 μs，数据流 $f_4$ 的端到端时延抖动 64 μs。

表 5-19 采用所提方法的端到端传输时延抖动　　　　　　　　　　（单位：μs）

| 数据流 | 时延抖动 | 数据流 | 时延抖动 |
| --- | --- | --- | --- |
| $f_1$ | 57 | $f_3$ | 62 |
| $f_2$ | 53 | $f_4$ | 64 |

图 5-44 所示为数据流时延抖动对比。通过对比表 5-18 和表 5-19 中端到端数据流的传输抖动变化，可以发现在采用所提方法之后数据流 $f_1$ 的端到端时延抖动从 89 μs 降低至 57 μs，数据流 $f_2$ 的端到端时延抖动从 86 μs 降低至 53 μs，数据流 $f_3$ 的端到端时延抖动从 92 μs 降低至 62 μs，数据流 $f_4$ 的端到端时延抖动从 94 μs 降低至 64 μs，说明所提方案使得网络性能得到了提升。

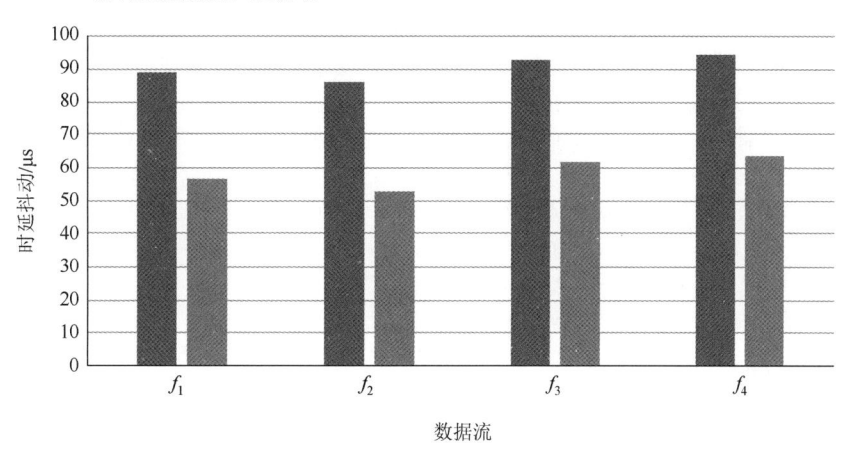

图 5-44 数据流时延抖动对比

经过对比可知，采用所提方法后，4 条数据流端到端时延抖动降低至 70 μs 以内。进而可知，该方法有效提高了 TSN 与 AUTBUS 融合网络的性能和稳定性。更低的抖动意味着网络中数据传输更为准时、连续，有利于提升系统的实时性和可靠性，对于实现智能工厂具有重要意义。

## 参 考 文 献

[1] Seijo Ó, López-Fernández J A, Val I. W-SHARP: Implementation of a high-performance wireless time-sensitive network for low latency and ultra-low cycle time industrial applications[J]. IEEE Transactions on Industrial Informatics，2021，17（5）：3651-3662.

[2] 裘莹，柯杰，梁超，等. 基于改进蒙特卡洛搜索树的工业无线网络确定性传输调度方法：CN111918403B[P]. 2020-11-10.

[3] 陈功谱. 基于WirelessHART的工业无线网络优化调度方法研究[D]. 南京：东南大学，2019.

[4] Kalita A, Khatua M. Autonomous allocation and scheduling of minimal cell in 6TiSCH network[J]. IEEE Internet of Things Journal，2021，8（15）：12242-12250.

[5] Li Y T, Jiang J H, Hong S H. Joint traffic routing and scheduling algorithm eliminating the nondeterministic interruption for TSN networks used in IIoT[J]. IEEE Internet of Things Journal，2022，9（19）：18663-18680.

[6] Yang D, Gong K, Ren J, et al. TC-flow: Chain flow scheduling for advanced industrial applications in time-sensitive networks[J]. IEEE Network，2022，36（2）：16-24.

[7] Zhang Y H, Wu J M, Liu M L, et al. TSN-based routing and scheduling scheme for Industrial Internet of Things in underground mining[J]. Engineering Applications of Artificial Intelligence，2022，115：105314.

[8] Zhang Y Z, Xu Q M, Xu L, et al. Efficient flow scheduling for industrial time-sensitive networking: A divisibility theory-based method[J]. IEEE Transactions on Industrial Informatics，2022，18（12）：9312-9323.

[9] Wan J F, Yang J, Wang S Y, et al. Cross-network fusion and scheduling for heterogeneous networks in smart factory[J]. IEEE Transactions on Industrial Informatics，2020，16（9）：6059-6068.

[10] Wang H, Deng A H, Hu C H. A SDN-based heterogeneous networking scheme for profinet and modbus networks[C]//2021 International Conference on Information and Communication Technology Convergence（ICTC）. New York：IEEE，2021：915-920.

[11] 艾东. SDN架构下全局动态反馈拥塞控制算法的研究[D]. 北京：北京交通大学，2017.

[12] 梁潇. 基于马尔可夫决策模型的异构无线网络选择算法研究[D]. 长春：吉林大学，2017.

[13] Yu P, Yang M, Xiong A, et al. Intelligent-driven green resource allocation for Industrial Internet of Things in 5G heterogeneous networks[J]. IEEE Transactions on Industrial Informatics，2022，18（1）：520-530.

[14] 吴琼. 面向5G异构网络融合的联合资源分配算法研究[D]. 青岛：山东科技大学，2020.
[15] Xue J L, Shou G C, Li H X, et al. Enabling deterministic communications for end-to-end connectivity with software-defined time-sensitive networking[J]. IEEE Network，2022，36（2）：34-40.
[16] Cruces C, Torrego R, Arriola A, et al. Deterministic hybrid architecture with time sensitive network and wireless capabilities[C]//2018 IEEE 23rd International Conference on Emerging Technologies and Factory Automation（ETFA）. New York：IEEE，2018：1119-1122.
[17] Zong L, Wang H, Du W C, et al. Optimizing the end-to-end transmission scheme for hybrid satellite and multihop networks[J]. Neural Computing and Applications，2023，35（4）：3063-3074.
[18] 张景龙, 陈彩莲, 许齐敏, 等. 面向工业互联网的异构时间敏感数据流协同传输机制设计[J]. 中国科学（技术科学），2022，52（1）：138-151.
[19] 魏旻, 方兴斌, 尤梦飞, 等. 一种时间敏感网络中路径选择和门控调度的联合优化方法：CN114172843A[P]. 2022-03-11.
[20] 刘志展. 基于生成树的无线传感器网络时间同步协议研究[D]. 厦门：厦门大学，2009.
[21] 魏旻, 向雪琴, 王平, 等. 一种面向TSN和非TSN互联的工业异构网络调度方法：CN111600754B[P]. 2022-02-25.
[22] 魏旻, 杨树杰, 余鑫洋, 等. 基于逐步逼近的面向时间敏感网络与工业无线网络的联合调度方法：CN115277306A[P]. 2022-11-01.
[23] 魏旻, 晏先春, 方兴斌, 等. 一种时间敏感网络门控整形资源调度方法：CN112751783B[P]. 2022-09-23.
[24] 刘雁, 饶元. 基于多领域复杂网络拓扑结构的节点重要度评价方法[J]. 中国科学技术大会学报，2019，49（7）：533-543.
[25] 刘波. 基于OPNET的无线传感器网络建模与仿真[D]. 广州：华南理工大学，2010.
[26] 李善玺, 马强, 陈文波. 高带宽组播网络端到端时延测量及分析[J]. 计算机工程与科学，2014，36（9）：1684-1689.
[27] 臧宇航. 时间敏感网络的域内及域间启发式流量调度算法[D]. 北京：北京邮电大学，2021.
[28] 何启源, 汤宝平, 张祥春, 等. 基于流量和时延的网络性能测量系统的研究[J]. 中国测试技术，2005（3）：8-10，13.
[29] 王浩, 钟龙, 王平, 等. 一种适用于时间敏感网络中多周期应用的门控调度方法：CN113055303B[P]. 2022-06-03.
[30] 魏旻, 付清云, 李小云, 等. 一种面向工业无线与TSN融合的网络调度方法：CN114553697A[P]. 2022-05-27.
[31] 马玉成. 工业互联网时间敏感数据流调度机制研究与实现[D]. 北京：北京邮电大学，2022.
[32] 于笑, 冯军, 马杰. 一种基于SDN的无线异构网络架构研究[C]//辽宁省通信学会2015年信息网络与信息技术年会论文集. 沈阳：辽宁省通信学会，2015：645-650.

# 第6章 新一代工业物联网融合安全

## 6.1 从封闭内网安全到开放外网安全

### 6.1.1 工业互联网安全的现状

#### 6.1.1.1 国内工业互联网安全的现状

2014年4月15日，习近平总书记在中央国家安全委员会第一次全体会议上首次提出总体国家安全观的重大战略思想。坚持总体国家安全观，是习近平新时代中国特色社会主义思想的重要内容。党的十九大报告强调，统筹发展和安全，增强忧患意识，做到居安思危，是我们党治国理政的一个重大原则。随着全球信息时代的到来，网络空间已成为继陆、海、空、天之外的国家第五大主权领域空间，网络空间的对抗已演变成大国间对抗的首选战场，"没有网络安全就没有国家安全"。而我国作为仍在发展中的网络大国，网络安全面临严峻挑战[1]。

目前，工业互联网广泛涉及能源、智能制造、交通、电子与通信等众多重要行业或领域，其安全关乎国计民生、公共利益和国家安全。2010年，伊朗"震网"病毒事件和2019年委内瑞拉大规模断电事件等说明工业互联网已经成为国家间对抗的重要目标，工业互联网安全形势十分严峻。数字化时代下，我国工业互联网面临着高级持续性威胁（advanced persistent threat，APT），包括有组织攻击愈演愈烈、勒索攻击多样化、数据成为重点攻击目标、内部威胁防不胜防和针对生产网的攻击等情况。工信部等十部门印发的《加强工业互联网安全工作的指导意见》（简称《指导意见》）为我国工业互联网安全指明了阶段目标和实施策略[2]。

工业互联网安全涉及诸多行业和领域，与数千家工业互联网企业、管理机构、用户单位紧密相关。《指导意见》的落地是一个大的系统工程，如何结合我国具体情况与国际形势进一步落实《指导意见》，值得每一个工业互联网安全从业者深入思考和探讨。我国工业互联网的安全态势尤为严峻，工业控制（简称工控）系统和平台安全隐患日趋突出，工业网络安全产品性能和服务保障能力亟待强化。相关调查结果显示，在全国几千个重要的工控系统中，95%以上的工控系统的操作系统采用的是国外产品，这意味着国内的生产系统极易受到国外黑客的攻击。并且大多数的企业从未对工控系统进行升级和漏洞修补，一些存在漏洞的国外工控产品依然在国内某些重要装置上使用[3]。

我国的工控网络安全技术与国际最发达国家仍存在一定的差距，工业互联网设备及其安全产品的研发能力亟待提高。工业互联网建设与安全保障需要大量的工业互联网安全专业人才，然而我国目前在安全人才方面存在很大的缺口。工业互联网安全涉及工业控制与自动化、电子信息、网络安全等多个学科，这种多学科交叉融合增加了工业互联网安全人才培养的难度。

如今，网络安全已成为我国国家安全重要标志，国家监管部门高度重视工控网络安全。2016年10月17日，工业和信息化部颁布了《工业控制系统信息安全防护指南》等政策文件[4]；2016年11月7日，第十二届全国人民代表大会常务委员会第二十四次会议通过的《中华人民共和国网络安全法》，为网络安全提供了法律保障；2016年12月7日，经中央网络安全和信息化领导小组批准，《国家网络空间安全战略》发布，是指导国家网络安全工作的纲领性文件；2019年5月10日，公安部第三研究所（公安部信息安全等级保护评估中心）等单位起草的《信息安全技术网络安全等级保护基本要求》（GB/T 22239—2019）发布，成为新的网络安全等级保护基本要求标准。

### 6.1.1.2 国外工业互联网安全的现状

当前，全球工业信息安全形势十分严峻，主要表现在以下两个方面。

一是漏洞数量随着时间推移不断地增长，中高危漏洞数量居高不下，漏洞修复进度迟缓，漏洞利用技术门槛不断降低。此外，大量工控系统安全漏洞利用方式、攻击方法可通过互联网等多种公开渠道扩散，黑客等不法分子极易获取工控系统漏洞，并对其进行利用，进一步降低了针对工控系统的网络攻击技术门槛[5]。

二是针对工业企业的定向攻击行为增多、攻击手段愈发新型多样，更多的行业成为重点风险领域，例如：制造、建筑、交通运输及化工行业。近年来，工业领域遭受大量高级持续性威胁（advanced persistent threat，APT）、网络钓鱼、分布式拒绝服务（distributed denial of service，DDoS）等定向攻击，攻击手段花样翻新、技术多变，针对性强。据卡巴斯基报告，制造业领域的工控安全风险问题最为严重，其次是建筑、交通运输及工程等行业。卡巴斯基还曾检测到一次针对冶金、电力、建筑工程领域的大规模鱼叉式钓鱼活动，攻击范围覆盖全球50多个国家的500多家工业企业[6]。

世界各国对国际网络空间安全战略部署加快，但随着网络技术创新，更多的安全风险相应伴生，工控行业网络攻击事件层出不穷。网络攻击事件从20世纪开始发生得尤为频繁，攻击的范围更加广泛，涉及的行业也更加广泛，攻击使用的手段也更繁多。图6-1中列举了近些年的重大工业互联网网络攻击事件。在如此严峻的国际互联网安全形势下，国际上很多组织为了更好地修复新型安全漏洞和应对未知的安全危机，都在完善和重新制定自己的工业互联网安全架构。

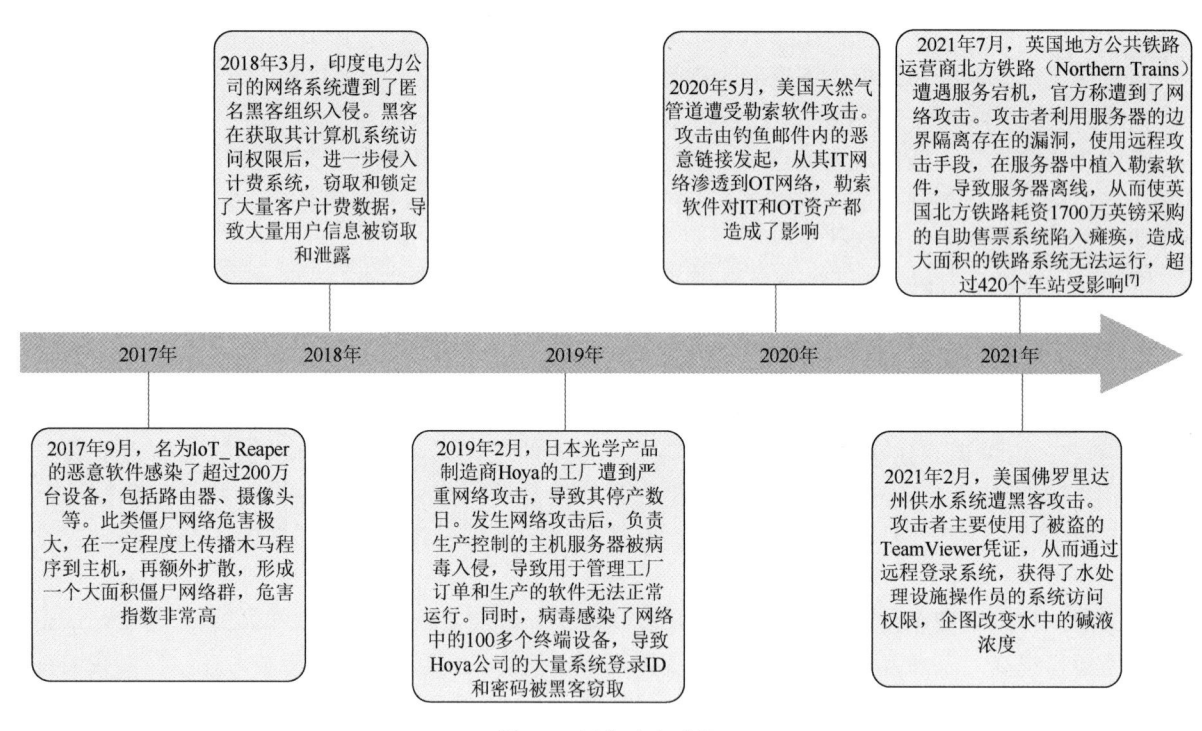

图6-1 网络攻击事件

## 6.1.2 工业物联网安全面临的挑战

### 6.1.2.1 设备安全风险

随着工业物联网参与到传统工业的发展和建设中，工业物联网打破了传统工业相对封闭的壁垒，然而病毒、木马、APT等安全风险对工业生产的威胁日益加剧。工控系统分布于全球，存在大量安全漏洞。通过对国家信息安全漏洞共享平台（China National Vulnerability Database，CNVD）公开披露的工控漏洞数据的统计分析发现，2021年，国内外四大漏洞平台共计新收录工业系统安全漏洞636个，较2020年的804个下降了20.9%。但新增超高危漏洞多达16个，比2020年的6个大幅增长了166.7%。CNVD收录的与工业物联网相关的漏洞高达3103个，2021年新增152个。其中高危漏洞占38.2%，中危漏洞占47.4%，低危漏洞占7.9%，暂无漏洞占6.5%；从行业分布情况看，制造业面临的网络安全风险最大，88.7%的新增工业系统安全漏洞会对制造业产生影响。

#### 6.1.2.2 边缘安全风险

传统工业设备上云后只注重云端的安全防护，忽略了设备的边缘防护策略。大多数企业没有专门的安全团队来维持其产品在工业物联网领域的安全部署，更无法保证工业物联网设备的基线安全和保障从传统信息安全时代的边界防护到工业物联网边缘防护的安全[8]。

#### 6.1.2.3 网络安全风险

相较于未与外部互联网直接联通的传统工业网络，工业物联网面临着来自工厂内网和外部互联网两方面的安全威胁。

工业物联网实现了全要素、全产业链、全生命周期的互联互通，打破了传统工业相对封闭可信的生产环境。越来越多的生产组件和服务直接或间接与互联网连接，攻击者从研发、生产、管理、服务等各环节都可能实现对工业物联网的网络攻击和病毒传播。特别是，一旦底层工业控制网络的安全考虑不充分，安全认证机制、访问控制手段的安全防护能力不足，攻击者就能通过互联网通道进入底层工业控制网络，轻易实现网络攻击[9]。

#### 6.1.2.4 数据安全风险

国家工业信息安全发展研究中心发布的《2021年工业信息安全态势展望报告》表明，2021年，国家工业信息安全发展研究中心完成全国工业控制系统威胁诱捕网络部署工程，全年共捕获来自境外105个国家和地区对我国实施的扫描探测、数据读取等恶意行为超过600万次，工业数据已成为网络攻击的重点目标。美国威瑞森公司（Verizon）发布的《2021年数据泄露调查报告》显示，制造业数据泄露事件累计共270起，分析显示，在恶意软件入侵导致的制造业数据泄露事件中，勒索攻击显著增加，占比达61.2%。数据泄露事件导致大量国外经销商数据、生产制造信息、公司财务信息及员工信息被泄露[10]。

分析发现，工业数据安全事件具有以经济利益为主要目的、以重要敏感工业数据为攻击目标、攻击大多来源于企业外部等特点。目前，我国暴露于公共互联网的工业控制系统和物联网设备，大多存在弱口令、目录遍历、结构化查询语言（structured query language，SQL）注入、未授权访问等漏洞，易被攻击者利用以实施数据篡改、窃取及删除等恶意操作，工业数据面临的安全形势愈发严峻。

#### 6.1.2.5 其他风险

除了设备安全、网络安全、边缘安全和数据安全风险外，工业物联网还面临诸如系统漏洞和移动介质安全风险。

（1）关于系统漏洞的安全风险。相关调查结果显示，在我国几千个重要的工业控制系统中，95%以上的工控系统的操作系统是采用的国外产品，这意味着国内的生产系统很容易受到国外黑客的攻击。并且，有80%的企业从未对工控系统进行升级和漏洞修补，有52%的工控系统与企业的管理系统、内网，甚至互联网连接，一些存在系统漏洞的国外工控产品依然在国内某些重要装置上使用。可见，我国在工业控制系统安全方面面临着很大的系统安全风险[11]。

（2）关于移动介质的安全风险。当前，U盘和移动硬盘能满足人们对信息高效、便捷、安全交换的需求。移动存储介质在信息交换方面为工作带来方便的同时，在设计上缺乏安全防护手段，使用相对比较随意，且缺乏保护，引发了诸多信息安全问题，加剧了信息交换的风险。并且，计算机终端对移动存储介质的接入缺乏管控手段，可以随意拷贝数据，对敏感信息缺乏安全控制，容易造成敏感信息泄露。此外，移动存储介质内外网交叉混用情况时有发生，不但为外网木马病毒向内网进行传播提供了途径，而且影响到内网计算机的正常运行；对于一些摆渡木马，更能通过移动存储介质把搜集的信息传递到外网计算机，造成敏感信息的泄露。

## 6.2 融合安全体系架构与建模

### 6.2.1 融合安全体系基本架构

互联网设计之初对安全问题缺乏充分考虑，基于"打补丁"的基本思路致使网络安全问题成为互联网进一步发展的主要瓶颈。互联网的信息安全问题一直就是"先天不足、后天未补"。以倡导开放、自由、分享为理想的互联网，最初并没有把安全性放在优先级上。工业物联网作为未来人类信息社会基础设施的一个重要组成部分，特别是在 IT 和 OT 充分融合以后，需要充分吸取互联网成功的经验和历史教训，尽可能地克服其体系结构设计中可能存在的缺陷。只有从一体化纵深安全体系结构角度设计工业物联网安全机制，才能防止工业物联网在发展进程中重蹈覆辙[12]。

对于因特网（Internet）而言，可将其已有的各种技术和成熟应用直接延伸至工业网络；对于工业网络而言，可将工业通信之间的信息传输范围扩展至全球各地。互联网安全机制设计之初并没有考虑工业应用问题，特别是资源受限网络环境下工业物联网安全的关键技术有待进一步研究，而工业网络与各种通信网络之间如何安全有效通信也是一个有待解决的问题。

本书提出一种多层次、多级别、多维度的工业物联网一体化纵深安全架构，如图 6-2 所示。

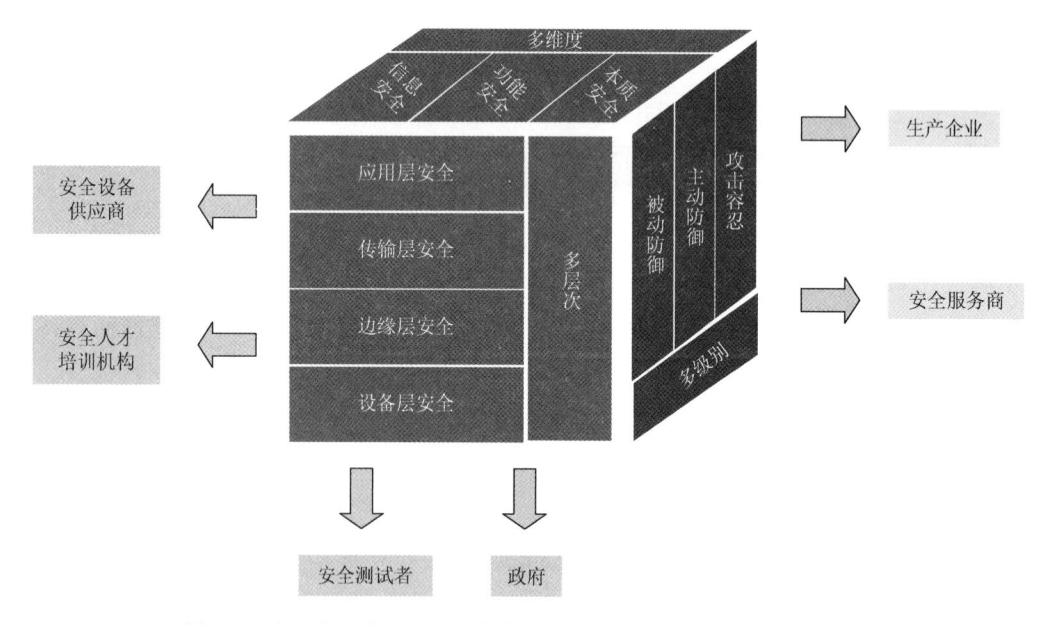

图 6-2 多层次、多级别、多维度的工业物联网一体化纵深安全架构

### 6.2.2 融合安全体系建模

#### 6.2.2.1 工业物联网安全架构的多维度安全

工业物联网应从信息安全、功能安全和本质安全三个维度来保障。传统工业控制系统安全最初多关注功能安全与本质安全，即防止工业安全相关系统或设备的功能失效，当失效或故障发生时，保证工业设备或系统仍能保持安全条件或进入安全状态。近年来，随着工业控制系统信息化程度的

不断加深,针对工业控制系统的信息安全问题不断凸显,业界对信息安全的重视程度逐步提高[13]。

与传统的工控系统安全和互联网安全相比,工业物联网安全面对的挑战更为艰巨。一方面,工业物联网安全打破了以往相对明晰的责任边界,其范围、复杂度、风险度产生的影响要大得多,其中工业物联网平台安全、数据安全、联网智能设备安全等问题愈发突出;另一方面,工业物联网安全工作需要从制度建设、国家能力、产业支持等更全局的视野来统筹安排,目前很多企业还没有意识到安全部署的必要性与紧迫性,安全管理与风险防范控制工作亟须加强[14]。

1. 从信息安全角度构建工业物联网安全架构

对于工业物联网的数据安全防护,应采取明示用途、数据加密、访问控制、业务隔离、接入认证、数据脱敏等多种防护措施,覆盖包括数据收集、传输、存储、处理等在内的全生命周期的各个环节。

工业物联网平台应在遵循合法、正当、必要的原则的基础上收集与使用数据及用户信息,公开数据收集和使用的规则,向用户明示收集使用数据的目的、方式和范围,经过用户的明确授权同意并签署相关协议后才能收集相关数据。授权协议必须遵循用户意愿,不得以拒绝提供服务等形式强迫用户同意数据采集协议。另外,工业物联网平台不得收集与其提供的服务无关的数据及用户信息,不得违反法律、行政法规的规定和双方约定收集、使用数据及用户信息,并应当依照法律、行政法规的规定和与用户的约定处理其保存的数据及个人信息[15]。

为防止数据在传输过程中被窃听而泄露,工业物联网服务提供商应根据不同的数据类型以及业务部署情况,采用有效手段确保数据传输安全。例如,通过安全套接字层(secure socket layer,SSL)保证网络传输数据信息的机密性、完整性与可用性,实现对工业现场设备与工业物联网平台之间、工业物联网平台中虚拟机之间、虚拟机与存储资源之间以及主机与网络设备之间的数据安全传输,并为平台的维护管理提供数据加密通道,保障维护管理过程的数据传输安全。

2. 从工业物联网本质角度构建工业物联网安全架构

工控系统的本质安全目标是指通过设计等手段使工业生产设备或工控系统本身具有安全性,从而在即使存在误操作或发生故障的情况下,工业生产也不会造成事故。具体的本质安全包括失误—安全(误操作不会导致事故发生或自动阻止误操作)、故障—安全功能(设备、工艺发生故障时还能暂时正常工作或自动转变安全状态)等[16]。

对于本质安全,目前最常用的保护方式是利用多个电阻串联来限制流过的电流(假设电阻失效时会开路),或用多个齐纳二极管接地来限制电压,通过采取本质安全措施提高工业物联网本质安全,从而构建工业物联网安全架构。

3. 从工业生产的功能角度构建工业物联网安全架构

工业物联网的功能安全是依赖于网络系统或工业设备对输入的正确操作,功能安全是全部安全的一部分。当工业物联网中的每一个特定的安全功能获得实现,并且每一个安全功能必需的性能等级达到要求时,工业物联网的功能安全目标就达到了[17]。

例如,盛有易燃液体的容器内液位开关的动作:当容器内液位到达潜在的危险值时,液位开关就关闭阀门阻止更多的液体进入容器,从而阻止液体从容器溢出。正确执行这一过程可看作是功能安全。从功能安全角度出发,应提高工业物联网功能安全,从而构建工业物联网安全架构。

### 6.2.2.2 工业物联网安全架构的多层次安全

1. 设备层安全

设备层安全包括工业设备自身安全、工业现场网络安全及工业控制系统安全。

工业物联网的发展使得现场设备由机械化向高度智能化发生转变，并产生了嵌入式操作系统＋微处理器＋应用软件的新模式，这就使得未来大量智能设备可能会直接暴露在网络攻击之下，面临攻击范围扩大、扩散速度提高、漏洞影响扩大等威胁。

工业物联网设备自身安全指工厂内单点智能器件以及成套智能终端等智能设备的安全，具体应分别从操作系统/应用软件安全与硬件安全两方面出发部署安全防护措施，可采用的安全机制包括固件安全增强、恶意软件防护、设备身份鉴别与访问控制、漏洞修复等。工业设备自身安全还包括工业智能装备和智能产品安全、芯片安全、嵌入式操作系统安全、相关应用软件安全及功能安全等[18]。

工业现场网络（工业控制网络）指以具有通信能力的控制器、传感器、执行器、测控仪表作为网络节点，以现场总线或以太网等作为通信介质，连接成为开放式、数字化、多节点通信，从而完成测量控制任务的网络。工业控制网络是工业控制系统中的网络部分，是一种把工厂各个生产流程和自动控制系统通过各种通信设备组织起来的通信网络。工业控制系统包括工业控制网络和所有的工业生产设备，而工业控制网络只侧重工业控制系统中组成通信网络的元素，包括通信节点（包括上位机、控制器等）、通信网络（包括现场总线、以太网以及各类无线通信网络等）、通信协议（包括Modbus、PROFIBUS、WIA-PA及传感网协议等）。工业控制网络安全涉及协议、网络架构、网络部署等多个方面。特别是工业现场引入无线以后，传输网络的无线传输链路具有脆弱性。无线网络固有的脆弱性使系统很容易受到各种形式的攻击，如攻击者可以通过发射干扰信号使读写器无法接收正常电子标签内的数据，或者使基站无法正常工作，造成通信中断。攻击者还可通过无线网络劫持、窃听甚至篡改用户信息[19]。

工业控制系统安全主要涉及SCADA、DCS、PLC等工业控制系统的安全。工业控制系统是重点攻击目标，目前，我国工业控制系统的防护能力和应急处理能力相对较弱，特别是关键部位工控系统大量使用国外产品，关键系统的安全性受制于人，重要基础设施的工控系统成为外界渗透攻击的目标[20]。

设备供应商需要采取措施对设备固件进行安全增强，阻止恶意代码传播与运行。工业物联网设备供应商可从操作系统内核、协议栈等方面进行安全增强，并力争实现对于设备固件的自主可控。设备操作系统与应用软件中出现的漏洞对设备来说是最直接也是最致命的威胁。设备供应商应对工业现场中常见的设备与装置进行漏洞扫描与挖掘，发现操作系统与应用软件中存在的安全漏洞，并及时对其进行修复。工业物联网企业应密切关注重大工业物联网现场设备的安全漏洞及补丁发布，及时采取补丁升级措施，并在补丁安装前对补丁进行严格的安全评估。对于接入工业物联网的现场设备，应支持基于硬件特征的唯一标识符，为包括工业物联网平台在内的上层应用提供基于硬件标识的身份鉴别与访问控制能力，确保只有合法的设备能够接入工业物联网，并根据既定的访问控制规则向其他设备或上层应用发送或读取数据。此外，应支持将硬件级部件（安全芯片或安全固件）作为系统信任根，为现场设备的安全启动以及数据传输机密性和完整性保护提供支持。

2. 边缘层安全

工业物联网的边缘计算能够解决工业现场大量异构设备和网络带来的复杂性问题。工业的生产属性体现在两个方面：一是工业现场的复杂性，二是工业系统控制和执行对计算能力的实时性和可靠性有着更为严格的要求[21]。

（1）边缘层安全需要解决的是异构环境下的安全接入难题，安全地实现各种制式的网络通信协议相互转换、互联互通，同时又能够应对异构网络部署与配置、网络管理与维护等方面挑战。实际上，由于设备厂家的多样性，设备数据的标准不一致，诸多设备相互之间无法互认，数据无法发挥更大的作用。并且，工业物联网所要求的智能化生产、网络化协同、个性化定制和服务化延伸，都需要边缘计算改变工业现场"哑设备"的情况，实现数据的开放和统一。目前，一般采用OPC UA实现这种开放统一模型，如何保障OPC UA的安全是目前需要解决的难题。

（2）边缘层安全需要在保障计算能力的实时性和可靠性的同时，兼顾安全性。工业控制的部分场景，计算处理的时延要求在 10 ms 以内。如果数据分析和控制逻辑全部在云端实现，则难以满足业务的实时性要求。同时，工业生产要求计算能力具备不受网络传输带宽和负载影响的"本地存活"能力，避免断网、时延过大等意外因素对实时性生产造成影响。边缘计算在服务实时性和可靠性方面能够满足工业物联网的发展要求。然而，安全处理需要时间。如何在兼顾安全的同时，满足边缘计算的要求，是当前迫切需要解决的第二个难题。

3. 传输层安全

传输层是一个开放和无限的空间，工业物联网环境下，任何人、任何设备期望在任何地方都可以通过网络进入互联网。网络层的开放性，也导致很多漏洞存在被攻击的风险。传输层安全指的是工厂内有线网络、无线网络以及工厂外与用户、协作企业等实现互联的公共网络安全。工厂网络迅速向"三化（IP 化、扁平化、无线化）+ 灵活组网"方向发展，而工业网络灵活组网的需求，使网络拓扑的变化更加复杂，导致传统基于静态防护策略和安全域的防护效果下降。工业物联网传输层安全防护应面向工厂内部网络、外部网络及标识解析系统等方面，具体包括网络架构优化、边界防护、接入认证、通信内容防护、通信设备防护、安全监测审计等多种防护措施，构筑全面高效的网络安全防护体系[22]。

在网络规划阶段，需设计合理的网络结构。一方面通过在关键网络节点和标识解析节点采用双机、热备和负载均衡等技术，应对业务高峰时期突发的大数据流量和意外故障引发的业务连续性问题，确保网络长期稳定可靠运行。另一方面通过合理的网络结构和设置提高网络的灵活性和可扩展性，为后续网络扩容做好准备。接入网络的设备与标识解析节点应该具有唯一性标识，网络应对接入的设备与标识解析节点进行身份认证，保证合法接入和合法连接，对非法设备与标识解析节点的接入行为进行阻断与警告，形成网络可信接入机制。网络接入认证可采用基于数字证书的身份认证等机制来实现。

4. 应用层安全

应用层主要面向企业首席信息官（chief information officer，CIO）、首席技术官（chief technology officer，CTO）等信息化主管和核心业务管理人员，帮助其在企业各项生产经营业务中确定工业物联网的作用与应用模式。

平台应用层的安全可通过安全审计、认证授权、DDoS 防御和安全隔离等措施来守护。

（1）安全审计：主要是指对平台中与安全有关的活动的相关信息进行识别、记录、存储和分析。平台建设过程中应考虑具备一定的安全审计功能，将平台中与安全有关的信息进行有效识别、充分记录、长时间的存储和自动分析。

（2）认证授权：工业物联网平台用户分属不同企业，需要采取严格的认证授权机制保证不同用户能够访问不同的数据资产。同时，认证授权需要采用更加灵活的方式，确保用户间可以通过多种方式将数据资产分模块分享给不同的合作伙伴。

（3）DDoS 防御：在遭受 DDoS 攻击时，保证平台用户的正常使用。平台抗 DDoS 的能力应在用户协议中作为产品技术参数的一部分明确指出。

（4）安全隔离：平台不同用户之间应当采取必要的措施实现充分隔离，防止蠕虫病毒等安全威胁通过平台向不同用户扩散。平台不同应用之间也要采用严格的隔离措施，防止单个应用的漏洞影响其他应用甚至整个平台的安全[23]。

### 6.2.2.3 工业物联网安全架构的多级别安全

1. 被动防御

被动防御是被动等待攻击发生而选择的防御。当暴露在开放式网络下的工业设备受到攻击时，防御体系通过设置访问密码和对自身设备信息、数据信息加密以及对外来访问者设置身份验证等机制来阻挡外界攻击者。这类防御方法不具有提前感知安全风险和提前自我完善安全漏洞的能力,应对安全风险的能力存在很大不足。

2. 主动防御

主动防御是利用机器学习、深度学习等人工智能技术分析处理安全大数据,不断改善安全防御体系的防御方法。主动防御基于大数据处理的工业态势感知技术,通过对暴露在外界监测下的设备进行漏洞检测,对标识态势、攻击源、攻击事件和工控资产的态势进行可视化展示,对可视化界面进行数据关联查询,及时对工控环境中未来风险进行预测、预防,并及时生成网络安全预警信息,从而提高工业物联网漏洞监测、事件监测以及预警响应能力。主动防御是一种先于安全攻击发起的自主预防措施,能有效地阻止安全攻击。

3. 攻击容忍

攻击容忍理念改变了传统的以隔离、防御、检测、响应和恢复为主的思想。假定系统中存在一些受攻击点,在系统可容忍的限度内,这些受攻击点并不会对系统的服务造成灾难性的影响,系统本身仍旧能保证最低的服务质量。实现这个目标,攻击容忍系统就必须具备自我诊断能力、故障隔离能力和还原重构能力。攻击容忍系统的主要实现机制有攻击监测机制、攻击遏制机制、安全通信机制、错误处理机制和数据转移机制。攻击遏制是通过结构重构和冗余等方式达到阻止进一步攻击的目的;错误处理机制主要通过错误屏蔽的方法检测和恢复系统发生失效后的错误。

### 6.2.2.4 工业物联网安全架构的多视角安全

1. 生产商视角构建安全架构

底层设备的安全直接影响着工业物联网的安全,对工业产品的生产厂商而言,他们要从安全管理制度和生产技术两个视角构建生产设备的安全性,从而提升工业物联网安全。从管理制度出发,企业要落实管理制度,不论是生产员、技术员还是管理员都需要严格按照规定生产、制造设备,避免生产设备存在瑕疵和安全隐患;从生产技术出发,企业要改善和完善产品的生产模式,避免威胁生产设备安全的外部设备接入,从而对生产设备造成损坏。生产商应以严格安全管理制度和高知识能力的生产技术构建好工业物联网安全架构[24]。

2. 设备供应商视角构建安全架构

工业物联网设备供应商需要采取措施对设备固件进行安全增强,阻止恶意代码传播。除此以外,工业物联网设备供应商可从操作系统内核、协议栈等方面进行安全增强,并力争实现设备固件的自主可控。

3. 服务商视角构建安全架构

服务商能对平台的安全状况持续、动态、实时、有依据地进行安全审计,并向用户提供安全审计的标准和结果。要求工业物联网平台用户分属不同企业授权认证,采取严格的认证授权机制保证不同用户能够访问不同的数据资产。同时,认证授权需要采用更加灵活的方式,确保用户间可以通过多种方式将数据资产分模块分享给不同的合作伙伴。部署 DDoS 防御系统,在遭受 DDoS 攻击时,保证平台用户的正常使用。平台抗 DDoS 的能力应在用户协议中作为产品技术参数的一部分明确指出。

4. 测试商视角构建安全架构

测试商需要对工业物联网进行数据状态监测、分析和处置恢复。工业物联网较传统信息系统架构更为复杂，处置恢复组织应根据工业物联网系统架构进行风险识别，并对风险按照类别与等级、风险影响程度、风险发生概率和风险时长等因素进行评估，依照风险处置优先级别制订防范措施与解决预案，将实际情况与之进行匹配，并进行适当的调整以满足实施的有效性。工业物联网系统架构包括多个层级与数据接口，针对可能发生的风险所在的层级，应采取相应的措施降低灾难发生的概率。处置恢复日常运行组可以通过对设备层、网络层、控制层、应用层、数据层等部署监测机制，对工业物联网系统运行中的数据状态进行定期监测，感知潜在的安全风险与系统异常，由处置恢复实施组通过恢复策略进行相应处置。测试商以严格的安全管理安全测评和预估措施来构建工业物联网安全架构。

## 6.3 融合安全技术

### 6.3.1 数据融合技术

#### 6.3.1.1 概述

数据融合出现于 20 世纪 70 年代，最早应用于军事领域，包括航空目标的探测、识别和跟踪，以及战场监视、战术态势估计和威胁估计等。目前，数据融合是工业物联网的无线传感器网络中非常重要的一项技术。传统的数据融合是指在网络运行的过程中，源节点采集原始数据，而后汇聚节点将多个传感器节点采集的数据信息组合起来，并除去冗余以及不可靠的数据信息使节点内的信息变得相对简单，再将融合信息传送到汇聚节点，然后由汇聚节点将接收到的数据集合回传到网络基站，最后由基站的服务器端对数据集合进行处理和分析，并据此做出系统决策[25]。传统数据融合的示意图如图 6-3 所示。

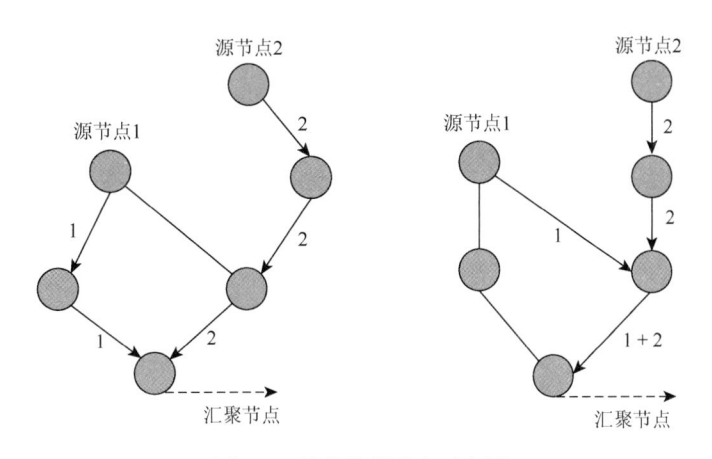

图 6-3 传统数据融合示意图

但是，在无线传感器网络中，传感器节点的能量资源有限、不可更新，且节点分布不规律，采集的原始数据会出现重复的情况，如果直接将这些含有冗余数据的原始数据进行转发和聚合将会对节点造成大量的通信开销，在降低网络整体运行效率的同时影响无线传感器网络的工作寿命。并且，无线通信信道资源有限，数据传输量过大将导致信道拥堵，增加传输碰撞、时延、误码等情况的出现概率，从而降低数据融合结果的精确度，这将对系统决策的准确性产生不良影响。因此，无线传感网络需要在数据融合过程中对原始采集数据进行去冗余处理，以降低节点的通信开销。

采用数据融合技术的作用主要有以下优点：①降低网络能耗，延长网络生命周期；②降低网络时延，提高通信效率；③增强数据安全性；④优化网络资源，提高系统整体性能。

但是，数据融合技术也在其他方面造成了一定的负面影响。首先，分配到各个融合节点中的数据融合运算任务不仅增加了节点的计算负载和能量消耗速度，还会影响网络整体的数据回传速度。其次，隐私数据在融合节点中的大量聚集导致融合节点对于网络安全性的权重明显增加，使节点间出现了不对等性，这将对无线传感器网络的安全性产生不利影响。由此可以看出，数据融合技术的应用虽然极大地提高了无线传感器网络的实用性，但是也在网络安全等方面产生了新的问题，由此产生了安全数据融合技术。

数据融合在减少数据的传输量、提高获取信息的准确率、减少报文碰撞和提高收集效率的同时，也需要以牺牲其他方面的性能作为代价。具体表现如下。

（1）构造数据融合树和融合操作都会增加网络的平均延时。

（2）数据融合在减少数据的传输量的同时，也损失掉了更多的信息，同时网络的鲁棒性有所下降。

（3）数据融合带来了很多安全隐患，容易受到各种潜在的攻击，如数据窃听、数据篡改、数据伪造、数据重放攻击等。

安全数据融合技术是在工业物联网网络框架下，通过多种安全技术来解决数据融合过程中出现的安全问题，实现安全的数据融合，是数据融合技术和网络安全技术的综合体。

### 6.3.1.2 安全威胁

工业物联网常常会部署大规模的传感器网络，且这些网络通常部署在极难控制的环境中，在数据信息传输的过程中除了一般传感器网络面临的信息泄露、信息篡改、重放攻击、拒绝服务等威胁外，传感器网络还面临着另一种威胁，即节点轻易被攻击者物理操纵，攻击者获取存储在节点的数据信息，从而控制相关网络。数据融合机制由于贯穿传感器网络中数据信息的传输过程，也同样面临着威胁，主要有以下几个方面。

1. 原始数据采集过程中遭受到的威胁

在采集数据时，可能遭受到以下几种威胁：一是攻击者会趁机窃听发送节点传来的数据信息，在窃取到信息后攻击者会重放和伪造这些数据信息；二是攻击者和被俘获的节点可能会直接向融合节点发送虚假数据信息；三是节点自身存在物理故障产生了错误的数据信息，使得融合的结果错误。

2. 数据融合过程中遭受到的威胁

在数据融合的过程中，攻击者会利用协议漏洞不断向融合节点发送虚假信息，或者利用妥协节点不断与融合节点进行通信交流，使融合节点快速将能量消耗殆尽。在这种情况下，就要求融合节点识别并剔除虚假和重放的数据。与此同时，研究如何减小虚假信息对融合结果的影响也是融合节点亟须解决的重点问题。

3. 融合数据传输过程中遭受到的威胁

当来自不同节点的数据信息在融合节点进行数据融合后，融合信息将以直接或者间接的方式传送到汇聚节点。在融合数据传输的过程中，将会面临针对数据、路由以及网络的安全威胁，包括篡改、重放、碰撞攻击、拥塞攻击等。

4. 在网络整体层面上遭受到的威胁

从网络整体角度来看，融合节点在数据融合之后虽然能降低信息的冗余度，减少网络的通信量，但是也降低了网络鲁棒性。融合的过程导致部分原始数据丢失，将会给攻击者制造针对融合节点发起攻击和篡改的机会，对整个网络造成更大的破坏。

因此，安全数据融合方案的设计将以解决上述安全威胁对融合过程和结果所产生的问题为目标，主要包括原始数据安全性认证、融合过程的安全性保护、传输过程数据的机密性和完整性保护，以及网络抗攻击能力的提升等方面。

### 6.3.1.3 安全需求

工业物联网的安全性主要包括网络中数据的安全、节点的安全、路由和数据传输的安全。根据工业物联网的特性，可以将其安全需求总结为：数据机密性、数据隐私性、数据完整性和可用性、认证问题、节点安全。如果将这些安全需求反映到数据融合技术中，那么是否满足这些安全需求就影响着数据融合结果的精确度、系统决策的准确性和网络的生存能力。图 6-4 为安全需求与数据融合的相互关系。

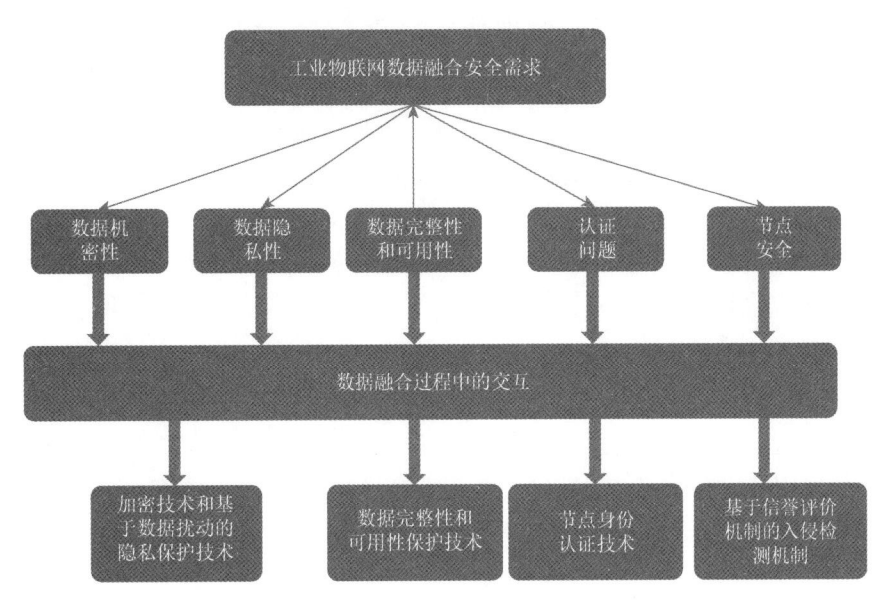

图 6-4 安全需求与数据融合的相互关系

在一般的数据融合方案中，都是以网络运行绝对安全为前提，而没有考虑到融合过程中存在的安全威胁。然而，根据上一节叙述的数据融合面临的安全问题，数据融合在遭到恶意节点的攻击时显得非常不可靠，这就要求在设计数据融合方案时，必须考虑将传感器网络处于开放、易遭受网络攻击的环境进行设计。因此，有必要研究适用于无线传感器网络的安全数据融合机制，有效地保障融合过程的正确性与安全性，以及融合数据传输到汇聚节点过程中的机密性与完整性。

当前，研究者常常通过数据加密技术和基于数据扰动、安全多方计算等技术的轻量级隐私保护机制实现对数据机密性和隐私性的保护；在数据完整性和可用性保护方面，常常通过使用消息认证码技术和多方并行巧合机制来为数据的完整性和可用性提供验证和保护机制；同时，又提出了多种基于信誉评价机制和信任管理模型的入侵检测方法主动识别和剔除工业物联网中的恶意节点，以此来解决针对节点的安全问题，提高网络的生存能力。在传感器节点的身份认证方面，常常利用针对数据源端的认证技术来验证节点的身份是否合法，以防攻击者伪装的节点进入网络内部。

综上所述，工业物联网数据融合安全机制在节点通信开销、计算负载、数据采集效率以及数据融合精确度等方面还存在着很多有待解决的问题。针对数据融合面临的各种安全威胁，要确保数据融合的安全，无线传感器网络需要满足如下基本要求。

（1）采集原始数据的节点要尽最大可能将可靠、真实的数据安全送达融合节点。

（2）融合节点要能准确快速地判断出原始数据是否可信，并利用高效合理的融合数据算法将其融合。

（3）工业物联网网络要确保最终的融合数据安全并迅速地发送到汇聚节点。

传统网络中所用的安全技术，例如数字签名和非对称加密算法等并不适合于物联网，因为使用这些安全技术都会消耗节点大量的存储空间和能量，这样导致节点的生存周期大幅缩短，此外还降低了系统的通信效率。

随着工业物联网的无线传感器网络技术的快速发展和成熟，其在物联网和信息物理融合系统中的应用程度正在不断加深，部署场景的多样性和复杂性也在不断增强，这对无线传感器网络的安全性和可靠性提出了更高的要求。并且，通过对无线传感器网络安全数据融合技术的发展现状进行研究和分析，可以看到该技术在未来的发展趋势。

### 6.3.2 工业设备安全技术

#### 6.3.2.1 设备层工业现场网络的被动防御技术

工业物联网数据采集层采用的被动防御技术，根据不同的侧重点，这些技术方案总体可分为机密性保护和完整性保护，同时，少部分方案也能够同时保证融合数据的机密性和完整性。数据的机密性一般是通过密码算法实现，可分为逐跳加密和端到端加密机制，逐跳加密机制采用传统的加解密算法，经过"加密—解密融合—加密"的方式可以抵抗外部的窃听攻击，但是不能避免中间融合节点的秘密数据被获取，而端到端加密机制就可以很好地解决这一问题，不会发生数据泄露问题。以下将详细介绍工业物联网数据采集层采用的加密解密、身份认证、密钥管理、防重放攻击、路由安全、数据融合等被动防御技术[26]。

1. 加密解密

加密就是通过密码算术对数据进行转化，使之成为若没有正确密钥则任何人都无法读懂的报文。解密是加密的逆过程，是将密文通过相应的算法和密钥恢复为明文信息的过程。在密码编码学中，密码体制被主要划分为对称密码与非对称密码体制。加密解密是以对称密码和非对称密码为基础，通过加密技术可实现通信和数据保密性。

1) 对称加密算法

对称加密算法中，信息的接收者和发送者都使用相同的密钥，加密密钥与解密密钥是相同的，所以双方的密钥都处于保密的状态，因为私钥的保密性必须基于密钥的保密性，而非算法。这在硬件上增加了私钥加密算法的安全性。对称密码类型可分为分组密码和序列密码。

（1）分组密码。分组密码是将明文消息编码后的数字序列划分成长度为 $n$ 的分组（长度为 $n$ 的矢量），分别在密钥 $k = (k_0, k_1, \cdots, k_{n-1})$ 的控制下变换成等长的输出数字序列（这个序列是长为 $m$ 的向量，即输入和输出分组的长度可以不同）。比较典型的分组密码有 DES（data encryption standard，数据加密标准）和 AES（advanced encryption standard，高级加密标准）。

（2）序列密码。序列密码与加密固定长度的块分组密码不同，它是可用于加解密各个明文数字的算法，通常使用对称密钥生成伪随机密钥序列，将其与文本使用异或操作进行加解密。基本的序列密码仅提供机密性而没有完整性保护，为了满足网络的安全需求，通常需要额外的加密操作来保证数据的完整性和真实性。

2) 公钥加密算法

公钥加密算法（又称非对称加密算法）是目前密码学中重要的研究点。在公钥密码体制中，加密密钥（公钥）与解密密钥（私钥）是不同的，其中公钥是被公布的，而私钥则是由用户私密保存的。

该密码体制可有效解决对称密码体制中的弊端，如密钥管理与分配等问题。

（1）RSA 公钥密码。

RSA（Rivest-Shamir-Adleman）公钥密码体制是当前最普遍的公钥密码，它是一种基于大素数因子分解难题的一种公钥算法。

首先，产生公钥和私钥。RSA 密钥产生过程如表 6-1 所示。RSA 的数学基础是欧拉函数，其中 $n$ 是两个不同素数 $p$ 和 $q$ 的乘积，则 $\varphi(n) = (p-1)(q-1)$。

表 6-1　RSA 密钥产生过程

| 步骤 | 具体内容 |
| --- | --- |
| 1 | 随机选取两个大素数 p 和 q，其中 pp 和 qq 是被保密的 |
| 2 | 计算 $n = pq, \varphi(n) = (p-1)(q-1)$，n 为被公开的模 |
| 3 | 随机选取一个正整数 e，且 $1 < e < \varphi(n)$，同时 $gcd(e, \varphi(n)) = 1$ |
| 4 | 计算 $d = e^{-1}(\mod \varphi(n))$，即 d 为 e 在模 $\varphi(n)$ 下的乘法逆元 |
| 5 | $(e, n)$ 为公开的公钥，$(d, n)$ 为保密的私钥 |

然后，已产生的公钥和私钥可对信息 m 进行加密和解密的操作。当进行加密操作时，首先需要将明文信息 m 进行分组，且每个分组信息 M 对应的十进制数小于 n，也就是说，分组 m 的大小必须小于或等于 $\log_2 n + 1$。然后对每一个明文信息分组 M 做加密运算，得到对应的密文分组 C，如式（6-1）所示。

$$C \equiv M^e \mod n \qquad (6\text{-}1)$$

对于密文分组 C，其解密运算如式（6-2）所示。

$$M \equiv C^d \mod n \qquad (6\text{-}2)$$

从上述对 RSA 算法的描述来看，随机数的产生很关键，它是保证算法安全性的基础。RSA 算法的缺点主要表现在以下几个方面：①RSA 算法产生密钥的方式很麻烦，受限于大素数产生，难以做到一次一密；②分组长度太大，为了保证 RSA 算法的安全强度，n 需要保证足够大，目前长度一般大于或等于 1 024 bit，但是，随着模数长度的增加，RSA 算法的计算速度变得缓慢。

（2）ECC 公钥密码。

ECC（elliptic curve cryptography，椭圆曲线密码学）虽然为一种较晚出现的密码体制，但已成为密码学领域研究的热点之一。从实现的方面分析 ECC 密码体制，其总体可分为几个部分，如图 6-5 所示。

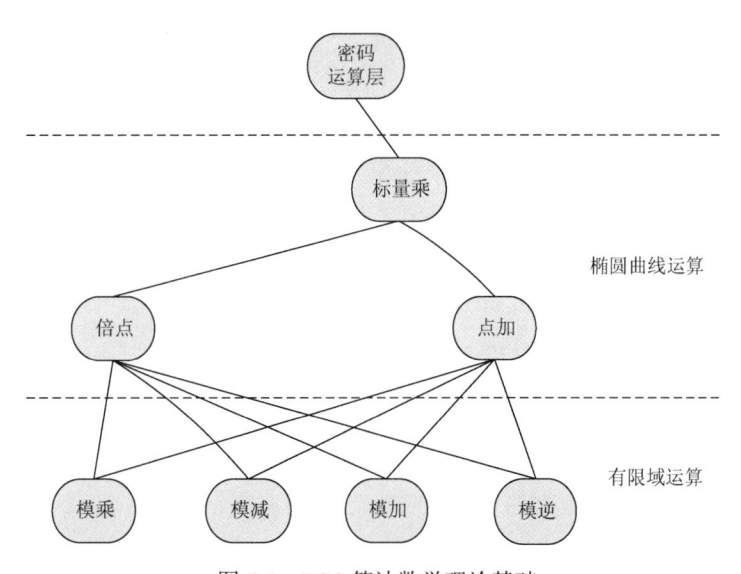

图 6-5　ECC 算法数学理论基础

从图 6-5 可知，有限域运算和椭圆曲线运算是 ECC 密码体制实现的数学基础。

假设有限域上的椭圆曲线 $y^2 + xy = x^3 + ax^2 + b$，其中 x 和 y 以及系数 a 和 b 是有限域中的元素，椭圆曲线运算法则如下。

①对于椭圆曲线上任意一点 $P = (x, y)$，$P + \infty = P$，其中 ∞ 为无穷远点。

②若 $P = (x, y)$，$P + (x, x + y) = 0$，则 $(x, x + y)$ 点是 P 的负元，记为 $-P$。

③点加运算：指椭圆曲线上两个不相同的点 $P=(x_1,y_1)$ 和 $Q=(x_2,y_2)$ 之和，它们的连线与椭圆曲线相交于第三点 $R=(x_3,y_3)$，则 $P+Q=-R$，如图6-6所示。

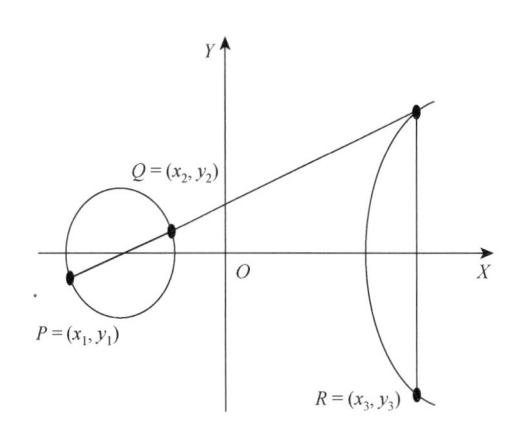

图6-6　椭圆曲线点加运算

④倍点运算：点是椭圆曲线上的任何一点，过点 $P$ 画切线与椭圆曲线相交于点 $M=(x_3,y_3)$，则 $2P=-M$，如图6-7所示。

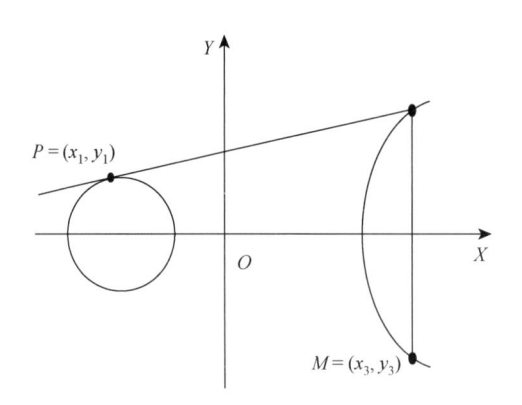

图6-7　椭圆曲线倍点运算

在椭圆曲线中，标量乘运算是最费时的运算，若直接计算则需要次点加运算，这样开销很大。在标量乘运算具体的开发实现中，一般采用四倍加法（quad-and-add）算法或者加倍累加（double-and-add）算法完成标量乘运算。

离散对数的难解性是该密码体制安全性的基础。目前人们只能找到指数级时间复杂度的算法来解决该类型问题。与RSA相比较，ECC算法更难被攻破。ECC的主要优势在于：它可以使用比RSA算法更短的密钥得到与RSA算法相同的安全强度，可以减少算法的处理负担。因此，由于ECC在安全性、应用效率上较RSA算法存在更大的优势，ECC已经被多家国际标准组织所认可，并已成为行业内公认的密码标准。

**2. 身份认证**

通过对节点进行身份认证，保证只有已注册的合法节点才能接入网络，并为其分发有效的网络资源与安全资源。工业无线网络目前具有三大国际标准，即Wireless HART、ISA100.11a和WIA-PA工业无线标准。现阶段很多工业无线网络均采用以上三种标准中的一种进行设计和实现。本小节将分别讨论这三种工业无线网络标准所规定的安全机制和认证方案。

1) ISA 100.11a 标准中认证机制

（1）网络模型。ISA 100.11a 设备是实现和运行一个网络所需的特性、配置设定和性能的物理载体。ISA 100.11a 网络模型根据不同的需求，对设备类型并未进行具体的定义，标准中对逻辑角色、各个协议层和现场介质进行了定义。图 6-8 为 ISA 100.11a 的一个网络模型。

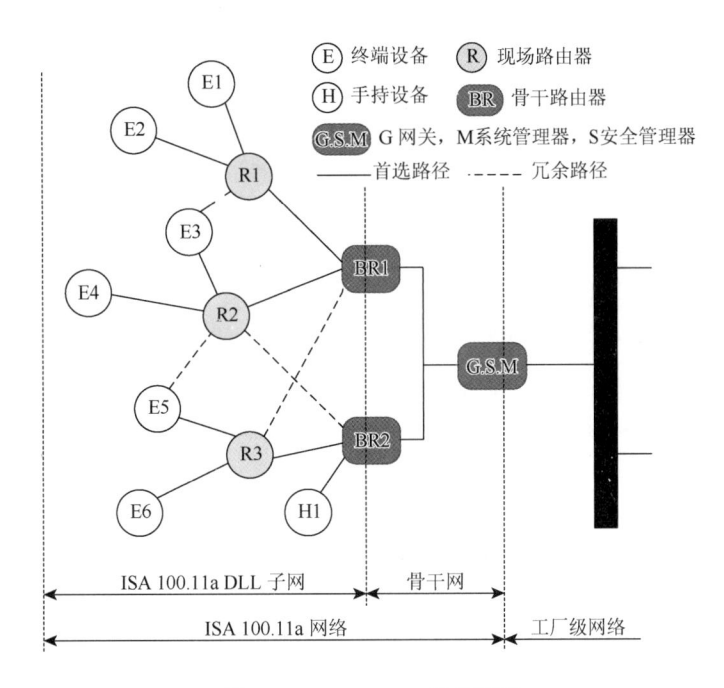

图 6-8　ISA 100.11a 网络模型

ISA 100.11a 中包含 5 种不同的设备。①手持设备：承担 I/O 角色的设备。②工作站：工作站可以用作网关、系统管理器和安全管理器。③路由设备：用作代理设备，具有时钟传播功能。④传感器：承担 I/O 角色的设备。⑤执行设备：承担路由器和 I/O 角色的设备。

（2）先决条件。新设备加入网络需要遵循的配置步骤是：加密信息和非加密配置信息需要先提供给新入网设备，从配置设备获取加密信息和非加密配置信息，使用设备中的 DMO（device management object，设备管理对象）中 Join_Command 属性命令发起加入网络请求。

2) 使用对称密钥认证机制

在 ISA 100.11a 标准中，新角色在加入网络时可选取基于对称密钥消息的方式加入网络，使用对称密钥消息加入网络时，新入网角色需设定如下与安全相关的信息。

（1）128 位加入密钥。

（2）加入密钥中存在由安全管理者共享的唯一的 64 位 ID。图 6-9 为新设备基于对称密钥消息加入网络的时序图。新设备基于对称密钥消息加入网络过程如下：设备发起公告获取请求给路由设备，路由设备发送公告给新入网设备，新设备发送带有安全的加入请求给路由设备，路由设备收到该请求后转发给系统管理者，安全管理者对安全请求进行认证，如果认证成功，则返回一个带有如下安全材料的安全响应：①生成一个新的主密钥；②给系统管理者和新设备之间生成一个新的会话密钥；③检索新设备子网的 DL 密钥和密钥 ID；④为新设备生成一个新的、唯一的挑战；⑤为上述密钥和会话提供密码保护；⑥返回安全加入响应给系统管理者。

（3）系统管理者返回安全加入响应给路由设备。

（4）路由设备转发安全加入响应给新入网设备。

（5）新入网设备发送安全确认请求给系统管理者，安全管理者进行安全确认。

（6）系统管理者返回安全确认响应给新入网设备。

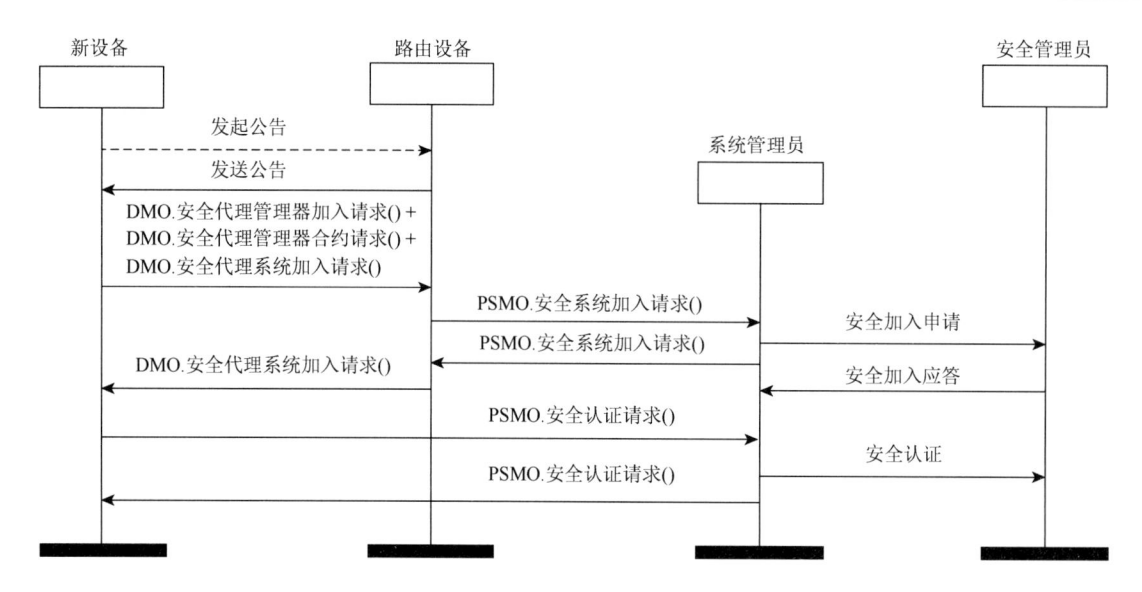

图 6-9 新设备基于对称密钥消息加入网络

PSMO（physical storage management object，物理存储管理对象）

3）使用非对称密钥认证机制

在 ISA 100.11a 标准中，新设备可采用基于非对称密钥消息加入网络。非对称密钥认证机制和对称密钥认证机制都采用固定的步骤进行认证。在非对称密钥认证机制和对称密钥认证机制中，密钥资源的分配和资源配置的步骤相同。以下内容为非对称密钥认证机制。

（1）非对称密钥协商方案。

图 6-10 所示为本标准中非对称密钥协商方案。

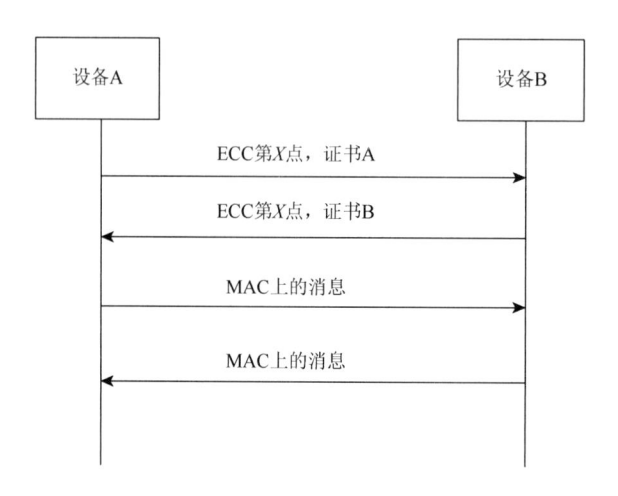

图 6-10 非对称密钥认证机制的密钥协商方案

密钥协商方案包含加入设备和安全管理者之间的信息交互。在图 6-10 中设备 A 代表加入设备，设备 B 代表安全管理者。

密钥协商方案包含如下步骤。

①密钥准备：每一步骤随机生成一个短期的公钥对并将该公钥对发送给对方。另外，双方将其静态公钥证书发送给对方。

②密钥建立：双方根据从对方收到的静态公钥和短的椭圆曲线点计算出共享密钥。因为椭圆曲线的特点，双方将得到一个相同的共享密钥。

③密钥认证：双方认证对方的长期静态密钥，通过认证得到证据——只有通信双方才能计算出共享密钥。

④密钥确认：每一方计算并通过由另一方发送的字符串传递消息认证检验值，以向另一方证明拥有共享密钥。该方法能让每一方能够确认另一方的真实身份，并证明另一方成功地计算出了共享密钥。该密钥确认消息可以认证由该方本身传递的附加字符串。

（2）密钥分配方案。

安全管理者分发密钥材料给一个新认证的设备以便于以后的通信和对其他加入网络的设备进行认证。在此，密钥材料包含 DL（device-level，设备级）密钥和会话密钥。DL 密钥用于证明网络中设备之间的网络成员资格，会话密钥用于认证和保护新认证设备和安全管理者之间的通信。

密钥分发是基于新入网设备和安全管理者之间执行的公钥密钥协商方案产生的共享密钥，如非对称密钥协商方案中所述。

4）基于非对称密钥的认证机制

基于非对称密钥的认证机制可以看作是非对称密钥协商方案和密钥分配方案的结合，其中不同的部分是帧内消息的实际生成形式。新设备采用非对称密钥消息加入网络流程与基于对称密钥消息加入网络流程，在密钥协商过程存在差异，其余部分并无太大差异。密钥协商过程已于第一部分进行了详细描述。

5）Wireless HART 标准中认证机制

（1）网络模型。

Wireless HART 网络模型采用了 mesh 网络模型，网络中包含网络管理者、网关和无线设备。图 6-11 所示为 Wireless HART 网络模型。

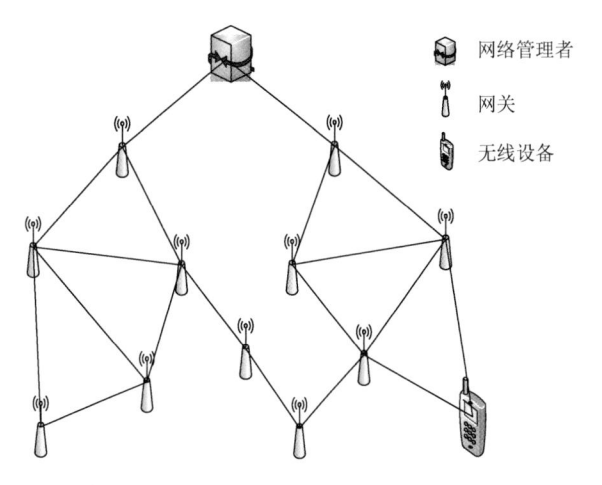

图 6-11 Wireless HART 网络模型

（2）Wireless HART 中认证机制。

Wireless HART 中认证机制分为设备认证机制和网络层加入请求。

（3）设备认证机制。

图 6-12 所示为设备认证流程。新设备加入网络需要经历：分配网络 ID、网络定位和同步、向网络管理者发起加入请求、获取会话密钥、获取与设备预配置相同的带宽。

设备认证需要经过如下流程。

①初始化入网设备配置，获取网络 ID 和加入密钥。

②新设备侦听网络流量用以进行时钟同步和识别潜在的父节点。

③新设备发送认证信息给网络管理者，网络管理者对该新设备进行认证，若认证成功，则允许该新设备加入网络。

④一旦网络管理者对该设备认证成功并视该设备为合法设备，网络管理者将提供网络管理者会话密钥和网络密钥给该新设备。

⑤一旦新设备满足网络管理者的安全需求，则安全管理者允许该新设备集成到网络，这是通过给新设备提供正常的超帧和链路完成的。

⑥网络管理者将新设备进行隔离。在这种情况下，设备属于网络中一员，只能与网络管理者进行会话但不能发布进程数据，也不具备与网关会话的权利。

⑦一旦该设备得到与网关会话的权利，该设备将变为可操作设备，然后将会获取相应的带宽和通信资源。

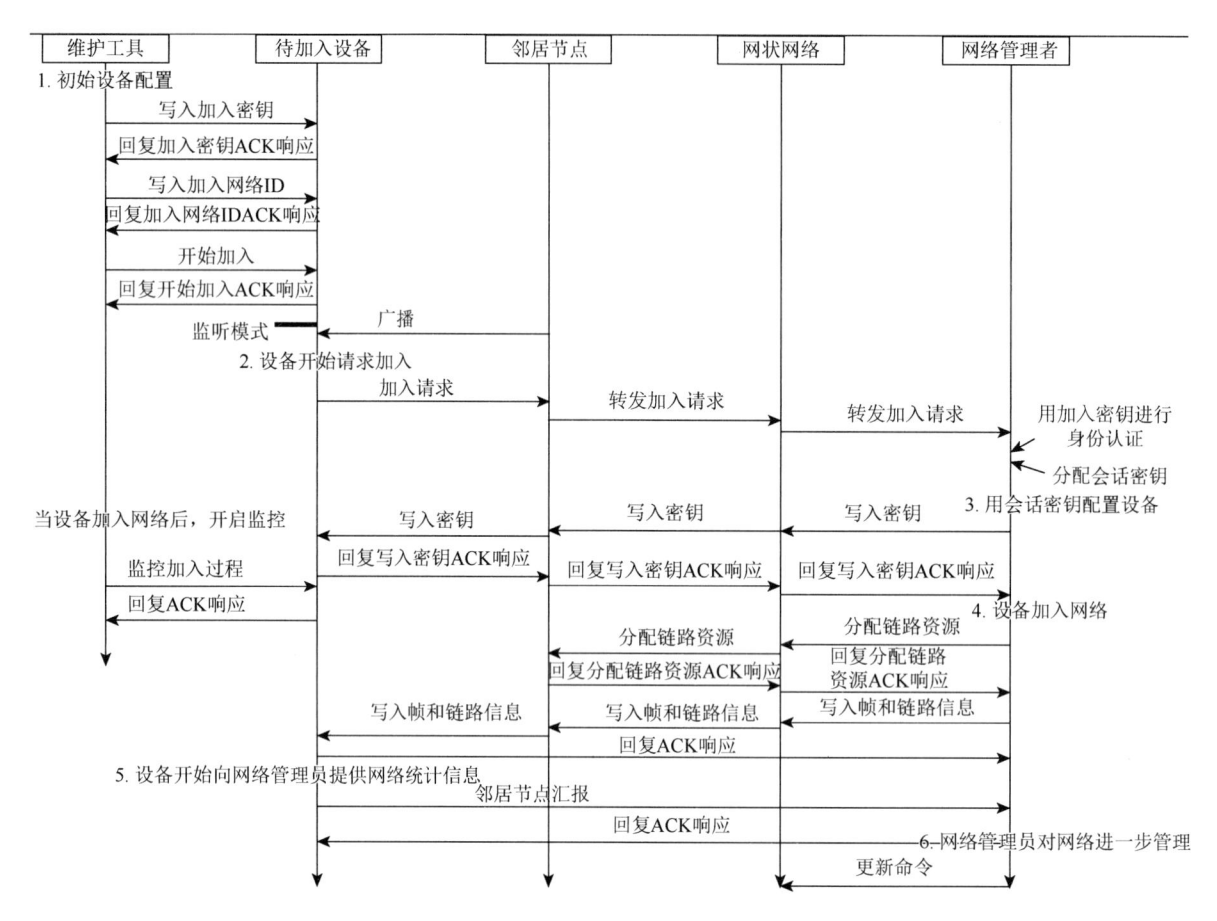

图 6-12　设备认证流程图

ACK：发送接收到的对方数据

（4）网络层加入请求。

网络层认证进程采用双级联状态机。网络层认证进程最主要的用途：接收允许加入网络响应和得到一个允许设备与网络管理者之间进行可靠通信的帧。在网络层认证进程开始时，数据链路被指示进入其加入过程并开始主动搜索网络，而当数据链路层状态机在执行通信时隙中的设备时间同步时，网络层状态机强制执行高级别的加入进程。网络层认证进程图如图6-13所示。

其状态机状态跳变流程如下。

①搜索（Searching）状态。网络层等待接收广播包，数据链路搜寻网络进行时间同步并从网络中接收 DLPDUs（数据链路层中用于传输和处理数据的基本单位）。一旦从数据链路接收到 ADVERTISE.indicate，网络层序列跳转到"Got an Advertising Neighbor"状态。

②收到广播帧（Got an Advertising Neighbor）状态。当进入"Got an Advertising Neighbor"状态

时，AdWaitTimer 初始化为 AdWaitTimeout 并启动时钟。设备继续等待并接收额外的广播包，当接收到不同的广播包的数量满足期望的数量或者 AdWaitTimer 超时，设备状态跳变到"Requesting Admission"状态。

③请求许可（Requesting Admission）状态。当进入"Requesting Admission"状态时，新入网设备将发送加入请求到网络管理者，将 JoinRspTimer 初始化为 JoinRspTimeout 状态，然后打开 JoinRspTimer。如果网络管理者返回带有网络密钥、网络管理者会话和设备 Nickname 的响应时，新入网设备状态跳变到"Loosely Coupled"状态。否则，在 JoinRsp 超时后重新发送加入请求且 JoinRetry 计数器递减，加入请求将会一直发送直到设备重试枯竭或者收到网络管理者发送的允许设备加入网络的响应。

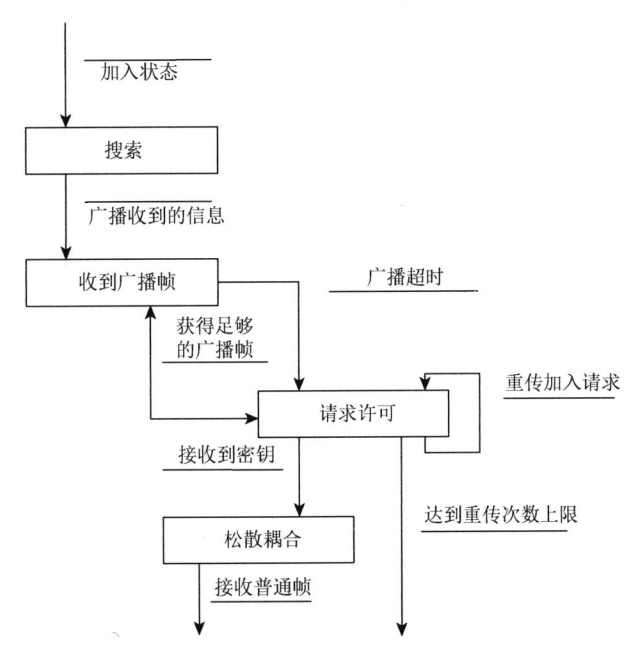

图 6-13  网络层认证进程

④松散耦合（Loosely Coupled）状态。一旦新入网设备获得 Nickname 和网络密钥，其将获得与网络管理者通信的权利。但此时，该新设备连接到网络是脆弱的（其只能通过共享加入链路通信）。新入网设备将维持在"Loosely Coupled"状态直到其收到一个正常的帧和链路。当新入网设备收到这个正常的帧时，其网络层认证成功。

6）WIA-PA 标准中认证机制
（1）网络模型。

WIA-PA 网络的网络拓扑由 mesh 网络构成，同时也可以由单独的星型网络构成，通过网络管理者（network manager，NM）的属性"Network Topology"指示。

mesh 网络拓扑如图 6-14 所示，网状网络即为 mesh 网络，由网关设备及路由设备构成；星型网络由路由设备及现场设备或手持设备（若存在）构成。

星型网络拓扑结构如图 6-15 所示，仅由网关设备和现场设备（或手持设备）构成。

WIA-PA 工业无线网络中的逻辑设备有：网关、网络管理者（NM）、安全管理者（SM）、簇首和簇成员。

网关：负责 WIA-PA 网络与其他网络之间的协议转换与数据映射。

网络管理者（NM）：管理和监测全网。

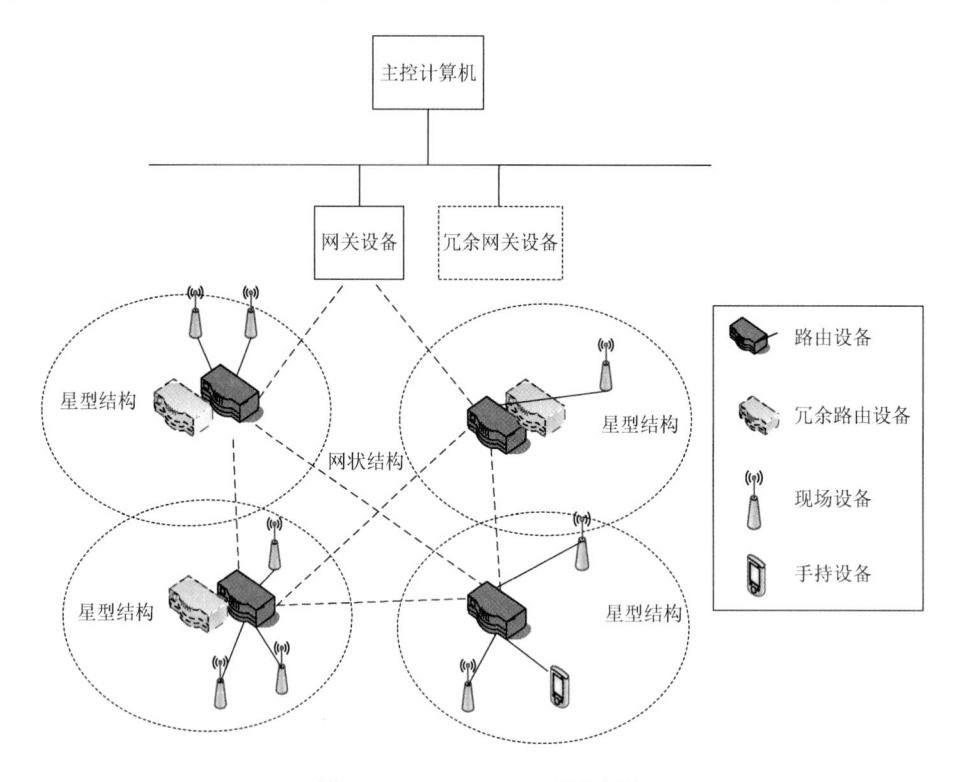

图 6-14 WIA-PA mesh 网络拓扑

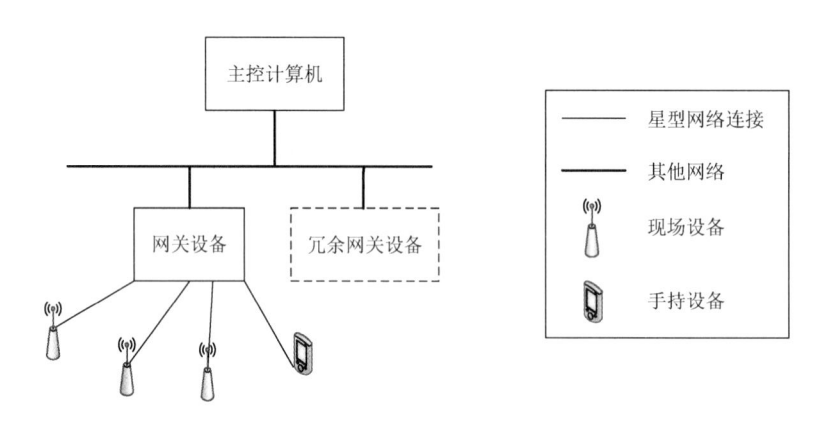

图 6-15 WIA-PA 星型网络拓扑

安全管理者（SM）：负责网关设备、路由设备、现场设备和手持设备（如果有）的密钥管理与安全认证。

簇首：管理和监测现场设备和手持设备（如果有）；负责安全地聚合及转发簇成员和其他簇首的数据。

簇成员：负责获取现场数据并发送到簇首。

（2）WIA-PA 标准中认证机制。

①现场设备通过网关设备入网。本部分描述了现场设备通过网关设备一跳入网，现场设备通过网关设备加入网络的时序图如图 6-16 所示。

在现场设备开始加入网络前，手持设备为其配置一个加入密钥。现场设备加入网络过程如下。a. 待加入网络的现场设备持续监听网络内的可用信道，获得网关设备发出的信标。b. 现场设备选择发出信标的网关设备作为簇首完成时间同步。c. 现场设备向网关设备发送加入请求。d. 收到加入请求后，安全管理者对现场设备进行安全认证。e. 网络管理者返回加入响应，如果网络拓扑类型不匹配，则在响应中置 status = FAILURE_TOP_DISMATCH；其他错误类型，则在响应中置 status = FAILURE_ELSE；如果加入成功，则在响应中置 status = SUCCESS。f. 现场设备收到网关设备发出的响应。如果认证失败，则重复 a～f；如果成功，则加入网络。

②现场设备通过路由设备入网。本部分描述了现场设备通过路由设备多跳入网，现场设备通过路由设备加入网络的时序图如图 6-17 所示。

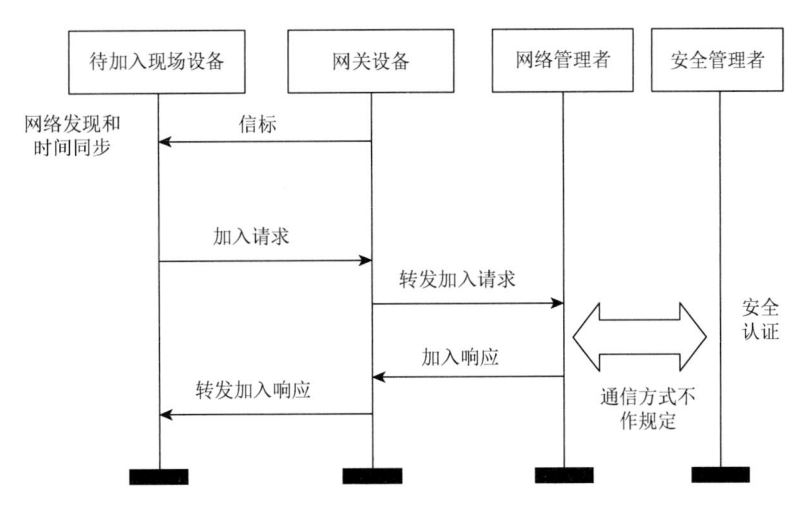

图 6-16　现场设备通过网关设备加入网络的过程

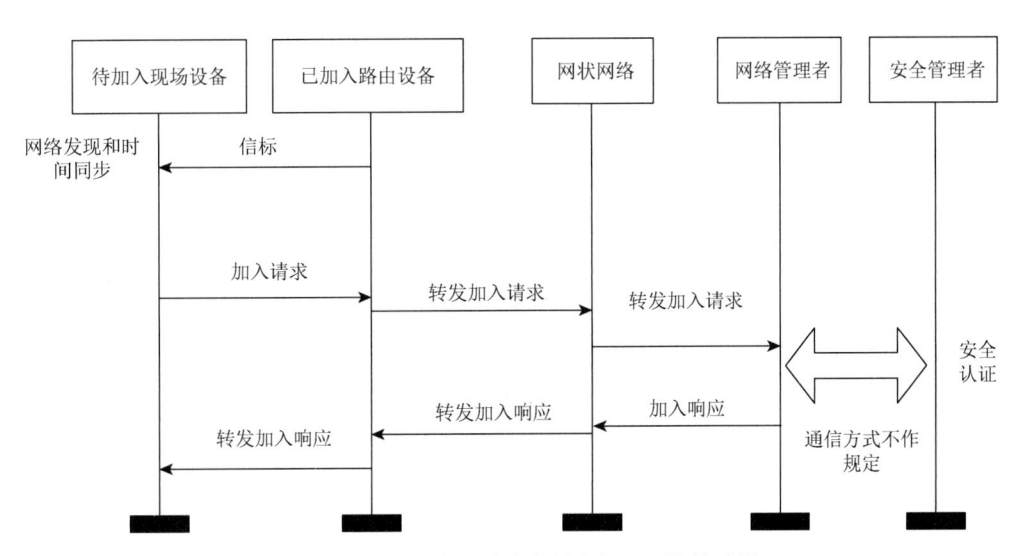

图 6-17　现场设备通过路由设备加入网络的过程

在现场设备开始加入网络前，手持设备为其配置一个加入密钥。现场设备的加入过程如下。a. 待加入网络的现场设备持续监听网络内的可用信道，获得在网路由设备发出的信标。b. 现场设备选择一个路由设备作为簇首完成时间同步。c. 现场设备向选定的簇首发出加入请求。d. 收到加入请求后，簇首转发该加入请求给网络管理者。e. 网络管理者返回加入响应后，簇首再根据自身的通信资源情况以及网络拓扑类型向待加入网络的现场设备发出响应；如果网络拓扑类型不匹配，则在响应中置 status = FAILURE_TOP_DISMATCH；其他错误类型，则在响应中置 status = FAILURE_ELSE；如果加入成功，则在响应中置 status = SUCCESS。f. 现场设备收到簇首发出的响应。如果认证失败，则该现场设备应重复 a～f 的加入过程；如果认证成功则加入网络。

3. 密钥管理

密钥管理是提高网络安全性的重要手段之一，是安全链路建立的基础，可保证密钥的安全性，包括密钥的建立、密钥的更新、密钥的销毁等过程。首先，在发起会话之前，根据交互密钥信息和节点的注册信息，进行密钥协商，建立主密钥；然后，利用主密钥派生出各类会话密钥，用于保护链路安全。该安全功能是实现信息保密性与完整性的安全需求的基础。

若密钥体制不同，则密钥管理方案也不同。根据网络的密钥体制，密钥管理方案被分为：对称密码密钥管理方案、非对称密码密钥管理方案。

在较长一段时间内，非对称密码密钥管理方案被认为是不适合低功耗网络的。其计算复杂度高，管理难度大，对网络低功耗产生负面影响。相比而言，基于对称密码密钥管理方案具有密钥长度短、设备开销小、存储空间小、通信开销低的特点。

### 4. 防重放攻击

在工业无线网络中，数据传输是利用微波在空气中进行辐射传播，攻击者可以在无线接入点所覆盖的任何位置侦听、拦截、重放、破坏用户的通信数据。在这些攻击中，重放攻击是最常见的、危害性最大的一种攻击。在可以受到攻击的认证协议中，90%以上来自重放攻击。重放攻击（replay attack，RA）也称为新鲜性攻击（freshness attack，FA），就是攻击者发送一个目的主机已接收过的包。该攻击一方面通过占用接收系统的资源使系统的可用性受到损害，另一方面攻击者利用网络监听或者其他方式盗取认证凭据，之后再把它重新发给认证服务器，来达到欺骗系统的目的[27]。

目前工业无线网络中比较常用的防重放攻击技术就是加随机数和加时间戳。

（1）加随机数。该方法的优点是认证双方不需要时间同步，双方记住使用过的随机数，如发现报文中有以前使用过的随机数，就认为是重放攻击。缺点是需要额外保存使用过的随机数，若记录的时间段较长，则保存和查询的开销较大。

（2）加时间戳。该方法的优点是不用额外保存其他信息。缺点是认证双方需要准确的时间同步，同步越好，受攻击的可能性就越小。但当系统很庞大，跨越的区域较广时，要做到精确的时间同步并不是很容易。

在实际中，常将方法（1）和方法（2）组合使用，这样就只需保存某个很短时间段内的所有随机数，而且时间戳的同步也不需要太精确。消息附带的时间戳标明该消息发送的系统时间，时间戳能够保证消息在一段时间内的新鲜性，接收方只接收时间戳与当前系统时间的差值在设定范围之内的消息。这种给关键信息加上单个时间戳的机制能保证消息是在最近一段时间内发送的，防止重复攻击。

### 5. 路由安全

在工业现场网络中，如果路由遭受一些攻击，可能会导致整个网络瘫痪。现场网络的安全性在一定程度上将直接由安全的路由机制决定，所以安全路由协议是整个现场网络安全研究的重点。根据网络结构来看，现有的路由协议主要分为平面路由协议、层次路由协议和地理位置路由协议。

1）平面路由协议

在平面路由协议中，网络中的所有传感节点的地位都一样，不存在功能特殊的节点，共同协作完成对感知区域的监控；传感节点将采集到的数据通过单跳或多跳的方式传输到汇聚节点，因此距离汇聚较近的节点的传感节点数据转发量过大，会造成节点过早死亡。典型的平面型路由协议主要有 DD（directed diffusion，定向扩散）路由协议、Flooding（洪泛）和 Gossiping（闲聊）路由协议、传感器信息协商（sensor protocols for information via negotiation，SPIN）路由协议等。

2）层次路由协议

该路由协议引入了簇的概念，网络周期性地选取簇头节点，普通节点选取合适的簇头节点发送入簇请求，成簇完成后进入稳定的数据传输阶段，簇内节点将采集到的数据传输至簇头节点，簇头节点将接收到的网内的数据进行数据融合处理后再发送至汇聚节点。在这类路由协议中，簇头节点的能耗大于簇内节点，因此一般网络周期性地重新选取簇头节点来均衡网内节点的能耗。典型的分簇路由协议主要有 LEACH、PEGASIS、TEEN 等。

3）地理位置路由协议

在这类路由协议中，所有的传感节点都需要知道自己的位置信息。基于地理位置的路由协议经常和基于分簇的路由协议结合使用,如 GAF(geographical adaptive fidelity,地理自适应保真度),根据节点的地址位置形成大小均匀的簇。基于地理位置的分簇路由协议能缩短节点的数据传输距离,节约节点的能量消耗。典型的基于地理位置路由协议主要有 GPRS(general packet radio service,通用分组无线服务)协议,GEAR(geographical and energy aware routing,地理和能量感知路由)协议和 GAF 协议等。

根据应用场景的不同,各种类型的路由协议各有特点,但是分簇路由协议在节点组织管理和网络的可扩展性等方面都要优于平面路由协议,且尤其适合大规模分布式的带状无线传感器网络(wireless sensor network,WSN),是比较有潜力的组织方式。相比平面路由协议,分簇路由协议具有以下几个优点。

(1)分簇路由协议中,节点周期性地进入休眠状态;由于节点在监听状态和发送数据状态的能量消耗相差不多,节点进入休眠状态能大幅地节省自身的能量消耗。

(2)在分簇路由协议中,簇内节点将采集到的数据发送给簇头节点,簇头节点进行数据融合后发送至汇聚节点,这样大幅减少了网络中冗余数据的传输量,延长网络的生存周期。

(3)分簇路由协议中,簇内节点将感知区域的采集数据发送给簇头节点,不直接与汇聚节点通信,也不需要建立到汇聚节点的路由,这样大幅减少了网络中路由发现的数据量。

(4)在分簇网络结构中各个簇相互独立,当有传感节点新加入网络或是有节点突然死亡时,网络的拓扑结构基本不变。

(5)分簇路由的网络结构具有良好的扩展性,非常便于管理;能够应对变化的 WSN,比较适用于大规模的网络应用。

平面路由协议不适合应用在大规模的网络中,缺乏一定的可扩展性;而基于分簇的路由协议可扩展性好,能在一定程度上延长网络的生存周期,所以目前在大规模应用的网络中大多数都使用基于分簇的路由协议。

6. 数据融合

在工业无线网络中,大量廉价的工业传感器节点被部署在工厂车间,用于监测生产环境,这些传感器节点将会产生海量的数据。数据融合就是一种解决工业无线网络资源受限的重要手段,主要方法是对数据进行汇聚并通过融合算法(如求和、求最值、求平均数等)减少网络内传输的数据量,以减少网络通信开销,降低系统时延,延长生命周期。各种融合函数的性质如表 6-2。

表 6-2 融合函数分类

| 数据类型 | 融合算法 | |
|---|---|---|
| | 可分布式计算 | 集中式计算 |
| 重复不敏感 | 最大值、最小值 | — |
| 重复敏感 | 求和、计数 | 中位数、众数 |

其中,可分布式计算的函数(如最值、求和、计数)可应用到分层(分簇)网络中,而中位数和众数则需要对所有数据进行统计和比较才能得出,所以它们只适用于集中式计算。在分层网络的融合过程中,需要对各个数据进行级联,网络规模的增大会使通信开销呈线性增长,对于上述融合函数来说,求和函数的应用范围更加广泛,因为基于数值的和可以统计出方差、标准差和均值,有利于决策者统计分析,所以本方案也采用 SUM 函数作为融合函数。

传感器节点的监测范围有交叉,以及为了增强系统的稳定性,同一区域内又可能布置了多个传感器,造成传感器节点采集的数据有一定的冗余。而这些海量的数据如果全部单独上传到基站,又将会造成网络拥塞。

如图 6-18 所示,在采用非融合操作时,汇聚节点需要接收 12 个数据包,而采用融合操作后,汇聚节点只需要接收 3 个数据包，由此可见，数据融合能够显著降低网络内数据包的传输量，同时减轻靠近汇聚节点的簇首的通信负担。

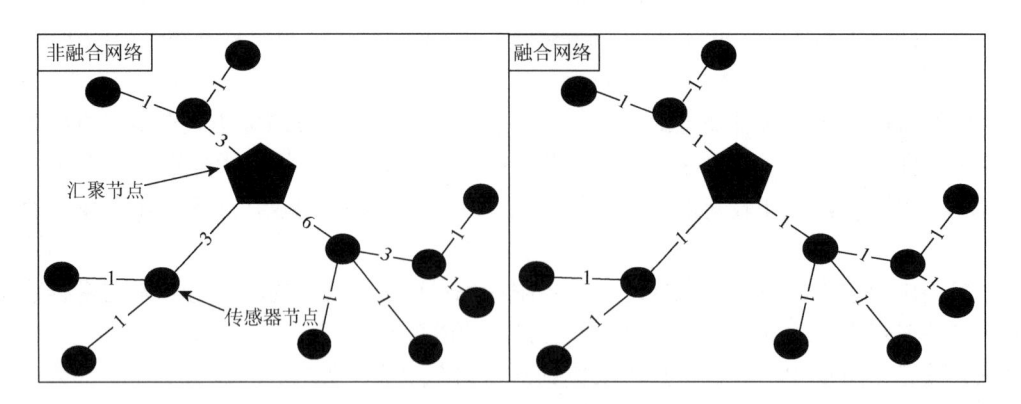

图 6-18　非融合和融合网络内数据传输量对比

1）工业无线网络中数据融合的作用

（1）减少网内数据传输量。在传感器节点采集数据上传过程中，有价值的数据只占节点发送的数据帧的小部分，所以无须单独上传整个数据帧，通过在中间节点实施数据融合操作，汇聚节点无须接收每个节点的数据，这样一来，网络内的数据传输总量将会减少，同时，中间节点无须多次转发数据，节约了能量。

（2）降低网络拥塞。通过数据融合，汇聚节点不再接收每个节点单独的数据，而是接收邻居节点发送的融合数据，中间节点转发数据的次数将会减少，从而降低了网络拥塞和传输时延。

2）资源受限的工业无线网络中数据融合防御的作用

在资源受限的工业无线网络中，采用数据融合机制能够提高数据采集效率，并有效防御消息篡改、窃听攻击、拒绝服务攻击、重放攻击、女巫攻击等。

（1）消息篡改。攻击者截获网络内传输的数据包，并故意插入或删除部分数据从而导致融合结果错误。

（2）窃听攻击。由于无线信道的开放性，攻击者使用无线嗅探工具任意抓取无线数据包，如果数据未进行加密处理，节点传输的数据将会泄露。

（3）拒绝服务攻击。攻击者声称自己是合法节点，向网络中某个节点发送大量无意义的数据，消耗节点能量，造成网络瘫痪从而使合法节点无法正常获取服务。

（4）重放攻击。攻击者获取某个节点的历史数据后，向融合节点发送旧的数据包，由于该数据包已经失去时效性，历史数据的融合将无法反映实时的统计情况，造成决策者的错误判断。

（5）女巫攻击。攻击者利用单个节点来伪造多个身份存在于网络中，女巫节点会广播自己的 ID，使其出现在其他节点的路由表中，当有数据要经过女巫节点转发时，它可能会转发给其他女巫节点或者直接不转发，从而降低网络的冗余性和健壮性，干扰数据融合的正常操作。

### 6.3.2.2　设备层工业现场网络的主动防御关键技术

作为新兴的网络安全防御技术，为克服传统防御方式一贯的被动防御，主动防御技术采用了完全不同的理念和技术。

主动防御技术的关键在于"主动"二字，它分析以往的网络攻击方式和攻击途径，找出其中的规律和特点，对于未来可能发生的网络攻击形势做出预判，减少部署时间，扭转了一直以来在网络攻防过程中都处于被动防御的不利局面。主动防御技术的完善还在于它的不断自我学习过程，在防御网络攻击的同时，通过自我学习过程，可以发现计算机系统本身存在的漏洞及缺陷，通过修复这些漏洞，实现系统的动态加固。它还能够对计算机网络进行全面监控，对于网络攻击作出实时响应，包括转移攻击目标、对攻击方式作出检测以及对攻击者进行追踪和反制等手段,以降低网络攻击造成的破坏程度[28]。

1. 入侵检测技术的基本概念及原理

入侵检测系统(intrusion detection system,IDS)相当于防火墙的第二道安全闸门。入侵检测是对入侵行为的发觉。这种入侵行为包括系统外部的入侵和系统内部用户的非授权访问行为等。入侵检测主要是通过查看网络的各种日志或者网络数据流量来识别该网络或系统中是否有违反安全策略的行为和被攻击迹象,进行入侵检测的软件和硬件的组合便是入侵检测系统。

入侵检测系统的基本原理如图 6-19 所示,主要分为 4 个阶段:数据收集、数据处理、数据分析和响应处理。

(1)数据收集。数据收集是入侵检测的基础,通过不同途径采集的数据,需要采用不同的方法进行分析。

(2)数据处理。在数据收集阶段,采集到的原始数据量非常大,而且还夹带着噪声。为了进行全面的、进一步的分析,需要从原始数据中去除冗余、噪声,并进行格式化及标准化处理。

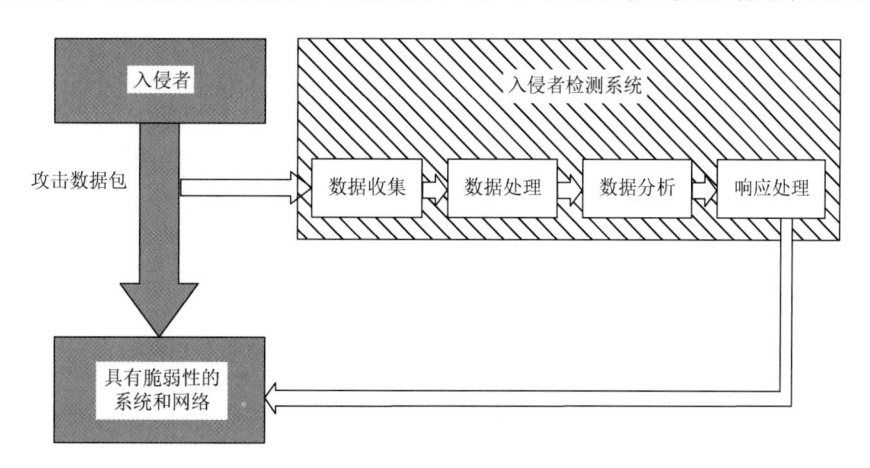

图 6-19 入侵检测基本原理

(3)数据分析。对于经过数据处理阶段所得到的数据,需要进行分析,通过采集统计、智能算法等检查数据是否存在异常现象。

(4)响应处理。当发现或者怀疑存在入侵者时,系统需要采取相应的保护措施进行防御。常用的防御措施包括:切断网络连接、记录日志、通过电子邮件或者电话通知管理员。

2. 入侵检测系统的分类

按照不同的角度,入侵检测系统有下面几种分类方法。

1)集中式和分布式入侵检测系统

按照入侵检测体系结构分类,入侵检测系统可以分为集中式入侵检测系统和分布式入侵检测系统。

(1)集中式入侵检测系统:分析部件位于固定数量的场地,包括基于主机的集中式入侵检测系统和基于网络的集中式入侵检测系统。集中式检测的优点是可移植性强、实时检测、全面覆盖、较低成本。

(2)分布式入侵检测系统:通过分布在不同主机或网络上的监测实体来协同完成检测任务。分布式检测的优点是实时告警和实时响应,其缺点是降低目标机的性能、没有统计行为信息、没有多主机标志、没有用于支持起诉的原始数据、降低了数据的辨析能力和系统离线时不能分析数据。

2)误用检测和异常检测系统

误用检测系统:通过收集非正常操作的行为特征,建立相关的攻击特征库,当监测的用户或系统行为与特征库中的记录相匹配时,系统就认为这种行为是入侵。这种检测方法是根据已知的入侵特征来检测攻击或威胁,因此该方法的前提是所有的入侵行为都有可以被检测到的特征。如果一种正常行为特征与攻击特征库发送匹配,这个时候系统会发生误报;如果系统中有某种新的攻击出现,此时攻击特征库里面没有与之匹配的特征,则系统就会发生漏报。误用检测系统的特点:采用特征匹配,误用检测系统可以降低错报率,但无法检测到新的攻击,漏报率相对较大,缺乏灵活性。攻击特征的细微变化都会使得误用检测系统无能为力。因此逐渐被异常检测系统所取代[29]。

误用检测系统常用的分析方法有以下几种。

(1)基于状态迁移分析的误用检测技术。攻击者的一系列入侵行为可能导致系统从一个初始状态(没有入侵时,系统的初始状态)转入某些危险状态(攻击者成功入侵系统后的系统状态),这种危险状态可能危及系统安全。这里所指的状态代表系统此刻的特征,包括网络流量、系统用户数量、传输延迟时间、网络拥塞程度、带宽利用率等。在系统初始状态和系统危险状态之间,可能存在一个或者多个状态。基于状态迁移分析的误用检测技术主要是考虑攻击行为的每一个步骤对系统状态迁移的影响,针对每一种入侵确定系统不同的初始状态和入侵状态以及导致状态转换的特征事件,通过观察系统状态的变化可以检测到一些相关攻击,比如协同攻击等。基于状态迁移分析的误用检测技术是用状态转换图来表示每一个状态和特征事件,该方法的缺点在于不善于分析过分复杂的事件,也不能检测与系统状态无关的入侵[30]。

(2)基于专家系统的误用检测技术。基于专家系统的误用检测方法也称为基于规则的检测方法,专家系统是以专家的经验知识为基础建立的以知识库和推理机为中心的智能软件系统结构。通过将入侵行为编码成专家系统定义的规则,安全专家将经验知识表示成 if-then 结构的规则,其中 if 部分是构成入侵所要求的条件;then 部分是发现入侵后采取的相应措施。在对入侵行为进行规则描述之后,对系统状态运用推理算法检测入侵,基于专家系统的误用检测技术需要解决对数据和知识库的维护,该方法灵活性比较高,检测能力比较强[31]。

(3)基于模式匹配的误用检测技术。模式匹配就是将从网络中收集到的信息与系统的误用模式数据库进行匹配,从中发现是否存在攻击行为和违背安全策略的行为。通过将攻击信息编写成可以与系统匹配的模式,如进攻过程可用过程指令或是输出表示,通过对系统自身产生的和系统之间传输的文本进行模式匹配实现。此方法灵活性不强,但是原理简单,可扩展性好,是目前最为常用的一种入侵检测技术,但需要不断升级已有的模式库以便检测新的攻击[32]。

3. 典型的入侵检测模型与算法

1)分布式数据审计入侵检测模型

无论是基于主机数据的入侵检测模型还是基于网络数据的入侵检测模型都存在不同程度的劣势,所以分布式(也称为混合式)入侵检测系统模型成为现代入侵检测研究的主要发展方向之一。分布式入侵检测系统主要解决的问题如下。

(1)模型组建灵活性强。入侵检测的核心在于数据收集和数据审计。在分布式入侵检测系统中,审计数据包含网络数据和主机数据,其灵活性主要体现在数据审计分布方式和响应结果分布式两个方面。数据审计是指对收集的有关网络安全的特征数据进行分析的过程。这些特征数据包括报文信息、流量信息、节点各个时刻发送的有效数据等。这些数据特征的相关因素繁多,在分布式入侵检测系统中,可以将不同的特征数据植入不同阶层的 IDS 代理中,实现审计的分布化。响应是入侵检测系统的重要环节,在恶意行为识别得出结果后,产生应对措施也是 IDS 的重要设计指标。正如电网系统的短路保护一样,在不同的网络阶层发生的不同程度的入侵破坏其对应的响应办法都不相同。只有分布式入侵检测系统才能实现这样的联动保护。

(2)最大限度地发挥资源优势。物联网节点的最大限制在于能量有限性。在网络中,总是期望数据通信开销占能量总开销尽可能多的部分。而数据安全相关计算开销、入侵检测开销都不属于数据通信开销。从这个方面来说,分布式入侵检测系统由于审计数据处理办法的灵活性,能将数据审计任务的能量开销尽可能合理地分摊到各个节点上,而不会集中在某一个能量充沛的节点上,或者完全均分到携带能量不一致的不同节点上。

2)匹配模式与统计分析入侵检测模型

入侵检测数据审计技术主要包括误用检测与异常检测。两种检测技术各有优势,所以人们通常将两种技术结合使用,然后再通过数据融合技术综合分析,输出入侵检测响应。基于统计分析的异常检测与基于模式匹配的误用检测相结合的入侵检测系统(pattern matching and statistical analysis intrusion detection system,PMSAIDS)模型,降低了仅使用单个入侵检测技术时的漏报率与误报率,其结构如图 6-20 所示。模式匹配 IDS 将所有入侵行为、手段及其变种的特征组合成模式匹配数据库。检测时,通过判别网络中搜集到的当前数据特征与数据库匹配分析,并输出匹配结果。这种数据处理方式有误报率低的特点,但是若入侵行为的数据特征没有出现在入侵模式库中,则会产生漏报现象。

通过统计分析方法对流量进行统计分析后,建立系统正常行为的轨迹,将所有与正常轨迹不同的系统状态视为异常活动,从而检测异常活动。

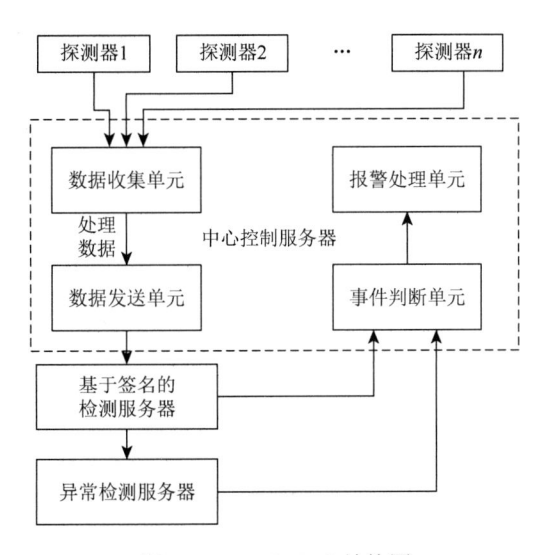

图 6-20 PMSAIDS 结构图

基于模式匹配与统计分析的入侵检测模型包括 4 个功能部分:探测器、中心控制服务器、基于签名的检测服务器和异常检测服务器。探测器负责收集系统的审计数据,并将数据处理成适当的格式提交给中心控制服务器;中心控制服务器是系统的控制台,可以配置整个系统信息,接收审计数据,控制系统行为,处理后传送给基于签名的检测服务器,接受基于签名的检测服务器与异常检测器的分析结果,对审计数据做出判断,若发现异常则报警;基于签名的检测服务器包含模式匹配器、攻击特征库与正常特征库,模式匹配器将审计数据与两个特征库通过匹配算法匹配,判断审计数据是否与其中一个特征库符合,从而判断该行为是否异常;异常检测服务器包括轮廓引擎与异常检测器,它对审计数据进行分析,判断该行为与正常行为轮廓是否匹配,若不匹配则报警。

3)非合作博弈论入侵检测模型

博弈论(game theory)是根据信息分析及能力判断,研究多个决策主体之间行为的相互作用及其相互平衡,使得收益或效用最大化的一种对策理论,是运筹学的一个重要学科。博弈主要包括合作博弈(cooperative game)与非合作博弈(non-cooperative game),它们的区别主要是:人们的行为相互作用时,当事人之间是否可以达成一个具有约束力的协议,如果可以,就称为合作博弈,反之则是非合作博弈。合作博弈论比非合作博弈论复杂,理论上不如非合作博弈论成熟,目前所指的博弈论一般是指非合作博弈论。非合作博弈强调的是个人理性,即个人最优决策,它的结果可能是有效率的,也可能是无效率的[33]。

### 4）基于贝叶斯推理的入侵检测算法

贝叶斯推理是由英国牧师贝叶斯发现的一种归纳推理方法，作为一种推理方法，贝叶斯推理是从概率论中的贝叶斯定理扩充而来。贝叶斯定理断定：已知一个事件集 $B_i$ ($i=1, 2, \cdots, k$) 中每一事件 $B_i$ 的概率 $P(B_i)$，又知在 $B_i$ 已发生的条件下事件 $A$ 的条件概率 $P(A|B_i)$，就可得出在给定 $A$ 已发生的条件下任何 $B_i$ 的条件概率（逆概率）$P(B_i|A)$，即

$$P(B_i | A) = \frac{P(B_i)P(A|B_i)}{P(B_1)P(A|B_1) + P(B_2)(A|B_2) + \cdots + P(B_n)P(A|B_n)}$$

可以选取网络系统中不同方面的特征值（如网络中的异常请求数量或者系统中出错的数量），用 $B_i$ 表示。通过测量网络系统中不同时刻的 $B_i$ 变量值，设定 $B_i$ 变量有两个值，1 表示异常，0 表示正常。事件 $A$ 用来表示系统正在受到攻击入侵。每个变量 $B_i$ 的可靠性和敏感性表示为 $P(B_i=1/A)$ 和 $P(B_i=1/\overline{A})$，那么在测定了每个 $B_i$ 值的情况下，由贝叶斯定理可以得出 $A$ 的可信度为

$$P(A|B_1, B_2, B_3, \cdots, B_n) = P(B_1, B_2, B_3, \cdots, B_n | A) \frac{P(A)}{P(B_1, B_2, B_3, \cdots, B_n)}$$

其中要求给出 $A$ 和 $A$ 的对立事件 $\overline{A}$ 的联合概率分布，然后设定每个测量值 $B_i$ 仅与 $A$ 相关，并且与其他的测量值 $B_i$ 无关，则有

$$P(B_1, B_2, B_3, \cdots, B_n | A) = \prod_{i=1}^{n} P(B_i | A)$$

$$P(B_1, B_2, B_3, \cdots, B_n | \overline{A}) = \prod_{i=1}^{n} P(B_i | \overline{A})$$

从而得到

$$\frac{P(A|B_1, B_2, B_3, \cdots, B_n)}{P(\overline{A}|B_1, B_2, B_3, \cdots, B_n)} = \frac{P(A) \prod_{i=1}^{n} P(B_i | A)}{P(\overline{A}) \prod_{i=1}^{n} P(B_i | \overline{A})}$$

依据各种异常检测的值、入侵的先验概率，以及入侵时每种测量值的异常概率，能够判断出入侵攻击的概率。为了检测结果的准确性，还需要考虑各个异常测量值 $B_i$ 之间的独立性，此时可以通过网络层中不同特征值的相关性分析，确定各个异常变量与入侵攻击的关系。

#### 6.3.2.3 设备层工业现场网络的入侵容忍关键技术

入侵容忍技术是第三代网络安全技术，隶属于信息生存技术的范畴，是当前信息安全领域的热点之一。信息生存技术所做的主要工作是研究网络信息的可生存性评估和增强技术，达到能够分析和定位信息系统可生存性的弱点，并在给出量化分析结果基础上，提出可改进生存性状况的增强方法。而入侵容忍技术是指在入侵行为已产生的情况下，系统某些部件已遭受破坏，仍可通过入侵容忍手段阻止对系统的安全威胁，系统可为合法用户继续提供有效、可靠的服务，实现服务的最大化，以确保信息系统的保密性、完整性、真实性、可用性和不可否认性。

基于网络安全的入侵容忍技术就是要求网络中任何单点的故障不会影响整个网络系统的运转。入侵容忍可以通过对权力的扩散及技术上单点失效的预防，来保证任何少数设备、任何局部网络、任何单一场点都不可能做出泄密或破坏系统的事情，任何设备、任何个人都不会拥有特权。如果一个系统具有较高的入侵容忍能力，就需要某种技术来避免在短时间内所有组件同时受到攻击，需要所有组件没有相同的漏洞。而解决这个问题的方式就是满足组件多样性。

冗余组件满足在设计结构或者实现方法等方面存在一个或者多个不同之处，但在实现功能上来说是相同的。这样能够有效地防止入侵者找到冗余组件中相同的弱点，加大了攻击者完全破坏系统的难

度，从而为系统恢复处理提供时间。实际上，可以使用从不同卖方那里得到的防护软件来降低因一个普通的小错误或配置错误而危及整个系统的机会，也可以在内部与外部数据包过滤系统中使用不同商家的路由器；同时还要防止不同系统被同一个人（或一组人）配置，这样可能会使错误具有普遍性。例如，如果问题出自特殊工作的误解，那么各种系统可能按照这种误解错误地配置。

#### 6.3.2.4 设备层工业控制系统安全关键技术

工控系统面临的未知威胁呈现出持续性、组合性（利用代码、功能、流程、逻辑等漏洞）、跨域性（信息空间渗透到物理空间）、定点性（针对确定目标、确定工艺）等特点，传统工控防护缺乏与工控软硬件、协议、生产装置和工艺等物理空间的深度融合，难以在工程应用中发挥最大效用。

工业控制系统中 SCADA、DCS、PLC 等面临持续性攻击，需针对电力、冶金、石化等行业工控系统存在的安全风险，结合行业业务工艺流程、实时性、可靠性要求，分析 SCADA、DCS、PLC 等工控系统的工程特性，以及 DNP 3.0、IEC 104、Modbus TCP 等各类工控协议特点，在不影响正常生产和业务运作的情况下，实现深度安全主动防御整体解决方案和适配规范，有效提升工控安全防护水平，为工控系统深度安全防护技术在大规模工程下的应用奠定基础。

监控与数据采集系统（SCADA）是以计算机为基础的 DCS 与电力自动化监控系统，可应用于电力、冶金、石油、化工、燃气、铁路等领域的数据采集与监视控制以及过程控制等诸多领域。在电力系统中，SCADA 系统应用最为广泛。

分布式控制系统（DCS）是一个由过程控制级和过程监控级组成的以通信网络为纽带的多级计算机系统，综合了计算机（computer）、通信（communication）、显示（CRT）和控制（control）等 4C 技术，其基本思想是分散控制、集中操作、分级管理、配置灵活、组态方便。

可编程逻辑控制器（PLC），是专为工业生产设计的一种数字运算操作的电子装置，它采用一类可编程的存储器，用于其内部存储程序，执行逻辑运算、顺序控制、定时、计数与算术操作等面向用户的指令，并通过数字或模拟式输入/输出控制各种类型的机械或生产过程。

《工业控制系统安全指南》（NIST SP800-82）给出建立安全的工业控制系统（ICS）的指导，这些 ICS 包括 SCADA、DCS 和 PLC。国家标准《工业通信网络 网络和系统安全 建立工业自动化和控制系统安全程序》（GB/T 33007—2016）、《工业自动化和控制系统网络安全 可编程序控制器（PLC）》（GB/T 33008.1—2016）、《工业自动化和控制系统网络安全 集散控制系统（DCS）第 1 部分：防护要求》（GB/T 33009.1—2016）、《工业自动化和控制系统网络安全 集散控制系统（DCS）第 2 部分：管理要求》（GB/T 33009.2—2016）、《工业自动化和控制系统网络安全 集散控制系统（DCS）第 4 部分：风险与脆弱性检测要求》（GB/T 33009.4—2016）等系列标准从工业自动化和控制系统的不同网络层次和组成部分规定了网络安全的检测、评估、防护和管理等要求，为工控系统的设计方、设备生产商、系统集成商、工程公司、用户、资产所有人及评估认证机构等提供了可操作的工控安全标准。

为了妥善地解决工业控制系统中的安全问题，必须有一个跨部门的网络安全团队，分享他们在不同领域的知识和经验，评估和减轻 ICS 的风险。网络安全团队成员至少应包括组织的 IT 人员、控制工程师、控制系统操作员、网络和系统安全专家、管理层成员和物理安全部门。为保持连续性和完整性，网络安全团队应向控制系统供应商和/或系统集成商进行咨询。网络安全小组应直接向场站管理者（如工厂主管）或公司的 CIO/CSO 报告，后者应对 ICS 网络安全承担全部的责任和问责。一个有效的 ICS 网络安全方案应使用"纵深防御"战略，即分层的安全机制，使任何一个机制失败的影响被最小化。

在典型的工业控制系统中的"纵深防御"战略包括以下几方面。

（1）制订专门适用于 ICS 的安全策略、程序、培训和教育材料。

（2）基于国土安全咨询系统威胁级别来考虑 ICS 的安全策略和程序，随着威胁程度的增加部署逐渐增强的安全机制。

（3）解决从架构设计到采购到安装再到维护退役的 ICS 整个生命周期的安全。

（4）为 ICS 实施多层网络拓扑结构，在最安全和最可靠的层进行最重要的通信。

（5）提供企业网络和 ICS 网络之间的逻辑分离（如在网络之间架设状态检测防火墙）。

（6）采用 DMZ 网络体系结构（即防止企业和 ICS 网络之间的直接通信）。

（7）确保关键部件和网络冗余。

（8）为关键系统设计优雅降级（容错），以防止灾难性的级联事件。

（9）禁用 ICS 设备中经测试后确保不会影响 ICS 运作的未使用的端口和服务。

（10）限制对 ICS 网络和设备的物理访问。

（11）限制 ICS 的用户权限，只开放为执行每个人的工作所必需的权限（即建立基于角色的访问控制和基于最小特权原则配置每个角色）。

考虑为 ICS 网络和企业网络的用户分别使用独立的身份验证机制和凭据（即 ICS 网络账户不使用企业网络的用户账户）。利用现代技术，如智能卡的个人身份验证。

无论是针对 ICS 或其内部，在技术上可行的情况下实施安全控制，如入侵检测软件、杀毒软件和文件完整性检查软件，可预防、阻止、检测和减少恶意软件的侵入、暴露和传播。

在适当的地方对 ICS 的数据存储和通信应用安全技术，如加密和/或加密哈希。

在现场条件下进行了所有安全补丁包测试后，如果可能的话，在安装到 ICS 之前先将 ICS 的数据存储和通信应用安全技术迅速部署到测试系统上。

在 ICS 的关键领域跟踪和监测审计踪迹。

### 6.3.3 工业物联网边缘侧安全技术

#### 6.3.3.1 工业物联网边缘侧被动防御关键技术

由于边缘节点向外直接接入了互联网络，进而将工业现场设备直接暴露于互联网络中，存在非常大的安全隐患，特别是数据的隐私安全问题。而边缘节点的信息安全非常重要。边缘节点是整个工业物联网架构中的数据传输枢纽，南向直接与现场设备相连，北向直接与工业云平台相连，边缘节点的数据安全直接关系到现场设备与工业云平台的数据安全。

本节将采用加密算法等被动防御技术解决工业物联网边缘侧安全问题。

1. 轻量级分组加密

1）基本原理

分组加密是用于加密或者解密具有固定长度分组数据的对称加密算法。分组加密的具体实现过程如图 6-21 所示，具有固定长度的明文分组使用密钥生成机制生成的密钥对其进行 $n$ 轮运算操作，输出与输入明文等长度的密文分组。其中，在每轮运算操作中，密钥生成算法会生成不同的密钥，运算操作包括移位、置换、异或等多种运算操作。

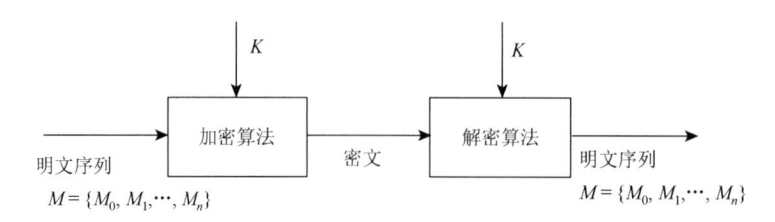

图 6-21 分组加密的原理

2）构造结构

现代分组的主流结构有替代-置换网络（substitution permutation networks，SPN）结构和法伊斯特尔（Feistel）网络结构。

（1）SPN 结构。

分组加密最常见的结构是 AES 使用的 SPN，结构如图 6-22 所示，图中 S 为替代操作（substitution），P 为置换操作（permutation），$S_i$ 为每轮替换操作的输入参数，$K_i$ 为每轮与置换输出结果进行异或运算的密钥。

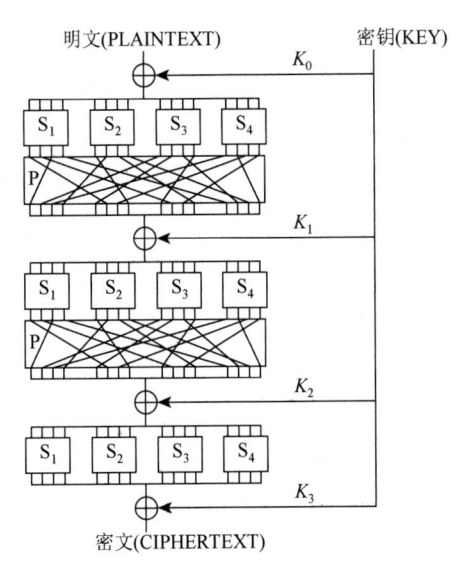

图 6-22  SPN 结构图

这种结构的构造不仅在加解密明/密文分组时的循环次数小于其他类型结构的构造，比如 Feistel 网络结构，而且易于在软件中设计。

（2）Feistel 网络结构。

Feistel 网络结构是另一种常见的 DES 使用的分组加密结构。该结构是一种加解密可逆的迭代结构，每次迭代只改变一半的数据，如图 6-23 所示。

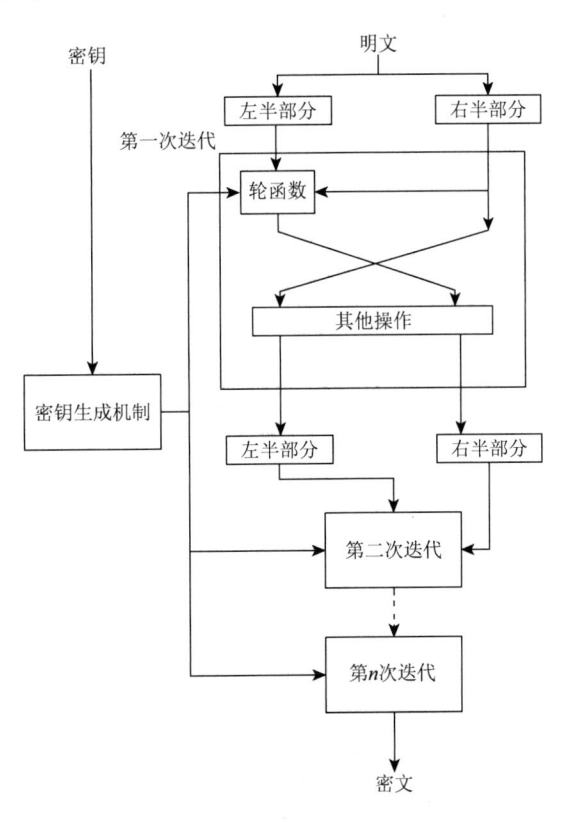

图 6-23  Feistel 网络结构

Feistel 网络结构将明文分组为等长的两部分，分别为左半部分和右半部分。在每轮的迭代过程中，上一轮的右半部分分组将其数据赋值给下轮迭代的左半部分分组；而上一轮的左半部分分组则使用密钥，执行轮函数运算后得到的数据赋值给下一轮的右半部分分组。其中，每轮迭代的轮函数都相同，而密钥生成机制每次生成的密钥互不相同，轮数可以执行任意次。

基于 SPN 结构的加密算法结构简明，易于理解，在对分组进行运算的过程中，执行速度快，并通过密钥扩展技术进一步提高其密钥的安全性；基于 Feistel 网络结构的加密算法，解密过程是加密过程的一个逆运算，在整体实现上复杂度低，占用软硬件资源少，并通过复杂的密钥生成算法增加了密钥被分析的困难。因此，基于 SPN 结构和 Feistel 网络结构的加密算法受到了轻量级分组加密学者的青睐。现有的大多数轻量级分组加密都是采用上述两种结构。KLEIN 和 ITUbee 分别是基于 SPN 结构和 Feistel 网络结构的轻量级加密具有代表性的算法，两者安全性也分别得以充分证明。针对资源受限环境（RFID 标签、传感器节点、非接触智能卡、卫生保健设备等），轻量级加密算法可有效解决资源受限设备所面临的安全威胁严重与安全技术加载能力有限的矛盾。

2. 同态加密

同态加密技术是一种可对密文执行数学计算，且解密后得到的计算结果与直接对明文执行该数学计算得到的结果一致的技术。其因隐私同态性已被广泛应用于云计算领域，用于解决云计算环境下用户希望使用第三方云平台资源和服务，而第三方云平台不完全可信的矛盾。通过同态加密技术，用户将密文数据上传到云平台，不仅可以使用第三方的云平台资源和服务对数据进行分析、处理，而且能够避免不完全可信第三方对数据的非法盗用与篡改。

采用全同态加密保证数据的机密性，其基本概念如下。

（1）同态是指对明文数据的加密过程中，对加密后的密文数据做特定的数学计算，计算的结果解密后同明文执行同种计算所得到的结果一致。

（2）有点同态能够支持有限次数的乘法与加法同态，当密文噪声达到一定阈值时，则不能够再进行同态计算。

（3）全同态方案在有点同态方案的基础上，引入了压缩解密电路对密文噪声进行控制，从而实现任意次数乘法与加法同态计算。

（4）时间复杂度：通常，算法中基本操作重复执行的次数就是问题规模 $n$ 的某个函数，记为 $T(n)$，如果存在一个辅助函数 $f(n)$，使得极限值 $C = \lim_{n\to\infty}(T(n)/f(n))$，其中，$C$ 是不为零的常数，那么 $f(n)$ 就是 $T(n)$ 的同数量级函数，记为 $T(n) = O(f(n))$，称 $O(f(n))$ 为算法的渐进时间复杂度，简称时间复杂度。

### 6.3.3.2 工业物联网边缘侧主动防御信任评估关键技术

随着边缘计算规模的增加，其安全问题也逐渐得到重视。其中，一个重要部分是内部攻击威胁。内部攻击威胁主要是指恶意攻击者获取了网络的合法身份并且对网络进行破坏或进行数据窃取。被动防御的安全机制（加密、授权等）不能有效地应对这种威胁，因此，需要主动防御技术，主动识别恶意或故障边缘节点。

信任评价机制在改善网络和优化服务方面也有一定的优势。信任评价机制来源于人类生活经验。在人们的交流、合作等交互过程中，通过获得的直接或间接信息来对合作伙伴的信任程度进行评估，用以决定是否继续进行交流或是合作。相比于被动防御的安全机制，信任评价机制更加轻量，更加适用于工业物联网边缘侧网络，是被动防御安全机制的有益补充。

信任评估成了一种公认的能有效地提高网络安全性的方式，它是在特定环境和特定时期内对被评估节点的能力、安全性和可信度等主观相信程度进行量化，把抽象模糊的信任值转换成可以度量的量化数值，从而判断目标节点是否可信。然后，在网络的整个生存周期内，对不可信的节点采取相应的限制，比如不与之通信等。信任评估在区分可信任信息和不信任信息方面起着重要作用，相比基于密码体制的安全方案，基于信任评估的安全方案更能有效防止合法内部节点的攻击。在设计信任评估机制时，难点在于信任值计算和信任的动态激励。

### 6.3.4 工业物联网传输网络安全技术

#### 6.3.4.1 5G 安全关键技术

5G 作为新一代移动通信技术，与传统网络相比，具有更高速率、更低功耗、更短时延和更大连接等特性。此外，5G 在大幅提升移动互联网业务能力的基础上，进一步拓展到物联网领域，服务对象从人与人通信拓展到人与物、物与物通信，开启万物互联的新时代。5G 主要面向的三大业务场景包括增强移动宽带（eMBB）、海量机器类通信（mMTC）和超可靠低时延通信（uRLLC）。

5G 网络的发展趋势，尤其是 5G 新业务、新架构、新技术，对安全和用户隐私保护都提出了新的挑战。5G 网络安全总体架构图如图 6-24 所示。

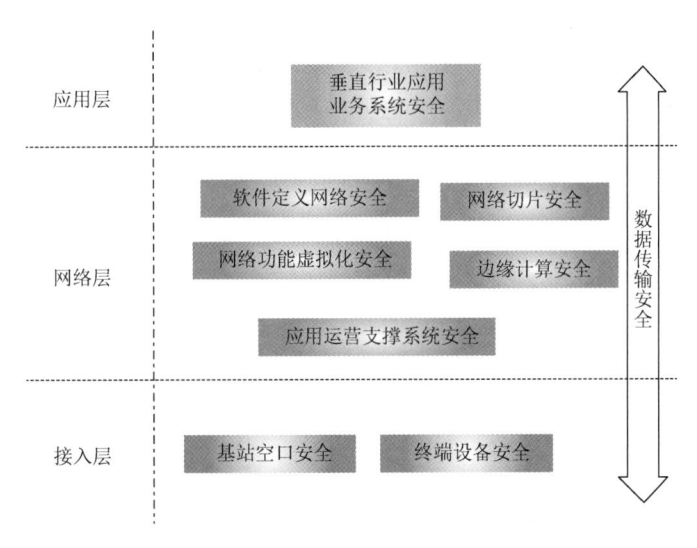

图 6-24  5G 网络安全总体架构图

**1. 基站空口安全**

基站空口存在的安全风险主要包括两大类。

（1）由无线环境中的外部不可控因素引发的安全风险：无线环境中的伪基站会干扰无线信号，导致 5G 终端降级接入，连接至不安全的 2G/3G/4G 网络中。无线环境中广泛分布的安全性较低的物联网设备若遭受攻击，可能会对基站或核心网发起 DDoS 攻击，这会降低网络设备功能的可用性。

（2）空口协议存在的安全风险：3GPP 协议自身存在的漏洞可能面临身份假冒、服务抵赖、重放攻击等风险，这会对终端真实性造成影响；终端制造商为提升服务质量、降低时延，选择关闭对用户数据的加密或完整性保护选项，导致用户数据被恶意篡改，这会给数据的机密性与完整性带来影响。

**2. 网络切片安全**

按照业务逻辑需求，5G 网络能够分成不同的网络切片，其中至少分为增强移动宽带、高可靠低时延、大连接三大类。网络切片管理为每一个业务组织形成一个虚拟化的专用网络。

目前，网络切片在 5G 生产系统中尚未广泛应用，其脆弱性有待全面评估，潜在的安全风险点集中体现在：切片中共享的通用网络接口、管理接口、切片之间的接口、切片的选择与管理。这些接口存在被非法调用的风险，一旦非法的攻击者通过这些接口访问业务功能服务器，滥用网络设备，非法获取包括用户标识在内的隐私数据，就会给用户标识安全性、数据机密性与完整性、网络功能可用性带来影响。

1）用户标识安全性

若直接使用真实的用户标识进行用户与用户或者用户与应用平台之间的通信，一旦系统的网络切片或切片之间的接口被非法程序访问，用户的标识就容易遭到泄露，用户真实身份以及其他关联的隐私信息便存在泄露的隐患，而且用户标识被识别后，其通信活动与内容还会受到攻击者的非法窃听或拦截。

2）数据机密性

在安全隔离方面，网络切片技术使得网络边界模糊，若网络切片的管理域与存储敏感信息域没有实现隔离，一旦网络切片遭到攻击，切片中存储的敏感信息将会遭到泄露。在身份认证方面，未经过授权的设备访问网络切片会导致端对应用的非法使用，并且非法客户端还存在被黑客利用的风险，进而造成数据的泄露。

3）数据完整性

在业务与应用的服务质量方面，实现 5G 的每一个网络切片均有一组特定的 QoS 参数集，这些参数的配置与网络服务质量、数据的完整性密切相关，应在保障安全的前提下保证用户的服务质量。在 5G 主要应用场景中，超可靠超低时延通信（uRLLC）与海量机器类通信（mMTC）均对服务质量具有较高的要求。若大幅降低时延提升传输速率，会导致数据丢包率上升，数据的完整性难以保证。

4）网络功能可用性

在基础设施共享方面，多个网络切片共享通用的硬件设备，一旦硬件设备遭到破坏，将会导致使用该设备的多个切片受到功能性破坏，网络功能的可用性受到严重影响。

3. 边缘计算安全

边缘计算是将网络业务和计算能力下沉到更接近用户的无线接入网侧，从而降低核心网的负载和开销，并降低业务时延。边缘计算给 5G 网络带来的安全风险点如下。

（1）用户标识的安全性：5G 网络边缘设备安全防护能力较弱，可能会面临网络攻击，用户终端与边缘设备之间的流量容易受到截断或者监听，攻击者可能在流量中捕获并识别出用户标识等问题。

（2）数据机密性与完整性：边缘计算将采用开放的应用程序接口（API）、开放的网络功能虚拟化（NFV）等技术，开放性接口的引入将边缘计算暴露给外部攻击者，攻击者通过非法访问开放接口，窃取或者非法篡改数据。

（3）终端的真实性：由于 5G 网络边缘的资源有限，相较于核心网，边缘节点的计算能力较弱，对于终端的身份验证能力下降。

（4）网络功能的可用性：边缘计算基础设施通常部署在无线基站等 5G 网络边缘，更容易暴露在不安全的环境中，设备面临着功能性损坏的风险。

4. 软件定义网络安全

5G 网络最突出的特征为通过软件定义网络（SDN）实现了控制面与用户面的分离，利用网络操作系统集中管理网络，基于大数据和人工智能为每一个业务流计算出端到端的路由，而且将路由信息嵌入到原节点的 IPv6 扩展报头，并按照原路径传递到各节点，中间节点只需转发而无须选路，保证低时延转发，从而实现对流量的灵活控制。

SDN 技术的引入给 5G 网络的数据机密性与完整性带来安全风险。面对不断变化的网络资源，SDN 计算出来的路由可能存在冲突，尤其是在跨地区路由的场景下，需要 SDN 之间交换业务流和网络资源数据，这就增加了复杂性，容易出现路由计算失误、数据包丢失或者将数据传送至错误的目的地址，导致传输的数据的完整性受到影响。此外，虚拟化基础设备的 API 也会对数据的机密性与完整性产生影响：一是数据窃取，用户的密码等信息被窃取，进而导致登录账号发布敏感信息；二是数据篡改，提交的数据被抓包后经篡改再提交；三是数据泄露，爬虫将业务数据甚至核心数据抓取，直接或间接造成损失。

SDN 技术给 5G 网络的功能可用性带来的风险可从软件与硬件两个方面分析：软件方面，与传统移动网络相比，5G 网络对软件的依赖性增大，给网络运营带来了新的威胁，因此必须确保这些软件不会暴露或者被恶意篡改；硬件方面，SDN 控制器等相关硬件设备同样存在功能性破坏或者盗用的安全风险。此外，在硬件设备发生故障后，系统恢复应通过自动化的方式恢复 NFV、SDN、MANO 系统之间的互操作性功能。

5. 网络功能虚拟化安全

与传统移动网络相比，网络功能虚拟化技术（NFV）基于通用的硬件自定义软件。这种技术给 5G 网络带来许多优点的同时也存在诸多安全风险。

（1）在软件方面，如果虚拟化系统存在漏洞，若遭到基于软件的网络攻击，系统功能性会遭到破坏；若存储了敏感或重要信息的功能模块与受到损坏的功能之间没有实现安全隔离，还会导致数据的机密性受到影响。

（2）在硬件方面，通用硬件设备存在安全弱点：一是通用硬件设备的安全方面，部署在机房中的设备受到环境的影响，可能会遭受物理性的损坏；二是在故障恢复方面，设备故障发生后，难以做到快速恢复；三是通用的基础设施存在设备被非法使用的风险。

虚拟化技术在软件和硬件方面给 5G 网络的网络功能可用性、数据的机密性带来较高的安全风险。此外，5G 网络采用多层级的上下文认证方式，并配置多属性的 QoS 用于上下文感知，包括多种用户上下文（如应用程序和使用模式）和设备上下文（如位置和速度）。如果这些认证方式存在漏洞，就容易被攻击者破解，从而给终端设备和用户的认证带来影响，使得终端的真实性降低。

6. 应用运营支撑系统安全

5G 应用的运营支撑系统，不仅包括类似于传统网络的故障管理、配置管理、告警管理、性能管理，还包括虚拟化的网络功能的管理，能根据用户的需求，对网络功能进行配置、调整。

运营支撑系统通常情况下会分级管理，较低一级的系统通常部署得比较分散，数据存储分散，安全管理与防御能力较弱，其功能可能被非法使用，还会造成业务数据的泄露或者丢失，数据的机密性和完整性面临着挑战。

再者，如果运营支撑系统存在安全漏洞，遭到黑客攻击，会导致网络功能遭到破坏，网络功能的可用性受到影响。

### 6.3.4.2 TSN 安全关键技术

工业企业内网需要改造升级。工业物联网是实现人、机器、车间、企业等主体及设计、研发、生产、管理、服务等产业链环节的全要素泛在互联的基础，是工业智能化的"血液循环系统"，包括工业企业内网和工业企业外网，其中工业企业内网实现工厂内生产装备、信息采集设备、生产管理系统和人等生产要素的广泛互联。由于我国工业企业发展水平差异较大，一部分企业特别是中小企业的数字化、网络化基础薄弱，欠缺智能化生产、网络化协同等新模式、新业态的基础环境，迫切需要对工业企业内网进行改造升级。

时间敏感网络（TSN）能解决工业物联网面临的问题。时间敏感网络新标准的出现，解决了现有网络的一些缺点，新的 TSN 标准将会在带宽、安全性、互操作性、延迟性和同步性等方面带来好处，把需要和不需要实时数据传输的机器、人和物连接起来。工业领域，当前制造业生产管理对于效能和良率要求越来越高，使得工业应用领域的通信带宽需求日益增长，人们期望借助从工厂获取的高信息量分析大数据，推动新一代智能制造应用。新的 TSN 特征将在工业物联网应用中通过增加通信要求的确定性和低延迟性，可以消除标准以太网未能成为主骨干网络的最后障碍，推动关键和非关键的控制信息和数据汇聚到单个网络中，通过增加必要的网络安全措施，真正实现一网到底。

TSN 能实现运营技术（OT）和信息技术（IT）的实时无缝融合。TSN 是一种能使以太网具有实时性和确定性的新技术，能够突破网络通信上的总线的复杂性障碍、周期性与非周期性数据的传输障碍，以及实时性障碍，解决了现有网络的一些缺点。TSN 有着带宽、安全性和互操作性等方面的优势，而且拥有更快的传输路径。因此，将时间敏感网络应用于工业物联网，确保了时间敏感的重要数据能够按时通过标准网络设施进行传输，促进了各个设备之间的互联互通，为企业内集成应用提供了有力保障，为需要实时监控或实时反馈的工业领域提供了改善互联效率的最佳途径。这将为未来工业通信系统带来重大变革，真正实现运营技术和信息技术的实时无缝融合。TSN 是一种具有有界传输时延、低传输抖动和极低数据丢失率的高质量实时传输网络。它基于标准以太网，凭借时间同步、数据调度、负载整形等多种优化机制，根据采集数据的重要性程度不同，为不同的数据分配不同的优先级，使对于传输时延要求较高的时间敏感型数据成为高优先级数据，能够被优先调度，来保证时间敏感数据的实时、高效、稳定传输。

TSN 本身并非一项全新的技术。IEEE 于 2002 年发布了 IEEE 1588 精确时钟同步协议。2005 年，IEEE 802.1 成立了 IEEE 802.1AVB 工作组，开始制订基于以太网架构的音频/视频传输协议集，用于形成数据在以太网中的实时性、低延时以及流量整形的标准，同时确保与以太网的兼容性。在这个过程中，由 AVnu、IIC、OPC UA 基金会等组织共同积极推进 TSN 技术的标准。工业领域的企业（包括 B&R、TTTech、SEW、Schneider 等）着手为工业领域的严格时间任务制订整形器，成立了整形器工作组，并于 2016 年 9 月在维也纳召开了第一次整形器工作组会议。此后，更多的企业和组织（包括德国工业 4.0 组织 LNI、美国工业互联网组织 IIC、中国的边缘计算产业联盟 ECC 和工业互联网产业联盟 AII 等）加入 TSN 技术的研究，并构建了多个测试床。2019 年，IEC 与 IEEE 合作成立 IEC 60802 工作组，并在日本召开了第一次工作组会议，以便工业领域的 TSN 开发可以实现底层的互操作。同时，OPC UA 基金会也成立了现场级通信（field level communication，FLC）工作组，将 TSN 技术与 OPC UA 规范融合，以提供适用于智能制造、工业物联网领域的高带宽、低延时、语义互操作的工业通信架构。

按照网络架构，网络通常分为标准以太网、确定性以太网。TSN 实现了混合网络的数据传输能力，满足标准以太网的分布式对等架构、确定性网络所采用的轮询/集束帧技术各自的存在的要求，并使得网络能够发挥各自的优势功能。TSN 基于 IEEE 802.1Q 的虚拟局域网（virtual local area network，VLAN）和优先级标准。IEEE 802.1Q 支持服务质量（QoS）。QoS 是一种基础网络技术，用于为网络通信提供更好的服务。它是一种网络安全机制，用于解决网络延时与拥塞的问题。最初的因特网并未设计 QoS 机制。为满足用户不同应用的服务质量需求，需要网络能够根据用户需求进行配置与资源调度。IEEE 802.1Q 标准是一种包含了 QoS 机制的网络，能够提供网络性能的可预知性，并有效分配网络带宽，以便合理利用资源。

TSN 的使用场景，对系统传输的安全稳定性要求极高，故障可能导致高额经济损失以及对人类和环境的危害；随着 TSN 互连性的提升，开放网络会导致 TSN 系统直接面对常见的各种攻击。因此，TSN 任务组不仅将实时属性引入了标准以太网，而且开发了一种新颖的容错机制，称为帧复制和可靠性消除（FRER）。FRER 为时间触发（TT）流量提供高度可靠的通信。针对安全关键的实时系统，建立了一个包含冗余链路的容错拓扑，以满足减小路由开销、容错和时序要求。

此外，TSN 中提出了 IEEE 802.1CB 机制，以提高流传输的鲁棒性和可靠性，尤其是对于安全性至关重要的流量。具有 FRER 功能的发送方或中继系统（如交换机）首先为每个输出帧生成并编码序列号。然后，它将通过多个路由将数据包的多个副本转发到目标。因此，在其中一条路由出现任何故障的情况下，数据包将通过冗余路径传递到目的地。因此，FRER 机制大大降低了流量丢失的可能性。在 TSN 中，IEEE 802.1Qca 部署协议为每个流配置备用路由。另外，为了避免网络过载，在中间中继系统或接收器处消除了重复的帧。

### 6.3.4.3 IPv6 工业物联网安全关键技术

利用 IPv6 促进工业物联网互联互通是国家重点部署工作。2017 年，国务院出台了《国务院关于深化"互联网+先进制造业"发展工业互联网的指导意见》，在"夯实网络基础"任务中明确提出"全面部署IPv6（互联网协议第6版）"。同年，中共中央办公厅、国务院办公厅印发《推进互联网协议第六版（IPv6）规模部署行动计划》提到支持IPv6应用创新与示范，加大IPv6推广应用力度。

基于IPv6的工业物联网的互联互通已成必然。目前，工业和信息化部正按照国家重大战略部署，研究和制定中国工业物联网发展路径，其中，基于IPv6的特定行业工业网络互联互通是主要目标。将工业物联网、IPv6等技术创新应用于电力、石油、船舶等特定行业领域，运用IPv6技术支持海量终端接入，为工业物联网提供庞大的网络空间与数据传输通道；构建网络过渡环境，解决异构网络、不同互联网协议间的互联互通，实现全国范围内的多地区、多厂区、多车间的IPv6互联互通。

只有IPv6才能满足工业物联网对海量地址空间的需求。将IPv6技术创新应用于电力、钢铁、矿业等特定行业领域，可有效地解决海量终端接入问题，为网络化智能化转型升级提供庞大的网络空间与数据传输通道，解决异构网络、不同互联网协议间的互联互通。

基于IPv6的工业物联网安全防护亟须提高。工业网络的互联发展致使工业网络安全问题日益凸显，越来越多的工业设备暴露于互联网上，安全隐患不断增加。工业网络安全是工业网络互联发展的前提，是国家深入推进"互联网+先进制造业"的重要保障。作为新工业革命的关键基础设施，工业物联网安全代表着国家新一代信息基础设施重要发展方向，已经成为涉及国家经济命脉的工业体系的神经中枢。

由于通过IPv6实现了工厂内网络和工厂外网络的互联互通，给设备、网络、控制、应用和数据等不同层面带来新的安全风险和安全挑战，设备内嵌安全、动态网络安全防御、信息安全和功能安全融合、面向工业应用的灵活安全保障能力、工业数据以及用户数据分类分级保护机制成为未来的发展方向。

根据《国家智能制造标准体系建设指南》，保障工业信息安全特别是智能制造信息安全已成为我国信息安全战略的重要组成部分，关系着生产安全、经济安全乃至国家安全。重庆邮电大学通过调研工业物联网底层设备需求，研究突破资源受限性环境下工业物联网IPv6安全关键技术，提出了《工业互联网IPv6安全技术要求》标准草案，对资源受限性环境下工业物联网IPv6安全机制、安全管理方法、安全分级进行规定；同时，通过研制符合标准工业物联网设备，搭建标准验证平台，对标准的一致性和有效性进行验证，为实现可信的IPv6地址分配、路由环境以及工业物联网的安全通信建立基础，为基于IPv6的工业物联网示范应用提供安全保障。

基于IPv6的工业物联网安全架构如图6-25所示，在互联架构的网络接入层，针对非法接入和连接窃听等安全威胁，设备认证和安全地址分配可以有效保护工业无线接入和工业有线接入；在互联架构的传输层，针对数据泄露、数据篡改等威胁，密钥管理、IPSec安全关联和ESP安全封装可以有效保护工业骨干网安全；在互联架构的应用层，针对病毒入侵和越权访问等威胁，安全审计、边界隔离、访问控制和态势感知可以有效保护应用服务器和主机安全。

**1. 基于IPv6的工业物联网安全威胁**

基于IPv6的工业无线网络和工业有线网络都涉及现场设备与节点的接入，这些设备与节点都存在非法接入和连接窃听等安全威胁，一旦这些设备与节点被攻击后，攻击者可以通过未经内部网络管理者许可的方式连接到内网，对基于IPv6的工业物联网造成安全威胁。

工厂内部产生的管理数据、操作数据以及工厂外部数据等各类数据都存在着安全问题，不管数据是通过大数据平台存储，还是分布在用户、生产终端、设计服务器等多种设备上，在基于IPv6的工业物联网的传输层，海量数据和账户口令都将面临数据丢失、泄露、篡改等一些安全威胁。

工厂内部的应用程序服务器、安全管理服务器以及应用主机通过IPv6网络实现互联互通。对这些服务器而言，最大的风险来自病毒入侵与越权访问，攻击者利用软件或操作系统漏洞，侵入服务器内部，窃取数据信息甚至是损坏设备，对工厂内部与外部网络的连接造成安全威胁。

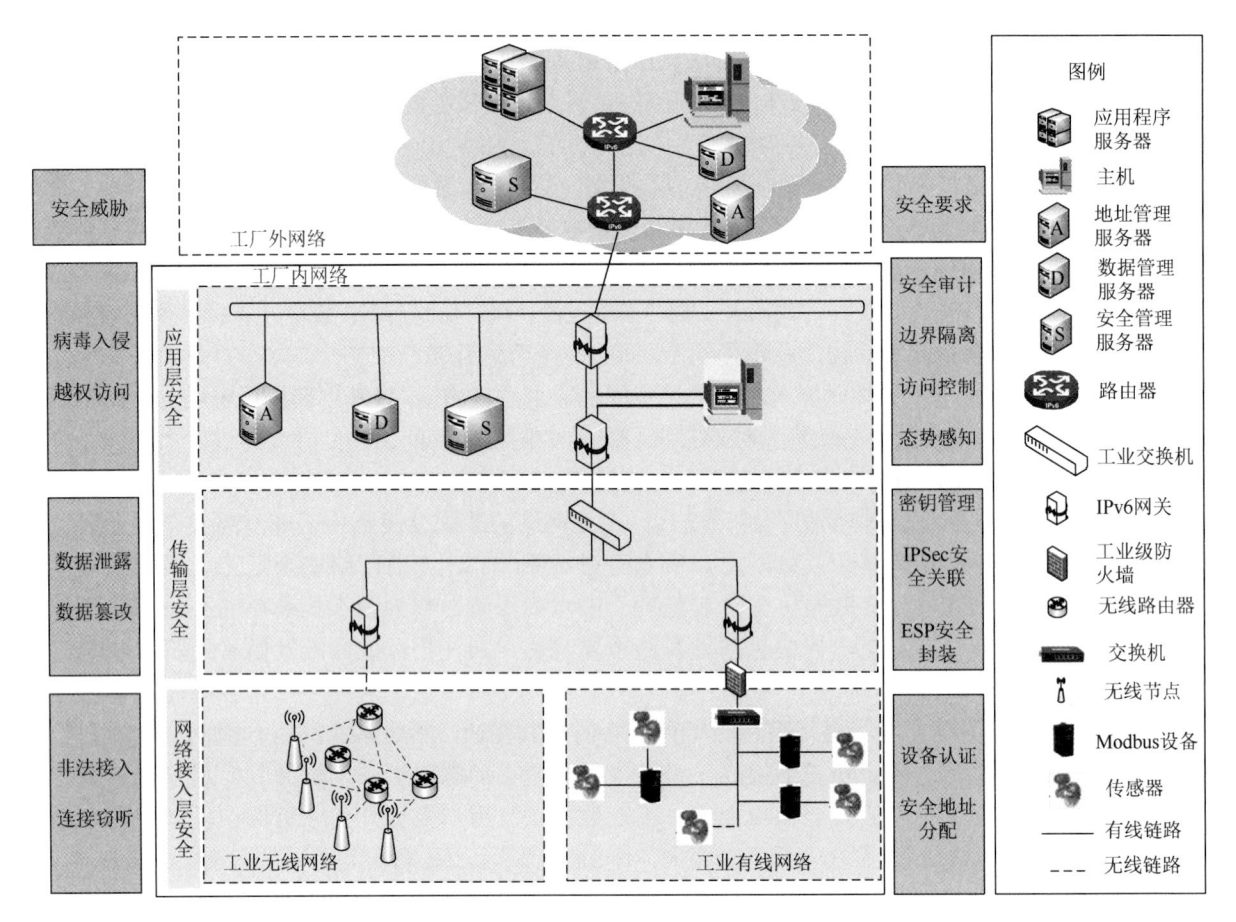

图 6-25 基于 IPv6 的工业物联网安全架构

**2. 基于 IPv6 的工业物联网安全要求**

1）设备认证安全要求

接入 IPv6 网络的现场设备与标识解析节点需具有唯一 IPv6 地址标识，要求 IPv6 网络对接入的现场设备与标识解析节点的 IPv6 地址进行身份认证，保证合法接入和合法连接。网络接入认证需采用基于 IPv6 地址的身份认证等机制。

2）安全地址分配安全要求

工业物联网地址配置需要安全可信，是工业物联网数据传输的保障。尤其工厂内网对安全性、可靠性都有较高的要求。对于基于 IPv6 的工业物联网，并基于 DHCPv6 协议，要求定义一种安全的方法支持实时性的地址配置。在传统 DHCPv6 协议中，由于客户端和服务器双方缺乏相互验证环节，恶意节点可伪造 DHCP 消息，使得 DHCPv6 协议容易受到各种攻击。同时由于客户端和服务器双方通信只基于明文传输，网络参数配置极易被不法分子窃听。

对于 DHCPv6 存在的安全隐患，对地址分配进行扩展，要求提供了两种提高安全性的方式：①客户端认证，以提高服务器抵御类似欺骗等攻击的能力；②进行服务器和客户端间通信加密，以保护信息不被窃取。并将扩展机制用于服务器与客户端之间的端到端通信。

3）密钥管理安全要求

基于 IPv6 的工业物联网进行数据传输前，要求通信双方交换加密密钥，密钥交换过程包括密钥生成、密钥分发及密钥加密。

4）IPSec 安全关联安全要求

通信双方交换密钥后，应通过安全关联（SA）建立安全连接。SA 的工作方式分为两种：传输模式和隧道模式，传输模式用于两个主机之间的连接，而隧道模式用于两个网关之间的连接，应根据需求进行选择。SA 的安全功能采用的安全协议包括 ESP 或 AH。由于每个 SA 只能提供 ESP 或 AH 中的一种服务，因此为同时实现数据的私有性和完整性，对一个连接需要采用多个 SA 的组合来实现相应的安全。

5）ESP 安全封装要求

通过 ESP 传输/隧道模式保障基于 IPv6 的工业物联网单播安全通信，要求具有鉴别原点和检查数据包完整性的功能，且能提供数据加密和验证。

通过 ESP 多播广播认证解密，要求在实现广播认证的同时完成保密消息到多播组内节点的保密传输，以此保障基于 IPv6 的工业物联网多播安全通信。

将 IPSec 引入工厂内部网络，由于 ESP 扩展首部负载较大，需对 ESP 首部进行编码，降低 ESP 扩展首部带来的负载，以保证 IPSec 安全机制与工厂内资源受限网络的适配。

6）应用层安全要求

通过镜像或代理等方式分析网络边界中的流量，对网络边界中各种设备和人员活动等各类操作行为进行识别、记录、存储和分析，发现系统中现有的和潜在的安全威胁，并实时分析网络边界中发生的安全事件并告警。

7）访问控制

在基于 IPv6 的工业物联网工厂内部网络与工厂外部网络边界根据访问控制策略设置访问控制规则，保证跨越网络边界的访问和数据流通过边界防护设备提供的受控接口进行通信。通过检查数据包的源 IPv6 地址、目的 IPv6 地址、源端口、目的端口和协议确定是否允许该数据包通过区域边界。

在网络边界部署访问控制设备，启用访问控制功能，设定访问控制策略，要求对发起的访问进行源 IPv6 地址、目的 IPv6 地址、源端口、目的端口和协议等项目的检查和记录，以允许/拒绝数据包的出入；提供账户分配管理功能，能够新建、添加、删除、修改账户信息的功能；应在会话处于非活跃时间或会话结束后终止网络会话，终止链接动作可以由被请求数据的设备或程序执行，也可以由防护设备执行。应在各安全区域之间部署安全网关设备，建立各区域之间的网关路径，保证各子区域之间访问的相对独立性。

8）边界隔离

在基于 IPv6 的工业物联网工厂内部与外部网络的交界处，应采用基于 IPv6 地址的技术隔离手段对基于 IPv6 的工业物联网工厂内部网络与工厂外部网络进行边界隔离。

根据基于 IPv6 的工业物联网中现场设备和业务特点将工厂内部网络划分成不同的安全域，安全域之间采用技术隔离手段进行边界隔离。在工厂内部，根据网络中各系统的控制功能、装置功能、工艺过程、工艺间关联性以及所使用的现场总线协议类型等划分成不同的安全区域，并以方便管理和控制为原则，为各安全功能区域分配 IPv6 网段地址。各 IPv6 网段应相互隔离，原则上不直接连接在一起。

#### 6.3.4.4　ISDN[①]工业软件定义网络安全关键技术

随着工业互联网、工业物联网的快速发展，工业网络正逐渐将 IT 与 OT 技术融合，工业自动化生产车间有广泛分布的物联网设备，它们实时采集工况负载情况，以及设备的状态参数等数据信息，这些数据信息的累积构成了工业大数据，因此工业网络需要引进新的技术才能适应这些新的变化。

软件定义网络（SDN）是一种开放的网络创新架构，可实现网络虚拟化。通过将网络设备的控制面与数据面分离开来，灵活控制网络流量，实现智能化生产，给网络的发展带来新的动力。在保证工业网络实时性需求的前提下，向工业网络中引入 SDN 的理念，形成工业软件定义网络环境，通过在网络层构建扁平化架构，并由集中的控制器生成策略下发给扁平化的交换机进行网络的统一管理和调度。

---

① 综合业务数字网（integrated services digital network，ISDN）。

工业有线网络与工业无线网络具有不同的特征，均有可能遭受攻击，因此在对工业软件定义网络环境下 DDoS 攻击检测进行研究时，需要首先区分出不同的攻击场景。下面对工业有线网络与工业无线网络进行对比分析。工业有线网络与工业无线网络包含的主要协议类型如图 6-26 所示。

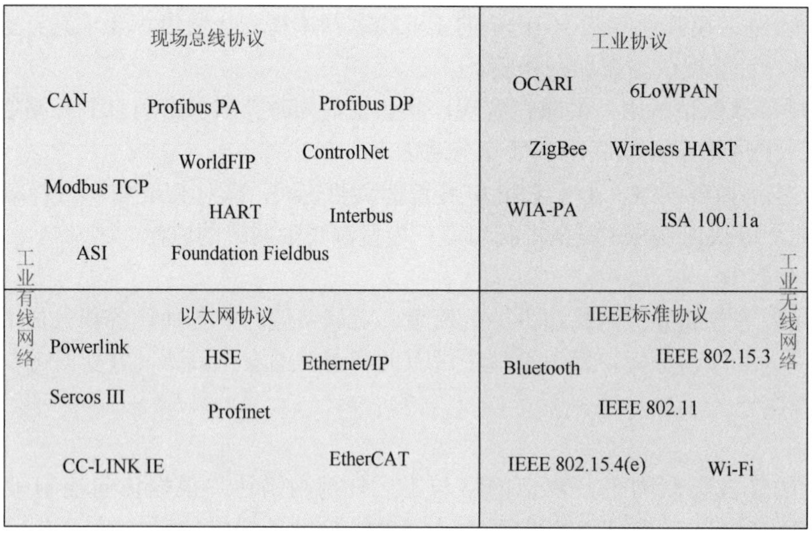

|  | 现场总线协议 |  | 工业协议 |  |
|---|---|---|---|---|
| 工业有线网络 | CAN Profibus PA Profibus DP<br>   WorldFIP ControlNet<br>Modbus TCP<br>   HART Interbus<br>ASI Foundation Fieldbus |  | OCARI  6LoWPAN<br>ZigBee Wireless HART<br>WIA-PA<br>    ISA 100.11a |  工业无线网络 |
|  | 以太网协议 |  | IEEE标准协议 |  |
|  | Powerlink HSE Ethernet/IP<br>Sercos III<br>  Profinet<br>CC-LINK IE  EtherCAT |  | Bluetooth IEEE 802.15.3<br>    IEEE 802.11<br>IEEE 802.15.4(e) Wi-Fi |  |

图 6-26　工业有线网络协议与工业无线网络协议

工业有线网络发展已久，大部分工业骨干网络都采用的是有线网络。工业有线网络主要由现场总线协议与以太网协议组成。随着工业通信网络逐渐变得数字化、智能化，工业有线网络规模扩大，出现新设备部署困难、配置烦琐等问题，因此工业网络开始引入无线网络技术。工业无线网络协议包括工业协议与 IEEE 标准协议，常用的工业协议包括 6LoWPAN、ZigBee、Wireless HART、WIA-PA、ISA 100.11a 等，IEEE 标准规定的工业无线协议包括 Bluetooth、IEEE 802.15.4（e）、Wi-Fi 等，其中 IEEE 802.15.4（e）（ZigBee）技术主要针对现场设备层的无线短程网络，其特点包括功耗低、时延小、兼容性好、网络容量大，且该网络安全系数较高、数据传输可靠性强、实现成本低廉。

软件定义网络技术是实现工业物联网发展的必要前提，目前在工业软件定义网络已有的一些研究架构（包括软件定义工业无线传感网、软件定义工业物联网、软件定义工业自动化网络）的基础上主要研究工业软件定义网络的系统架构，架构图如图 6-27 所示。

工业回程网是广域网络（Internet 网络）和接入网络（包括工业有线网络与工业无线网络）间的传输网络，其覆盖范围从几平方公里到几十平方公里，属于中等规模的网络，使用工业回程网络可以解决将工业有线网络与工业无线网络接入广域网"最后几公里"的传输问题。目前已有相关研究将 SDN 应用于工业控制网络中，将 SDN 控制器与工业接入网络系统管理器配合使用，能够对工业接入网络与工业回程网络资源进行优化控制。

工业软件定义网络架构中，接入网络主要分为工业有线接入网络与工业无线接入网络。工业 SDN 控制器与接入网络的系统管理器之间通过交互可实现不同接入网络之间的信息传输共享。对于有线与无线混合的工业网络存在的实时性、可靠性、安全性以及兼容性问题，已经出现了一些解决方案。

工业软件定义网络架构从上至下分为应用层、控制层、数据层与现场设备。

应用层包括 SDN 控制软件和防 DDoS 攻击应用管理软件，前者用于用户配置 SDN 控制器，后者用于支持安全人员根据网络 DDoS 攻击特点，制订相应的防御策略，保证网络安全运行。

控制层包括 SDN 控制器、工业接入网络系统管理器。SDN 控制器负责工业回程网络的资源控制与调度，负责网络的链路发现拓扑管理、状态监测和策略制订并下发流表，并将监测到的信息供 DDoS 攻击检测与缓解系统查询；在 SDN 控制器上运行联合调度器，其负责与工业接入网络系统管理器进行交互，

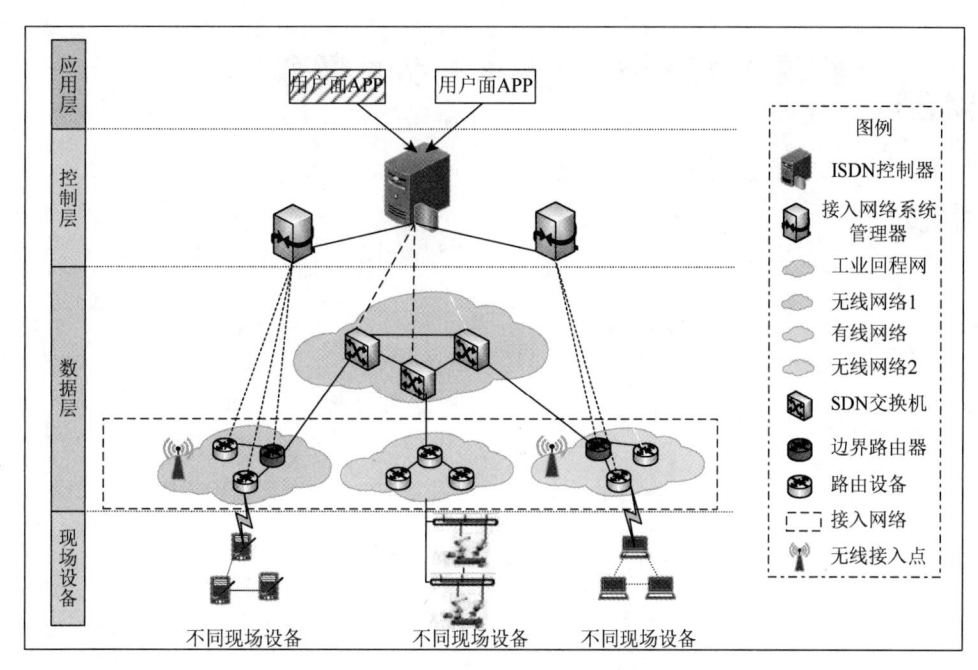

图 6-27 工业软件定义网络架构

负责工业接入网络的数据传输路径和资源信息的计算和决策。工业接入网络系统管理器负责配置工业接入网网络属性、管理路由表、调度设备间的通信、监视网络性能和安全管理；负责管理网络中设备的运行以及整个无线网络的通信，包括设备入网和离网、网络故障的监控与报告和通信配置管理。

数据层包括 SDN 交换机和工业接入网络设备，其中，SDN 交换机位于工业回程网中，依靠 SDN 控制器的全局视图功能，用于灵活、高效地配置工业回程网；工业接入网络中的网络设备是工业接入网络的传输物理实体，提供工业接入网络系统管理器来进行管理和配置，从而实现工业接入网络系统管理器所需要的网络功能，例如工业接入网络边界路由器，负责将报文处理后转发给工业回程网络。

企业在引进创新技术前首要保证的是安全，为了使工业软件定义网络技术能够有效地实施，对工业软件定义网络环境下的安全研究显得尤为重要。目前国内外已经有许多对 SDN 环境的安全研究。Yoon 等[34]对 SDN 是否可以增强网络安全性进行了详细分析，阐明了基于 SDN 的安全功能的可行性，并深入探讨了通过多种 SDN 特性实现安全性能的想法。Rawat 等[35]分析了软件定义网络的潜在攻击，包括欺骗攻击、入侵攻击、匿名攻击、DDoS 与 DoS 攻击，阐述了各种攻击的原理。Dayal 等[36]分析了 SDN 环境下安全研究趋势，其中 DDoS 攻击是网络中较易遭受的攻击，因此引起了研究者的重点关注。

SDN 架构集中控制的特点也是一个巨大的安全威胁，尤其是单控制器被攻击后网络将陷入瘫痪。通过使用中国知网（CNKI）学术趋势网站与国外的 Google Trends 网站搜索"SDN DDoS"关键词，得到如图 6-28 与图 6-29 所示的结果。

由图 6-28 与图 6-29 可见，国内外对 SDN 中 DDoS 攻击的研究开始呈增长趋势。DDoS 攻击对网络的危害性极强，由于物联网设备大量增长，工业软件定义网络的新型工业网络架构遭受 DDoS 攻击的风险也开始增大。

分布式拒绝服务攻击（DDoS）是指处于不同位置的多个攻击者同时向一个或数个目标发动攻击，或者一个攻击者控制了位于不同位置的多台机器并利用这些机器对受害者同时实施攻击。由于攻击的发出点是分布在不同地方的，这类攻击被称为分布式拒绝服务攻击。

DDoS 攻击是目前网络攻击的主要方式，在工业网络逐渐向智能化发展的趋势下，对 DDoS 攻击的威胁也需要提供具有针对性的解决方案。DDoS 攻击可以大致分为两大类，即传输层/网络层攻击和应用层攻击，前一种攻击使用同步段（synchronization segment，SYN）、用户数据报协议（user datagram protocol，UDP）以及域名系统（domain name system，DNS）数据包来发起 DDoS 攻击，通

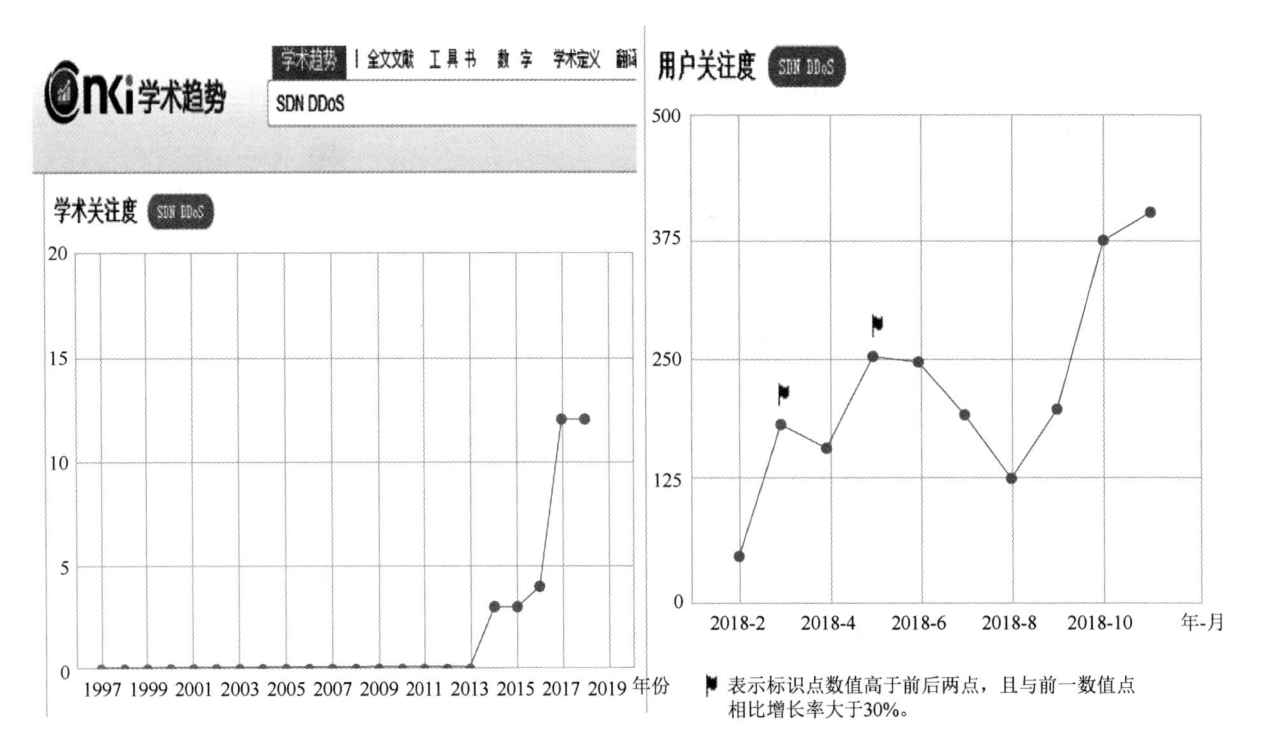

图 6-28　CNKI 趋势搜索 SDN DDoS 结果

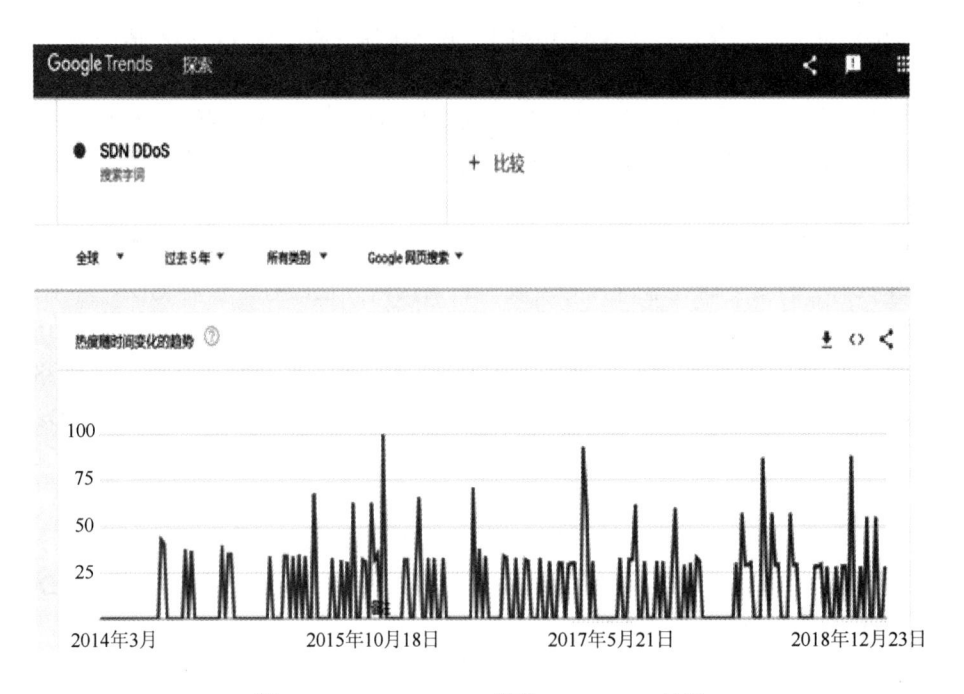

图 6-29　Google Trends 搜索 SDN DDoS 结果

过消耗受攻击设备的网络带宽来干扰合法的用户连接请求，攻击者可以使用直接的泛洪（Flood）攻击或基于反射的泛洪攻击。直接的泛洪攻击就是攻击者直接向攻击目标发送大量的请求，消耗网络带宽；基于反射的泛洪攻击则是攻击者向多个网络设备发送虚假请求，通过这些网络设备反射给最终的攻击目标（如 SDN 控制器）。应用层攻击主要以消耗 CPU 资源、存储资源的方式影响合法用户的请求，通常攻击者通过泛洪请求或慢速请求发起攻击，常见的攻击有 DNS-Flood 攻击、CC（challenge collapsar）攻击等。

SDN 环境下的 DDoS 攻击主要有以下几类。

1. 带宽攻击

带宽攻击的攻击原理是通过占用网络带宽或向网络路由设备发送大量数据包，将这些虚假的数据包发送到指定的攻击目标设备处。带宽攻击也常常采用源地址欺骗并不停地变化源地址的方式，使攻击不易被检测出来。

2. 漏洞攻击

漏洞攻击利用网络协议或软件漏洞实现攻击，漏洞攻击不需要像带宽攻击一样发送大量的数据包，只需要向被攻击者发送少量畸形数据包就可使其产生异常，甚至崩溃以实现攻击目的。如 TCP Flood 攻击是专门针对 TCP/IP 协议的一种攻击类型，其中又以 SYN Flood 攻击为代表，通过发出的虚假连接请求方式使被攻击设备疲于应对自身被占用的资源，从而使得被攻击目标不能继续正常工作。

3. 网络链路型攻击

网络链路型攻击主要通过占用网络带宽来消耗网络固定资源，造成网络中的正常服务请求被堆积在请求队列中，服务器不能及时响应并处理合法请求，达到拒绝服务的目的。

4. 节点型攻击

节点型攻击主要通过消耗节点资源来进行攻击，攻击者向目标服务器发送超出其处理能力范围的伪装请求，使正常请求得不到响应，从而影响网络正常服务。

SDN 的特点是将网络的数据转发平面和控制平面分离，从而通过控制器中的软件平台去实现可编程化控制底层硬件，从而对网络资源进行灵活的按需调配。SDN 控制器通过利用 OpenFlow（流表）协议向 OpenFlow 交换机（以下简称 OF 交换机）主动或被动下发流表，数据包通过匹配流表被转发。利用 SDN 集中控制及可编程性的优点，使得庞大的工业网络系统流量更加灵活。

结合 SDN 的以上特点，形成一种基于 SDN 的 DDoS 攻击检测的技术。该技术利用工业回程网络中 SDN 控制器的东西向接口与工业接入网络的系统管理器的协同作用，结合工业回程网络及工业接入网络数据包特征，扩展 OpenFlow 交换机流表项匹配域，设定流表 0 为"缓解 DDoS 攻击专用流表"，及时抵御攻击数据流。利用工业回程网络的 SDN 控制器及 DDoS 攻击检测与缓解系统，识别出攻击数据流并发现 DDoS 攻击源，通过调度工业接入网络系统管理器实施缓解 DDoS 攻击的策略。该方法保证了工业回程网络和工业接入网络的正常流量，克服了 DDoS 攻击对工业网络安全造成的威胁。

## 6.3.5 工业物联网平台安全技术

### 6.3.5.1 工业物联网平台被动安全关键技术

工业平台即服务（platform as a service，PaaS）层的目的是为工业 APP 创建、测试和部署提供安全的开发环境。这种架构下的安全策略与传统的网络安全有非常强的相关性，目前主流的被动防御安全措施（黑白名单、身份认证、审计、安全路由等防护机制）都会在这一层次有效地实现应用效果。同时，工业 PaaS 层中涉及的虚拟机安全需要被特别重视，包括虚拟机篡改、跳跃、逃逸、隐匿（rootkit）和拒绝服务等各种安全问题。

1. 黑白名单

黑名单只是一种防止恶意程序运行的方法，更新黑名单可以通过更新服务器来快速实现，大多数防病毒程序依靠黑名单技术来阻止已知威胁。黑名单技术只在某些应用中能够发挥良好作用，当然前提是黑名单内容具备准确性和完整性。黑名单的另一个问题是,它只能抵御已知的有害的程序,不能够抵御新威胁(零日攻击等),对进入网络的流量进行扫描并将其与黑名单对比还可能浪费相当多的资源,同时还会降低网络流量。

白名单技术的宗旨是不阻止某些特定的事物,它采取了与黑名单相反的做法,利用一份"已知为良好"的实体(程序、电子邮件地址、域名、网址)名单来进行管理。白名单技术的优点是无须运行必须不断更新的防病毒软件,任何不在名单上的事物将被阻止运行,因此系统能够免受零日攻击。当单独使用白名单技术的时候,它能够非常有效地阻止恶意软件,但同时也会阻止合法代码的运行。白名单需要与其他安全方法结合使用。

2. 访问控制

访问控制指系统依据用户身份及其所属的预先定义的策略组,限制用户使用数据资源能力的手段。通过限制用户的访问权限和所能使用的计算资源及网络资源,实现对云平台重要资源的访问控制和管理,防止非法访问。访问控制是系统保密性、完整性、可用性和合法使用性的重要基础。

访问控制的主要目的是限制访问主体对客体的访问,从而保障数据资源在合法范围内得以有效使用和管理。为了达到上述目的,访问控制需要完成两个任务:识别和确认访问系统的用户,以及决定该用户可以对某一系统资源进行何种类型的访问。

访问控制包括三个要素:主体、客体和控制策略。

(1)主体是指提出访问资源具体请求的一方,是某一操作动作的发起者,但不一定是动作的执行者。主体可以是某一用户,也可以是用户启动的进程、服务和设备等。

(2)客体是指被访问资源的实体,所有可以被操作的信息、资源、对象都可以是客体。客体可以是信息、文件、记录等集合体,也可以是网络上硬件设施、无线通信中的终端,甚至可以包含另外一个客体。

(3)控制策略是主体对客体的相关访问规则的集合,即属性集合。访问策略体现了一种授权行为,也是客体对主体某些操作行为的默认。

访问控制的主要功能包括:保证合法用户能够访问受保护的网络资源,阻止非法主体进入受保护的网络资源,以及防止合法用户对受保护的网络资源进行非授权的访问。访问控制首先需要对用户身份的合法性进行验证,同时利用控制策略开展选用和管理工作。在验证用户身份和访问权限之后,还需要对越权操作进行监控。

3. 安全审计

安全审计即实现网络流量监测与告警,采用被动方式从网络采集数据包,通过解析工控网络流量、深度分析工控协议、与系统内置的协议特征库和设备对象进行智能匹配,实现实时流量监测及异常活动告警,实时掌握工控网络运行状况,发现潜在的网络安全问题。通过设定状态白名单基线,当有未知设备接入网络或网络故障时,可触发实时告警信息。

安全审计对系统记录和行为进行独立的审查和估计,其主要作用和目的包括以下五个方面。

(1)对可能存在的潜在攻击者起到威慑和警示作用,核心是风险评估。

(2)对测试系统的控制情况及时进行调整,保证与安全策略和操作规程协调一致。

(3)对已出现的破坏事件做出评估,并提供有效的灾难恢复和追究责任的依据。

(4)对系统控制、安全策略与规程中的变更进行评价和反馈,以便修订决策和部署。

(5)协助系统管理员及时发现网络系统入侵或潜在的系统漏洞及隐患。

#### 6.3.5.2 工业物联网平台主动防御关键技术

目前总体来看,工业物联网安全防护存在监测预警能力的缺失,对于一些安全事件的威胁,没有做到及时监测、及时预警、及时发现。为了解决工业物联网高速发展所带来的日益严峻的安全挑战,国家非常重视工业物联网安全态势感知工作。国务院、工业和信息化部先后提出包括预警、通报、处置机制、行动计划等内容的指导意见，旨在提升安全态势感知和综合保障能力。

主动防御技术可实现对工业物联网安全的可视化，并洞悉业务信息系统的运行状况与安全状况，对工业物联网的安全事件进行综合分析与审计，识别和定位外部攻击、内部违规；可进行业务系统的安全风险度量、安全态势度量和安全管理建设水平度量；可进行持续的安全巡检、应急响应与知识积累，不断提升安全管理的能力。

1. 安全大数据分析

利用大数据的思维和手段对网络安全运维相关的数据进行智能挖掘与分析，运用数学统计、机器学习及最新的人工智能算法实现面向历史数据、实时数据、时序数据的聚类、关联和预测分析。安全大数据分析的目的是通过关联分析等手段发现防火墙、WAF（web application firewall，web应用程序防火墙）、IDS（intrusion detection system，入侵检测系统）等检测不到的高级持续性安全攻击行为和未知威胁行为，弥补传统安全防护措施的不足。

安全大数据分析要以丰富海量的安全大数据作为分析对象。网络环境整体的安全分析需要大量的数据支撑，解决多元数据采集的问题。数据采集的对象应包括设备日志数据、全流量审计数据、弱点信息数据、资产数据、用户行为数据、威胁情报数据等多元的异构数据，对海量的数据解析处理并进行存储。

安全大数据分析要以建立科学合理的分析模型为前提。一般认为安全大数据的分析模型包括但不仅限于：规则模型、关联模型、统计模型、异常模型等。可以通过各模型不同的特点功能对安全大数据进行分析。

（1）规则模型：通过定义规则策略，提取分析安全大数据中的有效字段进行比对，基于应用场景从安全日志等数据中筛选识别安全事件。

（2）关联模型：对跨设备的、多源的安全数据进行关联分析，从多个安全事件中检测行为模式，发现隐藏的高级威胁及安全风险。

（3）统计模型：从安全数据中发现重要的统计特征，通过设置阈值进行过滤，找出异常指标，发现可以从指标异常中体现出的恶意行为和安全事件。

（4）异常模型：采集历史数据，通过持续的机器学习构建正常的行为基线并持续更新，自适应发现偏离基线的异常行为。

安全大数据分析是实现全面网络安全态势感知的必要手段。通过收集网络安全大数据并进行深度分析，可以实现海量大数据存储查询、网络攻击行为追踪溯源、资产被攻击情况追溯等功能，可以对网络拓扑域的安全状况、网页被攻击访问的详细状况进行态势可视化呈现，为工业物联网安全态势感知提供数据支撑。

2. 态势感知

1）实时数据监测技术

对于主要的网络流量，设计高速网络数据采集以及分布灵活的部署策略，分布式部署安全检测引擎构成的监测集群，对主要网络重点流量进行采集与检测。安全检测引擎通过报文获取—报文协议解析—规则匹配—报警数据生成的流程，对网络中的实时数据流量进行分析，实现对重点流量中包含的已知威胁与未知威胁的检测，满足主要网络节点的轮询监测能力。

（1）全流量双安全屏障分析技术。

基于主动防御的思想，以异常流量检测、安全状态检测、多协议分析等手段为第一道屏障，实现在不影响网络性能的前提下，实时获取来自网络和主机的事件信息，并分析和判断入侵行为及具体的攻击手段。

以资深安全专家多年对大量安全状态和安全事件的代码特征、行为特征的分析经验为第二道屏障，以单个攻击事件为线索，扩展到全部的攻击事件链，运用分类算法模型，准确定位出有效的安全状态和安全事件。

（2）细粒度的安全事件展示方式。

借助精细的分析模型和可视化图形，以更为细分的类别对安全事件进行全方位的展示。展示粒度在时间上可以具体化到周、日，级别上可以具体化到高危、中危等，并能与历史数据对比形成趋势性报告。

2）全方位数据实时采集技术

对工业物联网网络设备数据进行采集，实时对工业物联网出入口的网络安全事件、入侵攻击行为、网络病毒传输、病毒木马蠕虫进行安全检测，为分析获取工业物联网访问恶意行为的攻击报文等提供数据来源。

对网站的安全状态进行全方位准实时（支持细粒度的轮询）检测，包括对系统漏洞、篡改事件、系统可用性等进行检测，为网络安全监测提供有关重点联网系统威胁的通报等原始数据。

3）协议深度解析技术

通过协议深度解析技术，实现针对应用层的流量检测和控制。当 IP 数据包、TCP 或 UDP 数据流通过协议深度检测的网络管理系统时，该系统通过深入读取 IP 包载荷的内容对 OSI 七层协议中的应用层信息进行重组，从而得到整个应用程序的内容，然后按照系统定义的管理策略对流量进行整形操作。

构建工业协议解析库，工控协议解析库根据端口号、报文中的特征字符串或表现出的统计特征等维度对协议进行分类，并利用这些特征，结合相应的识别或分类技术，完成对工控协议的划分、解析。工业协议解析库内嵌有多种通信采集协议库和转发协议库，可以同时采集多个不同子系统的数据，进行数据集中汇总、分类和预处理，并向上级调度等平台系统进行数据转发。

4）基于工控蜜罐的被动诱捕技术

使用蜜罐技术对工控攻击进行被动诱捕，通过利用 VM、Docker、软件定义网络等方式实现虚拟的应用、主机、系统、网络等相关功能的模拟，并对牵引攻击与重定向攻击流量达到逼真，从而迷惑攻击者，然后进行深入的行为分析。技术流程如图 6-30 所示。

（1）网络扫描行为与异常行为监控：设置一个、多个或海量虚拟构成的虚拟应用、主机、系统、网络。当攻击者在进行网络侦查与网络扫描时，如果网络可达，可能会命中在网络中的一些虚拟主机系统资产。系统根据异常连接分析机制和连接行为分析，识别出扫描和异常行为的类型，并在第一时间对攻击源 IP 发出告警。

（2）网络扫描防护与服务欺骗：可以为 Nmap、ZMap、Masscan 等端口扫描与服务识别工具提供虚假的端口和服务开放结果，甚至包括一定比例的端口全开的虚假端口开放和服务开放结果，极大地增加攻击者扫描器运行的时间，增加验证、分析服务和主机应用的时间，最终达到隐藏真实系统的目的，使攻击者知难而退。

（3）攻击行为牵引与重定向：对于已经突破网络防线的攻击者，威胁诱捕类系统可以在虚拟主机系统中设置不同比例、不同类型、不同业务、不同漏洞的虚拟主机系统，诱导捕获攻击者深入攻击行为，并且将流量牵引与重定向到指定的容器、系统、网络环境内，使其进入"网络黑洞"，延长攻击耗时，并持续牵引转移攻击者的专注方向。

（4）攻击行为分析与反制：正常情况下，当已经有扫描行为或异常连接行为时，威胁诱捕系统会第一时间生成安全攻击事件，利用网络扫描防护与服务欺骗、重定向等特性可一定程度延缓攻击进程。同时当生成安全攻击事件时，威胁诱捕系统也可以将攻击源 IP 推送至安全防护产品进行联动封堵。全程留存的行为日志也可用于分析网络是否真实的被攻击者突破，帮助了解并掌握未授权的测试与攻击行为。

5）基于工控行业"白名单"的主动探测技术

建立有色行业安全防护"白名单"，为行业工业网络安全防护提供技术支撑。"白名单"主动防

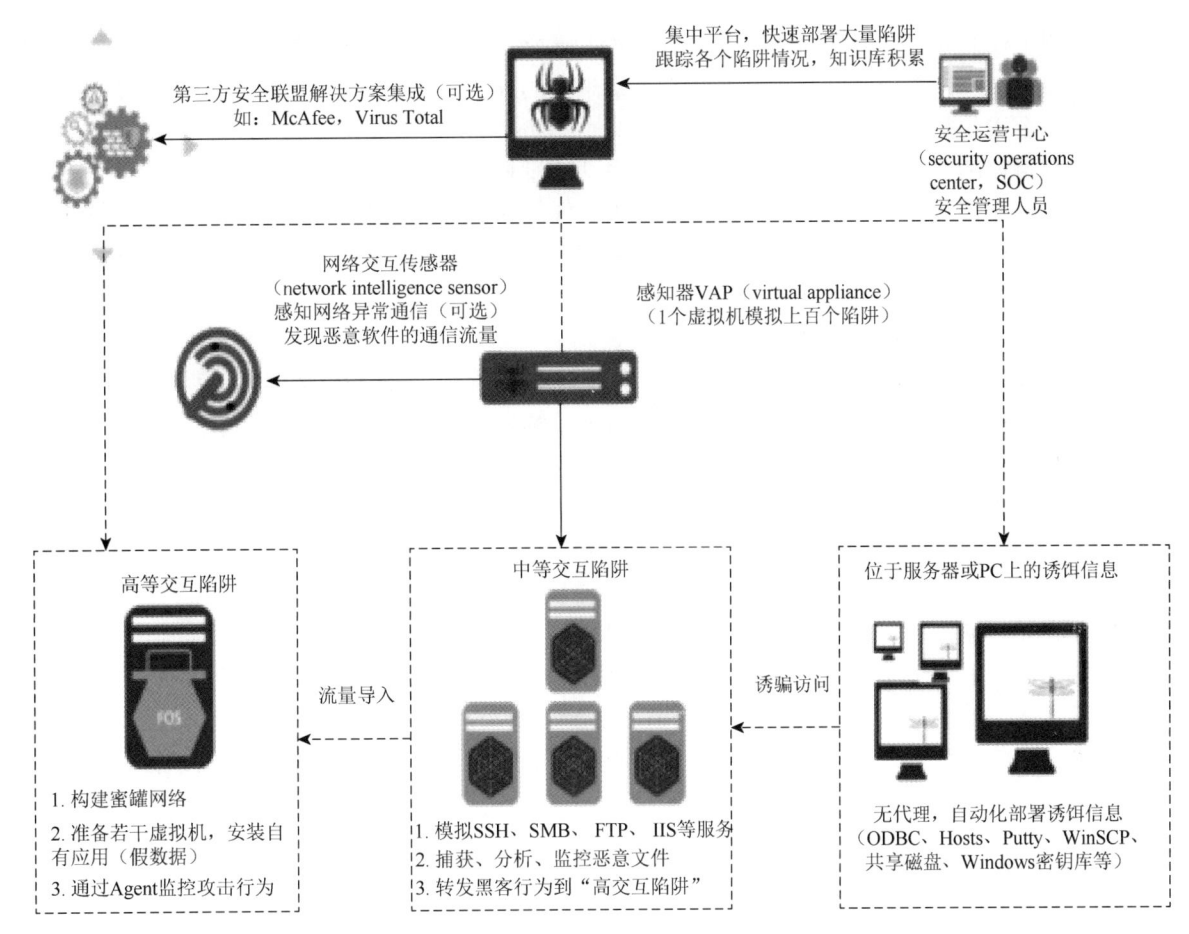

图 6-30　基于工控蜜罐的被动诱捕技术

御是通过提前计划好的协议规则来限制网络数据的交换，在控制网到信息网之间进行动态行为判断。通过对约定协议的特征分析和端口限制的方法，从根源上遏制未知恶意软件的运行和传播。

"白名单"安全机制是一种安全管理规范，不仅用于防火墙软件的规则设置，也是在实际管理中要遵循的原则。例如在对设备和计算机进行实际操作时，需要使用指定的笔记本、U 盘等，管理人员只信任可识别的身份，未经授权的行为将被拒绝。

通过识别系统中的进程或文件是否具有经批准的属性、常见进程名称、文件名称、发行商名称、数字签名，白名单技术能够让企业批准哪些进程被允许在特定系统运行。有些供应商产品只包括可执行文件，而其他产品还包括脚本和宏，并可以阻止更广泛的文件。其中，有一种越来越受欢迎的白名单方法被称为"应用控制"，这种方法专门侧重于管理端点应用的行为。白名单历来被认为难以部署、管理耗时，并且这种技术让企业很难满足员工自行部署所选应用的需求。然而，在最近几年，白名单产品已经取得了很大进展，能更好地与现有端点安全技术整合，消除部署和管理障碍，为希望快速安装应用的用户提供了快速的自动批准。此外，现在的大部分产品还提供这种功能，即将一个系统作为基准模型，生成自己的内部白名单数据库，或者提供模板用来设置可接受基准，这还可以支持 PCI DSS 或 SOX 等标准合规性。

该技术可以抵御零日恶意软件和有针对性的攻击，因为在默认情况下，任何未经批准的软件、工具和进程都不能在端点上运行。如果恶意软件试图在启用了白名单的端点安装，白名单技术会确定这不是可信进程，并否定其运行权限。

6）异常行为智能分析与识别技术

异常行为智能分析与识别作为一种积极主动的安全防护技术，能在工业物联网受到危害之前拦截和响应入侵，对工业物联网主体进行纵深、多层次的防御。

通过监测工业物联网环境中的个人工作站和网络流量，依据工业控制系统中的工作站的各项进程、端口的执行情况以及网络正常流量的基准线来识别未知的攻击，或是对于网络使用行为的变化提出告警。综合对多个操作行为进行时间关联分析，按照主动防御的观点来判断其是否实际存在入侵、攻击等威胁，检查潜在威胁在不同组件之间的相互关系。通过把可疑行为的不同部分关联起来并不断更新行为特征库，判断该行为是否属于恶意或异常行为，提高恶意行为的识别率，最终确定恶意代码的新型攻击行为。在可疑行为被判断为恶意行为后，根据其目的、后续行为以及危害性，采取相应的应对措施。

7）基于 Hadoop 架构的分布式存储技术

利用 Hadoop 的大数据分布式系统基础架构，开发分布式程序，充分利用集群的威力进行高速运算和存储。利用 Hadoop 的 MapReduce 框架可以将应用程序分解为并行计算指令，跨计算节点运行，对数据集进行迅速处理。收集工业系统生产的数据，主要有设备的开关机、运行状态、故障信息以及生产过程中消耗的原材料相关信息，如产量、精矿品位、物料温度、烧眼角度、吹送压力、残氧浓度等参数。利用 Hadoop 在数据存储、提取、运算和加载方面上的天然优势，通过对大量数据的全面采集并持久化，足以实现全生产过程的信息透明，并为上层算法提供计算容器与经过预处理的分析数据来源。

8）全局网络风险态势的安全可视化与防御技术

设计全局大屏可视化及多屏交互技术，使用如饼图、柱形图、折线图等基本图表及 3D 图进行分析，并结合 GIS 可直观有效地将隐含在数据中的网络风险事件可视化，通过大屏展现互联网的安全风险态势和网络攻击态势，快速直观地呈现整体安全态势和安全风险事件，驱动安全事件的预警、防御、应急处理流程。

9）大数据分析处理与安全分析预警建模技术

基于大数据实时流处理及批处理技术，研发设计基于统计、分类、聚类、相似性分析、关联分析、趋势预测的安全分析与预警模型，设计实现多种网络和系统安全风险分析预警模型。利用多种态势分析方法（熵、漏洞、情景事件等）建立不同类型、不同事件之间的关联关系，将安全事件、原始流量、用户身份和威胁情报等信息进行综合关联，进行协同分析，提升事件安全分析能力、预警能力、追查能力。这些模型包括漏洞风险预警模型、安全攻击分析模型、脆弱账号分析模型、口令暴力破解行为分析模型、系统漏洞扫描行为分析模型、Web 漏洞扫描行为分析模型、SQL 注入攻击分析模型、XSS 跨站脚本攻击分析模型、越权访问攻击分析模型、WebShell 攻击分析模型、网页篡改攻击分析模型、拒绝服务攻击分析模型、病毒木马蠕虫分析模型、敏感信息泄露分析模型、APT 高级持续性威胁攻击分析模型。

## 6.4 应用实例

### 6.4.1 基于联盟链的边缘计算节点身份认证机制

#### 6.4.1.1 背景

本小节设计基于联盟链的边缘计算节点身份认证机制，该机制将风险评估与身份认证相结合，对不同风险的边缘计算节点采用不同的认证方法，并对边缘计算节点的联盟链账本交易信息和链下信息进行关联认证。

#### 6.4.1.2 技术方案

1. 测试平台搭建

使用实验室的 WIA-PA 工业无线系统和边缘节点搭建身份认证机制测试系统，如图 6-31 所示。

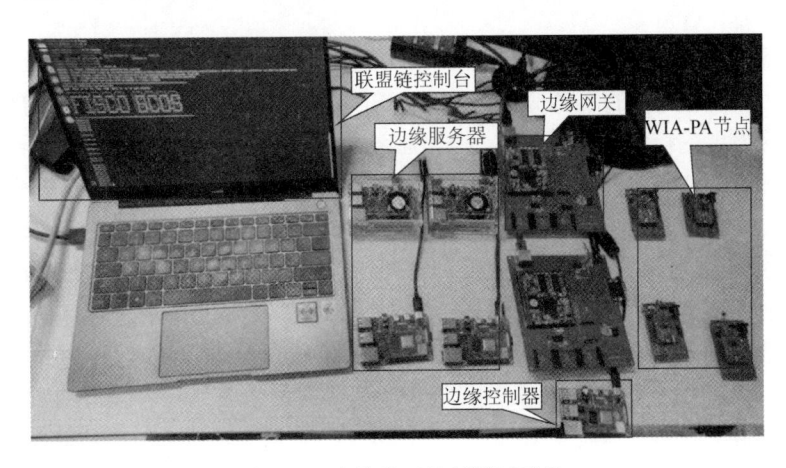

第 6 章　新一代工业物联网融合安全

图 6-31　身份认证机制测试系统

2.身份认证机制验证与分析

1）边缘计算节点特征数据收集与处理

由于边缘计算节点风险评估算法模型训练需要一定数量的边缘计算节点的特征数据集对模型进行初步训练，按照身份信息相关的特征值和流量相关的特征值，通过 OMNET++ 仿真边缘网络，在网络中模拟恶意边缘节点和正常的边缘节点，OMNET++ 对事务进行统计导出仿真结果的 vec 文件，再使用脚本将其转换为 csv 文件（为具有 17 个特征和分类的数据集），如图 6-32 所示。

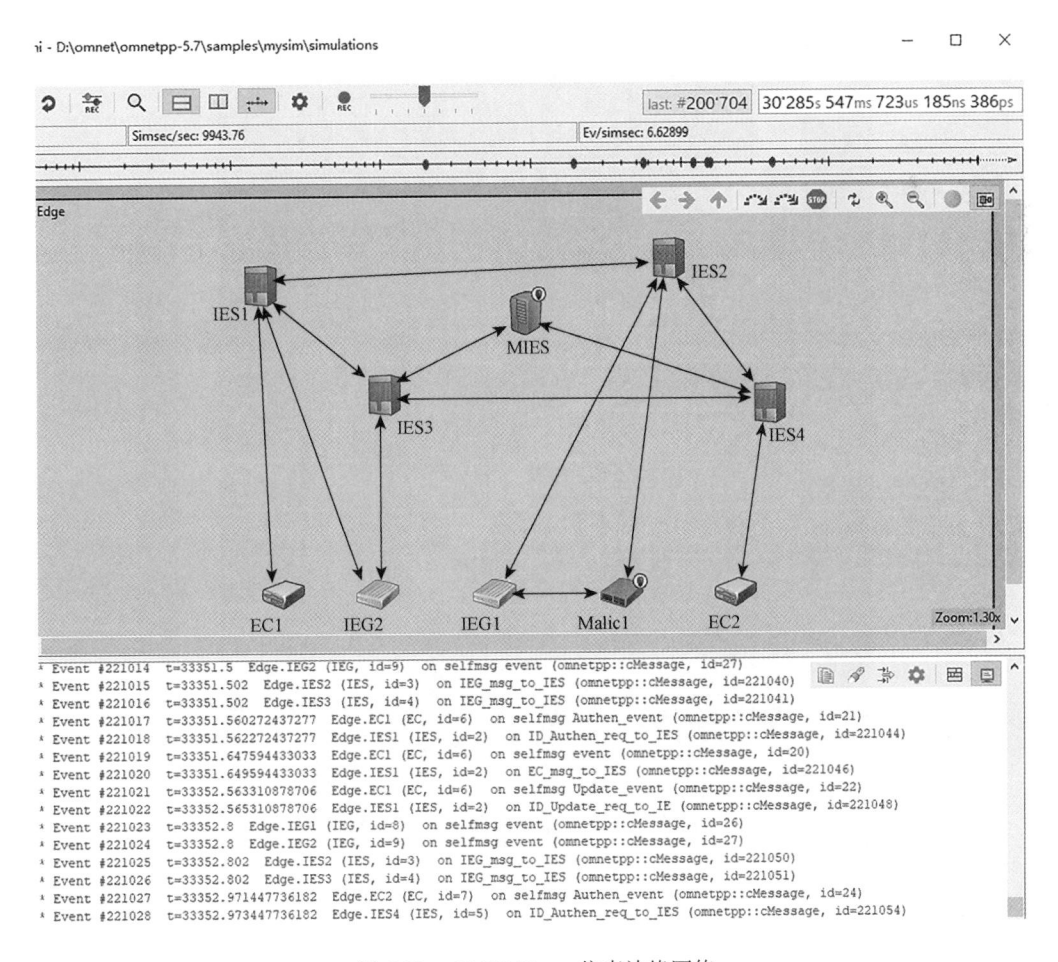

图 6-32　OMNET++ 仿真边缘网络

仿真边缘网络基于事件驱动，合法边缘计算节点 EC（edge computing，边缘计算）、IEG（industrial edge gateway，工业边缘网关）的事务分为三类，即计算请求、身份认证和身份更新请求。EC 和 IEG 的计算请求随机向网络内的信息提取系统（information extraction system，IES）发起，过程中未相互认证的边缘节点间进行身份认证请求，计算请求间隔为 3~15 s，身份信息更新请求间隔为 100~200 s。IES 对收到的请求进行处理。

MIES 仿真恶意的边缘服务器，攻击分为两类，周期交替进行。一类是 MIES 对 EC 和 IEG 的计算、身份认证请求响应进行篡改；另一类则是 MIES 随机对 EC 和 IEG 的请求进行随机响应。

Malic1 仿真恶意边缘节点，Malic1 对 IEG1 的服务请求报文进行窃取，重放 IEG1 的请求报文；Malic1 截获 IES2 对 IEG1 的响应报文，对该报文进行篡改后发送给 IEG1；Malic1 向边缘网络随机发送身份认证请求或计算请求。

OMNET++ 边缘网络仿真中以 400 s 为一个周期对所有边缘节点的特征值进行统计，共包含 8 个合法的边缘计算节点，2 个恶意的边缘计算节点，生成约 480 KB 个事件，处理后约有 5.5 KB 个边缘计算节点的特征。

（1）Pearson 相关性分析。

对收集到的边缘计算节点的行为特征数据集进行皮尔逊（Pearson）相关性分析，特征值之间的相关性在区间[-1, 1]，接近 1 表示两种特征值呈正相关；接近-1 则表示两种特征值呈负相关，相关性的绝对值越大表示相关性越强；0 表示两种特征值不存在线性相关的关系，但可能存在非线性的相关性。图 6-33 展示了在 OMNET++ 仿真中收集的特征值之间的 Pearson 相关性，图中极少量的特征值之间

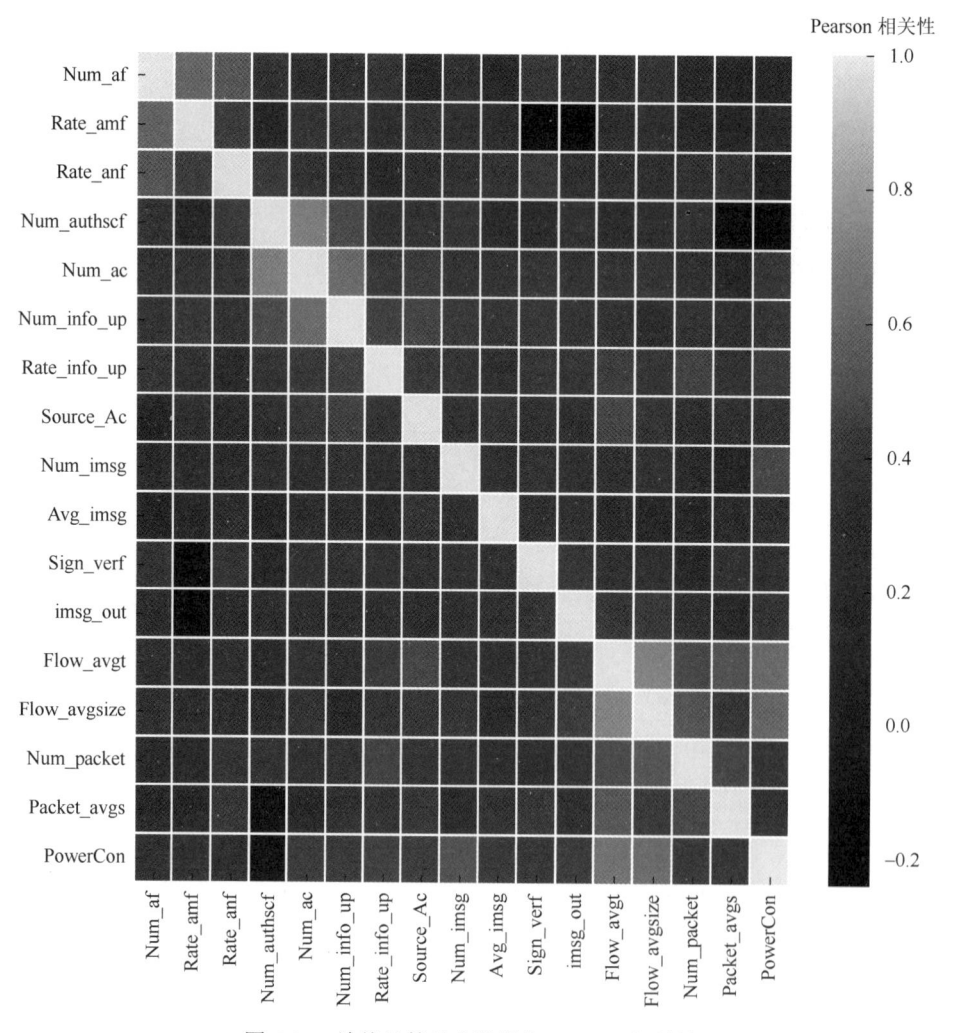

图 6-33　边缘计算节点数据集 Pearson 相关性

呈负相关；大多数的特征值都保持了一定的相关性，约有 18%的特征值相关性过高；在可接受范围的相关特征值占比超过 60%，证明该数据集相关性良好，在边缘计算风险评估算法中大部分特征能够对模型的训练产生一定的影响。

（2）偏度和峰度分析。

收集到的边缘计算节点行为特征数据集特征值的偏度与峰度如图 6-34 所示。特征的偏度越接近 0 则该特征的分布越接近正态分布。使用多元偏度函数对该数据集特征的不对称性进行测试。数据集中特征 4、6、14、17 呈正偏斜；特征 3 呈负偏斜；其余特征的偏斜在 0 附近。

2）基于联盟链的身份认证机制实现与验证

为了验证基于联盟链的身份认证机制的有效性，搭建身份认证测试验证平台，提出的身份认知机制在该平台上实现。

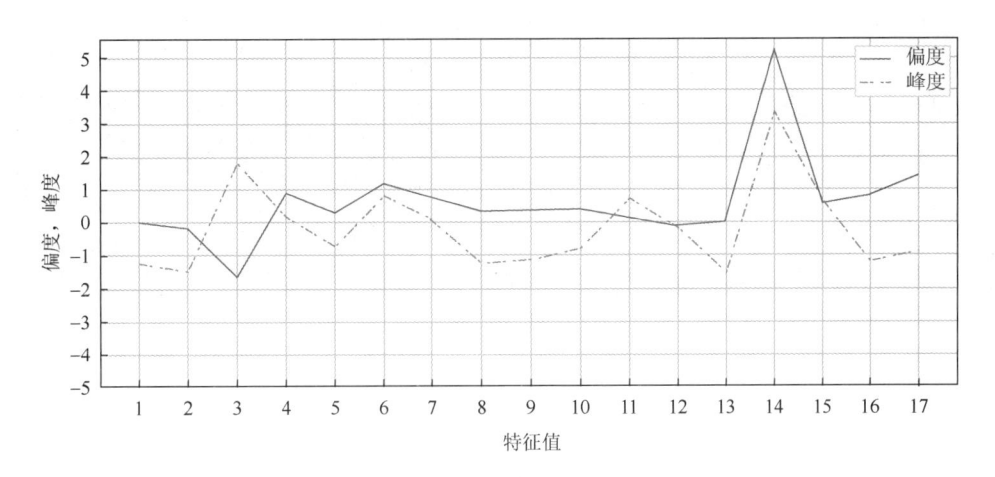

图 6-34 边缘计算节点数据集特征值的偏度与峰度

为了实现在联盟链身份信息账本上进行身份信息交易和在分布式存储系统中读写边缘计算节点的详细身份信息，首先需要在工业边缘服务器搭建联盟链群组，并部署身份认证机制的智能合约，如图 6-35 所示。

(a) 联盟链群组搭建

(b) 智能合约部署

图 6-35 联盟链群组搭建与智能合约部署

在联盟链控制台中启动 4 个共识节点，4 个边缘服务器的 FISCO BCOS 平台客户端启用成功，通过联盟链的日志可以看到群组内除主节点外有 3 个共识节点，群组内达成一致共识，即共识状态 seal on，群组内节点共识正常。

通过控制台对身份认证智能合约 EdgeIdentity 进行部署，如图 6-35（b）所示，该合约包括了 RegSC（身份注册智能合约）、AuthenSC（身份认证智能合约）和 UpdateSC（身份更新智能合约）。执行回执中，status 为 0x0 表示 EdgeIdentity 部署成功，以及合约的调用地址 contractAddr 和交易的地址。

（1）身份注册。

首先验证身份注册智能合约 RegSC（图 6-36），控制台通过 contractAddr 和边缘计算节点注册信息调用该合约。回执中 status 为 0x0，RegSC 执行成功，执行结果为 1，身份注册成功；调用查看身份交易信息的智能合约可以看到该节点身份交易的信息、交易时间、详细身份信息的表地址等。

图 6-36　身份注册智能合约

边缘计算节点将身份注册请求发送至 IES，如图 6-37 所示。

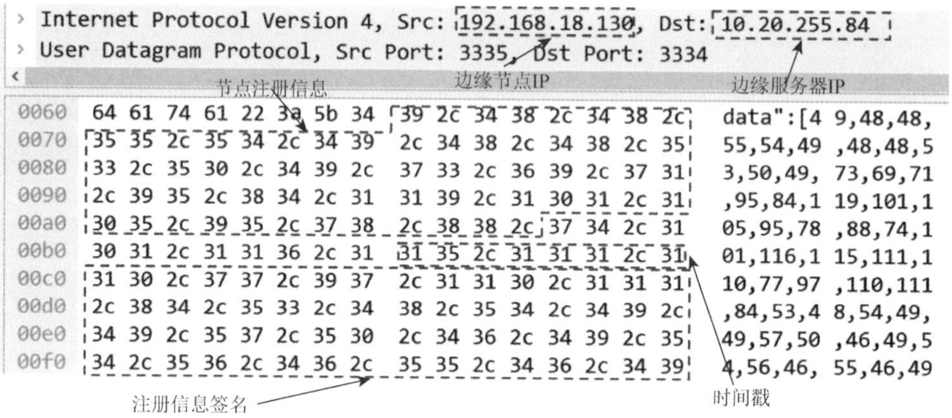

图 6-37　边缘节点身份注册报文

IES 收到身份注册请求后，VerifySig(Sig$_r$) 验证消息的数字签名及时间戳，验证通过后调用智能合约 RegSC，将身份注册结果返回该边缘节点，包括身份信息交易的状态、Hash 值、有效期等信息，如图 6-38 所示。

（2）身份认证。

身份认证智能合约 AuthenSC 是该机制的核心，首先从身份信息账本中读取节点的身份信息交易对比节点摘要信息 Digest，然后在分布式存储系统中读取详细身份信息计算并比对证明根值 MR，如图 6-39 所示。

AuthenSC 通过边缘计算节点的 NodeID、证明智能合约中的 Digest 和计算的根值 MR 进行调用，智能合约通过读取身份信息账本和根值 MR 得出认证结果。执行回执中 status 为 0x0，AuthenSC 执行成功，执行结果认证成功为 true，认证失败为 false。AuthenSC 的执行不会生成新的交易，但会写入联盟链日志。

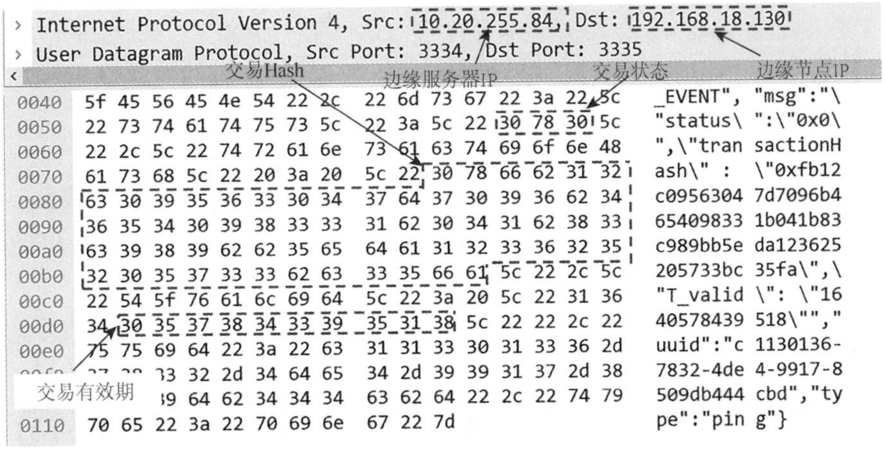

图 6-38　边缘节点身份注册响应报文

图 6-39　身份认证智能合约

边缘计算节点需要身份认证时，首先发送身份认证请求，请求包括自身的稀疏 Merkel 证明、时间戳和消息签名等，如图 6-40 所示。

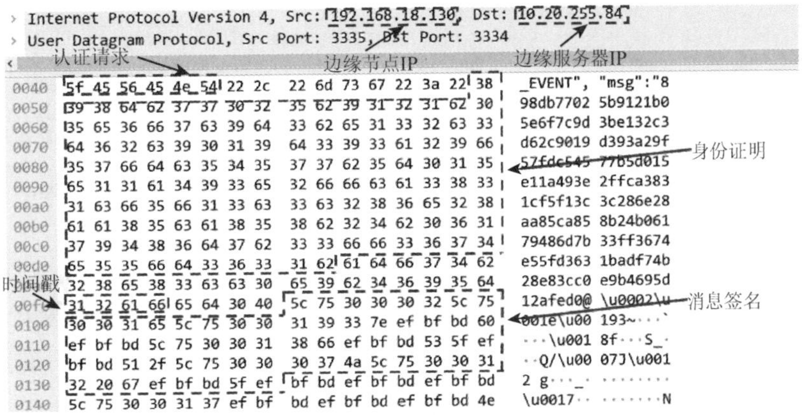

图 6-40　边缘计算节点身份认证请求

IES 收到该请求后，VerifySig(Sig$_{au}$) 对时间戳及消息签名进行验证，根据身份证明计算 MR 后，调用风险评估算法和 AuthenSC，对节点进行认证，返回认证响应，如图 6-41 所示。

（3）身份更新。

身份更新智能合约 UpdateSC 是更新维护边缘计算节点身份信息的合约。调用 AuthenSC 对边缘计算节点原身份信息进行认证后，在群组内完成新的身份信息交易，若存在信息更新，则在分布式系统中写入计算信息，如图 6-42 所示。

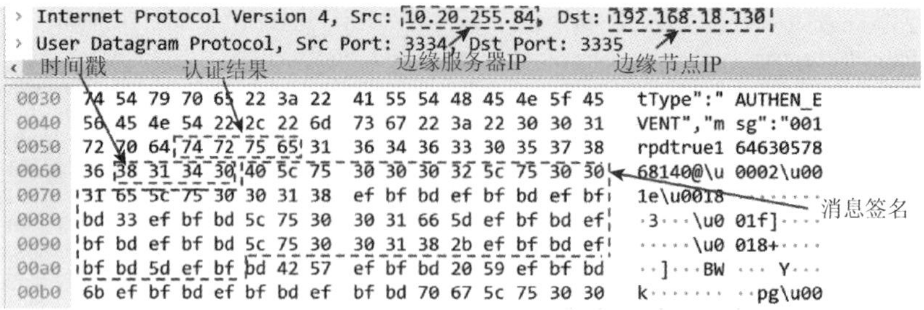

图 6-41　身份认证请求响应

图 6-42　身份更新智能合约

边缘计算节点向 IES 发起的身份更新请求如图 6-43 所示。该请求包含了自身的原身份证明、更新信息、时间戳和消息签名等，同类型的请求可不带更新信息。

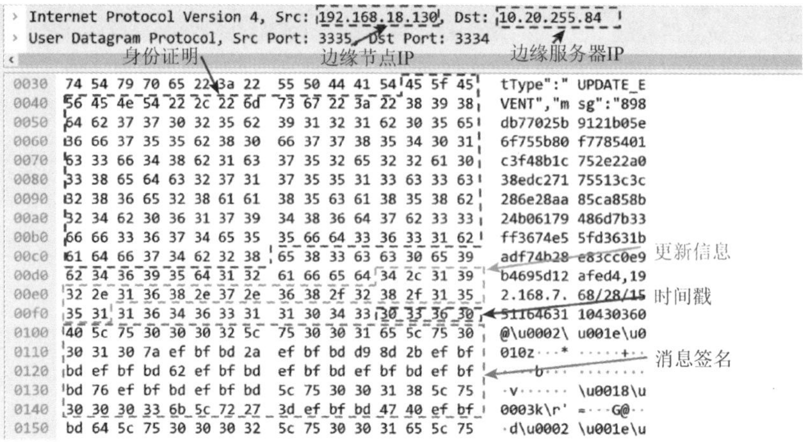

图 6-43　边缘计算节点身份更新请求

IES 接收到边缘计算节点身份更新请求后，调用 UpdateSC 对边缘计算节点发起身份更新，更新成功后会生成新的身份信息交易，IES 返回 UpdateSC 的执行回执，包括身份更新的结果及新身份信息交易 Hash 等，并打上时间戳和消息签名。边缘计算节点身份更新响应如图 6-44 所示。

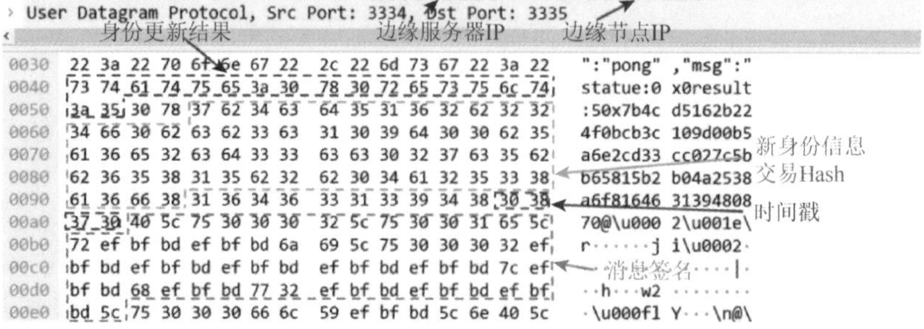

图 6-44　边缘计算节点身份更新响应

## 3. 性能测试与分析

### 1）边缘计算节点风险评估算法性能测试

边缘计算节点风险评估算法是提出的身份认证机制的重要模块之一，本小节对实现的风险评估模型的准确率、检测时间进行测试。

中、低风险的边缘计算节点被误判为高风险的概率分别为 3.2%、3.1%，中、低风险的边缘计算节点不被判断为高风险的边缘计算节点的概率为 96.8%，因此该模型对风险相对较低的节点有较好的分类能力，能够满足身份认证机制的需要。

边缘计算节点风险评估算法仅作为身份认证机制的一个模块，由于工业边缘网络对于身份认证的实时性要求较高，所以需要对该模型的评估时间进行测试，以验证其对身份认证的影响，如图 6-45 所示。

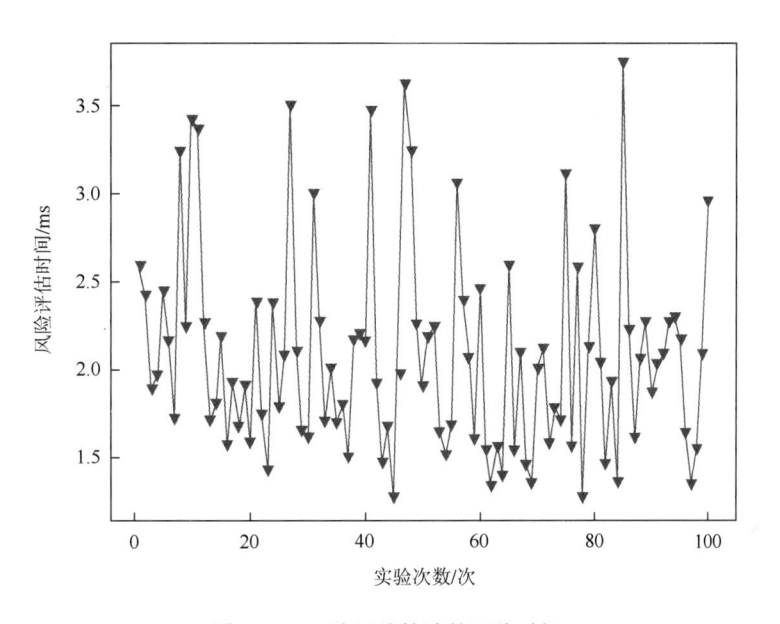

图 6-45 风险评估算法的评估时间

边缘计算节点风险评估算法对单个特征向量的评估平均时间约为 2.1 ms，该算法采用线性的分类模型，对计算资源消耗很小，因此对身份认证机制整体流程影响很小。

### 2）身份认证机制开销分析

本节对提出的身份认证机制的开销进行测试和分析，主要包括身份认证机制的时间、边缘计算节点的存储开销、通信开销和计算开销等，验证该身份认证机制在工业边缘网络中的适用性。

（1）时间开销测试与分析。

首先对提出的身份认证机制进行时间的开销测试，测试条件为 4 个边缘服务器 IES 作为共识节点，其硬件设备为树莓派 4B，联盟链控制台的硬件为 Intel（R）Core（TM）i5 10210U CPU@1.60GHz，边缘计算节点的数量共计 7 个，测试结果如图 6-46 所示。

测试 1（Scenario1）为普通边缘计算节点间相互身份认证过程，图中 Scenario1 对应的认证时间平均时间开销为 720 ms；测试 2（Scenario2）为共识边缘计算节点与普通边缘计算节点相互认证过程，图中 Scenario2 对应的认证时间平均时间开销为 594 ms。

Scenario1 身份认证的平均时间大于 Scenario2 的原因是，智能合约需要读取更多的身份信息账本和分布式存储系统中的数据。身份认证时间波动的原因是，根据风险评估算法的不同结果会采用不同的认证函数。在实际的工业场景中，随着边缘群组中共识节点的数量增加，身份认证的时间开销可能会进一步增加。

研究人员在不同共识节点数量下对身份认证的平均时间进行了测试，并与 Ma 等[37]提出的 BlockAuth

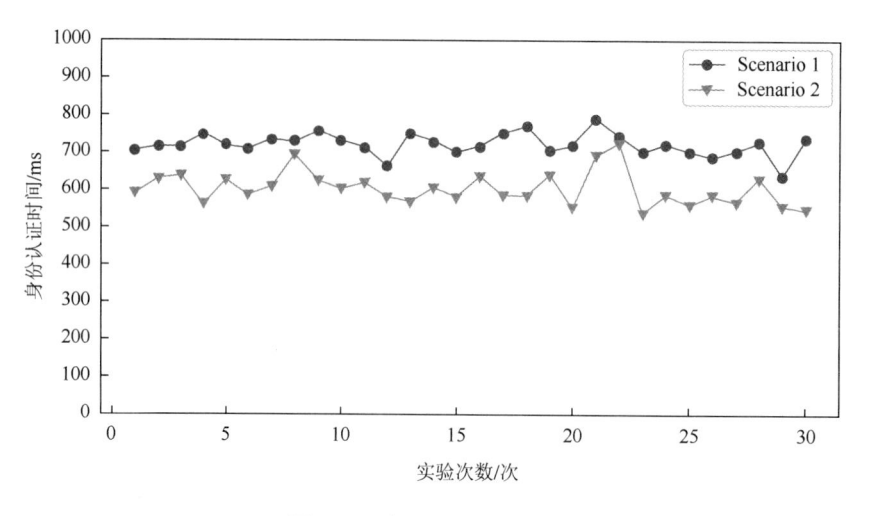

图 6-46 身份认证时间测试

身份认证方案进行对比。实验中在单个设备上运行 2 个 FISCO 程序，分别搭建了 4 个、6 个和 8 个共识节点的联盟链网络。

身份认证时间对比结果如图 6-47 所示，随着边缘网络中共识节点数量增加，身份认证的时间也在增加，整体呈线性增长，原因是智能合约执行效率变低；另外可以看出边缘计算节点风险评估算法优于 BlockAuth 方案。

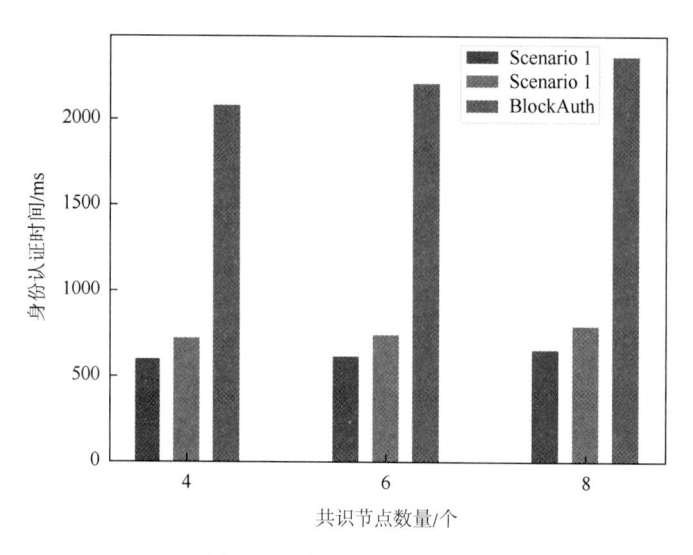

图 6-47 身份认证时间对比

（2）通信开销测试与分析。

身份认证机制产生的通信开销主要是在身份认证和身份更新的过程中，边缘计算节点不允许重复进行身份注册。

表 6-3 展示了身份认证机制中普通边缘计算节点和 IES 的通信开销。

表 6-3　边缘计算节点通信开销　　　　　　　　（单位：byte）

| 项目 | 普通边缘计算节点 | IES |
| --- | --- | --- |
| 身份注册 | 224～256 | 206～244 |
| 身份认证 | 200～224 | $176(f+1)$ |
| 身份更新 | 240～384 | 228 |

身份注册过程中的边缘计算节点的开销主要包括其身份信息 40~80 byte、时间戳和消息签名，捕获到的身份注册请求报文大小为 224~256 byte。IES 的身份注册响应报文的平均大小为 206~244 byte，主要包含交易 Hash、交易时间、交易有效期等。

在身份认证过程中，边缘计算节点发送的请求包含身份证明为 140 byte、时间戳和消息签名等。报文大小为 200~224 byte。IES 的身份认证响应报文的大小为 176 byte，$f+1$ 个 IES 发送认证响应，总共有 $176(f+1)$byte 的开销，主要包括认证结果、时间戳和消息签名。

在身份更新过程中，边缘计算节点的身份更新请求报文大小为 240~384 byte（因为其更新的负载是不固定的），此外还包括原身份证明、时间戳和消息签名等。IES 的身份更新响应报文的大小为 228 byte，主要包含新的身份信息交易 Hash、有效期等。身份认证机制中的请求和响应报文大小适中，不会对边缘网络的实时性造成影响。

（3）计算开销测试与分析。

边缘计算节点的计算开销如表 6-4 所示。身份认证机制中的计算开销主要分为生成数字签名 TS、验证数字签名 TVS、计算 Hash 值 TH。

表 6-4　边缘计算节点计算开销

| 项目 | 普通边缘计算节点 | IES |
| --- | --- | --- |
| 身份注册 | TS + TVS + TH | TS + TVS + TH |
| 身份认证 | TS + TVS + 2TH | 2TS + 2TVS + 8TH |
| 身份更新 | TS + 2TVS + 3TH | TS + TVS + 5TH |

研究人员分别对身份注册、身份认证和身份更新过程进行了分析。身份认证机制中的运算以模运算和 Hash 运算为主，算法的复杂度较低，资源受约束的边缘节点也能完成运算，主要的计算由边缘服务器完成。

（4）存储开销测试与分析。

边缘计算节点的存储开销测试结果如表 6-5 所示。结果分为普通边缘计算节点和 IES 的存储开销。

表 6-5　边缘计算节点存储开销　　（单位：byte）

| 项目 | 普通边缘计算节点 | 项目 | IES |
| --- | --- | --- | --- |
| 程序 | 1629 | 程序 | 11366 |
| 身份信息 | 129 | 本地特征 | 532 |
| 交易信息 | 80 | 配置文件 | 870 |
| 密钥文件 | 32 | 密钥文件 | 237 |
| 总计 | 1870 | 总计 | 13005 |

普通边缘节点的开销包括身份认证机制的程序 1629 byte、身份信息 129 byte、交易信息 80 byte、密钥文件 32 byte，总计为 1870 byte，在资源约束的边缘节点也能够承受。

IES 为共识节点，其存储开销包括身份认证机制的程序 11366 byte、本地特征 532 byte、联盟链及节点的配置文件 870 byte、密钥文件 237 byte；总体为 13005 byte。满足低存储开销的需求。

实验测试了不同共识节点数量和普通边缘计算节点下分布式存储系统的存储开销情况，如图 6-48 所示。随着普通边缘计算节点的增加，分布式存储系统中存储的节点特征值、身份信息账本和详细身份信息也增加，整体呈线性增长。

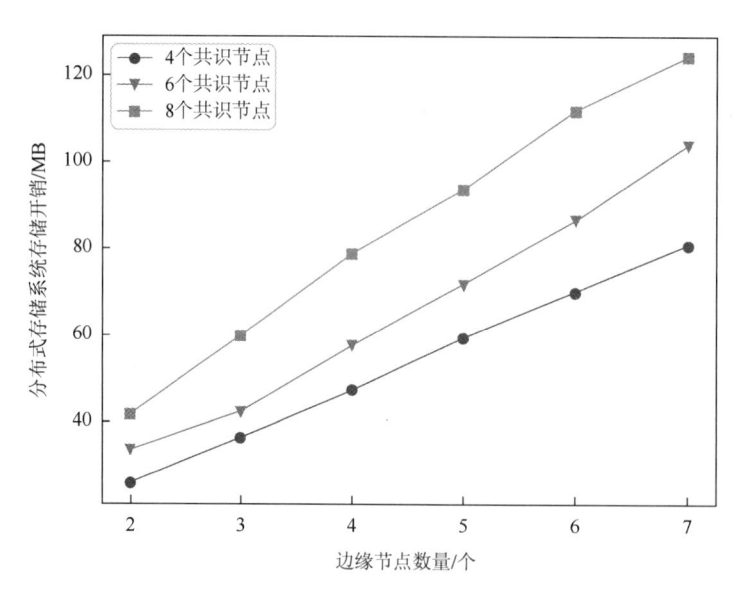

图 6-48 分布式存储系统存储开销

在分别有 4 个、6 个和 8 个共识节点的情况下，共识节点从 4 个增加到 6 个时，存储开销小幅增加，原因是节点数量的增加导致账本小幅增长。当共识节点增加至 8 个时，分布式存储系统中账本的备份增加，存储开销增加相对较多。

对于网络中共识节点数量，在网络存储资源有限时选取 4 个；在群组规模较大或存储资源丰富时选取 8 个，以提高系统安全性；不适合选取 6 个，因为仅会增加系统存储开销，还不能提高安全性。网络中的边缘计算节点完全能够承受身份认证机制的存储开销，测试结果表明边缘计算节点的存储开销能够满足工业边缘计算网络的要求。

### 6.4.2 基于主从链的工业设备身份认证

#### 6.4.2.1 背景

本小节从安全体系结构、通用网络模型的角度设计基于主从链的工业设备身份认证架构，结合工业边缘计算环境下工业设备身份合法性的需求和工业边缘计算网络的特征，设计基于主从链的工业设备身份认证机制。通过提出的方案可以实现对工业边缘计算环境下的工业设备的身份合法性认证，解决传统身份认证方案集中式实体可能的单点故障问题，提高身份认证效率。

#### 6.4.2.2 技术方案

**1. 基于主从链的工业设备身份认证架构**

基于主从链的工业设备身份认证架构中的主从链结构是在边缘服务器内安装联盟链客服端后映射形成。基于主从链的工业设备身份认证架构如图 6-49 所示。该架构从下向上共分为 4 层，分别是设备层、边缘层、从链层和主链层。设备层包括路由节点、工业设备和工业移动设备（AGV、AMR 等）。边缘层包括边缘服务器、边缘总服务器、边缘代理、边缘网关和交换机。主从链结构由边缘层的边缘服务器、边缘总服务器和边缘代理映射而成，边缘网关和交换机不参与映射。从链层和主链层由通信节点和共识节点组成，在每个信任域的从链内只能有一个通信节点即边缘代理映射的节点，主链内可以有多个通信节点，主从链内的通信节点都是参与共识机制的共识节点。

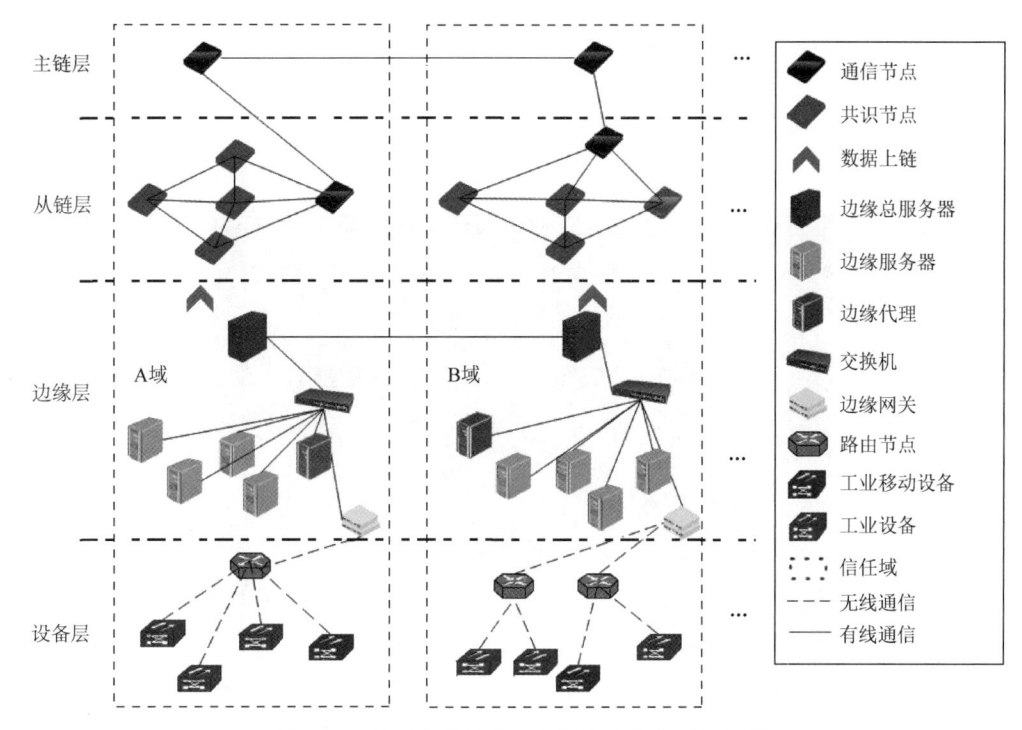

图 6-49　基于主从链的工业设备身份认证架构图

**2. 系统整体平台**

依托实验室前期研发的工业无线网络、无线设备和边缘设备结合区块链平台研发一套基于主从链的工业设备身份认证测试验证系统平台，包括 8 个无线通信节点、2 个路由节点、2 个边缘网关、10 个边缘服务器、2 台交换机、1 个 PC 机。基于主从链的工业设备身份认证测试验证系统如图 6-50 所示。

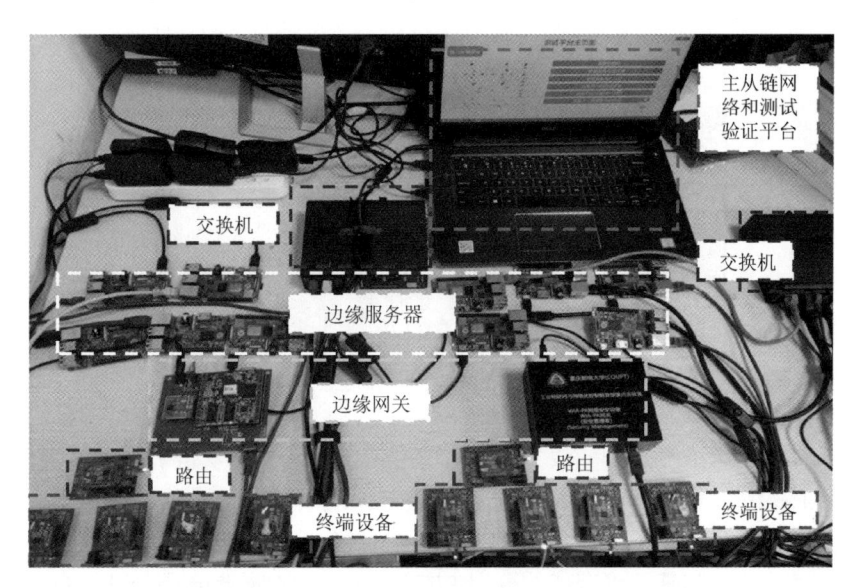

图 6-50　基于主从链的工业设备身份认证测试验证系统

**3. 身份认证机制的验证与测试**

1) 身份认证机制的功能验证。

（1）部署主从链节点和智能合约。

通过 FISCO BCOS 区块链平台搭建具有联盟链属性的主从区块链，并部署主链节点、从链节点和 A、B 信任域。其中，在 10 个工业边缘服务器中部署从链节点，在 A、B 两个信任域分别部署 5 个工业边缘节点。同时在主从链控制台部署 5 个主链节点，形成主从链的结构。主从链节点部署成功结果如图 6-51 所示。图中一共部署了 15 个边缘节点，其中 Node_0～Node_4 为主链节点、Node_5～Node_9 为 A 域节点、Node_10～Node_14 为 B 域节点。

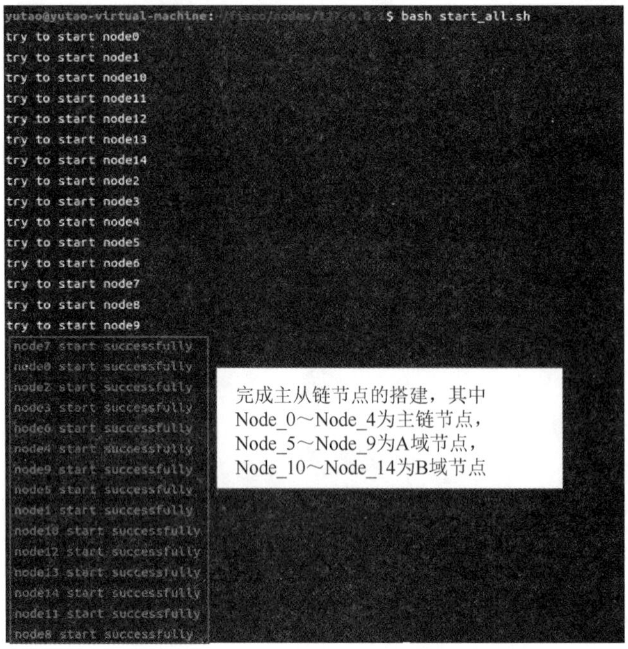

图 6-51　主从链节点部署成功结果图

主从链节点的分配结果如图 6-52 所示，其中机构 agencyA 代表 A 域，机构 agencyB 代表 B 域，机构 agencyC 代表主链。

图 6-52　主从链节点分配结果图

主从链节点部署完成后检测是否能成功共识，如图 6-53 显示了主从链节点部署后的初始共识结果。图中"++++++++++++++++"表示节点之间共识成功。通过主从链节点之间的共识成功验证了主从链的有效性，身份认证机制将在此基础上进行实验验证。然后在主从链控制台上部署基于主从链的工业设备匿名身份认证和基于综合值的分层 PBFT（practical Byzantine fault tolerance，实用拜占庭容错）共识机制的智能合约，并执行编译。

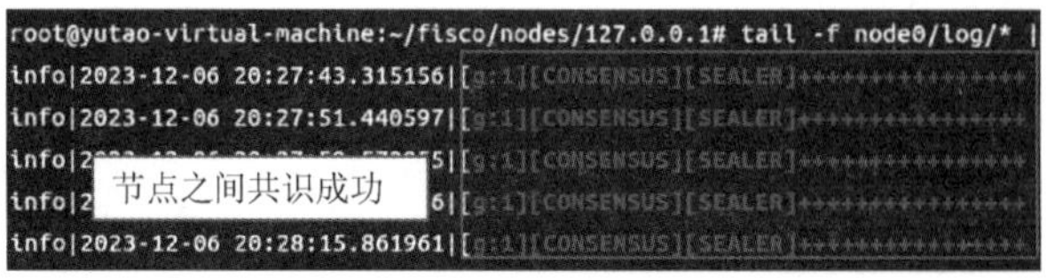

图 6-53　主从链节点共识成功结果图

(2)系统初始化。

在基于主从链的工业设备匿名身份认证机制的系统初始化阶段主要是启动主从链节点、边缘网关为工业设备、工业边缘服务器和边缘网关生成公私密钥对的过程。为方便观测结果，主从链控制台和边缘网关分别会将启动结果和密钥生成结果发送到基于主从链的工业设备身份认证机制测试平台，系统初始化的结果如图 6-54 所示。

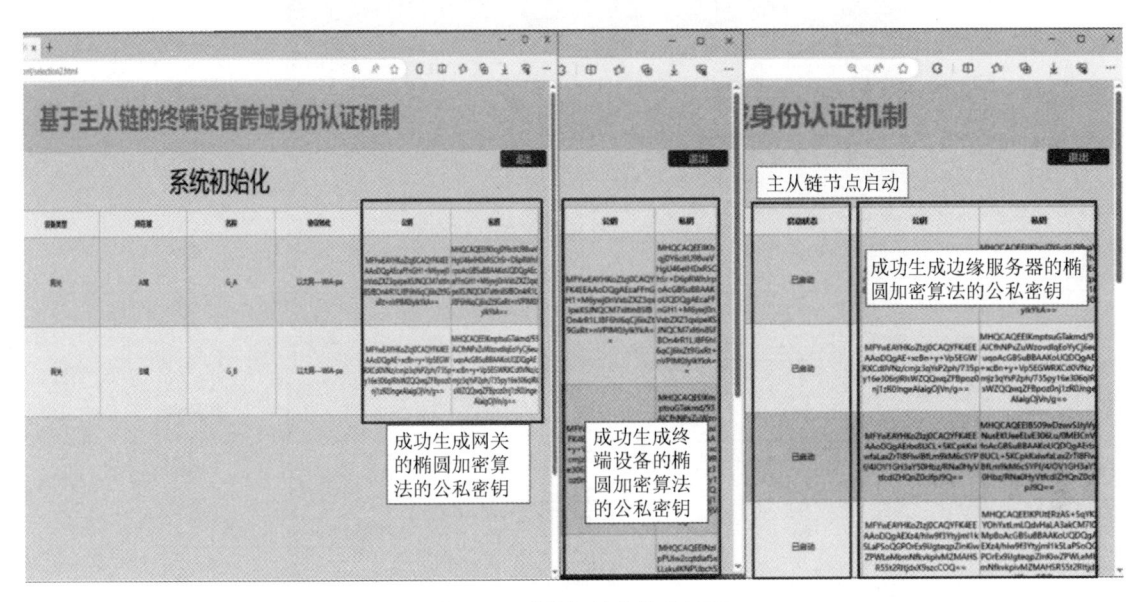

图 6-54  系统初始化的结果图

(3)验证身份认证机制。

身份认证机制分为域内认证和跨域认证两个部分，当从链通信节点检测到工业设备发送的身份认证请求是域内认证且验证身份信息合法后，会为工业设备生成合法证明Cert，该工业设备可以通过合法凭证Cert在当前信任域内进行数据访问；当从链通信节点检测到工业设备发送的身份认证请求是跨域认证且验证身份信息合法后，从链通信节点会为工业设备生成匿名身份信息和匿名公私密钥集并向主链通信节点检索跨域认证的目的设备所在的信任域，然后通知发送认证请求的工业设备通过匿名身份信息进行跨域认证，当认证请求的发送方和接收方协商出周期性会话密钥后，双方就可以进行跨域认证了。

根据上述步骤完成域内认证和跨域认证流程之后，主从链会将过程中的工业设备身份信息和身份认证的行为信息进行共识上链操作，共识完成后返回交易信息。该交易信息作为验证工业设备身份合法性的凭证发送到基于主从链的工业设备身份认证机制测试平台，测试平台将身份认证结果输出。合法交易信息认证结果如图 6-55 所示，图中是 A 域工业设备 $A_i$ 在完成跨域认证后返回的合法交易信息"0x8e88367c054f658c4280e2abd2c06ee2917ef71ce4ee69765a62d5694f04450b"，将该交易信息在基于主从链的工业设备身份认证机制测试平台输出认证结果。

为了验证身份认证机制具有判断非法工业设备身份信息的功能，在测试过程中通过攻击节点构造了非法交易信息"0x8e88367c054f658c4280e2abd2c06ee2917ef71ce4ee69765a62d5694f040000"，该节点的其他信息均合法。当工业设备返回非法交易信息时，从链通信节点对密文进行解密，获取的解密结果与边缘服务器生成的终端设备交易信息不一致；从链通信节点判定工业设备的身份认证失败，该设备为非法设备。身份认证机制的功能验证经过测试平台验证，输出身份认证结果如图 6-56 所示。

2）身份认证机制的性能测试

为更好地实现工业设备的身份认证功能，在保证安全性的基础上，还需要评估认证系统的性能。本小节对基于主从链的工业设备身份认证机制的性能进行测试与分析，主要包括身份认证时间开销测试分析与对比、身份认证存储开销测试分析与对比。

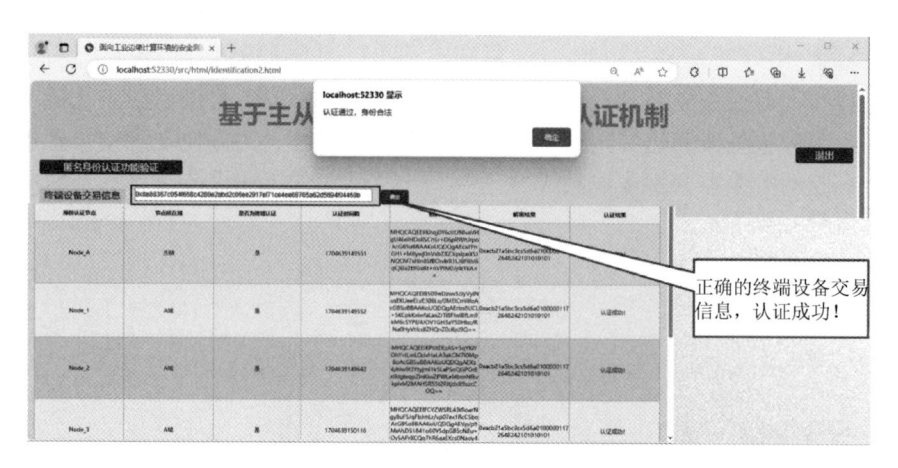

图 6-55 合法交易信息的认证结果

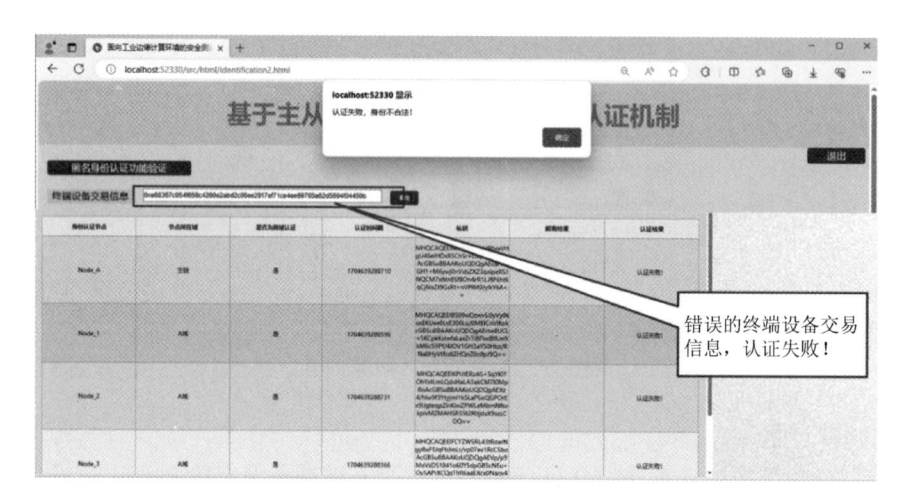

图 6-56 非法交易信息的认证结果

（1）身份认证时间开销测试分析与对比。

为方便与其他方案的跨域身份认证消耗的时间进行对比分析，经 20 次实验测试得到身份认证过程中各运算环节所消耗的平均时间，包括椭圆曲线向量的乘运算、时间戳校验运算、Hash 运算、数字签名、数字签名验证、公钥加密运算和私钥解密运算等运算类型，经过 10 次各运算环节消耗时间的测试得出各个运算时间的平均值，测试得到身份认证过程中各个运算所消耗的时间表如表 6-6 所示。

表 6-6 身份认证各个运算所消耗的时间表

| 序号 | 运算类型 | 符号 | 消耗时间/ms |
| --- | --- | --- | --- |
| 1 | 椭圆曲线向量的乘运算 | $T_{ecc}$ | 2.226 1 |
| 2 | 时间戳校验运算 | $T_t$ | 0.001 2 |
| 3 | Hash 运算 | $T_H$ | 0.000 1 |
| 4 | 数字签名 | $T_S$ | 1.648 9 |
| 5 | 数字签名验证 | $T_{S'}$ | 1.723 5 |
| 6 | 公钥加密运算 | $T_{PK}$ | 3.830 6 |
| 7 | 私钥解密运算 | $T_{SK}$ | 3.853 0 |

在测试得到身份认证过程中各个运算所消耗的时间后，分别统计测试域内认证和跨域认证过程中每个步骤中各种运算次数。经测试，身份认证机制在域内认证过程中时间消耗分别是：身份注册阶段

时间消耗为 $T_{PK} + T_{SK} + 2(T_t + T_H) + T_S + T_{S'}$，从链通信节点验证认证请求阶段时间消耗为 $2T_H + T_t + T_S + T_{S'} + T_{PK} + T_{SK}$，域内认证阶段时间消耗为 $T_{PK} + T_{SK} + T_t$；身份认证机制在跨域认证过程中时间消耗分别是：身份注册阶段时间消耗为 $T_{PK} + T_{SK} + 2(T_t + T_H) + T_S + T_{S'}$，从链通信节点验证认证请求阶段时间消耗为 $2T_H + T_t + T_S + T_{S'} + T_{PK} + T_{SK}$，跨域预认证阶段的时间消耗为 $T_{ecc} + T_{PK} + T_{SK} + T_H + T_t + T_S + T_{S'}$，跨域认证阶段的时间消耗为 $3(T_{PK} + T_{SK}) + T_S + T_{S'} + 3T_H + 2T_{ecc} + 3T_t$。经计算，身份认证机制域内认证的时间开销为 29.8008 ms，跨域认证的时间开销为 66.2787 ms，身份认证的时间开销如图 6-57 所示。

| | 身份注册阶段 | 判断是否跨域阶段 | 域内认证 | 跨域预认证 | 跨域认证 | 总计 |
|---|---|---|---|---|---|---|
| 域内认证耗时/ms | $T_{PK} + T_{SK} + 2(T_t + T_H) + T_S + T_{S'}$ | $2T_H + T_t + T_S + T_{S'} + T_{PK} + T_{SK}$ | $T_{PK} + T_{SK} + T_t$ | — | — | 29.800 8 |
| | 11.058 6 | 11.057 4 | 7.684 8 | — | — | |
| 跨域认证耗时/ms | $T_{PK} + T_{SK} + 2(T_t + T_H) + T_S + T_{S'}$ | $2T_H + T_t + T_S + T_{S'} + T_{PK} + T_{SK}$ | — | $T_{ecc} + T_{PK} + T_{SK} + T_H + T_S + T_{S'} + T_t$ | $3(T_{PK} + T_{SK}) + T_S + T_{S'} + 3T_H + 2T_{ecc} + 3T_t$ | 66.278 7 |
| | 11.058 6 | 11.057 4 | — | 13.283 4 | 30.879 3 | |

图 6-57 身份认证的时间开销

在跨域认证的过程中，参与跨域认证的工业设备之间生成周期性会话密钥 $SK_{A_i \to B_j}$ 和 $SK_{B_j \to A_i}$，规定 $f$ 轮次工业设备之间的会话访问的有效期为一个周期 $T$，会话密钥的有效期为一个周期 $T$。在 $T$ 时间内工业设备 $A_i$ 与工业设备 $B_j$ 之间的访问不需要再重复认证。当会话周期 $T$ 时间过后，如果工业设备 $A_i$ 还需要访问工业设备 $B_j$，就需要从 $A_i$ 的匿名身份信息集 $P_{ID_l}^{A_i}$ 和子公钥集 $Sub\_pk_l^{A_i}$ 中选择新的 $P_{ID_l}^{A_i}$ 和 $Sub\_pk_l^{A_i}$，$l \in \{1, 2, \cdots, m-1, m, m+1, \cdots, n\}$，再计算一对新的会话密钥完成跨域认证。再次计算会话密钥进行重认证时不需要重新注册身份信息和验证认证信息等操作，减少了身份认证的时间。因此，进行测试分析的时候将 10 次会话密钥的生成看作一个测试周期 $T_{test}$，其中测试周期内第一次身份认证的时间为 $t_{auth-first}$，测试周期内的平均身份认证时间为 $t_{auth-ave}$。其他方案有些并没有信息上链的环节，且共识算法当中是在身份认证完成后对工业设备的身份信息和认证过程的行为信息进行分布式存储记录，所以在进行身份认证时间消耗对比的时候并没有加入共识确认时间这一数值，共识确认时间将在分层 PBFT 共识机制的验证与测试小节中进行测试分析。同时测试了文献[38]、文献[39]跨域认证 $t_{auth-first}$ 和 $t_{auth-ave}$ 的时间开销，对比结果图如图 6-58 所示。

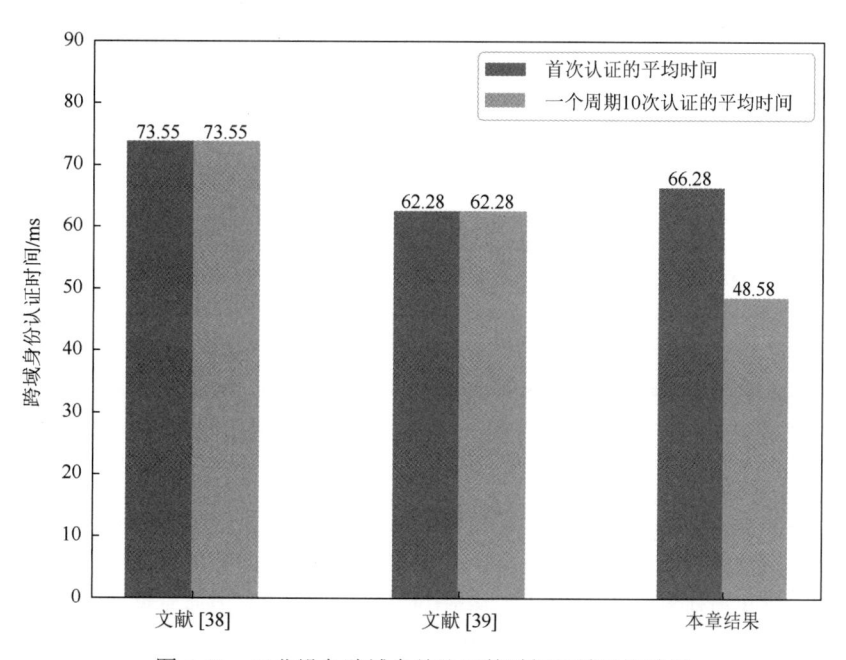

图 6-58 工业设备跨域身份认证的时间开销对比结果

与文献[38]相比，跨域身份认证过程中的测试周期 $T_{\text{test}}$ 内首次身份认证的平均时间 $t_{\text{auth-first}}$ 减少了 9.88%；与文献[39]相比，本章的跨域认证测试周期 $T_{\text{test}}$ 内首次身份认证的平均时间有较多消耗是因为生成匿名密钥集和会话密钥，当会话密钥过期后，边缘服务器可以直接从公私密钥集中获取匿名子密钥，并计算出会话密钥，而后进行跨域认证，在保证系统安全的同时减少了重认证的时间消耗。因此，在测试 $T_{\text{test}}$ 内首次身份认证的平均时间 $t_{\text{auth-first}}$ 的情况下，与文献[39]相比，跨域身份认证的 $t_{\text{auth-first}}$ 时间有较小的增幅；在测试 $T_{\text{test}}$ 内的平均身份认证时间 $t_{\text{auth-ave}}$ 的情况下，本章的 $t_{\text{auth-ave}}$ 认证时间消耗相较于文献[39]减少了 22%。

（2）身份认证存储开销测试分析。

在跨域身份认证过程中边缘节点具有存储开销的信息包括：身份注册信息、密钥、匿名身份信息、匿名签名、交易信息、数字签名、时间戳、配置信息和身份认证程序等，测试得到身份认证过程中边缘节点的存储开销表如表 6-7 所示。

表 6-7 边缘节点的存储开销表 （单位：byte）

| 域内认证字段 | 存储开销 | 跨域认证字段 | 存储开销 |
| --- | --- | --- | --- |
| 身份注册信息 | 96 | 身份注册信息 | 96 |
| 密钥 | 32 | 密钥 | 32 |
| 交易信息 | 80 | 匿名身份信息 | 128 |
| 数字签名 | 160 | 匿名密钥 | 64 |
| 时间戳 | 16 | 交易信息 | 80 |
| 配置信息 | 855 | 数字签名 | 160 |
| 身份认证程序 | 11 382 | 时间戳 | 16 |
|  |  | 配置信息 | 893 |
|  |  | 身份认证程序 | 11 382 |
| 总计 | 12 621 | 总计 | 12 851 |

与域内认证相对，跨域认证的存储开销在匿名身份信息、匿名密钥、配置信息三个字段不一致。经测试，身份认证机制单个边缘节点的域内认证的存储开销为 12 621 byte，跨域认证的存储开销为 12851 byte，满足工业边缘计算环境下低存储开销的需求。

## 参 考 文 献

[1] 陈瑜嘉. 国家网络空间安全理论构建与实施路径[J]. 中国出版，2020（1）：70.
[2] 邢晨. 工业数据安全的挑战与应对策略[J]. 工业控制计算机，2024，37（4）：114-115.
[3] 张艾森. 工业互联网的安全态势自动感知方法研究[J]. 自动化仪表，2023，44（5）：37-41.
[4] 陈曦. 工业和信息化部发布《工业控制系统信息安全防护指南》[J]. 化工与医药工程，2016，37（6）：11.
[5] May M C，Glatter D，Arnold D，et al. IIoT system canvas：From architecture patterns towards an IIoT development framework[J]. Journal of Manufacturing Systems，2024，72：437-459.
[6] Kubiak K，Dec G，Stadnicka D. Possible applications of edge computing in the manufacturing industry-systematic literature review[J]. Sensors，2022，22（7）：2445.
[7] Vaczi D，Szadeczky T. A threat for the trains：Ransomware as a new risk[J]. Interdisciplinary Description of Complex Systems，2019，17（1）：1-6.
[8] Guha R D. BlockEdge：A privacy-aware secured edge computing framework using blockchain for industry 4.0[J]. Sensors，2023，23（5）：2502.
[9] Sajid A，Abbas H，Saleem K. Cloud-assisted IoT-based SCADA systems security：A review of the state of the art and future challenges[J]. IEEE Access，2016，4：1375-1384.
[10] 郭娴，刘京娟，余章馗，等. 2019年工业信息安全态势展望[J]. 中国信息安全，2019（6）：51-52.
[11] 田里，王晋. 面向工业物联网的协议漏洞检测技术研究[J]. 信息技术与标准化，2023（5）：53-58.
[12] Chen H L，Hu M，Yan H，et al. Research on industrial Internet of Things security architecture and protection strategy[C]//2019 International Conference on Virtual Reality and Intelligent Systems（ICVRIS）. New York：IEEE，2019：365-368.
[13] Sanwar Hosen A S M，Sharma P K，Puthal D，et al. SECBlock-IIoT：A secure blockchain-enabled edge computing framework for industrial

Internet of Things[C]//Proceedings of the Third International Symposium on Advanced Security on Software and Systems. New York: ACM, 2023: 1-14.

[14] Stodt F, Reich C. Bridge of trust: Cross domain authentication for industrial Internet of Things (IIoT) blockchain over transport layer security (TLS) [J]. Electronics, 2023, 12 (11): 2401.

[15] Xuan S C, Xiao H B, Man D P, et al. A cross-domain authentication optimization scheme between heterogeneous IoT applications[J]. Wireless Communications and Mobile Computing, 2021: 9942950.

[16] 朱宏颖, 张新有, 邢焕来, 等. 边缘计算环境下轻量级终端跨域认证协议[J]. 网络与信息安全学报, 2023, 9 (4): 74-89.

[17] Lozupone V. Analyze encryption and public key infrastructure (PKI) [J]. International Journal of Information Management, 2018, 38 (1): 42-44.

[18] 高聪, 陈煜喆, 张擎, 等. 边缘计算: 发展与挑战[J]. 西安邮电大学学报, 2021, 26 (4): 7-19.

[19] 王志成. 承上启下 2023年中国物联网产业发展综述[J]. 通信企业管理, 2024 (1): 20-23.

[20] Patil K, Gupta S, Nair A, et al. Cloud, fog and edge computing: Security and privacy concerns[J]. International Journal for Research in Applied Science and Engineering Technology, 2022, 10 (5): 286-291.

[21] Liang P F, Liu G, Xiong Z G, et al. A fault detection model for edge computing security using imbalanced classification[J]. Journal of Systems Architecture, 2022, 133: 102779.

[22] Mohanasathiya K S, et al. Security and privacy using two fold encryption protocol techniques in edge computing[J]. Turkish Journal of Computer and Mathematics Education (TURCOMAT), 2021, 12 (10): 6025-6034.

[23] 施巍松, 张星洲, 王一帆, 等. 边缘计算: 现状与展望[J]. 计算机研究与发展, 2019, 56 (1): 69-89.

[24] Humayun M, Alsirhani A, Alserhani F, et al. Transformative synergy: SSEHCET-Bridging mobile edge computing and AI for enhanced eHealth security and efficiency[J]. Journal of Cloud Computing, 2024, 13 (1): 37.

[25] Miao J F, Wang Z S, Wang M, et al. Secure and efficient communication approaches for Industry 5.0 in edge computing[J]. Computer Networks, 2024, 242: 110244.

[26] Abdel-Basset M, Moustafa N, Hawash H. Privacy-preserved cyberattack detection in industrial edge of things (IEoT): A blockchain-orchestrated federated learning approach[J]. IEEE Transactions on Industrial Informatics, 2022, 18 (11): 7920-7934.

[27] 王淼. 基于双线性对的车联网匿名身份认证[J]. 电子技术与软件工程, 2022 (12): 29-33.

[28] Bedari A, Wang S, Yang W C. A secure online fingerprint authentication system for industrial IoT devices over 5G networks[J]. Sensors, 2022, 22 (19): 7609.

[29] Alsaeed N, Nadeem F. A framework for blockchain and fogging-based efficient authentication in Internet of Things[C]//2022 2nd International Conference on Computing and Information Technology (ICCIT). New York: IEEE, 2022: 409-417.

[30] Xu Y B, Jian X Y, Li T, et al. Blockchain-based authentication scheme with an adaptive multi-factor authentication strategy[J]. Mobile Information Systems, 2023: 1-13.

[31] 牛建林, 任志宇, 杜学绘. 基于联盟链的跨域认证方案[J]. 网络与信息安全学报, 2022, 8 (3): 123-133.

[32] Wang M M, Rui L L, Yang Y, et al. A blockchain-based multi-CA cross-domain authentication scheme in decentralized autonomous network[J]. IEEE Transactions on Network and Service Management, 2022, 19 (3): 2664-2676.

[33] Butijn B J, Tamburri D A, van den Heuvel W J. Blockchains: A systematic multivocal literature review[J]. ACM Computing Surveys, 2020, 53 (3): 1-37.

[34] Yoon C, Park T, Lee S, et al. Enabling security functions with SDN: A feasibility study[J]. Computer Networks, 2015, 85 (5): 19-35.

[35] Rawat D B, Reddy S R. Software defined networking architecture security and energy efficiency: A survey[J]. IEEE Communications Surveys and Tutorials, 2017, 19 (1): 325-346.

[36] Dayal N, Maity P, Srivastava S, et al. Research trends in security and DDoS in SDN[J]. Security and Communication Networks, 2016, 9 (18): 6386-6411.

[37] Ma Z, Meng J, Wang J, et al. Blockchain-based decentralized authentication modeling scheme in edge and IoT environment[J]. IEEE Internet of Things Journal, 2021, 8(4): 2116-2123.

[38] Stodt F, Reich C. Bridge of trust: Cross domain authentication for Industrial Internet of Things (IIoT) blockchain over transport layer security(TLS)[J]. Electronics, 2023, 12: 2401.

[39] 刘欢欢. 跨域认证密钥协商协议的研究[D]. 西安: 长安大学, 2022.

# 后　　记

工业互联网已成为新基建的重要领域，是新一轮工业革命的关键动力，其重要性不言而喻。发展工业互联网是推动工业转型升级、提升核心竞争力、实现工业高质量发展的重要路径。工业互联网作为一个新兴的工业体系范畴，在狭义层面，代表着工业与互联网深度融合、互补共生的综合体；而在广义层面，它旨在推动工业生产各领域全面实现互联网化转型，以此提升工业生产的效率与质量，进而赋能工业系统，促使其创造出更高层次、更优品质的价值。工业物联网是工业互联网的核心。当前，工业物联网协议众多，系统尺度和维度各异，网络互联互通难且传输效率低；同时，我们处于智能工厂迅速发展的时代，需要完成工业物联网新模式的转变，为智能工厂提供重要技术支撑。这些痛点的存在始终影响着工业互联网的高速发展。解决工业物联网异构融合和应用难题成为推进工业互联网快速发展的基础。

很久以来，很多业内朋友希望我推荐一本工业物联网方面的书籍，系统阐述什么是工业物联网。后面调研发现，市面上缺少相关书籍。很多单位和机构邀请我做报告，系统地介绍和讲解工业物联网相关技术，但是因为时间有限，我未能系统全面地给出工业物联网的发展全貌、关键技术和应用案例，听众和朋友们纷纷建议我整理出版一部工业物联网方面的专著。

恰逢我去年牵头承担了一项工业物联网方面的国家重点研发计划，团队也积累了一些成果，我想，系统阐明一些工业物联网关键技术和最新研究进展的时机已经成熟，于是开始策划准备本书。

我对全书结构和内容的认识是逐步深化的，一开始也没有方向。工业物联网系统庞大、技术繁多、应用复杂，如何在一本书中展示它的全貌，如何系统地阐述我和团队对其的认识、对其关键技术的解读、对其应用案例的分析以及对其发展趋势的判断，是非常困难的事情，也是非常有挑战性的事情。希望通过这本书凝聚行业和学术界对工业物联网的共识，进一步与同行交流学习。

魏旻

2024 年 11 月